中国近代
思想家文库

◎

顾潮 编

顾颉刚卷

中国人民大学出版社
·北京·

总　序

　　对于近代的理解，虽不见得所有人都是一致的，但总的说来，对于近代这个词所涵的基本意义，人们还是有共识的。一个国家、一个民族走入近代，就意味着以工业化为主导的经济取代了以地主经济、领主经济或自然经济为主导的中世纪的经济形态，也还意味着，它不再是孤立的或是封闭与半封闭的，而是以某种形式加入到世界总的发展进程。尤其重要的是，它以某种形式的民主制度取代君主专制或其他不同形式的专制制度。中国是个幅员广大、人口众多、历史悠久的多民族国家，由于长期历史发展是自成一体的，与外界的交往比较有限，其生产方式的代谢迟缓了一些。如果说，世界的近代是从 17 世纪开始的，那么中国的近代则是从 19 世纪中期才开始的。现在国内学界比较一致的认识，是把 1840 年到 1949 年视为中国的近代。

　　中国的近代起始的标志是 1840 年的鸦片战争。原来相对封闭的国门被拥有近代种种优势的英帝国以军舰、大炮再加上种种卑鄙的欺诈打开了。从此，中国不情愿地加入到世界秩序中，沦为半殖民地。原来独立的大一统的中央集权的君主专制国家，如今独立已经极大地被限制，大一统也逐渐残缺不全，中央集权因列强的侵夺也不完全名实相符了。后来因太平天国运动，地方军政势力崛起，形成内轻外重的形势，也使中央集权被弱化。经历第二次鸦片战争、中法战争、甲午战争、八国联军入侵的战争以及辛亥革命后的多次内外战争，直至日本全面侵略中国的战争，致使中国的经济、政治、教育、文化，都无法顺利走上近代发展的轨道。古今之间，新旧之间，中外之间，混杂、矛盾、冲突。总之，鸦片战争后的中国，既未能成为近代国家，更不能维持原有的统治秩序。而外患内忧咄咄逼人，人们都有某种程度"国将不国"的忧虑。

　　"天下兴亡，匹夫有责"，读书明理的士大夫，或今所谓知识分子，尤为敏感，在空前的危机与挑战面前，皆思有所献替。于是发生种种救亡图存的思想与主张。有的从所能见及的西方国家发展的经验中借鉴某些东西，形成自己的改革方案；有的从历史回忆中拾取某些智慧，形成某种民族复兴的设想；有的则力图把西方的和中国所固有的一些东西加以调和或结合，形成某种救亡图强的主张。这些方案、设想、主张，从世界上"最先进的"，到"最落后的"，几乎样样都有。就提出这些方案、设想、主张者的初衷而言，绝大多数都含着几分救国的意愿。其先进与落后，是否可行，能否成功，尽可充分讨论，但可不必过为诛心之论。显而易见，既然救国的问题最为紧迫，人们所心营目注者自然是种种与救国的方案直接相关的思想学说，而作为产生这些学说的更基础性的理论，及其他各种知识、思想，则关注者少。

围绕着救国、强国的大议题，知识精英们参考世界上种种思想学说，加以研究、选择，认为其中比较适用的思想学说，拿来向国人宣传，并赢得一部分人的认可。于是互相推引，互相激励，更加发挥，演而成潮。在近代中国，曾经得到比较广泛的传播的思想学说，或者够得上思潮的，主要有以下几种：

（一）进化论。近代西方思想较早被引介到中国，而又发生绝大影响的，要属进化论。中国人逐渐相信，进化是宇宙之铁则，不进化就必遭淘汰。以此思想警醒国人，颇曾有助于振作民族精神。但随后不久，社会达尔文主义伴随而来，不免发生一些负面的影响。人们对进化的了解，也存在某些片面性，有时把进化理解为一条简单的直线。辩证法思想帮助人们形成内容更丰富和更加符合实际的发展观念，减少或避免片面性的进化观念的某些负面影响。

（二）民族主义。中国古代的民族主义思想，其核心是"非我族类，其心必异"，所以最重"华夷之辨"。鸦片战争前后一段时期，中国人的民族思想，大体仍是如此。后来渐渐认识到"今之夷狄，非古之夷狄"，"西人治国有法度，不得以古旧之夷狄视之"。但当时中国正遭受西方列强的侵略和掠夺，追求民族独立是民族主义之第一义。20世纪初，中国知识精英才开始有了"中华民族"的概念。于是，渐渐形成以建立近代民族国家为核心的近代民族主义。结束清朝君主专制，创立中华民国，是这一思想的初步实现。第一次世界大战爆发，中国加入"协约国"，第一次以主动的姿态参与世界事务，接着俄国十月革命爆发，这两件事对近代中国的发展历程造成绝大影响。同时也将中国人的民族主义提升到一个新的层次，即与国际主义（或世界主义）发生紧密联系。也可以说，中国人更加自觉地用世界的眼光来观察中国的问题。新生的中国共产党和改组后的国民党都是如此。民族主义成为中国的知识精英用来应对近代中国所面临的种种危机和种种挑战的一个重要的思想武器。

（三）社会主义。社会主义作为一种模糊的理想是早在古代就有的，而且不论东方和西方都曾有过。但作为近代思潮，它是于19世纪在批判近代资本主义的基础上产生的。起初仍带有空想的性质，直到马克思和恩格斯才创立起科学社会主义。20世纪初期，社会主义开始传入中国。当时的传播者不太了解科学社会主义与以往的社会主义学说的本质区别。有一部分人，明显地受到无政府主义的强烈影响，更远离科学社会主义。直到五四新文化运动兴起之后，中国人始较严格地引介、宣传科学社会主义。但有一段时间，无政府主义仍是一股很大的思想潮流。中国共产党的成立，从思想上说，是战胜无政府主义的结果。中国共产党把在中国实现社会主义乃至共产主义作为自己的奋斗目标。此后，社会主义者，多次同各种非科学社会主义思想的信仰者进行论争并不断克服种种非科学社会主义思想的影响。

（四）自由主义。自由主义也是从清末就被介绍到中国来，只是信从者一直寥寥。直到五四新文化运动兴起，具有欧美教育背景的知识精英的数量渐渐多起来，自由主义始渐渐形成一股思想潮流。自由主义强调个性解放、意志自由和自己承担责任，在政治上反对一切专制主义。在中国的社会条件下，自由主义缺乏社会基础。在政治激烈动荡的时候，自由主义者很难凝聚成一股有组织的力量；在稍稍平和的时候，他们往往更多沉浸在自己的专业中。所以，在中国近代史上，自由主义不曾有，也不可能有大的作为。

（五）激进主义与保守主义。处于转型期的社会，旧的东西尚未完全退出舞台，新的东西也还未能巩固地树立起来，新旧冲突往往要持续很长的时间，有时甚至达到很激烈的程度。凡助推新东西成长的，人们便视为进步的；凡帮助旧东西排斥新东西的，人们便视为保守的。其实，与保守主义对应的，应是进步主义；与顽固主义相对的则应是激进主义。不过在通常话语环境中人们不太严格加以区分。中国历史悠久，特别是君主专制制度持续两千余年，旧东西积累异常丰富，社会转型极其不易。而世界的发展却进步甚速。中国的一部分精英分子往往特别急切地想改造中国社会，总想找出最厉害的手段，选一条最捷近的路，以最快的速度实现全盘改造。这类思想、主张及其采取的行动，皆属激进主义。在中共党史上，它表现为"左"倾或极左的机会主义。从极端的激进主义到极端的顽固主义，中间有着各种程度的进步与保守的流派。社会的稳定，或社会和平改革的成功，都依赖有一个实力雄厚的中间力量。但因种种原因，中国社会的中间力量一直未能成长到足够的程度。进步主义与保守主义，以及激进主义与顽固主义，不断进行斗争，而实际所获进步不大。

（六）革命与和平改革。中国近代史上，革命运动与和平改革运动交替进行，有时又是平行发展。两者的宗旨都是为改变原有的君主专制制度而代之以某种形式的近代民主制度。有很长一个时期，有两种错误的观念，一是把革命理解为仅仅是指以暴力取得政权的行动，二是与此相关联，把暴力革命与和平改革对立起来，认为革命是推动历史进步的，而改革是维护旧有统治秩序的。这两种论调既无理论根据，也不合历史实际。凡是有助于改变君主专制制度的探索，无论暴力的或和平的改革都是应予肯定的。

中国近代揭幕之时，西方列强正在疯狂地侵略与掠夺殖民地和半殖民地，中国是它们互相争夺的最后一块、也是最大的资源地。而这时的中国，沿袭了两千年的君主专制制度已到了奄奄一息的末日，统治当局腐朽无能，对外不足以御侮，对内不足以言治，其统治的合法性和统治的能力均招致怀疑。革命运动与改革的呼声，以及自发的民变接连不断。国家、民族的命运真的到了千钧一发之际，危机极端紧迫。先觉分子救国之心切，每遇稍具新意义的思想学说便急不可待地学习引介。于是西方思想学说纷纷涌进中国，各阶层、各领域，凡能读书读报者，受其影响，各依其家庭、职业、教育之不同背景而选择自以为不错的一种，接受之，信仰之，传播之。于是西方几百年里相继风行的思想学说，在短时期内纷纷涌进中国。在清末最后的十几年里是这样，五四时期在较高的水准上重复出现这种情况。

这种情况直接造成两个重要的历史现象：一个是中国社会的实际代谢过程（亦即社会转型过程）相对迟缓，而思想的代谢过程却来得格外神速。另一个是在西方原是差不多三百年的历史中渐次出现的各种思想学说，集中在几年或十几年的时间里狂泻而来，人们不及深入研究、审慎抉择，便匆忙引介、传播，引介者、传播者、听闻者，都难免有些消化不良。其实，这种情况在清末，在五四时期，都已有人觉察。我们现在指出这些问题并非苛求前人，而是要引为教训。

同时我们也看到，中国近代思想无比的多样性与复杂性呈现出绚丽多彩的姿态，各种思想持续不断地展开论争，这又构成中国近代思想史的一个突出特点。有些论争为我们留下了非常丰富的思想资料。如兴洋务与反洋务之争，变法与反变法之争，革命与改良之争，共和与立宪之争，东西文化之争，文言与白话之争，新旧伦理之争，科学与人生观之争，中国社会性质的论争，社会史的论争，人权与约法之争，全盘西化与本位文化之争，民主与独裁之争，等等。这些争论都不同程度地关联着一直影响甚至困扰着中国人的几个核心问题，即所谓中西问题、古今问题与心物关系问题。

中国近代思想的光谱虽比较齐全，但各种思想的存在状态及其影响力是很不平衡的。有些思想信从者多，言论著作亦多，且略成系统；有些可能只有很少的人做过介绍或略加研究；有的还可能因种种原因，只存在私人载记中，当时未及面世。然这些思想，其中有很多并不因时间久远而失去其价值。因为就总的情况说，我们还没有完成社会的近代转型，所以先贤们对某些问题的思考，在今天对我们仍有参考借鉴的价值。我们编辑这套《中国近代思想家文库》，希望尽可能全面地、系统地整理出近代中国思想家的思想成果，一则借以保存这份珍贵遗产，再则为研究思想史提供方便，三则为有心于中国思想文化建设者提供参考借鉴的便利。

考虑到中国近代思想的上述诸特点，我们编辑本《文库》时，对于思想家不取太严格的界定，凡在某一学科、某一领域，有其独立思考、提出特别见解和主张者，都尽量收入。虽然其中有些主张与表述有时代和个人的局限，但为反映近代思想发展的轨迹，以供今人参考，我们亦保留其原貌。所以本《文库》实为"中国近代思想集成"。

本《文库》入选的思想家，主要是活跃在 1840 年至 1949 年之间的思想人物。但中共领袖人物，因有较为丰富的研究著述，本《文库》则未收入。

编辑如此规模的《文库》，对象范围的确定，材料的搜集，版本的比勘，体例的斟酌，在在皆非易事。限于我们的水平，容有瑕隙，敬请方家指正。

《中国近代思想家文库》编纂委员会

目　录

导 言

一

顾颉刚先生（1893—1980），名诵坤，字铭坚，号颉刚，以号行。江苏省苏州市人。1920年毕业于北京大学哲学系。历任北京大学助教、讲师，厦门大学、中山大学、燕京大学、云南大学、齐鲁大学、中央大学、复旦大学、兰州大学等校教授，中山大学语言历史学研究所主任，北平研究院史学研究会主任，齐鲁大学国学研究所主任，中央研究院人文组院士，中国科学院（后改为中国社会科学院）历史研究所研究员。

先生出生于读书世家，自幼熟读《四书五经》，在传统学术方面具有良好的根基。他读书时不肯盲从，爱以自己的眼光去评判。读书之余饱听家人讲故事及苏州掌故，由此启发了对历史的兴趣，并开始接近民间的故事传说。当时正值清代国势岌岌可危之际，传统学术受到西方文化的强烈冲击，随着国内革新运动的勃发，梁启超、章太炎对传统学术和文化重新估价。先生少年时代先后从《新民丛报》、《国粹学报》中读到梁、章二人之文，他们的批判意识，特别是章太炎"整理国故"的思想，由此深植先生心中。苏州是清代汉学中心，玄妙观中旧书肆众多，先生每日放学后都去翻览，遂将眼光放得很大，不屑做书本上一家一派的舆台。他从《国朝先正事略》之《阎若璩传》中得知，其已辨明《古文尚书》是魏晋间人所伪造，又从姚际恒《古今伪书考》中得知，其将自己曾读过的《汉魏丛书》里不少书列为伪书，这使他思想产生巨大震荡，深感古书中问题之多，立志以毕生之力去考辨。

　　1913年春，先生考入北京大学预科。他一度迷恋京戏，因留意戏中的故事而领略了故事变化的格局。听章太炎讲学，得知今、古文经学的分歧，愿从章氏"六经皆史"之说，并受其攻击今文家"通经致用"之启发，有了自觉治学的意志——为求真而治学。读夏曾佑《中国历史教科书》，对其将三皇五帝时代视为"传疑时代"的眼光很佩服。又读康有为《新学伪经考》、《孔子改制考》，得知上古史靠不住，并知今、古文家各有其是非。1916年秋，先生考入北京大学文科中国哲学门。不久，蔡元培任校长，实行"思想自由、兼容并包"的方针，聘陈独秀、胡适任教，使新文化运动风靡一时。陈独秀主编的《新青年》鼓吹思想革命；胡适讲中国哲学史，丢开唐、虞、夏、商而自周代始，对人们充满三皇五帝的头脑产生极大冲击。同学中又有傅斯年勇于批评。先生受他们的鼓舞，敢于大胆宣布胸中积蕴的许多打破传统学说的见解。1918年，北大教授征集歌谣并在《北京大学日刊》上陆续发表，使人耳目一新。受此启发，先生开始搜集家乡歌谣，并对连带得到的风俗材料加以注意。

　　1920年，先生大学毕业留校工作，跟随胡适整理国故。读胡适《〈水浒〉序》及其论辨井田之文，承受他"历史演进"的研究方法，并认识到研究史学也可以用研究故事的方法。协助胡适考证《红楼梦》，为"新红学"的开创作出贡献。受胡适、钱玄同影响，对编辑前人辨伪材料很感兴趣，标点《古今伪书考》、《四部正讹》、《诸子辨》、《崔东壁遗书》等，辑录《诗辨妄》。1922年为商务印书馆编中学历史教科书时，研究《诗经》、《尚书》、《论语》中古史资料，发现禹的传说西周时就有，尧、舜是到春秋末才流传起来，伏羲、神农更是到战国时才出现，从这种演化上发现古史是层累造成的，发生之次序和排列之系统恰是一个反背。次年在《努力周报·读书杂志》发表《与钱玄同先生论古史书》，提出"层累地造成的中国古史"观念，认为：第一，"时代愈后，传说的古史期愈长"；第二，"时代愈后，传说中的中心人物愈放愈大"；第三，我们"即不能知道某一件事的真确的状况，但可以知道某一件事在传说中的最早的状况"。"层累说"指出了尧、舜、禹等古史传说中的帝王有神性的问题，动摇了中国历代相传的三皇五帝系统，在学界引起一场大论战。在论战中，先生进一步提出推翻非信史必须打破"民族出于一元"、"地域向来一统"、"古史人化"、"古代为黄金世界"四点传统观念。后将此次古史论辨的有关篇章集结为《古史辨》第一册于 1926 年出版，并撰六万字自序，从时势、个性、境遇等几方面畅言自己所以有这种主张的原因，以及自己研究古史的方法。此书在学术界及社会上产生极大影响，胡适称"这是中国史学界的一部革命的书，又是一部讨论史学方法的书。此书可以解放人的思想，可以指示做学问的途径，可以提倡那'深澈猛烈的真实'的精神"（《介绍几部新出的史学书》）。此后十余年间，先生及其师友陆续编辑出版《古史辨》至第七册，共收文章三百余篇，字数达三百余万。从此，"古史辨学派"这一重要的史学流派遂闻名于世。

在北大工作期间，先生又任后期《歌谣周刊》以及由此扩张而成的《研究所国学门周刊》的编辑，便于接近民众材料。他以孟姜女故事的变迁论证古史中传说的演变，以歌谣论证《诗经》是我国古代诗歌总集，其中有大量的民间创作，以考察东岳庙诸神及妙峰山香会来探讨古代神道和社祀，都是在古史研究中加进了许多新材料，而且在我国民俗学这一新领域中做了许多工作。他整理家乡歌谣编成《吴歌甲集》作为北大歌谣研究会第一部专集出版，其中包括他以歌谣与《诗经》作比较研究的《写歌杂记》以及师友的研讨文字，从而使此书成为我国第一部有科学价值的歌谣学著述。又作《孟姜女故事的转变》，用史学的方法和精神去研究社会上一向认为"不登大雅之堂"的民间故事，引起巨大反响，使该故事成为数十位学者共同关注的课题，讨论的内容均由先生编为《孟姜女专号》在两《周刊》陆续刊出。所作《孟姜女故事研究》，依照历史的系统和地域的系统对该故事两千年来的演变及其在全国各地不同的流传进行阐释，被称为"奠定中国现代民俗学的理论基础"（钟敬文：《建立中国民俗学派》）。还与北大风俗调查会同人到京西妙峰山调查进香风俗，归后作《妙峰山的香会》，并连同他人的调查所得编为《妙峰山进香专号》发表。这是中国第一次有目的、有计划、有组织的民俗学田野作业。这些工作均为我国民俗学的开创作出了贡献。

不久先生南下任教，将民俗学运动由北京推进到南方。1927 年在中山大学发起成立"民俗学会"——我国第一个正式的民俗学会，刊行民俗学会丛书，主编《民俗周刊》，在该刊《发刊辞》中提出："我们要打破以圣贤为中心的历史，建设全民众的历史！"此文被当今学术界称为"我国民俗学运动的一篇宣言书和动员令"（王文宝：《中国民俗学发展史》），并且若非放在《民俗周刊》之内，就会被学术界"认为是一篇新史学运动的宣言"（杨堃：《关于民俗学的几个问题》）。可以说，先生以民俗学的研究方法对我国新史学作出了独特创建，又以新史学家的眼光和手段使我国民俗学在发端及奠基之时即立于一个很高的起点之上。

1929 年先生北返就燕京大学教职，两年后又兼北京大学教职。所编《中国上古史研究讲义》，即是依《诗经》、《论语》、《尧典》、《国语》、《左传》、《山海经》、《史记》等古籍厘清传说中古史的演变过程，进一步阐述"层累地造成的中国古史"观。在编讲义过程中产生了"古史四考"的宏大计划：《帝系考》为三皇五帝的来源，《王制考》为三代制度的来源，《道统考》为辨帝王的心传及圣贤的学派，《经学考》为辨经书的构成及经学的演变。在此设想下，抗战前的数年间撰写了一系列重要文章，如《五德终始说下的政治和历史》（又将此文的一部分改写为《汉代学术史略》，后改题《秦汉的方士与儒生》）、《三皇考》、《尧典著作时代考》、《两汉州制考》、《战国秦汉间人的造伪与辨伪》、《禅让说出于墨家考》、《九州之戎与戎禹》等。

在"古史四考"的工作中，先生对《尚书》所下工夫最深，因为它是两千多年来最受儒家尊崇的经书，在帝系、王制、道统、经学四方面均起了关键性作用。先生认定，要从这四方面清算古史，就必须攻破《尚书》这一首要堡垒，使其从"圣经"地位恢复到史料地位。此前于1925 年，先生已作《盘庚》等篇的今译发表。接着陆续在厦门大学、中山大学、燕京大学、北京大学开"《尚书》研究"课，搜集自汉至近代研究《尚书》的主要各家之说，编成《尚书学参考资料》八册；又编《尚书研究讲义》甲乙丙丁戊五种，每种再分若干册；还主编《尚书通检》，并与顾廷龙编辑《尚书文字合编》。这些资料和讲义已成为《尚书》研究领域最根本的物质建设。对其中《尧典》、《禹贡》两篇，先生下工夫尤深，认为《尧典》是儒家政治理想的结晶而将其史事化，《禹贡》是战国之世走向统一前夕由当时地理学家所作总结性记载，将此二篇的写作年代移至战国前后。这一成果得到学界称许，徐旭生认为："疑古学派最大的功绩，是把《尚书》头三篇的写定归之于春秋和战国的时候。"（《中国古史的传说时代》）吕思勉认为："发明《禹贡》不但非禹时书，所述的亦非禹时事，乃后人据其时的疆域附会，则不可谓非一大发明。"（《从章太炎说到康长素、梁任公》）

先生为考辨古史古籍，十分重视古代地理的研究。1928 年在中山大学开"古代地理研究"课时，即搜集古籍及甲骨、金文中三代地理资料，一一加以按语，编为讲义。1934 年在大学讲授《禹贡》时，联合燕大、北大、辅仁三校师生创办《禹贡半月刊》，讨论内容包括古代及当代的地理沿革；以后随着民族危机的加深，研究内容由沿革地理转而侧重边疆地理与民族演进史。在其率领下，仅一年多时间该刊便成为社会上颇有声誉、地位的学术刊物。接着又成立禹贡学会，编印《地图底本》，出版《边疆丛书》，组织边地考察团。该学会在三年中取得巨大成绩，在中国现代学术史上堪称盛事，其中《禹贡半月刊》至七七事变停刊时，共出版 7 卷 81 期，造就了"禹贡学派"。先生通过这期间的努力，开创了我国历史地理学、边疆和民族学，为新兴学科培养了整整一代人才，影响深远。因此《历史地理》创刊号（1981）卷首曰："我国当代的历史地理研究，是在先生倡导下开展起来的。"

抗战期间由于生活动荡，先生难以作系统的研究。他认为，学问不仅在书里，从实际生活里也能发现许多可以纠正前人成说的材料，于是借考察边疆教育、调查当地民族与社会现状的机会，以所见所闻之边疆状况证中原古史，"足以破旧立新，较之清人旧业自为进步"（《顾颉刚读书笔记》）。比如途经甘肃临夏小积石山，遂证之《禹贡》"导河积石"必为此山，而非历来所认定之今青海积石山；又如见边地遗堆而追溯古边墙，见江上浮桥而明了古时造舟为梁及方舟而济的意义。20 世纪 30 年代末至 40 年代所写《浪口村随笔》以及 60 年代由此改写的《史林杂识》中，此类论述不胜枚举，因而被学界评为"中国民族考古学的最早专著"（汪宁生：《论民族考古学》）。由此可见，先生考辨史料，已跳出了以古书论古书的圈子，除了运用历史文献及考古成果之外，还运用民俗学、民族学、历史地理学等资料和方法，较之王国维的"二重证据法"，在资料范围和方法上均有所扩展。

1954 年起，先生在北京任中科院历史研究所研究员，主持标点《资治通鉴》、二十四史，并深入研究《尚书》。1959 年起，先生集中力量于《大诰》篇，至 1966 年"文化大革命"开始时，已成 70 万字巨著，其中《尚书大诰今译》（摘要）于 1962 年发表，史事考证部分于逝后陆续发表。他以唐石经为底本，把各种古刻（汉、魏石经）和古写本（敦煌、日本古写本）逐一校勘，将误字、衍字、脱字甚至错简改定；再选取古今人的注释，打破今、古文和汉、宋学的藩篱，而且偏重近代，因为时代愈近，比较材料愈多（宋人释经注重语气，清人释经注重语法，近来又注重甲、金文和经典之比较），愈能推翻前人误说而建立近真的新说；将解释妥当的文字加以分段、标点，再译为现代汉语；然后考证文中的历史事件，以了解古代的真面目。先生对《大诰》的考证，上及传说时代和夏代，下及春秋战国，将此篇的历史背景即周公东征管、蔡、武庚这一关系周王朝成败的重大事件论证清楚，发掘出周初民族大迁移的重要史实，揭开周公"救民于水火之中"的假象，并通过对上古神话传说的全面清理，揭示了古代东方大民族——鸟夷族的组成、分布及兴亡。先生这些成果体现了当时《尚书》整理研究的最高水平，对商周史研究作出了重大贡献，得到学界称赞。杨宽认为："顾先生这样做法，真正做到了王国维所说的：'著为定本，使人人闻商周人之言，如乡人之相与语，而不苦古书之难读。'（见《尚书核诂序》）这真是古史领域里的重大建设。不但便于学者充分运用《尚书》以建设商周史，还便于用《周书》与西周金文作比较研究。"（《顾颉刚先生和〈古史辨〉》）许冠三认为：先生后期对《尚书》的研究是"合疑古、辨伪、考信为一"而写出的"一生最圆熟的谨严之作"，"不但会通了汉魏以后各类专家学说的精华，而且抉择准当，论断公允，其疏证之详明精确与绵密细致更在王国维之上。至于资料繁富、体例创新与双重证据配搭的挥洒自如，犹在其次"，并认为"顾氏所以有此空前创获，关键仍在方法，文法语意演进观点的运用尤为成功"（《新史学九十年》）。

二

在先生一生学术业绩中，以《古史辨》的影响最为深远。20 世纪末，北京国林风图书公司出版了一本《影响中国二十世纪历史进程的重要文献》，收入中外名著 105 部，《古史辨》名列其中，作者称这部"以顾颉刚的疑古思想为核心而编著的考辨我国古代史料真伪的论文总集，反映了二十年代至四十年代史学界在考订我国古代史料上所取得的卓越成就"。

《古史辨》的问世，首先应归功于那个时代，正如先生在《〈古史辨〉第三册自序》（以下简称《古三序》，余同）中所说："我们所处的时代太好，它给予我们以自由批评的勇气，许我们比宋代学者作进一步的探索——解除了道统的束缚；也许我们比清代学者作进一步的探索——解除了学派的束缚。它又给予我们许多崭新的材料，使我们不仅看到书本，还有很多书本以外的东西，可以作种种比较的研究，可以开出想不到的新天地。我们不敢辜负这时代，所以起来提出这些问题，激励将来的工作。"先生在北大求学和工作期间，适值新文化运动高扬民主和科学两面大旗，理性不受宗教迷信的约束，批评之风大盛，许多学问思想上的偶像都不攻而自倒了。加以古物出土愈多，时常透露一点古代文化的真相，反映出书籍中所写的幻相，使人对古书增加不信任的意念。在这种时代风气中，先生思想得以解放，他说："我的心目中没有一个偶像，由得我用了活泼的理性作公平的裁断。"（《古一序》）这种由新文化运动所造就的独立人格，是现代学者与传统学者的根本区别所在。正因为先生具备此种人格，才能够"不受习惯的束缚，不怕社会的威吓，只凭了搜集到的证据而说话"（同上）；并敢于将民间的歌谣、戏剧、故事、风俗、宗教和高文典册中的经学、史学以及古器物置于平等的地位上做研究的题材，正如他所说："我知道学问是只应问然否而不应问善恶的，所以我竭力破除功利的成见，用平等的眼光去观察一切的好东西和坏东西。"（同上）这就不仅打破了道统和家派的束缚，而且连雅俗的鸿沟也填平了。

　　先生考辨古史，从远的来说是继承了我国历史上对古书古史的疑辨传统，尤其是宋代郑樵、清代姚际恒和崔述（东壁）三人的思想，从近的来说是受了康有为、胡适、钱玄同三人的启发。他说："崔东壁的书启发我'传、记'不可信，姚际恒的书则启发我不但'传、记'不可信，连'经'也不可尽信。郑樵的书启发我做学问要融会贯通，并引起我对《诗经》的怀疑。"（《我是怎样编写〈古史辨〉的?》）康有为受西方历史学家考定上古史的影响，知道中国古史的不可信，在所著《新学伪经考》、《孔子改制考》中揭出了战国诸子和新代经师作伪的原因。这使先生读后"不但不信任古史，而且要看出伪史的背景，就从伪史上去研究"（《古一序》）。胡适学了西方进化论和实用主义的观念和方法，不把一事物看作孤立和固定的，而视为有前后联系（即因果关系）和变化的，以此种观念和方法去研究古代制度、学说和故事，如井田制、《水浒传》等。这就使先生认识到"不但要去辨伪，要去研究伪史的背景，而且要去寻出它的渐渐演变的线索，就从演变的线索上去研究"（同上）。同时，胡适以研究历史的方法去研究故事，使先生联想到以往当戏迷时的体验，触类旁通，便以历史演进的方法去研究古史中的神话传说，因而他说："我的研究古史的方法，直接得之于胡先生。"（《顾颉刚自传》）钱玄同从章太炎习古文经学，并从崔适习今文经学，而又富于批评精神，要跳出今古文的家派来谈今古文问题，主张用古文家合理的话来批评今文家，同时用今文家合理的话批评古文家，使他们原形毕露，让后人不致再投入他们的家派。先生由此认清一个目标，即治经学是要将其材料全部变为古代史和古代思想史的材料，做经学的结束者。他说：钱玄同"给我以研究的题目"（同上）。

"层累地造成的中国古史"是当时先生与胡适、钱玄同在讨论古书古史真伪时提出的一个重要假说，"它第一次有系统地体现了现代史学的观念"（余英时：《顾颉刚、洪业与中国现代史学》），"是新文化运动的重要成果，是二十世纪中国史学理论研究中一个真正的创造"（袁征：《二十世纪中国史学理论的重要创见》）。"层累说"的产生受到崔述"世益晚则其采择益杂"、"世愈后则其传闻愈繁"的启迪，然崔氏的说法仅描述了历来古史系统的现象，而先生的"层累说"却反映出古史系统变化的一些规律。他以历史演进的方法，从"周代人心目中最古的人是禹，到孔子时有尧、舜，到战国时有黄帝、神农，到秦有三皇，到汉以后有盘古等"现象中，得出"时代愈后，传说中的古史期愈长"、并且"发生的次序和排列的系统恰是一个反背"的规律。又从"舜，在孔子时只是一个'无为而治'的圣君，到《尧典》就成了一个'家齐而后国治'的圣人，到孟子时就成了一个孝子的模范"现象中，得出"时代愈后，传说中的中心人物愈放愈大"的规律。这些都较崔氏的说法有所深入。"层累说"的第三点：我们"即不能知道某一件事的真确的状况，但可以知道某一件事在传说中的最早的状况。我们即不能知道东周时的东周史，也至少能知道战国时的东周史；我们即不能知道夏、商时的夏、商史，也至少能知道东周时的夏、商史"，则更是崔氏所未言及的。随后先生在《答刘胡两先生书》中，将"层累说"又继续发展，提出推翻非信史的四项标准：一、"打破民族出于一元的观念"，应依古代民族的分合为分合，寻出他们的系统的异同状况。二、"打破地域向来一统的观念"，应以各时代的地域为地域，不能以战国的七国和秦的四十郡算做古代早就定局的地域。三、"打破古史人化的观念"，古人对于神和人原没有界限，所谓历史差不多完全是神话。自春秋末期以后，诸子奋兴，人性发达，于是把神话中的古神古人都"人化"了。四、"打破古代为黄金世界的观念"，古代的神话中人物"人化"之极，于是古代成了黄金世界。应懂得五帝、三皇的黄金世界原是战国后的学者造出来给君王看样的，庶可不受他们的欺骗。这四项标准，以历史进化论为依据，远远超过崔述"考信于六艺"的信条，直至今日仍没有过时。

18 世纪末，崔述用"考而后信"的一把大斧，削去了几百万年的上古史；但凡是"经"里有名的，他都不敢推翻。而先生的"层累说"是一把更大的斧头，把禹以前的古帝王都送到封神台上去，连禹也不免发生问题，从根本上瓦解了三皇五帝的历史真实性。因此胡适认为："在中国古史学上，崔述是第一次革命，顾颉刚是第二次革命，这是不须辩护的事实。"（《介绍几部新出的史学书》）"层累说"在史学界所产生的革命性的震荡，使当时不论史观如何不同的人都无法不承认它在史学上所占的重要位置。胡适称"层累说""替中国史学界开了一个新纪元"（同上）；郭沫若称"层累说""的确是个卓识"，"在旧史料中凡作伪之点大体是被他道破了"（《中国古代社会研究》）。"层累说"从根本上推翻了两千多年来人们崇信的偶像，在社会上产生了广泛的影响，不仅具有重大的创造性的学术价值，而且波及整个思想领域，具有反封建观念的重大社会意义。古史大论战以后，大多数学者把三皇五帝列入史前史的范围，历史教科书上不再将三皇五帝、禹定九州等作为信史来讲授，即使是当时批评顾氏的学者张荫麟，后来著《中国史纲（上古编）》时，也不讲三皇五帝而是从有文字记载的商代讲起了，这就是先生考辨古史的功绩。

"层累说"的诞生，缘于先生以"历史演进"的方法去观察历史上的传说，并且这一重要方法贯穿了他学术生涯的始终。先生将"历史演进法"应用于史料考订，即是将散见于各种文献中的有关记载，按其出现的先后排列起来，一层一层地分析史料的形成时代，进而确定每一层文献的历史含义，看其如何演变。这里最重要的一点，则是他突破了传统的考据学所持"经书即信史"的观念，不是以儒家的立场而是以史家的立场，将古代一切圣经贤传都当做"历史文献"来处理，使人不再盲目相信从前人关于古史的各种记载。同时，"历史演进法"应用于史事解说，即是打破以往"古代为黄金世界"的观念，由于后世文明远过于古代，便可知人性愈浓且系统愈完备的古史，当愈为后出。如先生将《尚书》里有关古史的文字摘出比较，认为西周人的古史观念实在只是神道观念，那时所说的"帝"都指上帝，如《吕刑》中"皇帝"即是"上帝"的同义词；而《尧典》等篇中却是人治观念，以"帝"为活人的阶位之称，这就是其为后出的一个最明显的证据。这种观念的变迁，"就是政治现象从神权移到人治的进步"（《古一序》）。

古史记载中本来包含着许多神话传说的成分，相互冲突，难以在考古学上得到直接的印证，而先生借用"故事的眼光"，便可以对其进行合理的解释。他不再像崔述那样简单地驳斥这些神话传说为不雅训之邪说，而是从时代的社会的角度去考察其演变，其结果一方面使他"能把向来万想不通的地方想通，处处发见它们的故事性"，所以"敢大胆打破旧有的古史系统"（《答李玄伯先生》）；另一方面，通过对古史的考辨，将神话从古史中还原出来，就使他的工作进入了神话学的领域。今日学界认为，就中国神话传说研究而言，1923 年先生与刘掞藜、胡堇人等争论禹是否有神性之问题实是它的"开端"，自此至 1941 年《古史辨》第七册出版的十九年间实是它的"全盛时期"，《古史辨》实是影响它"兴起的最主要因素"（王孝廉：《中原民族的神话与信仰》）。

"历史演进法"和"故事的眼光"导致先生把"传说的经历"看得比"史迹的整理"更重要，他作古史研究的重点，"不在它的真相而在它的变化"（《答李玄伯先生》），并且要依据各时代的时势来解释其变化，解释各时代传说中的古史。这种研究表明他认识到载记的古史与真正发生过的古史是不同的，载记受到人们主观因素的影响和限制，时代和观念的变化都会给它染上不同的色彩。"把古史的研究从对一件史事本身的静态研究，扩展到这件史事在传说中经历的动态研究，反映了他对古史研究对象和范围的新认识。"（刘俐娜：《顾颉刚学术思想评传》）因此学界认为："把'传说的经历'看得比'史迹的整理'还重要——这是中国传统考证学者在历史意识方面从来没有达到的高度。"（余英时：《顾颉刚、洪业与中国现代史学》）

由于上古史经过的长期流变和先秦诸子创造性整理，作为其主要载体的古书又遭遇了秦汉间的动乱和战争，再加上没有历史观念的汉儒搜集厘定，其问题之多是不足为怪的。因此先生将自己的研究目标定为"作成一个'中古期的上古史说'的专门家，破坏假的上古史，建设真的中古史"，即通过研究，揭示战国、秦、汉间人的"上古史观念及其所造作的历史"，来建设"战国、秦、汉的思想史和学术史"（《古二序》）。鉴于一般人对辨伪的误解，先生指出："我们的辨伪，决不是秦始皇的焚书"。我们"辟《周官》伪，只是辟去《周官》与周公的关系"，"辟《左传》伪，也只要辟去《左传》与孔子的关系"。"这原是以汉还汉、以周还周的办法，有何不可。我们所以有破坏，正因为求建设。破坏与建设，只是一事的两面，不是根本的歧异。"（《古四序》）

"对于战国、秦、汉时代学说之批判",成为先生毕生古史研究中坚持不变的主题思想,他要使真的商、周回复其商、周的地位,假的唐、虞、夏、商、周回复其先秦或汉、魏的地位。

在研究中先生充分使用了"伪史移植利用法",他说:"许多伪材料,置之于所伪的时代固不合,但置之于伪作的时代则仍是绝好的史料;我们得了这些史料,便可了解那个时代的思想和学术。"如《易传》,放在孔子时代自然错误,可称它为伪材料,但放在汉初就可以见出那时人对于《周易》的见解及其对于古史的观念。又如《诗三百篇》,齐、鲁、韩、毛四家把它讲得完全失去了原样,四家的解说对《诗经》的本身毫无价值,但却是极好的汉代伦理史料和学术史料。因此先生强调:"伪史的出现,即是真史的反映。我们破坏它,并不是要把它销毁,只是把它的时代移后,使它脱离了所托的时代而与出现的时代相应而已。实在,这与其说是破坏,不如称为'移置'的适宜。"(《古三序》)可以说,先生应用疑信并用的原则,移伪置信,使其考辨的史料各就其实际年代定位,成为该年代的信史。

以先生为代表的"古史辨学派"的业绩,不仅在中国近代史学界产生了巨大影响,许多外国学者如恒慕义(A. W. Hummel)、魏特夫(K. A. Wittfogel)、埃伯哈特(W. Eberhard)、顾立雅(H. G. Greel)、韦利(A. Weley)、拉铁摩尔(O. Lattimore)、休斯(E. R. Hughes)、高本汉(B. Karlgren)、卜德(D. Bodde)、诺亚费尔(N. E. Fehi)、卫德明(H. Wihelm)、格雷厄姆(A. C. Graham)等人,也都受到他的影响,在研究中采用了他的观点和方法。《苏联历史百科全书》和《大英百科全书》(十五版)也有顾颉刚和《古史辨》的词条。20世纪60年代美国匹兹堡大学的华裔学者许倬云出版《变迁中的古代中国:对社会动态的分析,公元前722到222年》一书,系根据《古史辨》的观点对此段历史进行研究,他说,"几乎无法避免以这种或那种方式受《古史辨》这部学术巨著的影响,因而很自然地在这种影响下进行自己的这项研究工作"。20世纪70年代,美国出版了施耐德(L. A. Schneider)系统研究先生及"古史辨学派"的专著《顾颉刚与中国新史学》。20世纪80年代,德国的吴素乐(U. Richter)又写了两部专著《古史辨——中华民国一次科学论战的结果》和《顾颉刚与中国古代历史的考证》。这说明国外对先生的研究在不断深入,其影响也日益扩大。

三

本书所选各篇，系先生在 20 世纪 20 年代至 30 年代研讨古史和古籍方面的成果。

《与钱玄同先生论古史书》、《答刘胡两先生书》二篇，可谓《古史辨》的纲领性文字，前面已经述及，其重要地位自不必多言。

在《古史辨》第一册至第五册序言中，先生直抒心胸，不仅将其学术见解的前因后果娓娓道来，而且对其治学生涯的心路历程也表白得痛快淋漓。其中第一册自序，被胡适称作"中国文学史上从来不曾有过的自传"，"无论是谁，都不可不读"。有不少青年因受其感染而走上历史研究的道路。美国学者恒慕义认为此序"虽是一个人三十年中的历史，却又是中国近三十年中思潮变迁的最好的记载"，因此将它译为英文并加以注释，1931 年由荷兰莱顿的布利尔出版公司出版，恒氏由此获得博士学位。平冈武夫将它译为日文，1940 年由日本创元社出版，后又改译于 1953 年和 1987 年两次出版。20 世纪 30 年代出版的"中国新文学大系"，其中由周作人编辑的《散文一集》将此序全文收入。1989 年台湾远流出版公司将此序改题《走在历史的路上》，收入"励志馆丛书"。此后又有多家出版社出版。

当年先生撰写该自序时，曾将所搜集的孟姜女故事分时分地开一篇总账，为古史研究方法举一旁证的例子，但由于篇幅过长遂删去，独立为《孟姜女故事研究》一文发表；现将其辑入，附于该序之后。此文指出："若把《广列女传》所述的看作孟姜的真事实；把唱本、小说、戏本……中所说的看作怪诞不经之谈，固然是去伪存真的一团好意，但在实际上却本末倒置了。"先生将前人"本末倒置"的眼光再颠倒过来，使故事传说的研究走上了超出书本而深入社会实际生活的新路。正如钟敬文所说，先生此项研究为学界"建立了一种崭新的传说科学"；给青年学者"开辟了一条新的学术道路，形成一种新的学术风气"，"当时有不少人是跟他走上这条路的"（《孟姜女故事论文集序》）。

在《古史辨》各册自序中，先生的治学风格也得以充分展现。首先看看先生对待不同派别的态度。由于他治学只为求真而从不崇拜偶像，不肯用习惯上的毁誉去压抑自己的理性，故在学问上从不加入任何家派。他在《第一册自序》中说："保持客观的态度，以平等的眼光去观察种种不同的派别，也不是不可能的事。即使不能完全不偏，总可以勉力使它少偏一点。""我们为要了解各家派在历史上的地位，不免要对家有所寻绎，但这是研究，不是服从。"比如，当时在今古文经学的研究上，先生引用康有为等人的观点批评刘歆，发表一些不信任古文家的议论，有些人便称先生为"新今文家"，对此先生始终认为是"成见"而欲打破之。他在《第四册序》中说："一般人以为我们用了刘逢禄、康有为的话而辨《左传》，就称我们为今文学家。不知我们对于春秋时的历史，信《左传》的程度乃远过于信《公羊传》。我们所摈斥的，不过'君子曰'及许多勉强涂附上去的释经之语，媚刘氏之语，证《世经》之语而已。"他又在《第五册自序》中说："我们所以现在提出今古文问题……只因它是一件不能不决的悬案，如果不决则古代政治史、历法史、思想史、学术史、文字史全不能做好，所以要做这种基础的工作而已。古人的主观争霸，何害于我们的客观研究！我们的推倒古文家，并不是要帮今文家占上风，我们一样要用这种方法来收拾今文家。"又如，先生最初与师友讨论古史时，所立疑信的标准只是由社会学、考古学而来，当时学术界尚没有人用唯物史观来解释古史的。后来随着郭沫若《中国古代社会研究》出版，唯物史观在社会上风靡一时，有些人批评先生不站在这个立场上作研究。先生在《第四册序》中说："我自己决不反对唯物史观。我感觉到研究古史年代，人物事迹，书籍真伪，需用于唯物史观的甚少，无宁说这种种正是唯物史观者所亟待于校勘和考证学者的借助之为宜；至于研究古代思想及制度时，则我们不该不取唯物史观为其基本观念。"又说：清代学者的校勘训诂是"第一级"，我们的考证事实是"第二级"，"等到我们把古书和古史的真伪弄清楚，这一层的根柢又打好了，将来从事唯物史观的人要搜取材料时就更方便了，不会得错用了。是则我们的'下学'适以利唯物史观者的'上达'；我们虽不谈史观，何尝阻碍了他们的进行，我们正为他们准备着初步工作的坚实基础"。因此，先生强调"分工"原则，认为"许多学问各有其领域，亦各当以其所得相辅助，不必'东风压倒西风'才算快意"（《古四序》）。"既在现时代研究学问，则必须承认'分工'是必要的……不要群趋一个问题而以自己所见为天经地义，必使天下'道一风同'"（《古三序》）。

再看看先生对待学术讨论的态度。由于他自己不崇拜偶像，故而也绝不愿意别人把自己作为偶像，作自己的应声虫。他最喜欢有人反驳自己，正如《第一册自序》中谈到古史论战刘、胡两人"来书痛驳"时所言："我很高兴地收受；我觉得这是给与我修正自己思想和增进自己学问的一个好机会。"七册《古史辨》从头至尾都是以讨论集的形式出现，又尽量辑入反驳和批评其古史学说的文章，正是要提倡这种公开讨论、自由批评的风气。先生说："我实在想改变学术界的不动思想和'暖暖姝姝于一先生之说'的旧习惯，另造成学者们的容受商榷的度量，更造成学者们的自己感到烦闷而要求解决的欲望。我希望大家都能用了他自己的智慧对于一切问题发表意见，同时又真能接受他人的切磋。一个人的议论就使武断，只要有人肯出来矫正，便可令他发生自觉的评判，不致误人。就使提出问题的人不武断而反对他的人武断，这也不妨，因为它正可因人们的驳诘而愈显其不可动摇的理由。所以人们见解的冲突与凌乱，读者心理的彷徨无所适从，都不是坏事，必须如此几可逼得许多人用了自己的理智作审择的功夫而定出一个真是非来。"（《古三序》）并且先生认为："在这些矛盾的论调中，读者大可看出这个时代的人们对于古史的观念有怎样的不同，我们将来工作的进行应当拣取什么方法。这是很好的思想史的材料，又是很好的史学方法论的材料。"（《古二序》）

所选三篇研究古籍之文，是先生对《周易》、《诗经》真相的探讨，均收入《古史辨》第三册。其中心思想是破坏《周易》的伏羲、神农的圣经地位，恢复其原来的卜筮书面貌；破坏《诗经》的文、武、周公的圣经地位，恢复其原来的乐歌面貌。他受郑樵批判齐、鲁、韩、毛、郑五家《诗》说之启发，在《〈诗经〉在春秋战国间的地位》一文中，大胆揭穿汉代经师对《诗经》之附会，借研究民歌和儿歌，论证《诗经》是古代诗歌总集，其中包含大量民间创作。此文论述周代人在典礼、讽谏、赋诗、言语四方面的用诗，如何唱在口头，听在耳里。自西周到春秋中叶，诗与乐合一，乐与礼合一。孔子对诗的观念也离不开当时的实用态度，而其时新声流行、雅乐败坏，新声可以不附歌词，也脱离了礼节的束缚，不久就打倒雅乐。战国时雅乐更加衰微，成为古乐。孟子不会讲古乐的声律，只会讲古诗的意义，造出许多春秋时人所未有的附会，下开汉人"信口开河"与"割裂时代"的先声。《论〈诗经〉所录全为乐歌》一文，则据自己对苏州歌谣的见解，从歌词的复沓、方面的铺张、乐曲的采集、民歌的保存等几方面论证《诗经》所录诗篇全部为乐歌；从典礼与非典礼所用的歌曲上证明宋人程大昌、清人顾炎武依据

《仪礼》所载乐章而定诸国诗为徒歌之谬误。经过这些论辨，"三百篇全部入乐，已为现代学者接受为不可移易的定论"（夏传才：《诗经研究史概要》）。《周易卦爻辞中的故事》一文，研究了商至周初的王亥丧牛羊于有易、高宗伐鬼方、帝乙归妹等故事，并说明《卦爻辞》中没有尧、舜禅让和圣道的汤、武革命等故事，由此可知，作《卦爻辞》时流行的几件大故事是后来消失了的，而作《易传》时流行的几件大故事是作《卦爻辞》时所想不到的，从这些故事的有无上，可约略推定《卦爻辞》的著作时代当在西周初叶。先生将《周易》和《易传》这两部时代意识、古史观念均不相同的书区分开来，从二者的乖异上得到一个估计西周和秦、汉间的文籍的尺度。另外，先生 1931 年所撰《尧典著作时代考》，是其研究《尚书》的重要著作，当年作为《尚书研究讲义》第一册，由燕京大学石印，其中部分内容修改后发表于《禹贡半月刊》及《文史杂志》，直至其逝后才全文刊出，故此次未选录。

先生 1929 年至 1930 年在燕京大学授"中国上古史研究"课，所编二十余万字的《中国上古史研究讲义》可谓一部"层累地造成的中国古史"。对于古籍中的古史传说，讲义"一反前人的成法，不说哪一个是，哪一个非，而只就它们的发生时代的先后寻出它们的承前启后的痕迹来，又就它们的发生时代背景求出它们的异军突起的原因来"（《第一学期讲义序》）。第一学期讲完了"子学时代"的材料，第二学期接讲"经学时代"的材料，重点是王莽时的古史系统，认为该系统是为他受禅作准备的。讲义当年由燕大油印，流传不广，其中《中国上古史研究课第二学期讲义序目》收入《古史辨》第五册，现选录。先生在此文中指出：古文家的经说既出在今文家之后，"当然有胜过今文家的地方"，并批评康有为、崔适等人"先认定自己是今文家，凡今古文经义有不合的，必扬今而抑古。甚而至于春秋时的历史，凡《左传》与《公羊传》违异的，亦以"公羊"为信史而以"左氏"为谬说。其实他们既说《国语》为《左传》的前身，则《左传》的记事出于古文家之前，原不当因它为古文家改编之故，使它蒙了古文之名而与今文对垒"。由此可证，先生作为研究者，已经跳出了今、古文经学的门户之见，他虽接着康、崔等人讲王莽、刘歆造伪问题，但只是接受今文家的某些考证，并不采取其经学立场，不是为了证明某种经学理论而辨伪。

先生又将讲义部分内容扩展为《五德终始说下的政治和历史》与《三皇考》两长文，对三皇五帝问题进行深入细致研究，是其"帝系考"

方面的名著，以后分别收入《古史辨》第五、七册。先生认为，三皇问题与商、周无关，只是秦、汉以来宗教史的问题而不是古代史实问题，所以《三皇》一文可作原原本本的说明。而五帝问题就没有这样容易，因其历史悠久，史料零落，故《五德》一文仅论述秦、汉间的五帝而没有涉及商、周间的五帝。此文详细论述了西汉末年出现的《世经》中的"五德终始说"，如何将战国后期邹衍的五德相胜说改变为五德相生说，如何改造汉代以前的古史中帝王体系将其向上延伸了两倍；认为《世经》这件最重要的中国上古史材料为刘歆所作。先生依据汉代的时势指出，王莽为夺汉代天下，所用手段是在历史"五德相生"的循环中找出他做皇帝的根据，以造成尧舜禅让的重现；而刘歆由于整理皇家书籍，为借政治力量来表彰所发现的古代史料，必在其中加进有利于皇室的东西。康有为《新学伪经考》和崔适《史记探源》已抉出刘歆作伪之迹，先生在此基础上系统说明五德在秦汉间变迁之迹，指出其并非刘歆一人所造。王莽垮台后，这个利用当时流传的材料所编造的古史体系仍完整地传下来，成为两千年间人们所信奉的上古史。先生对它进行层层剥笋式的清理，把每一个帝王如何安排到这个体系中的来龙去脉讲明，正是对"层累地造成的中国古史"所作的一次精细解剖。由于该二文各有十余万言，此次《三皇考》仅选录自序；《五德终始说下的政治和历史》则选录据其中部分内容改写的《汉代学术史略》。《史略》一书系1933年先生在燕大授"秦汉史"课所编著的讲义，他从秦汉时代统治阶级的需要上论述今、古文两派经学的变化，通过当时的上古史观念及其造作的古史，写成秦汉时代的学术史和思想史，是其"经学考"方面的名著。先生十分重视历史知识的普及，此书以通俗的演义体裁写成，文字生动活泼，深入浅出，故而拥有大量的读者。自1935年出版后，多次再版，如1936年中国文化服务社版、1941年上海东方书社版、1944年成都东方书社版、1996年北京东方出版社版；改题《秦汉的方士与儒生》1955年上海群联出版社出版后，又有1957年上海人民出版社版、1978年上海古籍出版社版、2012年北京出版社版，等等。此书还由小仓芳彦等人译为日文，1978年日本大修馆书店出版。为方便读者，现将先生1954年所作《秦汉的方士与儒生》之序附于其后。

《崔东壁遗书》是先生亟欲表彰的一部辨伪著作，经其以十余年之力整理并收集相关材料，至1936年出版。1934年，先生本想借为该书作序之机，将两三千年中造伪和辨伪的两种对抗势力作一度鸟瞰，从而评论崔氏在学术界的成绩，但终因无暇而未写毕。次年把文中战国秦汉间的一段略加修改，易题《战国秦汉间人的造伪与辨伪》发表，后收入《古史辨》第七册。此文开篇即言："研究历史，第一步工作是审查史料。有了正确的史料作基础，方可希望有正确的历史著作出现。"先生阐述了考辨古籍的重要，深信自己的工作"决没有废弃的道理"，尽其一生之力也不过开了一个头，以后会一直进行下去。

顾潮。
二〇一三年三月。

《诗经》在春秋战国间的地位[*]
（1923）

　　《诗经》这一部书，可以算做中国所有的书籍中最有价值的；里边载的诗，有的已经二千余年了，有的已经三千年了。我们要找春秋时人以至西周时人的作品，只有它是比较的最完全，而且最可靠。我们要研究文学和史学，都离不掉它。它经过了二三千年，本质还没有损坏，这是何等可喜的事！我们承受了这份遗产，又应该何等的宝贵它！

　　《诗经》是一部文学书，这句话对现在人说，自然是没有一个人不承认的。我们既知道它是一部文学书，就应该用文学的眼光去批评它，用文学书的惯例去注释它，才是正办。不过我们要说"《诗经》是一部文学书"一句话很容易，而要实做批评和注释的事却难之又难。这为什么？因为二千年来的《诗》学专家闹得太不成样子了，它的真相全给这一辈人弄糊涂了。譬如一座高碑，矗立在野里，日子久了，蔓草和葛藤盘满了。在蔓草和葛藤的感觉里，只知道它是一件可以附着蔓延的东西，决不知道是一座碑。我们从远处看见，就知道它是一座碑；走到近处，看着它的形式和周围的遗迹，猜测它的年代，又知道它是一座有价值的古碑。我们既知道它是一座有价值的古碑，自然就要走得更近，去看碑上的文字；不幸蔓草和葛藤满满的攀着，挡住了我们的视线，只在空隙里看见几个字，知道上面刻的是些什么字体罢了。我们若是讲金石学的，一定求知的欲望更迫切了，想立刻把这些纠缠不清的藤萝斩除了去。但这些藤萝已经经过了很久的岁月，要斩除它，真是费事的很。等到斩除的工作做完了，这座碑的真面目就透露出来了。

　　* 此文原载《小说月报》第十四卷第三、第五号，1923 年 3 月 10 日、5 月 10 日，题《诗经的厄运与幸运》；编入《古史辨》第三册时，因本篇未作完，略加修改，易署此题。

我做这篇文字，很希望自己做一番斩除的工作，把战国以来对于《诗经》的乱说都肃清了。不过像我这般力弱，能够达到我的愿望与否实在不敢说定。但无论如何，总可以使得蔓草和葛藤减少一点，因为摘去几瓣大的叶，斩断几条嫩的枝，虽是力弱的人，只要肯做，也是做得到的。

我做这篇文字的动机，最早是感受汉儒《诗》学的刺戟，觉得这种的附会委实要不得。后来看到宋儒清儒的《诗》学，觉得里边也有危险。我久想做一篇文字，说明《诗经》在历来儒者手里玩弄，好久蒙着真相，并且屡屡碰到危险的"厄运"，和虽是一重重的经历险境，到底流传到现在，有真相大明于世的希望的"幸运"。我关于这个问题，聚的材料已经不少了，但我心中觉得不满足，自己问道：

> 历来的经学家为什么定要把《诗经》弄坏呢？
>
> 他们少数人闹，为什么大家不出来反对，反而灭没了自己的理性去盲从他们呢？

我因为要解答这一类问题，就想把《诗经》在它的发生时代——周代——中的位置考查一下，看出：

> 没有《诗经》以前，这些诗是怎么样的？
>
> 那时人对于它们的态度是怎么样的？
>
> 汉代经学家的荒谬思想来源是在何处？
>
> 为什么会有这种荒谬思想的来源？

因此，我把春秋战国时关于"诗"与"乐"的记载钞出了多少条，比较看来，果然得一近理的解释。这篇的前五章，就是说明这一点意思。

我做这件工作时最感困难的，便是取材的胆怯。因为除了《诗经》本身以外，凡要取来证成《诗经》的差不多没有一部书籍完全可靠。《尚书》固是一部古书，但即在完整的《今文尚书》中，文体的不同也是很显著的事实。试把《周书》一部分翻开来看，《大诰》、《康诰》等是一组，《无逸》、《金縢》等又是一组：上一组诘屈聱牙，不容易懂；下一组便文义明白，一目了然。我们若是承认诘屈聱牙是真西周文字，便不得不承认文义明白的是非西周文字，因为处于同一的时代而有截然差异的两种文体，是不会有的事（除了后世人的摹古）。我们就是让步到极顶，也只能说出于后来史官的追记。出于追记，即是得之传闻，不一定可靠。《左传》和《国语》固是记载春秋时事最详细的，但做书人的态度既不忠实，并且他确是生在战国时的，这部书又经过了汉儒的几番窜乱，可靠的程度也是很低。《仪礼》是记载周代礼节最详细的，但礼节这等的繁缛，物品这等的奢华，决不是"先进野人"之风，恐是春秋末年或战国初期的出品。《论语》是记载孔子的言行最详细的，但说及曾子的死，至少出于孔子的再传弟子所记，也是战国初期的出品。《礼记》更后了，大部分是西汉人所作，这是可以把汉人的记载证明的。我们要研究春秋时人对于《诗经》的态度，却不得不取材于战国时乃至汉代的记载，这确实的程度已经打了折扣，何况春秋时人对于《诗》有种种的应用，而战国时人只有说话中偶尔引到，别的地方就用不着了，我们能保证他们的记载没有隔膜与错误吗？所以我作此文，为说明计，不得不取材于上几书，而取材时总是使得心中起了怯弱的感觉。

我对于自己的安慰和对于读者的请求，只有把这些书上记的事实不看作固定的某一事，而看作流动的某一类事的动作状况。譬如我们作宋史，决不能把《水浒传》里的故事插了进去；但我们要知道宋代的强盗状况，便觉得《水浒传》中材料甚多。如：徽宗时何以四方盗起？这些强盗是如何结合的？他们的目的怎样？行为怎样？言语怎样？这种问题，《水浒传》中很能解释。宋江、卢俊义等的本身事实，《水浒传》中写的固是不会确，但像《水浒传》中所写宋江、卢俊义等经历的背景，必然有在世上。我们要知道的是社会状况，而小说上写的正是社会状况。这些社会状况，除了小说竟寻不到记载；小说上的记载又描写得入情入理：我们怀了一个探看背景的愿望，对于小说的记载，不取它的记事而专取它的背景，似乎不致大谬。我这文中所引的故事，请大家也把这等的眼光去看罢！

我惭愧我的学浅；我大胆发布这篇文字，只是给求真的欲望所逼迫，希望洗刷出《诗经》的真相。我能不能达到这个希望固不可知，但我总愿意向着这方面走。所有错误及漏略的地方，请大家指正！

一　传说中的诗人与诗本事

古人比现在人欢喜唱歌。现在的智识阶级发抒情感，做的是诗词，写在纸上，只读不唱；非智识阶级发抒情感，唱的是山歌，很少写在纸上，也没有人注意。古人不是这样：智识阶级做的是诗，非智识阶级做的也是诗；非智识阶级作的诗可以唱，智识阶级做的诗也可歌唱。所以古人唱在口里的歌诗，一定比现在人多。那时的音乐又很普及，所唱的歌诗，入乐的自然不少。这三百多篇诗的《诗经》，就是入乐的诗的一部总集。我们看了这部书，可以知道古代诗歌的一点样子；但当时的诗歌我们见不到的依然很多，因为作诗的人是无穷的，做出来的诗篇也是无穷的，没有收入《诗经》的真不知有多少，试看古书所记：

公入而赋："大隧之中，其乐也融融。"姜出而赋："大隧之外，其乐也泄泄。"（《左传》隐元年）

郑……伐宋，宋华元……御之……宋师败绩，囚华元。……宋人以兵车百乘，文马百驷，以赎华元于郑。半入，华元逃归。……宋城，华元为植，巡功。城者讴曰："睅其目，皤其腹，弃甲而复！于思，于思，弃甲复来！"使其骖乘谓之曰："牛则有皮，犀兕尚多；弃甲则那！"役人曰："从其有皮，丹漆若何？"华元曰："去之！夫其口众，我寡。"（《左传》宣二年）

邾人莒人伐鄫。臧纥救鄫，侵邾，败于狐骀。……国人诵之曰："臧之狐裘，败我于狐骀！我君小子，朱儒是使！朱儒，朱儒，使败我于邾。"（《左传》襄四年）

子产从政一年，舆人诵之曰："取我衣冠而褚之；取我田畴而伍之！孰杀子产？吾其与之！"及三年，又诵之曰："我有子弟，子产诲之；我有田畴，子产殖之。子产而死，谁其嗣之！"（《左传》襄三十年）

晋侯以齐侯宴；中行穆子相。投壶，晋侯先；穆子曰："有酒如淮，有肉如坻：寡君中此，为诸侯师！"中之。齐侯举矢，曰："有酒如渑，有肉如陵：寡人中此，与君代兴！"亦中之。（《左传》昭十二年）

南蒯……将适费，饮乡人酒。乡人或歌之曰："我有圃，生之杞乎？从我者子乎？去我者鄙乎？倍其邻者耻乎？已乎！已乎！非吾党之士乎？"（《左传》昭十二年）

惠公入而背外内之赂。舆人诵之曰："佞之见佞，果丧其田。诈之见诈，果丧其赂。得之而狃，终逢其咎。丧田不惩，祸乱其兴！"（《国语·晋语》三）

楚狂接舆歌而过孔子曰："凤兮！凤兮！何德之衰？往者不可谏；来者犹可追。已而！已而！今之从政者殆而！"（《论语·微子篇》）

> 有孺子歌曰："沧浪之水清兮，可以濯我缨。沧浪之水浊兮，可以濯我足。"（《孟子·离娄篇》）

这都是随口唱歌，并没有音乐的辅助的。这一类的"徒歌"，当时不知有多少首，但现在传下来的只有千万分之一了。《诗经》中一半是这类的歌，给人随口唱出来的；乐工听到了，替它们各各的制了谱，使得变成"乐歌"，可以复奏，才会传到各处去，成为风行一时的诗歌。假使当时没有被乐工采去，不久也就自然的消灭了。

要问《诗经》上许多诗篇做的人是谁，这个问句可是没法回答。不必说这些诗篇没有记事的引子，便看主于记事的《左传》，也只说"城者"、"国人"、"舆人"、"乡人"，没有指定姓名。不必说记载古事的《左传》，便看现在最流行的乐歌，《四季相思》、《孟姜女寻夫》、《小黑驴》，真可以说风靡一时了，但试问是那一个人做的，有人能回报出来吗？不必说没有书籍记载的歌曲，便看书上记得明白的诗篇，也有同样的疑惑。《古诗十九首》、《文选》上全没有作者的姓名，《玉台新咏》上把九首归到枚乘名下，到底是不是枚乘所作，我们能断定吗？"庭院深深"的一阕《蝶恋花》，到底是冯延己做的，还是欧阳修做的，我们能弄明白吗？《四时读书乐》是元代翁森做的，但一般人算做朱熹了。这种传误，年代还是相近；最可笑的，"黎明即起"的一篇治家格言，是明末朱用纯做的，因为他姓朱，所以大家算做四百年前的朱熹，称为《朱子家训》。实在一首诗文只要传诵得普遍了，对于作者和本事的传说一定失了真相。《诗经》是一部古代极流行的诗歌，当然逃不了这个公例。所以我们对于《诗经》的作者和本事，决不能要求知道得清楚，因为这些事已经没有法子可以知道清楚了。

《诗经》里有在诗中自己说出作者名姓的，如：

> 家父作诵，以究王讻。（《小雅·节南山》）
> 寺人孟子，作为此诗。（《小雅·巷伯》）
> 吉甫作诵，其诗孔硕。（《大雅·嵩高》）
> 吉甫作诵，穆如清风。（《大雅·烝民》）

又有虽不说出作者，便把作诗的缘故自己说出来的，如：

> 维是褊心，是以为刺。（《魏风·葛履》）
> 作此好歌，以极反侧。（《小雅·何人斯》）
> 君子作歌，维以告哀。（《小雅·四月》）

> 王欲玉女，是用大谏。（《大雅·民劳》）

又有虽没有把作诗的缘故说出来，但文义明白，看了便可知道的，如：

> 蔽芾甘棠，勿翦，勿败！召伯所憩。（《召南·甘棠》）

这首诗的意思一看就明白：作诗的人一定是很尊敬召伯的，所以召伯曾休息过的甘棠就劝人不要去斫伐伤损。这类的诗很多，不必列举。

以上三类自然是最靠得住；次之就是古书中的记载。但古书的可靠程度就低了几等，因为传说中的事实是未必一定准的。如：

> 武王既丧，管叔及其群弟乃流言于国曰："公将不利于孺子！"周公乃告二公曰："我之弗辟，我无以告我先王！"周公居东二年，则罪人斯得。于后，公乃为诗以贻王，名之曰《鸱鸮》。（《尚书·金滕篇》）

我们试打开《豳风·鸱鸮篇》来一证，它的原文是：

> 鸱鸮！鸱鸮！既取我子，无毁我室：恩斯，勤斯，鬻子之闵斯！
>
> 迨天之未阴雨，彻彼桑土，绸缪牖户：今女下民或敢侮予！
>
> 予手拮据，予所捋荼，予所蓄租，予口卒瘏，曰予未有室家！
>
> 予羽谯谯；予尾翛翛；予室翘翘，风雨所漂摇：予维音哓哓！

这是一个人借了禽鸟的悲鸣来发泄自己的伤感。它的大意是先对鸱鸮说："鸱鸮，我养育这儿子不容易，你既经把它取了去，再不要来拆毁我的房子了！"再转过来对下面站着的人道："在天好的时候，把房子造坚固了，你们就不能来欺侮我了！"又自己悲伤道："我为了这所房子，做得这等劳苦，我的毛羽坏了，我的房子又在风吹雨打之中，危险得很，使我不得不极叫了！"读了这首诗，很可见得这是做诗的人在忧患之中发出的悲音。说周公在避居时做的，原也很像；但这话应在"管叔流言"时说的，不应在"罪人斯得"后说的，《金滕篇》所记即使是真，也有时间的错误。况且诗上并没有确实说出是周公，《金滕篇》也不像西周时的文体，我们决不能轻易承认。再看《孟子·公孙丑篇》称引这诗"迨天之未阴雨"几句，便连引孔子的话道："为此诗者，其知道乎？"孟子引来的孔子固是靠不住，但至少可说是孟子的意思。孔子、孟子都是最喜欢称道周公的，为什么只说这诗的作者大概是一个"知道"的人，而不说是周公，好像他们并没有读过《金滕篇》的样子呢？

在这种种疑点之下，我们对于《鸱鸮》一诗的作者，依然不能指定。

《左传》上关于《诗经》的记事也有好几则。说出作诗的人的，有许穆夫人作《载驰》一事：

> 狄人伐卫……卫师败绩，遂灭卫。……初，惠公之即位也少，齐人使昭伯烝于宣姜……生齐子、戴公、文公、宋桓夫人、许穆夫人。……及败……卫之遗民男女七百有三十人，益之以共滕之民为五千人，立戴公以庐于曹。许穆夫人赋《载驰》。（闵二年传）

我们翻出《鄘风·载驰篇》来看，第一章说的是：

> 载驰载驱，归唁卫侯。驱马悠悠，言至于漕（即曹）。大夫跋涉，我心则忧。

这一定是卫国有难，所以去唁了。第三章说的是：

> 女子善怀，亦各有行。许人尤之，众稚且狂。

可见去唁卫侯的是女子，而且这女子是和许国有关系的。要不是《左传》看了《诗经》去造事实，这段记载可以算得可靠。

又有几首诗，《左传》上虽没有说出作者但说及它的本事的，如：

> 秦伯任好卒，以子车氏之三子——奄息、仲行、针虎——为殉，皆秦之良也。国人哀之，为之赋《黄鸟》。（文六年传）

这件事在诗上已经写得明明白白：

> 交交黄鸟，止于棘。谁从穆公？子车奄息（下二章云："子车仲行"，"子车𬭩虎"）。维此奄息，百夫之特。临其穴，惴惴其栗。彼苍者天，歼我良人！如可赎兮，人百其身！

这当然可无疑的了。又如：

> 卫庄公娶于齐东宫得臣之妹，曰庄姜，美而无子；卫人所为赋《硕人》也。（隐三年传）

我们翻开《卫风·硕人篇》来看，第一章说的是她的家世：

> 硕人其颀，衣锦𧛐衣。齐侯之子；卫侯之妻，东宫之妹；邢侯之姨；谭公维私。

第二章说的是她的容貌：

> 手如柔荑；肤如凝脂；领如蝤蛴；齿如瓠犀；螓首；蛾眉。巧
> 笑倩兮；美目盼兮。

这也说得很相符合。要不是做《左传》的人依据了《诗经》去附会，这
首诗的来源也可信了。又如：

> 郑人恶高克，使帅师次于河上；久而弗召，师溃而归。高克奔
> 陈。郑人为之赋《清人》。

这句话就有些相信不过了，因为诗上说：

> 清人在彭，驷介旁旁，二矛重英，河上乎翱翔。

写的只是武士游观之乐，全没有"弗召"及"师溃"的意思。这句话是
真是假，没有证据可以判断；只能作为一个悬案。

我们审定这种材料所以严一点，并不是不愿意知道做诗的事实，实
在不愿意做苟且的信从，把自己来欺骗；更不愿意对于古人有轻忽诬蔑
的举动，使得他们原来的样子由我们弄糊涂了。汉代的经学家因为要显
出自己的聪明，硬把三百篇的故事制造齐备，结果徒然闹了许多笑话。
实在不但汉代人不能知道，连春秋战国间人也不能知道。试看《国语》
上说：

> 襄王十三年，郑人伐滑。王使游孙伯请滑；郑人执之。王怒，
> 将以狄伐郑。富辰谏曰："不可！……周文公之诗曰：'兄弟阋于
> 墙，外御其侮。'若是，则阋乃内侮，而虽阋不败亲也。……"
> （《周语》中）

照它这样说，《常棣》一诗是周公做的。再看《左传》上：

> 郑伯……不听王命：王怒，将以狄伐郑。富辰谏曰："不
> 可！……召穆公思周德之不类，故纠合宗族于成周而作诗曰：'常
> 棣之华，鄂不韡韡。凡今之人，莫如兄弟。'其四章曰：'兄弟阋于
> 墙，外御其侮。'如是，则兄弟虽有小忿，不废懿亲。……"（僖二
> 十四年传）

看了这一段，《常棣》一诗又是召穆公做的了。这首诗到底是周文公做
的，还是召穆公做的，还是一个无名的人做的？富辰说的到底是那一
人？《国语》与《左传》的记载到底是那一种靠得住？我们对于这些问
题都是回答不来的了！

我们对于三百篇的作者和本事，并不希望有一个完满的回答，因为没有人可以回答，单是空空的希望也是无益的。至于我们为了不知道做诗的本事，就此不懂得诗篇的内容，也无足羞惭，因为这不是我们的过失，只是古人没有把材料给与我们。

二　周代人的用诗

我们要看出《诗经》的真相，最应研究的就是周代人对于"诗"的态度。《诗经》里有许多祝神敬祖的诗，有许多燕乐嘉宾的诗，有许多男女言情的诗，又有许多流离疾苦的诗。这许多诗为什么会聚集在一处？这许多诗如何会流传下来？这许多诗何以周代人很看重它？要解释这种问题，就不得不研究那时人所以"用诗"的是怎样。

要说用诗的方法，先说作诗的缘故。

作诗方面，大别有两种：一种是平民唱出来的，一种是贵族做出来的。平民唱出来，只要发泄自己的感情，不管它的用处；贵族做出来，是为了各方面的应用。《国风》的大部分，都是采取平民的歌谣。这在《诗经》本身上很可看出，如：

> 谁谓雀无角！何以穿我屋？谁谓女无家！何以速我狱？虽速我狱，室家不足！（《召南·行露》）

这明明是受了损害之后说出的气愤话，决不是乐工或士大夫定做出来供应用的。至于：

> 螽斯羽，诜诜兮；宜尔子孙振振兮！（《周南·螽斯》）
>
> 桃之夭夭，灼灼其华；之子于归，宜其室家。（《周南·桃夭》）

这分明是定做出来的颂辞了。在《大、小雅》里，采的民谣是少数（如《我行其野》、《谷风》等），而为了应用去做的占多数（如《鹿鸣》、《文王》等）。《颂》里便没有民谣了。民谣的作者随着心中要说的话说去，并不希望他的作品入乐；乐工替它谱了乐章，原意也只希望贵族听了，得到一点民众的味儿，并没有专门的应用；但贵族听得长久了，自然也会把它使用了。凡是定做出来的，都由于应用上的需要而来。如：

> 呦呦鹿鸣，食野之苹。我有嘉宾，鼓瑟吹笙。吹笙鼓簧；承筐是将。人之好我，示我周行！（《小雅·鹿鸣》）

这是很恭敬的对宾客说的一番话，是为宴宾而做的诗。又如：

> 有客宿宿；有客信信。言授之絷，以絷其马。（《周颂·有客》）
> 皎皎白驹，食我场藿；絷之维之，以永今夕。所谓伊人，于焉嘉客。（《小雅·白驹》）

这是很真挚的留客人多住几天的话，也是为宴宾而做的诗。又如：

> 王命申伯："式是南邦；因是谢人，以作尔庸。"王命召伯："锡申伯土田。"王命傅御："迁其私人。"（《大雅·崧高》）

这是周王锡命申伯的话，篇末说明吉甫作了这首诗赠与申伯的，是为庆贺而做的诗。又如：

> 王命南仲："往城于方。"出车彭彭，旗旐央央。"天子命我，城彼朔方。"赫赫南仲，狁于襄！（《小雅·出车》）

这是记南仲的功绩，或是为了慰劳南仲而在他凯旋时做的诗。这种的事一时也说不尽。总之，这些诗都是为了应用而做的。

为了应用而做的诗，和采来的诗而应用它的，大概可以分做四种用法：一是典礼，二是讽谏，三是赋诗，四是言语。诗用在典礼与讽谏上，是它本身固有的应用；用在赋诗与言语上，是引伸出来的应用。引伸出来的应用，全看用诗的人如何，而不在诗的本身如何。

典礼的种类很多，所以用诗的方面也很多；最宽广的分类可以分成两种：对于神的是祭祀，对于人的是宴会。

祭祀的诗，看《诗经》本身就很明白。如《小雅·楚茨》说祭祀的样子详细极了，且有工祝祝颂的说话，我们可以决定它是一首祭祀时应用的诗。原文如下：

> 楚楚者茨，言抽其棘。自昔何为，我蓺黍稷。我黍与与；我稷翼翼。我仓既盈，我庾维亿。以为酒食，以飨，以祀，以妥，以侑，以介景福。
> 济济跄跄，絜尔牛羊，以往烝尝：或剥，或享，或肆，或将。祝祭于祊，祀事孔明。先祖是皇；神保是飨。孝孙有庆：报以介福，万寿无疆！
> 执爨踖踖，为俎孔硕：或燔，或炙，君妇莫莫。为豆孔庶，为宾，为客。献酬交错：礼仪卒度，笑语卒获。神保是格；报以介

福，万寿攸酢！

我孔熯矣，式礼莫愆。工祝致告，徂赉孝孙："苾芬孝祀，神嗜饮食，卜尔百福，如几，如式！"既齐既稷，既匡既敕，"永锡尔极，时万时亿！"

礼义既备，钟鼓既戒，孝孙徂位，工祝致告。神具醉止，皇尸载起。鼓钟送尸，神保聿归。诸宰君妇，废彻不迟。诸父兄弟，备言燕私。

乐具入奏，以绥后禄。尔肴既将，莫怨具庆。既醉既饱，小大稽首："神嗜饮食，使君寿考！孔惠孔时，维其尽之。子子孙孙，勿替引之！"

这一首诗把祭祀的原因，祭祀时的状况，祭祀后宾客的祝颂，原原本本的都写出了，我们可以假定这诗是依了祭祀手续的时间逐次奏的。但这诗上虽说"钟鼓既戒"，"乐具入奏"，而奏乐的样子还没有叙述完备。把奏乐的样子叙述完备的，有《周颂》的《有瞽》：

有瞽，有瞽，在周之庭：设业，设虡，崇牙树羽，应，田，县鼓，鞉，磬，柷圉；既备乃奏，箫管备举。喤喤厥声，肃雝和鸣。先祖是听！……

又如《商颂》的《那》，亦与上首略同：

猗与，那与，置我鞉鼓；奏鼓简简，衎我烈祖。汤孙奏假，绥我思成。鞉鼓渊渊；嘒嘒管声；既和且平，依我磬声。於赫汤孙，穆穆厥声！庸鼓有斁；《万舞》有奕。……

在这上，可见祭祀用诗，是"乐""歌""舞"三事同时合作的。阮元有一篇《释颂》是很好的解释：

"颂"字即"容"字也。故《说文》"颂，貌也"。……"容""养""羕"一声之转……今世俗传之样字……从"颂，容，羕"转变而来。……所谓《商颂》，《周颂》，《鲁颂》者，若曰"商之样子"，"周之样子"，"鲁之样子"而已。

何以《三颂》有样而《风》《雅》无样也？《风》《雅》但弦歌笙间，宾主及歌者皆不必因此而为舞容；惟《三颂》各章皆是舞容，故称为"颂"，若元以后戏曲，歌者舞者与乐器全动作也。《风》《雅》则但若南宋人之歌词弹词而已，不必鼓舞以应铿锵之节也。……

大概颂是乐诗中用得最郑重的，不是很大的典礼不轻易用；最大的典礼莫过于祭祀，所以颂几乎完全用在祭祀上。

用在宴会的各种典礼上的诗也是很多，我们上面举的《鹿鸣》、《白驹》、《有客》、《崧高》都是。《仪礼》上《乡饮酒礼》、《燕礼》、《乡射礼》、《大射仪》各篇，都有乐工歌诗的记载。今举《乡饮酒礼》的一节：

> 设席于堂廉，东上。工四人，二瑟；瑟先。相者二人，皆左何瑟，后首，挎越，内弦，右手相。乐正先升，立于西阶东。工入，升自西阶，北面坐。相者东面坐，遂授瑟；乃降。工歌《鹿鸣》、《四牡》、《皇皇者华》。……

> 笙入，堂下磬南。北面立；乐《南陔》、《白华》、《华黍》。……

> 乃间歌《鱼丽》，笙《由庚》；歌《南有嘉鱼》，笙《崇丘》；歌《南山有台》，《由仪》。

> 乃合乐：〔周南〕《关雎》、《葛覃》、《卷耳》；〔召南〕《鹊巢》、《采蘩》、《采𬞟》。

> 工告于乐正曰："正歌备"；乐正告于宾，乃降。

这一篇写奏乐的程序清楚极了。

宴会时各种游艺也是用乐诗做节制的。如投壶：

> 司射进度壶，间以二矢半；反位，设中东面，执八算，兴。……命弦者曰："请奏《狸首》，间若一。"太师曰："诺。"左右告矢具，请拾投。……（《礼记·投壶》）

又如会射：

> 故射者进退周还必中礼。内志正，外体直，然后持弓矢审固。持弓矢审固，然后可以言中。此可以观德行矣。其节：天子以《驺虞》为节，诸侯以《狸首》为节；卿大夫以《采𬞟》为节；士以《采蘩》为节。……是以诸侯君臣尽志于射以习礼乐。……诗曰："曾孙侯氏，四正具举。大夫，君子，凡以庶士，小人莫处，御于君所：以燕，以射，则燕，则誉。"言君臣相与尽志于射，以习礼乐，则安则誉也。（《礼记·射义》。《狸首》一诗已亡，有人说"曾孙侯氏"一首即是《狸首》）

这种种乐诗的应用，无非使得宴会中增高欢乐的程度，和帮助礼节的进行。现在乐诗虽失传，宴会中的歌唱侑酒，行礼时的作乐，正和古人的意思是一样的。

讽谏方面，《左传》与《国语》都屡次说起。如：

> 自王以下，各有父兄子弟以补察其政：史为书，瞽为诗，工诵箴谏，大夫规诲，士传言，庶人谤。（《左传》襄十四年师旷语）
>
> 故天子听政，使：公卿至于列士献诗，瞽献曲，史献书，师箴，瞍赋，蒙诵，百工谏，庶人传语，近臣尽规，亲戚补察，瞽史教诲；耆艾修之，而后王斟酌焉。是以事行而不悖。（《国语·周语》中，邵公谏厉王语）
>
> 吾闻古之王者，政德既成，又听于民，于是乎使工诵谏于朝，在列者献诗，使勿兜；风听胪言于市，辨祆祥于谣，考百事于朝，问谤誉于路：有邪而正之，尽戒之术也。先王疾是骄也！（《国语·晋语》六，范文子戒赵文子语）

从这几则看，可见公卿列士的讽谏是特地做了献上去的；庶人的批评是给官吏打听到了告诵上去的。我们看《诗经》中也有这事的痕迹，如：

> 好人提提，宛然左辟，佩其象揥。维是褊心，是以为刺！（《魏风·葛屦》）
>
> 昊天不平，我王不宁。不惩其心，覆怨其正。家父诈诵，以究王讻。式讹尔心，以畜万邦。（《小雅·节南山》）
>
> 为鬼为蜮，则不可得。有腼面目，视人罔极，作此好歌，以极反侧！（《小雅·何人斯》）

他们作诗的宗旨，为了要去讥刺好的褊心，要去穷究国王昏乱的缘故，要去穷究他人的反侧之心。固是这种骂人的诗未必直接送与所骂的人看，但若别人听到了，转达与所骂的人，也可以促成他的反省。所谓"师箴，瞍赋，蒙诵"，就是要使瞎子乐工做转达的人。再看上面引的城者对华元的讴，舆人对子产的诵，乡人对南蒯的歌，也是"庶人谤"的一类。

所可怪的，《左传》记了二百六十年的事，不曾见过"献诗，献曲，师箴，瞍赋"的记载。只有楚国左史倚相口里说起一件故事是这一类的，但是西周的事：

> 昔穆王欲肆其心，周行天下，将皆必有车辙马迹焉。祭公谋父

作《祈招》之诗以止王心，王是以获没于祗宫。……其诗曰："祈招之愔愔，式昭德音。思我王度：式如玉，式如金，形民之力而无醉饱之心。"（昭十二年传）

《国语》上也有一段故事：

> 昔卫武公年数九十五矣，犹箴儆于国，曰："自卿以下，至于师长士，苟在朝者，无谓老耄而舍我；必恭恪于朝，朝夕以交戒我；闻一二之言，必诵志而纳之以训导我！"在舆有旅贲之规，位宁有官师之典，倚几有诵训之谏，居寝有亵御之箴，临事有瞽史之导，宴居有师工之诵；史不失书，蒙不失诵，以训御之。于是作《懿戒》以自儆也。（《楚语》上）

这两段事即使可靠，也都是春秋以前的事。恐怕这种事在春秋前很多，而在春秋时就很少了。我所以不敢说春秋时绝无的话，因为看《诗经》中如：

> 心之忧矣，如或结之！今兹之政，胡然厉矣！燎之方扬，宁或灭之！赫赫宗周，褒姒威之！（《小雅·正月》）

> 周宗既灭，靡所止戾。正大夫离居，莫知我勚。三事，大夫，莫肯夙夜。邦君，诸侯，莫肯朝夕。庶曰式臧，覆出为恶！（《小雅·雨无正》）

这种诗都很长，很有组织，意义完全为了警戒与规劝，可以断定是士大夫为了讽谏而做的。诗中又有"周宗既灭"一类的字样，当然是东周的士大夫做的。可见东周时这类的风气还没有歇绝。但这类的诗都在《大、小雅》中，《大、小雅》是王朝的诗，或者献诗诵谏的事是王朝所独有，也未可知。《左传》既不注意王朝，自然没有这类的记载，至于列国，本只有"庶人谤"的徒歌，所以《左传》、《国语》所记舆人之诵等都是很简短的；又没有给乐工收入乐府，三百篇中就见不到了。

赋诗是交换情意的一件事。他们在宴会中，各人拣了一首合意的乐诗叫乐工唱，使得自己对于对方的情意在诗里表出；对方也是这等的回答。这件事《左传》上记得最多，那时士大夫也是看得最重。往往因为一个人不合于这个礼节，就给别人瞧不起；凶一点就闹起来。如：

> 宋华定来聘……公享之，为赋《蓼萧》；弗知，又不答赋。昭子曰："必亡！宴语之不怀，宠光之不宣，令德之不知，同福之不

受，将何以在！"（昭十二年传）

这已经骂得够受的了；再看下面一件事：

> 晋侯与诸侯宴于温，使诸大夫舞，曰："歌诗必类，齐高厚之
> 诗不类！"荀偃怒，且曰，"诸侯有异志矣！"使诸大夫盟高厚。高
> 厚逃归。于是叔孙豹，晋荀偃，宋向戍，卫宁殖，卫公孙疁，小邾
> 之大夫盟曰："同讨不庭！"（襄十六年传）

这不是因了赋诗的小事闯出一场大祸吗！因为那时看赋诗的关系这等样
重，所以在宴会时选择人才很是要紧的事。如《左传》记晋公子重耳到
秦国：

> 他日，公享之。子犯曰："吾不如衰之文也，请使衰从。"公子
> 赋《河水》；公赋《六月》。赵衰曰："重耳拜赐。"公子降拜稽首；
> 公降一级而辞焉。衰曰："君称所以佐天子者命重耳，重耳敢不
> 拜！"（僖二十三年传）

子犯因为不及赵衰会说话，所以推荐了赵衰陪了重耳；果然秦穆公赋了
《六月》，赵衰就叫重耳拜赐了。所以要拜赐的缘故，因为《六月篇》是
周宣王命尹吉甫帅师伐玁狁的事，诗上有"王于出征，以佐天子"的
话，秦穆公赋它，是表示他对于重耳的一番期望，所以重耳应该拜谢他
的厚意。可见宴会赋诗是要主宾互相称美和祝颂，使得各人的好意从歌
诗里表显出来；同时要受的方面知道赋诗的人的好意，表显出受诗以后
的快乐和谦谢。再看下一事：

> 晋侯使韩宣子来聘……公享之。季武子赋《绵》之卒章。韩子
> 赋《角弓》；季武子拜曰："敢拜子之弥缝敝邑，寡君有望
> 矣！"……既享，宴于季氏，有嘉树焉，宣子誉（游也）之。武子
> 曰："宿敢不封殖此树，以无忘《角弓》！"遂赋《甘棠》。宣子曰：
> "起不堪也！无以及召公。"（昭二年传）

这一段写当时俯仰揖让的样子真是活现在眼前。季武子赋《绵》的末
章，是赞美韩宣子的懂道理和有能力，《角弓》说"兄弟昏姻，无胥远
矣"，所以季武子拜谢他联络两国的美意。《甘棠》拿召公来比韩宣子，
更是即景生情的佳话。宾主到了这步田地，实在是会交际啊！

现在再把《左传》里两次最有名的赋诗钞在下面：

> 郑伯享赵孟于垂陇，子展，伯有，子西，子产，子大叔，二子

石从。赵孟曰："七子从君，以宠武也：请皆赋以卒君贶；武亦以观七子之志。"子展赋《草虫》；赵孟曰："善哉，民之主也！抑武也不足以当之。"伯有赋《鹑之贲贲》；赵孟曰："床笫之言不逾阈，况在野乎！非使臣之所得闻也！"子西赋《黍苗》之四章；赵孟曰："寡君在，武何能焉！"子产赋《隰桑》；赵孟曰："武请受其卒章。"子大叔赋《野有蔓草》；赵孟曰："吾子之惠也！"印段赋《蟋蟀》，赵孟曰："善哉，保家之主也！吾有望矣。"公孙段赋《桑扈》；赵孟曰："'匪（诗作"彼"）交匪敖'，福将焉往！若保是言也，欲辞福禄得乎！"卒享，文子告叔向曰："伯有将为戮矣！诗以言志：志诬其上而公怨之，以为宾荣，其能久乎！"（襄二十七年传）

这一次的赋诗，《草虫》、《隰桑》都是思慕君子，子展子产借此表示他们对于赵孟的思慕。《黍苗》是赞美召伯的功劳，子西借此以表示他看赵孟是召伯一流人物。《蟋蟀》说"好乐无荒，良士瞿瞿"，印段的意思是说赵孟的不荒淫，而赵孟也因为他赋诗的宗旨在不荒淫，就称赞他是"保家之主"。《桑扈》称颂君子"受天之祜"，为"万邦之屏"，末句为"彼交匪敖，万福来求"，所以赵孟有这几句的答话。看这一次的赋诗，他们只是称颂赵孟；赵孟对于他们的称颂，有的是谦而不敢受，有的是回敬几句好话。单是伯有赋《鹑之贲贲》是特异的事。《鹑之贲贲》一诗主要的话是："人之无良，我以为兄"，"人之无良，我以为君"；内中只有怨愤的意思，全没有和乐的气象。所以赵孟说"床笫之言不逾阈"，意谓怨愤是私室的话，不是在宴会场中可以公布的。

在这段故事中，有可以研究的一首诗，就是《野有蔓草》。这首诗的原文是：

> 野有蔓草，零露漙兮。有美一人，清扬婉兮。邂逅相遇，适我愿兮！

> 野有蔓草，零露瀼瀼。有美一人，婉如清扬。邂逅相遇，与子偕臧！

这明明是一首私情诗。"臧"就是"藏"；"适我愿"就是"达到目的"。男女二人在野里碰见，到隐僻的地方藏着，成就他们的好事：这个意思是很显明的。在规行矩步的道学家看起来，便是真的男女相遇也不应当说出这句话，何况在宴集宾朋的时候敢公然唱出这类淫诗，岂不是太放肆了！有人硬要解释这个难题，便说："这并非淫诗。试看伯有赋了

《鹑之贲贲》，尚且赵孟要说'床第之言不逾阈'；若这首真的是淫诗，自然更是'床第之言'了，为什么子太叔不看伯有的榜样，再去赋这类的诗？为什么赵孟严于责伯有而宽于责子太叔，反而说'吾子之惠'呢？所以这首诗不是淫诗，就可在此处证明。"我对于这个辨护，可以说他有两处误解。第一，"床第之言"并不是指淫亵，乃是指私室。试看《鹑之贲贲》的原诗：

> 鹑之奔奔（与"贲贲"通）；鹊之强强。人之无良，我以为兄！
> 鹊之强强；鹑之奔奔。人之无良，我以为君！

"奔奔"和"强强"只是鹑和鹊的动作的形容词，颠倒押着"为兄"、"为君"的韵，并没有意义可讲。看下两句，至多只有埋怨长上和不甘受长上的束缚的两个意思，和男女之欲真是没有纤毫关系。赵孟说它"床第之言"，当然不是指淫欲，所以下面他又说："伯有将为戮矣……志诬其上而公怨之，以为宾荣。""公"是指的"宾"一方面，"床第"是处的"公"的反面；"上"就是"君"和"兄"，"怨上"既是床第之言，就不应公然对宾客说，这个意思十分明白。若说这一首诗是淫诗，请问对于"志诬其上而公怨之"一句话要怎样的解释呢？第二，"断章取义"是赋诗的惯例，赋诗的人的心意不即是作诗的人的心意。所以作诗的人尽管作的是言情诗，但赋诗的人尽可用它做宴宾诗。《左传》上有解释断章取义的两段文字：

> 庆舍之士谓卢蒲癸曰："男女辨姓；子不辟（避）宗，何也？"曰："宗不余辟，余独焉辟之！赋诗断章，余取所求焉；恶识宗！"（襄二十八年传。卢蒲癸娶庆舍之女，两家同是姜姓，所以有人这样问。卢蒲癸是庆舍的宠臣，庆舍正执齐国的政，所以有"余取所求"的答）

> 郑驷颛杀郑析而用其竹刑。君子谓子然"于是不忠。苟有可以加于国家者，弃其邪可也。静女之三章，取'彤管'焉。竿旄'何以告之'，取其忠也。故用其道不弃其人。"（定九年传）

卢蒲癸的意思是说：赋诗只须取自己要的东西，不必还出它的娘家。君子批评驷颛的话是说：《静女》的诗义并不好，只是《静女》诗中的"彤管"是一个好名目，就可取了。《竿旄》的诗也并不忠，只是《竿旄》诗中有"何以告之"一句，很有"忠告善道"的意思，就可算忠了。"恶识宗"，就是不管作者的本义；"弃其邪"，就是弃掉不可用的而取它可用的。所以那时的赋诗很可称做象征主义。做诗的人明明是写实，给他们一赋就是象征了。

有人说：《野有蔓草》若是私情诗，如何会收到乐章里去，供给宴会的应用呢？其实无论什么时候的乐章都脱离不了言情之作；何况春秋时并没有经过汉宋儒者的陶冶，淫风的盛翻开《左传》就可以看见，如何情诗入不得乐章！既入了乐章，大家听得惯了，自然熟视若无睹，可以移作别种意思的象征了。我常说：那时人赋诗，乐工"一唱三叹"的歌着，用不到自己去唱，正像现在人的点戏。现在人唤优伶到家里做戏，祝寿演蟠桃会，娶妇演闺房乐，上任演满床笏，这是实指其事，和宴会中赋《草虫》、《隰桑》相类的。至于偏在象征方面的，也看了事情而定。记得民国二年，二次革命起后，袁世凯差冯国璋和张勋打下南京，怀仁堂上唱戏庆贺，因为那时江苏都督一个位置给冯给张很费斟酌，所以点了一出《取帅印》，又点了一出《双摇会》。《双摇会》明明是一出妻妾争夕的淫戏，如何可以在总统府里演唱？也无非做得长久了，大家忘其为淫戏，只觉得可以做别种意思的象征了！

再看郑六卿为韩宣子赋诗的一段事：

> 郑六卿饯宣子于郊，宣子曰："二三君子请皆赋，起亦以知郑志。"子义赋《野有蔓草》；宣子曰："孺子善哉！吾有望矣。"子产赋郑之《羔裘》；宣子曰："起不堪也！"子太叔赋《褰裳》；宣子曰："起在此，敢勤子至于他人乎！"子太叔拜；宣子曰："善哉，子之言是，不有是事，其能终乎！"子游赋《风雨》；子旗赋《有女同车》；子柳赋《蘀兮》。宣子喜曰："郑其庶乎！二三君子以君命贶起，赋不出郑志，皆昵燕好也。二三君子，数世之主也，可以无惧矣！"宣子皆献马焉，而赋《我将》。子产拜，使五卿皆拜，曰："吾子靖乱，敢不拜德！"（昭十六年传）

这一次，因为韩宣子要"知郑志"，所以郑六卿赋的都是郑诗。郑国的诗是情诗最多，所以这一次赋的诗也是情诗特多；如子太叔赋的《褰裳》，就是情思很荡的：

> 子惠思我，褰裳涉溱。子不我思，岂无他人？狂童之狂也且！
> 子惠思我，褰裳涉洧。子不我思，岂无他士？狂童之狂也且！

这正是荡妇骂恶少的口吻，说："你不要我，难道就没有别人吗？"淫浪的态度真活画出来了！子太叔断章取义，用在这里，比喻他愿意从晋，只恐晋国的拒绝；所以韩宣子就说："我在这里，怎会使得你去寻别人呢！"子太叔拜谢他，他又说："没有这样的警戒，那能有始有终呢！"可见断章取义的用处，可以不嫌得字句的淫亵，不顾得作诗人的本义。

赋诗的应用，除了合欢以外，又有用在请求上的。如襄二十六年传，记晋平公把卫献公囚了起来，齐景公郑简公到晋国去替他说情：

> 齐侯郑伯为卫侯故如晋，晋侯兼享之。……国景子相齐侯……子展相郑伯。……晋侯言卫侯之罪，使叔向告二君。国子赋《辔之柔矣》；子展赋《将仲子兮》。晋侯乃许归卫侯。

《辔之柔矣》的诗逸去了；《将仲子兮》在《郑风》里，原文如下：

> 将仲子兮，无逾我园，无折我树檀！岂敢爱之，畏人之多言。仲可怀也；人之多言亦可畏也！

这首诗的大意只是"人言可畏"。子展要晋侯放出卫侯，所以赋了这首诗去讽他，说："别人要疑心你为臣执君（卫献公复国，孙林父诉于晋）了！你不怕他们的多说话吗？"晋侯悟得他的意思，所以也就答应了。

赋诗既可用在请求方面，自然也可反转来用在允许方面。如：

> 申包胥如秦乞师，曰："吴为封豕长蛇，以荐食上国；虐始于楚。寡君失守社稷，越在草莽，使下臣告急。……"秦伯使辞焉，曰："寡人闻命矣；子姑就馆，将图而告。"对曰："寡君越在草莽，未获所伏，下臣何敢即安！"立，依于庭墙而哭，日夜不绝声，勺饮不入口，七日。秦哀公为之赋《无衣》；九顿首而坐。秦师乃出。（定四年传）

《无衣》的诗是：

> 岂曰无衣！与子同袍。王于兴师，修我戈矛；与子同仇！

秦哀公赋这诗，就是表明他已经完全允许了他的请求了。

赋诗要表出宾主的好意是通例，也有用来当笑骂的。但我虽是说出这句话，心中却很疑惑，不敢决定它的有无。如：

> 齐庆封来聘，其车美。孟孙谓叔孙曰："豹闻之，服美不称，必以恶终。美车何为！"叔孙与庆封食，不敬；为赋《相鼠》，亦不知也。（襄二十七年传）

试看《相鼠篇》中说的是什么话？

> 相鼠有皮，人而无仪！人而无仪，不死何为！

这实在骂得太不成样子了。说他听了不知，我想没有这样的糊涂人罢（这一则与上面伯有赋《鹑之贲贲》的一事，我很疑心是《左传》的作者装点出来的。《左传》的作者最欢喜把结果的成败做论人的根据；他看见伯有与庆封都不得善终的，就替他们编造了不好的故事，也说不定）？

从这许多赋诗的故事看来，可以归纳出一条通例，是：

自己要对人说的话借了赋诗说出来。所赋的诗，只要达出赋诗的人的志，不希望合于作诗的人的志，所以说"赋诗言志"。

以上几种用诗，都是把诗唱的，还有一种用诗，是杂在言语中说的。因为这些诗唱得多了，尽人能够晓得，所以引来说话格外觉得简明有力。又那时许多国家相处很近，交涉的事极繁，所以很讲究说话。如下一节：

> 叔向曰："辞之不可以已也如是夫！子产有辞，诸侯赖之；若之何其释辞也！诗曰：'辞之辑矣，民之协矣；辞之怿矣，民之莫矣'，其知之矣！"（襄三十一年传）

看了可见要使自己说的话有效力，总要使得别人心折我这一番话。在现在时候，要使别人心折我的话，便可把学理去支配事实，说某一件事是合于学理的，某一件事是不合于学理的。那时人没有学问观念所以只消用社会上传诵的话去支配事实，说某一件事是合于老话的，某一件事是不合于老话的。社会上传诵的话有两种：（一）谚语，（二）诗。谚语总带一点训诫的口气；诗却不止于训诫，还有自达情意的，有讲一件事情的，有称赞人家的。凡是要说一句话，可以在诗上找到同意义的句子的，就可将诗句囫囵的搬出来。诗的应用方面既广，所以比较谚语说得更多。他们引诗，也不在于了解诗人的原义，只要说在口里顺，或者可以做得自己的话的证据。

言语中用诗句来发挥自己的情感的，如：

> 赵穿攻灵公于桃园；宣子未出山而复。太史书曰："赵盾弑其君"，以示于朝。宣子曰："不然！"对曰："子为正卿，亡不越境，反不讨贼，非子而谁！"宣子曰："乌呼，'我之怀矣，自诒伊戚'，其我之谓矣！"（宣二年传）

用诗句批评一件事情的，如：

> 卫献公自夷仪使与宁喜言；宁喜许之。太叔文子闻之曰："乌乎，诗所谓'我躬不说，皇恤我后'者，宁子可谓不恤其后矣！……诗曰'夙夜匪懈，以事一人'，今宁子视君不如弈棋，其何以免乎！……"（襄二十五年传）

又如：

> 郑大夫盟于伯有氏。裨谌曰："是盟也，其与几何！诗曰：'君子屡盟，乱是用长。'今是长乱之道也；祸未歇也！"（襄二十九年传）

用诗杂在说话里最有效力的地方，是做辩论的根据。如：

> 晋师从齐师，入自丘舆，击马陉。齐侯使宾媚人赂以纪甗，玉磬，与地。……晋人不可，曰："必以萧同叔子为质，而使齐之封内尽东其亩"。对曰："萧同叔子，寡君之母也；若以匹敌，则亦晋君之母也。吾子布大命于诸侯，而曰必质其母以为信，其若王命何！且是以不孝令也。诗曰：'孝子不匮，永锡尔类'，若以不孝令于诸侯，其无乃非德类也乎？先王疆理天下，物土之宜而布其利，故诗曰：'我疆我理，南东其亩。'今吾子疆理诸侯，而曰尽东其亩而已，唯吾子戎车是利，无顾土宜，其无乃非先王之命也乎！……今吾子求合诸侯以逞无疆之欲，诗曰：'布政优优，百禄是遒'，子实不优而弃百禄，诸侯何害焉！……"晋人许之。（成二年传）

这种话用在外交席上，可以摧折对方的气焰，自是很妙的辞令。但终究觉得危险，因为诗上本只是随便一句话，并没有天经地义在内，若对方用了辞义相反的一句诗来反驳时，就很为难了。

上一段的引诗是顺着诗义说的，又有急不暇择，把诗句割裂了应用的。如：

> 晋郤至如楚聘，且涖盟。楚子享之，子反相；为地室而县焉。郤至将登，金奏作于下，惊而走出。子反曰："日云莫矣，寡君须矣，吾子其入也！"宾曰："君不忘先君之好，施及下臣，贶之以大礼，重之以备乐，如天之福，两君相见，何以代此。下臣不敢！"子反曰："如天之福，两君相见，无亦唯是一矢以相加遗，焉用乐！寡君须矣，吾子其入也！"宾曰："若让之以一矢，祸之大者，其何福之为！世之治也，诸侯间于天子之事，则相朝也，于是乎有享宴

之礼——享以训共俭，宴以示慈惠；共俭以行礼，而慈惠以布
政——政以礼成，民是以息，百官承事，朝而不夕，此公侯之所以
捍城其民也。故诗曰：'赳赳武夫，公侯干城。'及其乱也，诸侯贪
冒，侵欲不忌，争寻常以尽其民，略其武夫以为己腹心，股肱，爪
牙。故诗曰：'赳赳武夫，公侯腹心。'天下有道，则公侯能为民干
城而制其腹心；乱则反之。今吾子之言，乱之道也，不可以为法！"
（成十二年传）

这一番话说得何等凌厉，楚国的君臣就给他折服了！但试把《兔罝》原
诗看来：

> 肃肃兔罝，椓之丁丁。赳赳武夫，公侯干城！
> 肃肃兔罝，施于中逵。赳赳武夫，公侯好仇！
> 肃肃兔罝，施于中林。赳赳武夫，公侯腹心！

这三章诗，原只有赞美武夫为公侯出力的一个意思；因为奏乐上的需
要，把它重复了两遍。武夫做公侯的干城，和做公侯的腹心，全没有什
么差别。郤至为了辩驳子反的"两君相见，无亦唯是一矢以相加遗"一
句话，要得到"今吾子之言，乱之道也"一个结论，不惜把它打成两
截：以"公侯干城"属治也，"公侯腹心"属乱世。但若是有人问他：
"第二章的'公侯好仇'如何处置呢？"恐怕他自己也答不出来了！

以上说的，都是说话中特意引诗，又有不是特意引诗，只是随便说
来，和"成语"一例用的。如：

> 晋荀偃士匄请伐逼阳……围之，弗克。……偪阳人启门；诸侯
> 之士门焉。县门发，鄹人纥抉之以出门者。……孟献子曰："诗所
> 谓'有力如虎'者也！"（襄十年传）

孟献子不过要称赞叔梁纥的力大，恰巧诗句中的"有力如虎"可以引
用，所以就随便说了出来。

最奇怪的用诗，是把诗句当"歇后语"或"猜谜"一样看待。如：

> 诸侯伐秦，及泾莫济，晋叔向见叔孙穆子曰："诸侯谓秦不恭
> 而讨之，及泾而止，于秦何益！"穆子曰："豹之业及《匏有苦叶》
> 矣，不知其他！"叔向退，召舟虞与司马曰："夫苦匏不材，于人共
> 济而已。鲁叔孙赋《匏有苦叶》，必将涉矣。具舟除隧，不共有
> 法。"是行也，鲁人以莒人先济，诸侯从之。（《国语·鲁语》下）

为什么叔向一听到叔孙穆子这句话就知道他要渡泾？原来《匏有苦叶》的原文是：

> 匏有苦叶；济有深涉。深则厉；浅则揭。

说的是深有深的渡法，浅有浅的渡法。叔孙穆子举了这首诗名，又说"不知其他"，分明说他渡泾的主意早就打定了。又如：

> 侯犯以郈叛。……叔孙谓郈工师驷赤曰："郈非唯叔孙氏之忧，社稷之患也；将若之何？"对曰："臣之业在《扬水》卒章之四言矣！"叔孙稽首。（定十年传）

《唐风·扬之水》的卒章是：

> 扬之水，白石粼粼。我闻有命，不敢以告人！

驷赤心中本来想逐去侯犯，所以叔孙问他，他就举了这个章名来回答，大意是说："我是有计策的；但应当秘密做去，不敢告人。"叔孙听了，也暗暗的明白，所以对他稽首。

我前面说他们用诗和用谚没有分别，现在比较一看，更可明白。那时言语中常用的诗句，该括起来也不过一百句。用得最多的是：

> 赞美：——淑人君子，其仪不忒。
>
> 布政优优，百禄是遒。
>
> 乐只君子，邦家之基。
>
> 骂詈：——人而无礼，胡不遄死！
>
> 人之无良，我以为君！
>
> 谁生厉阶，至今为梗！
>
> 悲叹：——我之怀矣，自诒伊戚！
>
> 人之云亡，邦国殄瘁！
>
> 我躬不阅，皇恤我后！
>
> 劝诫及陈述：——礼义不愆，何恤于人言！
>
> 兄弟阋于墙，外御其侮。
>
> 民之多辟，无自立辟。
>
> 无念尔祖，聿修厥德。
>
> 他人有心，予忖度之。

《左传》中引的周代谚语不及诗多，但也可看到一点模样：

> 山有木，工则度之；宾有礼，主则择之。（隐十一年传）
>
> 匹夫无罪，怀璧其罪。（桓七年传）
>
> 心苟无瑕，何恤乎无家！（闵元年传）
>
> 辅车相依；唇亡齿寒。（僖五年传）
>
> 心则不竞，何惮于病！（僖七年传）
>
> 非宅是卜，唯邻是卜。（昭三年传）

在此可见谚与诗的形式是很相似的；用谚与用诗是没有分别的。惟谚语大概偏于劝诫及陈述一方面，而在赞美，骂詈，悲叹三方面不得不舍谚用诗。

诗句用得长久了，后来就真变成谚语了。如：

> 范蠡进谏曰："……天节不远，五年复反。……先人有言曰：'伐柯者其则不远。'今君王不断，其忘会稽之事乎？"（《国语·越语》下）

这一句先人之言，就是《豳风》中"伐柯伐柯，其则不远"的诗句；因为用得久了，就变成"伐柯者其则不远"的谚了。

春秋时，这三百多篇诗的流传是很广的，试看上面引的赋诗便可明白。季武子与韩宣子赋诗一节，武子先赋的是《大雅》，宣子答的是《小雅》，武子又答的是《召南》。又如七子赋诗一节，子展赋的是《召南》，伯有赋的是《鄘风》，子西子产公孙段赋的是《小雅》，子太叔赋的是《郑风》，印段赋的是《唐风》。一时的赋诗，乐声就各各不同。更看当时人常说在口头的几个诗句，也是各处的诗都有。可见乐声虽是分了多少国，而引用它的原没有划分国界，这三百多篇诗真是行遍中原的了。这单是就地域方面看；若在阶级方面看，当初做诗时虽分阶级，而后来用诗的便无阶级。如：

> 穆叔如晋……晋侯享之。金奏《肆夏》之三，不拜。工歌《文王》之三，又不拜。歌《鹿鸣》之三，三拜。韩献子使行人子员问之曰："……吾子舍其大而重拜其细，敢问何礼也？"对曰："《三夏》，天子所以享元侯也，使臣弗敢与闻。《文王》，两君相见之乐也，臣不敢及。《鹿鸣》，君所以嘉寡君也，敢不拜嘉！《四牡》，君所以劳使臣也，敢不重拜！《皇皇者华》——君教使臣曰：'必谘于周。'臣闻之：访问于善为咨，咨亲为询，咨礼为度，咨事为诹，咨难为谋——臣获五善，敢不重拜！"（襄四年传）

这只是宴享一个诸侯的大夫，而天子的乐诗已经搬了出来，可见：（1）阶级制度的破坏；（2）各种阶级的乐诗，一个阶级——诸侯——都能完备。一国都有了各国的乐诗，一阶级都有了各阶级的乐诗，所以这三百多篇诗更为一般人——至少是贵族的全体——所熟习，觉得真是人生的日用品了。

在此，我又觉得传说中的"太史采诗"一事是可疑的。第一：这三百多篇诗是春秋时人唱得烂熟的，也是听得烂熟的，有许多是西周时传下来的，有许多是春秋时加进去的，传了六七百年，仅仅有这三百多篇熟在口头，记在本上，若真有采诗之官，这个官未免太不管事了。第二：《左传》上记的各种徒歌全没有采入《诗经》，这都是合着"观风"一个宗旨，可以入乐的，但竟没有入乐，可见当时入乐的诗真是少之又少，完全碰着机会，并不是有人操甄录的权柄。所以我们可以说：这三百多篇诗的集成一部经书，固是出于汉人（或战国人），但《诗经》的一个雏形已经在春秋时大略固定。采诗之官即使有，也是"使公卿至于列士献诗，瞽献曲"的一类，不必定为一个专职，而且在春秋时也见不到这些痕迹了。

我们看了上面的许多叙述，可以作一个结论：

《诗经》是为了种种的应用而产生的，有的是向民间采来的，有的是定做出来的。它是一部入乐的诗集；大家对于这些入乐的诗都是唱在口头，听在耳里，记得熟了，所以有随意使用它的能力。他们对于诗的态度，只是一个为自己享用的态度；要怎么用就怎么用。但他们无论如何把诗篇乱用，却不豫备在诗上推考古人的历史，又不希望推考作诗的人的事实。正如现在一般人看演戏，只为了酬宾、酬神和自己的行乐，并不想依据了戏中的事去论古代，也不想推考编戏的人是谁。所以虽是乱用，却没有伤损《诗经》的真相。

三 孔子对于诗乐的态度

孔子是和《诗经》有大关系的人，一般人都说《诗经》是经他删过的。删诗问题放在下面再说；单说他所处的时势，真是乐诗的存亡之交，他以前乐诗何等的盛行，他以后就一步步的衰下去了（《左传》自定公四年秦哀公为申包胥赋《无衣》后，就不曾载过赋诗的事）。再看他的生性，对于乐诗是何等的深嗜笃好。《论语》上记的：

> 子在齐闻韶，三月不知肉味，曰：“不图为乐之至于斯也！”
> （《述而》）
>
> 子与人歌而善，必使反之而后和之。（同）
>
> “兴于诗，立于礼，成于乐。”（《泰伯》）

他这等的欢喜乐诗，恰恰当着了乐诗衰颓的时势，使他永远在社会的逆流之中，勉力作一个“中流砥柱”，他的地位的重要也可见了。现在先说他对于诗的见解，再说他遭着的乐的潮流。

孔子最欢喜说诗，又欢喜劝人学诗。《论语》上说：

> 子所雅（常）言：《诗》，《书》，执礼，皆雅言也。（《述而》）
>
> 陈亢问于伯鱼曰：“子亦有异闻乎?”对曰：“未也。尝独立，鲤趋而过庭，曰：‘学诗乎？’对曰：‘未也。’‘不学诗，无以言。’……”（《季氏》）
>
> 子谓伯鱼曰：“女为《周南》、《召南》矣乎！人而不为《周南》、《召南》，其犹正墙面而立也与！”（《阳货》）
>
> 子曰：“小子何莫学夫诗！诗，可以兴，可以观，可以群，可以怨，迩之事父，远之事君；多识于鸟兽草木之名。”（同）

他说的“不学诗，无以言”，即是用诗到言语中，他说的兴，观，群，怨，以至事父事君，即是要用诗去实施典礼，讽谏，赋诗等方面的社会伦理。惟“多识于鸟兽草木之名”一个意思，《左传》等书上没有说起。《汉书·艺文志》说：“登高能赋，可以为大夫”，恐古代也有这个应用。这些都是春秋时《诗》学的传统观念。所以他又说：

> 诵诗三百，授之以政，不达，使于四方，不能专对，虽多，亦奚以为！（《子路》）

可见他对于诗的观念离不掉当时的实用；只是所说兴观群怨有些涵养性情的见解，似比当时人稍高超些。

他较为特殊的用诗，是说诗的象征。如：

> 子贡曰：“贫而无谄，富而无骄，何如？”子曰：“可也；未若贫而乐，富而好礼者也。”子贡曰：“诗云：‘如切，如磋，如琢，如磨’，其斯之谓与？”子曰：“赐也，始可与言诗已矣，告诸往而知来者！”（《学而》）
>
> 子夏问曰：“‘巧笑倩兮，美目盼兮，素以为绚兮’，何谓也？”

> 子曰:"绘事后素。"曰:"礼后乎?"子曰:"起予者商也,始可与
> 言诗已矣!"(《八佾》)

"切磋琢磨"是形容君子风度的美,不即是"贫而乐,富而好礼"。"素
以为绚兮"是说本质与装饰的好,也不即是"礼后"。子贡子夏不过会
用类推的方法,用诗句做近似的推测,孔子已不胜其称赞,似乎他最欢
喜这样用诗。这样的用诗,替它立一个题目,是"触类旁通"。春秋时
人的赋诗已经会得触类旁通了;在言语里触类旁通的,别地方似乎没有
见过,或者是他开端。经他一提倡之后,后来的儒家就很会这样用了。
如《中庸》说:

> 《诗》云:"潜虽伏矣,亦孔之昭。"故君子内省不疚,无恶于
> 志。君子之所不可及者,其唯人之所不见乎!

《中庸》的作者是引这句诗去讲慎独的功夫的。我们看这诗的原文:

> 鱼在于沼,亦匪克乐:潜虽伏矣,亦孔之照。忧心惨惨,念国
> 之为虐!(《小雅·正月》)

这是一片愁苦之音,意思是说:像鱼的隐伏在水底,也会给敌人看清
楚,没法逃遁,甚言国家苛政的受不了。《中庸》的作者把它节取去了,
这句诗也就变作"莫见乎隐,莫显乎微"的意义,成为有哲学意味的词
句了。这样的用诗到言语中,虽是比春秋时人深了一层,走的依然是春
秋时人的原路。

总之,孔子对于诗,也只是一个自己享用的态度。他看诗的作用,
对于自己是修养品性,对于社会是会得周旋上下,推论事物。

那时的音乐界可就大改变了!在《论语》上,可以看出孔子时音乐
界有三个趋向,孔子对它们各有反动。

第一个趋向是僭越。僭越是春秋时很普通的事情,如晋侯享穆叔便
用了天子享元侯的乐,似乎由来已久,不值得注意。但《论语》中有孔
子极生气的话:

> 孔子谓"季氏八佾舞于庭,是可忍也,孰不可忍也!"(《八佾
> 篇》)
> 三家者以《雍》彻。子曰:"'相维辟公,天子穆穆',奚取于
> 三家之堂!"(同)

看孔子说话的态度真是气愤极了。或者诸侯僭用天子的礼乐是由来已

久，而陪臣僭用天子的礼乐还是在孔子时刚才发端，亦未可知。他对于这个趋向的反动是主张正名，主张从先进，主张礼宁俭。

第二个趋向是新声的流行。三百篇的乐谱如何，我们固是无从晓得，但只句子的短，篇幅的少，可以猜想它的乐谱一定是极简单，极质直的，奏乐的时候又一定是很迟缓的。大概总是四拍子，每一个字合一个或数个音符；即使有唱有和，恐怕只是重复，不是繁复。唐开元时，因为要行乡饮酒礼，所以替已经亡了乐谱的《鹿鸣》、《四牡》……十二首诗重新制了乐谱。现在把《鹿鸣》首章钞在下面：

> 呦清黄呦南鹿蕤鸣姑　　食南野姑之太苹黄
> 我蕤有林嘉应宾南　　　鼓林瑟南吹清黄笙林
> 吹蕤笙林鼓南簧姑　　　承应筐清黄是姑将南
> 人林之南好黄我姑　　　示林我南周清太行清黄
> （朱熹《仪礼经传通解》卷十四引）

这虽不知真合于古乐与否，但想来差不甚远，因为照《诗经》的句法必不会有复杂的音调，这是可以推知的。到春秋末叶，音乐界上起了一种新声。这种的新声究竟如何虽不可知，然变简单为复杂，变质真为细致，是从批评它的说话里可以推见的。《国语》上说：

> 晋平公说新声，师旷曰："公室其将卑乎！君之明兆于衰矣！夫乐，以开山川之风，以耀德于广远也。风德以广之；风山川以远之；风物以听之；修诗以咏之，修礼以节之。夫德广远而有时节，是以远服而迩不迁。"（《晋语》八）

师旷说旧乐"修诗以咏之，修礼以节之"，可见新声是不合于诗，不合于礼，可以专当音乐听，不做别的应用的。又说旧乐"有时节"，当谓旧乐依于礼，有节制，不能伸缩，可见新乐因为不依于礼，没有节制，声调可以伸缩随意，不立一定的规矩的。正如现在的音乐，《老六板》是很平正的，变成《花六板》就轻巧靡曼得多了。《老六板》的工尺是有一定的；《花六板》的工尺就没有一定，只要不走板，便可随着奏乐的人的能力，能加进多少就加进多少。奏《老六板》时，觉得调子太简单了，非有歌词跟着唱不好听；《花六板》固然也可以做歌谱，但因为它本身好听，就容易使人专听乐而不唱了。

孔子与晋平公同时。《晋语》里的"新声"是否即《论语》里的"郑声"，或郑声还是另外一种乐调，这种问题现在虽未能解决，总之，新声与郑声都不是为了歌奏三百篇而作的音乐，是可以断言的。孔子对于郑声最为深恶痛绝。《论语》上说：

> 颜渊问为邦，子曰："行夏之时；乘殷之辂；服周之冕；乐则《韶舞》。放郑声；远佞人：郑声淫；佞人殆。"（《卫灵公》）

> 子曰："恶紫之夺朱也！恶郑声之乱雅乐也！恶利口之覆邦家者！"（《阳货》）

孔子始终把郑声与"佞人利口"并举，可见这种声调复杂了，细致了，使得人家欢喜听，如佞人利口的引得人家留恋一样。孔子说它乱雅乐，或者那时人把郑声与雅乐一起奏，如今戏园里昆曲、京调、秦腔杂然间作；或者那时人把三百篇的歌词改合郑声的乐调，如今把昆戏翻做京戏：这种情形可惜现在也无从知道了。但我们可以说，新声的起是音乐界的进步；因为雅乐是不能独立的，只做得歌舞的帮助，而新声就可脱离了歌舞而独立了。孔子一面说出应该提倡的音乐：

> 颜渊问为邦，子曰："……乐则韶舞。"（《卫灵公》）

> 子谓"韶，尽美矣，又尽善也"。（《八佾》）

> "师挚之始，《关雎》之乱，洋洋乎盈耳哉！"（《泰伯》）

> "《关雎》：乐而不淫，哀而不伤。"（《八佾》）

一面说出应该禁绝的音乐——郑声。他的宗旨很明白，便是：雅乐中正和平，可以到"乐而不淫，哀而不伤"的程度，所以应该提倡；郑声富于刺戟性，使人听了神魂颠倒，像被佞人缠住一般，一定要到"乐而淫，哀而伤"的程度，所以应该禁绝。这是他的中庸主义的实施！

第三个趋向是雅乐的败坏。僭越既成了风气，小贵族各各要充做大贵族，原有的乐工一定不敷应用，不得不拉杂充数。拉杂充数得多了，自然要失掉原有的本相了。正如从前人家出丧，凡是功名大一点的，可到督抚衙门里去请辕门执事——军事的仪仗——做诰命亭的先驱，所以六冲，八标，銮驾等各种东西都是衙门里公役拿的。自从光复以来，大出丧成为普遍的风俗，不是功名人也要充做功名人，辕门执事势所必有，但督抚衙门却早已不存在，所以有专管丧仪的"六局"出来包办，谁家要用就立刻可用。辕门执事固是行用得广了，但治军的威仪从此变成了铺张人家丧事场面的东西，它的原意义已失掉了。加以一般人的心理都欢喜锦上添花，再要使得仪仗热闹一点，势必出于装点，于是辕门执事的人打扮得像做戏一般，它的真面目又失掉了。春秋末年的僭越情形，现在固不得而知，但因了要热闹而失掉真相，自是可以有的结果。何况郑声流行，大家为它颠倒，雅乐给它弄乱，明见于孔子的说话，当时雅乐的败坏自在情理之内。孔子对于这个趋势的反动是"正乐"。《论语》上说：

> "吾自卫反鲁，然后乐正，雅颂各得其所。"（《子罕》）

孔子秉着好古的宗旨，又有乐律的智识，所以能把雅乐在郑声捣乱之中重新整理一番，回复了它的真相。但可惜古乐到底喜欢的人太少，所以孔子和弟子随便说的诗义还有得流传下来，而用了全副精神所正的乐调到战国时已经不听见有人说起了。

《微子篇》又有一段记载鲁国乐官四散的事：

> 太师挚适齐；亚饭干适楚；三饭缭适蔡；四饭缺适秦；鼓方叔入于河；播鼗武入于汉；少师阳，击磬襄入于海。

这一段话觉得很不可靠，因为一个班子分散开来，各人到一国或一处大水里去，是不会有的事。况且当时新声的流行决不会独盛于鲁，而齐楚河汉人的一点没有受到影响，可以容得师挚一班人去行道的道理。若说齐楚河汉等地方新声的盛也和鲁国差不多，这一班人又何必去。想记者的意思，也不过要形容出雅乐败坏的样子；或是听得有乐官离散的事，从而加以装点，亦未可知。要之，雅乐到了孔子时，决不能维持它的原来的地位了！

四 战国时的诗乐

孔子对于郑声，已有"淫"的批评了；到战国时，又有比郑声更淫的乐调起来。《礼记·乐记篇》说：

> 郑卫之音，乱世之音也。…… 桑间濮上之音，亡国之音也。……

如何唤做"乱世之音"、"亡国之音"呢？《乐记》又说：

> 乱世之音怨以怒……亡国之音哀以思。

可见郑卫之音是"怨以怒"的，桑间濮上之音是"哀以思"的。照我们的猜想："怨以怒"当是悲怨中带着粗厉；用现在的声调来比，觉得郑卫之音似乎是秦腔一流。"哀以思"当是很沉下，很靡曼，要表出缠绵悱恻的意思而不免于卑俗；用现在的声调来比，觉得桑间濮上之音是申曲淮调一流。对于这个假定，有《韩非子》一则可证：

> 卫灵公将之晋，至濮水之上，税车而放马，设舍以宿。夜分而闻鼓新声者而说之。使人问左右，尽报弗闻。乃召师涓而告之曰："有鼓新声者，使人问左右，尽报弗闻，其状似鬼神；子为听而写之!"师涓曰："诺"，因静坐抚琴而写之。……
>
> 遂去之晋。晋平公觞之于施夷之台。酒酣，灵公起，公曰："有新声，愿请以示。"平公曰："善。"乃召师涓，令坐师旷之旁，援琴鼓之。未终师旷抚止之，曰："此亡国之声，不可遂也!"平公曰："此道奚出?"师旷曰："此师延之所作，与纣为靡靡之乐也。及武王伐纣，师延东走，至于濮水而自投，故闻此声者必于濮水之上。先闻此声者其国必削，不可遂。……"（《十过篇》）

这一段固是神话，固是战国时人依附了"晋平公说新声，师旷谏"的故事而造出来的，但很可判定濮上之音实是一种"靡靡之乐"。因为这种音乐太靡靡了，弄得听的人流连忘返，丧了志气，所以骂它是"亡国之音"。《乐记》上形容得好：

> 世乱则礼慝而乐淫，是故其声哀而不庄，乐而不安，慢易以犯节，流湎以忘本，广则容奸，狭则思欲，感条畅之气，灭平和之德。是以君子贱之也。

这种的音乐风靡了一时，中正和平的雅乐如何再会得存在！

再看战国时的乐器，也和春秋时大不同了。除了琴、瑟、钟、鼓之外，春秋时的主要乐器，是鼗、磬、柷、敔，木石的乐器是很多的；战国时的主要乐器，是竽、筝、筑、缶，偏于丝竹的方面了。春秋时乐的主要的用，是做歌诗的辅佐，战国时音乐就脱离了歌诗而独立了。试看战国时声乐的故事：

> 赵王……与秦王会渑池。秦王饮酒酣，曰："寡人窃闻赵王好音，请奏瑟。"赵王鼓瑟。……蔺相如前曰："赵王窃闻秦王善为秦声，请奏盆缻……以相娱乐。"……秦王不肯击缻，相如曰："五步之内，相如请以颈血溅大王矣!"……于是秦王不怿，为一击缻。（《史记》八十一，《廉颇蔺相如列传》）
>
> 高渐离击筑，荆轲和而歌，为变徵之声；士皆垂泪涕泣。又前而为歌曰："风萧萧兮易水寒，壮士一去兮不复还!"复为羽声慷

慨；士皆瞋目，发尽上指冠。（《史记》八十六，《刺客列传》。《国策·燕策》卷三同，惟"羽声慷慨"作"慷慨羽声"）

"夫击瓮，叩缶，弹筝，搏髀而歌呼呜呜，快耳目者，真秦之声也。《郑》、《卫》、《桑间》、《昭》、《虞》、《武》、《象》者，异国之乐也。今弃击瓮叩缶而就《郑》、《卫》，退弹筝而取《昭》、《虞》，若是者何也？快意当前适观而已矣！"（《史记》第八十七卷，《李斯列传》，《谏逐客书》）

"临淄甚富而实，其民无不吹竽，鼓瑟，击筑，弹琴。"（《国策·齐策》上，苏秦说齐宣王语）

"臣闻赵，天下善为音。"（《国策·中山策》司马憙见赵王语）

齐宣王使人吹竽，必三百人。（《韩非子·内储说》上）

从这几则看，战国的音乐重在"器乐"而不重在"歌乐"很是明白。若依春秋时的习惯，赵王与秦王在渑池宴会，彼此一定是赋诗了；但他们只有奏乐。我们读完一部《战国策》，看不到有一次的赋诗，可见此种老法子已经完全废止。至于司马憙说赵国"天下善为音"而不说"天下善为歌"，齐宣王聚了三百人专吹竽而不再使人唱歌，也可见战国时对于器乐的注重。器乐为什么会比歌乐注重？也无非单是音乐已经极可听了，不必再有歌词了。

战国时也有诗，但这时的诗和春秋时的诗不同：有可以合乐的，有不必合乐的；文体也变了。试看《战国策》所引：

范雎曰："……臣闻善为国者内固其威而外重其权。穰侯使者操王之重，决裂诸侯，剖符于天下，征敌伐国，莫敢不听；战胜攻取则利归于陶，国弊御于诸侯；战败则怨结于百姓而祸归社稷。诗曰：'木实繁者披其枝，披其枝者伤其心。大其都者危其国；尊其臣者卑其主。'……臣今见王独立于庙朝矣！"（《秦策》三）

王立周绍为傅，曰："……寡人以子之知虑，为辨足以道人，危足以持难，忠可以写意，信可以远期。诗云：'服难以勇，治乱以知，事之计也。立傅以行，教少以学，义之经也。'循计之事，失而累，访议之行，穷而不忧：故寡人欲子之胡服以傅王乎？"（《赵策》二）

我们看这两处引的诗，觉得与《诗经》文体相差很远：第一首是整整的七言，不必说是《诗经》里没有的。第二首虽是四言，然而完全像说话，并不像诗。但一看《楚词》，七言的诗就来了：

> 若有人兮山之阿，被薜荔兮带女萝：既含睇兮又宜笑；子慕予兮善窈窕。乘赤豹兮从文狸；辛夷车兮结桂旗！被石兰兮带杜衡；折芳馨兮遗所思。（《山鬼》）

又一看荀子的《椃诗》，像说话般的诗也来了：

> 道德纯备，谗口将将；仁人绌约，敖暴擅强。……昭昭乎其知之明也，郁郁乎其遇时之不祥也！拂乎其欲礼义之大行也，暗乎天下之晦盲也！皓天不复，忧无疆也。千秋必反，古之常也。弟子勉学，天不忘也。圣人共手，时几将也。（《赋篇》）

《楚词》是合乐的，尤其是《九歌》、《招魂》等一类巫觋的歌诗；荀子的诗似乎是只读不唱了。这一类只读不唱的诗，可以说和"赋"没有分别。

从这许多的例，可见战国时三百篇的乐诗既不通行（不能说绝迹，因为汉初窦公制氏还会奏雅乐，或者宗庙中还有得用；不过决没有人睬它，民众也没有听到的机会），诗体也很自由，和春秋时大不同了。春秋时人一举一动都可与《诗经》发生关系，战国时人便可与《诗经》断绝关系了。

战国时一般人与《诗经》断绝了关系，把春秋时的音乐唤做"古乐"，丢在一旁，不愿听了。惟有儒家因为秉承孔子的遗训，仍旧是鼓吹风雅。《乐记》上说：

> 魏文侯问于子夏曰："吾端冕而听古乐则唯恐卧；听郑卫之音则不知倦。敢问古乐之如彼，何也？新乐之如此，何也？"子夏对曰："今夫古乐：进旅退旅；和正以广；弦匏笙簧，会守拊鼓；始奏以文，复乱以武；治乱以相；讯疾以雅。君子于是语，于是道古；修身及家，平均天下。此古乐之发也。今夫新乐：进俯退俯；奸声以滥，溺而不止；及优侏儒獶杂子女，不知父子。乐终不可以语，不可以道古。此新乐之发也。……"

《孟子》上也说：

> 庄暴见孟子曰："暴见于王（齐宣王），王语暴以好乐，暴未有以对也。"曰："好乐何如？"孟子曰："王之好乐甚，则齐国其庶几乎？"他日，见于王曰："王尝语庄子以好乐，有诸？"王变乎色，

> 曰："寡人非能好先王之乐也，直好世俗之乐耳！"（《梁惠王》下篇）

这两个国君遥遥正相对，魏文侯很老实的说自己不愿意听古乐，但想不出这缘故，去问子夏。齐宣王看孟子问他好乐，恐怕他又来做古乐的说客了，所以先把自己的嗜好去罩住他一番话。齐宣王是最欢喜听三百人的吹竽的，所以他厌恶古乐的程度更高了。其实这并不是两个国君没出息，只是社会全部的心理的表现。老实说：到了那时，寻常人固然不欢喜古乐，即儒家亦何曾懂得古乐？即看上面引的《乐记》，可知古乐是依于礼的；新乐是只管娱乐，和礼全没有关系。依于礼，所以听了乐会有"修身及家，平均天下"的观念；只管娱乐，所以浸在里头，非至"猱杂子女，不知父子"不止（这并不是说古乐比新乐好，不过说古乐是为礼节而音乐，新乐是为音乐而音乐）。这是古乐与新乐两条截然不同的路，是合不拢的。孟子一心要行王道，所以听得齐宣王好乐，就不管他好的是什么乐，立刻说"齐国其庶几乎？"等到宣王对他说了所好的是世俗之乐，不是先王之乐，他又说"今之乐由（犹）古之乐也"。他读了古人的书，只以为好乐可以王，而不去看看世俗之乐的结果到底可以王不可以王，可见他对于古乐与新乐的真相是没有明了的。再看全部《孟子》里，除了讲诗义，没有一回讲到诗的音乐的。恐怕孟子看《诗经》已和现在人看元曲差不多了。

儒家虽读先王之诗，但不懂得"先王之乐"，在领会方面已经差一点了；虽是不懂得先王之乐，但一定要去讲先王之诗，说出的话又不免隔膜了。所以战国时一班儒家讲诗，不得不偏在基本意义一方面，又揣测到历史一方面。诗的基本意义和历史是春秋时人所不讲的；到这时，因为脱离了实用，渐渐的讲起来了。孟子拿它讲古代的王道；高子拿它分别作者的君子小人（见《孟子·告子》下）。一部《诗经》，除了考古证今以外，没有别的应用。他们虽极佩服孔子，然而孔子的恨郑声，正《雅》、《颂》，他们不但做不到，也没有这个印象了。

五　孟子说诗

孟子是孔子以后最大的儒者，他又最欢喜讲诗，后人受他的影响不小，所以有提出详论的必要。

孟子是主张王道的人，他说诗的宗旨，就是把诗句牵引到王道上去。《诗经》本不是圣人之作，经他一说，就处处和圣人发生了关系了。如：

> 孟子见梁惠王，王立于沼上，顾鸿雁麋鹿曰："贤者亦乐此乎？"孟子对曰："贤者而后乐此，不贤者虽有此不乐也。诗云：'经始灵台，经之营之；庶民攻之，不日成之。经始勿亟，庶民子来。王在灵囿，麀鹿攸伏；麀鹿濯濯，白鸟鹤鹤。王在灵沼，于牣鱼跃。'文王以民力为台，为沼，而民欢乐之，谓其台曰灵台，谓其沼曰灵沼，乐其有麋鹿鱼鳖。古之人与民偕乐，故能乐也。"（《梁惠王》上篇）

> 王（齐宣王）曰："……寡人有疾，寡人好勇。"对曰："王请无好小勇！……诗云：'王赫斯怒，爰整其旅，以遏徂莒，以笃周祜，以对于天下'，此文王之勇也。文王一怒而安天下之民。今王亦一怒而安天下之民，民惟恐王之不好勇也！……"（《梁惠王》下篇）

> 王曰："寡人有疾，寡人好货。"对曰："昔者公刘好货。诗云：'乃积乃仓，乃裹糇粮，于橐于囊，思戢用光，弓矢斯张，干戈戚扬，爰方启行。'故居者有积仓，行者有裹粮也，然后可以爰方启行。王如好货，与百姓同之，于王何有！"（同）

> 王曰："寡人有疾，寡人好色。"对曰："昔者大王好色，爰厥妃。诗云：'古公亶父，来朝走马，率西水浒，至于岐下。爰及姜女，聿来胥宇。'当是时也，内无怨女，外无旷夫。王如好色，与百姓同之；于王何有！"（同）

照这样看来，别人无论说到那一方面，他总可拿《诗经》上的话做激劝，这自是他的好手段。至于实际上是否如此？官书的话是否可靠？诗上的话与他自己说的历史是否适合？都不在他的意想之内。

他要借《诗经》来推行他的王道，固是他的苦心，但对于《诗经》本身的流弊是多极了。第一，是没有时代观念。孟子也曾说道：

> 以友天下之士为未足，又尚论古之人。颂其诗，读其书，不知其人可乎！是以论其世也。是尚友也。（《万章》下篇）

这段话真是很好的读书方法。可惜他自己就是最不会论世尚友的人。他看得时代的好坏是截然的，是由几个人做出来的，所以说：

> 文武兴，则民好善，幽厉兴，则民好暴。（《告子》上篇）

他因为认定《诗经》是歌咏王道的书，所以又说：

> 王者之迹熄而《诗》亡；《诗》亡然后《春秋》作。（《离娄》
> 下篇）

这种话到后来便成了《诗》学的根本大义。他只看见《诗经》与《春秋》是代表前后两种时代的，不看见《诗经》与《春秋》有一部分是在同时代的。他只看见《诗经》是讲王道的，不看见《诗经》里乱离的诗比太平的诗多，东周的诗比西周的诗多。他只看见官撰的诗纪盛德，不看见私人的诗写悲伤。后来的《诗》学家上了他的当，把这句话作为信条，但悲伤乱离的诗是掩不没的，讲不过去，只得说"《诗》亡，谓《黍离》降为《国风》而《雅诗》亡也。"（朱熹《孟子注》）可见他们已经承认"王者之迹熄而《国风》不亡"了。然而《大、小雅》中一首一首的看去，悲伤乱离的诗也是很多，又讲不通了，只得说"幽厉无道，酷虐于民，以强暴至于流灭；岂如平王微弱，政在诸侯，威令不加于百姓乎！"（《正义》引《郑志》）可见他们又承认"王者之迹熄而《雅诗》不亡"了。他们很想替孟子包谎，结果却说成"幽厉酷虐而为雅，平王微弱而为风"，依然遮不住"王者之迹熄而诗亡"一句话的牵强附会的痕迹。但虽然遮不住牵强附会的痕迹，而《诗经》上一首一首的时代就因了这句话而划出界限来了！

孟子硬派定《诗经》都是西周的诗，不但"《诗》亡然后《春秋》作"一语可证，只看他引《閟宫》一诗也可见。《閟宫》上说：

> 周公之孙，庄公之子。

鲁国没有第二个庄公，则这首诗所颂的人是僖公，很是明白。下面说：

> 戎狄是膺，荆舒是惩，则莫我敢承！

原为僖公跟了齐桓公打过楚国，在召陵驻过一回兵，说的大话。孟子不看上文的"庄公之子"，也不想西周有没有"荆舒是惩"的事，他以为有这样好的武功，当然是王者的功业，这首诗在《鲁颂》里，当然是周公的功业，于是他在驳斥陈相时就引用道：

> 今也南蛮鴃舌之人，非先王之道。……《鲁颂》曰："戎狄是膺，荆舒是惩"，周公方且膺之；子是之学，亦为不善变矣！（《滕文公》上篇）

这决不是随便说话的过误，因为他在骂杨墨的时候又引了这句诗：

圣王不作，诸侯放恣，处士横议，杨朱墨翟之言盈天下。……
杨氏为我，是无君也；墨氏兼爱，是无父也！……诗云："戎狄是
膺，荆舒是惩，则莫我敢承"，无父，无君，是周公所膺也！（《滕
文公》下篇）

可见他确认这句话是指的周公，是指的"圣王作"的时候。有人说他也
是断章取义，并非过误。但春秋时人的断章取义是说得通的，因为他们
只取诗句的意思，并不说作诗的人的历史；孟子就说不通了，他明明指
定了周公了，明明派在"圣王不作"的反面了，他已经把颂春秋时人的
诗装在西周初年的历史上了！

他的第二项坏处，是没有真确的研究宗旨。《孟子》上有一段话：

咸丘蒙曰："……诗云：'普天之下，莫非王土；率土之滨，莫
非王臣'，而舜既为天子矣，敢问瞽瞍之非臣，如何？"曰："是诗
也，非是之谓也；劳于王事而不得养父母也。曰：'此莫非王事。
我独贤劳也！'故说诗者不以文害辞，不以辞害志；以意逆志，是
为得之。如以辞而已矣，《云汉》之诗曰：'周余黎民，靡有孑遗'，
信斯言也，是周无遗民也！"（《万章》上篇）

这一番话实在很对。他说诗直要探到诗人的心志里，可以见得他的精
细。春秋时人说"赋诗言志"，是主观的态度；他改为"以意逆志"，是
客观的态度。有了客观的态度，才可以做学问，所以他这句话是《诗》
学的发端。要是他在《诗》学发端的时候就立了一个很好的基础，是何
等可喜的事！不幸他虽会立出这个好题目，却不能达到这个好愿望。他
虽说用自己的意去"逆"诗人的志，但看得这件事太便当了，做的时候
太卤莽了，到底只会用自己的意去"乱断"诗人的志。以至《閟宫》的
时代还没有弄清楚，周公膺戎狄的志倒轻易的断出来了；《绵》诗上只
说公亶父娶了姜女，而公亶父好色的志就被他断出来了，"内无怨女，
外无旷夫"的社会情形也看出来了。试问这种事实和心理是如何的
"逆"出来的？他能明白的答覆吗？再看他和公孙丑论诗的一节：

公孙丑曰："诗曰：'不素餐兮'，君子之不耕而食，何也？"孟
子曰："君子居是国也，其君用之则安富尊荣；其子弟从之则孝弟
忠信。'不素餐兮'，孰大于是！"（《尽心》上）

我们试把《魏风·伐檀篇》翻来一证：

> 坎坎伐檀兮，置之河之干兮。河水清且涟兮。不稼，不穑，胡取禾三百廛兮？不狩，不猎，胡瞻尔庭有悬貆兮？彼君子兮，不素餐兮！

这明明是一首骂君子不劳而食的诗，那时说"君子"，犹后世说"大人先生"，只是"贵"的意思，并没有"好"的意思。所说"不素餐"，犹说"岂不素餐"——《大雅·文王篇》"世之不显"，即是"世之岂不显"；《左传》襄二十五年"宁子视君不如弈棋"，即是"宁子视君岂不如弈棋"——全没有"其君用之则安富尊荣，其子弟从之则孝弟忠信"的意思。不但没有，并且适在孟子所说的反面。公孙丑的问句并没有错，孟子的回答却大错了！

这种的以意逆志，真觉得危险万分。回想春秋时人的断章取义，原是说明本于自己的意思，代他们立一个题目，可以说是"以意用诗"。以意用诗，则我可这样用，你可那样用，本来不必统一。至于孟子，他是标榜"以意逆志"的人，诗人的志本只有一个，不能你这样猜，我那样猜。这原是一件很难的事，然而孟子却轻轻的袭用了"以意用诗"的方法，去把"以意逆志"的名目冒了！

他一个人胡乱说不要紧，影响到后来的学者，——照了他的路走，遗毒可就不小。二千年来，大家做《诗》学，遵循的是经典上的诗说；经典上的诗说可分二种：第一种是春秋时人的"用诗"，第二种是孟子以来的"乱断诗"。这一班后学者，不管得用诗与乱断诗，以为载在经典的诗说都是"以意逆志"的先正典型：于是《野有蔓草》不是淫诗了！于是《鹑之奔奔》确是淫诗了！于是《伐檀》的君子是"仕有功乃肯受禄"的了！大家心目中，以为惟委曲解诗才为以意逆志。试引清儒的话来看：

> 《诗》之学与他经异。他经直而明；诗则曲而婉，言在于此而意属于彼。故必如《庄子》所云"吾虚与之委蛇"而言不尽者见。此孟子所谓"不以文害辞，不能辞害志；以意逆志，是为得之"之说也。（诸锦《诗沈序》）

> 诗陈王业，而无一言及后稷公刘之缔造；诗戒成王，而无一语述祖功宗德之艰难；诗作于周公，而其辞宛然红女田父之告语：明乎此而三百五篇皆可类推。（范家相《诗沈·豳风·七月篇》）

这便是说，讲诗非"无中生有"不可。明明是一首红女田父的诗，一点没有说到祖功宗德，但因为以意逆志的结果，就成为"周公陈王业戒成王而作"的诗了。他们以为：惟其没有说到王业，所以一定是王业；惟其没有圣人气息，所以一定是圣人。照这样讲，他本身就很危险。因为我们若是替他们开玩笑，说"凡是字面上说得最悲苦的，就是内幕里极快乐的；字面上说得最快乐的，就是内幕里极悲苦的"，他们有什么方法驳倒我们呢？这并不是我个人的胡闹，试看汉朝人作的《诗序》便很明白。我们上边引的《楚茨》，说：

> 我黍与与；我稷翼翼。我仓既盈，我庾维亿。既醉既饱，小大稽首："神嗜饮食，使君寿考！"

这不是说的收获很好，很快乐的祭礼吗？一到汉朝人手里，便同它做一个序道：

> 《楚茨》，刺幽王也。

为什么要刺幽王呢？他又说：

> 政烦，赋重；田莱多荒；饥馑降丧；民卒流亡；祭祀不飨。

他为什么要这样说？我们也可以套了《诗》学专家的话去替他解释：

> 作者刺"田莱多荒"而诗言"我稷翼翼"，作者刺"饥馑降丧"而诗言"既醉既饱"，作者刺"祭祀不飨"而诗言"神嗜酒食"，盖作者言在于此而意属于彼。如必以为丰年祭祀之诗，此"以文害辞"，"以辞害志"之为也。"以意逆志"，则序言为不诬矣！

这并不是我的滑稽，正是历来《诗》学专家保守他们附会的壁垒，抵抗别人理性的攻击的老法子。实在他们太滑稽了！

孟子把春秋时人用诗的惯例去说诗，进而乱断诗本事，又另换了一个新题目，结果，闹成了几千年的迷雾，把《诗经》的本来面目蒙蔽得密不通风。这个新题目，我们不但不反对，并且很欢迎；不过孟子实行这个新题目的态度太不对了，使得我们不能不剧烈反对。正如从前人不明白政治法津的原理，以为做官为的是一己的尊荣，只要掌到权柄，显出威风，心愿已了；我们虽是鄙薄他，但也觉得他的智识浅得可怜，用不着反对他。若是现在法政学校毕业的人做了官，口里声声说的是拥护人权，看他的行为处处是蹂躏人权；社会上一班糊涂人看了他们，以为蹂躏人权的实施就叫做拥护人权：我们看了，就应剧烈的反对他们，说："你们既标榜了拥护人权，就不应该再做蹂躏人权的事了！你们自己说谎话的罪还小，害了一班糊涂人跟着你们走，这个害处就不浅了!"孟子能够知道"尚友论世"，"以意逆志"，对于古人有了研究历史的需求，确然是比春秋时人进步得多了。但既有了研究历史的需求，便应对于历史做一番深切的研究，然后再去引诗才是道理。他竟不然，说是说得好听，做出来的依然和春秋时人随便用诗的一样，甚而至于乱说《闷宫》所颂的人，乱说《诗经》亡了的年代，造出春秋时人所未有的附会，下开汉人"信口开河"与"割裂时代"的先声，他对于《诗》学的流毒，到了这般，我们还能轻易放过他吗!

以上三章所说的《诗经》经历，我们可以在此作一结论：

从西周到春秋中叶，诗与乐是合一的，乐与礼是合一的。春秋末叶，新声起了。新声是有独立性的音乐，可以不必附歌词，也脱离不了礼节的束缚。因为这种音乐很能悦耳，所以在社会上占极大的势力，不久就把雅乐打倒。战国时，音乐上尽管推陈出新；雅乐成为古乐，更加衰微得不成样子。一二儒者极力拥护古乐诗，却只会讲古诗的意义；不会讲古乐的声律。因为古诗离开了实用，大家对它有一点历史的态度。但不幸大家没有历史的智识可以帮着研究，所以结果只造成了许多附会。

十二，一，十五始草；二，三草成。

与钱玄同先生论古史书[*]
（1923）

　　我二年以来，蓄意要辨论中国的古史，比崔述更进一步。崔述的《考信录》确是一部极伟大又极细密的著作，我是望尘莫及的。我自知要好好的读十几年书，才可追得上他。但他的著作有二点我觉得不满意。第一点，他著书的目的是要替古圣人揭出他们的圣道王功，辨伪只是手段。他只知道战国以后的话足以乱古人的真，不知道战国以前的话亦足以乱古人的真。他只知道杨、墨的话是有意装点古人，不知道孔门的话也是有意装点古人。所以他只是儒者的辨古史，不是史家的辨古史。第二点，他要从古书上直接整理出古史迹来，也不是妥稳的办法。因为古代的文献可征的已很少，我们要否认伪史是可以比较各书而判定的，但要承认信史便没有实际的证明了。崔述相信经书即是信史，拿经书上的话做标准，合的为真，否则为伪，所以整理的结果，他承认的史迹亦颇楚楚可观。但这在我们看来，终究是立脚不住的：因为经书与传记只是时间的先后，并没有截然不同的真伪区别；假使在经书之前还有书，这些经书又要降做传记了。我们现在既没有"经书即信史"的成见，所以我们要辨明古史，看史迹的整理还轻，而看传说的经历却重。凡是一件史事，应当看它最先是怎样的，以后逐步逐步的变迁是怎样的。我们既没有实物上的证明，单从书籍上入手，只有这样做才可得一确当的整理，才可尽我们整理的责任。

　　我很想做一篇《层累地造成的中国古史》，把传说中的古史的经历详细一说。这有三个意思。第一，可以说明"时代愈后，传说的古史期愈长"。如这封信里说的，周代人心目中最古的人是禹，到孔子时有尧、

　　* 此文原载《努力》增刊《读书杂志》第九期，1923 年 5 月 6 日；又载《古史辨》第一册。

舜，到战国时有黄帝、神农，到秦有三皇，到汉以后有盘古等。第二，可以说明"时代愈后，传说中的中心人物愈放愈大"。如舜，在孔子时只是一个"无为而治"的圣君，到《尧典》就成了一个"家齐而后国治"的圣人，到孟子时就成了一个孝子的模范了。第三，我们在这上，即不能知道某一件事的真确的状况，但可以知道某一件事在传说中的最早的状况。我们即不能知道东周时的东周史，也至少能知道战国时的东周史；我们即不能知道夏、商时的夏、商史，也至少能知道东周时的夏、商史。

但这个题目的范围太大了，像我这般没法做专门研究的人，简直做不成功。因此，我想分了三个题目做去：一是《战国以前的古史观》，二是《战国时的古史观》，三是《战国以后的古史观》。后来又觉得这些题目的范围也广，所以想一部书一部书的做去：如《〈诗经〉中的古史》，《〈周书〉中的古史》，《〈论语〉中的古史》……。我想，若一个月读一部书，一个月做一篇文，几年之后自然也渐渐地做成了。崔述的学力我固是追不到，但换了一个方法做去，也足以补他的缺陷了。

这回适之先生到上海来，因为不及做《读书杂志》的文字，嘱我赶做一篇。我当下就想做一篇《〈论语〉中的古史》，因为材料较少，容易做成。但今天一动笔之后，又觉得赶不及，因为单说《论语》自是容易，但若不与他书比较看来，就显不出它的地位，而与他书一比较之后，范围又大了，不是一二天内赶得出的。因此，想起我两月前曾与玄同先生一信，论起这事，固然是信笔写下，但也足以说出一点大纲。所以就把这篇信稿钞在这里，做我发表研究的起点。我自己知道既无学力，又无时间，说不上研究；只希望因了发表这篇，引起了阅者的教导和讨论，使我可以把这事上了轨道去做，那真是快幸极了！

十二，四，二十七。

玄同先生：

（上略）

先生嘱我为《国学季刊》作文，我也久有这个意思。我想做的文是《层累地造成的中国古史》。现在先对先生说一个大意——我这些意思从来没有写出，这信恐怕写得凌乱没有条理。

我以为自西周以至春秋初年，那时人对于古代原没有悠久的推测。《商颂》说："天命玄鸟，降而生商。"《大雅》说："民之初生，自土沮、漆。"又说:"厥初生民,时维姜嫄。"可见他们只是把本族形成时的人作为始祖,并没有很远的始祖存在他们的意想之中。他们只是认定一个民族有一个民族的始祖,并没有许多民族公认的始祖。

但他们在始祖之外,还有一个"禹"。《商颂·长发》说:"洪水芒芒,禹敷下土方。……帝立子生商。"禹的见于载籍以此为最古。《诗》、《书》里的"帝"都是上帝(帝尧、帝舜等不算,详见后。《尚书》里可疑的只有一个帝乙,或是殷商的后王尊他的祖,看他和上帝一样,加上的尊号,也说不定)。这诗的意思是说商的国家是上帝所立的。上帝建商,与禹有什么关系呢?看这诗的意义,似乎在洪水芒芒之中,上帝叫禹下来布土,而后建商国。然则禹是上帝派下来的神,不是人。《小旻篇》中有"旻天疾威,敷于下土"之句,可见"下土"是对"上天"而言。

《商颂》,据王静安先生的考定,是西周中叶宋人所作的(《乐诗考略》、《说商颂下》)。这时对于禹的观念是一个神。到鲁僖公时,禹确是人了。《闷宫》说:"是生后稷……俾民稼穑……奄有下土,缵禹之绪。"(按:《生民篇》叙后稷事最详,但只有说他受上帝的保卫,没有说他"缵"某人的"绪"。因为照《生民》作者的意思,后稷为始事种植的人,用不到继续前人之业。到《闷宫》作者就不同了,他知道禹为最古的人,后稷应该继续他的功业。在此,可见《生民》是西周作品,在《长发》之前,还不曾有禹一个观念)这诗的意思,禹是先"奄有下土"的人,是后稷之前的一个国王,后稷是后起的一个国王。他为什么不说后稷缵黄帝的绪,缵尧、舜的绪呢?这很明白,那时并没有黄帝、尧、舜,那时最古的人王(有天神性的)只有禹,所以说后稷缵禹之绪了。商族认禹为下凡的天神,周族认禹为最古的人王,可见他们对于禹的观念,正与现在人对于盘古的观念一样。

在这上,我们应该注意的,"禹"和"夏"并没有发生了什么关系。《长发》一方面说"洪水芒芒,禹敷下土方",一方面又说汤"韦、顾既伐,昆吾、夏桀",若照后来人说禹是桀的祖先,如何商国对于禹既感他敷土的恩德,对于禹的子孙就会翻脸杀伐呢?按:《长发》云:"玄王桓拨,受小国是达,受大国是达。"又云:"相土烈烈,海外有截。"是商在汤以前国势本已发达,到汤更能建一番武功,把韦、顾、昆吾、夏桀打倒罢了。禹是他们认为开天辟地的人,夏桀是被汤征伐的一个,他们二人漠不相关,很是明白。

至于禹从何来？禹与桀何以发生关系？我以为都是从九鼎上来的。禹，《说文》云："虫也，从内，象形。"内，《说文》云："兽足蹂地也。"以虫而有足蹂地，大约是蜥蜴之类。我以为禹或是九鼎上铸的一种动物，当时铸鼎象物，奇怪的形状一定很多，禹是鼎上动物的最有力者；或者有敷土的样子，所以就算他是开天辟地的人（伯祥云：禹或即是龙，大禹治水的传说与水神祀龙王事恐相类）。流传到后来，就成了真的人王了。九鼎是夏铸的，商灭了夏搬到商，周灭了商搬到周。当时不过因为它是宝物，所以搬了来，并没有多大的意味；但经过了长时间的保存，大家对它就有了传统的观念，以为凡是兴国都应取九鼎为信物，正如后世的"传国玺"一样。有了传统的观念，于是要追溯以前的统，知道周取自商，商取自夏，自然夏、商、周会联成一系。成了一系，于是商汤不由得不做夏桀的臣子，周文王不由得不做殷纣的臣子了。他们追溯禹出于夏鼎，就以为禹是最古的人，应做夏的始祖了（书中最早把"夏"、"禹"二字联属成文的，我尚没有找到）。

东周的初年只有禹，是从《诗经》上可以推知的；东周的末年更有尧、舜，是从《论语》上可以看到的（尧、舜的故事从何时起，这个问题很难解决：《左传》是战国时的著作；《尚书》中的《尧典》、《皋陶谟》也靠不住；《论语》较为可靠，所以取了它）。《论语》中二次连称尧、舜（尧、舜其犹病诸），一次连称舜、禹（巍巍乎舜、禹之有天下也），又接连赞美尧、舜、禹（大哉尧之为君——舜有臣五人而天下治——禹吾无间然矣），可见当时确以为尧、舜在禹之前。于是禹之前有更古的尧、舜了。但尧与舜、舜与禹的关系还没有提起，或者当时人的心目中以为各隔数百年的古王，如禹和汤，汤和文、武之类，亦未可知（《论语·尧曰篇》虽说明他们的传授关系，但《论语》经崔述的考定，自《季氏》至《尧曰》五篇是后人续入的。《尧曰篇》的首章，在文体上很可见出有意摹古的样子，在宗旨上很可见出秉着"王道"和"道统"两个主义，是战国时的儒家面目）。

在《论语》之后，尧、舜的事迹编造得完备了，于是有《尧典》、《皋陶谟》、《禹贡》等篇出现。有了这许多篇，于是尧与舜有翁婿的关系，舜与禹有君臣的关系了。《尧典》的靠不住，如梁任公先生所举的"蛮夷猾夏"、"金作赎刑"都是。即以《诗经》证之，《閟宫》说后稷"奄有下国"，明明是做国王，它却说成舜的臣子（后稷的"后"字原已有国王之义，《尧典》上舜对稷说"汝后稷"，实为不辞）。《閟宫》说后稷"缵禹之绪",明明是在禹后,它却说是禹的同官。又以《论语》证之,(1)《论语》上门人问孝的很多,舜既"克谐以孝",何以孔子不举他做例?(2)《论语》上说"舜有臣五人",何以《尧典》上会有九人?《尧典》上既有九人,各司其事,不容偏废,何以孔子单单截取了五人?(3)南宫适说"禹、稷躬稼而有天下",可见禹、稷都是有天下的,为什么《尧典》上都是臣而非君?(4)孔子说舜"无为而治",《尧典》上说他"五载一巡守,群后四朝",又说他"三载考绩,三考,黜陟幽明",不相冲突吗?这些问题,都可以证明《尧典》出于《论语》之后(我意,先有了禅让的学说而后有《尧典》、《皋陶谟》出来,当作禅让的实证;禅让之说是儒家本了尊贤的主义鼓吹出来的)。作《论语》时,对于尧、舜的观念还是空空洞洞,只推尊他们做两个道德最高、功绩最大的古王;作了《尧典》等篇,于是尧、舜的"文章"都有实事可举了。

从战国到西汉,伪史充分的创造,在尧、舜之前更加上了多少古皇帝。于是春秋初年号为最古的禹,到这时真是近之又近了。自从秦灵公于吴阳作上畤时,祭黄帝(见《汉书·郊祀志》。秦国崇奉的神最杂,名目也最诡:秦文公梦了黄蛇作鄜畤时,拾得了一块石头作陈宝祠,实在还是拜物教。黄帝之祀起于秦国,说不定黄帝即是"黄龙地螾"之类),经过了方士的鼓吹,于是黄帝立在尧、舜之前了。自从许行一辈人抬出了神农,于是神农又立在黄帝之前了。自从《易·系辞》抬出了庖牺氏,于是庖牺氏又立在神农之前了。自从李斯一辈人说"有天皇,有地皇,有泰皇,泰皇最贵",于是天皇、地皇、泰皇更立在庖牺氏之前了。自从《世本》出现,硬替古代名人造了很像样子的世系,于是没有一个人不是黄帝的子孙了。自从《春秋命历序》上说"天地开辟,至春秋获麟之岁,凡二百二十六万年",于是天皇十二人各立一万八千岁了。自从汉代交通了苗族,把苗族的始祖传了过来,于是盘古成了开天辟地的人,更在天皇之前了。时代越后,知道的古史越前;文籍越无征,知道的古史越多。汲黯说:"譬如积薪,后来居上",这是造史很好的比喻。看了这些胡乱伪造的史,《尧典》那得不成了信史!但看了《诗经》上稀疏的史,更那得不怀疑商以前的史呢!

这些意思如果充分的发挥,准可著成数十卷书。古代的史靠得住的有几,崔述所谓"信"的又何尝是信!即如后稷,周人自己说是他们的祖,但有无是人也不得而知。因为在《诗》、《书》上看,很可见出商的民族重游牧，周的民族重耕稼，所谓"后稷"，也不过因为他们的耕稼为生，崇德报功，追尊创始者的称号。实际上，周人的后稷和许行的神农有什么分别？这两个倡始耕稼的古王，很可见出造史的人的重复。他们造史的人为什么要重复？原来禹的上面堆积的人太多了，后稷的地位不尊重了，非得另创一个神农，许行一辈人就不足以资号召了！

（下略）

颉刚敬上。十二，二，二十五。

附启

玄同先生：

这封信发后，没有接到回覆，使我记挂得很。

在《歌戈鱼虞模古读考》上，读到先生的跋。跋上说："许慎的《说文》是一部集伪古字、伪古义、伪古礼、伪古制和伪古说之大成的书。"我很希望先生有辨《说文》的文字发表。

前月把《吕刑》与《尧典》对看，又得了一个对于苗族的传说的变迁。今天不及写，下函详告。

颉刚附启。十二，四，二十八。

答刘胡两先生书[*]
（1923）

^{挨藜}
^{董人}先生：

由努力社转到两位先生的质问，披读一过，真使我高兴得很。我本来的意思，是要先把与古史有关的书一部一部的读了，把内中说及古史的地方钞出，归纳成为一篇"某书中的古史"；等到用得着的书都读完了，它们说着的古史都抽出了，再依了它们的先后关系，分别其真伪异同，看出传说中对于古史的变迁，汇成一篇《层累地造成的中国古史》。不幸豫计中的许多篇"某书中的古史"还没有做，而总括大意的《与玄同先生书》先已登出，以至证据不充，无以满两位先生之意，甚以为愧。

但我觉得我这一文的疏漏是有的，至于这个意思总不能轻易认为错误，所以我想把胸中所有的意见详细写出，算做答文，与两位先生讨论下列诸项问题：

（1）禹是否有天神性？（2）禹与夏有没有关系？（3）禹的来历在何处？（4）《禹贡》是什么时候做的？（5）后稷的实在如何？（6）尧、舜、禹的关系如何？（7）《尧典》、《皋陶谟》是什么时候做的？（8）现在公认的古史系统是如何组织而成的？

以上的题目当在一二月内做毕，登入《读书杂志》。

本期《读书杂志》限于篇幅，不能登载我的答文；我现在仅把我对于古史的态度说了。研究古史自应分析出信史和非信史两部分。信史的建设，适之先生上月来书曾说一个大旨，钞录于下：

---

[*] 此文原载《读书杂志》第十一期，1923 年 7 月 1 日；又载《古史辨》第一册。

我对于古史的大旨，是：

1. 商民族的时期，以河南为中心。此民族的来源不可考。但《商颂》所记玄鸟的神话当是商民族的传说。关于此一时期，我们应该向"甲骨文字的系统的研究"里去寻史料。

2. 周民族的时期，约分三时期：

（a）始兴期，以甘肃及陕西西境为中心。

（b）东侵期，以陕西为中心，灭了河南的商民族的文化而代之。周公之东征，召公之南下，当在稍后。

（c）衰落期，以东都为中心，仅存虚名的共主而已，略如中古时代之"神圣罗马帝国"。

3. 秦民族的时期，也起于西方，循周民族的故迹而渐渐东迁，至逐去犬戎而占有陕西时始成大国。

以时间言之，可得下表：

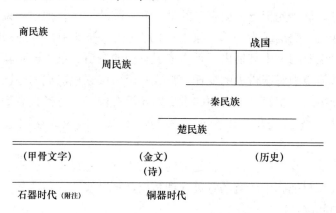

至于以山西为中心之夏民族，我们此时所有的史料实在不够用，只好置之于"神话"与"传说"之间，以俟将来史料的发现。

（附注）发见渑池石器时代文化的安特森（J. G. Andersson）近疑商代犹是石器时代的晚期（新石器时代）。我想他的假定颇近是。

适之先生这段话，可以做我们建设信史的骨干。

在推翻非信史方面，我以为应具下列诸项标准：

（一）打破民族出于一元的观念。在现在公认的古史上，一统的世系已经笼罩了百代帝王，四方种族，民族一元论可谓建设得十分巩固了。但我们一读古书，商出于玄鸟，周出于姜嫄，任、宿、须句出于太皞，郯出于少皞，陈出于颛顼，六、蓼出于皋陶庭坚，楚、夔出于祝融、鬻熊（恐是一人），他们原是各有各的始祖，何尝要求统一！自从春秋以来，大国攻灭小国多了，疆界日益大，民族日益并合，种族观念渐淡而一统观念渐强，于是许多民族的始祖的传说亦渐渐归到一条线上，有了先后君臣的关系，《尧典》、《五帝德》、《世本》诸书就因此出来。中国民族的出于一元，俟将来的地质学及人类学上有确实的发见后，我们自可承认它；但现在所有的牵合混缠的传说我们决不能胡乱承认。我们对于古史，应当依了民族的分合为分合，寻出他们的系统的异同状况。

（二）打破地域向来一统的观念。我们读了《史记》上黄帝的"东至于海，西至于空桐，南至于江，北逐荤粥"，以为中国的疆域的四至已在此时规定了；又读了《禹贡》、《尧典》等篇，地域一统的观念更确定了。不知道《禹贡》的九州，《尧典》的四罪，《史记》的黄帝四至乃是战国时七国的疆域，而《尧典》的羲、和四宅以交阯入版图更是秦、汉的疆域。中国的统一始于秦，中国人民的希望统一始于战国；若战国以前则只有种族观念，并无一统观念。看龟甲文中的地名都是小地名而无邦国种族的名目，可见商朝天下自限于"邦畿千里"之内。周有天下，用了封建制以镇压四国——四方之国，已比商朝进了一步，然而始终未曾没收了蛮貊的土地人民以为统一寰宇之计。我们看，楚国的若敖、蚡冒还是西周末东迁初的人，楚国地方还在今河南、湖北，但他们竟是"筚路蓝缕以启山林"。郑国是西周末年封的，地在今河南新郑，但竟是"艾杀此地，斩之蓬蒿藜藋而共处之"。那时的土地荒芜如此，那里是一统时的样子！自从楚国疆域日大，始立县制，晋国继起立县，又有郡；到战国时郡县制度普及；到秦并六国而始一统。若说黄帝以来就是如此，这步骤就乱了。所以我们对于古史，应当以各时代的地域为地域，不能以战国的七国和秦的四十郡算做古代早就定局的地域。

（三）打破古史人化的观念。古人对于神和人原没有界限，所谓历史差不多完全是神话。人与神混的，如后土原是地神，却也是共工氏之子；实沈原是星名，却也是高辛氏之子。人与兽混的，如夔本是九鼎上的罔两，又是做乐正的官；饕餮本是鼎上图案画中的兽，又是缙云氏的不才子。兽与神混的，如秦文公梦见了一条黄蛇，就作祠祭白帝；鲧化为黄熊而为夏郊。此类之事，举不胜举。他们所说的史固决不是信史，但他们有如是的想像，有如是的祭祀，却不能不说为有信史的可能。自春秋末期以后，诸子奋兴，人性发达，于是把神话中的古神古人都"人化"了。人化固是好事，但在历史上又多了一层的作伪，而反淆乱前人的想像祭祀之实，这是不容掩饰的。所以我们对于古史，应当依了那时人的想像和祭祀的史为史，考出一部那时的宗教史，而不要希望考出那时以前的政治史，因为宗教是本有的事实，是真的，政治是后出的附会，是假的。

（四）打破古代为黄金世界的观念。古代的神话中人物"人化"之极，于是古代成了黄金世界。其实古代很快乐的观念为春秋以前的人所没有；所谓"王"，只有贵的意思，并无好的意思。自从战国时一班政治家出来，要依托了古王去压服今王，极力把"王功"与"圣道"合在一起，于是大家看古王的道德功业真是高到极顶，好到极处。于是异于征诛的禅让之说出来了，"其仁如天，其知如神"的人也出来了，《尧典》、《皋陶谟》等极盛的人治和德化也出来了。从后世看唐、虞，真是何等的美善快乐！但我们反看古书，不必说《风》、《雅》中怨苦流离的诗尽多，即官撰的《盘庚》、《大诰》之类，所谓商、周的贤王亦不过依天托祖的压迫着人民就他们的轨范；要行一件事情，说不出理由，只会说我们的占卜上是如此说的，你们若不照做，先王就要"大罚殛汝"了，我就要"致天之罚于尔躬"了！试问上天和先王能有什么表示？况且你既可以自居为天之元子，他亦可以自说新受天命，改天之元子；所谓"受命""革命"，比了现在的伪造民意还要胡闹。又那时的田亩都是贵族的私产，人民只是奴隶，终年服劳不必说，加以不歇的征战，死亡的恐怖永远笼罩着。试问古代的快乐究在那里？我们要懂得五帝、三王的黄金世界原是战国后的学者造出来给君王看样的，庶可不受他们的欺骗。

以上四条为从杂乱的古史中分出信史与非信史的基本观念，我自以为甚不误。惜本期篇幅甚短，不能畅说。

颉刚敬上。十二，六，二十。

论《诗经》所录全为乐歌 *
（1925）

　　《诗经》所录是否全为乐歌，这在宋代以前是不成问题的。墨子书中言"弦诗三百，歌诗三百，舞诗三百"（《公孟》）。司马迁在《史记·孔子世家》中也曾说过："三百五篇，孔子皆弦歌之，以求合《韶》、《武》、《雅》、《颂》之音。"他的话是否确实（三百五篇是否皆孔子所歌？三百五篇是否皆可合《韶》、《武》、《雅》、《颂》之音？）是另一问题，但他以为《诗经》所录的诗全是乐歌这一个意思是很显明的。自宋以来，始有人怀疑内有一部分诗是徒歌。前年我在《歌谣周刊》（第三十九号）中曾说《诗经》所收的民间徒歌已经全由乐工改为乐章，魏建功先生反对这个意思，著论驳了（见《歌谣周刊》四十一期）。现在我把这个问题根本讨论一下，试作一个解答。请魏先生和读者诸君指正。

　　我前数年搜集苏州歌谣，从歌谣中得到一个原则，即是徒歌中章段回环复沓的极少，和乐歌是不同的。徒歌中的回环复沓，只限于练习说话的"儿歌"（如《吴歌甲集》所录的《天上星》、《碰碰门》等篇），依问作答的"对山歌"（如《甲集》所录的《啥人数得清天上星》、《山歌好唱口难开》等篇）。此外，惟有两类也是回环复沓的，一是把乐歌清唱的徒歌（如《苏州景》、《四季相思》、《孟姜女十二月花名》等篇），一是模仿乐歌而作的徒歌（摊子上的唱本很多这一类，例如依了乐歌的《苏州景》而作的《留园景》、《遂园景》等；买唱本的人照着它唱了，就变成了徒歌了）；但这两类实在算不得徒歌。除了这四类，所有的成

　　* 此文原载《北京大学研究所国学门周刊》第十至十二期，1925 年 12 月 16—30 日；又载《古史辨》第三册。

人的抒情之歌大都是直抒胸臆，话说完时歌就唱完，不用回环复沓的形式来编制（如《甲集》所录的《姐妮有病在香房》、《忽然想起绉眉头》、《俏佳人临镜把头梳》等篇）。《吴歌甲集》中有两篇东西是从乐歌变成徒歌的，我们可以借此看出乐歌与徒歌的形式的不同。今钞录于下，作一比较：

甲之一 《跳槽》（乐歌）

自从一别到呀到今朝，
今日相逢改变了！
郎呀，另有了贵相好！
唅呀，唅唅唷，郎呀，另有了贵相好！

此山不比那呀那山高；
脱下蓝衫换红袍。
郎呀，容颜比奴俏；
唅呀，唅唅唷，郎呀，金莲比奴小。

打发外人来呀来请你，
请你的冤家请呀请弗到，
郎呀，拨勒别人笑！
唅呀，唅唅唷，郎呀，拨勒别人笑！

你有呀银钱有呀有处嫖，
小妹妹终身有人要！
郎呀，不必费心了！
唅呀，唅唅唷，郎呀，不必费心了！

你走呀你的阳呀阳关路；
奴走奴的独木桥！
郎呀，处处去买香烧！
唅呀，唅唅唷，郎呀，处处去买香烧！

甲之二 《跳槽》（徒歌）

自从一别到今朝，
今日相逢改变了！
女儿的贵相好，
此山不比那山高；

脱脱蓝衫换红袍。
人也比奴好；
容也比奴俏。
打发外人来请你，
请你的冤家请亦请弗到；
拨勒别人笑！
你走你的阳关路；
奴走奴的独木桥！
偕傚各处去买香烧！

乙之一 《玉美针》（乐歌）

杨柳儿青青，杨柳儿青青，
青青的早上同郎去游春，同郎去游春。
游春之后失落了玉美针，失落了玉美针。
有情的人儿哎，人儿哎，失落了玉美针，失落了玉美针。
那一个公子拾去奴的针，拾去奴的针？
有情的人儿哎，人儿哎，拾去奴的针，拾去奴的针，
轻轻巧巧送上我家门。
有情的人儿哎，人儿哎，送上我的门，送上我的门，
青纱帐里报报你的恩！
有情的人儿哎，人儿哎，公婆知道棍子打上身，棍子打上身，
有情的人儿哎，人儿哎，打来打去打不掉奴的心，打不掉奴
的心！
有情的人儿哎，人儿哎，必要写退婚；
一乘小轿抬到娘家门，抬到娘家门。
有情的人儿哎，人儿哎，这是为何因？
有情的人儿哎，人儿哎，这是为何因？这是为何因？
十二十四偷情到如今，偷情到如今。
有情的人儿哎，人儿哎，不认这门亲，不认这门亲。
一乘小轿抬到庵堂门，抬到庵堂门。
手掐佛珠念上几卷经，念上几卷经；
有情的南无观世音，南无观世音，不修今生修来生，修一修来生，
修上一个有情郎君，有情郎君，
有情的南无观世音，南无观世音，过上几十春，过上几十春！

乙之二 《玉美针》（徒歌）

楊柳那得青青，

青青那得早起，失落了個玉美针。

誰家的公子拾了奴的针？還了奴的针？

十三歲，要偷情；

偷到如今，終弗能稱心。

剛剛稱心，夫家知道一定要退婚。

叫肩小轎，抬進庵門；

先拜彌陀，慢拜尼僧；

削落兩根頭髮，做個尼僧。

"月亮裏點燈，掛啥明（名）！"

從今以後，終弗偷情。

在以上四首里，可见乐歌是重在回环复沓的，徒歌则只要作直捷的陈述。乐歌的《跳槽》每章第一句第五字必重沓，第三句必以"郎呀"起，第四句必把第三句重沓了一下而加上"哈呀，哈哈唷"；到了徒歌里，这些规则都没有了。本来的五章，到了徒歌里也并作一首了。乐歌的《玉美针》，每句必重沓，或一次，或二三次；间了一句，必以"有情的人儿哎，人儿哎"引起（此歌也必可以分成若干章的，但因石印唱本有脱误，故现在分不清；如能得到它的全文或乐谱，必可把章数整理出来）；到了徒歌里也完全没有了。一篇近四百字的长歌，变到徒歌时只缩成一百字了。这是什么缘故？因为乐歌是受乐谱的支配的：（1）歌词虽很整齐（如《跳槽》，前二句为七言，后二句为五言），但乐谱并不也是这样整齐，所以歌词以外的羡声只得插进衬字（如"郎呀"），垒字（如"到呀到"），拟声（如"哈呀，哈哈唷"，这是摹拟乐声的，不知道应该叫作什么，姑立此名）等许多东西。有了这些东西，歌词既与歌谱密合，而歌声也愈觉得宛转可听了。（2）乐谱是很短的，但歌却不能同它一样的短，所以乐谱要复奏，歌词便依了它的复奏而分章（例如《跳槽》，乐谱复奏五次，歌词便编制五章）。至于徒歌，则毫不受这种的束缚，所以它不必有衬字一类东西，也用不着分章；它所重的只是在发抒情感。就是从乐歌里变来的，也只要取了乐歌里面的主要意思，而把回环复沓的章句都删去了。乐歌变徒歌既如此，徒歌变乐歌当然如彼：本来没有章段的都分出章段来了，本来没有衬字的也加进衬字去了。叠章，叠句，叠字，大都由此而来。

用了这个眼光去看《诗经》，便觉得里面乐歌气味的浓重。例如《郑风》的《溱洧》：

> 溱与洧，方涣涣兮。
> 士与女，方秉蕳兮。
> 女曰"观乎"？士曰"既且"。
> "且往观乎！洧之外洵讦且乐"。
> 维士与女，伊其相谑，赠之以芍药。
>
> 溱与洧，浏其清矣。
> 士与女，殷其盈矣。
> 女曰"观乎"？士曰"既且"。
> "且往观乎！洧之外洵讦且乐"。
> 维士与女，伊其相谑，赠之以芍药。

这两章中，除了"方涣涣兮"，"方秉蕳兮"和"浏其清矣"，"殷其盈矣"之外是完全相同的；而这不同的地方只是两句无关紧要的话，并没有必须分成两章的需要。倘在徒歌中，只要一首也就够了。《郑风》中叠为二章，可见这是乐歌，所以乐谱复奏了一回时，歌词就复唱了一遍。至于歌词不复沓的，如《邶风》的《谷风》，《卫风》的《氓》，也无碍其为乐歌，因为乐歌中凡是叙事的，或是意境较复杂的，乐谱虽复奏而歌词不必复沓，如摊簧，弹词，大鼓书等都是这般。

前年冬间，我应《歌谣周刊》的要求，草草写成了《从诗经中整理出歌谣的意见》一文，中说：

> 我以为《诗经》里的歌谣，都是已经成为乐章的歌谣，不是歌谣的本相。凡是歌谣，只要唱完就算，无取乎往复重沓。惟乐章则因奏乐的关系，太短了觉得无味，一定要往复重沓的好几遍。《诗经》中的诗，往往一篇中有好几章，都是意义一样的，章数的不同只是换去了几个字。我们在这里，可以假定其中的一章是原来的歌谣，其他数章是乐师申述的乐章。

下面引了《月出》一篇作例而说道：

> 这里的"皎、皓、照"，"僚、懰、燎"，"窈纠、懮受、夭绍"，"悄、慅、惨"，完全是声音上的不同，借来多做出几章，并没有意义上的关系（文义上即有不同，也非谱曲者所重）。在这篇诗中，

任何一章都可独立成为一首歌谣，但联合了三章则便是乐章的面目而不是歌谣的面目了。

我们在这里，要从乐章中指实某一章是原始的歌谣固是不可能，但要知道那一篇乐章是把歌谣作底子的，这便不妨从意义上着眼而加以推测。虽则有了歌谣的成分的未必即为歌谣，也许是乐师模仿歌谣而做出来的，但我们的研究之力所可到的境界是止于此了，我们只可以尽这一点的职责了。

这文的大体的意思，我至今还没有变。

魏建功先生见了此文，表示反对。他和我讨论"诗中歌谣是否为已成乐章的歌谣问题"，他的结论是："歌谣是很注重重奏复沓，重奏复沓是人工所不能强为的……所以重奏复沓是歌谣的表现的最要紧的方法之一。"他的文中的理由是以下诸点：

（1）歌谣的作用与诗的作用是同样的，为的是要发泄内心的情绪；因为内心的情绪没有一定，所以发表的东西也没有一定的格调。

（2）诗的往复重沓，无论意思是否相同，都有它的不得已，并不因于奏乐的不得已。

（3）奏乐的有味无味，在于谱调的制作的好坏，并不能因往复重沓好几遍而定。

（4）我们虽不能分别《诗经》中何者是歌谣与何者不是，却要相信由歌谣而成的诗的本相不能"定"是只有一个原来歌谣，其他是乐师申述的乐章。

（5）数章中改换的字句的意义或同或异；我们不能因为它意义相同，便说它有申述的糅合。

（6）改换一二字而复奏的，多少总有程度的深浅或次序的进退；就是没有分别，而作者以声音改换的复奏，不能不说他内心情绪非如此不可。

（7）就歌谣的实例看，大都用同样的语调，随口改换字句唱出来，儿歌尤其是的。

现在把我的回答的话依了这个次序写在下面：

（1）歌谣与诗的作用确是同样的，都为了发泄内心的情绪而作。内心的情绪是没有一定的，所以除了声调的谐和以外，都不应当有一定的格调。但到了乐章里，有了乐谱的束缚，便不能如此了。例如作七言绝诗的，无论内心的情绪怎样涌溢，但每首只能有二十八字，每句只能有七字，句中也只能有平平仄仄的格律。作词曲的受乐谱的束缚更甚了；作者既选定了一个词牌，总必得那样做。李煜的《浪淘沙》，岳飞的《满江红》，情绪是奔放极了，但格律却不能不与一般平庸人所作的有词无情的东西一样。要纯粹的自由发抒情感而不受固定的格调的束缚，只有现在的白话诗是可以的，但又不可入乐了（现在的白话诗也有回环复沓的，这是模仿乐歌而作，是另一事）。徒歌是什么，是里巷间妇人女子贩夫走卒发抒情感的东西，他们在形式上所要求的只在声调的自然谐和，不像士人大夫与乐工们的有固定的乐律可以遵守，他们要直捷叙述时就直捷叙述，要回环复沓时也无妨回环复沓。但因徒歌中需要回环复沓的甚少，大致偏重在直捷叙述方面，所以他们的发泄内心情绪虽与乐歌同，而格调的没有一定却与乐歌异。我在上次文中曾说，"乐章因奏乐的关系，太短了觉得无味，一定要往复重沓的好几遍"。魏先生质问道："为什么在这篇里复沓一遍为二章就有了意味？为什么在那篇里复沓要到三遍为四章才有意味呢？"我以为这个问题只要看现在的乐歌就可明白。现在乐歌中，《五更调》必为五章，《十送情哥》、《十杯酒》、《十把扇子》等必为十章，《唱春调》大都为十二章，学校里的唱歌大都为二章至四章。这或者因调子上的关系，或者因习惯上的关系，都说不定。乐歌的章数虽有多少，但它的意味的一部分在复沓，也和不分章段的徒歌的形式不同，乃是很明显的。

（2）徒歌的回环复沓，自只在作者的内心情绪的不得已。乐歌的回环重沓，则乐调的不得已重于其内心情绪的不得已。例如作《五更调》的，不能因情绪已竭而缩之成三，也不能因情绪有余而衍之成七。又如作《唱春调》的，他的内心情绪也许比作五更调的短浅得多，但他既以十二个月编排了，则无论如何必把歌中事实凑到第十二个月而止。

（3）乐声的有味无味，确在于谱调的制作的好坏而不关于回环复沓了若干度。但这是专为品评乐谱者说的，不是为普通听歌者说的。若目的重在听歌，要从听唱的歌词中得到尽兴的愉快，便不能不把乐谱回环复沓的奏上好几遍，把歌词也随着唱上好几遍了。

《四季相思》的调，《五更调》的调，《唱春调》的调，《十八摸》的调，当制谱的时候原只有要求音调的谐和有味，何尝定出非四、非五、非十二、非十八首歌词不可的规则出来。但是乐工为了职业的关系，希求听歌者的尽兴，便不由得不把歌词回环复沓上四度、五度、十二度、十八度了。这种的希求与限制是唱徒歌的所没有的。

（4）我们确应相信由徒歌变成的乐歌不能在一篇中惟有一章是原来的歌词。例如《唐风》的《葛生》：

> 葛生蒙楚，蔹蔓于野。
> 予美亡此，谁与独处！
>
> 葛生蒙棘，蔹蔓于域。
> 予美亡此，谁与独息！
>
> 角枕粲兮，锦衾烂兮。
> 予美亡此，谁与独旦！
>
> 夏之日，冬之夜。
> 百岁之后，归于其居！
>
> 冬之夜，夏之日。
> 百岁之后，归于其室！

这首诗前二章的句式一律，第三章的起兴的式子与前二章不同，后二章的句式又另是一种样子。其中是否有二章是原来的徒歌词，或是否全篇经过乐工的改窜，现在已无法知道，我们决不能断定里面的某章是当时徒歌的本相了。我们只能说这首诗是富有民歌意味的乐歌。我上次所举的《月出》，这次所举的《溱洧》，都是最整齐的几章，这一章与那一章的意义是没有分别的；在徒歌中是可以不复沓的，所以我怀疑里面有一章是徒歌的本真，其余是乐工申述的乐章。但天下的事决不会整齐画一到极端，所以适用于《月出》和《溱洧》的未必便适用于《关雎》和《葛生》。

（5）这一条，魏先生引《硕鼠》的重言"适彼乐土"为证，证明这是作者要表明弃此远去的决绝的态度，词句的复沓由于情绪的不得已，不能说里面有一句是乐工申述的。这个意思，我极以为然。这样的例在徒歌中也尽有可举。例如《吴歌甲集》第六十二首重言"勄哭哉"，第七十九首重言"小登科"，皆是。但是请魏先生不要误会我前一文的意思，以为乐歌是必须复沓的，徒歌是必不复沓的。我也知道徒歌中是可以有复沓的，但只限于作者内心情绪的不得已的宣泄，故复沓处较少，就是复沓也没有极整齐的格调。至于乐歌，则因乐谱复奏的关系，即使内心情绪的宣泄已尽于一章，但也必敷衍成为若干章，所以它的复沓是极整齐的复沓；这些复沓，有的在意境上尚可分出些深浅，有的竟是全同。《诗经》上各篇的复沓之章，都显出它的乐歌的样子，所以我有这样的话。魏先生若单举了《硕鼠》的重言"适彼乐土"来证明不能仅以复沓的句子作乐歌的证据，我当然赞同。若说《硕鼠》的全篇三章虽是意义一致，但我们还只能说它是徒歌的本相，我就禁不住要树异议了。

（6）复沓诸章在意义上虽有程度的深浅或次序的进退，但不能说这是徒歌的本相而不是乐工所申述，因为申述的人也尽有使先后各章分出深浅及进退的道理。何况实际上也并不如是。例如魏先生举的《鄘风》的《墙有茨篇》，它的原文是：

墙有茨，不可扫也。
中冓之言，不可道也。……

墙有茨，不可襄也。
中冓之言，不可详也。……

墙有茨，不可束也。
中冓之言，不可读也。……

魏先生说：

"扫"和"襄"和"束"是一层进一层的动作。

"不可道"简直是"不能说"；"不可详"就是"可说而不可细说"；"不可读"却便是"可说而不可多说。"

照这样讲，这首诗的程度的深浅便成不了下列的方式：

第一章——墙有茨，最浅；中冓之言，最深。

第二章——墙有茨，渐深；中冓之言，渐浅。

第三章——墙有茨，最深；中冓之言，最浅。

我真不明白，为什么"墙有茨"和"中冓之言"的程度的深浅要反其道而行呢？这明明只取押韵罢了，有什么深意在内（起兴与意义无关，见《吴歌甲集·写歌杂记》）！我们还是不要这样的深文周纳，继汉代经师的步武吧。至于魏先生说，"就是没有分别，而作者以声音改换的复奏，不能不说他内心非再三咏叹不足以为怀的缘故"，那是无理由的要把《诗经》归到徒歌之下，我更不敢赞同了。

（7）魏先生所举的歌谣上的实例，大都是"儿歌"（如《红云嫁黑云》、《姑娘吊孝》等）和"对山歌"（如《酉阳山歌》、《江阴船歌》等）；至于"成人的抒情之歌"则绝少（《天吓天》一首确属于这一类，但乐歌的气味甚重，恐是把乐歌清唱成徒歌的，与《孟姜女十二月花名》同）。对山歌因问作答，非复沓不可。例如《江阴船歌》既用"舍个弯弯天上天？"发问，作答的当然说"亮月弯弯天上天。"儿歌注重于说话的练习，事物的记忆，与滑稽的趣味，所以也有复沓的需要。例如《姑娘吊孝》一歌，一个女孩子的未婚夫死了，想去吊孝，问娘应穿什么，娘答以"红纱衫儿，红纱裙儿"；问爷，爷变说"绿纱衫儿，绿纱裙儿"；问哥，哥又说"黄纱衫儿，黄纱裙儿"；问嫂，嫂才说"白纱衫儿，白纱裙儿"而止。这样的回环复沓，是重在小儿意中的滑稽趣味和红绿等颜色的记忆，毫不带着情感的色彩。至于重要发抒情感的成人之歌，有这样的回环复沓的格调的却绝不多见，看我搜集的吴歌可知。去年适之先生也曾告诉我："外国歌谣大都是回环复沓的，中国歌谣中颇少此例，也是一个特异的现象。"这个问题当然不是我的学力所可讨论。我现在所要说明的，是我们今日的成人的抒情之歌极少复沓的这是事实；我们古代的成人的抒情之歌极少复沓的这也是事实（详见下）。《诗经》中带有徒歌性质的诸篇都是成人抒情之歌；这些歌什九复沓，与现在流行及古代流行的徒歌不同。所以这很有把徒歌改为乐歌的倾向。

总以上所说，可以把我的意思做一个简单的结论：

徒歌是民众为了发泄内心的情绪而作的；他并不为听众计，所以没有一定的形式。他如因情绪的不得已而再三咏叹以至有复沓的章句时，也没有极整齐的格调。

乐歌是乐工为了职业而编制的，他看乐谱的规律比内心的情绪更重要；他为听者计，所以需要整齐的歌词而奏复沓的乐调。他的复沓并不是他的内心情绪必要他再三咏叹，乃是出于奏乐时的不得已。

《诗经》中一大部分是为奏乐而创作的乐歌，一小部分是由徒歌变成乐歌。当改变时，乐工为它编制若干复沓之章。这些复沓之章，有的似有一点深浅远近的分别，有的竟没有，但这是无关重要的。至于《诗经》里面的徒歌和乐歌的分别，我们现在虽可用了许多旁证而看出一个大概，但已不能作清楚明白的分析了。

以上答覆魏先生的话都是偏于理论方面的；但我自审对于文学原理及音乐原理没有深澈的了解，不敢自信。不过我还可以从许多事实方面证明《诗经》所录全为乐歌，在这些方面我敢于自信。

第一，我们看春秋时的徒歌可以证明《诗经》是乐歌。今就《左传》、《国语》、《论语》、《庄子》、《孟子》等书所记录的钞出若干条于下：

(1) 晋舆人诵（《左传》僖公二十八年）：

原田每每，舍其旧而新是谋。

(2) 宋城者讴及华元答讴（《左传》宣公二年）：

（甲）睅其目，皤其腹，弃甲而复。

（乙）牛则有皮，犀兕尚多。弃甲则那！

（丙）从其有皮，丹漆若何！

(3) 声伯梦歌（《左传》成公十七年）：

济洹之水，赠我以琼瑰。归乎，归乎，琼瑰盈吾怀乎！

(4) 鲁国人诵（《左传》襄公四年）：

臧之狐裘，败我于狐骀。我君小子，朱儒是使。朱儒，朱儒，使我败于邾！

(5) 宋筑者讴（《左传》襄公十七年）：

泽门之皙，实兴我役。邑中之黔，实慰我心。

(6) 郑舆人诵（《左传》襄公三十年）：

（甲）取我衣冠而褚之。取我田畴而伍之。孰杀子产，我其与之！

（乙）我有子弟，子产诲之。我有田畴，子产殖之。子产而死，谁其嗣之！

(7) 南蒯乡人歌（《左传》昭公十二年）：

我有圃，生之杞乎。从我者子乎。去我者鄙乎。倍其邻者耻乎。已乎，已乎，非吾党之士乎！

(8) 宋野人歌（《左传》定公十四年）：

既定尔娄猪，盍归我艾豭？

(9) 莱人歌（《左传》哀公五年）：

景公死乎不与埋。三军之士乎不与谋。师乎，师乎，何党之乎！

(10) 申叔仪歌（《左传》哀公十三年）：

佩玉繠兮，余无所系之。旨酒一盛兮，余与褐之父睨之。

(11) 齐人歌（《左传》哀公二十一年）：

鲁人之皋，数年不觉，使我高蹈。惟其儒书，以为二国忧！

(12) 舆人诵惠公（《国语·晋语》三）：

佞之见佞，果丧其田。诈之见诈，果丧其赂。得国而狃，终逢其咎。丧田不惩，祸乱其兴。

(13) 国人诵共世子（《国语·晋语》三）：

贞之无报也，孰是人斯而有斯臭也！贞为不听，信为不诚。国斯无幸，偷居幸生。不更厥贞，大命其倾！威兮怀兮，各聚尔有以待所归兮。猗兮违兮，心之哀兮。岁之二七，其靡有征兮。若狄公子，吾是之依兮。镇抚国家，为王妃兮。

(14) 楚狂接舆歌（《论语·微子篇》）：

凤兮，凤兮，何德之衰？往者不可谏，来者犹可追。已而，已而，今之从政者殆而！

(15) 楚狂接舆歌（《庄子·人间世篇》）：

凤兮，凤兮，何如德之衰也！来世不可待，往世不可追也！天下有道，圣人成焉。天下无道，圣人生焉。方今之时，仅免刑焉。福轻乎羽，莫之知载。祸重乎地，莫之知避。已乎，已乎，临人以德。殆乎，殆乎，画地而趋。迷阳，迷阳，无伤我行！吾行郤曲，无伤我足！

（16）孔子听孺子歌（《孟子·离娄篇》）：

> 沧浪之水清兮，可以濯我缨。沧浪之水浊兮，可以濯我足。

这些歌虽未必一定可靠（例如《庄子》上的接舆歌词与《论语》上的大不相同，又如国人诵共世子的说了许多应验的预言），但总可以窥见一点当时徒歌的面目。这些徒歌的形式，我们可以综括为下列诸点：

（1）篇幅长短不等，但都没有整齐的章段。长的如《国语》诵共世子，《庄子》接舆歌，但并不像《诗经》所录的一般分成若干章。短的如《左传》晋舆人诵，宋野人歌，仅有两句，也是《诗经》里所没有的。

（2）篇末多用复沓语作结。如声伯梦歌的"归乎，归乎，琼瑰盈吾怀乎！"鲁国人诵的"朱儒，朱儒，使我败于邾！"南蒯乡人歌的"已乎，已乎，非吾党之士乎！"莱人歌的"师乎，师乎，何党之乎！"《论语》接舆歌的"已而，已而，今之从政者殆而！"皆是。这或者取其摇曳有致，或者取其慨叹有力，皆未可知。

（3）篇末如不用复沓语作结，亦多变调。如郑舆人诵的甲篇首二句皆云"取我"，末一句变为"孰杀"；乙篇首二句皆以"我有"起，末一句变为"子产而死"，皆是。

（4）篇中用对偶的很多。如宋筑者讴的以"泽门之皙"与"邑中之黔"对，舆人诵惠公的以"佞之见佞"与"诈之见诈"对，又以"得国而狃"与"丧田不惩"对，孔子听孺子歌的以"水清濯缨"与"水浊濯足"对，皆是。若《庄子》接舆歌，则几乎全篇是对偶了。但无论如何用对偶，却没有很整齐的章段，改去数字而另成一章或数章的。我很疑心徒歌里的对偶，到了乐歌里就用来分章了。

（5）《孟子》所载孺子歌是反覆说正反的两个意思的。魏先生曾举《江阴船歌》"结识私情勿要结识大小娘"和"结识私情总要结识大小娘"作例，证明徒歌是可以复沓的。但这正是与孺子歌一样，是两个意思的转说，不是一个意思的复说。

从以上诸条看来，古代徒歌中的复沓是可以有的，但往往用在对偶，反覆，尾声，而不是把一个意思复沓成为若干章。

《左传》中也有类似《诗经》格式的歌词，如隐公元年的郑庄公母子的赋和昭公十二年的晋侯、齐侯的投壶词：

（甲）

大隧之中，其乐也融融。（郑庄公）

　　大隧之外，其乐也泄泄。（武姜）

　　（乙）

　　有酒如淮，有肉如坻。寡君中此，为诸侯师！（中行穆子为晋昭公）

　　有酒如渑，有肉如陵。寡人中此，与君代兴。（齐景公）

如果它们确是徒歌，它们的性质也等于"对山歌"。凡是对山歌，起的人先唱了什么，接的人就用了原来的格式接上什么。例如魏先生举的《酉阳山歌》和《江阴船歌》都是。如不是对上什么，即是反言什么。例如魏先生举的《江阴船歌》中的"结识私情弗要结识大小娘"和"结识私情总要结识大小娘"两首。总之，凡是两个人对唱的徒歌，总容易取同样的格式。若是一个人独唱的徒歌，把一个意思用同样的话改去数字而复沓为数章的，实很不经见。

　　当时的乐工采得了徒歌，如何把它变为乐歌，我们现在固然无从知道，但不妨做上一点臆测。假使我做了乐工，收得了南蒯乡人的一歌，要动笔替它加上两章，便为下式：

　　（一）我有圃，生之杞乎。从我者子乎。去我者鄙乎。倍其邻者耻乎。已乎，已乎，非吾党之士乎！

　　（二）我有圃，生之榛乎。从我者贤乎。去我者疵乎。倍其邻者颠乎。已乎，已乎，非吾党之人乎！

　　（三）我有圃，生之桑乎。从我者臧乎。去我者狂乎。倍其邻者亡乎。已乎，已乎，非吾党之良乎！

这是最老实的叠章法，文辞的形式全没有改变。倘使不老实一点，也可改成下列的方式：

　　我有圃，生之杞。子之从我，宁尔妇子。

　　我有圃，生之鞠。子之去我，自诒颠覆。

　　我有圃，生之李。子之倍邻，实维尔耻。

　　予口谆谆，乃不我信。已乎，已乎，非吾党之人！

这样一来，便把这首徒歌的意思融化在四章乐歌之内，乐歌的形式也与《绿衣》、《燕燕》、《新台》、《大车》等诗相似了。后人虽是知道它是从徒歌变来的，但如何在这篇乐歌之中再理出一首原来的徒歌来呢？所以我们固然知道《诗经》中有若干篇是富有歌谣的成分的诗，但原始的歌谣的本相如何，我们已见不到了，我们已无从把它理析出来了。

第二，我们从《诗经》的本身上看，可以证明《诗经》是乐歌。徒歌因为不分章段，所以只要作一方面的叙述。乐歌则不然，它因为迁就章段之故，往往把一方面铺张到多方面。例如魏先生举的《鄘风·桑中篇》的三章，即可以见出从徒歌的一方面变为乐歌的多方面的痕迹：

（1）爰采唐兮，沬之乡矣。云谁之思？美孟姜矣。
　　期我乎桑中，要我乎上宫，送我乎淇之上矣。
（2）爰采麦兮，沬之北矣。云谁之思？美孟弋矣。
　　期我乎桑中，要我乎上宫，送我乎淇之上矣。
（3）爰采葑矣，沬之东矣。云谁之思？美孟庸矣。
　　期我乎桑中，要我乎上宫，送我乎淇之上矣。

这是一首情歌，但三章分属在三个女子——孟姜、孟弋、孟庸——而所期，所要，所送的地点乃是完全一致的。我很不解，是否这三个女子是一个男子同时所恋，而这四角恋爱是同时得到她们的谅解，并且组成一个迎送的团体的？这似乎很不近情理。况姜、弋、庸都是贵族女子的姓（姜为齐国贵族的姓；弋即姒，为莒国贵族的姓；庸为卫国贵族的姓，钱大昕说），是否这三国的贵族女子会得同恋一个男子，同到卫国的桑中和上宫去约会，同到淇水之上选情郎？这似乎也是不会有的事实。这种境界，在徒歌里是没有的。拿搜集到的歌谣看，谁见有既爱了赵姑娘，又爱了钱姑娘，又爱了孙姑娘的。惟在乐歌中的则此例甚多。前曾见一唱本，题为《十个大姐》，颇与此诗相类；惜不在手头，未能征引。在手头的，有《时调三翻十二郎》（绍兴思义堂刻本），可以取来作证。今节钞于下：

（1）一位姑娘本姓王呀，私情相好十二郎呀。
　　小呀加加，小呀尖尖，小小三来十二郎，喂喂。
（2）大郎哥哥县里为皂隶呀，二郎哥哥家中当粮房呀。
　　小呀加加，小呀尖尖，小小三来十二郎，喂喂。
（3）三郎哥哥家里裁衣做呀，四郎哥哥府上做皮匠呀。
　　小呀加加，小呀尖尖，小小三来十二郎，喂喂。
（4）五郎哥哥府上糖烧饼卖呀，六郎哥哥家内开茶坊呀。
　　小呀加加，小呀尖尖，小小三来十二郎，喂喂。……

这歌虽没有写明那一种"时调"，但看"小呀加加，小呀尖尖"等等有调无义之调，可见这是一篇乐歌。乐歌要把一个调子三反四覆的重叠，所以他的歌词容易把一方面铺张到多方面。在徒歌里只要说一只茶碗，到乐歌里往往要说七只茶碗了。在徒歌里只要说一把扇子，到乐歌里往往要说十把扇子了。在徒歌里只要说一个情人，到乐歌里往往要说十二个情人了。因此，我们可以把《桑中篇》下一个假设：这诗在徒歌中原只有一章，诗中人的恋人原只有一个（以地望看来，或许"是美孟庸"，又"孟庸"与"桑中"、"上宫"均同韵）；惟自徒歌变成乐歌时，才给乐工加上了前两章。

《郑风》的《山有扶苏》与《桑中》意味略同。《桑中》是一男候三女，《山有扶苏》则是一女候二男。其实"子都"为美男子的称谓是确的，"子充"则不过借来凑"狡童"韵脚而已。我们对此，可以假设上一章（言子都的）是原有的徒歌，下一章（言子充的）是乐工加上的乐章。

又如《王风》的《扬之水》：

（1）扬之水，不流束薪。彼其之子，不与我戍申。
　　　怀哉，怀哉，曷月予还归哉？
（2）扬之水，不流束楚。彼其之子，不与我戍甫。
　　　怀哉，怀哉，曷月予还归哉？
（3）扬之水，不流束蒲。彼其之子，不与我戍许。
　　　怀哉，怀哉，曷月予还归哉？

假使这诗确是征夫怀家的徒歌，则作歌的征夫决不会分成三身而同时戍申戍甫又戍许。这也是乐歌的从一方面铺张到多方面的表征。

又如《秦风》的《权舆》：

（1）于我乎夏屋渠渠，今也每食无余。于嗟乎，不承权舆！
（2）于我乎每食四簋，今也每食不饱。于嗟乎，不承权舆！

下章先言"每食四簋"，下接言"每食不饱"，着眼点都在饭食，是前后相呼应的，上章先言"夏屋渠渠"，着眼在居住上了，下却接言"每食无余"，改说到饭食上，前后就很不相称。所以我对于此篇，觉得可以下一个假设：这诗原来在徒歌中只有下一章，上章是乐工为了要重沓一章而硬凑上去的。

以上所说的话，在诗家看来，怕要说我把句义看得太死了，因为诗歌创作是纯任主观的，不当有清楚的分析。但我所以敢于这样说，因为尚有别的方面给我们以《诗经》是乐歌的证据，我们尽可以在它的本身上寻出它从徒歌变为乐歌的痕迹。

也许有人说："《诗经》所录的既为乐歌，安知不全是乐工做出来的，何以见得必是从徒歌变到乐歌的呢?"我对于此说，也表同情。我所以说《诗经》里有一部分诗是从徒歌变为乐歌之故，因为《王制》说"命太师陈诗以观民风"，《汉书·食货志》说"孟春之月，群居者将散，行人振木铎徇于路以采诗，献之太师，比其音律，以闻于天子"，在这些话里是说《诗经》中一部分诗是从徒歌变为乐歌的。但这些话都是汉代人说的，未必一定可靠。我所以还敢信他们之故，因为汉以后的乐府也有把民间的徒歌变为乐歌的（见下）。假使这些话真是无据之谈，我所说的徒歌变为乐歌之说当然可以推翻；但推翻的只是从徒歌变为乐歌之说，而不是《诗经》所录全为乐歌之说。

第三，我们从汉代以来的乐府看，可以证明《诗经》是乐歌。《汉书·艺文志·诗赋略》中所著录的有以下诸书：

《吴楚汝南歌诗》十五篇。

《燕代讴》、《雁门云中陇西歌诗》九篇。

《邯郸河间歌诗》四篇。

《齐郑歌诗》四篇。

《淮南歌诗》四篇。

《左冯翊秦歌诗》三篇。

《京兆尹秦歌诗》五篇。

《河东蒲反歌诗》一篇。

《雒阳歌诗》四篇。

《河南周歌诗》七篇。

《河南周歌诗声曲折》七篇。

《周谣歌诗》七十五篇。

《周谣歌诗声曲折》七十五篇。

《周歌诗》二篇。

《南郡歌诗》五篇。

这些各地方的歌诗即是直接《诗经》中《国风》一部分的。但这些歌诗决不是徒歌，一因其中有"曲折"（即乐谱），二因它们都在乐府。《诗赋略》序中说：

> 自孝武立乐府而采歌谣，于是有代、赵之讴，秦、楚之风，皆感于哀乐，缘事而发。

《汉书·礼乐志》又说：

> 武帝定郊祀之礼……乃立乐府，采诗夜诵，有赵、代、秦、楚之讴。以李延年为协律都尉。

又叙述各地方音乐的乐员道：

> ……邯郸鼓员二人……江南鼓员二人，淮南鼓员四人，巴俞鼓员三十六人……临淮鼓员三十五人……沛吹鼓员十二人……陈吹鼓员十三人……楚鼓员六人……秦倡员二十九人……蔡讴员三人，齐讴员六人。……

那时的奏乐的样子，从《楚辞》中可以看得更明白。《招魂》说：

> 肴羞未通，女乐罗些。陈钟按鼓，进新歌些。《涉江》，《采菱》，发《扬阿》些。……二八齐容，起郑舞些。……竽瑟狂会，搷鸣鼓些。宫庭震惊，发《激楚》些。吴歈，蔡讴，奏大吕些。

又《大招》说：

> 代、秦、郑、卫，鸣竽张只。伏羲《驾辩》，楚《劳商》只。讴和《阳阿》，赵箫倡只。

在这些材料中，可见当时乐调最盛的地方，在北是代、秦、赵、齐，在南是郑、蔡、吴、楚（《艺文志》中所载诗，邯郸是赵，淮南是吴）。因为那些地方的乐调最盛，所以著录的歌诗也最多。

《隋书·经籍志·总集类》中也有类似《汉志》所录的歌诗：

> 《吴声歌辞曲》一卷。
> 《乐府歌诗》二十卷。
> 《乐府歌辞》九卷。
> 《晋歌诗》十八卷。
> 《三调相和歌辞》五卷。
> 《乐府新歌》十卷。

这些书的名目上，大都写明是乐府。"吴声歌"及"相和歌"，《晋书·乐志》上有几句记载的话：

　　凡乐章古辞，今之存者并汉世街陌谣讴，《江南可采莲》、《乌生十五子》、《白头吟》之属也。

　　吴声杂曲并出江南，东晋以来稍有增广。《子夜歌》……《凤将雏歌》……《阿子及欢闻歌》……《团扇歌》……《懊侬歌》……《长史变》……始皆徒歌，既而被之管弦。又有因丝竹金石，造歌以被之，魏世《三调歌辞》之类是也。

　　相和歌，汉旧歌也。丝竹更相和，执节者歌。本一部，魏明帝分为二。

吴声歌"始皆徒歌，既而被之管弦"，是由徒歌变成乐歌的。相和歌"丝竹更相和，执节者歌"，是犹今摊簧及大鼓书之类。可见《隋志》所录的风诗也没有不是乐歌的。

郑樵《通志·乐略》中《白纻歌》条下说：

　　《白纻歌》有《白纻舞》，《白凫歌》有《白凫舞》，并吴人之歌舞也。吴地出纻，又江乡水国，自多凫鹜，故兴其所见以寓意焉。始则田野之作，后乃大乐氏用焉。其音出入清商调，故清商七曲有《子夜》者，即《白纻》也。在吴歌为《白纻》，在雅歌为《子夜》。梁武令沈约更制其词焉。……

　　右《白纻》与《子夜》，一曲也。在吴为《白纻》，在晋为《子夜》。故梁武本《白纻》而有《子夜四时歌》。后之为此歌者，曰《白纻》，则一曲；曰《子夜》，则四曲。今取《白纻》于《白纻》，取《四时歌》于《子夜》，其实一也。

这两段里，可见《白纻歌》始为田野间徒歌，后来成为乐歌，又加上了舞。过了几时，又取了它的乐调，改制《子夜歌》；本为一曲的，到这时便变成了四曲。即此可知徒歌的变为乐歌，是由简变繁，由少变多的。

　　总括以上所说，可以写出一个从徒歌变为乐歌的程序：

　　（1）原为民间徒歌（如吴声歌），或民间乐歌（如相和歌）。

　　（2）为贵族蓄养的乐工所采，被之管弦，成为正则的乐歌。

　　（3）贵族更制其乐（如魏明帝之于相和歌），或更制其辞（如梁武帝之于《白纻歌》），后遂守之不变。

　　《诗经》中一部分诗，带着徒歌的色彩的，它的变为乐歌也许照了这个程序。他的能够列入《诗经》，与两汉六朝的乐歌列入《汉志》《隋志》所录的歌诗集中也许是一样的。

第四，我们从古代流传下来的无名氏诗篇看，可以证明《诗经》是乐歌。前面所举的春秋时代的徒歌，以及其他时代的徒歌，只为与政治人物发生关系，故得流传下来；这原是重在政治人物的事故，并不重在歌谣的本身。其余和政治人物没有关系的徒歌，早已完全失传，再不能寻见了。

我读《文选》中《古诗十九首》时，尝疑这些诗既无撰人名氏，如何会得流传下来。后读《玉台新咏》（卷一）所载《古诗》，其第六首开端云：

> 四座且莫喧，愿听歌一言。请说铜炉器，崔嵬象南山。

乃知流传下来的无名氏古诗亦皆乐府之辞。所谓"四座且莫喧，愿听歌一言"，正与赵德麟《商调蝶恋花》序中所说"奉劳歌伴，先听调格，后听芜词"，北观别墅主人《夸阳历大鼓书》引白所说"把丝弦儿弹起来，就唱这回"相同，都是歌者对于听客的开头语。

纳兰性德《渌水亭杂识》（卷四）说：

> 《焦仲卿妻》，又是乐府中之别体。意者如后之《数落山坡羊》，一人弹唱者乎？

这句话很可信。我们看《焦仲卿妻》一诗中，如"物物各自异，种种在其中"，如"纤纤作细步，精妙世无双"，和"云有第三郎，窈窕世无双"，其辞气均与现在的大鼓书和弹词相同。而县君先来，太守继至，视历开书，吉日就在三天之内，以及聘物车马的盛况，亦均富于唱词中的故事性。末云，"多谢后世人，戒之慎勿忘"，这种唱罢时对于听众的丁宁的口气，与今大鼓书中《单刀赴会》的结尾说"这就是五月十三圣贤爷单刀会，留下了仁义二字万古传"，《吕蒙正教书》的结尾说"明公听了这个段，凡事要忍心莫要高"是很相像的。

《汉》《隋》两志著录的歌诗集不久都失传了。我们看《玉台新咏》中的古乐府，看《乐府诗集》中的横吹曲辞、相和歌辞、清商曲辞、杂曲歌辞……凡是带着民歌的气息的，那一首不是乐歌。更看元代的《阳春白雪》、《太平乐府》，清代的《霓裳续谱》、《白雪遗音》，凡是著录当代的歌曲的，里边又那一首不是乐歌。再看现在市摊上卖的唱本，有戏本，有曲词，有模仿乐曲做成的歌词，可是没有徒歌。我近来为孔德学校整理新购的蒙古车王府的曲本千余册，其中除了戏本之外，有大鼓书，有快书，有牌子曲，有岔曲，有马头调，有弹词，但也没有一首徒歌。这不必奇怪，因为徒歌本来不为人所注意的，本来不使人感到有搜集和保存的价值的（除了与政治人物发生关系）。

徒歌的搜集和保存，在记录历史方面，始于明杨慎的《古今风谣》（《函海》及《艺海珠尘》本），在记录地方方面，始于清李调元的《粤风》（《函海》本）。他们俩都是"才子"，都是才子故事的箭垛人物（杨慎的故事见于北新书局出版的《徐文长故事》，李调元的故事见于《京报》附送的《民众周刊》）。惟其是才子，所以才能超出于当代的学术潮流之外而赏鉴这类真正的民众文艺。但明清两代似乎只有他们二人而已（至多也惟有加上一个受了杨慎影响而编《古谣谚》的杜文澜，一个受了杭世骏等《续方言》的影响而编越谚的范寅）。直到现在，才有用了学术的眼光真正搜集民间徒歌的北京大学歌谣研究会。这种事情，在以前是绝对没有的。我们现在在北京大学里，耳闻目见的多了，不免以为搜集民间歌谣是很便当的事，《诗经》中的一部分既带着很浓重的民歌色彩，想来也是搜集来的徒歌。但我们一从历史上观察，便可知道搜集徒歌是现代学术界上的事情，以前是绝对没有这一个问题的。以前的人尽可以会唱许多徒歌，尽可以听得许多徒歌，但除了与政治人物发生关系的几首视为值得注意之外，是随它渐灭的。乐工为了搜取乐歌的材料起见，所以对于徒歌有相当的注意，但他们注意的目的不过取来备自己的应用而已，绝对不是客观的搜集和保存。西洋人的搜集徒歌的工作固然做得比我们早，但也不过早上数十年而已。总之，自人类始有文化以来，直到十九世纪的初叶，徒歌是没有一天间断的，但是全世界人对于它却是一例的不注意。《诗经》是二千年前的东西，二千年以前的人是决不会想到搜集和保存徒歌的工作的，所以我敢说这是乐歌。

以上四条，是我所以说《诗经》所录全为乐歌的理由。现在就把上面的意思括成一个简单的结论：

春秋时的徒歌是不分章段的，词句的复沓也是不整齐的；《诗经》不然，所以《诗经》是乐歌。凡是乐歌，因为乐调的复奏，容易把歌词铺张到多方面；《诗经》亦然，所以《诗经》是乐歌。两汉六朝的乐歌很多从徒歌变来的，那时的乐歌集又是分地著录，承接着《国风》，所以《诗经》是乐歌。徒歌是向来不受人注意的，流传下来的无名氏诗歌亦皆为乐歌；春秋时的徒歌不会特使人注意而结集入《诗经》，所以《诗经》是乐歌。

主张《诗经》中有一部分是徒歌的，在魏先生以前有南宋的程大昌和清初的顾炎武。我现在乘讨论之便，把他们的议论也考量一番。

程大昌《诗论》（《艺海珠尘》本；《荆川稗编》本题《诗议》）中"《南》、《雅》、《颂》为乐诗，诸国为徒诗"篇云：

> 春秋战国以来，诸侯卿大夫士赋诗道志者，凡诗杂取无择。至考其入乐，则自《邶》至《豳》无一诗在数。享之用《鹿鸣》，乡饮酒之笙《由庚》、《鹊巢》，射之奏《驺虞》、《采苹》，诸如此类，未有出《南》、《雅》之外者。然后知《南》、《雅》、《颂》之为乐诗而诸国之为徒诗也。

> 《鼓钟》之诗曰，"以《雅》以《南》，以龠不僭"。季札观乐，"有舞象箾南龠者"。详而推之，"南龠"，《二南》之龠也；"箾"，《雅》也；"象舞"，《颂》之《维清》也。其在当时亲见古乐者，凡举《雅》、《颂》率参以《南》。其后《文王世子》又有所谓"胥鼓《南》"者，则《南》之为乐古矣。

> 《诗》更秦火，简编残缺。学者不能自求之古，但从世传训故第第相受，于是创命古来所无者以为"国风"，参匹雅颂，而文王南乐遂包统于国风部汇之内。虽有卓见，亦莫敢出众拟议也。……

顾炎武《日知录》（卷三）"四诗"条云：

> 《周南》、《召南》，南也，非风也。《豳》谓之"豳诗"，亦谓之"雅"，亦谓之"颂"（据《周礼·龠章》），而非风也。《南》、《豳》、《雅》、《颂》为四诗，而列国之风附焉。此诗之本序也（宋程大昌《诗论》谓无"国风"之目。然《礼记·王制》言"太师陈诗以观民风"，即谓自《邶》至《曹》十二国为风无害）。

又"诗有入乐不入乐之分"条云：

> 《鼓钟》之诗曰："以《雅》以《南》。"子曰："《雅》《颂》各得其所。"夫《二南》也，《豳》之《七月》也，《小》正十六篇，《大雅》正十八篇（《诗谱》，"《小雅》十六篇，《大雅》十八篇，为正经"），《颂》也，诗之入乐者也。《邶》以下十二国之附于《二南》之后而谓之《风》，《鸱鸮》以下六篇之附于《豳》而亦谓之《豳》，《六月》以下五十八篇之附于《小雅》，《民劳》以下十三篇之附于《大雅》而谓之《变雅》，诗之不入乐者也（《释文》云：

"从《六月》至《无羊》十四篇，是宣王之《变小雅》；从《节南山》至《何草不黄》四十四篇，前儒申公毛公皆以为幽王之《变小雅》。从《民劳》至《桑柔》五篇，是厉王之《变大雅》，从《云汉》至《常武》六篇，是宣王之《变大雅》；《瞻卬》及《召旻》二篇，是幽王之《变大雅》。"《正义》曰："变者虽亦播于乐，或无算之节所用，或随事类而歌；又在制礼之后，乐不常用。"今按，以《变雅》而播之于乐，如卫献公使大师歌《巧言》之卒章是也）。……

从以上许多话看来，我们可以归纳出他们的几项主张：

（1）"南"为乐名；"国风"之名为秦以后人所创。

（2）《南》、《雅》、《颂》为乐诗；《邶》以下诸国为徒诗。

以上程大昌说。

（3）《南》、《豳》、《雅》、《颂》为"四诗"。

（4）"国风"之名可存，但列国诗只附于四诗。

（5）《二南》、《豳》之《七月》、《正小雅》、《正大雅》、《颂》，为入乐之诗；《邶》以下十二国，《豳·鸱鸮》以下，《变小雅》、《变大雅》，为不入乐之诗。

以上顾炎武说。

我对于他们的主张，有十分赞成的（《南》为乐名），有以为可备一说的（《南》、《豳》、《雅》、《颂》为四诗），有以为可商酌的（国风之名），有以为必不然的（《邶》以下诸国及《变雅》为徒诗）。今依次叙述于下：

第一，《南》为乐名，这是惬心餍理的见解。因为《周南》、《召南》的"南"，正如《周颂》、《商颂》的"颂"：颂既为乐名，南亦当然是乐名。"以《雅》以《南》"，确是一个极好的证据。"胥鼓《南》"一证也是重要的。从前人因为要维持一个"国风"的总名，不惜把"南"字解为"南夷之乐"（《毛传》），又把《周南》、《召南》的"南"解为"王化自北而南"（《毛诗序》），实在是极谬妄的。

第二，《豳》为四诗之一，并无确证。因为《豳》是以地名（《大雅·公刘》"于豳斯馆"）名乐声的，与《邶》、《鄘》诸名一律。独把《豳》诗示异于诸国，未见其必然。《周官》虽有"《豳诗》、《豳雅》、《豳颂》"诸名，但《周官》这书的可信的价值原不很高，我们终不能据此一言便视为定论（就使可信，也许它说的《豳雅》是指《小雅》中的《大田》、《甫田》诸篇；《豳颂》是指《周颂》中的《载芟》、《良耜》诸篇。因为《龠章》说的"祈年于田祖，吹《豳雅》，击土鼓，以乐田畯"，分明是从《甫田篇》的"琴瑟击鼓以御田祖……田畯至喜"等话套来的。它既以《小雅》为《豳雅》，则以《周颂》为《豳颂》亦属可能；《丰年》和《载芟》都说"为酒为醴，以洽百礼"，和"吹《豳颂》"而为"合聚万物而索飨之"的蜡祭意义亦差同）。

　　第三，"国风"确是后起之名，但似不是秦以后人题的。《荀子·儒效篇》中有"风之所以为不逐者，取是以节之也"的话，是和《小雅》的"取是而文之"，《大雅》的"取是而光之"，《颂》的"取是而通之"并列的。《乐记》记师乙的话，有"正直而静，廉而谦者宜歌《风》"，是和"宽而静，柔而正者宜歌《颂》；广大而静，疏达而信者宜歌《大雅》；恭俭而好礼者宜歌《小雅》"连着说的。《荀子·大略篇》中又有"《国风》之好色也"，是和"《小雅》不以于污上，自引而居下"并列的。如果《儒效》、《大略》诸篇与《乐记》均不出于汉人的手笔，则"风"或"国风"之名想来在战国时就成立了。看《大雅·嵩高篇》说"吉甫作诵，其诗孔硕，其风肆好"，又看《左传》成九年说钟仪"操南音"，范文子说他"乐操土风"，则风字的意义似乎就是"声调"。声调不仅诸国之乐所具，《雅》、《颂》也是有的。所以"风"的一名大概是把通名用成专名的。所谓"国风"，犹之乎说土乐。

　　较前于《荀子》和《乐记》的有《左传》，里面没有把"风"字概称诸国诗的（隐公三年《传》的"《风》有《采蘩》、《采苹》"的君子的话，是汉人加上去的）。又较前的有《论语》，里面说及《周南》、《召南》，又说及《雅》、《颂》，但也没有说及诸国诗。但它虽没有说"国风"，虽没有说"诸国诗"，却曾说了两次"郑声"。《卫灵公篇》云："颜渊问为邦，子曰：'……乐则《韶》舞，放郑声……郑声淫。'"《阳货篇》云："恶郑声之乱雅乐也。"孔子是正《雅》、《颂》的人，他说"郑声乱雅乐"，"正"和"乱"正是对立之词，雅乐既即是指《雅》、《颂》，则别郑声于雅乐之外，似乎他是把"郑声"一名泛指着一般土乐（国风）。国风乱雅是可能的事，我们只要看《小雅》中《黄鸟》、《谷风》、《采绿》、《都人士》、《我行其野》等篇，它们的风格婉娈轻逸，与《国风》极近而与《雅》体颇远，就不免引起了这个怀疑。如果它们确是从《国风》乱到《小雅》里的，则它们的所以致乱的缘故不出二端：一是由于音调的相近（如徽调与汉调，汉调与京调），一是由于用为奏雅乐时的穿插（如皮黄班中的《小放牛》和《探亲家》等小调戏）。这是我暂时下的一个假设。

我所以有此假设之故，因为《汉书·礼乐志》中的纪事也是把燕代秦楚各地的音乐都唤做"郑声"的。《礼乐志》云：

> 河间献王有雅材……因献所集雅乐。天子下大乐官常存肄之，岁时以备数；然不常御。常御及郊庙皆非雅声。……至成帝时……郑声尤甚。黄门名倡丙强景武之属富显于世。贵戚五侯，定陵，富平外戚之家淫侈过度，至与人主争女乐。哀帝……即位，下诏曰："惟世俗奢泰文巧而郑、卫之音兴。……郑、卫之音兴则淫僻之化流。……孔子不云乎：'放郑声，郑声淫。'其罢乐府及郊祭乐，及古兵法武乐。在经非郑、卫之乐者，条奏，别属他官。"丞相孔光，大司空何武奏："……楚鼓员六人……秦倡员二十九人，楚四会员十七人，巴四会员十二人……齐四会员十九人，蔡讴员六人……皆郑声，可罢。……"奏可。然百姓渐渍日久……富豪吏民湛沔自若。……

读此篇，可见当时把楚、秦、巴、齐、蔡等地方的乐曲都唤作"郑声"，而真正的郑地的乐工在西汉乐府中的倒反没有。又可见此类乐调，单言则为"郑声"，叠举则为"郑卫之音。""郑声"一名如此用法，成了一个很普泛的乐调的名字，正如现在所说的"小调"。《礼乐志》中又说"贵戚与人主争女乐"，可见那时的郑声中有一部分是女乐。说起了女乐，使我联想到《论语》上的"齐人馈女乐，孔子行"的故事，又想起《招魂》所写的女乐"起郑舞，发《激楚》，吴歈蔡讴"的词句。恐怕孔子所说的"郑声"即是这类女乐，她们是混合了各地的乐歌而成立的班子。因为其中的音乐以郑国为最著名，所以总称为"郑声"。正如现在无论那地的戏班子总喜欢写"京都名班"，有一个新出道的小戏子上台总喜欢写"北京新到"，其实里面尽多土调，或与北京全不相干。他们所以如此，只为北京是乐曲最著名的地方呵。

凡是土乐，一定是最少绅士气的。它敢把下级社会的幼稚的思想，粗犷的态度，淫荡的声音，尽量地表现出来。例如北方的《嘣嘣戏》、《跑旱船》，南方的《打花鼓》、《荡湖船》，以及上海游艺场里的《四明文戏》、《扬州小戏》、《男女化装苏滩》、《化装申曲》（《东乡调》），都是。这些东西因为毫没有绅士气，所以最为绅士派所厌恶。他们总想把它们完全禁绝以正风化，所以《四明文戏》已不见于宁波而《嘣嘣戏》也绝迹于北京城。岂但这班卫道的官绅呢，就是我们一辈人亦何尝不如是。我以前在上海，很想多逛游艺场，现在在北京，很想多逛天桥，不幸同志是永远难找到的。因此，使我想起了春秋时各国的土乐包罗在"郑声"一名之下而为孔子所痛绝也是很可能的。

这一条衍说得太长了，今把我对于"国风"一名的由来的解释立一假设如下。各国的土乐原是很散乱的，最先只用国名为其乐调之名，没有总名；后来同冒于"郑声"一名之下；更后乃取"风"（声调）的一个普通的名词算做它们的共名；或更加"国"字于"风"字之上而成今名。

第四，《南》、《雅》、《颂》固然是乐诗，但《邶》以下诸国及《变雅》却非徒诗。这个问题很复杂，现在分为下列三事而作解答：

（1）春秋时的赋诗与乐歌。

（2）宗庙燕享所用的乐歌与乐歌的全部。

（3）正变之说的由来。

对于第一问题，我以为春秋时人所赋的诗都是乐歌。在《左传》上，有下列诸种证据：

> 卫宁武子来聘，公与之宴，为赋《湛露》及《彤弓》。不辞，又不答赋。使行人私焉。对曰："臣以为肄业及之也。昔诸侯朝正于王，王宴乐之，于是乎赋《湛露》。……今陪臣来继旧好，君辱贶之，其敢干大礼以自取戾！"（文四年）

> 孙文子如戚，孙蒯入使。公饮之酒，使太师歌《巧言》之卒章。太师辞。师曹请为之。初，公有嬖妾，使师曹诲之琴；师曹鞭之，公怒，鞭师曹三百：故师曹欲歌之以怒孙子，以报公。公使歌之，遂诵之。（襄十四年）

> 叔孙穆子食庆封。庆封泛祭。穆子不说，使工为之诵《茅鸱》。（襄二十八年）

从以上诸故事中，可见春秋时的"赋诗"等于现在的"点戏"。那时的贵族（王，侯，卿，大夫）家里都有一班乐工，正如后世的"内廷供奉"和"家伶"。贵族宴客的时候，他们在旁边侍候着。贵族点赋什么诗，他们就唱起什么诗来。客人要答赋什么诗也就点叫他们唱。宁武子所说的"肄业"，业即版，所以纪乐谱的（《周颂·有瞽篇》云："有瞽有瞽，在周之庭，设业设虡，崇牙树羽"）。师曹的"诵"《巧言》，穆子的工的"诵"《茅鸱》，也许有人据了班固所说的"不歌而诵谓之赋"（《艺文志序》）和韦昭所说的"不歌曰诵"（《鲁语注》）来证明赋诗是徒歌而不是乐歌。但"歌"与"诵"原是互文。先就动词方面看，襄十四年《传》说"公使歌之，遂诵之"，襄二十八年《传》说"使工为之诵"，襄二十九年《传》说"使工为之歌"，可见是同义的。再就名词方面看，《小雅·节南山》说"家父作诵"，《四月》说"君子作歌"，《大雅·嵩高》和《烝民》说"吉甫作诵"，《桑柔》说"既作尔歌"，可见也是同义的。"诵"与"颂"通，颂即《周颂》、《鲁颂》之颂，也即歌颂之颂（尝疑颂名即歌义，也是由通名变成专名的，与"风"同）。班固和韦昭的说话，实在是汉人妄生分别的曲解。

我们既知道赋诗为乐歌，试再看以下许多赋诗的故事：

> 季武子如宋……受享，赋《常棣》之七章以卒。……归，复命，公享之；赋《鱼丽》之卒章。公赋《南山有台》。……（襄二十年）

> 齐侯郑伯为卫侯故如晋，晋人兼享之。晋侯赋《嘉乐》。国景子相齐侯，赋《蓼萧》。子展相郑伯，赋《缁衣》。（襄二十六年）

> 郑伯享赵孟于垂陇。……子展赋《草虫》。……伯有赋《鹑之贲贲》。……子西赋《黍苗》之四章。……子产赋《隰桑》。……子太叔赋《野有蔓草》。……印段赋《蟋蟀》。……公孙段赋《桑扈》。……（襄二十七年）

在第一段里，《常棣》、《鱼丽》、《南山有台》都是在他们所谓《正小雅》之内。在第二段里，《嘉乐》在所谓《正大雅》，《蓼萧》在所谓《正小雅》，《缁衣》在《郑》。在第三段里，《草虫》在《召南》，《鹑之贲贲》在《鄘》，《黍苗》、《隰桑》、《桑扈》在所谓《变小雅》，《野有蔓草》在《郑》，《蟋蟀》在《唐》。程大昌说，"春秋战国以来，诸侯卿大夫士赋诗道志者，凡诗杂取无择"，这句话是对的。但他接说"至考其入乐，则自《邶》至《豳》无一诗在数"，又说"然后知《南》、《雅》、《颂》之为乐诗而诸国之为徒诗"，那就错了！照他所说，不知道何以解于赋诗的"使太师歌"和"使工为之诵"？要是诸国诗为徒诗，不知道是否赋《鱼丽》、《草虫》时则奏乐，赋《缁衣》、《蟋蟀》时则止乐？要是赋诗时不用乐，又不知道是否他们认为乐歌的《南》、《雅》在赋诗时悉当改为徒歌？顾炎武以正变分别入乐与否，不知是否同一《小雅》，在赋《蓼萧》时则奏乐，在赋《桑扈》时便辍乐？反覆推证，觉得他们的话实在太牴牾了！

对于第二问题，我以为宗庙燕享所用的乐歌决不足以包括乐歌的全部。这一件事是程顾二先生的误解的根源。本来宾祭二事是重大的典礼，所以鲁要用《禘乐》，宋要用《桑林》（见《左传》襄公十年）。他们二人于春秋后千六百年至二千年，在断简残篇中找到了几篇《乡饮》、《乡射》的礼节单，看到他们行礼时所奏的乐歌总是《风》和《雅》的头几篇，遂以为《二南》与《正雅》是乐歌，其他是徒歌。他们的理由实在太不充分了！《乡饮》、《乡射》诸篇之外，难道就没有别的典礼吗？典礼中不用的诗，难道就不能入乐吗？徒歌与乐歌的界限，难道就分在典礼与非典礼上吗？孔颖达说："变者虽亦播于乐，或无算之节所用，或随事类而歌；又在制礼之后，乐不常用。"他用了正变之说及周公制礼之说来分别诗篇，虽是误谬，但他把《变风》、《变雅》看为典礼以外的乐歌，则固有一部分的合理。

现在我就用了《仪礼》所记的在典礼中的乐诗的样子，来看那时乐的关系。《乡饮酒篇》云（《乡射》、《燕礼》等略同，不备举）：

> 众宾序升，即席。……
>
> 设席于堂廉，东上。工四人，二瑟，瑟先。相者二人，皆左何瑟，后首，挎越，内弦，右手相。乐正先升，立于西阶东。工入，升自西阶，北面坐。相者东面坐，遂授瑟，乃降。工歌《鹿鸣》，《四牡》，《皇皇者华》。……
>
> 笙入，堂下磬南，北面立，乐《南陔》、《白华》、《华黍》。……
>
> 乃间歌《鱼丽》，笙《由庚》；歌《南有嘉鱼》，笙《崇丘》；歌《南山有台》，笙《由仪》。
>
> 乃合乐，《周南》：《关雎》、《葛覃》、《卷耳》；《召南》：《鹊巢》、《采蘩》、《采苹》。
>
> 工告于乐正曰，"正歌备"。乐正告于宾，乃降。……
>
> 主人请彻俎……众宾皆降。脱屦，揖让如初，升，坐，乃羞。无算爵，无算乐。
>
> 宾出，奏《陔》。……
>
> 明日，宾服乡服以拜赐，主人如宾服以拜辱。主人释服，乃息司正。无介，不杀，荐脯醢，羞唯所有……乡乐唯欲。

读了这一段，可以知道典礼中所用的乐歌有三种：（1）正歌，（2）无算乐，（3）乡乐。正歌是在行礼时用的；无算乐是在礼毕坐燕时用的；乡乐是在慰劳司正时用的。正歌义取严重；无算乐则多量的演奏，期于尽欢，犹之乎"无算爵"的期于"无不醉"；乡乐则更随便，犹之乎"羞唯所有"，有什么是什么了。乡乐，郑玄注道："《周南》、《召南》六篇之中唯所欲作，不从次也。"他为什么这般说呢？贾公彦疏道："上注以《二南》为卿大夫之乐，《小雅》为诸侯之乐，故知《二南》也。"他这话如果是确实的，那么，乡饮酒原是卿大夫之礼，他们为什么要在正歌中奏诸侯用的《鹿鸣》诸篇呢？为什么宾出时要奏天子用的《陔》呢？所以这乡乐一名，我以为应该作乡土之乐解才对。因为慰劳司正是一件不严重的礼节，所以吃的东西只要有什么是什么，听的东西也只要点什么是什么。乡土之乐是最不严重的，故便在那时奏了（《周礼·旄人》的"散乐"也是这类东西；郑玄注道："野人为乐之善者，若今黄门倡矣"，是不错的）。

我们在这里，可以举出些比较的例来。以前苏州的摊簧，有《前摊》（如《扫秦》、《断桥》等）和《后摊》（如《借靴》、《探亲》等）的分别。《前摊》是叙正经事，说正经话的；在宴会之际，歌者看有几桌客人便歌唱几曲（如桌数过多时，当然也有限制）。唱完了《前摊》，便请客人点唱《后摊》。《后摊》是偏重在言情及滑稽方面的，主旨在于博得听者的笑乐（近来"人心不古"，大家厌听正经话，所以《前摊》几乎是绝迹了）。用这件事来比较《仪礼》所载，《前摊》的性质就是正歌，《后摊》就是无算乐和乡乐。

我们更看清宫升平署的曲本，固然也有《姜女哭城》、《蝴蝶梦》等等社会上通行的不很吉祥的戏，但分量占得最重的是《寿山福海》、《景星协庆》、《鸿禧日永》、《万福攸同》等等典礼剧。这因为帝王家是最重典礼的，所以不得不如此。现在喜庆事的堂会戏，必用《大赐福》、《百寿图》等等祝颂戏开场，继之以《连升三级》、《满床笏》、《金榜乐》等等喜剧。排戏的人也明知座上诸公的趣味并不在此，他们所要求的乃是《梅龙镇》、《打樱桃》等等风情剧，或是《独木关》、《托兆碰碑》等等悲壮剧，但既在典礼的场面之中，便不得不请他们暂时把听戏的兴致往下一捺，等到典礼方面的应有诸剧演了之后，再由着他们点唱了。

所以我们由此可以知道；我们若因《仪礼》所记的乐歌的篇名只有《二南》和《正雅》，便以为《邶》以下诸国和《变雅》不是乐歌，这无异于因今礼（可惜没有成书，不能征引）把《前摊》为正歌，《寿山福海》、《大赐福》为正剧，便说《后摊》不是乐歌，《姜女哭城》、《打樱桃》等不是戏剧。程顾二先生的误解点正在此处。

对于第三问题，我以为正变之说是绝对不能成立的分类。汉儒愚笨到了极点，以为"政治盛衰"，"道德优劣"，"时代早晚"，"诗篇先后"这四件事情是完全一致的。他们翻开《诗经》，看见《周南》、《召南》的"周召"二字，以为这是了不得的两个圣相，这风一定是"正风"。《邶》、《鄘》、《卫》以下，没有什么名人，就断定为"变风"了（《豳》的所以见于《龡章》，恐怕即因有了周公之故）。他们翻开《小雅》，看见《鹿鸣》等篇矞皇典丽，心想这一定是文王时作的，是"正小雅"。一直翻到《六月》，忽然看见"文武吉甫"一语，想起尹吉甫是宣王时人，那么，从这一篇起，一定是宣王以后的诗了。宣王居西周之末，时代已晚，政治必衰，道德必劣，当然是"变小雅"了。再从《六月》翻下去，直到《节南山》，里面有"丧乱弘多"之句，心想宣王是不十分坏的，这诗既说得如此，当然是"虽有孝子顺孙，百世不能改"的幽王时诗了。从此直到《何草不黄》四十四篇，就都定为刺幽王的诗。但自《六月》以下很有些颂扬称美的诗，和《鹿鸣》等篇的意味是相同的，这怎么办呢？于是"复古"，"伤今思古"，"思见君子"，"美宣王，因以箴之"等话都加上去了。他们翻开《大雅》，看见《文王》、《大明》等篇，言周初立业的事，当然都是好不可攀的周初人作的，是"正大雅"。翻到《民劳》，看见里面有"无良"，"憯恢"，"寇虐"等许多坏字眼，心想从此以后一定是"变大雅"了。但"申伯"、"吉甫"等人名还在后面，足见《民劳》等篇是宣王以前的诗，而宣王以前最著名的暴君是厉王，那么，《民劳》以下一定是厉王时诗了。由此着眼，把《民劳》以下十三篇分配到厉、宣、幽三王，规定为"变大雅"。他们所谓正变的大道理，老实说起来，不过这一点妄意的揣测。《小雅》中何以刺幽王诗特多而厉王则没有？（郑玄嫌他寂寞，要从刺幽王诗中分出一点给他。）《大雅》中何以刺厉王诗较多而幽王则特少？这可以说都是由于"吉甫"二字的作梗！这全是闭着眼睛的胡说，不近人情的妄为，而竟支配了二千余年的经学家的心，中国的学者的不动天君由此可见了！

顾炎武虽是主张从正变的篇第去分乐诗与非乐诗的一个人，但他却不是根本相信正变之说的，因为正变之说的基础原建筑在世次上，他已把世次之说打倒了。《日知录》（卷三）"《诗序》"条云：

> 《诗》之世次必不可信，今诗未必皆孔子所正。且如"褒姒灭之"，幽王之诗也，而次于前；"召伯营之"，宣王之诗也，而次于后。序者不得其说，遂并《楚茨》、《信南山》、《甫田》……十诗皆

为刺幽王之作，恐不然也。又如《硕人》，庄姜初归事也，而次于后；《绿衣》、《日月》、《终风》，庄姜失位而作，《燕燕》，送归妾作，《击鼓》，国人怨州吁而作也，而次于前。《渭阳》，秦康公为太子时作也，而次于后；《黄鸟》，穆公薨后事也，而次于前。此皆经有明文可据。故郑氏谓《十月之交》、《雨无正》、《小旻》、《小宛》皆刺厉王之诗，汉兴之初，师移其篇第耳。而《左氏传》楚庄王之言曰："武王作《武》，其卒章曰'耆定尔功'，其三曰'敷时绎思，我徂维求定'，其六曰'绥万邦，屡丰年'。"今诗但以"耆定尔功"一章为《武》，而其三为《赉》，其六为《桓》；章次复相隔越。《仪礼》歌《召南》三篇，越《草虫》而歌《采苹》。《正义》以为《采苹》旧在《草虫》之前。知今日之诗已失古人之次，非夫子所谓"《雅》《颂》各得其所"者矣。

他这一段话虽未必完全正确（因为相传的诗本事不确实的太多，例如《武》言"于皇武王"，《桓》言"桓桓武王"，而《左传》纪楚庄王言，竟以为武王自作），但诗篇次第的不可信，他说得已很明白。他不信诗篇的次第，又以为《楚茨》以下十诗不是刺诗，那么，《正雅》、《变雅》的次第是如何分别出来的呢？他的"《正雅》为乐诗，《变雅》为徒诗"之说又如何建设起来的呢？这实在是矛盾得可诧了！

顾炎武在"诗有入乐不入乐之分"条说，"以《变雅》而播之于乐，如卫献公使太师歌《巧言》之卒章是也"，是他明知《变雅》也是入乐的。他又引朱熹的话：

> 《二南》，正风，房中之乐也，乡乐也。《二雅》之《正雅》，朝廷之乐也。《商》、《周》之颂，宗庙之乐也。至《变雅》则衰周卿士之作，以言时政之得失，而《邶》、《鄘》以下则太师所陈以观民风者耳，非宗庙燕享之所用也。

这几句话虽犹为正变之说所牵缠，但朱熹的意思以为有典礼所用之乐，有非典礼所用之乐，义甚明显。现在我更进一步说：我们不能分乐诗为"典礼所用的"与"非典礼所用的"，我们只能分乐诗为"典礼中规定应用的"与"典礼中不规定应用的"。例如《仪礼》中举的《鹿鸣》、《南陔》诸篇，以及《左传》中所说王宴乐诸侯用《湛露》、《彤弓》，是典礼中规定应用的；至于"无算乐"与"乡乐"，以及《左传》中所记的杂取无择的赋诗，是典礼中不规定应用。规定应用的，大都是斋皇典丽的篇章；不规定应用的，不妨有愁思和讽刺的作品。这正如今日的堂会戏，除了正式的几个喜剧之外，也不妨有悲剧和滑稽剧。愁思讽刺的诗因为出于临时的点唱，没有正式的规定，所以用不着写在礼书上。《邶》、《鄘》以下和《雅》中的一部分诗所以特少见于礼书，即因此故。前人不知，就把不见于礼书的算做不入乐的，而又把正变之说硬分出它们的界限来，所以闹得触处牴牾。这全由于他们的眼光太窄，思想太拘泥所致。从实际上看来，他们所谓入乐的何尝尽是典礼所规定应用的，他们所谓不入乐的又何尝尽是典礼所不规定应用的。例如《二南》，是他们确认为入乐的，但其中《汝坟》说"王室如毁"，《行露》说"虽速我狱"，以及《小星》的叹命，《野有死麕》的诱女，这决不会成为典礼所规定应用的。而他们所谓不入乐的《变雅》，如《信南山》和《甫田》说"是烝是享"，"以介我稷黍"，倒确是应用于祭祀的；《采菽》和《白驹》说"君子来朝"，"于焉嘉客"，也确是应用于宴享的。至于《嵩高》、《烝民》、《韩奕》诸篇，是为了燕享而特制的乐诗，更是明白。所以用了典礼应用之说来分别乐诗，虽多谬误，尚有一部分的理由；若用了正变之说来分别乐诗，简直是全盘错乱了！

总合以上的说话作一结论，是：

程顾二先生之说，可以赞同的是"《南》"为乐调，与《雅》、《颂》并立；"《国风》"的一个名词是后起的（我疑在未有国风之名时，诸国乐歌同冒于"郑声"一名之下）。至《豳》与《南》、《雅》、《颂》并立为四诗之说，并未有确证。

他们的"《邶》以下诸国及《变雅》为徒诗"之说是极谬误的。他们的症结在于误认乐歌尽于正歌，而不知道正歌以外的乐歌尽多。赋诗的杂取正歌以外的诗即是一个很好的证明。他们又用了正变之说来分别乐诗与徒诗，但正变之说固是汉人依傍了诗篇的次第而妄造出来的，全没有可信的价值。

十四年十一月十八日始草，十二月十六日脱稿。

《古史辨》第一册自序[*]
（1926）

两年前，我在《努力周报》附刊的《读书杂志》里发表辨论古史的文字时，朴社同人就嘱我编辑成书，由社中出版。我当时答应了，但老没有动手。所以然之故，只因里面有一篇主要的辨论文字没有做完，不能得到一个结束；我总想把它做完了才付印。可是我的生活实在太忙了，要想定心研究几个较大的题目，做成一篇篇幅较长的文字，绝不易找到时间，这是使我永远怅恨着的。

去年夏间，上海某书肆中把我们辨论古史的文字编成了《古史讨论集》出版了。社中同人都来埋怨我，说："为什么你要一再迁延，以致给别人家抢了去。"我对于这事，当然对社中抱歉，并且看上海印本错字很多，印刷很粗劣，也不爽快，就答应道："我立刻编印就是了！"哪知一经着手编纂，材料又苦于太多了，只得分册出版。现在第一册业已印刷就绪，我很快乐，我几年来的工作得到一度的整理了。

这第一册分做三编。上编是在《读书杂志》中作辨论以前与适之、玄同两先生往返讨论的信札，是全没有发表过的。这些信札只就手头保存的写录，当然遗失的还有许多。在这一编里，可以知道《杂志》中文字的由来和我对于怀疑古史一件事所以有明了的意识的缘故。中编所录全是在《读书杂志》中发表的。其中许多问题虽都没有讨论出结果来，但是我们将来继续研究的骨干却已在这几篇文字中建立起来了。下编除首二编外全是《读书杂志》停刊以后的通信及论文，有一部分是没有发表过的。在这一编里，可以见出我现在对于研究古史所走的路途的趋向。

---

[*] 此文原载《古史辨》第一册，朴社，1926 年 6 月。

第二册的稿子约略辑成，也分作三编。上编是讨论古代史实及传说的。中编是说明经书真相及批评注解得失的。下编是辨伪者的传记和评论。这些文字都是数年来在各种刊物上零碎发表的，其中待讨论修正的地方很多。只要第一册出版后有销场，社中同人容许我继续出版，我就可写定付印。

以后我的环境如果不至迫逼我废学，我的胸中所积蓄而且渴望解决的问题正多，自当陆续研究，作文发表，第三册以下也尽有出版的希望。但不知道我的为生活而奋斗的能力能打出一个境界，完成这个志愿与否。

现在辑成的两册，范围并不限于古史。所以仍用古史署名之故，只因我的研究的目的总在古史一方面，一切的研究都是要归结于古史的（例如辨论《诗经》与歌谣的文字虽与古史无直接关系，但此文既为辨明《诗经》之性质，而《诗经》中有古史材料，《诗经》的考定即可辅助古史的考定，故仍收入）。没有枝叶固然可以把本干看得清楚，但有了枝叶也更可以把本干的地位衬托出来，所以我不想把枝叶删芟了。

这几年中，常有人问我："你们讨论古史的结果怎样？"我屡次老实答道："现在没有结果。因为这是一个大问题，它的事实在二三千年以前，又经了二三千年来的乱说和伪造，哪里是一次的辨论所能弄清楚的！我们现在的讨论只是一个研究的开头呢，说不定我们一生的讨论也只是一个研究的开头咧！"

也有人对我说："你为什么不把几年来的讨论的文字重做一番系统的整理，作成一篇齐整的论文呢？"这话固然是好意，但我决不敢答应。我现在在研究上所走的路途的短，成绩的少，是大家看得见的，实在没有把这种一目可尽的东西再做一番系统的整理的必要。况且我所提出的论题全没有讨论出结果来，也无从加以断定。我并不是没有把我的研究构成一个系统的野心；如果我的境遇真能允许我作继续不断的研究，我到老年时一定要把自己的创见和考定的他人之说建立一个清楚的系统。但现在还谈不到此，还只能见到一点写一点，做零碎的发表和溷杂的编集。

我非常地感谢适之、玄同两先生，他们给我各方面的启发和鼓励，使我敢于把违背旧说的种种意见发表出来，引起许多同志的讨论。这个讨论无论如何没有结果，总算已向学术界提了出来，成为学术界上的共同的问题了。我又非常地感谢刘楚贤（掞藜）、胡堇人、柳翼谋（诒徵）

诸先生，他们肯尽情地驳诘我，逼得我愈进愈深，不停歇于浮浅的想像之下就算是满足了。我永远要求得到的幸运，就是常有人出来把我痛驳，使得我无论哪个小地方都会亲自走到，使得我常感到自己的学力不足而勉力寻求智识。我在生活上虽是祈祷着安定，但在学问上则深知道这是没有止境的，如果得到了止境即是自己的堕落，所以愿意终身在彷徨觅路之中，不希望有一天高兴地呼喊道："真理已给我找到了，从此没有事了！"

我自在《读书杂志》中发表了推翻相传的古史系统的文字之后，一时奖誉我的人称我"烛照千载之前，发前人之所未发"；反对我的人便骂我"想入非非，任情臆造"；对我怀疑的人也就笑我抨击古人只不过为的趋时成名。也有爱我的前辈肫挚地劝告道："你是一个很谨厚的人，何苦跟随了胡适之、钱玄同们，做这种不值得做的事情！"我听了这种种的议论，禁不住在腹中暗好笑。我自己知道，我是一个平常的人，决不会比二千年来的人特别聪明，把他们看不清楚的疑窦由我一起看出。我也知道，我是一个很胆小的人，苟非确有所见，也决不敢猖狂地冒了大不韪，自己提出一种主张来疑经蔑古。至于成名之心，我固然不能说没有，但总可以说是很淡薄的，我也决不愿无故凌辱古圣先贤来造成自己的名誉。适之、玄同两先生固是我最企服的师，但我正因为没有崇拜偶像的成见，所以能真实地企服他们；若把他们当作偶像一般而去崇拜，跟了他们的脚步而作应声虫，那么，我用了同样的方式去读古书时，我也是古人的奴隶了，我还哪里能做推翻古代偶像的事业呢。老实说，我所以有这种主张之故，原是由于我的时势，我的个性，我的境遇的凑合而来。我的大胆的破坏，在报纸上的发表固然是近数年的事，但伏流是与生命俱来的，想像与假设的构造是一点一滴地积起来的。我若能把这个问题研究得好，也只算得没有辜负了我的个性和环境，没有什么了不得。若是弄得不好，不消说得是我的罪戾，或是社会给与我的损害了。因为我对于自己的地位有了这种的了解，所以我对于自己的见解（给一般人诧为新奇的）常以为是极平常的，势所必然的，我只顺着自然的引导，自己无力于其间，誉我和毁我的话都是废话而已。但誉我和毁我的人，我也不嫌怪，因为他们只见到我的主张的断面，而不能深知道我的个性和环境，也是当然如此。

我读别人做的书籍时，最喜欢看他们带有传记性的序跋，因为看了可以了解这一部书和这一种主张的由来，从此可以判定它们在历史上占有的地位。现在我自己有了主张了，有了出版的书籍了，我当然也愿意这样做，好使读者了解我，不致惊诧我的主张的断面。

因为这样，所以现在就借了这一册的自序，约略做成一部分的自传。我很惭愧，我的学问还没有成熟，就贸贸然来做这种自传性的序文，实在免不了狂妄之罪。但社会上已经等不到我的学问的成熟而逼迫我发表学术上的主张了，已经等不到我的主张的讨论出结果来而逼迫我出书了，我为求得读者对于我的出版物的了解，还顾忌着什么呢。

我是一八九三年生的。当我出生的时候，我的家中已经久不听见小孩子的声息了，我是我的祖父母的长孙，受到他们极浓挚的慈爱。我家是一个很老的读书人家，他们酷望我从读书上求上进。在提抱中的我，我的祖父就教令识字。听说我坐在"连台交椅"（未能步行的小孩所坐）里已经识得许多字了，老妈子抱上街去，我尽指着招牌认字，店铺中人诧异道："这怕是前世带来的字吧！"因为如此，所以我了解书义甚早，六七岁时已能读些唱本小说和简明的古书。但也因为如此，弄得我游戏的事情太少，手足很不灵敏，言语非常钝拙，一切的技能我都不会。这种的状态，从前固然可以加上"弱不好弄"的美名，但在现在看来，只是遏抑性灵，逼作畸形的发展而已。

在这种沉闷和呆滞的空气之中，有一件事足以打破这寂寥而直到近数年来才从回忆中认识的，就是民间的故事传说的接近。我的本生祖父和嗣祖母都是极能讲故事的：祖父所讲大都属于滑稽一方面，如"诸福宝（苏州的徐文长）"之类；祖母所讲则大都属于神话一方面，如"老虎外婆"之类。除了我的祖父母之外，我家的几个老仆和老女仆也都擅长这种讲话，我坐在门槛上听他们讲"山海经"的趣味，到现在还是一种很可眷恋的温煦。我虽因言语的钝拙，从未复述过，到后来几乎完全忘记了，但那种风趣却永远保存着，有人提起时总觉得是很亲切的。祖父带我上街，或和我扫墓，看见了一块匾额，一个牌楼，一座桥梁，必把它的历史讲给我听，回家后再按着看见的次序写成一个单子。因此，我的意识中发生了历史的意味，我得到了最低的历史的认识：知道凡是眼前所见的东西都是慢慢儿地积起来的，不是在古代已尽有，也不是到了现在刚有。这是使我毕生受用的。

当我读《论语》的时候，《孟子》已买在旁边；我随手翻着。我在

《论语》中虽已知道了许多古人的名字，但这是很零碎的，不容易连接。自从看了《孟子》，便从他叙述道统的说话中分出了他们的先后。我初得到这一个历史的系统，高兴极了，很想替它做一个清楚的叙述。以前曾在祖父的讲话中，知道有盘古氏拿了斧头开天辟地的故事，有老妪和犬生出人类的故事；到这时就把这些故事和书本上的尧、舜、禹的记载联串了起来了。我记得那时先着一家起了几个早晨，在朝暾初照的窗下写成一篇古史，起自开辟，讫于《滕文公篇》的"孔子没，子夏、子张、子游以有若似圣人，欲以所事孔子事之；强曾子，曾子不可"的一段事。孟子叙述道统到孔子为止，我作历史也到孔子没后为止，这是很分明的承受了孟子的历史观了。这篇古史约有五页，那时还没有练习过小楷，衬了红格纸写得蝇头般的细字，写好了放在母亲的镜匣里。从我所读的书和母亲的病状推来，那时我是七岁（依旧法算应是八岁）。可惜后来母亲死了，这篇东西就失去了。

就是这一年的冬天，我读完了《孟子》。我的父亲命我读《左传》，取其文理在《五经》中最易解，要我先打好了根柢然后再读深的。我读着非常感兴趣，仿佛已置身于春秋时的社会中了。从此鲁隐公和郑庄公一班人的影子长在我的脑海里活跃。但我的祖父不以为然，他说："经书是要从难的读起的；《诗经》和《礼记》中生字最多，若不把这两部书先读，将来大了就要记不清了。"所以在一九〇一年的春天，命我改从一位老先生读《诗经》。《左传》只读了一册，就搁下了。

我读《国风》时，虽是减少了历史的趣味，但句子的轻妙，态度的温柔，这种美感也深深地打入了心坎。后来读到《小雅》时，堆砌和严重的字句多了，文学的情感减少了，便很有些儿怕念。读到《大雅》和《颂》时，句子更难念了，意义愈不能懂得了。我想不出我为什么要读它，读书的兴味实在一点也没有了。这位老先生对付学生本来已很严厉，因为我的祖父是他的朋友，所以对我尤为严厉。我越怕读，他越要逼着我读。我念不出时，他把戒尺在桌上乱碰；背不出时，戒尺便在我的头上乱打。在这种的威吓和迫击之下，长使我战栗恐怖，结果竟把我逼成了口吃，害得我的一生永不能在言语中自由发表思想。我耐不住了，大着胆子向先生请求道："我读《左传》时很能明白书义，让我改读了《左传》罢！"先生听了，鼻子里嗤的一声，做出很傲慢的脸子回答我道："小孩子哪里懂得《左传》！"好容易把一部《诗经》捱完，总算他们顺了我的请求，没读《礼记》而接读《左传》。这位老先生要试一试我以前类于夸口的请求，令我讲解华督杀孔父的一段。我一句句地讲了。他很诧异，对我的祖父说道："这个小孩子记性虽不好，悟性却好。"我虽承蒙他奖赞，但已做了他的教育法的牺牲了！

我的生性是非常桀骜不驯的。虽是受了很严厉的家庭教育和私塾教育的压抑，把我的外貌变得十分柔和卑下，但终不能摧折我的内心的分毫。所以我的行事专喜自作主张，不听人家的指挥。翻出幼时所读的《四书》，经文和注文上就有许多批抹。例如《告子上篇·天爵章》末有"终亦必亡而已矣"句，《仁之胜不仁章》末又有"亦终必亡而已矣"句，我便剔去了中间《欲贵章》首的"〇"号，批道："不应有〇，下文有'亦终必亡而已矣'之语，可见两段相连。"又如《离娄下篇·逢蒙学射章》"孟子曰：'是亦羿有罪焉'，公明仪曰：'宜若无罪焉'"，我疑心"羿"与"宜"因同音而致误，就批道："宜，当作羿。"这一类的批抹，在现在看来确是极度的武断，但我幼年读书就不肯盲从前人之说，也觉得是不该妄自菲薄的。

约在十一岁时，我初读《纲鉴易知录》，对于历史的系统更能明白认识。那时，我便自立义法，加上许多圈点和批评。我最厌恶《纲目》的地方，就是它的势利。例如张良和荆轲一样的谋刺秦始皇，也一样的没有成功，但张良书为"韩人张良"，荆轲便书为"盗"。推它的原因，只因荆轲的主人燕太子丹是斩首的，而张良的主人刘邦乃是做成皇帝的。我对于这种不公平的记载非常痛恨，要用我自己的意见把它改了。可惜我读的一部《易知录》是石印小字本，上边写不多字，只得写上小纸，夹在书里。前年理书时检得一纸条，是那时的笔迹，写道：

> 书"秋，秦王稷薨，太子柱立"。至明年冬，又书"秦王薨，子楚立"。下《目》书曰："孝文王即位，三日而薨。"夫秋立而至明冬薨；亦十七八月矣，何《目》书"三日而薨"耶？此其史官之讹也。

现在知道，这个批评错了，因为孝文王的即位在他的除丧之后，和上一年秋的"立"是不冲突的。只是我敢于写出疑问，也算值得纪念。

儿时的佚事，现在还记得几桩。有一次，我看见一个饭碗，上面画着许多小孩，有的放纸鸢，有的舞龙灯，有的点爆竹，题为"百子图"。我知道文王是有一百个儿子的，以为这一幅图一定是画的文王的家庭了，就想把文王的儿子考上一考。可是很失望，从习见的书中只得到武王、周公、管叔、蔡叔、康叔数人；《左传》上较多些，但也只有"文昭"十六国。我在那时很奇怪：为什么这样一个大名人的儿子竟如此的难考？后来知道文王百子之说是从《诗经》的"太姒嗣徽音，则百斯男"来的，而"百斯男"的话正与"千秋万岁"、"千仓万箱"相类，只是一种谀颂之词，并非实事；心始释然。

又有一次，不知在什么地方见到孔子有师七人的话，替他一考居然如数得到。但现在想得起的只有老聃、师襄、苌弘、郯子、项橐五人，尚有二人反而查不出了。又因谥法的解释不同，想做一种《谥法考》，把《左传》上的谥法钞集起来，比较看着。结果，使我知道"灵、幽、厉"诸谥未必是恶谥，孟子所说"孝子顺孙百世不能改"的话并不十分可靠。有一回偶然在《汉书》上看到汉高祖为赤帝子，斩白帝子，心想赤帝、白帝不是和黄帝一样的吗，为什么黄帝为人而赤帝、白帝为神？又在某书上看见三皇、五帝的名号和《易知录》上所载的不一致，考查之后，始知三皇、五帝的次序原来有好几种不同的说法。那时见到的书甚少，这种考据之业现在竟想不起是怎样地做成的。

我们顾家是吴中的著姓，自汉以下的世系大都可以稽考。但我们一支的家谱只始于明代成化中，又标上唯亭的地名。我的十一世伯祖大来公（其蕴）序道：

> 人各有所自，必自其所自而后即安。苟忽其所自而妄萌一焜燿之思，指前之一二显人曰："吾所自者某某也"，则世之人亦因其所自而自之矣。然反之心究有所不安。以己之不安而知祖先之必不安，且念子孙之亦未必安也，何可以焜燿之思累先后之不安乎！……此尼备从侄（嗣曾）之近谱所以不宗鹿城（昆山）而宗维亭也。维亭距鹿城不数十里，有农家者流繁衍于上二十一都之乡，地名顾港，此吾支之所自。乡之先达已蒙称述，信为文康公（顾鼎臣）之支矣。而尼备以宗其所疑不若宗其所信，宗其所信而苟有一毫之可疑无庸宗也，所以宁维亭而不敢曰鹿城，重原本也。

这种信信疑疑的态度，在现在看来固是非常正当，但幼年的我哪里能懂得呢。我只觉得他们的胸襟太窄隘了：我们和昆山一支既经是一族，为什么定要分成两族？偶然见到一部别宗的谱牒，以西汉封顾余侯的定为始祖；又列一世系表，起于禹、启、少康，中经无馀、勾践，迄于东海王摇和他的儿子顾余侯期视，约有三十余代（这个表不知道从哪里钞来的，现在遍查各种古书竟查不到）。我快乐极了，心想我家的谱牒可以自禹讫身写成一个清楚整齐的系统来了！又想禹不是祖黄帝的吗，黄帝又不是少典氏之子吗，那么，岂不是又可以推算自己是少典氏的几百几十世孙了！我真高兴，对着我的同学夸口道："我要刻三方图章，一是'勾践后人'，一是'大禹子孙'，一是'少典云礽'。"这位同学也赞叹道："你家真是一个古远的世家！"于是我援笔在谱上批道：

> 甚哉谱必以大宗言也！不以之言，则昧于得姓传递之迹而徒见十数世而已。吾族之谱始自允斋公，遂谓允斋公为始祖。夫公非始得顾姓者，而曰始祖，亦太隘矣！

一个人的思想真是会得变迁的：想不到从前喜欢夸大的我现在竟变得这般严谨，要把甘心认为祖先的禹回复到他的神话中的地位，要把尼备公创立家谱的法子来重修国史了！

在私塾中最可纪念的，是有两年没有正式的教师。起先，我的父亲在城北姚家教馆，我随着读书。去了不久，我父考取了京师大学堂，到北京去，馆事请人代着。可是代馆的总不得长久，代者又请代，前后换了七八人，有几个月简直连接着没有先生。只因姚家待我很厚，他们的小主人和我的交情也很挚，所以我家并不逼我换学塾。这两年中，为了功课的松，由得我要怎样做就怎样做。我要读书，便自己到书铺里选着买；买了来，便自己选着读。我看了报纸，便自己发挥议论。有什么地方开会，我便前去听讲。要游戏，要胡闹，要闲谈遣日，当然也随我的便。这两年中的进境真像飞一般的快，我过去的三十年中吸收智识从没有这样顺利的：我看无论哪种书都可以懂得一点了，天地之大我也识得一个约略了。这时候，正是国内革新运动勃发的时候，要开学校，要放足，要造铁路，要抵制美国华工禁约，要请求政府公布宪法开国会，梁任公先生的言论披靡了一世。我受了这个潮流的涌荡，也是自己感到救国的责任，常常慷慨激昂地议论时事。《中国魂》中的《呵旁观者文》和《中国之武士道》的长序一类文字是我的最爱好的读物，和学塾中的屈原《卜居》、李华《吊古战场文》、胡铨《请斩王伦秦桧封事》等篇读得同样的淋漓痛快。在这种热情的包裹之中，只觉得杀身救人是志士的唯一的目的，为政济世是学者的唯一的责任。塾师出了经义史论的题目，我往往借此发挥时论，受他们的申斥；但做时务策论时，他们便不由得不来赏赞我了。

一九〇六年，地方上开办第一班高等小学，考题是《征兵论》，我竟考取了第一。我刚进去时，真是踏到了一个新世界。我在私塾中虽是一个新人物，自己已看了些科学方面的教科书，但没有实物的参证，所谓科学也正与经义策论相同。到了新式学校中，固然设备还是贫乏得很，总算有了些仪器和标本了，能做些实验和采集的工夫了。我在学校里最喜欢做的事情是"修学旅行"，因为史地教员对于经过的名胜和古迹有详细的说明，理科教员又能伴我们采集动植物作标本；回来之后，国文教员要我们作游记，图画教员要我们作记忆画；使我感到这种趣味的活动，各科材料的联络，我所受的教育的亲切。但除了这一件事之外，我的桀骜不驯的本性又忍不住要发展了，我渐渐地对于教员不信任了。我觉得这些教员对于所教的功课并没有心得，他们只会随顺了教科书的字句而敷衍。教科书的字句我既已看得懂，又何劳他们费力解释！况且教科书上错误的地方，他们也不能加以修正。例如地理教科书中说教主出于半岛，举孔、佛、耶为证，理由是半岛的海岸线长，吸收文明容易；地理教员也顺着说。我听得时就很疑惑，以为道教的张道陵就很明白不是从半岛上起来的，孔、佛、耶的出在半岛不过是偶然的巧合。海岸线的吸收文明应当在海上交通便利之后，在古时则未必便可增进新知（至少在中国是这般）。即如孔子时，江、淮、河、济的交通胜于海洋，江、淮、河、济的吸收文明也应当过于海洋；孔子所以能够特出，或者就靠在河、济的交通上，和半岛及海岸线有何关系。但地理教员就咬定了这句话，大张其半岛出教主论了。这种的教员满眼皆是，他们都只会食人家的唾余，毫没有自己的真知灼见，都只想编辑了一种讲义作终身的衣食，毫不希望研究的进展，使得我一想到时就很鄙薄。

在小学时曾经生了两个月的病，病中以石印本《二十二子》和《汉魏丛书》自遣，使我对于古书得到一个浮浅的印象。又在报纸上见到《国粹学报》的目录，里面有许多新奇可喜的文题；要去买时可惜苏州的书肆里没有。直到进了中学堂，始托人到上海去买了一个全分。翻读之下，颇惊骇刘申叔、章太炎诸先生的博洽；但是他们的专门色彩太浓重了，有许多地方是看不懂的。在这个报里，除了种族革命的意义以外，它给与我一个清楚的提示，就是：过去的中国学问界里是有这许多纷歧的派别的。

十六岁那一年，我在中学二年级，我的祖父对我说："《五经》是总该读全的。你因进了新法学堂，只读得《诗经》、《左传》和半部《礼记》。我现在自己来教你罢。"于是我每晚从学校里归来，便向祖父受课。他先教我《尚书》，再教我《周易》。《周易》我不感到什么趣味。

《尚书》的文句虽古奥，但我已经有了理解力，能够勉强读懂，对于春秋以前的社会状况得到了一点粗疏的认识，非常高兴。祖父教我时，是今古文一起读的。我本不知道今古文是怎样一个重大的讼案，也就随着读。后来感到古文很平顺，它的文字自成一派，不免引起了些微的怀疑。偶然翻览《先正事略》，从阎若璩的传状里知道他已把《古文尚书》辨得很明白，是魏、晋间人伪造的。一时就想读他所作的《尚书古文疏证》，但觅不到。为安慰自己的渴望计，即从各家《书》说中辑出驳辨《伪古文》的议论若干条，寻绎他们的说法。哪知一经寻绎之后，不但魏、晋间的古文成问题，就是汉代的古文也成了问题了。那年上海开江苏学校成绩展览会，我和许多同学前往参观，就独到国学保存会的藏书楼上看了两种书：一是龚自珍的《泰誓答问》，一是胡秉虔的《尚书叙录》。

我既约略知道了这一些问题，我的勇往的兴致又要逼迫我佚出前人的论辨之外了。我感到《今文尚书》中《尧典》、《皋陶谟》诸篇的平易的程度并不比《伪古文》差了多少，我又感到汉人《尚书》注的不通，都想由我辨去。十七岁时，江苏存古学堂招生，我知道里面很有几位博学的教员，也报名应考。出的题目是《尧典》上的，现在已记不起了，只记得我的文字中把郑玄的注痛驳了一回。发榜不取；领落卷出来，签条上面批着"斥郑说，谬"四个大字。我得到了这回教训，方始知道学术上的权威是惹不得的。

要是我能够从此继续用功，到现在也许可以做成一个专门的经学家了。但我的祖父逝世之后，经学方面既少了一个诱导的人，文学方面的吸引力又很大，我不自觉的对于经书渐渐地疏远了下去。

我的祖父一生欢喜金石和小学，终日的工作只是钩模古铭，椎拓古器，或替人家书写篆隶的屏联。我父和我叔则善治文学和史学。所以我幼时看见的书籍，接近的作品，都是多方面的，使我在学问上也有多方面的认识。可是我对于语言文字之学是不近情的，我的祖父的工作虽给我瞧见了许多，总没有引起我的模仿的热忱。我自己最感兴味的是文学，其次是经学（直到后来才知道我所爱好的经学也即是史学），我购买书籍就向那两方面进行。买书这一件事，在我十一二岁时已成了习惯，但那时只买新书；自从进了中学，交到了几个爱收旧书的朋友，就把这个兴致转向旧书方面去了。每天一下课，立刻向书肆里跑。这时的苏州还保留着一个文化中心的残状，观前街一带新旧书肆约有二十余家，旧书的价钱很便宜。我虽是一个学生，只能向祖母和父亲乞得几个钱，但也有力量常日和他们往来。我去了，不是翻看他们架上的书，便是向掌柜们讨教版本的知识。所见的书籍既多，自然引诱我去研究目录学。《四库总目》、《汇刻书目》、《书目答问》一类书那时都翻得熟极了。到现在，虽已荒废了十余年，但随便拿起一册书来，何时何地刻的还可以估得一个约略。

我对于学问上的野心的收不住，自幼就是这般。十二岁时曾作一册自述，题为《恨不能》。第一篇是"恨不能战死沙场，马革裹尸"，第二篇是"恨不能游尽天下名山大川"，其三便是"恨不能读尽天下图书"。到这时，天天游逛书肆，就恨不能把什么学问都装进了我的肚子。我的痴心妄想，以为要尽通各种学问，只须把各种书籍都买了来，放在架上，随心翻览，久而久之自然会得明白通晓。我的父亲戒我买书不必像买菜一般的求益，我的祖母笑我买书好像瞎猫拖死鸡一般的不拣择，但我的心中坚强的执拗，总以为宁可不精，不可不博。只为翻书太多了，所以各种书很少从第一字看到末一字的。这样的读书，为老辈所最忌，他们以为这是短寿促命的征象。我也很想改过来，但是求实效的意志终抵抗不过欣赏的趣味。我曾对友人说："我是读不好书的了！拿到一部书想读下去时，不由得不牵引到第二部上去，以至于第三部，第四部。读第二第三部书时，又要牵引到别的书上去了。试想这第一部书怎样可以读得完？"这种情形，在当时确是很惆怅的，但在现在看来也可以说由此得到了一点益处。因为这是读书时寻题目，从题目上更去寻材料，而不是读死书。不过那时既只随着欣赏的趣味而活动，并没有研究的自觉心，就是见到了可以研究的题目，也没有实作研究的忍耐心，所以不曾留下什么成绩。

中学校时代，实在是我的情感最放纵的时代，书籍的嗜好在我的生活中虽占着很重要的一部分，但并不能制伏我的他方面的生活。我爱好山水，爱好文学，爱好政治活动。

游览的嗜好似乎在我很幼的时候已经发端，记得那时看扫墓是一件趣味最丰富的乐事。我家的坟墓不在一处，有的地方要三天才来回，我坐在船里，只觉得望见的东西都新鲜得可爱。有时候走近一座山，要拉了老妈子一同上去，哪知山基还远着，久久走不到，船已将开了。自从进了中学，旅行的地方远了一点，有时出府境，有时出省境，我高兴极了，无论到什么地方总要尽了我的脚力走。别人厌倦思归了，我还是精神奋发，痛骂他们阻住了我的兴致。每星期日，几乎必约了同学到郊外远足去，苏州城外的山径都给我们踏遍了。我在那时，爱好自然，为自然的美所吸引的一种情趣，在现在的回忆中更觉得可以珍重。

叶圣陶先生（绍钧）是我的老朋友，从私塾到小学和中学都是同学。他是一个富于文艺天才的人，诗词篆刻无一不能；没有一件艺术用过苦功，但没有一种作品不饶于天趣。我在中学里颇受到他的同化，想致力于文学，请他教我作诗填词。我们的同志三四人又立了一个诗社，推他做盟主。我起先做不好，只以为自己的工夫浅。后来永远不得进步，无论我的情感像火一般的旺烈，像浪一般的激涌，但是表现出来的作品终是软弱无力的。有时也偶然得到几句佳句，但要全篇的力量足以相副就很困难。有许多形式，我已学像了，但自省到底没有"烟士披里纯"——文艺品的魂灵。怀了创作的迷梦约有十年，经过了多少次的失败，方始认识了自己的才性，恍然知道我的思想是很质直的，描写力是极薄弱的，轻蒨美妙的篇章和钦奇豪壮的作品本来都没有我的份儿，从此不再妄想"吃天鹅肉"了。

我在中学校时，正是立宪请愿未得清廷允可，国民思想渐渐倾向到革命的时候，使得我也成了这个倾向下的群众的一个。看着徐锡麟、熊成基、温生才等人的慷慨牺牲生命，真觉得可歌可泣。辛亥革命后，意气更高张，以为天下无难事，最美善的境界只要有人去提倡就立刻会得实现。种族的革命算得了什么！要达到无政府、无家庭、无金钱的境界时方才尽了我们革命的任务呢。因为我醉心于这种最高的理想，所以那时有人发起社会党，我就加入了。在这一年半之中，我是一个最热心的党员，往往为了办理公务，到深夜不眠。很有许多亲戚长者劝我，说："这班人都是流氓，你何苦与他们为伍呢！这不是你的事呵！"这种势利的见解我是早已不承认了的，我正以为流氓和绅士不过是恶制度之下分出来的两种阶级，我正嫌恶绅士们做种种革新运动的阻碍，要把这个阶级铲除了才快意。但入党多时之后，我瞧着一班同党渐渐的不像样了。他们没有主义，开会演说时固然悲壮得很，但会散之后就把这些热情丢入无何有之乡了。他们说的话，永远是几句照例话，谁也不想把口头的主义作事实的研究。他们闲空时，只会围聚了长桌子坐着谈天，讲笑话，对于事业的进行毫没有计划。再不然，便是赌钱、喝酒、逛窑子。我是一个极热烈的人，同时也是一个极不懂世事的人，对于他们屡屡有所规诫，有所希望，但是他们几乎没有一个能承受的。我对于事业虽有极彻底的目标，但我自己知道我的学识是很浅薄的，远够不上把主义发挥；然而在同党中间，他们已经把我看作博学的文豪，凡有发表的文字都要拉我动笔了。在这到处不如意的境界之中，使我得到了一个极清楚的觉悟，知道这班人是只能给人家用作喽罗小卒的，要他们抱着主义当生命般看待，计划了事业的步骤而进行是不可能的。我先前真把他们看得太高了！我自己知道，我既不愿做别人的喽罗小卒，也不会用了别人做我的喽罗小卒，那么我永在党中混日子也没有什么益处，所以我就脱党了。可喜这一年半中乱掷的光阴，竟换得了对于人世和自己才性的认识。从此以后，我再不敢轻易加入哪个党会。这并不是我对于政治和社会的改造的希望歇绝了，我知道这种改造的职责是应当由政治家、教育家和社会运动家去担负的，我是一个没有这方面的发动的才力的人。我没有这方面的才力也不觉得有什么可耻，因为我本有我自己能做的工作，一个人原不必件件事情都会干的。

在热心党会的时候，早把书籍的嗜好抛弃了。这时又把党会抛弃之后，精神上不免感到空虚。民国二年，我考进了北京大学的预科。我在南方，常听得北京戏剧的美妙，酷好文艺的圣陶又常向我称道戏剧的功用。我们偶然凑得了几天旅费，到上海去看了几次戏，回来后便要作上几个月的咬嚼。这时我竟有这般福分，得居戏剧渊海的北京，如何忍得住不大看而特看。于是我变成了一个"戏迷"了！别人看戏必有所主，我固然也有几个极爱看的伶人，但戒不掉的好博的毛病，无论哪一种腔调，哪一个班子，都要去听上几次。全北京的伶人大约都给我见到了。每天上课，到第二堂退堂时，知道东安门外广告版上各戏园的戏报已经贴出，便在休息的十分钟内从译学馆（预科所在）跑去一瞧，选定了下午应看的戏。学校中的功课下午本来较少，就是有课我也不去请假。在这戏迷的生活中二年有余，我个人的荒唐和学校课业的成绩的恶劣自不消说；万想不到我竟会在这荒唐的生活中得到一注学问上的收获（这注收获直到了近数年方因辨论古史而明白承受）。上面说的，我曾在祖父母和婢仆的口中饱听故事，但这原是十岁以前的事情。十岁以后，我读书多了，对于这种传说便看作悠谬无稽之谈，和它断绝了关系。我虽曾恨过绅士，但自己的沾染绅士气确是不能抵赖的事实。我鄙薄说书场的卑俗，不屑去。我鄙薄小说书的淫俚，不屑读。在十五岁的时候，有一种赛会，唤作现圣会，从乡间出发到省城，这会要二十年一举，非常的繁华，苏州人倾城出观，学校中也无形的停了课，但我以为这是无聊的迷信，不屑随着同学们去凑热闹。到人家贺喜，席间有妓女侍坐唱曲，我又厌恶她们声调的淫荡，唱到我一桌时，往往把她谢去。从现在回想从前，真觉得那时的面目太板方了，板方得没有人的气味了。因为如此，我对于社会的情形隔膜得很；就是故事方面，也只记得书本上的典故而忘却了民间流行的传说。自从到了北京，成了戏迷，于是只得抑住了读书人的高傲去和民众思想接近，戏剧中的许多基本故事也须随时留意了。但一经留意之后，自然地生出许多问题来。现在随便举出数条于下（久不看戏，所记恐有错误，请读者指正）：

（1）薛仁贵和薛平贵的姓名和事迹都极相像。仁贵见于史；平贵不见，而其遇合更为奇诡，直从叫化子做到皇帝。可见平贵的故事是从仁贵的故事中分化出来的，因为仁贵的故事还不淋漓尽致，所以造出一个平贵来，替他弥补了。

（2）戏剧的本事取于小说，但很有许多是和小说不相应的。例如《黄鹤楼》是"三国"戏，但不见于《三国演义》；《打渔杀家》是"水浒"戏（萧恩即是阮小五），但不见于《水浒传》；《盗魂铃》是"西游"戏，但不见于《西游记》。可见戏剧除小说之外必另有取材的地方，或者戏剧与小说同是直接取材于民间的传说而各不相谋。

（3）《宇宙疯》又名《一口剑》，什么缘故，大家不知道。有人说，赵高的女儿装疯时说要上天，要入地，宇宙即天地之谓。但戏中凡是遇到装疯时总要说这两句，未必此戏独据了此句命题。后来看见梆子班中演的全本，方知戏名应是《宇宙锋》，宇宙锋就是一口剑的名字。戏中情节，是赵高之女嫁与邝洪之子；邝洪嫉恶如仇，不为赵高所容；赵高就与李斯同谋害他，派刺客到邝家盗取了他们世传的宝剑，投入秦皇宫中；邝家既破，赵高之女遂大归（尚有下半本，未见）。这出戏不知道根据的是什么小说，也许并没有小说。皮黄班中不演全本，只截取了装疯的一段，于是戏名的解释就变成了猜谜了。

（4）《小上坟》中的刘禄敬夫妇在剧本里原是很贞洁的，情节亦与《雪杯圆》相同，应当由老生与青衣串演。不知何故，改用小丑与花旦演了，作尽了淫荡的态度，但唱的依旧是贞洁的字句。唱的字句给演的态度遮掩了，听客对于戏中人的观念也就变成了小丑与花旦的调情了。

（5）《草桥关》与《上天台》同是姚刚击死国丈的事，又同是皮黄班中的戏。但《草桥关》是光武命斩姚期父子，马武闻信，强迫光武赦免的；《上天台》是姚期请罪时，光武自动的赦免，并没有马武救援之事。

（6）《杨家将》小说中只有八妹，并无八郎。但戏剧中的《雁门关》则系八郎之事，八郎亦是辽国驸马，尚二公主。其他表述杨门功绩的戏词也都以"四、八郎"并称。看来八郎是从四郎分化的。

（7）《辕门斩子》一剧，在皮黄班中，一挂斩杀剑，佘太君即出帐；一斩马蹄，八贤王亦即出帐。在梆子班中，则挂剑后佘太君跪在帐前，六郎出而陪礼；及将斩马蹄，八贤王与之争辨，六郎献印求免官，始无精打彩而去。在这种地方，可见编戏者看描写人物的个性比保存故事的原状为重要。因为各就想像中描写，所以各班的戏本不必一律。

（8）司马懿在《逍遥津》中是老生，因为他的一方面的人，曹操是净，华歆是小丑；且他在三人中比较是好人。但到了《空城计》中，与老生诸葛亮对阵时，他便是净了。曹操在别的戏中都是净，但在谋刺董卓的《献剑》中却是生。可见戏中人的面目不但表示其个性，亦且表示其地位。

这种事情，简单说来，只是"乱"和"妄"。在我的中学校时代，一定不屑齿及，不愿一顾的。但在这时正是心爱着戏剧，不忍把它拒绝，反要替它深思。深思的结果，忽然认识了故事的格局，知道故事是会得变迁的，从史书到小说已不知改动了多少（例如诸葛亮不斩马谡而小说中有挥泪斩马谡的事，杨继业绝食而死而小说中有撞死李陵碑的事），从小说到戏剧又不知改动了多少，甲种戏与乙种戏同样写一件故事也不知道有多少点的不同。一件故事的本来面目如何，或者当时有没有这件事实，我们已不能知道了；我们只能知道在后人想像中的这件故事是如此的纷歧的。推原编戏的人所以要把古人的事实迁就于他们的想像的缘故，只因作者要求情感上的满足，使得这件故事可以和自己的情感所预期的步骤和结果相符合。作者的预期，常常在始则欲其危险，至终则欲其美满；所以实在的事情虽并没有这样的危险，而终使人有"不如意事什八九"的感叹，但这件事成为故事的时候就会从无可挽回的危险中得到天外飞来的幸运了。危险和幸运是由得人想像的，所以故事的节目会得各个不同。这是一桩；其余无意的讹变，形式的限制，点缀的过分，来历的异统，都是可以详细研究的。我看了两年多的戏，惟一的成绩便是认识了这些故事的性质和格局，知道虽是无稽之谈，原也有它的无稽的法则。当时很想搜集材料，做一部《戏剧本事录》，把各出戏的根据加以考证，并评骘其异同之点；可惜没有成书。这不得不希望于将来了。

在北京大学的同学中，毛子水先生（准）是我最敬爱的。他是一个严正的学者，处处依了秩序而读书；又服膺太炎先生的学说，受了他的指导而读书。我每次到他斋舍里去，他的书桌上总只放着一种书，这一种书或是《毛诗》和《仪礼》的注疏，或是数学和物理的课本。我是向来只知道翻书的，桌子上什么书都乱放。"汗漫掇拾，茫无所归"，这八个字是我的最确当的评语。那时看见了这种严正的态度，心中不住地说着惭愧。我很想学他；适在读《庄子》，就用红圈的戳子打着断句，想勉力把这部书圈完。可是我再不能按着篇次读下，高兴圈那一篇或那一页时便圈到那篇那页。经过了多少天的努力，总算把《庄子》的白文圈完了。这是我做有始有终的工作的第一次，实在是子水在无形中给我的恩惠。白文圈完之后，又想把郭象注和陆德明音义继续点读。但这个工作太繁重了，仅仅点得《逍遥游》的半篇已经不胜任了。

民国二年的冬天，太炎先生在化石桥共和党本部开国学会讲学，子水邀我同往报名听讲。我领受了他的好意，与他同冒了雪夜的寒风而去。讲学次序，星期一至三讲文科的小学，星期四讲文科的文学，星期五讲史科，星期六讲玄科。我从蒙学到大学，一向是把教师瞧不上眼的，所以上了一二百个教师的课，总没有一个能够完全摄住我的心神。到这时听了太炎先生的演讲，觉得他的话既是渊博，又有系统，又有宗旨和批评，我从来没有碰见过这样的教师，我佩服极了。子水对我说："他这种话只是给初学的人说的，是最浅近的一个门径呢"，这便使我更醉心了。我自愿实心实意地做他的学徒，从他的言论中认识学问的伟大。

那时袁世凯存心做皇帝，很奖励复古思想，孔教的声势浩大得很。有一夜，我们到会时看见壁上粘着一张通告，上面写道：

> 余主讲国学会，踵门来学之士亦云不少。本会本以开通智识，昌大国性为宗，与宗教绝对不能相混。其已入孔教会而复愿入本会者，须先脱离孔教会，庶免薰莸杂糅之病。章炳麟白。

我初见这个通告，一时摸不着头路，心想太炎先生既讲国学，孔教原是国学中的一部分，他为什么竟要这样的深恶痛绝？停了一刻，他演讲了：先说宗教和学问的地位的冲突，又说现在提倡孔教的人是别有用心的；又举了王闿运、廖平、康有为等今文家所发的种种怪诞不经之说，他们如何解"耶稣"为父亲复生，如何解"墨者钜子"即十字架，如何解"君子之道斯为美"为俄罗斯一变至美利坚；他们的思想如何起原于董仲舒，如何想通经致用，又如何妄造了孔子的奇迹，硬捧他做教主。我听了这些话真气极了，想不到今文家竟是这类的妄人！我以前在书本里虽已晓得经学上有今古文之争，但总以为这是过去的事情，哪里知道这个问题依然活跃于当世的学术界上！我真不明白，为什么到了现在科学昌明的时代，还有这一班无聊的今文家敢出来兴妖作怪？古文家主张《六经》皆史，把孔子当作哲学家和史学家看待，我深信这是极合理的。我愿意随从太炎先生之风，用了看史书的眼光去认识《六经》，用了看哲人和学者的眼光去认识孔子。

很不幸的，国学会开讲还没有满一个月，太炎先生就给袁政府逮捕下狱。我失掉了这一个良师，自然十分痛惜；但从此以后，我在学问上已经认清了几条大路，知道我要走哪一条路时是应当怎样走去了。我以前对于读书固极爱好，但这种兴味只是被动的，我只懂得陶醉在里边，想不到书籍里的东西可以由我的意志驱遣着，把我的意志做它们的主宰。现在忽然有了这样一个觉悟，知道只要我认清了路头，自有我自己的建设，书籍是可备参考而不必作准绳的，我顿觉得旧时陶醉的东西都变成了我的腕下的材料。于是我有了烦恼了：对于这许多材料如何去处置呢？处置之后作什么用呢？处置这些材料的大目的是什么呢？这些问题时时盲目地侵袭我的心，我一时作不出解答来，很感着烦闷。不知是哪一天，这些模糊的观念忽然变成了几个清楚的题目："（1）何者为学？（2）何以当有学？（3）何以有今日之学？（4）今日之学当如何？"我有了这四个问题，每在暇闲中加以思索，并且搜辑他人的答案而施以批评。大约民国三年至六年，这四载中的闲工夫都耗费在这上面了。当我初下"学"的界说的时候，以为它是指导人生的。"学了没有用，那么费了气力去学为的是什么！"普通人都这样想，我也这样想。但经过了长期的考虑，始感到学的范围原比人生的范围大得多，如果我们要求真知，我们便不能不离开了人生的约束而前进。所以在应用上虽是该作有用与无用的区别，但在学问上则只当问真不真，不当问用不用。学问固然可以应用，但应用只是学问的自然的结果，而不是着手做学问时的目的。从此以后，我敢于大胆作无用的研究，不为一班人的势利观念所笼罩了。这一个觉悟，真是我的生命中最可纪念的；我将来如能在学问上有所建树，这一个觉悟决是成功的根源。追寻最有力的启发，就在太炎先生攻击今文家的"通经致用"上。

我当时愿意在经学上做一个古文家，只因听了太炎先生的话，以为古文家是合理的，今文家则全是些妄人。但我改不掉的博览的习性，总想寻找今文家的著述，看它如何坏法。果然，《新学伪经考》买到了。翻览一过，知道它的论辩的基础完全建立于历史的证据上，要是古文的来历确有可疑之点，那么，康长素先生把这些疑点列举出来也是应有之事。因此，使我对于今文家平心了不少。后来又从《不忍杂志》上读到《孔子改制考》，第一篇论上古事茫昧无稽，说孔子时夏、殷的文献已苦于不足，何况三皇、五帝的史事，此说即极惬心餍理。下面汇集诸子托古改制的事实，很清楚地把战国时的学风叙述出来，更是一部绝好的学术史。虽则他所说的孔子作《六经》的话我永不能信服，但《六经》中参杂了许多儒家的托古改制的思想是不容否认的。我对于长素先生这般的锐敏的观察力，不禁表示十分的敬意。我始知道古文家的诋毁今文家大都不过为了党见，这种事情原是经师做的而不是学者做的。我觉得在我没有能力去判断他们的是非之前，最好对于任何一方面也不要帮助。于是我把今古文的问题暂时搁起了。

又过了数年，我对于太炎先生的爱敬之心更低落了。他薄致用而重求是，这个主义我始终信守，但他自己却不胜正统观念的压迫而屡屡动摇了这个基本信念。他在经学上，是一个纯粹的古文家，所以有许多在现在已经站不住的汉代古文家之说，也还要替他们弥缝。他在历史上，宁可相信《世本》的《居篇》、《作篇》，却鄙薄彝器钱物诸谱为琐屑短书；更一笔抹杀殷墟甲骨文字，说全是刘鹗假造的。他说汉、唐的衣服车驾的制度都无可考了，不知道这些东西在图画与明器中还保存得不少。在文学上，他虽是标明"修辞立诚"，但一定要把魏、晋文作为文体的正宗。在小学上，他虽是看言语重于文字，但声音却要把唐韵为主。在这许多地方，都可证明他的信古之情比较求是的信念强烈得多，所以他看家派重于真理，看书本重于实物。他只是一个从经师改装的学者！

我的幼年，最没有恒心。十余岁时即想记日记，但每次写不到五六天就丢了。笔记亦然，总没有一册笔记簿是写完的。自从看戏成了癖好，作《论剧记》，居然有始有终地写了好几册。后来读书方面的兴致渐渐超过了看戏的兴致了，又在《论剧记》外立《读书记》。《读书记》

的第一册上有这样一段小叙：

> 余读书最恶附会；更恶胸无所见，作吠声之犬。而古今书籍犯此非鲜，每怫然有所非议。苟自见于同辈，或将诮我为狂。……吾今有宏愿在：他日读书通博，必举一切附会影响之谈悉揭破之，使无遁形，庶几为学术之豸。……

这是民国三年的下半年。这一年的国文教师是马幼渔先生（裕藻），文字学教师是沈兼士先生，他们都是太炎先生的弟子，使我在听了太炎先生的演讲之后更得到一回切实的指导。因此，我自己规定了八种书，依了次序，按日圈点诵读。这一年，是我有生以来正式用功的第一年。可是做得太勇了，常常弄到上午二时就寝，以至不易入眠，预伏了后来失眠症的根基。我的读书总欢喜把自己的主张批抹在书上，虽是极佩服的人像太炎先生，也禁不住我的抨击（别人读《国故论衡》时，每以为《文学总略》是最好的一篇，我却以为其中除了"经、传、论、业"一段考证以外几乎完全是废话，既不能自坚其说，即攻击别人的地方也反复自陷。例如萧统《文选》本为自成一家之选文，不必要求完备，其序中亦只说选文体例，不是立文学界说，而太炎先生斥其不以文笔区分而登无韵之文，又说他遗落汉、晋乐府为失韵文之本。曾国藩的《经史百家杂钞》要完备各方面的体制了，他从经史中寻出各类篇章的根源，可谓得文之本矣，但又斥他"经典成文布在方策，不虞溃散，钞将何为！"）。这等读书时的感想，逢到书端上写不下，便写入笔记簿里。写的时候也只大胆顺着意见，不管这意见是怎样的浅薄。到现在翻开看时，不由得不一阵阵地流汗，因为里边几乎满幅是空话，有些竟是荒谬话；又很多是攻击他人的话，全没有自己学问上的建设。但一册一册地翻下去时，空虚的渐渐变成质实了，散乱的也渐渐理出系统来了，又渐渐倾向到专门的建设的方面了，这便使我把惭愧之情轻减了多少。因此使我知道，学问是必须一天一天地实做的，空虚和荒谬乃是避免不了的一个阶级；惟其肯在空虚和荒谬之后作继续不断的努力，方有充实的希望。又使我知道，我现在所承认为满意的，只要我肯努力下去，过了十年再看也还是一样的羞惭流汗。所以我对于我的笔记簿，始终看作千金的敝帚。

以前我弄目录学时，很不满意前人目录书的分类，例如《四库全书总目》为要整齐书籍的量，把篇帙无多的墨家和纵横家一起并入了杂家。我的意思，很想先分时代，再分部类，因为书籍的部类是依着各时代的风尚走的。换句话说，我就是想用了学术史的分类来定书籍的分类。大概的分法，是周、秦为一时代，两汉为一时代，六朝又为一时代……再从周、秦的时代中分为经（如《诗》、《书》）、传（如《易传》）、记（如《礼记》）、纬（如《乾凿度》）、别经（如《仪礼》）、别传（如《子夏易传》）、别记（如《孔子家语》）、别纬（如《乾坤凿度》）等。又分别白文于注释之外，使得白文与注释可以各从其时，不相牵累，例如《诗经》就可不必因为有了《毛传》而称为《毛诗》。这些见解固然到现在已经迁变了许多（各时代的中心虽各有显著的差异，至于各时代的两端乃是互相衔接的，必不能划分清楚），但中国的学问是向来只有一尊观念而没有分科观念的，用历史上的趋势来分似乎比较定了一种划一的门类而使古今观点不同的书籍悉受同一的轨范的可以好一点。

民国四年，我病了，休学回家。用时代分目录的计划到这时很想把它实现，就先从材料最丰富的清代做起。《书目答问》的《国朝著述诸家姓名略》是一个很好的底子，又补加了若干家，依学术的派别分作者，在作者的名下列著述，按著述的版本见存佚，并集录作者的自序及他人的批评，名为《清代著述考》（即本册上编第一篇中所说的《清籍考》）。弄了几个月，粗粗地成了二十册。同时在《著述考》外列表五种：（1）《年表》，（2）《师友表》，（3）《籍望表》，（4）《出处表》，（5）《著述分类表》，用来说明清代学者的自然环境和社会环境；但编成的只有《籍望表》一种。从这种种的辑录里，使我对于清代的学术得有深入的领会。我爱好他们的治学方法的精密，爱好他们的搜寻证据的勤苦，爱好他们的实事求是而不想致用的精神。以前我曾经听得几个今文家的说话，以为清代的经学是"支离、琐屑、饾饤"的，是"束发就傅，皓首难穷"的，到这时明白知道，学问必须在繁乱中求得的简单才是真实的纲领；若没有许多繁乱的材料作基本，所定的简单的纲领便终是靠不住的东西。今文家要从简单中寻见学问的真相，徒然成其浅陋而已。

那几年中读书，很感受没有学术史的痛苦，因此在我的野心中又发了一个弘愿：要编纂《国学志》，把《著述考》列为《志》的一种。当时定的计划，《国学志》共分七种：（1）仿《太平御览》例，分类钞录材料，为《学览》；（2）仿《经世文编》例，分类钞录成篇的文字，为《学术文钞》；（3）仿《宋元学案》例，编录学者传状，节钞其主要的著

述，为《学人传》；（4）仿《经义考》例，详列书籍的作者、存佚、序
跋、评论，为《著述考》；（5）仿《群书治要》例，将各书中关于学术
的话按书钞出，为《群书学录》；（6）仿《北溪字义》例，将学术名词
详释其原义及变迁之义，为《学术名词解诂》；（7）集合各史的纪传、
年表，以及各种学者年谱，为《学术年表》。这个计划，在现在看来，
依旧是很该有的工作，但已知道这是学术团体中的工作，应当有许多人
分工做的，不是我一个人可以担当的责任了。可是那时意气高张，哪里
有这等耐性去等待不知何年的他人去做：既已见到，便即动手。《学览》
的长编，每天立一题目，钉成一册，有得即钞。《学术文钞》也雇人钞
写了百余篇。《著述考》则清代方面较有成稿，《目录书目》和《伪书疑
书目》也集得了许多材料。其余诸种，至今还没有着手。

那时的笔记中写有几段学览的序意，钞录于此，以见我当日治学的
态度：

> 此书拟名《学览》。凡名览者，如《吕览》、《皇览》、《御览》，
> 皆汇集众言以为一书，非自成者也。其义则在博学明辨，故不以家
> 派限。章先生曰："史之于美恶，若镜之照形，不因美而显，因恶
> 而隐。"吾辑此书，比于学术之史，故是非兼收，争论并列。老子
> 曰："善人者不善人之师；不善人者善人之资。"故有害求是，正可
> 为求是之资，况是与非有难以遽断者乎！古来诸学，大都崇经而黜
> 子，崇儒学而黜八家，以至今古文有争，汉、宋学有争，此亦一是
> 非，彼亦一是非。欲为调人，终于朋党。盖不明统系而争，则争之
> 者无有底，解之者无可藉。使其明之，则经者古史耳，儒者九流之
> 一家耳，今古文者立学官异耳，汉、宋学者立观点异耳，各有其心
> 思，各有其面目，不必己学而外无他学也，不必尊则如天帝而黜则
> 如罪囚也。韩愈之《原道》，苏轼之《荀卿论》，一人倡之，千万人
> 和之，虽绝无根据，反若极有力之学说，不可磨灭之铁案。圣哲复
> 生，亦不敢昌言驳斥。盖事理之害，莫甚于习非胜是矣。章先生
> 曰："古之学者观世文质而已矣；今之学者必有规矩绳墨，模形惟
> 肖，审谛如帝，用弥天地而不求是则绝之。"予谓虽绝之于心，必
> 存之于书；绝之为是非也，存之为所以是非也。故虽韩、苏之谬
> 说，亦在写录。
>
> 有友人过我，见案头文庙典礼之书，叱嗟曰："乌用此！是与
> 人生无关系者，而前代学者斤斤然奉之以为大宝，不可解甚也！"

予谓不然。前代学者之误在执旧说为演绎之资，以新为不可知，以旧为不可易，称述圣贤而徒得其影响，依附前人而不能有所抉择，所以起人厌恶。苟其不有主奴之见，长立于第三者之地位，则虽在矢溺，亦资妙观；况典礼之制为宗法所存，可考见社会心象者乎！予前称为学，始观终化：观者，任物自形而我知之，为内籀之法；化者，我有所主而以择物，为外籀之法。本此以治学，虽委巷小说极鄙滥者亦不能绝去之矣。

旧时士夫之学，动称经史词章。此其所谓统系乃经籍之统系，非科学之统系也。惟其不明于科学之统系，故鄙视比较会合之事，以为浅人之见，各守其家学之壁垒而不肯察事物之会通。夫学术者与天下共之，不可以一国一家自私。凡以国与家标识其学者，止可谓之学史，不可谓之学。执学史而以为学，则其心志囿拘于古书，古书不变，学亦不进矣。为家学者未尝不曰家学所以求一贯，为学而不一贯是滋其纷乱也。然一贯者当于事实求之，不当于一家之言求之。今以家学相高，有化而无观，徒令后生择学莫知所从，以为师之所言即理之所在，至于宁违理而不敢背师。是故，学术之不明，经籍之不理，皆家学为之也。今既有科学之成法矣，则此后之学术应直接取材于事物，岂犹有家学为之障乎！敢告为家学者，学所以辨于然否也，既知其非理而仍坚守其家说，则狂妄之流耳；若家说为当理，则虽舍其家派而仍必为不可夺之公言，又何必自缚而不肯观其通也。

是书之辑，意在止无谓之争，舍主奴之见，屏家学之习，使前人之所谓学皆成为学史，自今以后不复以学史之问题为及身之问题，而一归于科学。此则余之志也。

这几段文字的意思，我至今还觉得大体不错。因为我有了这一种见解，所以我常常自以为我的观物是很平恕的。

我在那时，虽是要做这种大而无当的整理国学的工作，但我的中心思想却不在此，我只想研究哲学。我所以有这种要求，发端乃在辛亥革命。那时的社会变动得太剧烈了，使我摸不着一个人生的头路。革命的潮流既退，又长日处于袁世凯的暴虐和遗老们的复古的空气之中，数年前蕴积的快感和热望到此只剩了悲哀的回忆，我的精神时时刺促不宁，得不到安慰，只想在哲学中求解决。但我是一个热烈的人，不会向消极方面走而至于信佛求寂灭的，我总想以心理学和社会学为基础而解决人生问题。加以年岁渐长，见事稍多，感到世界上事物的繁杂离奇，酷想明了它们的关系，得到一个简单的纲领，把所见的东西理出一个头绪来：这只有研究哲学是可以办到的。因此，我进大学本科时就选定了哲学系。

我的野心真太高了，要整理国学就想用我一个人的力量去整理清楚，要认识宇宙和人生就想凭了一时的勇气去寻得最高的原理。现在想来，我真成了"夸大狂"了！但在那时何曾有这种觉悟，只觉得我必须把宇宙和人生一起弄明白，把前人未解决的问题由我的手中一起解决，方才可以解除我的馋渴。我挟了吸吞河岳的豪气而向前奔驰，血管也几乎迸裂了。曾于笔记中记道："明知夸父道渴而死，然犹有一杖邓林之力，非蜩蟖莺鸠所知已。"又云："学海虽无涯，苟大其体如龙伯，亦一钓贯六鳌耳。"这样卤莽地奔驰了许久，我认识了宇宙的神秘了，知道最高的原理原是藏在上帝的柜子里，永不会公布给人类瞧的。人之所以为人，本只要发展他的内心的情感，理智不过是要求达到情感的需求时的一种帮助，并没有独立的地位。不幸人类没有求知的力量而有求知的欲望，要勉强做不能做的事情，于是离了情感而言理智。但是这仅是一种妄想而已，仅是聊以自慰而已，实际上何曾真能探得宇宙的神秘。用尽了人类的理智，固然足以知道许多事物的真相，可是知道的只有很浅近的一点，决不是全宇宙。神学家和哲学家傲然对科学家说："你们的眼光是囿于象内的，哪能及得到我们'与造物者游'的洞见理极呢！"话虽说得痛快，但试问他们的识解是从什么地方来的？不是全由于他们的幻想吗？幻想的与造物者游，还不及科学家的凭了实证，以穷年累月之力知道些慊截的真事物。所以我们不做学问则已，如其要做学问，便应当从最小的地方做起。研究的工作仿佛是堆土阜，要高度愈加增先要使得底层的容积愈扩大。固然堆得无论怎样高总不会有扪星摘斗的一天，但是我们要天天去加高一点却是做得到的。想到这里，我的野心又平息了许多。我知道最高的原理是不必白费气力去探求的了，只有一粒一粒地播种，一篑一篑地畚土，把自己看作一个农夫或土工而勤慎将事，才是我的本分的事业。

我有了这一个觉悟，知道过去的哲学的基础是建设于玄想上的，其中虽有许多精美的言论，但实际上只是解颐之语而已，终不成以此为论定。科学的哲学，现在正在发端，也无从预测它的结果。我们要有真实的哲学，只有先从科学做起，大家择取了一小部分的学问而努力；等到各科平均发展之后，自然会有人出来从事于会通的工作而建设新的哲学的。所以我们在现在时候，再不当宣传玄想的哲学，以致阻碍了纯正科学的发展。

那时大学中宋代理学的空气极重。我对于它向来不感兴味，这时略略得了一些心理、伦理的常识之后再去看它，更觉得触处都是误谬。例如他们既说性善情恶，又说性未发情已发，那么，照着他们的话讲，善只在未发，等到发出来时就成了恶了，天下哪里有见诸行事的善呢！又如他们既说喜怒哀乐之情要在已发后求其中，但是又说动而未形曰几，几是适善适恶的分点，已形则有善恶，有善恶就有过不及，不是中，那么，照着他们的话讲，所谓中者又只能在未发中去求了，天下又哪里有得其中的喜怒哀乐之情呢！称他们的心，求至于圣人的一境，必有性而无情，有未发而无已发，养其几而不见其形。如此，非不作一事，如白云观桥洞中趺坐的老道士，未见其可。但若竟如槁木死灰，他们便又可以用了"虚冥流入仙释"的话相诋了。他们要把必不可能之事归之于圣人，见得圣人的可望而不可即；更用迷离惝恍的字句来摇乱学者的眼光，使得他们捉摸不着可走的道路，只以为高妙的境界必不是庸愚之质所可企及：这真是骗人的伎俩了！我对于这种昏乱的思想，可以不神秘而竟神秘的滑头话，因课业的必修而憎恨到了极点，一心想打破它。

即在这个时候，蔡子民先生任了北京大学校长，努力破除学校中的陈腐空气。陈独秀先生办的《新青年杂志》以思想革命为主旨，也渐渐地得到国民的注意。又有黄远庸先生在《东方杂志》上发表《国人之公毒》一文，指斥中国思想界、学术界的病根非常痛切。我的一向隐藏着的傲慢的见解屡屡得到了不期而遇的同调，使我胆壮了不少。以前我虽敢作批评，但不胜传统思想的压迫，心想前人的话或者没有我所见的简单，或者我的观察也确有误谬。即如以前考存古学堂时，给试官批了"斥郑说，谬"四字，我虽在读书时依旧只见到郑玄的谬处，但总想以清代学者治学的精密，而对于他还是如此恭敬，或者他自有可以佩服之点，不过这一点尚不曾给我发见罢了。到这时，大家提倡思想革新，我始有打破旧思想的明了的意识，知道清代学者正因束缚于信古尊闻的旧思想之下，所以他们的学问虽比郑玄好了千百倍，但终究不敢打破他的偶像，以致为他的偶像所牵绊而妨碍了自己的求真的工作。于是我更敢作大胆的批评了。

哲学系中讲《中国哲学史》一课的，第一年是陈伯弢先生（汉章）。他是一个极博洽的学者，供给我们无数材料，使得我们的眼光日益开拓，知道研究一种学问应该参考的书是多至不可计的。他从伏羲讲起；讲了一年，只到得商朝的"洪范"。我虽是早受了《孔子改制考》的暗示，知道这些材料大都是靠不住的，但到底爱敬他的渊博，不忍有所非议。第二年，改请胡适之先生来教。"他是一个美国新回来的留学生，如何能到北京大学里来讲中国的东西？"许多同学都这样怀疑，我也未能免俗。他来了，他不管以前的课业，重编讲义，辟头一章是"中国哲学结胎的时代"，用《诗经》作时代的说明，丢开唐、虞、夏、商，径从周宣王以后讲起。这一改把我们一班人充满着三皇、五帝的脑筋骤然作一个重大的打击，骇得一堂中舌挢而不能下。许多同学都不以为然；只因班中没有激烈分子，还没有闹风潮。我听了几堂，听出一个道理来了，对同学说："他虽没有伯弢先生读书多，但在裁断上是足以自立的。"那时傅孟真先生（斯年）正和我同住在一间屋内，他是最敢放言高论的，从他的言论中常常增加我批评的勇气，我对他说："胡先生讲得的确不差，他有眼光，有胆量，有断制，确是一个有能力的历史家。他的议论处处合于我的理性，都是我想说而不知道怎样说才好的。你虽不是哲学系，何妨去听一听呢？"他去旁听了，也是满意。从此以后，我们对于适之先生非常信服；我的上古史靠不住的观念在读了《改制考》之后又经过这样地一温。但如何可以推翻靠不住的上古史，这个问题在当时绝对没有想到。

很不幸的，就是这一年（民国六年），先妻吴夫人得了肺病；我的心绪不好，也成了极度的神经衰弱，彻夜不眠。明年，我休学回家；不久她就死了。以前我对于学问何等的猛进，但到了这时候，既困于疾病，复伤于悲哀，读书和寻思的工作一时完全停止，坐候着一天一天的昼夜的推移，就是不愿意颓废也只得颓废了。恰巧那时北京大学中搜集歌谣，由刘半农先生（复）主持其事，每天在《北大日刊》上发表一二首。《日刊》天天寄来，我看着很感受趣味，心想这种东西是我幼时很多听得的，但哪里想得到可以形诸笔墨呢。因想，我现在既不能读书，何妨弄弄这些玩意儿，聊以遣日。想得高兴，就从家中的小孩的口中搜集起，渐渐推到别人。很奇怪的，搜集的结果使我知道歌谣和小说戏剧中的故事一样，会得随时随地变化。同是一首歌，两个人唱着便有不同。就是一个人唱的歌，也许有把一首分成大同小异的两首的。有的歌因为形式的改变以至连意义也随着改变了。试举一例：

（一）

忽然想起皱眉头，自叹青春枉少年。

"想前世拆散双飞鸟，断头香点在佛门前。

今世夫妻成何比，细丝白发垂绵绵。

怨爹娘得了花银子；可恨大娘凶似虎。

日间弗有真心话；夜间寂寞到五更天。

推开纱窗只看得凄凉月；拨转头来只看得一盏孤灯陪我眠。

今日大娘到了娘家去，结发偷情此刻间。"

急忙移步进房门，只见老相公盖了红绫被，花花被褥香微微。

还叫三声"老相公！你心中记着奴情意？"

抬起头来点三点："吾终记着你情意"。

拔金钗，掠鬓边，三寸弓鞋脱床边。

"吾是紫藤花盘缠你枯树上；秋海棠斜插在你老人头。

花开花落年年有；陈老之人呒不吾再少年！"

（二）

佳人姐妮锁眉尖，自叹青春枉少年。

"想起前生修不得，断头香点在佛门前，

故此姻缘来作配，派奴奴正身作偏配。

上不怨天来下不怨地，只怨爹娘贪了钱。

可恨大娘多利害，不许冤家一刻见。

□□□□□□□，梦里偷情此刻间。"

抬转身，到床檐：只听丈夫昏昏能，背脊呼呼向里眠。

三寸金莲登拉踏板上颤。

抬转身，到窗前：手托香腮眼看天。

抬头只见清凉月；夜来只怕静房间。

好比那木樨花种在冷坑边，好比那紫藤花盘缠在枯树中；

狮子抛球无着落，□□□□□□□。

这二首都是小老婆怨命的歌，都是从一个地方采集来的；又都以皱眉起，而自叹青春，而推想前生，而埋怨爹娘，而咒诅大娘，而伺得偷情的机会，末尾也都以紫藤花盘缠枯树作比喻：可见是从一首歌词分化的。但中间主要的一段便不同了：上首是老相公承受了她的情意而她登床；下首是丈夫酣睡未醒而她孤身独立，看月自悲。究竟这首歌的原词是得恋呢，还是失恋呢，我们哪里能知道。我们只能从许多类似的字句里知道这两歌是一歌的分化，我们只能从两歌的不同境界里知道这是分化的改变意义。

我为要搜集歌谣，并明了它的意义，自然地把范围扩张得很大：方言、谚语、谜语、唱本、风俗、宗教各种材料都着手搜集起来。我对于民众的东西，除了戏剧之外，向来没有注意过，总以为是极简单的；到了这时，竟愈弄愈觉得里面有复杂的情状，非经过长期的研究不易知道得清楚了。这种的搜集和研究，差不多全是开创的事业，无论哪条路都是新路，使我在寂寞独征之中更激起拓地万里的雄心。

那数年中，适之先生发表的论文很多，在这些论文中他时常给我以研究历史的方法，我都能深挚地了解而承受；并使我发生一种自觉心，知道最合我的性情的学问乃是史学。九年秋间，亚东图书馆新式标点本《水浒》出版，上面有适之先生的长序，我真想不到一部小说中的著作和版本的问题会得这样的复杂，它所本的故事的来历和演变又有这许多的层次的。若不经他的考证，这件故事的变迁状况只在若有若无之间，我们便将因它的模糊而猜想其简单，哪能知道得如此清楚。自从有了这个暗示，我更回想起以前做戏迷时所受的教训，觉得用了这样的方法可以讨究的故事真不知道有多少。例如"蝴蝶梦"，它的来历是《庄子》上的"庄子妻死，鼓盆而歌"；这原是他的旷达，何以后来竟变成了庄子诈死，化了楚王孙去引诱他的妻子的心，以至田氏演出劈棺的恶剧来呢？又如"桑园会"，《列女传》上原说秋胡久宦初归，路上不认识他的妻，献金求合，其妻羞其行，投水而死，何以到了戏剧中就变成了秋胡明知采桑妇是自己的妻，却有意要试她的心而加以调戏，后来他屈膝求恕，她就一笑而团圆呢？这些故事的转变，都有它的层次，绝不是一朝一夕之故。若能像适之先生考《水浒》故事一般，把这些层次寻究了出来，更加以有条不紊的贯穿，看它们是怎样地变化的，岂不是一件最有趣味的工作。同时又想起本年春间适之先生在《建设》上发表的辨论井田的文字，方法正和《水浒》的考证一样，可见研究古史也尽可以应用研究故事的方法。因此，又使我想起以前看戏时所受的教训。薛平贵的历尽了穷困和陷害的艰难，从乞丐而将官，而外国驸马，以至做到皇帝，不是和舜的历尽了顽父嚚母傲弟的艰难，从匹夫而登庸，而尚帝女，以至受了禅让而做皇帝一样吗？匡人围孔子，子路奋戟将与战，孔子止之曰："歌！予和汝"，子路弹琴而歌，孔子和之；曲三终，匡人解甲而罢：这不是诸葛亮"空城计"的先型吗？这些事情，我们用了史实的眼光去看，实是无一处不谬；但若用了故事的眼光看时，便无一处不合了。又如戏中人的好坏是最容易知道的，因为只要看他们的脸子和鼻子就行；然实际上要把自己的亲戚朋友分出好坏来便极困难，因为一个人决不会全好或全坏；只有从古书中分别好人坏人却和看戏一样的容易，因为它是处处从好坏上着眼描写的。它把世界上的人物统分成几种格式，因此只看见人的格式而看不见人的个性。它虽没有开生净丑的脸相，但自有生净丑的类别。戏园中楹联上写的"尧、舜生，汤、武净，五霸、七雄丑末耳"，确是得到了古人言谈中的方式。我们只要用了角色的眼光去看古史中的人物，便可以明白尧、舜们和桀、纣们所以成了两极端的品性，做出两极端的行为的缘故，也就可以领略他们所受的颂誉和诋毁的积累的层次。只因我触了这一个机，所以骤然得到一种新的眼光，对于古史有了特殊的了解。但是那时正在毕业之后，初到母校图书馆服务，很想整理书目，对于此事只是一个空浮的想像而已。

就在这时候，适之先生以积劳得病，病中翻览旧籍，屡次写信给我，讨论书中的问题。十一月中，他来信询问姚际恒的著述。姚际恒这人，我在十年前读《古今伪书考》时就知道，那时并因他辨《孝经》为伪书说得极痛快而立了一册《读孝经日钞》，去搜寻它的伪证。后来草《清代著述考》时，找不到他的传状，他的著述除了一册很简单的《伪书考》之外也见不到别的，所以不曾列入。这时适之先生询问及他，我就在图书馆中翻检了几部书，前后写了两封回信。他看了很高兴，嘱我标点《伪书考》。这一来是顺从我的兴趣，二来也是知道我的生计不宽裕，希望我标点书籍出版，得到一点酬报。《伪书疑书目》本是我已经着手的工作，这件事我当然愿意。标点的事是很容易的，薄薄的一本书费了一二天工夫已可完工。但我觉得这样做去未免太草率了，总该替它加上注解才是。这书篇帙既少，加上注解也算不得困难，大约有了二十天工夫也可竣事了。不料一经着手，便发生了许多问题：有的是查不到，有的虽是查到了，然而根上还有根，不容易追出一个究竟来。到了这时候，一本薄极的书就牵引到无数书上，不但我自己的书不够用，连北京大学图书馆的书也不够用了，我就天天上京师图书馆去。做了一二个月，注解依然没有做成，但古今来造伪和辨伪的人物事迹倒弄得很清楚了，知道在现代以前，学术界上已经断断续续地起了多少次攻击伪书的运动，只因从前人的信古的观念太强，不是置之不理，便是用了强力去压服它，因此若无其事而已。现在我们既知道辨伪的必要，正可接收了他们的遗产，就他们的脚步所终止的地方再走下去。因为这样，我便想把前人的辨伪的成绩算一个总账。我不愿意单单注释《伪书考》了，我发起编辑《辨伪丛刊》。

从伪书引渡到伪史，原很顺利。有许多伪史是用伪书作基础的，如《帝王世纪》、《通鉴外纪》、《路史》、《绎史》所录；有许多伪书是用伪史作基础的，如《伪古文尚书》、《古三坟书》、《今本竹书纪年》等。中国的历史，普通都知道有五千年（依了纬书所说已有二百二十七万六千年了），但把伪史和依据了伪书而成立的伪史除去，实在只有二千余年，只算得打了一个"对折"！想到这里，不由得不激起了我的推翻伪史的壮志。起先仅想推翻伪书中的伪史，到这时连真书中的伪史也要推翻了。自从读了《孔子改制考》的第一篇之后，经过了五六年的酝酿，到这时始有推翻古史的明了的意识和清楚的计画。计画如何？是分了三项事情着手做去。第一，要一件一件地去考伪史中的事实是从哪里起来的，又是怎样地变迁的。第二，要一件一件地去考伪史中的事实，这人怎样说，那人又怎样说，把他们的话条列出来，比较看着，同审官司一样，使得他们的谎话无可逃遁。第三，造伪的人虽彼此说得不同，但终有他们共同遵守的方式，正如戏中的故事虽各各不同，但戏的规律却是一致的，我们也可以寻出他们的造伪的义例来。我为要做这三项工作，所以立了三册笔记簿，标题《伪史源》、《伪史对鞫》、《伪史例》，总题为伪史考，下手搜集材料。

我的推翻古史的动机固是受了《孔子改制考》的明白指出上古茫昧无稽的启发，到这时而更倾心于长素先生的卓识，但我对于今文家的态度总不能佩服。我觉得他们拿辨伪做手段，把改制做目的，是为运用政策而非研究学问。他们的政策，是：第一步先推翻了上古，然后第二步说孔子托古作《六经》以改制，更进而为第三步把自己的改制引援孔子为先例。因为他们的目的只在运用政策作自己的方便，所以虽是极鄙陋的谶纬也要假借了做自己的武器而不能丢去。因为他们把政策与学问混而为一，所以在学问上也就肯轻易地屈抑自己的理性于怪妄之说的下面。例如夏穗卿先生（曾佑）在《中国历史教科书》的正文中说："孔子母徵在，游于大泽之陂，梦黑帝使请己，己往，梦交，语曰：'汝乳必于空桑之中'；觉则若感，生丘于空桑之中，故曰玄圣。"注中说明道："案此文学者毋以为怪，因古人谓受天命之神圣人必为上帝之所生，孔子虽不有天下，然实受天命，比于文王，故亦以王者之瑞归之；虽其事之信否不烦言而喻，然古义实如此，改之则《六经》之说不可通矣；凡解经者必兼纬，非纬则无以明经，此汉学所以胜于宋学也。"他明知道"其事之信否不烦言而喻"，但为要顺从汉人之说解释《六经》，便不得不依了纬书中的怪诞之说，这真是自欺欺人了！这班自欺欺人的人，说来也可怜。他们并不是不要明白古代的事实，只为汉学是如此说的，所以宁取其不信者。他们并不是没有常识，只为汉学是如此说的，所以虽是应怪而终于不敢怪。究竟汉学为什么有这样大的权力，可以改变古代的事实而屈抑今人的理性？这个答案当然没有第二句话：是为有了几个没出息的人甘心屈抑了自己的理性而做汉人的奴隶，更想从做奴隶中得到些利益的缘故。我们惭愧没有这种受欺的度量，但我们也很欣快没有这种奴隶的根性；我们正有我们自己的工作在，我们的手段与目的是一致的！

那时，我排列过几个表。一个是依了从前人的方法编排史目，看书上说的什么时代就放在什么时代，例如置《三五历年记》、《春秋命历序》于太古，置《尧典》、《舜典》、《皋陶谟》于唐、虞，置《逸周书》、《穆天子传》于西周。一个是依了我们现在的眼光编排史目，看它们在什么时代起来的就放在什么时代，例如置《虞夏书》于东周，置《易传》、《竹书纪年》、《胠箧篇》于战国、秦、汉间，置《命历序》、《五帝德》于汉，置《帝王世纪》、《伪古文尚书》于晋，置《路史》、《三坟》于南宋。这两个表实在是平平无奇，但比较看时，便立刻显出冲突的剧烈和渐次增高的可惊了。这使我明白，以前人看古史是平面的，无论在哪个时候发生的故事，他们总一例的看待，所以会得愈积愈多；现在我们看古史是垂线的，起初一条线，后来分成几条，更后又分成若干条，高低错落，累累如贯珠垂旒，只要细心看去就分得出清楚的层次。因为我见到了这一层，所以我对于古史的来源有了较清楚的认识。

那时又起了一个问题：上古史既茫昧无征，这些相传的四千或五千的年数是从什么地方出来的呢？光复时，不是大街小巷中都张贴着"黄帝纪元四千六百零九年"的告示吗，这个历历可数的年岁是依据的什么书？我很想考出它的来历，可惜这方面的工作至今没有做完，不能把结果发表。就钞出来的看，例如夏代的年数，最长的是《路史》，凡四百九十年；最短的是《今本竹书纪年》，只有三百六十五年多（内有未详的数年）；最普通的是《古今纪要》，为四百三十九年。其余四百七十一年，四百四十一年，四百三十二年的都有。各个编纂古史的人的闭着眼睛的杜造，到此完全证实。

崔述的《东壁遗书》整理古代史实，刊落百家谬妄，这是我以前读《先正事略》时知道的，但这部书却没有见过。十年一月中，适之先生买到了，送给我看。我读了大痛快。尤其使我惊诧的，是他在《提要》中引的"打碎沙锅纹到底"一句谚语。"你又要'打碎乌盆问到底'了！"这是我的祖母常常用来禁止我发言的一句话；想不到这种"过细而问多"的毛病，我竟与崔先生同样地犯着。我弄了几时辨伪的工作，很有许多是自以为创获的，但他的书里已经辨证得明明白白了，我真想不到有这样一部规模弘大而议论精锐的辨伪的大著作已先我而存在！我高兴极了，立志把它标点印行。可是我们对于崔述，见了他的伟大，同时也见到他的缺陷。他信仰经书和孔、孟的气味都嫌太重，糅杂了许多先入为主的成见。这也难怪他，他生长在理学的家庭里，他的著书的目的在于驱除妨碍圣道的东西，辨伪也只是他的手段。但我们现在要比他进一步，推翻他的目的，作彻底的整理，是不很难的；所难的只在许多制度名物及细碎的事迹的研究上。在这上面，他已经给与我们许多精详的考证了，我们对于他应该是怎样地感谢呢！

即在十年初春，我的祖母骤然病了偏中，饮食扶掖一切需人。我是她的最爱的孙儿，使我不忍远离，但北京的学问环境也使我割舍不得；这一年中南北道途往返了六七回，每回都携带了许多书，生活不安定极了。但除了继续点读辨伪的书籍之外，也做了两件专门的工作：其一，是讨论《红楼梦》的本子问题和搜集曹雪芹的家庭事实；其二，是辑录《诗辨妄》连带研究《诗经》和郑樵的事实。《红楼梦》问题是适之先生引起的。十年三月中，北京国立学校为了索薪罢课，他即在此时草成《红楼梦考证》，我最先得读。《红楼梦》这部书虽是近代的作品，只因读者不明悉曹家的事实，兼以书中描写得太侈丽了，常有过分的揣测，仿佛这书真是叙述帝王家的秘闻似的。但也因各说各的，考索出来的本事终至互相牴牾。适之先生第一个从曹家的事实上断定这书是作者的自述，使人把秘奇的观念变成了平凡；又从版本上考定这书是未完之作而经后人补缀的，使人把向来看作一贯的东西忽地打成了两橛。我读完之后，又深切地领受研究历史的方法。他感到搜集的史实的不足，嘱我补充一点。那时正在无期的罢课之中，我便天天上京师图书馆，从各种志书及清初人诗文集里寻觅曹家的故实。果然，从我的设计之下检得了许多材料。把这许多材料联贯起来，曹家的情形更清楚了。我的同学俞平伯先生正在京闲着，他也感染了这个风气，精心研读《红楼梦》。我归家后，他们不断的来信讨论，我也相与应和，或者彼此驳辨。这件事弄了半年多，成就了适之先生的《红楼梦考证改定稿》和平伯的《红楼梦辨》。我从他们和我往来的信札里，深感到研究学问的乐趣。我从曹家的故实和《红楼梦》的本子里，又深感到史实与传说的变迁情状的复杂。《诗辨妄》本是预备放在《辨伪丛刊》里的，最早从周孚《非诗辨妄》里见到他所引的碎语，就惊讶郑樵立论的勇敢；后来又从《图书集成》内搜到一卷。但两种书中的话冲突的很多，《集成》中的几篇有许多议论竟成了"《诗》护妄"，使我很疑惑。后来才知道《集成》中标为《诗辨妄》的原即《六经奥论》里的《诗经》一部分，《奥论》这书就是靠不住的。再用各书中记述的郑樵事实与《宋史·郑樵传》合看，《宋史》中的话便几乎没有一句可信。这种向不会发生问题的事情，经过一番审查之后，竟随处发生了问题（《红楼梦》的本子和《随园诗话》所记曹雪芹事也是如此），这不得不使我骇诧了。想我幼年时，看着书中的话，虽也常常引起怀疑，但总以为这是经过前代学者论定的，当不致有大错，常说考证之业到清儒而极，他们已经考证清楚了，我们正可坐享其成，从此前进探求事理之极则，不必再走他们的老路了。后来怀疑了古书古史，也只以为惟有古书古史是充满着靠不住的成分的。哪知这年做了几个小题目的研究，竟发见近代的史籍，近人的传记也莫不是和古书古史一样的糊涂；再看清代人的考证时，才知道他们只是做了一个考证的开头！从此以后，我对于无论哪种高文典册，一例地看它们的基础建筑在沙滩上，里面的漏洞和朽柱不知道有多少，只要我们何时去研究它就可以在何时发生问题，把它攻倒。学海无涯，到这时更望洋兴叹了！

因为辑集《诗辨妄》，所以翻读宋以后人的经解很多，对于汉儒的坏处也见到了不少。接着又点读汉儒的《诗》说和《诗经》的本文。到了这个时候再读汉儒的《诗》说，自然触处感到他们的误谬，我更敢作大胆的批抹了。到了这个时候再读《诗经》的本文，我也敢用了数年来在歌谣中得到的见解作比较的研究了。我真大胆，我要把汉学和宋学一起推翻，赤裸裸地看出它的真相来。这半年中所得的新见解甚多，今试举分化的两例，作为上面征引的小老婆怨命之歌的印证。《邶风》中的《谷风》，是向来说为"夫妇失道"的；《小雅》中的《谷风》，是向来说为"朋友道绝"的。其实，这两首在起兴上都是说"习习谷风"，在写情上都是说在穷苦的时候如何相依（《小雅》"将恐将惧，惟予与女"，《邶风》"昔育恐育鞫，及尔颠覆"），安乐的时候如何见弃（《小雅》"将安将乐，女转弃予"，《邶风》"既生既育，比予于毒"），末了又都以人我的命运终于类同作慨叹的自慰（《小雅》"无草不死，无木不萎"，《邶风》"我躬不阅，遑恤我后"），遣词命意十分相同，当亦由于一首的分化。《邶风》的《谷风》既为弃妇之词，《小雅》的一篇就不会写的是朋友（《小雅》诗中有"寘予于怀"之语，更不是朋友的行径）。至于所以一在《邶风》，一在《小雅》之故，乃是由于声调的不同而分列，正如《玉堂春》的歌曲，京腔中既有，秦腔中也有，大鼓书中也有。《诗经》既是集合各种乐调的歌词而成，它有这种现象绝不足奇。又如《小雅》的《白驹》和《周颂》的《有客》，都是说客人骑了一匹白马来（《小雅》"皎皎白驹，食我场苗"，《周颂》"有客有客，亦白其马"），主人替他系上，留他住下（《小雅》"絷之维之，以永今朝；所谓伊人，于焉逍遥"，《周颂》"有客宿宿，有客信信，言授之絷，以絷其马"），他不肯住，逃走了（《小雅》"勉尔遁思"，"毋金玉尔音而有遐心"，《周颂》"薄言追之"），主人去追他，唤他道："您回来，我们有给您的好处呢！"（《小雅》"皎皎白驹，贲然来思；尔公尔侯，逸豫无期"，《周颂》"薄言追之，左右绥之；既有淫威，降福孔夷"）这明明都是留客的诗，或是宴客而表示好意的诗。《小雅》说"尔公尔侯"，《周颂》说"既有淫威"，当是周天子款待诸侯的诗。此等诗或是由于一首的分化，或是由于习用留客的照例话，都未可知。其所以一在《小雅》，一在《周颂》，亦因声调不同之故。但说《诗》的人总给诗篇的地位缚死了：他们认定《小雅》的后半部为刺诗，所以说《白驹》是刺宣王的不能用贤；他们认定《周颂》为宗庙中所用的诗，而宗庙中的客人只有胜国的诸侯，所以说《有客》是微子来见祖庙。这真是闭着眼睛的胡说！但这些东西若没有歌谣和乐曲作比较时，便很不易看出它们的实际来，很容易给善作曲解的儒者瞒过了。

玄同先生，我虽在《新青年》上久读他的文字，又同处在一校，可是没有认识；自与适之先生计画《辨伪丛刊》之后，始因他的表示赞同而相见面。在九年冬间,我初作辨伪工作的时候,原是专注目于伪史和伪书上;玄同先生却屡屡说起经书的本身和注解中有许多应辨的地方,使我感到经部方面也有可以扩充的境界。但我虽读过几部经书,也略略知道些经学的历史,并且痛恨经师的曲解已历多年,只因从来没有把经书专心研究过一种,所以对于他所说的话终有些隔膜。到这时,在《诗经》上用力了半年多,灼然知道从前人所作的经解真是昏乱割裂到了万分,在现在时候决不能再让这班经学上的偶像占据着地位和威权,因此,我立志要澄清谬妄的经说。数年来,对于《诗经》的注解方面作了几篇批评,对于《诗经》的真相方面也提出了几个原则。现在都编集在本书第二册里。

我本来专在母校图书馆任编目之职;十年春间,校中设立研究所国学门,幼渔、兼士二先生招我兼任助教;秋间又兼任大学预科国文讲师。在学问兴趣极浓厚的时候,我怎能再为他人分去时间。勉强上了几堂,改了几本卷子,头便像刀劈一样的痛。我耐不住了,只得辞职。惟有研究所却是很有兴味的:四壁排满了书架,看书比图书馆还要方便些;校中旧存的古物和新集的歌谣也都汇集到一处来了。我这也弄弄,那也翻翻,不觉夜色已深,在黑暗的巨厦中往往扶墙摸壁而出。人家说我办公认真,哪知我只是为了自己!在这翻弄之中,最得到益处的是罗叔蕴先生(振玉)和王静安先生(国维)的著述。叔蕴先生在日本编印的图谱,静安先生在广仓学窘发表的篇章,为了价钱的昂贵,传布的寡少,我都没有见过。到这时,研究所中备齐了他们的著述的全分,我始见到商代的甲骨文字和他们的考释,我始见到这二十年中新发见的北邙明器、敦煌佚籍、新疆木简的图像,我始知道他们对于古史已在实物上作过种种的研究。我的眼界从此又得一广,更明白自己知识的浅陋。我知道要建设真实的古史,只有从实物上着手的一条路是大路,我的现在的研究仅仅在破坏伪古史的系统上面致力罢了。我很愿意向这一方面做些工作,使得破坏之后得有新建设,同时也可以用了建设的材料做破坏的工具。我读了他们的书,固然不满意于他们的不能大胆辨伪,以致真史中杂有伪史(例如静安先生《殷周制度论》据了《帝系姓》的话而说"尧、舜之禅天下以舜、禹之功,然舜、禹皆颛顼后,本可以有天下;汤、武之代夏、商固以其功与德,然汤、武皆帝喾后,亦本可以有天下",全本于秦、汉间的伪史),但我原谅他们比我长了二三十年,受这一点传统学说的包围是不应苛责的;至于他们的求真的精神,客观的态度，丰富的材料，博洽的论辨，这是以前的史学家所梦想不到的，他们正为我们开出一条研究的大路，我们只应对于他们表示尊敬和感谢。只恨我的学问的根柢打得太差了，考古学的素养也太缺乏了，我怎能把他们的研究的结果都亲切地承受了呢！从此以后，我的心头永远顿着一笔债，觉得在考古学方面必须好好读几部书。但境遇的困厄，使得我只有摩挲了这些图籍而惆怅而已！

我的祖母的病态渐渐地沉重，我再不能留在北京了，便于十一年春间乞假归家，作久居之计。生计方面，由适之先生的介绍，为商务印书馆编纂《中学本国史教科书》，预支些酬金。我的根性是不能为他人做事的，所以就是编纂教科书也要使得它成为一家著述。我想了许多法子，要把这部教科书做成一部活的历史，使得读书的人确能认识全部历史的整个的活动，得到真实的历史观念和研究兴味。上古史方面怎样办呢？三皇、五帝的系统，当然是推翻的了。考古学上的中国上古史，现在刚才动头，远不能得到一个简单的结论。思索了好久，以为只有把《诗》、《书》和《论语》中的上古史传说整理出来，草成一篇《最早的上古史的传说》为宜。我便把这三部书中的古史观念比较看着，忽然发见了一个大疑窦——尧、舜、禹的地位的问题！《尧典》和《皋陶谟》我是向来不信的，但我总以为是春秋时的东西；哪知和《论语》中的古史观念一比较之下，竟觉得还在《论语》之后。我就将这三部书中说到禹的语句钞录出来，寻绎古代对于禹的观念，知道可以分作四层：最早的是《商颂·长发》的"禹敷下土方……帝立子生商"，把他看作一个开天辟地的神；其次是《鲁颂·閟宫》的"后稷……奄有下土，缵禹之绪"，把他看作一个最早的人王；其次是《论语》上的"禹、稷躬稼"和"禹……尽力乎沟洫"，把他看作一个耕稼的人王；最后乃为《尧典》的"禹拜稽首，让于稷、契"，把后生的人和缵绪的人都改成了他的同寅。尧、舜的事迹也是照了这个次序：《诗经》和《尚书》（除首数篇）中全没有说到尧、舜，似乎不曾知道有他们似的；《论语》中有他们了，但还没有清楚的事实；到《尧典》中，他们的德行政事才灿然大备了。因为得到了这一个指示，所以在我的意想中觉得禹是西周时就有的，尧、舜是到春秋末年才起来的。越是起得后，越是排在前面。等到有了伏羲、神农之后，尧、舜又成了晚辈，更不必说禹了。我就建立了一个假设：古史是层累地造成的，发生的次序和排列的系统恰是一个反背。

我立了这个假设而尚未作文的时候，我的祖母去世了。心中既极悲痛，办理丧事又甚烦忙，逼发了失眠的旧病，把半年的光阴白白地丢掉。编辑教科书的限期已迫，成稿却没有多少，不得已去函辞职。承馆中史地部主任朱经农先生的盛情，邀我到馆任职，许由同事人帮助编纂。年底到沪后，和旧友王伯祥先生（钟麒）同居；他也是喜欢历史的，谈论间常常说到古史，颇有商榷之乐。馆课每日六小时，在沪杂务亦少，又获得些余闲，我便温了几遍《尚书》，把里面关于古史的话摘出比较，由此知道西周人的古史观念实在只是神道观念，这种神道观念和后出的《尧典》等篇的人治观念是迥不相同的。又知道那时所说的"帝"都指上帝，《吕刑》中的"皇帝"即是"上帝"的互文；《尧典》等篇以"帝"为活人的阶位之称，是一个最显明的漏洞。又如"苗"，《尚书》中说到他们的共有七处，可以分作三个时期。第一个时期是《吕刑》，它说蚩尤作乱之后，这个坏品性传染给平民，弄得苗民成了残忍的民族，动不动就要杀人；被杀的人到上帝前控告，上帝哀怜他们的冤枉，就降下他的威灵，把苗民绝灭了。在这一时期之中，苗的结果是何等的不幸。第二时期是《尧典》的"窜三苗于三危"和"分北三苗"，《皋陶谟》的"何迁乎有苗"和"苗顽弗即工"，《禹贡》的"三危既宅，三苗丕叙"，说舜时三苗顽强不服，舜把他们搬到三危，分开住着，他们也就很安定了。在这时期中，他们虽失掉了居住的自由，还无妨于生活，这个刑罚就轻松得多。第三时期是《伪古文》的《大禹谟》，说有苗昏迷不恭，以致民怨天怒，舜令禹往征，打了一个月还不服；益劝禹修德感之，禹听了他就班师回去；舜于是大布德教，两阶上舞着干羽；过了七十天，有苗就自来降服了。在这个时期中，舜和苗两方面都是极美满的，没有一些儿火辣气了。这种变迁，很可以看出古人的政治观念：在做《吕刑》的时候，他们决想不到有这样精微的德化，在做《大禹谟》的时候，他们也忘却了那个威灵显赫的上帝了。这种政治观念的变迁，就是政治现象从神权移到人治的进步。拿了这个变迁的例来看古史的结构的层次，便可以得到一个亲切的理解。我们何以感到一班圣君贤相竟会好到这般地步？只为现在承认的古史，在它凝结的时候恰是德化观念最有力的当儿。我们若把这凝结的一层打破时，下面的样子就决不是如此的了。

十二年二月中，玄同先生给我一封长信，论经部的辨伪。我和他已经一年不相通问了，忽然接读这一封痛快淋漓的长信，很使我精神上得着一种兴奋。我就抽出一个星期日的整天工夫，写了一通覆书，除讲《诗经》的工作之外，又把一年来所积的古史见解写出了一个大概。想不到这一个概要就成了后来种种讨论的骨干！四月中，适之先生到上海来，他编辑的《读书杂志》需要稿件，嘱我赶作一文。我想我答玄同先生的信已经寄了两个月，还没有得到回音，不知道他对于我的意见究竟作何批评，很想借此逼上一逼，就把讨论古史的一段文字钞出寄去。这文在《杂志》第九期中发表之后，果然第十期上就有他的很长的回答：他赞同我的对于古史的意见，更把《六经》的真相和孔子与《六经》的关系说了许多从来未有的实话。

十二年春夏间是我的身体最坏的时候。因为我久居北方，受不住上海的潮湿的空气，生了一身湿疮，痛痒交作，脓血沾濡。兼以服务的地方即在工厂里面，邻近也都是工厂，这充满着烟煤的空气使得我精神疲倦，食量减少，又患咳嗽，几乎成了肺病。假使我没有学问上的安慰，我真要颓废了。于是我请了长假，回家养了四个多月的病。在这四个多月之中，我对于我的生活真是见情到了万分。庭中的绿草，园中的小树，花坛上的杂花，都成了有情的伴侣。妻女们的相亲相依，使我触处感到家庭的温存的乐趣。向来厌恶为闭塞的苏州，这时也变作了清静安逸的福地了。我在家读书，轻易不出门；别人知道我有病，也不来勉强我做什么事。我安闲地读了好些书，写了好些笔记。本来我对于学问虽是深嗜笃好，但因所好太多，看书太纷乱，精神容易旁逸斜出，所以笔记上什么东西都有得记录。到了这时候，我的笔记几乎成了"古史清一色"了。这个问题，自从与玄同先生信中把数年来的庞杂的见解汇聚了一下，成了一个系统，我就再从这个系统上生出若干题目，依了这些题目着手搜集材料。向时所要求而未得实现的"由博返约"、"执简御繁"的境界到这时竟实现了，有了一种新的眼光再去看书时就满目是新材料了：我真是想不尽的喜乐，把身上的疾苦一起丢向九霄云外去了！

自从《读书杂志》上发表了我和玄同先生两篇文字之后，刘楚贤、胡堇人二先生就来书痛驳。我很高兴地收受；我觉得这是给与我修正自己思想和增进自己学问的一个好机会，只当作好意的商榷而不当以盛气相胜的。因为在家养病，所以容我徐徐草答。可惜文字未完，四个月的生计负担已压迫我回复馆职了，一篇答覆的长文只作成了一半。

我是一个生性倔强的人，只能做自己愿意做的事情而不能听从任何人的指挥的。商务印书馆中固然待我并不苛刻，但我总觉得一天的主要的时间为馆务牺牲掉了未免可惜。我不是教育家，便不应编教科书；馆中未尝许我作专门的研究，又如何教我作无本的著述：精神上既有这般苦痛，所以在这年的冬间又辞了出来，回复北京大学研究所的职务。在研究所中，虽是还不能让我称心适意地把所有的时间给我自己支配，但比较了他种职务，我可以自己支配的时间实在是多一点了。过去的二年里头，我的惟一的大工作是标点《东壁遗书》。因为它牵涉的古书太多，古书的解诂有许多地方是极难捉摸的，所以费去了我的很多的时间。

我自民国六年先妻得疾，中经先妻的丧，自身的续娶，祖母的病，祖母的殁，自身的职业的变更，居住地的迁移，到十三年接眷到京，这七年中的生活完全脱去了轨道：精神的安定既不可求，影响到身体上就起了种种病症。他种病症虽痛苦，尚是一时的，只有失眠症无法治愈，深夜的煎熬竟成了家常便饭！因此面目尫瘠，二十余岁时见者即疑为四十岁人。我一意的奋斗，一意的忍耐，到这时刚才勉强回复到轨道上。我所以一定要到北京的缘故，只因北京的学问空气较为浓厚，旧书和古物荟萃于此，要研究中国历史上的问题这确是最适宜的居住地；并且各方面的专家惟有在北京还能找到，要质疑请益也是方便。我自己有书二万册，以前分散在京、苏两处；后来到了上海，又分做三处。无论住什么地方，为了一个问题要去参考时，往往是觅一个空。自己有书而不能用，这是何等的烦闷！加以数年中每上行程，书籍总占了行李的大部分，不知道整理了多少次，费去了多少精神，花去了多少运费。这把我磨折得苦极了！自从十二年冬间到京，下了决心，一起搬走。又以寓舍未定，迁移了几回；每搬动一回便作上十数天的整理，弄得口苦舌干，筋骨疼痛。我真劳倦了，急要得到一个安心立命的境界，从事于按日程功的专门的工作。妻女既北来，寓中事有人主持，不再纷心杂务，精神上亦得有安慰，这两年中，失眠渐渐地成为例外，夜中也稍稍可以工作了。只是熟人日众，人事日繁，大家以为我是能做些文章的，纷纷以作文见嘱。固然有许多是随我自己选择题目的，尽不妨把胸中积着的问题借来作些研究，但现烧热卖的东西终究挣不得较高的价值，而且此去彼来，勒迫限期，连很小的问题也不能从容预备，更哪里说得到大问题的讨论。因为这样，所以前年养病时遗下的半篇文债至今还没有动手清偿。这种牵掣的生活，我想到时就怨恨。

二年以来，我对于古史研究的进行可以分了三方面作叙述。

其一，是考古学方面。十二年秋间，我到北京来，地质调查所的陈列室已经开放；我进去参观，始见石器时代的遗物，使我知道古代的玉器和铜器原是由石器时代的东西演化而成的：圭和璋就是石刀的变相，璧和瑗就是石环的变相，铜鼎和铜鬲也就是陶鼎和陶鬲的变相。那时河南仰韶村新石器时代的遗物发现不久，灿然陈列，更使我对于周代以前的中国文化作了许多冥想。

就在这年八月，河南新郑县发现大批古物，江苏教育厅委托我和陈万里先生前往调查。我们在开封见到出土古物的全份。器物的丰富，雕镂的精工，使我看了十分惊诧，心想掘到一个古墓就有这许多，若能再发见若干，从器物的铭文里漏出古代的事迹，从器物的图画里漏出古人的想像，在古史的研究上真不知道可以获得多少的神益。我们又顺道游洛阳，到魏故城（通称金墉城）中，随便用脚踢着，就可以拾得古代的瓦当。心想自周代建了东都以后，累代宅京于此，如果能作大规模的发掘，当可分出清楚的层次，发见整批的古物。去年，万里游敦煌归来，说起陕西、甘肃一带有许多整个埋在地下的古城，正待我们去发掘，使我更为神往。

近数年来，国立学校经费愈窘；研究所中考古学会在十分困难里勉强进行，时有创获，孟津出土的车饰数百种尤为巨观。我虽没有余力加入研究，但向往之情是极热烈的，倘使在五六年前见了，我一定要沉溺在里边了。现在既深感研究学问的困难，又甚悲人生寿命的短促，知道自己在研究古史上原有专门的一小部分工作——辨伪史——可做，不该把范围屡屡放宽，以致一无所成。至于许多实物，自当有人作全力的研究，我只希望从他们的研究的结果里得到些常识而已。在研究古代实物的人，我也希望他们肯涉猎到辨伪方面。例如章演群先生（鸿钊）所著的《石雅》，不愧为近年的一部大著作，但里边对于伪书伪史不加别择，实是一个大缺点。他据了《拾遗记》的"神农采峻镀之铜以为器"，《史记》的"黄帝采首山铜铸鼎"，说中国在神农、黄帝时已入铜器时代；又据了《禹贡》的"厥贡璆铁银镂"，《山海经》的"禹曰，出铁之山三千六百九十"，说三代之初已知用铁。这种见解，很能妨碍真确的史实的领受。若能知道神农、黄帝不过是想像中的人物，《禹贡》和《山海经》都是战国时的著作，那么，在实证上就可以剔出许多伪妄的证据，不使它迷乱了真确的史实的地位了。

其二，是辨证伪古史方面。这二年中，除了承受崔述的辨证以外，这方面的工作做得很少。就发表的说，曾经考了商王纣和宋王偃的故事，略见积毁之下的恶人模样和诋毁恶人的方式；又用了白话翻译了几篇《尚书》，使人把商、周间的圣君贤相的真面目瞧一下，知道后世儒者想像中的古圣贤原不是那一回事。没有发表的，就笔记上归并起来，有以下许多题目：

春秋、战国时的神祇和宗教活动（如郊祀、祈望、封禅等）。

古代的智识阶级（如巫、史、士大夫）的实况。

秦、汉以后的智识阶级的古史（承认的古代传说）和非智识阶级的古史（民间自由发展的传说）。

春秋、战国间的人才（如圣贤、游侠、说客、儒生等）和因了这班人才而生出来的古史。

春秋、战国、秦、汉间的中心问题（如王霸、帝王、五行、德化等）和因了这种中心问题而生出来的古史。

春秋、战国、秦、汉间的制度（如尊号、官名、正朔、服色、宗法、阶级等）和因了这种制度而生出来的古史。

春秋时各民族的祖先的传说和战国以后归并为一系的记载。

春秋、战国、秦、汉人想像中的太古（如开辟、洪水及各种神话）。

战国、秦、汉时开拓的疆土和想像的地域（如昆仑、弱水及《山海经》所记）。

战国、秦、汉人造伪的供状。

汉代人为了"整齐故事"而造出的古史。

春秋、战国时的书籍（著作、典藏、传布、格式等）。

汉初的经书和经师。

《尚书》各篇的著作时代和著作背景。

孔子何以成为圣人和何以不成为神人。

古史中人物的张扬的等次。

古史与故事的比较。

以上许多题目，有的是已经聚集了许多材料，有的还不过刚立起几条假设。如果让我从容地做去，想来平均每个题目经过半年的研究总可以得到一些结果。我对于这项研究有一个清楚的自觉，就是：我们要辨明伪古史必须先认识真古史。我的目的既在辨论东周、秦、汉间发生的伪史，所以对于东周、秦、汉间的时势、思想、制度、史迹等等急要研究出一个真相来。前年作的《研究古史的计画》要在这六年中细读《左

传》、《史记》、两《汉书》等，就为了这个原因。但是很可悲的，荏苒
两载，《左传》还没有好好地点读过一页，虽则为了作文的参考每星期
总要翻上几回。这种不切实的读书，我一想着便心痛！我很知道，以前
开首发表主张的时候尽不妨大刀阔斧，作粗疏的裁断；但一层一层地逼
进去时，便不得不作细针密缕的工作，写一个字也应该想几遍了。为我
自己的学问计，为对于学问界作真实的供献计，最好暂时只读书，不作
文；等到将来读出了结果之后，再"水到渠成"般写出来。但这个境界
哪里许我踏到呢，社会上正要把我使用得筋疲力尽咧！

　　前年作的《计画》，大致的意思，是一方面增进常识，一方面从事
研究。在研究上，要先弄明白了古代的史实，然后再考各种书籍的时代
和地域，考明之后便在里面抽出那时那地的传说中的古史，加以系统的
整理；更研究了考古学去审定实物，研究了民俗学去认识传说中的古史
的意义。这确是一条最切实的道路，必须把这条道路按部就班地走完了
之后，始可把我的研究古史的责任脱卸。但我一来感于境遇的不如意，
觉得以有涯之生长日飘荡于牵掣的生活中，希望作严守秩序的研究终是
做不到的事情，二来又是感于学问领域的广漠和个人力量的渺小，知道
要由我一个人把一种学问作全部的整理是无望的，所以不由得不把当时
的野心一步一步地收缩了下来。去年春间答李玄伯先生时，说自己愿意
担任的工作有两项：一是用故事的眼光解释古史的构成的原因，二是把
古今的神话与传说作为系统的叙述。这自然是在研究所中多接近民俗学
方面的材料之故，但我收缩范围的苦心亦已可见。在以上所列的题目
中，如神祇、神话、巫史、宗教活动，非智识阶级的古史，故事与古史
的比较等题，都是进行这方面的研究的。所苦的，研究学问不能孤立，
如果得不到研究他种学问的人的帮助，自己着手的一部分必然研究不
好。在现在这般的民穷兵乱的国家之中，许多有希望的人都逼向浅薄浮
嚣中讨生活，研究学问的事又如何提倡得起来。我虽在这困苦的境界中
竭尽挣扎之力，也不过发出数声孤寂的呻吟，留几滴眼泪在昏黄大漠中
而已！所以我即使把研究的范围损之又损，损到只研究一个问题，也怕
未必能达到我的愿望。何况我的心中原有无数问题，总想把一种学问研
究得好好的，那么，恐怕我的一生只有在愤悱怅惘之中度尽了！

　　这二年中，继续搜得的材料颇发见我前半文中的讹误，但也颇增加
我前半文中的证据。试举禹为社神的一例。我前因《尚书·吕刑》说禹
"主名山川"，疑禹是穆王时的山川之神。又因《小雅·甫田》与《大

雅·云汉》皆言祀社,《大、小雅》为宣王前后时诗,疑社祀是西周后期起来的。《鲁语》说"后土能平九土,故祀以为社",禹绩正与之同,疑禹是社神。综合以上三说,下一假设云:"西周中期,禹为山川之神;后来有了社祭,又为社神。"这句话在去年发见了错误了。《召诰》云:

> 越翼日乙卯,周公朝至于洛,则达观于新邑营。越三日丁巳,用牲于郊,牛二。越翼日戊午,乃社于新邑,牛一,羊一,豕一。

如果我不能发见《召诰》在时代上的疑窦,则社祀起于西周后期之说当然由我自己推翻。至禹为社神之说,当时因古书中常以"禹、稷"连称,疑与"社、稷"的连称有关系;又《周语》把共工氏放在伯禹的上面,和《鲁语》把烈山氏放在周弃的上面正同,那么《鲁语》说后土是共工氏之子,后土当即是禹。刘楚贤先生看了,斥为"少见多怪而臆测的牵强附会"。但近来收得的几条新证据则颇足以助成我的主张:

> 今世之祭井、灶、门、户、箕、帚、臼、杵者,非以其神为能飨之也,特赖其德烦苦之无已也。是以时见其德,所以不忘其功也。……故炎帝于火而死为灶,禹劳天下而死为社,后稷作稼穑而死为稷,羿除天下之害而死为宗布。此鬼神之所以立。(《淮南子·氾论训》)

> 自禹兴而修社祀,后稷稼穑故有稷祠,郊社所从来尚矣。(《史记·封禅书》)

> 圣汉兴,礼仪稍定,已有官社,未立官稷;遂于官社后立官稷。以夏禹配食官社;后稷配食官稷。(《汉书·郊祀志》引王莽奏文)

> 汉初,除秦社稷,立汉社稷。其后又立官社,配以夏禹。(《三辅黄图》卷五)

上面所举,前二条明白说禹为社,后二条又说禹配食官社,可见汉代人确以禹为社神。读者不要以为这些话全是后起之说,须知越是配享越见得是先前的正祀。《左传》上不说吗:

> 共工氏有子曰勾龙,为后土……后土为社。……周弃……为稷。(昭二十九年)

可是到了后来就不然了:

> 后魏天兴二年,置太社、太稷……勾龙配社,周弃配稷。(《通

典》卷四十五）

　　仲春仲秋上戊，祀太社、太稷，配以后土勾龙氏、后稷氏，以祈报。（《大清会典》卷五十三）

太社、太稷姓甚名谁，没有人能回答；但以前正任社稷的勾龙和周弃却退而为配享了，这是很显著的。所以如此之故，只因旧说旧祀到没有权威的时候自然大家忘怀了，一个新朝起来，就随顺了民众的新偶像而建立国家的新祀典；可是旧说旧祀在书本上还瞧得见，于是只得屈抑已倒的偶像作为配享。这种"新鬼大而故鬼小"的现象，实亦适用古史系统的成例，是积薪般层累起来的。禹既在汉配社，当然是汉以前的正社神（说不定即是勾龙）。惟其他是社神，所以土地所在就是他的权力所在：南山、梁山是他所甸，丰水是他所注，洪水是他所湮，宋国人说下土是他所敷，秦国人说宅居所在是他的迹，鲁国人说后稷奄有下土是缵他的绪，齐国人说成汤咸有九州是处在他的堵，王朝人说方行天下至于海表都是陟他的迹。

　　刘先生在文中说："纵或祀禹为社，亦是后人尊功报德之举，加之之名，岂为神职？"近日冯芝生先生（友兰）在《大人物之分析》一文中也说："大人物到了最大的时候，一般人把许多与他本无直接关系的事也归附于他，于是此大人物即成一个神秘，成为一串事物的象征。如大禹之于治水，释迦之于佛教等皆是。有人疑释迦之果否有其人；顾颉刚先生疑大禹之果否有其人。我以为此等人诚已变为一串事物的象征，但未可因此即谓其人之不存在。近来中山亦渐成中国革命之象征，但中山之人之存在固吾人之所知也。"（《现代评论》三卷六十七期）类于这样的批评，我听见得很多，大致都以为禹的历史上的地位不当因其神化而便推翻。我觉得他们对于我的态度颇有误解，现在趁此简略地一辨。禹之是否实有其人，我们已无从知道。就现存的最早的材料看，禹确是一个富于神性的人物，他的故事也因各地的崇奉而传布得很远。至于我们现在所以知道他是一个历史上的人物，乃是由于他的神话性的故事经过了一番历史的安排以后的种种记载而来。我们只要把《诗》、《书》和彝器铭辞的话放在一边，把战国诸子和史书的话放在另一边，比较看着，自可明白这些历史性质的故事乃是后起的。所以我说禹由神变人，是顺着传说的次序说的；刘、冯诸先生说禹由人变神，乃是先承认了后起的传说而更把它解释以前的传说的。再有一层，在实际上无论禹是人是神，但在那时人的心目中则他确是一个神性的人物。例如现在民间大都祀关帝和灶神，我们固然知道灶神是纯粹的神，关帝是由人变神的，但在这一班奉祀的人的心目中原没有这个分别。他们只觉得神是全知全能而又具有人格的（玉皇也姓着张呢!）；神如要下凡做人也随着他的意念。因为神人不分，所以神人可以互变。我们知道，关羽、华佗、包拯、张三丰、卜将军是由人变神的。我们又知道，文昌本是北斗旁的星，但到后来变成了晋将蜀人张恶子了；湘君、湘夫人本是湘水的神，但后来也变成了尧的二女了。可见从神变人和从人变神是同样的通行，我们不能取了人的一方面就丢了神的一方面，我们只能就当时人的心目中的观念断说他的地位而已。禹尽可以是一个历史上的人物，但从春秋上溯到西周，就所见的材料而论，他确是一个神性的人物。更古的材料，我们大家见不到，如何可以断说他的究竟。至于春秋以下的材料，我早已说过，他确是人了。

这数年中，又有人批评我，说我所做的文字不过像从前人的翻案文章一样，翻来覆去总是这几句书。这个责备自然是该有的：我的学力既不充足，发表的文字也不曾把见到的理由完全写出，而且没有得到实物上的帮助，要拿出证据确只有书上的几句。但我所以敢于这样做，自有我的坚定的立足点——在客观上真实认识的古史，并不是仅仅要做翻案文章，这是我敢作诚信的自白的。我的惟一的宗旨，是要依据了各时代的时势来解释各时代的传说中的古史。上边写的题目，如疆域、信仰、学派、人才、时代的中心问题……等，都是解决那时候的古史观念的最好的工具。举一个例罢。譬如伯夷，他的人究竟如何，是否孤竹君的儿子，我们已无从知道。但我们知道春秋时人是欢喜讲修养的，人格的陶冶以君子为标的，所以《论语》中讲到他，便说不念旧恶，不肯降志辱身。我们又知道战国时的君相是专讲养士的，士人都是汲汲皇皇地寻求主人而为之用，所以《孟子》上说他听得文王有了势力，就兴起道："盍归乎来，吾闻西伯善养老者！"我们又知道，自秦皇一统之后，君臣之义无所逃于天地之间，忠君的观念大盛，所以《史记》上也就说他叩马谏武王，义不食周粟，饿死于首阳山了。汉以后，向来流动的故事因书籍的普及而凝固了，他的人格才没有因时势的迁流而改变（上面举的《尚书》上的苗，也是这样的一例）。所以我们对于那时的古史应当和现在的故事同等看待，因为这些东西都是在口耳之间流传的。我们在这上，不但可以理出那时人的古史观念，并且可以用了那时人的古史观念去看出它的背景——那时的社会制度和思想潮流。这样的研究有两种用处，一是推翻伪史，二是帮助明了真史。至于我在上面所说的《伪史源》、《伪史例》、《伪史对鞫》三种书如果都能著成，大家自会明白认识我的主张，不致笑为翻案文章了。

总之，我在辨证伪古史上，有很清楚的自觉心，有极坚强的自信力，我的眼底有许多可走的道路，我的心中常悬着许多待解的问题；我深信这一方面如能容我发展，我自能餍人之心而不但胜人之口。至于现在这一点已发表的东西，本来不算什么。画家作画，自有见不得人的"粉本"。"良工不示人以朴"，也是一句可以玩味的古话。我现在在学力未充足时发表这种新创的主张，有许多错误浅薄的地方乃是当然的，只要读者用了粉本的眼光看而不用名画的眼光看，用了朴的眼光看而不用精品的眼光看，就可以看出这本书的实际。至于将来能否使它成为名画和精品，这是全赖于我自己的努力和社会上给与我的帮助，现在是不能预断的。

其三，是民俗学方面。以前我爱听戏，又曾搜集过歌谣，又曾从戏剧和歌谣中得到研究古史的方法，这都已在上面说过了。但我原来单想用了民俗学的材料去印证古史，并不希望即向这一方面着手研究。事有出于意料之外的，十年冬间，我辑集郑樵的《诗》说，在《通志·乐略》中读到他论《琴操》的一段话：

> 《琴操》所言者何尝有是事！琴之始也，有声无辞，但善音之人欲写其幽怀隐思而无所凭依，故取古之人悲忧不遇之事而以命操：或有其人而无其事，或有其事而非其人，或得古人之影响从而滋蔓之。君子之所取者但取其声而已。……又如稗官之流，其理只在唇舌间，而其事亦有记载。虞舜之父，杞梁之妻，于经传所言者不过数十言耳，彼则演成万千言。……

杞梁之妻即孟姜女，孟姜女有送寒衣和哭长城的故事，这是我一向听得的，但没有想到从经传的数十言中会得演成了稗官的万千言。我读了这一段，使我对于她的故事起了一回注意。过了一年多，点读姚际恒的《诗经通论》，在《郑风·有女同车篇》下见到他的一段注释：

> 《序》……谓"孟姜"为文姜。文姜淫乱杀夫，几亡鲁国，何以赞其"德音不忘"乎！……诗人之辞有相同者，如《采唐》曰"美孟姜矣"，岂亦文姜乎！是必当时齐国有长女美而贤，故诗人多以"孟姜"称之耳。

这几句话又给与我一个暗示，就在简端批道："今又有哭长城之孟姜。"经了这一回的提醒，使我知道在未有杞梁之妻的故事时，孟姜一名早已成为美女的通名了。我惊讶其历年的久远，引动了搜辑这件故事的好奇心。事情真奇怪，我一动了这个念头，许多材料便历落地奔赴到我的眼前来。我把这些材料略略整理，很自然地排出了一个变迁的线索。十三年冬间，研究所中歌谣研究会出版的《歌谣周刊》要出歌谣和故事的研究文字的专号，嘱我撰文，我就选定了《孟姜女故事的转变》一题；费了三天工夫，写成一万二千字，一期的《周刊》撑满了，但故事还只叙述到南宋的初叶。我正因事务的忙冗未得续做下去时，许多同志投寄来的唱本、宝卷、小说、传说、戏剧、歌谣、诗文……已接叠而至，使我目迷耳乱，感到世界的大，就是一件故事也不是我一个人的力量所能穷其涯际的，于是我把作成一篇完整文字的勇气打消了。我愿意先把一个一个的小问题作上研究，等到这许多小问题都研究完了时再整理出一篇大论文来（以下本将二年来搜集到的孟姜女故事分时分地开一篇总账，为研究古史方法举一旁证的例，但材料太多了，竭力节缩，终有三万余言。文成，自己觉得仿佛犯了腹蛊之疾，把前后文隔断了；只因费了两星期的工夫所整理，不忍删芟。后来陈通伯先生（源）看了，力劝我删去，我听了他的劝告，便把这一部分独立为一文）。

研究孟姜女故事的结果，使我亲切知道一件故事虽是微小，但一样地随顺了文化中心而迁流，承受了各地的时势和风俗而改变，凭藉了民众的情感和想像而发展。又使我亲切知道，它变成的各种不同的面目，有的是单纯地随着说者的意念的，有的是随着说者的解释故事节目的要求的。更就这件故事的意义上看去，又使我明了它的背景和替它立出主张的各种社会。

上面一段话，没有举出证据，说得太空洞了。现在我试把这件故事比拟传说中的古史。江、浙人说孟姜女生在葫芦、冬瓜或南瓜中，这不像伊尹的生于空桑中吗？广西唱本说范杞郎是火德星转世，死后复归仙班，这不像傅说的"乘东维骑箕尾而比于列星"吗？厦门唱本说孟姜女升天后把秦始皇骂得两脚浮浮，落在东海里做春牛，这不像"尧殛鲧于羽山，其神化为黄熊以入于羽渊，实为夏郊"吗？厦门唱本说范杞郎死后化为凤凰，这也不像女娃溺死而化为精卫（帝女雀）吗？广西唱本说孟姜女寻夫经过饿虎、毒蛇、雨雪诸村，这也不像《山海经》上有食人的窦窳的少咸之山，有攫人的猰貐的崄嵫之山，冬夏有雪的申首之山吗？（用《楚辞》中的《招魂》和《大招》看更像。）读者不要疑惑我专就神话方面说，以为古史中原没有神话的意味，神话乃是小说不经之言；须知现在没有神话意味的古史却是从神话的古史中筛滤出来的。我们试退让一百步，把流行于民众间的孟姜女故事的唱本小说等抛开，只就士人的著述中看这件故事的情状：

> 杞梁之妻……就其夫之尸于城下而哭之。内诚感人，道路过者莫不为之陨涕。十日而城为之崩。（汉刘向《列女传》）

> 良已死，并筑城中。仲姿既知，悲咽而往，向城号哭，其城当面一时崩倒。死人白骨交横，莫知孰是。仲姿乃刺指血以滴白骨，云："若是杞良骨者，血可流入！"……果至良骸，血径流入。（唐人《琱玉集》引《同贤记》）

> 姜女……归三日而范郎赴长城之役；其后赍寒衣至城所，寻问范郎，已埋版筑中矣。女乃绕城哭，城隅为隳。隳所，范郎见像；女即其处求骸……遂负之归。……夫长白其事，主将命追之。女至宜君山同官界所，登山，渴甚，痛哭，地涌甘泉；今其地名曰哭泉。时女倦甚，不能奔，而追将及，忽山峰转移，若无径然；追者乃返。（明马理《姜女诗序》）

以上数则，神话的意味何等丰富。但试看清刘开的《广列女传》：

> 杞植之妻孟姜。植婚三日，即被调至长城；久役而死。姜往哭之，城为之崩。遂负骨归葬而死。

这不但把民间的种种有趣味的传说删去了，就是刘向、马理一班士大夫承认的一小部分神话性的故事也删去了，剩下来的只有一个无关痛痒的轮廓，除了"崩城"——这件故事的中心——之外确是毫没有神话的意味了。更进一步，就是崩城的神话也何尝不可作为非神话的解释，有如王充所云"或时城适自崩，杞梁妻适哭下"（《论衡·感虚篇》）呢。所以若把《广列女传》叙述的看作孟姜的真事实，把唱本、小说、戏本……中所说的看作怪诞不经之谈，固然是去伪存真的一团好意，但在实际上却本末倒置了。我们若能了解这一个意思，就可历历看出传说中的古史的真相，而不至再为学者们编定的古史所迷误。

我很想俟孟姜女故事考明之后，再着手考舜的故事。这一件故事是战国时的最大的故事（战国以前以禹的故事为最大，可惜材料太少，无从详考），许多古史上的故事都以它为中心而联结起来了。后世儒者把其中的神话部分删去，把人事部分保存，就成了极盛的唐、虞之治。这件故事又是古代最有趣味的故事。宋芸子先生（育仁）在《虞初小说序例》上说：

> 帝舜之贤，则行为大孝，德为圣人；帝舜之才，则自耕稼陶渔，所在成都成邑。其初遭遇之厄，则不得于亲，至于捐阶掩井；其后遭遇之隆，则先得于君，至于登庸在位。妃匹之爱，则二妃皆帝女；风云之会，则五臣皆圣贤。成治水之大功；狩苍梧而仙去。实古今中外环球五洲空前绝后所绝无仅有，说部家所穷思极想而万难虚构者，乃于帝之实事得之！

他虽不知道帝舜的故事所以能成为"古今中外环球五洲空前绝后所绝无仅有"的故事原由于"说部家所穷思极想"的"虚构"，但他对于它发生惊怖之情确是不错。这件故事如果能研究明白，一方面必可对于故事的性质更得许多了解，一方面也可以对于伪古史作一个大体的整理。本书第二册中的《虞初小说回目考释》一篇，就是想把它作一回鸟瞰的。

民俗学方面，除了故事以外，这两年中着手的工作又有三事：神道、社会和歌谣。我在《研究古史的计画》中，把民俗学的研究放在最后，希望先辨明了外表，然后再去探求内部的意义。现在我的环境是适于研究民俗学的，我只得先从此入手了。

研究神道的兴趣，是给东岳庙引起的。我游了苏州和北京两处的东岳庙，见到许多不同的神名，知道各地方的神道虽同属于道教之下，但并没有统一。从这种不统一的神道上，可以窥见各地方的民众的信仰。更看道教里受进的佛教的影响，以至佛教自身所受的影响，也可以明白宗教的激荡的势力。例如东岳，本来是齐国的上帝（《汉书·郊祀志》云："八神，或云太公以来作之齐"，又云："天主祀天齐"），只因齐国的文化发达，声望甚高，没有被别国的上帝压倒；汉以后，他的势力依旧存在，掌管生杀之权。自佛教侵入，它自有一个东岳——阎罗王。因为中国人并不抵抗佛教，所以东岳大帝与阎罗王可以并存，死人受着二重的管束。寖假而道教的东岳庙中也雕塑十殿阎罗，把他们压做了岳帝的属吏。但阎罗王也不是印度所固有，乃是受的埃及的影响。阎罗王大约即是尼罗河（Nile）之神乌悉立斯（Osiris）。看"阎罗"与"尼罗"的声音相合，甚为可信。埃及人承认一个人死了之后，须受尼罗河神的裁判，随着生前行事的善恶判定赏罚，坏人就罚变为畜类，愈坏的便变得愈低下，等到罚尽之后再变做人。这些原则到了中国阎罗王法典《玉历钞传》里还没有变。我们如果能搜集许多材料作研究，一定可以得着许多想不到的创见。（一部《道藏》，用实用的眼光看固然十之八九都是荒谬话，但若拿它作研究时，便是一个无尽的宝藏；我们如果要知道我们民族的信仰与思想，这种书比了儒学正统的《十三经》重要得多。）

　　我对于这方面研究的步骤，拟先从《楚辞》、《国语》（包《左传》）、《山海经》、《汉书·郊祀志》等书入手，认识道教未起时的各地的神道。更把佛教的神和道教的神作比较，将受了佛教影响而成立的道教的神道认识了。再把各地的神道互相比较，认识在不统一的道教之下的各种地方性的神道。这种事情，不说出时似乎没有问题，但一加思考之后它们变迁的情形便很显著。例如碧霞元君为北方的女神，她的势力由于泰山的分化；天妃为南方的女神，她的势力由于海神的结合：这是含有地方性的。道教中本来只应崇奉玉帝（即《诗》、《书》中的上帝）为最高无上的主宰，但因佛教中有三世佛，所以又摹拟了它而建立三清天尊，他们的地位与玉帝不相上下：这是承受佛教的影响的。古代的神有生有死，有嗜欲，有攻伐（看《山海经》等书可知），和希腊的神话差不多。那时的女神几乎全为爱情颠倒，所以《楚辞·九歌》对于湘夫人等所致之辞多是相思惆怅之言，《高唐》、《神女》两赋又说巫山神女荐枕席，《洛神赋》写宓妃又极绸缪缱绻之致。固然这些都是文人的托言，但至少在当时民众的意想之中是许得如此的。（试问现在谁会对于碧霞元君作荐枕之想？）自从佛教流入，看神道成了超绝的人格，一切的嗜欲都染不到，生死更说不上，爱情变成了猥亵，于是女神和男神就同具了严正的性格，风流艳冶之事全付与狐精花怪们了！（看《聊斋志异》等书可知。）这是道教未成立时的神道和后世的神道的不同的样子。我深信这一方面的研究如可有些结果，必能使古史的考证得到许多的便利。只是这一方面研究必须亲到各地搜集材料，不能单靠书籍：像我这样的拮据，调查考察的事业又从何说起？二年来，我到过的庙宇只有东岳庙、白云观、财神庙、碧霞元君庙等处。

　　社会的研究，是论禹为社神引起的。社会（祀社神之集会）的旧仪，现在差不多已经停止；但实际上，乡村祭神的结会，迎神送祟的赛会，朝顶进香的香会，都是社会的变相。我见到了这一层，所以很想领略现在的社会的风味，希望在里边得到一些古代的社祀的暗示。北京城西北八十里的妙峰山是一个北方的有名的香主，每年阴历四月初一至十五为进香之期。去年会期中，我就和研究所风俗调查会同人前往调查了三天，对于香会的情形知道了一个大概。他们都是就一种职业或一处居住的地方联络结会，除了祀神之外更布施一切用具食物，如茶、盐、面、粥、馒头、路灯、拜垫、掸帚、茶瓢、膏药等；或尽了自己的技能去娱乐神灵，帮助香客，如五虎棍、自行车、杠子、秧歌、音乐、舞狮、戏剧、修路、补碗、缝绽等。到了那里，一切有人招呼，仿佛进了另一个世界，崎岖的山岭便化成了理想的乐国了。这些香会的经费，在乡下的是按亩抽捐，同皇粮一般的缴纳；在城里的是就本业捐输，或向人募化。这些会名，我只就刊有会启（进香时的招贴）的钞，已钞到了九十余个，其余没有会启的恐还不止四五百呢。他们的香会的组织是极有秩序的：先设立了会所，议定了会规，排好了守晚、起程、上山、朝顶、回香的日期，又分配了引善、催粮、请驾、钱粮、司库、哨子、车把、厨房、茶房等都管，所以人数虽多而不致梦乱。进香的人诚心极了，有的是一步一拜的，有的是提着臂炉的，听说还有跳涧的。（他们以为只要诚心便可由神灵护送回家，成其心愿，其实只有活活地跌死。）到了这种地方，迷眼的是香烟，震耳的是鼓乐，身受的是款待，只觉得神秘、壮健、亲善的可爱，却忘记了他们所崇奉的乃是一种浅薄的宗教。这使我对于春秋时的"祈望"，战国后的"封禅"得到一种了解。我很愿意把各地方的社会的仪式和目的弄明白了，把春秋以来的社祀的历史也弄清楚了，使得二者可以衔接起来。

社是土地之神。从天子到庶民立有各等的社。但看春秋、战国间人的称述，社神的权力甚大；大水、大旱不用说，日食亦用牲于社，决狱和处罚亦在社，祈求年谷和年寿也都在社，军旅中又有军社，似乎社是宗庙以外的一个总庙。后来总务与土地分开了：总务方面有道观和佛寺，它们也可以做祈雨、祈年的法事；土地方面有社坛、城隍庙和土地堂。社坛所祭没有指实的神人。城隍神有省、府、县之别，有指实姓名的，也有不指实的。土地神或一村落一个，或一城市多少个，指实与否也与城隍神同。这些神人就很可以研究一下。例如我在清代是江苏省苏州府元和县人，江苏省城隍和苏州府城隍我都不知道是谁，听说是三年一任，由龙虎山天师府札委的。元和县城隍我知道是张老爷，不知其名，听说是永远不换的；看他的封号是"敕封显应王北极驱邪司"，又号"武安君"。我家在苏州的东城，依道士所定的地名唤作道义乡；这一乡的土地是任大明王，说是梁朝的任昉，也是永远不换的。任昉既非苏州人，又未做过苏州的官（他做过义兴太守，义兴即今江苏宜兴），不知道为什么会得做苏州东城的土地神。苏州城中约有三十余个土地神，道士们也记不清楚，因为东城的道士观只做东城的生意，西城的又专做西城，并无完全知道的必要。据我所知，尚有凤凰乡的春申君、大云乡的安齐王、永定乡的茅亭司等。这些神是如何成立的，是否由于天师的委派，还是由于民众的拥戴，实在很有研究的价值。倘使由于天师的委派，这不过是道士们的弄鬼，只要寻到了他们的簿册便可完事。若出于民众们的拥戴，那么，这里边自有复杂的因缘，不是可以急遽了解的了。依我的推想，似乎后说合理，因为听说山东、湖北等省的土地神统统是韩愈，与江苏的办法不同，如果由天师委派，这制度料想不致如此参差。或者江苏的文化发达，民众要求奉祀的神复杂了，所以一城中就有许多名人做土地神。我很愿意把城隍神和土地神的人物历史弄明白，上接春秋以来有功而祀的人物，并看出民众的信仰的旨趣。

歌谣方面，因《歌谣周刊》的撰稿的要求，研究《诗经》的比较的需要，以及搜集孟姜女故事的联带关系，曾发表了多少篇文字。七八年前笔受的苏州歌谣，也先写定了一百首，加上了注释，编成《吴歌甲集》一种。只因校中经费支绌，至今尚未出版。我很感谢玄同先生和魏建功先生，他们为了这一本歌谣集，用精密的方法整理出苏州方音的声韵的部类，在方音的研究上开了一个新纪元。

老实说，我对于歌谣的本身并没有多大的兴趣，我的研究歌谣是有所为而为的：我想借此窥见民歌和儿歌的真相，知道历史上所谓童谣的性质究竟是怎样的，《诗经》上所载的诗篇是否有一部分确为民间流行的徒歌。关于下一问题，我已于《论诗经所录全为乐歌》一文中作一个约略的解答，就歌词的复沓，方面的铺张，乐曲的采集，民歌的保存上说明《诗经》所录悉为乐曲；又从典礼所用与非典礼所用的歌曲上证明程大昌和顾炎武依据了《仪礼》所载的乐章而定诸国诗为徒歌的谬误。关于上一问题，我们可以知道历史上所谓应验的童谣一半是有意的造作，一半是无意的误会。所谓有意的造作，如宋明帝疑忌王景文和张永，自造谣言道："一士不可亲，弓长射杀人。"（《宋书·王景文传》）唐董昌称帝越州时，山阴老人献谣道："欲识圣人姓，千里草青青；欲知天子名，日从日上生。"（《新唐书·董昌传》）从这种种伪造的童谣上可以反映出许多不曾破露的号称应验的童谣。《左传》所记，如"丙之晨，龙尾伏辰，均服振振，取虢之旂；鹑之贲贲，天策焞焞，火中成军，虢公其奔"等童谣，无论史官所记不可靠，就使所记确有其事，这童谣的来历也还可疑。所谓无意的误会，如王莽末天水童谣云："出吴门，望缇群，见一蹇人，言欲上天；令天可上，地上安得民！"（《续汉书·五行志》）吴天纪中童谣云："阿童复阿童，衔刀游渡江；不畏岸上兽，但畏水中龙。"（《晋书·五行志》）晋太宁初童谣云："侧侧力力，放马山侧；大马死，小马饿；高山崩，石自破。"（《晋书·五行志》）这些歌词都是很单纯的民歌或是无意义的儿歌。但给深信童谣为有关休咎的人听得了，便解释"蹇人"是隗嚣，"欲上天"是欲为天子；"大马小马"是司马氏，"高山"是苏峻，"石"是苏硕，苏峻逼成帝，死后其弟硕被杀；甚至因王濬小字阿童，晋武帝特加为龙骧将军，以符"水中龙"的谶语。这都是庸人的自欺。若要附会，哪里不可附会；正如求签测字，无论何人得到一签或一字，详签测字的人总可以从他的身份遭际上解释得相像。我很想就用了这个方法，将现在流行的儿歌和民歌解释各时各种的不同的事实，打破这种历史上的迷信。

因为我在歌谣方面发表的文字较多，所以知道我研究歌谣的人也最多，常有人称我为歌谣专家。这种不期之誉我很不愿承受。我的搜集歌谣的动机是由于养病的消遣，其后作了些研究是为了读《诗经》的比较；至于我搜集苏州歌谣而编刊出来，乃是正要供给歌谣专家以研究的材料，并不是公布我的研究歌谣的结果。数年以来，北京大学的歌谣研究会收到了各地的歌谣、谚语、谜语等二万余首，真是一个民众文艺的宝库；可是我诸事乱忙，也没有翻览过多少。我自己知道，我的研究文学的兴味远不及我的研究历史的兴味来得浓厚；我也不能在文学上有所主张，使得歌谣在文学的领土里占得它应有的地位；我只想把歌谣作我的历史的研究的辅助。这个态度，希望大家能够了解，不要敦促我做非分的工作。

我这几年中的工作范围和将来的进行计画，大致如此。

从以上所写的看来，我的时势、个性、境遇，都可以得到一个结论了。

先从时势说。清代的学风和以前各时代不同的地方，就是：以前必要把学问归结于政治的应用。而清代学者则敢于脱离应用的束缚；以前总好规定崇奉的一尊，而清代学者为要回复古代的各种家派，无意中把一尊的束缚也解除了。清末的古文家依然照了旧日的途径而进行；今文家便因时势的激荡而独标新义，提出了孔子托古改制的问题做自己的托古改制的护符。这两派冲突时，各各尽力揭破对方的弱点，使得观战的人消歇了信从家派的迷梦。同时，西洋的科学传了进来，中国学者受到它的影响，对于治学的方法有了根本的觉悟，要把中国古今的学术整理清楚，认识它们的历史的价值。整理国故的呼声倡始于太炎先生，而上轨道的进行则发轫于适之先生的具体的计画。我生当其顷，亲炙他们的言论，又从学校的科学教育中略略认识科学的面目，又因性喜博览而对于古今学术有些知晓，所以能够自觉地承受。古史古书之伪，自唐以后书籍流通，学者闻见广博，早已致疑；如唐之刘知幾、柳宗元，宋之司马光、欧阳修、郑樵、朱熹、叶适，明之宋濂、梅鷟、胡应麟，清之顾炎武、胡渭、毛奇龄、姚际恒、阎若璩、万斯大、万斯同、袁枚、崔述等人都是。不过那些时代的学术社会处于积威的迷信之下，不能容受怀疑的批评，以致许多精心的创见不甚能提起社会的注意，就是注意了也只有反射着厌恶之情。到了现在，理性不受宗教的约束，批评之风大盛，昔时信守的藩篱都很不费力地撤除了，许多学问思想上的偶像都不攻而自倒了。加以古物出土愈多，时常透露一点古代文化的真相，反映出书籍中所写的幻相，更使人对于古书增高不信任的意念。长素先生受了西洋历史家考定的上古史的影响，知道中国古史的不可信，就揭出了战国诸子和新代经师的作伪的原因，使人读了不但不信任古史，而且要看出伪史的背景，就从伪史上去研究，实在比较以前的辨伪者深进了一层。适之先生带了西洋的史学方法回来，把传说中的古代制度和小说中的故事举了几个演变的例，使人读了不但要去辨伪，要去研究伪史的背景，而且要去寻出它的渐渐演变的线索，就从演变的线索上去研究，这比了长素先生的方法又深进了一层了。我生当其顷，历历受到这三层教训，加上无意中得到的故事的暗示，再来看古史时便触处见出它的经历的痕迹。我固然说不上有什么学问，但我敢说我有了新方法了。在这新方法支配之下的材料，陡然呈露了一种新样子，使得我又欣快，又惊诧，终至放大了胆子而叫喊出来，成就了两年前的古史讨论。这个讨论何尝是我的力量呢，原是在现在的时势中所应有的产物！

再从个性上看。我是一个桀骜不驯的人，不肯随便听信他人的话，受他人的管束。我又是一个历史兴味极浓重的人，欢喜把一件事情考证得明明白白，看出它的来踪和去迹。我又是一个好奇心极发达的人，会得随处生出了问题而要求解答，在不曾得到解答的时候只觉得胸中烦闷的不可耐。因为有了这几项基本的性质，所以我敢于怀疑古书古史而把它作深入的研究，敢于推倒数千年的偶像而不稍吝惜，敢于在向来不发生问题的地方发生出问题而不丧气于他人的攻击。倘使我早生了若干年，处于不许批评又没有研究方法的学术社会中，或者竟要成了一个公认的妄人，如以前人对于刘知幾、郑樵们的看法。但现在是不必过虑的了！

更从境遇上看。要是我不生在科举未废的时候，我的幼年就不会读经书。要是我的祖父不给我随处讲故事，也许我的历史兴味不会这样的深厚。要是我不进新式学校，我也未必会承受这一点浅近的科学观念。要是我在幼年没有书籍的嗜好，苏州又没有许多书铺供我闲游，我也不会对于古今的学术知道一点大概，储藏着许多考证的材料。要是我到北京后不看两年戏，我也不会对于民间的传说得到一个大体的领略。要是我不爱好文学哲学和政治运动，在这种方面碰到多少次的失败，我也不会认识自己的才性，把我的精力集中于考证的学问上。要是不遇见子水和太炎先生，我就是好学，也不会发生自觉的治学的意志。要是不遇见孟真和适之先生，不逢到《新青年》的思想革命的鼓吹，我的胸中积着的许多打破传统学说的见解也不敢大胆宣布。要是北京大学中不征集歌谣，我也不会因写录歌谣而联带得到许多的风俗材料而加以注意。要是我没有亲见太炎先生对于今文家的痛恨，激动我寻求今文学著述的好奇心，我也不会搜读《孔子改制考》，引起我对于古史的不信任的观念。要是我不亲从适之先生受学，了解他的研究的方法，我也不会认识自己最近情的学问乃是史学。要是适之、玄同两先生不提起我的编集辨伪材料的兴趣，奖励我的大胆的假设，我对于研究古史的进行也不会这般的快速。要是我发表了第一篇文字之后没有刘楚贤先生等把我痛驳，我也不会定了周密的计画而预备作毕生的研究。要是我不到北京大学研究所国学门服务，没有《歌谣周刊》等刊物替我作征求的机关，我要接近民众的材料也不会这样的容易。总括一句，若是我不到北京大学来，或是孑民先生等不为学术界开风气，我的脑髓中虽已播下了辨论古史的种子，但这册书是决不会有的。

我能承受我的时势，我敢随顺我的个性，我肯不错过我的境遇：由这三者的凑合，所以我会得建立这一种主张。

我自己知道，我是一个初进学问界的人。初进学问界的人固然免不了浅陋，但也自有他的骄傲。第一，他能在别人不注意的地方注意，在别人不审量的地方审量。好像一个旅行的人，刚到一处地方，满目是新境界，就容易随处激起兴味，生出问题来。至于那地的土著，他们对于一切的东西都接触惯了，仿佛见闻所及尽是天造地设的一般，什么也引不起他的思索力了。第二，他敢于用直觉作判断而不受传统学说的命令。他因为对于所见的东西感到兴味，所以要随处讨一个了断；不像学术湛深的人，他知道了种种难处，不敢为了立一异议，害得自己成了众矢之的。初生之犊为什么不畏虎？正因它初生，还没有养成畏虎的观念之故。这固然是不量力，但这一点童稚的勇气终究是可爱的。我真快乐：我成了一个旅行的人，一头初生之犊，有我的新鲜的见解和天真的胆量。我希望自己时时磨炼，使得这一点锐猛的精神可以永久保留下去。如果将来我有了丰富的学问之后，还有许多新问题在我的胸中鼓荡，还有独立的勇气做我的判断力的后盾，那么我才是一个真有成功的人了！

我的心目中没有一个偶像，由得我用了活泼的理性作公平的裁断，这是使我极高兴的。我固然有许多佩服的人，但我所以佩服他们，原为他们有许多长处，我的理性指导我去效法；并不是愿把我的灵魂送给他们，随他们去摆布。对今人如此，对古人亦然。惟其没有偶像，所以也不会用了势利的眼光去看不占势力的人物。我在学问上不肯加入任何一家派，不肯用了习惯上的毁誉去压抑许多说良心话的分子，就是为此。固然有人说，一个人的思想总是偏的，不偏于甲派便偏于乙派，但我觉得要保持客观的态度，用平等的眼光去观察种种不同的派别，也不是不可能的事。即使不能完全不偏，总可以勉力使它少偏一点。也有人说，为学不能不投入家派，正如不能不施用假设，有了假设才有入手的路，所以家派是终该选定的，尽不妨俟将来深入之后而弃去。这种话在以前是可以说的，因为那时各种学问都不发达，学问的基础既不建筑于事实上，研究学问又苦于没有好方法，除了投入家派之外得不到一点引路的微光，为寻求一个下手处计，也有选择家派的需要。例如你要非薄《诗》毛氏学，便当从齐、鲁、韩三家或其中的一家研钻下去；等到自己的学问足以自树了，再脱离家派而独立。但到了现在，学问潮流已经很明白地诏示我们，应该跳出这个圈子了。我们自有古文字学、古文法学、古器物学、古历史学等等直接去整理《诗经》，《毛传》固要不得，就是《三家诗》也是《毛传》的"一丘之貉"，又何尝要得！至于我们为要了解各家派在历史上的地位，不免要对于家派有所寻绎，但这是研究，不是服从。我很怕别人看了我表章郑樵、崔述诸人的文字，就说我做了他们的信徒而来反对毛公、郑玄，所以现在在此附带声明一句：我对于郑樵、崔述诸人决无私爱；倘若他们的荒谬有类于毛公、郑玄，我的攻击他们也要和对于毛公、郑玄一样。希望读者诸君看了我的文字也作这等的批判，千万不要说"承你考辨得很精细，我有所遵循了"这一类话！

《老子》说"自知者明"，希腊的哲学家多劝人知道自己：在这一方面，我"当仁不让"，自认为无愧的。我既不把别人看作神秘，也同样的不把自己看作神秘。我知道我是一个有二重人格的人：在一切世务上，只显得我的平庸、疲乏、急躁、慌张、优柔寡断，可以说是完全无用的；但到了研究学问的时候，我的人格便非常强固，有兴趣，有宗旨，有鉴别力，有自信力，有镇定力，有虚心和忍耐：所以我为发展我的特长计，愿意把我的全生命倾注于学问生活之内，不再旁及他种事务。我知道固有的是非之心的可贵，所以不受习惯的束缚，不怕社会的威吓，只凭了搜集到的证据而说话。我知道自己的凭藉，故不愿没却他人的功绩；也知道自己的缺点，故不愿徇着一时的意气。我知道学问是一点一滴地积起来的，一步不走便一步不到，决没有顿悟的奇迹，所以肯用我的全力在细磨的功夫上，毫不存侥幸取巧之心。我知道学问是只应问然否而不应问善恶的，所以我要竭力破除功利的成见，用平等的眼光去观察一切的好东西和坏东西。我知道我所发表的主张大部分是没有证实的臆测，所以只要以后发见的证据足以变更我的臆测时，我便肯把先前的主张加以修改或推翻，决不勉强回护。因为我有了以上种种的自觉，所以我以为我现在固然学力浅薄，不足以解决多少问题，但我的研究的方法和态度是不错的，我的假设虽大胆而绝不是轻举妄动，只要能从此深入，自可驯致于解决之途。

说了上面一段话，或者读者诸君要疑我是一个傲睨万状的人，自满到极度的。其实我的心中只压着沉重的痛苦和悲哀。我的个性固然适于研究学问，我的环境固然已经指给我一个研究的新方向，但个性和环境原只是学问的凭藉而不即是学问的实质。譬如造屋，个性是基础，环境是梁柱，实质是砖石。虽则有了基础和梁柱可说具备了屋子的规模，但尤要紧的是砌成墙壁的砖石。倘使四壁洞然，这空架子要它干么，翻不如穴居巢处的可以得到简陋的实用了！我对于实质的要求渴热已极，可是数年以来只有得到失望。每一回失望之后，心中便留着刀刺一般的痛苦；日子愈久创伤也愈深。我自己知道，我没有辜负我的个性，只是我的环境太不帮助我了。它只替我开了一个头，给了我一点鲜味，从此便任我流浪了，饥饿了！

我的学问生活，近年和以前不同的地方，是：以前常有把范围放得极大的要求，现在则毕竟把它收缩，希望集中我的全副精神到几个问题上面去。但痛苦即由这方面起来了！其一，许多学问没有平均发展时，一种学问也要因为得不到帮助而不能研究好。在现今这般民不聊生的中国，谁能安心从事研究；就是能安心研究也苦于研究的设备的不完全，终于废然而返。我就是万分的努力，想在一种学问上创造出一个基础来，但可以由他种学问帮助的地方也须仍归自己动手。正如到蛮荒垦殖的人，他的"筚路蓝缕以启山林"的劳力不必说，就是通常的农人可以随便使用的一切东西他也都得不到。要喝水只得自己掘井；要穿衣只得自己织布；要睡觉只得自己盖屋。比了住在都市中的人，要什么有什么的，固然差得天高地远，就是比了掘井盖屋的土木匠，织布制衣的织工缝工，他们因机械的进步而能得到各种便利的，也是可望而不可即。所以我的研究，我自己料到是要事倍功半的。我只得废弃可以不必废弃的时间到他种研究上，这也做一点，那也做一点，终至造成一个又乱又浅的局面，远难和理想中的期望相符合。其二，从前人对于学问，眼光太短，道路太窄，只以为信守高文典册便是惟一的学问方法。现在知道学问的基础是要建筑于事实上的了，治学的方法是不要信守而要研究的了，骤然把眼光放开，只觉得新材料的繁多乱目，向来不成为问题的一时都起了问题了。好像久因于高墙狭弄中的犯人，到处撞头碰鼻，心境本是很静谧的，忽然一旦墙垣倒塌，枷锁也解除，站起一望，只见万户千门的游览不尽，奇花异兽的赏玩无穷，翻要不知道自己的生活该怎样办才好，新境界的喜悦与手足无措的烦闷一时俱来到了。我是一个极富于好奇心的人，一方面固是要振作意志，勉力把范围缩小，作深入的研究，一方面又禁不住新材料的眩惑，总想去瞧它一瞧。等到一瞧之后，问题就来了；正在试作这个问题的研究时，别种问题又接二连三的引起来了。不去瞧则实为难熬，一去瞧又苦无办法。这真是使我最感痛苦的一件事。要是研究学问的人多了，我感得到的问题别人也感得到，大家分工去做，我的本分以外的问题就可由他人去解决，我只要把他人研究的结果用来安慰我自己的好奇心就够了。但在现在这样的生活之下，又哪里可以盼望这种境界的实现呢！

上条所述的不能分工治学的烦闷，原是现在中国许多有志学问的人所公同受到的。至于在生活上，我所受的痛苦也特多，约略可作下列的叙述。

我生平最可悲的事情是时间的浪费和社会上对于我的不了解的责望。但这应加上一个说明：我随顺了自己的兴味而费去的时间并不在浪费之内，因为这是多少得到益处的。例如买书、看戏、听鼓词等等嗜好，当时固然完全为的是欣赏，但到了现在，在研究上都受用了。就是赌博、喝酒、逛窑子、坐茶馆等等，我也都犯过，但这只使我知道大家认为嗜好的不过是这么一回事，使我知道这些事情是不足以激起我的兴味的，从此再不会受它们的引诱，时间的破费也不是徒然。一个人自幼年到成长原只在彷徨觅路之中：走的路通，就可以永远走下去；走的路不通，也可以不再费力去走。惟其当时肯耗废觅路的功夫，才能在日后得到该走的大道。所以只要自己有兴味去尝试，总与自己有益。我在这些事上耗废的时间，是决不怨的。只有十余年来在新式学校中过的上课生涯，使得我一想着就要叫屈。学校教员的智识大都是不确实的，他们自己对于学问也没有什么乐趣，使我看着他们十分的不信任，几乎没有在课业中得到什么。中小学时代，我尚未发生爱惜时间的观念，随班上课，只是坐待钟点的完毕。在这熬耐钟点的时候，逢着放任的教员我就看课外的书，逢着严厉的教员我就端坐冥想，上天下地般瞎想。这样的生活过了多少年，造成了我的神经衰弱的病症，除了极专心读书作文之外，随时随地会得生出许多杂念，精神上永远没有安静。进了大学之后，因为爱好学问，不由得不爱惜时间。但是教员仍不容我，我恨极了！看我民国初年的笔记，满幅是这等的牢骚话。我以为我们所以要有学问，原要顺遂自己的情性，审察外界的事物；现在所学的只有一些模糊影响之谈，内既非情，外亦非物，为的只是教员的薪金和学生的文凭，大家假借利用，捱延过多少岁月。他们各有所为而捱延，却害苦了真正愿意自己寻求学问的我，把我最主要的光阴在无聊的课堂上消磨掉了！固然我也在学校教育中得到些粗疏的科学观念，但要得到这一点粗疏的观念只消自己看几本科学书，做上几次实验也就够了。何必化去十余年的大功夫呢！他们在那里杀青年真可恨，青年们甘心给他们杀也可鄙！

自从出了学生界，免去了无聊的上课，我总以为可以由我自己支配时间了，哪知道又不然。现在中国的做事的人不知道为什么会得这样少，在社会上跳动的老是这几个人；这几个人似乎是万能的，样样事情都须他们经手。我因为屡屡受了他人的邀约而发表些文字，姓名为世所知，所以一般人也以为我是有意活动的，结合什么团体，每承招致。我尝把和我发生关系的团体（不管是实际的或名义的）写出一看，竟有了二十余个；分起类来，有历史、古物、文学、图书馆、教育、哲学、政治、社会、商业、编辑十种。这真使我惊骇极了！我一个人如何有这么多的技能，又如何有这么强的精力！在社会上活动固然有出锋头的乐趣，但我哪里爱出这种的锋头呢。要是我永久这样的做下去，我的将来的能力至多不过像现在一样罢了，我的一生也就完了！再想我在社会上是到处退避的，尚有这许多牵掣，那么，这些自告奋勇的人，他们名下的团体又要有多少？社会上多的是团体，有了团体的名目再从事于分头拉人。无论拉进的人必不能实心实意地做，就是愿意做切实的工作的也要不胜别方面的拉拢，做了一点就停止了。这样做去，是永久活动而永久得不到结果的。

我感到生命的迫促，人智的短浅，自己在学问上已竭力节缩欲望，更何能为他人夺去时间，所以要极力摆脱这种漩涡，开会常不到，会费常不缴，祈求别人的见舍。可是时代的袭击到底避免不尽，我的肩膀上永远担负着许多不情愿的工作。我只得取一点巧，凡是和我有关的事情总使它和自己愿意研究的学问发生些联络：例如文学方面的要求，我就借此作些民众艺术的文字应付过去；政治方面的要求，我又作了些历史的文字应付了。这样干去，颇有些成效。这二年中，我所以和民俗学特别接近，发表的东西也最多之故，正因我把它与研究所的职务发生关系。研究所中有风俗调查会和歌谣研究会，我便借此自隐了。这当然是很不该的，但我深知道研究与事务的不相容，终不愿为了生计的压迫而把自己的愿望随人牺牲。只是这样做去，虽不致完全埋没了自己，而所做的工作总是"鸡零狗碎"的，得到的成绩决不是我的意想中的成功。我心中有许多范围较广的问题，要研究出一个结果来，须放下几个月或几年的整功夫的，它们老在我的胸膈间乱撞，仿佛发出一种呼声道："你把我们闷闭了好久了，为什么还不放我们出来呢？"我真是难过极了。所以我常对人说，"你们可怜了我吧！你们再不要教我做事情吧！我就是没有一丝一毫的职务，我自己的事情已经是忙不过来的了！"

我记得幼时常见人圈点一部书（如《史记》、《汉书》、《文选》等），圈完了一遍之后买一部新的再圈下去。我很瞧不起这班人的迂拘和迟缓，以为读书只要翻翻就是了，照这样的读法，一生能够读得几部。那时我的胸中既没有宗旨，也没有问题，所以看书虽多，时间依然是宽裕的；因时间的宽裕而把学问看得更轻易。现在有了宗旨，许多问题都引起来了，无论看哪种薄薄的书，只觉得里面有许多是可供旧有问题的研究材料的，有许多是可以发生新问题的。因为都是有用的材料，都不忍弃去，钞出既没有空闲，不钞出又似乎负上了一笔债，所以我到现在，真不敢随便翻动哪一本书，除了我要把它自首至尾读一遍的。我始回忆先辈的读书方法，很想拣出几部必须精熟的基本书籍，一字一字地读去，细细咀嚼，消化成自己的血肉。可恨现在的时势只许人发议论而不许人读书，所谓读书也只是浮光掠影地翻览，像我幼年的行径一般，我怀了正式读书的愿望久久无法使它实现。岂但是读书呢！我的袖珍笔记册积了一抽屉了，里面有许多是见闻所及的钞撮，有许多是偶然会悟的见解，很有誊入红格本笔记簿的价值。但是铅笔的影子已经渐渐地澌灭了，急写的字体也有许多认不清了，却还没有动手钞写。我真悲伤，难道我的过去的努力竟不由得我留下一些残影来吗？

这几年，社会上知道我有志研究历史的很多，对于这方面的期求也特别重，许多人属望我编成一部中国通史。我虽没有研究普通史的志愿，只因没有普通史，无论什么历史问题的研究都不易得到一种凭藉，为自己研究的便利计，也愿意从我的手中整理出一个大概来。我的心中一向有一个历史问题，渴想借此得一解决，即把这个问题作为编纂通史的骨干。这个问题是：中国民族是否确为衰老，抑尚在少壮？这是很难解决的。中国民族的衰老，似乎早已成为公认的事实。战国时，我国的文化固然为了许多民族的新结合而非常壮健，但到了汉以后便因君主的专制和儒教的垄断，把它弄得死气沉沉了。国民的身体大都是很柔弱的；智识的浅陋，感情的淡薄，志气的卑怯，那一处不足以证明民族的衰老。假使没有五胡、契丹、女真、蒙古的侵入，使得汉族人得到一点新血液，恐怕汉族也不能苟延到今日了。现在世界各强国剧烈地压迫我们，他们的文化比我们高，他们再不会像以前的邻族一般给我们同化；经济侵略又日益加甚，逼得我们人民的生计困苦到了极端；又因他们的经济侵略诱起我们许多无谓的内争，人民死于锋镝之下的不计其数：眼看一二百年之中我们便将因穷困和残杀而灭种了！在这一方面着眼，我们民族真是衰老已甚，灭亡之期迫在目前，我们只有悲观，只有坐而待亡。但若换了一种乐观的眼光看去，原还有许多生路可寻。满、蒙、回、藏诸族现在还在度渔猎畜牧的生活，可以看作上古时代的人民。就是号称文明最早的汉族所居的十八省中，苗、瑶、僮、爨等未开化的种族依然很多，明、清两代"改土归流"至今未尽。这许多的种族还说不到壮盛，更哪里说得上衰老。就是汉族，它的文化虽是衰老，但托了专制时代"礼不下庶人"的福，教育没有普及，这衰老的文化并没有和民众发生多大的关系。所以我们若单就汉族中的智识阶级看，他们的思想与生活确免不了衰老的批评，但合了全中国的民族而观，还只可说幼稚。现在国势如此贫弱，实在仅是病的状态而不是老的状态。只要教育家的手腕高超，正可利用了病的状态来唤起国民的健康的要求。生计固然困苦，但未经开发的富源正多，要增加生产，享用数千年来遗弃的地利，并不是件难事。内争固然继续不已，但或反足以激动人民参预政治的自觉心，使得他们因切身的利害而起作内部的团结（例如四川的民团因军阀的残暴而发生，现已力足抵制军阀。河南、山东的红枪会也是由于自卫的要求而起，可惜智识太低，以至流于义和团一类的行径，这是须教育家补救的）。体质固然衰弱，但教育方法和生育观念的改变也足以渐渐造成强壮的青年，或者过了几代之后可以一改旧观。因此，在这一方面着眼，只要各民族能够得到相当的教育，能够发生自觉的努力，中国的前途终究是有望的。这真是关系我们的生死存亡的一个最重大的历史问题。这个问题究竟如何，非费多年的功夫去研究决不能清楚知道。我生于离乱之际，感触所及，自然和他人一样地有志救国；但是我既没有政治的兴趣，又没有社会活动的才能，我不能和他人合作，我很想就用了这个问题的研究做我的惟一的救国事业，尽我国民一分子的责任。我在研究别种问题时，都不愿与实用发生关系；惟有这一个问题，却希望供给政治家、教育家、社会改造家的参考，而获得一点效果。至于研究的方法，我很想先就史书、府县志和家谱中寻取记载的材料，再作各地的旅行，搜集风俗民情的实际的材料。可是我的生活如不能使我作安定的研究，这个计画是无从进行的；社会上固然期望我，但空空地期望而不给我以实现的境遇，也是望不出结果来的（前年承沈尹默先生的好意，嘱为孔德学校编纂历史讲义，我即想向着这一方面走去；只因诸务忙冗，到今没有编了多少，很使我怅恨不安）。

　　我的第二种痛苦是常识的不充足和方法的不熟练。我幼年在翻书中过日子，以为书多自然学富，心中很自满。二十岁后读章学诚的《文史通义》，在《横通篇》中见到以下一节议论：

> 老贾善于贩书，旧家富于藏书，好事勇于刻书，皆博雅名流所与把臂入林者也。……然其人不过琴工碑匠，艺术之得接于文雅者耳；所接名流既多，习闻清言名论，而胸无智珠，则道听途说，根底之浅陋亦不难窥。周学士长发以此辈人谓之"横通"，其言奇而确也。……学者陋于见闻，接横通之议论，已如疾雷之破山，遂使鱼目混珠，清浊无别，而其人亦嚣然自命，不知其通之出于横也！……

读了这一段，自想我的学问正是横通之流，不觉得汗流浃背。从此想好好地读书，但我这时只把目录平议一类书算作我的学问的标的。过了几年，又使我羞愧了。民国五年的笔记中有一则道：

> 自章实斋以来，学者好言校雠，以为为学始于目录，故家派流变，区以别矣。然目录者，为学之途径，非其向往之地也。今得其途径而止，遂谓纲目条最之事足以尽学，而忘其原本，此则犹诵食谱而废庖厨矣。太炎先生与人书云："往见乡先生谭仲修，有子已冠，未通文义，遽以《文史》、《校雠》二种教之。其后抵掌说《庄子·天下篇》，刘歆《诸子略》；然不知其义云何。"按，此即任目录而废学之弊也。予初诵实斋《通义》，即奋力求目录书；得其一勺，以为知味。自受业于伯弢先生，颇愿为根本之学，以执简御繁，不因陋就简。乃校课逼迫，不得专攻；所可致力，仍继前轨。思之辄汗颜不止。

到这时，我才真想读原本书而不再满足于目录平议所载的纲要了。但我的心中还没有生出问题，以为整理国故只要专读故书好了，若与世界学问打通研究，恐有"古今中外派"的附会的危险。直到近数年，胸中有了无数问题，并且有了研究问题的工作，方始知道学问是没有界限的，实物和书籍，新学和故书，外国著作和中国撰述，在研究上是不能不打通的。无论研究的问题怎样微细，总须到浑茫的学海里去捞摸，而不是浮沉于断港绝潢之中所可穷其究竟。于是我需要的基本的知识和应用的方法乃大感不足！

我自小学到大学，为了对于教员的不信任，大都没有用过功。犹记在中学时初学几何，我不懂得它的用处，问同学，问教员，都说不出一个所以然来。我以为这不过是算学上的一套把戏而已，并没有实际的需要，就不去注意。到了现在，除了书首的几条定义还有些影子之外，其余完全模糊了。他种科学也都这样，翻开来时有些面善，要去应用时便觉得隔膜。我很想得到二三年工夫，把以前所受的课业统统温理一遍，因为这些都是不可减少的常识，要在现在时代研究学问是不应不熟习的。外国文我虽读过四种，只因都不曾出力去读，也没有一种读好。近数年来，我用了极度的勉力，从没有空闲中硬抽出些时间来自修，结果却总是"一曝十寒"，没有多大的效验。我也想得到二三年工夫，把它读好两种。所以我惟一的想望，便是如何可以获得五六年的闲暇，让我打好一个学问的根底，然后再作研究，再在文坛上说话。我相信社会上如要用我，也是让我在现在时候多读书比较多做书为更有益。如果我能够打好了这个根底，我的研究和主张才可达到学问界的水平线上，我的学问才可成为有本的源泉。像现在这样，固然也可以发表些研究的成绩，但这是唐花簃中烘开来的花，提早的开放只换得顷刻的萎谢罢了。

我虽有这样的渴望，可是我很明白，这仅仅是我的"单相思"，社会上是不能容许我的。他们只有勒逼我出货，并不希望我进货。更质直地说，他们并不是有爱于我，乃是有利于我。他们觉得我到了大学毕业，已经教养得很足够了，可以供他们的驱使了。一头骡子，到它成长的时候，就可由蓄养它的主人把它驾到大车上，拖煤、拖米、拖砖石，不管有多少重量，只是死命地堆积上去。堆积得太多到拖不动了，也惟有尽力鞭扑；至于它的毛尽见皮，皮开见血，这是使用它的人不瞧见的。直到用尽了它的气力而倒毙时，才算完了它的任务。啊！现在的我真成了一头拖大车的骡子了吗？就是不要说得这样的惨酷，只说社会上推重我，切望我做出些成绩来，也好有一比。好比我要从西比利亚铁道到欧洲去，在海参崴起程时，长途万里，满怀的高兴，只觉得层云积雪的壮观，巴黎、伦敦的繁华，都将直奔我的眼底来了。车到赤塔，忽然有许多人蜂拥上车，乱嚷乱挽道："你的目的地已达到了，请下车罢！"我正要分辨我的行程发轫不久时，已经七手八脚地拖我下去了。我向他们陈述旅行的目的和打断兴趣的烦闷，大家笑道："你已经出了国了，路走得很远了，很劳顿了，还是将就些罢！"在这时，试问我的心要悲苦到怎样？

年来称我为"学者"的很多。我对于这个称谓决不辞让，因为它可以用来称有学的人，也可以用来称初学的人：初学是我的现在，有学是我的希望中的将来，他们用了这个名词来称我，确是我的知己（纵然在现今看学者与名流、政客等字样同为含有贬意的时候）。但他们称赞我的学问已经成就，这便使我起了芒刺在背的不安，身被文绣而牵入太庙的觳觫。我知道，若把我与汉代经师相较，我的学问确已比了他们高出了若干倍。可是小学的及格不即是大学的及格，我们正要把一时代的人物还给一时代，犹之应把某等学校的学生还给某等学校，不该摊平了看。汉代的刘向、郑玄一流人，现在看来固甚浅陋，而在当时的极浅陋的学术社会中确可以算做成就了。至于在二十世纪的学问界上，则自有二十世纪的成就的水平线，决不是像我这样的人所能滥竽充数。惟其我要努力达到水平线上，所以我希望打好我的智识的根底而从事于正式的研究。若在现在时候即说我已经成就，固然是一番奖励的好意，但阻止我的发展，其结果将与使用我拖大车的相同，所以这个好意我是不愿领受的。

我常说我们要用科学方法去整理国故，人家也就称许我用了科学方法而整理国故。倘使问我科学方法究竟怎样，恐怕我所实知的远不及我所标榜的。我屡次问自己："你所得到的科学方法到底有多少条基本信条？"静中温寻旧事，就现出二十年来所积下的几个不可磨灭的印象。十二三岁时，我曾买了几部动物、植物的表解，觉得它们分别种类的清楚，举出特征和形象的细密，都是很可爱的。进了小学，读博物理化混合编纂的理科教科书，转嫌它的凌乱。时有友人肄业中学，在他那边见到中学的矿物学讲义，分别矿物的硬度十分明白，我虽想不出硬度的数目字是如何算出来的，但颇爱它排列材料的齐整，就借来钞录了。进了中学，在化学堂上，知道要辨别一种东西的原质，须用他种原质去试验它的反应，然后从各种不同的反应上去判定它。后来进了大学，读名学教科书，知道惟有用归纳的方法可以增进新知；又知道科学的基础完全建设于假设上，只要从假设去寻求证据，更从证据去修改假设，日益演进，自可日益近真。后来听了适之先生的课，知道研究历史的方法在于寻求一件事情的前后左右的关系，不把它看作突然出现的。老实说，我的脑筋中印象最深的科学方法不过如此而已。我先把世界上的事物看成许多散乱的材料，再用了这些零碎的科学方法实施于各种散乱的材料上，就喜欢分析、分类、比较、试验，寻求因果，更敢于作归纳，立假设，搜集证成假设的证据而发表新主张。如果傲慢地说，这些新主张也可以算得受过科学的洗礼了。但是我常常自己疑惑：科学方法是这般简单的吗？只消有几个零碎的印象就不妨到处应用的吗？在这种种疑问之下，我总没有作肯定的回答的自信力。因此，我很想得到些闲暇，把现代科学家所用的方法，弘纲细则，根本地审量一下，更将这审量的结果把自己的思想和作品加以严格的批判，使得我真能用了科学方法去作研究而不仅仅是标榜一句空话。

我在幼时，读了孔、孟书和《新民丛报》一类文字，很期望自己作一个政治家；后来又因兴趣的扩张和变迁而想治文学和哲学。哪里知道到了近数年，会得发见我的性情竟与科学最近！我最是自己奇怪的，是我的爱好真理的热心和对于工作的不厌不倦的兴味。中国的学问虽说积了二三千年没有断，可是梦乱万状，要得到确实的认识非常困难。我今日从事研究整理，好似到了造纸厂中做拣理破布败纸的工作，又多，又臭，又脏，又乱，又因拣理的家伙不完备，到处劳着一双手。但是我决不厌恶，也决不灰心，我只照准了我的理想的计画而进行。所吃亏的，只是自己的技能不充足，才力受限制，常感到眼高手低的痛苦。如果我的技术能够修习得好，使得它可以和我的才力相应合，我自信我的成就是决不会浅薄的。

我的第三件痛苦是生计的艰窘。我没有金钱的癖好，薪金的数目本来不放在我的心上。我到北京来任事，也明知在欠薪局面之下，生计是不安的；只为要满足我的学问的嗜好，所以宁可投入淡泊的生活。但近年以来，中央政府的财政已陷绝境，政费屡屡数月不发，就是发出也是"一成二、二成三"这般敷衍，连淡泊的生活也维持不下了。以前学生时代，我向祖母和父亲乞得些钱钞，常常到书肆里翻弄；哪知道现在自己有了职业，反而失去了这个福分。在研究上，有许多应备的参考书，但没有法子可以得到。例如《二十四史》，是研究历史的人何等切要的工具，以前我不能买全部，尚可搜罗些零种，现在连零种也不许问津了。有许多急需的书，熬到不可熬时，也只有托人去买，因为免得见了他种可爱的书而不能买时，害苦了我的心。有许多地方，在研究上是应该去的，但也没有旅行的能力。不必说辽远的长安、敦煌、于阗诸处，就是我研究孟姜女故事，山海关和徐水县两处都是近畿的这件故事的中心，并且是京奉、京汉两线经过的，大约有了四五十元也尽够作调查费了，可怜想了一年半，还只是一个空想！

为了生计的不安定，要什么没有什么，一方面又受家人的谴谪，逼得极好学的我也不能安心治学。有时到了十分困苦之境，不免想作了文稿出卖，因为我年来得了些虚名，稿子确也卖得出去，在这一方面未始不可救一点急。但一动笔时，又使我懊丧了：我觉得学问原是我的嗜好，我应当尊重它，不该把它压做了我的生计的奴仆，以至有不忠实的倾向而生内疚。然而学问的忠实谈何容易，哪能限定了一天写几千字，把生计靠在上面。与其对于学问负疚，还不如熬着困苦：这是我的意志的最后的决定。所以我虽困穷到了极端，卖稿的事情却始终没有做过几回。卖稿且如此，要我去讲敷衍应酬，钻营职务，当然益发没有这种的兴会了。来日大难，或者要"索我于枯鱼之肆"吧？

我记得我的幼年，因顽强而为长者所斥责，他们常说："你现在的脾气这等不好，将来大了，看你如何可以吃人家的饭！"到二十岁左右时，我初见到社会上种种阢陧不安的现象，初知道个人的适存于社会的艰难，又读了些《老》、《庄》的书，知道天真与人事的不相容，就很肯屈抑自己，对人装像一个乡愿。向来说我固执的亲族长者一时也称誉道："颉刚很随俗了！"哪知道现在又抑不住我的本性了，只觉得必须从我的才性上建设的事业才是我的真实的事业，我只应当受自己的支配于事业的工作上，若迁就了别人就是自己的堕落。无论怎样受生计的逼迫，只是不能溶解我的坚硬的癖性。看来我的长者斥责我的话是要应验的了！

我的第四件痛苦是生活的枯燥。我在社会里面，自己知道是一个很枯燥的人，既不能和人敷衍，也不能和人争斗。又感到人事的复杂，自己知识的渺小，觉得对于任何事件都不配作批评，因此我处处不敢发表自己的主张。要我呼斥一个仆人，和强迫我信从一个古人一样的困难。到了交际场中，又因与日常的生活不同，感到四围空气的紧张，自己既局促若辕下之驹，又怕他人因了我的局促而有杀风景之感。看着许多人在我的面前活动，只觉得他们的漂亮、伶俐、劈脱、强健、豪爽的可羡，更感到自己的干枯、寂寞、沉郁、拘谨的可厌，像一枚烂柿子的可厌。我自己知道，我的处世的才能是愈弄愈薄弱了。这种在旧教育之下和长日的书房生活之中压迫而成的习惯，恐怕已是改不掉的；并且这种习惯和我的学问事业不生关系，也没有立志痛改的必要。我所悲感的，是我的内心生活也渐渐地有干涸的倾向了。

许多人看了我的外表，以为我是一个没有嗜欲的人，每每戏以"道学家"相呼。但我自己认识自己，我是一个多欲的人，而且是一个敢于纵欲的人。我对于自然之美和人为之美没有一种不爱好，我的工作跟着我的兴味走，我的兴味又跟着我所受的美感走。我所以特别爱好学问，只因学问中有真实的美感，可以生出我的丰富的兴味之故。反过来说，我的不信任教师和古代的偶像，也就因为他们的本身不能给我以美感，从真理的爱好上不觉地激发了我的攻击的勇气。但一株树木的荣茂，须有蔓延广远的根荄。以前我对于山水、书画、文辞、音乐、戏剧、屋宇的装饰等等的嗜好，就是许多条根荄，滋养着我的学问生活的本干的。我对于民俗的理解力固然甚浅，但在向来没有人理会之中能够辟出这一条新路，实在就是无意中培养出来的一点成绩。我说这句话，并不是说凡是我所欣赏的都要在里边得到实效，我很知道挟了受用的心思而作的欣赏决不能成为真的欣赏。我的意思，不过要借此说明不求实效的结果自能酝酿出一些成绩来，这些成绩便不是在实效的目标之下所能得到的而已。所以我们若要有伟大精美的创造，必须任着作者随了自己的嗜欲和兴会而发展，愈不求实效愈可得着料想不到的实效。

但是我很可怜，从前的嗜欲现在一件一件地衰落了。去年一年中，我没有到过一个新地方；音乐场和戏园子总共不过去了四五次，又是受着友人的邀约的。家里挂的书画，以前一星期总要换一次，现在挂了两年还没有更动，成了照例文章，把欣赏美术的意味完全失去了。从前喜欢随便翻书，每于无意中得到会心之乐，近来不是为了研究的参考竟不触手了。要说好，也是好，因为我的精力集中到学问上，在学问上又集中到那几科，以至那几个问题。但我敢说嗜好的衰落决不是我的幸福。再用树来比喻。我们要使得一株树木增高，自然削去旁逸斜出的枝条是惟一的办法；但稍加芟削则可，若统统斩去，把它削成了电杆一般细长的东西，无论在事实上不会生存，就使生存了也是何等可怕的一件东西呵！我自己知道，我并不是一个没有情趣的人，我年纪虽过了三十，但还保存得青年的豪兴，向日徘徊留恋的美感也没有丧失分毫。只是事情忙了，胸中的问题既驱迫我走遥远的程途，社会上又把许多负担压积到我的肩上。以前没有目的的人生忽地指出目的来了，以前优游自得的身子又猛被社会拉去做苦工了，愈走愈难，愈担愈重，我除了我的职务之外再不能分出余力到我所爱好的东西上去了。于是我的生趣日趋于枯燥遂成为不可避免的事实！

我现在忙得真苦！我也知道，我的事务的种类并不比别人多，只是做成一件事情要求惬心的不容易。别人半天可以做完的事情，我往往迁延到五六天。要草写一篇文字，总得作多少日子的酝酿。朋友们探望的不答，来信的不覆，以至过了一年半载而作覆，成了很平常的事。我的大女儿住在校里，屡屡写信归来，说："请爹爹给我一封信罢！"我虽是心中很不忍，但到底没有依她的请求。二女儿写好一张字帖，要我加上几圈，我连忙摇手道："送给你的母亲去罢！"我的忙甚至使我对于子女的疼爱之心也丢了，这真太可怜了！记得以前与友人下五子棋，十局中输了九局。他道："我看准了你的短处了！你不肯下一个闲空的棋子，所以常常走入死路，不能作灵活的运用。"我自想我的现在的生活颇有些像我的下棋了，因为一些时间不肯轻易让它空过，过于务实，以至生活的趣味尽失。文化原是在闲暇中养成的，像我这种迫不及待的生活，只配作一个机械性的工匠，如何可以在学林艺海之中啸吟容与，认识宇宙的伟大呢。精神方面既因此而受损害，使得我的思想渐窒实，眼光渐钝短，身体方面也是同样的伤坏。我现在除了读书作文颇能镇定之外，无论做什么事情，仿佛背后有人追赶着，越做越要快，以至心跳心悸。照这样下去，或者草书可以不用练习而自然名家，长途竞走也可以考上第一。假使我能够准了钟点做事，此心原可安定得多；无如别人没有定时作事的观念，遂害得我不能画出作事的定时。我正在从事工作时，忽然人事来了，别人看得时间是很轻的，他们把我的时间随便浪费了。我只要一起了爱惜光阴之念，立刻心宕。回到工作时，就刺促不宁了。因为这样，所以几乎没有一天的日子不短，没有一天的工作不欠，没有一天的心情不悲伤。但这有什么法子可以得到别人的原谅呢？没有法子，只得把应该游息的时间也改隶到工作之下。从此以后，我就终年没有空闲了。有时在室内蜷伏了数天，走到街上，只觉得太阳亮得耀眼，空气的清新仿佛到了山顶。这类境界，在做专门研究的时候固然是逃不了的，但永久处于这种生活之下终不是个办法。我很想得到一种秩序的生活，一天总是工作几小时，游息几小时，不多也不少，像小孩子的食物一样的调匀，使得我可以作顺适的成长。但在现在的社会之下，这个希望能超过了空想吗！

以上几种痛苦，时时侵袭我的心，掣住我的肘，我真是十分的怨望。我要忠实于自己的生命，则为社会所不容；若要改作委蛇的生存，又为内心所不许：这真是无可奈何的了！我自己觉得，我有这一点粗略的科学观念，有这一点坚定的志愿和不畏难的勇气，我的眼下有许多新问题，我的胸中没有一个偶像，在现在轻忽学问的中国社会上，我已是一个很难得的人，我所负的责任是很重的。社会上固然给我以种种的挫折，但是我竟不能用了我的热情打出一个学问的地位来吗！我将用尽我的力量于挣扎奋斗之中，为后来人开出一条大道！就是用尽了我的力量而到底打不出一条小径，也要终其身于呼号之中，希望激起后来人的同情而有奋斗的继续者！

　　我的作文本来就有"下笔不能自休"的毛病，近数年尤甚。我读别人做的文字虽也觉得含蓄的有味，但自己作文总须说尽了才痛快。这篇序文的起草，适在北方军事紧张之际，北京长日处于恐怖的空气之中：上午看飞机投弹，晚上则饱听炮声。我的寓所在北海与景山之间，高耸的峰和塔平时颇喜其风景的秀美，到这时竟成了飞机投弹的目标。当弹丸落到北海的时候，池中碧水激涌得像白塔一般的高，我家的窗棂也像地震一般的振动了。每天飞机来到时，大家只觉得死神在自己的头上盘旋不去。家人惊恐之余，连水缸盖和门户的开阖的声浪也变成了弹声炮声的幻觉。等到炮声停止之后，市上更加寂静了，普通铺户都是"清理账目"，饭店酒馆又是"修理炉灶"，阔气一点的铺子则是"铁门有电"，比了阴历元旦的歇业还要整齐。北京大学的薪金，这两个多月之中只领到一个月的一成五厘，而且不知道再领几成时要在哪一月了。友朋相见，大家只有皱眉嗟叹，或者竟要泪随声下。在这又危险又困穷的境界里，和我有关系的活动一时都停止了；就是印刷所中，也因交通阻绝，纸张缺乏，不来向我催稿子。我乐得其所，终日埋头在书房里，一天一天的从容不迫地做下去，心中想到什么就写什么，实足写了两个月，成了这篇长文——我有生以来的最长最畅的文。胸中郁勃之气借此一吐，很使我高兴。我妻在旁边笑道："你这篇文字不成为序文了！一篇《古史辨》的序，如何海阔天空，说得这样的远？"但我的意思，原要借了这篇序文说明我的研究古史的方法和我所以有这种主张的原因，一件事实是不会孤立的，要明了各方面的关系不得不牵涉到无数事实上去；至于体裁上像不像序，这是不成问题的，因为我原不想作文学的文章（其实就是文学的文章，也何尝不可随了作者的意念而改变体裁）。

　　这册书于去年九月中付印。本来在一二个月内可以出版，只为临时增加了些篇幅，延至本年二月中方将本文印完。又因等待这篇序文，再延了两个月，假使没有朴社同人的宽容，是决不会听我如此纡徐的。我敬对于社中同人致谢！

　　末了，我再向读者诸君唠叨几句话。第一，这书的性质是讨论的而不是论定的，里面尽多错误的议论（例如《古今伪书考跋》中说清代无疑《仪礼》者，又如与玄同先生信中讥今文家，谓依了章学诚《易教》

的话，孔子若制礼便为僭窃王章）。现在为保存讨论的真相计，不加改正。希望出版之后，大家切切实实地给以批判，不要轻易见信。第二，古史的研究现在刚才开头，要得到一个总结论不知在何年。我个人的工作，不过在辨证伪古史方面有些主张，并不是把古史作全盘的整理，更不是已把古史讨论出结果来。希望大家对于我，能够知道我的学问的实际，不要作过度的责望。第三，我这本书和这篇序文中提出了多少待解决的问题。像我这般事忙学浅的人，不知道什么时候才可把这些问题得到一个约略的解决，说不定到我的生命终止时还有许多现在提出的问题不曾着手。读者诸君中如有和我表同情，感到这些问题确有研究的价值的，请便自己动手做去。总结一句话，我不愿意在一种学问主张草创的时候收得许多盲从的信徒，我只愿意因了这书的出版而得到许多忠实于自己的思想，敢用自力去进展的净友。

顾颉刚。十五年一月十二日始草，四月二十日草毕。

孟姜女故事研究[*]
（1927）

《现代评论》编者前言

　　顾颉刚先生在他的《古史辨》第一册《自序》中说"自己愿担任的工作有两项：一是用故事的眼光解释古史构成的原因；二是把古今的神话与传说作为系统的叙述"。这一篇《孟姜女故事研究》，就是他把传说作为系统的叙述，"为研究古史方法举一旁证的例"。

　　这一段的研究，与作者的研究古史方法，既有这重要的关系，所以他的初意是要把这一段放在《古史辨自序》中的。后来因其太多，陈通伯先生也劝他把这一部分独立为一文，所以这一部分就在这《增刊》中发表了。

　　作者发始研究孟姜女的故事，远在数年前。其第一篇论文《孟姜女故事的转变》载在他所主撰之北大《歌谣周刊》第六十九号中，此号为《孟姜女专号》第一期；其后继续七个月中共出专号九次（自十三年十一月二十三日至十四年六月二十一日），凡得十二万字。其中关于孟姜女的故事，见于鼓词、诗歌、戏剧、民间传说中的材料很多；但除了《孟姜女故事的转变》一文是整理后极有系统的文字外，其余多是散列的材料，未加若何整理。所以作者在《孟姜女专号》第五期中说过："一来是我太忙，找不到几个整天的

---

　　[*]　此文为《〈古史辨〉第一册自序》中删去之一部分，1926年作。原载《现代评论二周年增刊》，1927年1月。其中《一、孟姜女故事历史的系统》先载《现代评论》第三卷第七五至七七期，1926年5月15日及29日。

空闲；二来是材料愈积愈多，既不忍轻易结束，尤不敢随便下笔。"然则关于这项工作的整理，不单是作者研究古史的旁证，且是一般读者的渴望了。这里《增刊》所登的，作者注为"第一次结账"。这个结账共分为三部分：（一）孟姜女故事历史的系统；（二）地域的系统；（三）研究的结论。其第一部分已登载于《现代评论》第七十五、七十六、七十七期中；为读者的便利起见，作者要求把第一部分再重登在《增刊》里，合起第二、第三两部份成一个完全的记载。于今就照作了。合共三万余字。

一、孟姜女故事历史的系统

（一）此故事最早见的，是《左传》。襄二十三年（公元前五四九）传说，齐将杞梁在莒国战死；齐侯回来，在郊中遇见杞梁之妻，使吊之。她以为郊中不是吊丧的地方，把他却去。因此，齐侯到她的家里吊了。在这一段记载里，只见得她是一个知礼的妇人。还有和杞梁同战的华还结果如何，书上没有记载。

（二）次见的是《檀弓》。它引曾子的话道："杞梁死，其妻迎其枢于路而哭之哀。"这是说明她遇见齐侯为的是迎枢；"哭之哀"三字又涂上了感情的色彩了。

（三）其次是《孟子》上的淳于髡的话。他道："王豹处于淇而河西善讴，绵驹处于高唐而齐右善歌，华周、杞梁之妻善哭其夫而变国俗。"他把杞梁妻的哭和王豹、绵驹的歌讴同举，并说因她的哭夫而变了国俗，可见齐国唱她的哭调的风气是很盛行的。据战国时的记载，雍门周以哭见孟尝君，孟尝君为之流涕狼戾；韩娥过雍门，曼声哀哭，一里老幼悲愁，其后雍门人善放娥之遗声：可见齐都中人的好唱哭调原是战国时的风气。所以我们可以怀疑淳于髡这话是倒果为因的：因为齐国有此风气，所以成了杞梁之妻的哭；她的哭中原有韩娥们的成分，她的故事中加入的哀哭一段事原是战国时音乐界风气的反映。

（四）在西汉时，她的故事依然向着这方面发展。枚乘《杂诗》说："上有弦歌声，音响一何悲？谁能为此曲，无乃杞梁妻？"王褒《洞箫赋》形容箫声的妙，说："钟期、牙、旷怅然而愕立兮，杞梁之妻不能为其气。"

（五）到西汉的后期，这个故事的中心忽从悲歌而变为崩城。刘向在《说苑》及《列女传》中都说她在夫死后向城而哭，城为之崩；《列女传》中并说她因无人可靠，赴淄水而死。这样的任性径行，和却郊吊的知礼的态度大不相同，刘向采入书中，可见"齐东野人"的传说的力量胜过了经典中的记载了。

（六）她哭崩的城的所在，东汉初年王充《论衡》里首说是杞城，并说给她哭崩了五丈（《变动篇》）。杞国当杞梁死时建都在缘陵（今山东昌乐县），离临淄很近，从莒到齐可以经过，这说如当实事看也说得通。顺从这一说的，有东汉末邯郸淳说的"杞崩城隅"（《曹娥碑》），西晋时崔豹说的"杞都城感之而颓"（《古今注》）。

（七）三国时，她的故事忽然出了一个非常可怪之论。曹植在《黄初六年令》中说"杞妻哭梁，山为之崩"，又于《精微篇》中说"杞妻哭死夫，梁山为之倾"，可见那时有她哭崩梁山的传说。这种传说在王充时还没有，所以他驳崩城之说时尚说"哭能崩城，复能坏山乎！"他从大处极力的一驳，哪知不久就从他驳诘的理由中生出了新的传说来了。梁山崩是春秋时的一件大事（成五年，公元前五八六），当然在山陕间可以构成一种传说。这种传说和杞妻的传说结合，主要的理由固然为了她的哀哭的感天，但一半也因了杞梁的字"梁"，与杞梁的氏"杞"而崩杞城一样。这种传说似乎并不普遍（曹植文中既说"崩山陨霜"，又说"崩城陨霜"），后来便歇绝了。李白诗中虽有"梁山感杞妻，恸哭为之倾"（《东海有勇妇》）的话，说不定他是沿袭曹植所用的典故（清《韩城县志》云："孟姜女祠在大崩村，今废。"或是这件故事的尾声）。

（八）东汉末，蔡邕著的《琴操》有《芑梁妻叹》一曲，这是第一次把她的歌辞写出的。歌道："乐莫乐兮新相知！悲莫悲兮生别离！哀感皇天城为堕！"上二句是《楚辞·少司命》中语，下一句是她自己说堕城，都很奇突。此后叙述她的歌曲的，有西晋崔豹《古今注》和五代马缟《中华古今注》，崔豹说此歌是她的妹明月所作，马缟说是她的妹朝日所作。

（九）后魏郦道元在《水经注》中说她哭崩的城是莒城（《沭水》条）。这或因《列女传》中有"枕其夫之尸于城下而哭"的话，杞梁既死于莒，其妻也应该到莒去哭，所以由他自己改定的。这句话因为没有传说在背后衬托，所以没有势力；只有明杨仪及清王照圆一班读书人才在《明良记》和《列女传注》中引了。

（十）《同贤记》（不知何人撰，见《瑨玉集》引；日本写本《瑨玉集》题天平十九年，即唐玄宗天宝六年（七四七），可见此书是中唐以前人所作,《同贤记》又在其前）说燕人杞良避始皇筑长城之役,逃入孟超后园;孟超女仲姿浴于池中,仰见之,请为其妻。杞良辞之。她说:"女人之体不得再见丈夫。"就告知父亲嫁他。夫妻礼毕,良回作所;主典怒其逃走,打杀之,筑城内。仲姿既知,往向城哭。死人白骨交横,不能辨别,乃刺指血滴白骨,云:"若是杞良骨者,血可流入。"沥至良骸,血流径入,便收归葬之。这个记载比较了以前的传说顿然换了一副新面目。第一,它把杞梁改名为良,并且变成了秦朝的燕人而筑长城了。第二,它把杞梁之妻的姓名说出了,是姓孟名仲姿。第三,杞良是避役被捉打杀,筑在长城内的,所以她要向城而哭。第四,筑入长城内的死尸太多,所以她要滴血认骨。这几点都很可注意。孟仲姿的姓名或是从孟姜讹变的,也许孟姜是从孟仲姿讹变的,现在没有证据,未能断定。说杞良为燕人,想因燕近长城之故,或者这一种传说是从燕地起来的。滴血认骨是六朝时盛行的一种信仰,萧综私发齐东昏墓一件事是一个证据。至于杞梁筑长城,孟仲姿哭长城,这里面自有复杂的原因。其一,是由于事实上的。隋唐间开边的武功极盛,长城是边疆上的屏障,戍役思家,闺人怀远,长城便是悲哀所集的中心。杞梁妻是以哭夫崩城著名的,但哭崩杞城和莒城与当时民众的情感不生什么联系,在他们的情感里非要求她哭崩长城不可。其二,是由于乐曲上的。乐曲里说到城的,大抵是描写筑城士卒的痛苦。如陈琳《饮马长城窟行》说"君独不见长城下死人骸骨相撑拄",王翰的诗说"长城道傍多白骨……云是秦王筑城卒……鬼哭啾啾声沸天",张籍《筑城曲》说"千人万人齐抱杵……军吏执鞭催作迟……杵声未定人皆死;家家养男当门户,今日作君城下土",都是。在这些歌词中,都有招他们的闺人去痛哭崩城的倾向。杞梁妻既以哭城和崩城著名,自然会得请她作这些歌词中的主人,把她的故事变为哭长城而收取了白骨归家了。

（十一）《文选集注》残卷（日本写本;罗振玉影印,题为"唐写";其中引及李善及五臣注,最早亦在中唐以后）曹植《求通亲亲表》的注中说,孟姿居近长城,正在后园池中游戏,杞梁避役到此,她反顾见之,请为夫妻。梁以不敢望贵人相采辞之;她说"妇人之体不可再为男子所见",遂与之交。后闻其死,往收其骸骨,知他筑在城中,便向城哭,城为之崩。城中骨乱难识,乃以泪点之,变成血。这段故事和《同贤记》所载极相像;说孟姿居近长城,和《同贤记》说杞良为燕人亦相近;又称孟仲姿为"孟姿",和孟姜一名更接近了。

（十二）敦煌石室中的藏书是唐至宋初人所写的。里边有一首小曲，格律颇近于《捣练子》；曲中称杞梁为"犯梁"，称其妻为"孟姜女"，又说"造得寒衣无人送，不免自家送征衣；长城路，实难行……愿身强健早还归"。这是开始从"夫死哭城"而变为"寻夫送衣"，孟姜女一名也坐实了。寻夫送衣一件事也是有来历的。我们读汉以后的诗，便可见用"捣衣"作题的特别多，这是因为沙场征戍客也特别多之故。如谢惠连的"裁用笥中刀，缝为万里衣"，柳恽的"念君方远徭，望妾理纨素"，庾信的"玉阶风转急，长城雪应暗"，杜甫的"宁辞捣衣倦，一寄塞垣深"，都是；但这是制衣付寄而不是自行。后来忍不住了（或是寻不到送衣的人），唐王建的《送衣曲》便道："去秋送衣渡黄河，今秋送衣上陇坂；妇人不知道径处，但问新移军近远……愿郎莫着裹尸归，愿妾不死长送衣！"她是一年一度的自己送去了。妇人送衣和杞梁妻有什么关系？唐皮日休《卒妻悲》云："河湟戍卒去，一半多不回……处处鲁人髻，家家杞妇哀。"原来她们把自己的哀感算做杞梁妻的哀感，她们要借了她的故事来消除自己的块垒呢！至于"孟姜"一名，三见《诗经·鄘风》和《郑风》，又都加上一个"美"字，说不定在春秋时即以为美女的通名，像现在说"西施"或"嫦娥"一样。《大雅》又称古公亶父妻为"姜女"，或许后来此名即与民众口头的"孟姜"相并合。杞梁之妻的名，或由孟姜移转而渐变为"孟姿"，以至"孟仲姿"（孟姜或由"姜嫄"致误，详说下陕西条）。

（十三）唐末周朴作《塞上行》，直用民众传说，云："长城哭崩后，寂寞到如今。"同时僧贯休做的《杞梁妻》也是这般，说："秦之无道兮四海枯，筑长城兮遮北胡；筑人筑土一万里，杞梁贞妇啼呜呜……再号杞梁骨出土，疲魂饥魄相逐归。"后人不知道那时的传说，单见贯休这诗，以为是他的无知妄作。例如顾炎武在《日知录》中骂的"并《左传》、《孟子》而未读"；汪价在《中州杂俎》中骂的"乖谬舛错，皆由僧贯休诗误也"。他们不知道一种传说能够使得文人引用，它的力量一定是大得超过了经典。贯休诗中这样说，正可见唐代盛行的孟姜女故事的面目是这样的呢。

（十四）北宋祥符中（一〇〇八——一〇一六），王梦徵作安肃的《姜女庙记》（一作《孟姜女练衣塘碑刻》）；此碑至明隆庆间发见。这是我们知道的孟姜女庙的最早的一个。又同官的孟姜女庙是北宋嘉祐中（一〇五六——一〇六三）县令宗谔重修的。因为她的人格日益伟大，所以列入了祀典。

（十五）南宋初，郑樵在《通志·乐略》中说稗官之流把杞梁之妻演成了万千言，可见那时有把这件故事作为小说或平话的。

（十六）约略与《通志》同时的《孟子疏》说："或云，齐庄公袭莒，战而死；其妻孟姜向城而哭，城为之崩。"这是杞梁之妻的孟姜一名见于经典的开始。

（十七）南宋周煇著的《北辕录》记淳熙四年（一一七七）贺金国生辰事，中云："至雍丘县，过范郎庙；其地名孟庄，庙塑孟姜女偶坐；配享者蒙恬将军也。"这是范郎之名见于载籍的第一次。雍丘原即西周时的杞国，那地又有孟庄，说不定这个庙宇是从她的姓和最初所说的哭崩的城上转出来的（现在的唱本和小说都说孟姜是孟家庄人）。至于"杞梁"的变为"范郎"乃是形讹（"杞"字一变而为《文选集注》的"圮"，再变而为敦煌小曲的"犯"，三变而为与犯同音的"范"）而兼音变。

（十八）元陶宗仪著的《辍耕录》中所载院本名目，在"打略拴搐"类里有《孟姜女》。院本是金国的剧本，或者这本戏是十二世纪中的产物。这是我们所知道的孟姜女戏剧中的最早一本。明沈璟著的《南九宫谱》中引《孟姜女传奇》二则：一是筑城者唱的，中有"本是簪缨裔……儒身挂荷衣"之句，可见其中说秦始皇用了儒生筑城；一是范郎的母亲唱的，中有"懊恨孤贫命，图一子晚景温存"之句，可见其中说范郎是由寡母抚育成人（元末高则诚做的《琵琶记》说"譬如范杞郎差去筑城池，他的娘亲怨望谁？"辞意与此同）。南曲谱虽未说明这一本传奇是何代人所作，但南曲导源于宋，南曲谱所引的曲文多是很古的，明徐渭《南词序录》所录"宋元旧篇"中有《孟姜女送寒衣》，疑即是此。如果这一个假设不误，这本戏可以定为我们所知道的孟姜女戏的第二本。元钟嗣成做的《录鬼簿》中，彰德人郑廷玉条下有《孟姜女送寒衣》，这是北曲中的整本孟姜女戏，可惜也失传了。在北曲中偶然说到孟姜女的地方，可以注意的有二条：一是马致远做的《任风子》，说"想当时范杞良筑在长城内"；一是武汉臣做的《生金阁》，说"杀坏了范杞梁"。在这两条中，可以知道元代的孟姜女故事对于范郎有斩杀的传说，又可见杞梁既因"杞"而改姓了范，但名中仍保存了杞字，变成了一个重床叠屋的姓名。后来"范希郎"、"范三郎"、"范四郎"、"范士郎"、"范喜郎"、"范杞良"、"范纪良"、"万喜良"，许多不同的名字就都在这上生发出来了。

（十九）从明代的中叶到末叶，这一百八十年中忽然各地都兴起了孟姜女立庙运动。这个运动缘何而起，我至今还没有明白；不过借此可见"孟姜女哭崩长城，携取了范杞梁尸骨"的一个传说的势力扩大了，逼得文人学者不能不承认它的历史上的地位了。天顺五年（一四六一）编成的《大明一统志》说："孟姜女本陕之同官人，秦时以夫死长城，自负遗骨以葬于县北三里许，死石穴中。"这大概是志书中正式记载这个后起的传说的第一回吧？同官之说，前所未闻；孟姜女成了同官人，于是她从齐籍转入了秦籍了。弘治五年（一四九二），杞县西滩堡建孟姜女庙，在周焯所见之外又多了一处（见《古今图书集成·职方典》三七八）。正德十四年（一五一九），张镇作安肃县知县，从古迹中剔得孟姜女祠，把它重建起来。在郑昱作的记中，说这是孟姜女的故里，有"濯衣塘"。这把她说成了燕国人，恐与《同贤记》所说的"燕人杞良"和《文选集注》所说的"居近长城"有些渊源，在记载中虽见得很晚，但这个传说的起源是很早的。嘉靖十三年（一五三四），湖南巡抚林大辂修澧州孟姜女祠。澧州人李如圭在祠记中说孟姜女是秦时澧州人，范郎供役长城，她在嘉山筑台而望；久待不归，乃亲去寻夫，这又把她说成了楚国人了。李如圭是知道同官的古迹的，所以他替这两种传说作伐，说澧州是她的生处，同官是她的死所。其后陕西人马理做的《同官孟姜庙碑记》、《孟姜女补传》及《孟姜女集》等就完全采用了这一说，甘心牺牲了《一统志》同官产之说了。隆庆三年（一五六九），周以庠作安肃知县，梦见了孟姜女，又寻得了北宋的石刻，就立孟姜女墓碑，又建忠节堂，祀他们夫妇。照这样说，孟姜女是生于安肃，又是葬于安肃的了。万历二十二年（一五九四），重修同官县庙。就是这一年，山海关尹张栋建贞女祠于山海关。她与山海关发生关系是最后起的传说，但到现在三百余年中是最占势力的。张时显做的碑文（一五九六）上说她姓许，居长，故名许孟姜；范郎到辽筑城，她前去寻觅，知道他已死，就痛哭而绝。又黄世康做的碑文（见《鬼冢志》附录）上也说她姓许，嫁给关中范植；范郎去后，寡姑亦死，她葬姑寻夫，见了白骨，痛哭三日夜而死；扶苏、蒙恬表封他们官爵，把他们合葬，这一天，飞沙凝成了望夫石，海中涌出了一个圆岛，就在岛上筑坟，石上建庙。在这个传说上应当注意的，她忽然姓了许，和她的丈夫合葬在山海关。至此，她的坟墓已有了四处：一是同官，二是安肃，三是山海关，还有一个早被人们忘却的临淄旧墓。崇祯十三年（一六四三），山海道副使范志完又把山海关的庙宇重修了。在不记年代的庙宇中，又有潼关一处。詹詹外史（冯梦龙的别号）的《情史》中说孟姜负骨归家，到潼关，筋力竭了，坐山旁而死；土人替她立庙。于是她的死所又多出了潼关一处；想来那地也是有她的坟墓的。

（二十）在明代中，各地的民间的孟姜女传说像春笋一般地透发出来，得到文人学士的承认。但是他们的承认是有条件的，因为他们已经读了书了，闻见广了，多少有些辨别推究的能力了。他们对于这种传说的态度，可以分做两种。第一是硬并，要把向来不同的传说并合到一条线上。例如上面举的同官和澧州各有孟姜女的传说，李如圭要把它们并合起来，说她是生在澧州而死在同官的。如此，这两个传说便可相容而不相冲突了。但这个伎俩是要碰壁的，例如安肃、山海关、潼关的传说，他便没有方法再去并合。何况同官的传说原说她是同官人，他何得牺牲了这个传说的一半，硬把澧州的并合上去！第二是硬分，要把变迁得面目不同的传说分别为漠不相关的两件事。例如《情史》中把杞梁妻和孟姜分做两人，黄世康碑文中说孟姜哭夫"有如杞妇，远追袭莒之魂"，王世懋《孟姜祠歌》说"精灵直偶杞梁妇"。这样处理，固然是最简便的解决方法，但又不免太不顾事实了。

（二十一）清宣统二年（一九一〇），上海推广马路，开至老北门城脚，得一石棺，中卧三尺余石像，当胸镌篆书"万杞梁"三字。上海的城是嘉靖三十二年（一五五三）筑的，这像当是筑城时所凿。筑城时何以要凿这一个像，这不得不取《孟姜仙女宝卷》的话作解答。宝卷上说秦始皇筑长城，太白星降童谣，说"姑苏有个万喜良，一人能抵万民亡；后封长城做大王，万里长城永坚刚"；于是秦皇下令捉他，筑在城内。这是江苏的传说，为的是太湖一带"范"和"万"的音不分，范姓转而为万，又加上了厌胜的信仰，以为造长城要伤一万生民，只有用了姓万的人葬在城内才可替代。上海既在这个传说的区域之内，筑城的年代又正值这件故事风靡一世，各处都造像立庙的时候，所以就凿了石像埋在城底，以求城墙的坚固。在这个传说里，说万喜良是苏州人，孟姜女是松江人。这也是现在最占势力的传说。

（二十二）清代学者是最淹博的，他们很瞧不起明代学者的浅陋，所以孟姜女的故事在明代虽蓬蓬勃勃地透露了出来，但一到了清代便不由得不从地平线上重压到地平线下去了。他们对于这件故事的意见，可以分为四派。第一派是只信《左传》而不信它书的，如顾炎武《日知录》、朱书《游历记存》等。他们说她既能却郊吊，又何至于路哭；齐君既能遣吊，又何至于使杞梁暴骨沟中。他们寻它的变迁，谁人始说崩城，谁人始说崩长城，分得十分清楚。他们对于这些变迁，虽是只骂前人的附会，但这件故事的演化的情状已能作大致的揭发了。第二派，信得宽了一点，可以信到汉人之说了，如钱曾《读书敏求记》和梁玉绳《瞥记》等。他们说崩的城是齐城，贯休之误是由于不考《列女传》。冯梦龙的《东周列国志》也是这样说。第三派是再宽一点，肯信哭崩长城之说了，但因要维持孟姜们是春秋时的齐人之故，所以说这个长城是齐的长城而不是秦的长城。例如《职方典》山海关条说"不知其谓长城者，乃泰山之下长城，非辽东之长城"；《长清县志》又据了《管子》"长城之阳，鲁也；长城之阴，齐也"，而说春秋时已有长城。其实若被她哭崩的城确是齐长城，何以哭崩秦长城的话未起时只听到崩杞城、崩莒城之说而听不到崩齐长城之说呢？第四派转了一个方向，说孟姜女不即是杞梁妻，也不是从杞梁妻传误的，乃是《汉书·匈奴传》中说的筑城的汉将之妻，即在丈夫死后把城修完的范夫人。主张这一说的有俞樾《小浮梅闲话》和何出光《木兰祠赛神曲》。他们把"范"字和"城"字固做对了，可惜把"杞梁"和"崩城"又做错了。

（二十三）从清代到现在，这件故事的方式大概如下：一，查拿逃走；二，花园遇见；三，临婚被捕；四，辞家送衣；五，哭倒长城；六，秦皇想娶她，她要求造坟造庙和御祭；七，祭毕自杀，秦皇失意而归。惟在蒙古车王府所藏唱本中见有数本，都说秦皇怜其贞节，赏与玉带，并无欲得之意；又陕西唱本说始皇封她为"贞烈女孟姜"，云南唱本也说秦王封她为"一品贞节夫人"，令澧州建造节孝牌坊：这三说较为别异。至于在生的地点上，以苏州（万）、松江（孟）为最有力，华州、余杭（范），务州、澧州（孟）次之；在死的地点上，几于一致地说是山海关，只有一小部分说是潼关和长安。李如圭所考定的一个是早已不通行的了。

二、地域的系统

以上所说的是就这一件故事的纵的系统上看。如果我们更就横的系统看，那就可以再得到以下许多（用现在的政治区域来分固未善，但在故事的区域未确定时只得暂用分省的办法）。

（一）山东

它是这件故事的出发点。事实发生在齐郊。哭调是在齐都中盛行的。《檀弓》和《孟子》的作者也都是山东人。汉代起来的传说说她投的淄水和崩的杞城也都在山东。所以在这件故事的初期七百余年（公元前五四九—公元二〇〇）之中，它的根据地全没有离开过山东的中部。就是后来郦道元说的莒城（今莒县），也是在山东。

在这个区域的古迹，杞梁故宅在益都县，杞梁墓在临淄县。又从张夏到泰安道中经过的长城铺（属长清县）说是孟姜故里，其地有姜女庙。临朐县南的穆陵关（齐长城的关）也有杞梁妻哭崩之说。她投水之处说在益都故宅西北二十里。总之，这些古迹都在临淄（齐都）的四围。

但是这个区域中的传说，现在是衰微极了，不但不能伸张它的势力到外面来，反而顺受了外面的传说的侵略。据济宁的传说，孟姜女是松江人；万喜良是苏州人，为避筑城逃到孟家入赘，年余后始因孟公庆寿而破露，捕埋城下；孟姜哭倒长城时，自身也压死在城下。那地又有"美孟姜"歌，也称她的夫为万喜良。在这种上面，很可见它受了江苏南部的影响。又齐东县《十二贤歌》称孟姜为"许孟姜"，这当是受的河南和直隶的影响。

在泰安买到的唱本，是北京的鼓词。济南瑞林斋有刻本《哭长城岭儿调》，其中事实和鼓词相同，只有说用了罗裙包夫骨而埋葬是小异。

（二）山西、陕西和湖北

三国时，曹植始言杞妻哭崩梁山。梁山向来说为河西韩城，清崔述始依了《诗经》和《左传》的证据说在河东（山西）；但他又说"当跨河在冀、雍之界上，故能阻塞河流"。大约山西和陕西的山虽给黄河破了开来，但山脉相连，河东梁山的对岸的山也可以加以同样的称谓。如果确是这样，我们可以说这件故事的区域是在今山西的西南部和陕西的东部。在这一个区域中，她的故事真多极了。

先说山西。曲沃县侯马镇南浍河桥土岸上有手迹数十，说是她送寒衣时经过浍水，水涨不得渡，以手拍南岸而哭，水就浅了下去；这手迹便是拍岸时所遗留。现在岸已崩徙，迹仍不灭。从这条路线上看，她寻夫时是从西南到东北的。又潞安也有姜女祠。

从侯马往西南，是陕西的潼关。明人冯梦龙的《情史》和汉口的《送衣哭夫卷》说她负骨归家，到潼关时力竭而死，潼关人替她立庙，这是说她死在潼关。江苏的《仙女宝卷》说她到潼关去寻夫，大哭崩城，这是说被她哭崩的城是潼关。

从潼关往西是华州。广西刻本《花幡记》和厦门刻本《哭倒万里长城歌》都说范杞郎是华州人。我起初寻不出它的原因，后来知道了：孟子说"华周杞梁之妻"，"周"和"州"同音，所以《汉书·古今人表》便写作"华州"；以误传误的结果，于是"华周和杞梁的两位夫人"竟变作了"华州人杞梁的夫人"了。

华州的西南是长安。云南唱本中说她到长安，对城踢脚大哭，北门城墙一齐崩倒。广西的《花幡记》也说她哭倒了长安的长城八百里。长安并没有长城，或许从这"长"字变化出来的。

长安的北面是耀县；耀县的北面是同官县；同官县的北面是宜君县。那三处是这件故事的最重要的地点，故事的性质也极悲壮。大意是说：孟姜负夫骸骨归来，沿了北洛水南奔；追兵将到，她逃到北高山（同官北五十里）中，渴极了，大哭，忽然地下涌出泉水来了（因为它的声音永远像呜咽一般，故名"哭泉"；又因是她的节烈之气所感，故名"烈泉"）。她又走了一回，倦得利害，逃不动了，追兵紧随在她的后面；正在无奈之际，忽然山峰转移，遮回了她，把追兵隔断了（后来这山就叫做"女回山"）。她走到同官水湾，气力已竭，把丈夫骸骨放在西山（一作"金山"）石穴下，自己坐在旁边死了。土人敬重她的贞节，就地埋葬；又塑了夫妇两像，立庙祭祀。石穴中有洞隙，祭祀的时候可以看见金钗的影子。这座庙在同官北三里，宜君南三十里，壤地交错，又涉及耀县，所以在这三县的志书上都有记载。《关中胜迹图志》说"女回山横断无路，忽道从峡口出"，可见其险。《耀州志》驳遮回之说，以为是负骸回经其间故名，这也不过用了常理来驳辨奇迹罢了。这件故事，犹存着汉代人烈性感天的想像，和崩山之说极相近。

《明一统志》说孟姜女是同官人。清《陕西通志》也这样说；又说适范植仅三日（《郡国志》同）。《耀州志》引乔世甯《孟姜女传》，说"秦法，役怠者辄填城土中死"，和《同贤记》所载相同，异乎江浙间厌胜之说。明季三原人马理作《孟姜女补传》、《祠碑记》、《孟姜女集》，为孟姜女故事的一个汇集，其中录同官传说尤多。但他和乔世甯一样地信了李如圭的话，一口咬定孟姜女是澧州人；他的碑记中又称为"前秦澧州人"，甚可异。他的文中称孟姜之夫为范喜，又范郎，又范喜郎，想来是以"喜"为名，以"郎"为称谓的。乔世甯说："其夫范氏，亡其名，称曰范郎。"也是以郎为称谓之词。最近西安文明堂刻本《铁角坟》十张纸说孟姜女配范三郎，婚后未满一个月就别了；她送寒衣去时，始皇封她为"贞烈女孟姜"。兴平万世堂刻本《王桂英哭杀场》中也是这样说，但又称她为"孟长姜"。秦腔中有《哭长城》剧本，但未见其书，不知道是怎样的。

再有一件奇怪的事情。明黄世康做的《山海关孟姜碑文》起首说她是"关中范植妇"，原和《陕西通志》的话一样；但下面说她"出秦岭而西，循漆川而北"，则便不可解。她住在关中，要到山海关寻夫，须向东北行才是，何以竟向西北走去呢？这恐怕是他误钞了陕西的传说，而陕西的传说乃是向西北的长城去收骨的（看他们说孟姜是同官人，又说她负骨沿北洛水南旋可知）。那么，陕西人说的哭崩的城，一定不是山海关和潼关，更说不到是杞城和莒城了。

至于同官一带的孟姜女故事何以会得这般发达，我敢作一假设，大约是由"姜嫄"转误的。《诗经·绵篇》说"民之初生，自土沮漆"，《生民篇》又说"厥初生民，时维姜嫄"，可见姜嫄原是沮漆间的伟大人物。沮水出宜君县北，漆水出同官县东北；两水把同官夹在里面，到耀县而合流。或者年代久远，姜嫄的奇迹渐渐失去，适有杞梁妻崩城和崩山的传说起来，那地的人就把她顶替了。如果这个假设将来有证实的时候，我敢说孟姜女一名亦即由姜嫄而来。

韩城县的大崩村也有孟姜女庙。照我们想，梁山在韩，这应当是崩山之说的残遗。但县志上说，"孟姜女石上手迹在大崩村长城旁，孟姜女寻夫，哭而城崩"，那么这个古迹也是归到崩城上的。或者崩城之说的势力太强了，他们只得把这大崩村的本地风光丢掉了。

甘肃方面的材料，除了敦煌写本小曲以外，没有得到什么。这自然因为交通不便之故。从前的玉门关的征戍客积了多少愁怨，送寒衣的故事一定是极占势力的，将来这一方面大有发见许多新材料的希望呢。

湖北汉口宏文堂刻有《送衣哭夫卷》，又题《宣讲适用送寒衣》。卷中说河南灵宝县人范杞良早丧父，年十八，母为娶姜家女孟姜。过了两天，他就被官差拉去筑城。范母念儿心切，过了三年，病死了。孟姜负土成坟既毕，就包了衣履寻夫。过了陕州，到潼关，向陕西行去。走了十余天，思念亡姑，在途痛哭，忽然面前起了一阵旋风，向北而行。她祷告之下，知道这是婆婆的鬼魂，就随着旋风走。又过了二十余天，逢见一老人，名塞翁；他告她，筑城的八十万人夫，不上一年已都拖死了，死后就填在城中；并告她，孝子的骨是洁白的，范杞良既孝，可滴血在洁白的骨上。她一路受仙人点化，菩萨保佑。到长城后，且哭且寻。第三天上还寻不到，她就把身子向城上撞去。忽然间天崩城裂，长城倒坏了三千余丈；反把孟姜倒退了三里远，晕死在地。她醒转时，望见长城已成平地，即走进城基，滴血试骨。寻得了丈夫的尸骸，哭了一会，忽然想起若被朝廷察觉，拿去问罪，岂不是连这尸骸也不得回乡，便急忙打开衣包，捆束好了背走，叫唤范郎冥魂跟着南行。她由神灵暗护，日夜行走，翻山过岭，脚不停留，七天七夜到了潼关。她两眼血淋，坐在落雁崖前，寸步难行。男女们数千人上山来看；她将夫骨放在身边，痛哭诉情，听的人没有一个不流泪的。过了三天三夜，她死了。潼关人敬重她，把他们夫妇尸骸合葬崖下，造烈女祠。在这一本卷里，是说她往西寻夫的，黄世康所说"出秦岭而西，循漆川而北"，正是她的路线。但什么地方是她取骨的所在，依然没有指出。我们可以说，这个故事大概是同官的故事的分化，潼关的冢墓是全钞金山岩的老文章的。湖北的西北部接着河南和陕西，说不定这件故事是灵宝至潼关间的故事，而从丹水和汉水流入湖北的。

湖北方面的材料现在得到的很少，仅知道汉口的戏剧中有《五仙女临凡》一本，是演孟姜女的，其中有"仙女下凡"及"哭长城"等节目。这戏当是用汉调唱的；看戏名可见其情节和江苏的《仙女宝卷》相近。

(三) 直隶、京兆和奉天

在这一个系统上，发见的材料中时代最早的是《同贤记》所说的"燕人杞良"。它的根据地现在有徐水（安肃）、山海关和绥中三处，但都是不相统属的。

徐水县治北里许，路西有村名小新安，相传是孟姜故里；村中有濯衣塘，说是孟姜女的浣衣处。旁有孟姜女祠，明正德间建；隆庆间掘得宋碣，又建忠节堂。堂侧有姜女墓。她的生死都在一地，和同官的传说相似。这地方所以有此传说，或者因范阳（故城在县治北固城镇）和范郎在文字上有些关系而然，但这只是一个极薄弱的假设而已。这个地点在故事中并不占势力，只因从前驿道所经（今京汉路仍之），容易给人看见，所以在游记上提到的也很多。

静海县在徐水东约二百里，那地有两种《孟姜卷》，也许留得一点徐水的传说。卷一大一小，僧人也唪诵。大卷未见。小卷说许孟姜七岁即念佛行善;十五岁,由父母命嫁范杞郎。刚三日,范即被点赴役。他不耐苦,逃归;给官兵追回,在长城堤打杀,筑在城内。他托梦给她,她就织了一领赭黄袍,又织寒衣(卷中描写织的花纹极详)。织就后亲自送去,把黄袍献与始皇。始皇要娶她,她请在葬夫后。她到长城堤下痛哭,土地与城隍把城墙推倒了。她滴血认骨,要求始皇用黄金棺殡殓,一下子撩了罗裙跳入水中。始皇敬重她,造了一座姜女庙。静海又有一歌云:"孟姜织黄袍,三百六十条;只为范杞郎,一年织一遭。"这把"捣衣"变成了"织衣",想来静海方面织黄袍的女工是很多的,从她们的意想里构成了这类的歌和卷。那地又有一谜,内有句云"哭倒长城十万里"。如果这样,她不但把长城完全哭倒,而且已超过了原有的长城十余倍了。

山海关也是道途所经,那里的风景尤好,而且是长城的终点,所以这个后起的地点可以压倒许多先前所称道的地点。关东八里有望夫石,石上有乱杵迹。这在当地人的心目中自然是以为孟姜是住在山海关的:因为她在本乡盼望这个远戍的丈夫,所以有望夫石;因为她预备寄寒衣时就在望夫石上捣衣,所以留下了许多乱杵迹。但这个地点给外来的人知道了,他们心中原有从南到北的孟姜女的,而山海关已是北方的边境,就把她的居住地武断为她的行程的终点,说这石是在她死后指定的,于是望夫的名义和捣衣的杵迹都没有了着落了。海涯外一里许有一小岛,夏天水涨时微露顶面,但无论怎样的大浪总打不到顶上草青处,冬天水冰之后是滑不可登的,这就是孟姜女的墓。《临榆县志》说:"有石出海上,形肖冢,人以为姜女坟。"言外颇有不信任之意。孟姜女庙就筑在望夫石上。那边的碑记一致地说她姓许,从陕西到此,痛哭而死。黄世康的碑文中又有"飞沙凝石,遂变望夫之形;圆岛涌波,忽示佳城之势"的奇迹。明陈绾《姜女坟》诗云:"孱躯虽死志未灰,化作望夫石礌礌;江枯海竭眼犹青,望入九原何日起。"这也是替后起的望夫石传说圆谎的。照这段故事看,范郎的白骨她早已滴血寻得了,还立在石上遥望有什么意义。又现在的唱本传说,凡是说她到山海关收尸的,总说秦始皇想娶她,这或者因孟姜女庙和秦皇岛太接近了,容易生出这个联想之故。据说京奉车过山海关长城时,常有几个年老的近处人在车上指着城缺,说:"现在这火车能够通过万里长城,全亏了孟姜女的一哭呵!"下面就紧接着讲这件故事。可见在他们的意想中,以为铁路的过道是孟姜女哭崩的。

直隶古北口有姜女祠。这和山海关一样，为的是一个关隘。

北京的大鼓书中有孟姜女寻夫，分《离乡》、《入梦》、《宿店》、《路叹》、《认骨》五折。结果，她是投海死的。又有《哭城牌子曲》，说她千里寻夫，被神风刮到山海关；始皇知道，赏给她羊脂玉带，表扬她的贞节。又有歇后语二则，表示范郎的被埋和孟姜的善哭。又从老妇人口中，知道她由葫芦中出生，这是江浙间的传说传到北方的。

奉天东南部的绥中县有孟姜祠，祠前有望夫石，相传即其墓。土人说秦始皇欲纳她为妃，她触石而死。绥中在山海关东北百余里，这个古迹当然是山海关的分支。在那地人的意想里，这方石有三种用处：一是望夫，二是尽节，三是葬身。

山海关为往来东三省必经之路，这件故事的势力既大，想来由此分化的当不止绥中一支。又朝鲜离直隶、奉天均近，去年马衡先生往游，购得朝鲜文《梁山伯》唱本而归，孟姜女的故事也未必没有流传。这都待将来的发见呢。

（四）河南

从《北辕录》中，知道宋代雍丘的孟庄有范郎庙，并以蒙恬配享，表示她哭崩的是秦的长城。雍丘即今杞县，在河南东部；孟庄在县治西二十里。这个孟庄后来就成为唱本、剧本中的"孟家庄"。当时所以在此立庙，或者因孟姜的"孟"字和孟庄有些关系而来。如果确是如此，那么，那个地方的人一定说孟姜是生长在杞县的了。

杞县西滩堡有孟姜女庙，明弘治五年建。这不知是否即孟庄的一个？

元代彰德人郑廷玉作的《孟姜女》杂剧，想来总写出些河南的故事，可惜已失传了。现在河南流行的《孟姜女》唱本有一种是极有势力的，东自开封，中经许昌，西至南阳，一律通行；不但有刻本，且有卖歌的乞丐歌唱着，民众口中成诵的也不少。这可以说是统一河南全境的唱本。其中事实的大概，是：江宁县富翁许员外，无子，晚得一女，因爷姓许，娘姓孟，认的干娘姓姜，故叫"许孟姜"。她十六岁时，配给城南同庚的范希郎。过门后不到一个月，秦始皇点民夫修边墙，就把他点了去。她有一天梦见丈夫，恐其苦寒，就辞别翁姑前往送衣。途中艰苦难行，为观音所救，送至边墙。她询问土夫，才知道丈夫不能受苦，给他们处死，葬在边墙里了。一时昏晕过去；阎王不收，又醒了过来。她望城痛哭，惊动了上天张玉皇，传旨打倒边墙，让她领取尸首。一霎时，龙王、雷公将边墙打倒了二三里。她滴血认尸后，正包裹欲走，忽然秦始皇来了；他见她美貌，要封她在昭阳。她要求四件事：一，银顶金棺成殓；二，文武百官穿孝；三，昏君随后拄哀杖；四，埋到东海岸上。他件件依了。工毕时，她就拉了罗裙蒙面，跳入江心。龙王把她救回龙宫，认作干女儿。这个唱本，把杞县一说完全丢了，反把她俩认为江宁人。我很怀疑这是江苏北部的故事而流入河南的。这有三个证据：第一，"江宁"在清代是江苏北部的省会；第二，"东海"想是指淮海一带的海，今江苏徐海道也有东海县（即海州）；第三，"江心"怕也是指宁、扬一带的江。总之，这三个地方都是江苏所有而是河南所没有的。江苏的徐州和河南的归德壤地相连，或许是从那里传过去的。倘使果是如此，则大可藉此窥见江苏北部的这一件故事的面目了（关于这一方面，至今没有集到一点材料）。

江苏南部最通行的《孟姜女唱春调》十二月的和四季的，开封的人也歌唱，"万"字不改为"范"。借此可见河南的故事受江苏方面的影响之大。

云南传说说范希郎是陈州人（今为淮阳县），这也许和杞县有些关系。厦门《御前清曲》说范杞郎是叶（葉）州人，倘不是指的叶县，便是华（華）州的误写。汉口《送衣哭夫》卷说范杞良是陕州灵宝县人，那边离山西的曲沃和陕西的潼关都近，恐有那些来历。

以上三说，都是说孟姜的丈夫是河南人的。

（五）湖南和云南

湖南的孟姜女故事似乎到明代才露脸的，但很不可轻视。临澧境内有"姜女汶"，为澧水所经；它的南岸有小山，顶有"姜女庙"，建筑已旧。临澧东境为澧县，县治东四十余里有"新洲"（一作东南三十里"新城镇"），洲有"嘉山"，一名"孟姜山"，面临澧水，风景秀丽。上有"姜女庙"，甚堂皇。庙前一峰名"望夫台"，是孟姜女望范郎处。山下有石四方，各尺许，光明可照，传为"姜女镜石"，石上有很清楚的脚迹（今石已堕入水中）。台旁有小竹，名"绣竹"，一名"刺竹"，叶子破碎得像丝缕一般。相传孟姜女到台上望夫，一路做着针黹，随手把针划叶，后来就变成了新种。孟姜女的故宅在山麓。明嘉靖十三年（一五三四），湖南巡抚林大辂和澧州知州汪倬增修庙宇，名"贞烈祠"，又有"百炼堂"。里人李如圭作祠记，说孟姜女是秦时本州人，夫范郎往筑长城，她在山上筑台而望；久久不归，她不惮险远，亲往寻觅；但寻夫之后莫知所终。李如圭是到过同官，听得那边的故事的，于是他并合了两处的话，说她是生在澧州而死在同官的。后人信这说的很多，澧州便真成了她的出生地了。

这件故事，依我的猜测，和舜妃是有关系的。《山海经·中山经》云："洞庭之山，帝之二女居之，是常游于江渊，澧沅之风，交潇湘之渊，是在九江之间，出入必以飘风暴雨。"这是说洞庭的女神常游于江、澧、沅、湘之间，以至常有风雨，原为楚人对于洞庭多风雨的一种神话的解释。《楚辞·九歌》中有《湘君》和《湘夫人》二篇，叙述相思望远之情，非常的轻迅跌丽。篇中都有"捐余玦（一作袂）兮江中，遗余佩（一作褋）兮醴浦"的话，"醴"即"澧"。湘君和湘夫人当然都是湘水之神；篇中有"帝子降兮北渚"的话，或即《山海经》的"帝之二女"。自战国末以"帝"为人王阶位的称号，又适有舜娶尧二女的传说，于是秦博士就说湘君是尧女。适会舜有"野死"之说，于是《述异记》和《博物志》等书都说舜崩于苍梧之野，尧之二女娥皇、女英追之不及，相与恸哭，以涕挥竹，竹上文为之斑斑然；其地又有"相思宫"、"望帝台"（这种话虽初见于晋人的书，但看秦博士的话，这种传说是早应有的）。因为有这个传说，所以洞庭东岸有"黄陵庙"祀尧女。又因尧女有这样一段哀艳的故事，和杞梁妻很相像，所以容易起人联想，例如庾信《哀江南赋》云，"城崩杞妇之哭，血染湘妃之泪"，又《拟咏怀》云，"啼枯湘水竹，哭坏杞梁城"，都是。临澧和澧县在洞庭之西，正是帝女湘君游嬉的地方，与黄陵庙亦遥遥相对。说不定舜妃的故事传去之后，他们把帝子湘君忘了；孟姜女的故事传去之后，他们又把舜妃忘了，把舜妃那一套家伙都赠与她了：所以舜妃有"望帝台"而孟姜女有"望夫台"，舜妃挥泪于竹而成斑文而孟姜女也把针划叶而成"绣竹"。

湖南西部的乾城县的民歌说孟姜女寻夫有"踢一脚来哭一声，万里城墙齐齐崩"的话。城崩由于脚踢，和云南传说相同。

湖南的孟姜女故事在东面几省似乎毫没有势力，但西面的云南省则颇受到它的影响。昆明的孟姜女故事的唱词有三种：一，《孟姜女寻夫》，是卖唱的瞎子们唱的；二，《孟姜女哭夫》，是小孩子们唱的；这两种都是小曲。三，《孟姜女全传》，分《鸳鸯配》、《尽忠义》、《阴曹府》、《平山岭》四卷，很像弹词，是和着金钱板、道琴等乐器而唱的。全传书首叙述历代沿革，至"嘉庆皇帝登龙位"而止，自是嘉庆间人作的。内容大概说：秦朝湖广澧州孟家庄富翁孟老者，妻王氏，生女孟姜女。孟姜年十六，父年已近八十，亟欲替她招赘。一天，老者得梦，土地指示他，明天有一少年来借宿，可招为婿。果然，翌日有一自称应考归家的范希郎叩门借宿，老者问明来历，知道是陈州范员外第三公子，就把他招赘了。成婚三日，忽有钦差牟合来拿逃兵，他们才知道秦王筑长城，范郎被征当兵，因他生得伶俐，秦王赐给他令箭、飞虎旗，叫他管十万人马。他在沙场贪了玩耍，天天打阵摸混江（当是赌名），把赐来的东西都输去了。秦王知道大怒，贬他亲自筑城。日挑土，夜挑砖，受苦不过，逃了回来，哪知竟结下了这重姻缘。这时范郎被捕，姜女送了一程，痛哭而回。他到了京师，秦王令御林军将他四十军棍打死，尸骸筑在长城之内，使他永世不得翻身。姜女在家等了三年，杳无信息，朝夕啼哭，哭声惊动了森罗大王，命判官查生死簿，知道范郎是娄金狗转世，姜女是鬼金羊转世；范郎阳寿未绝，死后居枉死城中。他便放他出来，令他托梦与妻。他告她，他的父名范德仲；又请她前往长安收取尸骨。她醒来，就别父母向长安而去。到平山袁达关，为强盗所抢，锁闭后堂；幸牢头好心私放。到界牌路，不能辨路，跌死尘埃；太白星君下凡救她，把她渡过洋子江，又赐她乌鸦一对领路，她跟着到长安。乌鸦站在长城上，她就对城踢脚大哭，北门城墙一齐崩倒。她滴血认骨，滴到第七尸，认到了。巡城官周易感她的孝（意义见下），带她上朝启奏。秦王嘉其千里寻夫的大孝，传旨将尸领回，封她为一品贞节夫人，令澧州知州当衙建造节孝牌坊，上写"冰壶玉洁节孝孟姜女坊"十大字。她到澧州，知州迎旨，吩咐人马轿子送她归家。她到家时，知道二亲都已身亡，愈加悲哭。忽然想起范郎托梦的话，陈州有他的父母兄长，就派人接到澧州，合为一家。姜女寿至九十九岁。这一个传说如果确与澧州方面的一样（过袁达关时，叙述湖广及澧州的钱粮和风景等甚详，想来未必是云南人作的），那么，孟姜寻得了夫骨之后原是安安稳稳地回家的，说不定澧州还有她的坟墓呢。

云南南部的个旧县有歌云："你是山中一块柴，拿来人间做骨牌……低头吃水孟姜女。"可见云南有把她的故事画上骨牌的；画中作低头吃水之状，当是受陕西哭泉的影响。

四川和贵州方面的材料全没有得到（云南刻本《孟姜女全传》虽标"西蜀荣焕堂刻本"，但据陈松年的证明，乃由荣焕堂的主人系川籍之故）。云南既能隔省而受湖南和陕西的影响，想来那两省的传说也是属于这一系统的。

(六) 广东和广西

广东海丰客家族说孟姜女是一个孝女。她的父亲给人埋在长城下；她傍城大哭，城墙为她倒塌了八百里，她把父尸觅到了。后来补筑倒塌的城墙，终于随筑随崩，故至今长城依然留着缺处。又海丰《十二月山歌》也说"哭崩长城八百里"（广西《花幡记》也这样说）。海丰《邪歌》有"四角面巾涂里拖，中央绣出孟姜女"的话，可见这件故事有登入绣货的。又有二谜，把孟姜女做谜面。海丰东面的潮州，歌曲中有《送寒衣》，见《百代公司留声片目录》。

以上诸项，别的都很平常，惟独说孟姜女为孝女是一件可惊诧的事实。这个疑窦直到见了广西的唱本时方才明白。广西刻本《歌钱临风》中列孟姜女为"二十四孝"之一，但只说她寻丈夫的骸骨，又《花幡记》也以"目莲救母"、"孟宗哭竹"等起，而以她的"送寒衣"为行孝之一。读了这些，才知道那边的人民不但称子女善事父母为孝，即妻妾的善事夫君也是一例地称为孝的。后得云南的《孟姜女全传》，说城官和秦王都为她的孝心所感动，始知道西南各省关于这一义是很普遍的。孟姜的变为"孝女"而寻父尸，当然由此转讹。

福佬族对于这件故事的传说，是：秦始皇有一宝鞭，给他一打，天下的石都归到长城下。孟姜女的丈夫被点，身弱不能作工，不久死去，给人埋在城下。孟姜女寻到长城，知其已死，大哭不已，感动了天地，上帝命五雷下降，把城墙裂开，由她取了骸骨。

广东三点会祭陈玉兰姑嫂时，须读一篇很长的哀歌，里面也有"孟姜女寻夫"的故事。

广西象县的传说，是：范四郎为秦始皇点去造长城，吃不惯苦，私下逃走。六月六日那一天，风俗上不论男女，为要被除灾难晦气，都要到莲塘洗澡。孟姜女在家中莲塘举行被除，刚刚解开罗裙，忽见对面塘边有一男子伸首私窥。她因私处已给他瞧见，除死以外只有嫁给他的一法，就嫁与了。谁知结婚未满三朝，给官差侦知，把他拿去，舂在城墙内。她到长城，寻了七天七夜，横尸太多，寻不到。感动了太白金星，趁她昏死的时候，把她的灵魂引到丈夫被舂的地方，并教说她滴血之法。她醒来时，照了他的话，还是寻不到。她气急大哭，哀声震动了天地，城就崩倒了。她寻得了骸骨，负归埋葬。在这一则故事里，还保存了《同贤记》所写的形式。

象县的《孟姜女十二月歌》，意境与江苏唱春调所叙相同，完全是闺怨之辞，不说到寻夫的事实。其中称夫为"范士郎"。

桂林文茂堂刻本《孟姜女花幡记》有较完备的叙述。它说，东京秦王抽民丁筑长城，华州范杞郎只十五岁，也被抽去。他不堪其苦，夜行日藏地逃入务州（亦作武州）。务州富家女孟姜女正在思嫁，她到泗水烧香，许下三愿：凡见她在杨柳树下脱衣裳的，见她在百花楼上巧梳妆的，见她针黹穿线绣鸳鸯的，就愿意嫁给他。六月中，她在园中池塘洗浴，把衣衫挂在杨柳树上，轻轻下水；忽见树上有人，忙穿了衣问他，知道他是范郎。她便叫他下水，和她成双。他不肯，她加以恫喝，说："如若不然，便要报官捉你这个从长安逃出的民丁了！"范郎惊怕，只得在杨柳树下依了她的请求。她带他见父母，说明情由，交拜成亲。那时夫妇谐和，如鱼得水。一天蒙恬点工，少了范郎一人；追到武州褚光县，知道他躲在孟家庄已历两个月了。他捉去后，就被蒙恬腰斩，筑在长城里。他的灵魂变了凤凰，衔书与孟姜，嘱她早嫁。她不听，做了寒衣亲自送去。一路经过泗州堂、蟒蛇村、饿虎村、雪雨村、山林、桂香村，到泗州，遭逢诸般苦辱。泗州没有船渡，龙王差野又把她渡过了。到长城后，不见范郎，在城边哭了七天七夜，哭倒了长安的长城八百里。感动了太白星，指示她觅尸的法子。觅到后解下衣衫包了，把三尺白罗当作花幡，引了亡魂走出长安。蒙恬奏知始皇，捉孟姜上殿。始皇见她貌美，要册立她为皇后。她要求三件事：一，斩蒙恬，伸夫冤；二，唤僧道做斋诵经；三，御驾亲祭范郎，送他归天。始皇一一依了。她捧了香炉，在江边祝告范郎："有灵有威神灵现，鬼灵无感嫁君王！"说话未了，范郎显灵立在黑云头，一朵黄云托起了孟姜女，升天去了。蒙恬鬼魂呼冤，她说："我们都是星宿，是五行的相克呢！"这一篇故事极可注意：第一，她在杨柳树下逼范郎成亲，和《文选集注》所引同；第二，她包了尸骨，用花幡引亡魂出长安，与贯休诗"疲魂饥魄相逐归"语意同。恐怕广西的传说还保存得唐代的这件故事的大概。那时的孟姜女是一个活泼泼的女子，并不曾受过诗礼的化育；那时寻尸的结果是要归葬，并没有要挟了秦始皇去办国葬呵。

这个唱本里又有几处应当注意的：一是崩的长城在长安；二是泗州和武州（或务州之讹）的地名。书中说及泗州六次，务州二次，武州一次。而且孟姜女一出门已到了泗州堂，经了许多山村快到长城时又是泗州，可见作者眼底的"天下"是很小的。泗州在安徽的东北，错入江苏的西北部。武州，历史上共有六个，其中一个是下邳（见《隋书·地理志》），离泗州极近，不知是否即此。如果是此，那么，这和河南最通行的一个唱本怕有些关系了。"务州"当是"武州"之讹。如果"武州"反是"务州"之讹，那么，浙江的金华县是隋置的"婺州"，或许是"婺"字传误的。又按，务州之说在南部诸省中甚有力，不但孟姜女的故事如此，广东海丰的梁山伯和祝英台的《节义全歌》也说"务州梁家一子儿。"

（七）福建

南宋时，莆田人郑樵在《通志》中说稗官演杞梁之妻的故事成万千言，邵武士人所作的《孟子疏》又以"孟姜"二字入《疏》，想见当时福建方面这个传说的有力。

福州平讲曲有《姜姬英女运骸》一本，言华周死于莒，他的妻姜姬英备足了金银亲往赎尸，挈婢同行，途中历尽艰苦；至九龙山，为强盗所追，华周鬼魂救之得脱。这是杞梁妻故事的分化。

近年福州儒家班中有《孟姜女》一本，中分《长亭别》、《遇盗》、《过关歌》等阕。《过关歌》有旧唱和新唱两种：旧唱即是浙江的《孟姜女四季歌》；新唱也是闺怨体。《遇盗》中有"恨恶仆起谋心将婢来害，可怜奴孤身失落山林"之句，和浙江、江苏的故事相同。

厦门调有《捉杞郎》，见《百代公司唱片目》。厦门的《御前清曲》是采元明杂剧散套译为土语的，因康熙中曾一度进御故名；曲中关于这件故事的有五阕，一为《路叹》，二为《到长城》，三为《见蒙恬将军》，四、五为《哭夫》；中说范杞郎是叶州门道村的秀才，早丧父母。厦门又有通行的唱本两种：一即桂林《花幡记》；一是《孟姜女哭倒万里长城歌》，厦门人敕桃仙用土话编的。歌中说，武州孟家庄的姜女在家思嫁，在城隍庙烧香许愿。六月到园内洗浴，遇见杞郎，成了婚配（情节与《花幡记》同）。蒙恬点军，不见杞郎；屈指一算，知道他逃在孟家，便派兵捉获，押到长城斩了，葬在城内。他的灵魂变了莺哥，到姜女处报说他死了。她做了衣送去，经过了泗州堂、百花巷、西山当、大东山、恶蛇村、猛虎埔、麒麟墼、太行山、树林堂、洋子江、三条路，碰到了许多危险；由神灵保护，始得过去。太白金星化做白鹤，把她引到了长城。她问番官，知道杞郎已死，大哭，哭倒了长城数百里。杞郎神魂灵应，三十六骨化为一堆。她滴血觅得后，用衫裙包骨，脱乌巾做幡，烧化纸钱，引魂还去。蒙恬把她捉到宫中，秦王要娶她做后；她要求了建庙宇、杀蒙恬、亲身下愿几件事情，他都依了。三个月后杞良庙宇造好，姜女入庙行香，蒙恬破腹斩首以祭。杞郎神魂化做祥云，她就逃入。秦王见其白日上天，骂为妖精。她在云头回骂三声，骂得他两脚浮浮，落在东海里做了一头春牛；年年春天给人看，留下了万古的恶名。这篇故事是大体根据于《花幡记》的。

(八) 浙江

平湖县治东二十九里有苦竹山，又名捣衣山，离乍浦镇二里，高丈余，广数亩。山下有"孟姜捣衣石"，旧名"一片石"。乍浦八景，其六曰"孟姜捣石"。乍浦又有孟姜故居。这一说只见于《平湖县志》，或者是早已忘却的传说了。《花幡记》说姜女住在务州；务州若是"婺州"之误，那么金华或许也有孟姜故居。

绍兴一带是孟姜女故事极盛行的地方。"目连戏"中有"孟姜女戏"，戏中的故事大概是：有两个贼到一个员外的家里偷南瓜，回来剖开，里边乃是一个人。他们怕了，送回去。员外把这孩子养大，名为万喜良，后来秦始皇造万里长城，要有一万人筑在城里，惟有万喜良一人可以抵当万人，便下令捉拿。孟姜女也不是人生的，是在葫芦里生的。又绍兴中秋祀月必供南瓜，相传古时有月华堕入瓜内，剖开看时成一女子，即孟姜。这些传说有两点是该注意的：其一，万喜良和孟姜的本体就是神仙，不像他处的传说必须死后成神或神人投胎；其二，是把这件故事落在厌胜的模型里，不像别的地方说范郎因私逃被杀或体弱病死而筑在长城内的。厌胜的传说，江浙一带都很流行。就绍兴说，明知府汤绍恩在三江筑应宿闸不成，梦神告须用木龙血胶合；正踌躇间，忽见一学童的书包上署名莫龙，顿悟神语，执置之石下，闸基乃固；后在闸旁立莫龙庙祀他。近年造沪杭甬铁路到曹娥江，预备筑铁桥，适教育厅调查学龄儿童，一时谣言蜂起，说凡是调查到的儿童都要填塞在桥底的。因为有了这种背景，所以这件故事也就跟着变了。

绍兴流行的《孟姜女四季歌》，即是福州的《过关歌·旧唱》；不知道这是那里做了流到那里的。至《十二月花名歌》，则是江苏的歌而流入浙江的，因为唱春调是江苏的调子。这歌几乎在浙江全境内通行。

浙江的孟姜女唱本似乎都是江苏传过去的，惟宁波老凤英斋刻的《孟姜女五更调》是用宁波话做的。

绍兴道士作法事，内有"翻九楼"一项，高搭了棹子翻弄花样；花样中的一种唤做"孟姜女纺花"。平湖"羊皮戏"（剪羊皮作的影戏）中亦有孟姜女送衣事。又男巫祭神和石匠工作时所唱辞也都有此。摸数算命和鸟衔牌算命中也都有画孟姜女的牌。又骨牌游戏中有一种排列猜枚的方式，唤做"孟姜女寻夫"。

上海印的唱本和演的戏剧，有几种说范纪良是余杭人。余杭离平湖不远，或许是捣衣山的故事所演化的。今将《戏考》中《万里寻夫》和弹词本《孟姜女》合叙于下。秦朝的兵部尚书余杭人范启忠与赵高不睦，死后其妻蔡氏继逝，单传一子纪良，在家读书。始皇要造万里长城，赵高借此报仇，说长城工程浩大，须伤百姓万人；范纪良是一个奇异之人，若得他祭禳，可抵万人之用。始皇准奏，令蒙恬前往捉拿。吏部尚书李洪和范启忠交好，派人急速送信。纪良逃到松江，进孟隆德花园歇息。隆德亦曾官上大夫，因始皇无道，告老还家。他只有一女名孟姜，因曾梦见观音，对她说必须见她肌肤的人才可嫁，故父母和她议婚她都不愿。这一天，她在园中扑蝶，用力过猛，扇落池内。她正挽起衣袖，探水取扇，纪良怕她跌下，不觉喊声"小心"。她见了他，询问来历；他直说了。她因臂膊已给他瞧见，便禀明父母嫁他。不意仆人呼唤傧相喜娘，消息漏出，给蒙恬捕去；始皇令在长城下斩了。孟姜备了寒衣，亲自送去，由仆人孟兴、婢女春兰伴送。途中孟兴起了不良之心，将春兰推落涧中，逼孟姜和他成亲。她假说要取山腰红花为媒，把他也推落涧中去了。她独行到了顺天，关官疑她是流娼，要她唱曲，她就唱了一首《四季歌》（即福州《过关歌·旧唱》）。她到长城，知道丈夫已死，大哭，哭崩了长城墙的一角。蒙恬见了她，送至朝中；始皇欲封她为妃。她要求三事：一，将范纪良尸首礼葬；二，满朝文武挂孝；三，礼毕到望萍桥望乡。始皇一一依了。礼毕，她回转行台，修书与母诀别，就到桥上跳水而死。孟隆德接到这信，由别房过继螟蛉；范家也立了嗣。在这个故事里，多出了范郎父亲的和赵高结怨，观音的托梦给孟姜女，孟兴的杀婢欺主，关官的勒迫唱曲等等，和江苏的故事同了一半。

（九）江苏

江苏南部的孟姜女故事是最后起而现在最占势力的。凡是这一方面的故事，都说孟姜女是华亭县人，万喜良是苏州元和县人。因为江苏的文化发达，上海书肆操着全国书籍的发行权，所以上海石印的孟姜女唱本直销到浙江、福建、湖北、山东、河南、山西诸省，无形中改变了全国民众对于这件故事的记忆。现在北京的秦腔女演员演孟姜女剧，也说孟姜的丈夫姓万而是元和县人了，她过关时也唱花名歌词了；湖北熊佛西先生在美国寄回来的《长城之神》的剧本也以"万喜良"为名了，孟姜女的嫁他也以"扑蝶落扇，臂为他见"为原因了。

江苏南部民间最流行的是唱春调的《孟姜女十二月花名》，或是由十二月花名节缩而成的《四季花名》。这种歌也传到浙江、湖北、河南等处，浙西尤通行。歌中全是闺怨之词，借了孟姜女的名字而写出思妇的悲哀，和这件故事的本身并没有什么关系。例如"桑篮挂拉桑树上，勒把眼泪勒把桑"，不即是唐人诗中的"提笼忘采叶，昨夜梦渔阳"吗？"满满斟杯奴不喝，无夫饮酒不成双"，也不即是《诗经》中的"岂无膏沐，谁适为容"吗？但新编的《孟姜女特别花名》（上海久益斋石印本）和《最新孟姜女十二月花名》（南京刻本）都是有本事的了。又苏州恒志书社刻本《孟姜女五更调》说"听唱好新闻，新闻有名声"，又把这件故事认作了新闻了。

河南唱本说范和孟都是江宁人，不知道在江宁本地有这个传说没有？普通都说孟姜为华亭人，当是由华州演变来的。孟姜生于南瓜中的传说，民众间亦承认，但不及绍兴的普徧。又苏州有"裙带鱼（狭长的海鱼）为孟姜女的脚带所变成"的传说。

有一个最通行的唱本名《孟姜女万里寻夫》，不知道印过几千万册了，几乎每个小书摊上都找得到，各省也都传去了。这唱本上说，秦始皇造长城，没有神仙不能造成，伤百姓太多；天上神仙知道了，化了凡人送信，说苏州万喜良可抵一万人。始皇听得大悦，立下皇榜捉他。榜文挂到苏州，万员外打发儿子逃生。他逃到松江，匿在孟家花园的树下。这天孟姜到园游玩，一阵狂风，把她的扇子吹入池中；唤婢不来，她就脱去了衣服下池捞取。忽见树下有人，问知其故，她便说："我是立过海誓山盟愿的，见我白肉的是我的夫君；现在我就嫁给你！"同到父母处，说了。正在挂灯结彩，给外面知道，把孟家围住。喜良捆绑上船，到长城时已患病；筑城三天就死了。孟姜准备寒衣，叫孟兴送去。孟兴知道喜良已死，到苏州嫖赌完了。孟姜梦见喜良，得悉实情，决心自送寒衣。过了终七，辞别父母而行。她经苏州后，到浒墅关，关官逼她唱曲，她就唱了《十二月花名》。一路走去，经过望亭、无锡、高桥、六社、横林、戚墅、丁堰、常州。她到清凉寺中叩祷，观音命韦驮和城隍保护，土地引路，限于七日七夜内到长城。从此经丹阳、镇江、黄河，到长城。她向城大哭；喜良阴魂显圣，城倒露出尸骨，她滴血认了。軧子报了上去，把她解至金殿。始皇见她貌美，要封为正宫。她要求三事：一，制长桥一座，十里长，十里阔；二，十里方山造坟墩；三，万岁身穿麻衣到坟前祭奠。他件件都依了。工竣后，排驾起行，过长城，上长桥，过了长桥到坟前。祭毕，始皇要她同回宫庭；她骂了他一顿，投入长桥下死了。皇后知道，封他们夫妇为"大王"和"天仙"，又骂始皇无道。他大怒，绑皇后到法场。太后知道，赦回皇后，封赠喜良们。这个故事除了末段的滑稽趣味以外，可注意的是它所用的地名。它记苏州到常州的驿站很清楚（即今沪宁路所过的几个站），但常州以西就只知道丹阳、镇江两个大城，过了镇江就只知道是黄河与长城了。在这样寒俭的地理知识上，可以见出作者确是一个苏州的民众文学家。

还有一本《孟姜仙女宝卷》，也是很通行的。现在所知道的它的流传的地方，已有浙江、广东、广西诸省了。卷中说，冬至节，诸仙叩贺玉帝退班后，各自游行三界。仙姬宫管蚕桑的七姑星，斗鸡宫管禾苗的芒童仙官，游到南天门前，望见下界杀气冲天。芒童仙知道秦皇要造万里长城，立愿去救万民灾祸。七姑仙劝住他，不听。她心中不安，要救仙弟的难，也下凡了。芒童仙投到苏州万家，名喜良，父万天心，母郑氏。七姑仙到华亭，不愿受胎产的血污狼藉，见孟家庄冬瓜甚大，就遁入瓜中。这一颗冬瓜，是孟家仆人孟兴所种，但瓜藤牵到隔邻姜家而生。孟家主人孟隆德是一个财主，没有子女。姜家只有一个年近八十的老婆婆，孤苦非凡。这天孟兴去采瓜，姜婆因生在她的地方，和他争夺。地保判断，两家对分。孟兴正要切下时，仙女在瓜中着急大叫。他们大胆问明，在边上剖开，只见里面端坐着一个女孩。孟兴把女孩抱去；姜婆抢不到手，奔到县署声冤。县主断此女为两家公有，取名孟姜女；姜婆和孟公合为一家。两家都满意而退。不久，姜婆死了。孟姜长成，父母要替她招赘；她说愿意修行侍亲。其实，她很明白，她此来是为接应仙弟的，不过借此推托而已。一天，玉帝登坛，查悉他们私自下凡之事，大怒，命太白金星降下童谣。始皇听得童谣中有"姑苏有个万喜良，一人能抵万民亡"的话，就出皇榜捉拿。喜良逃到松江，见座花园，挨进暂停。其时孟姜念佛课毕，到花园散心，忽然一阵狂风，把她吹跌莲池之内。她连叫救命，惊动喜良，跑出挽她起来。孟公出来，问了他的来历，孟姜心中明白，是为了结这一段尘缘来的。孟公向他说亲，即行喜礼。不料给钦差知道，在合卺时捕去了。他到了长城，城官因其代万民而死，侍奉十分殷勤。李斯奏请郊天祭地，赐万喜良王爵，封为"长城万里侯万王尊神"。始皇从之，亲往致祭（祭文上写"正统十年"）。他一路受尽惊吓，已病半月，此时魂不附体，如木偶一般。太监、武士等替他换了衣冠蟒袍，扛在长城地坑中，四面泥土掩定。他一灵回家，托梦给父母，说封了万里侯，死也甘心了。他又到孟姜处去，见她正在哭着，说："当年劝你不要下凡，你不听我，现在害得奴同来受苦！"他托梦与她，嘱其亲到长城，请始皇敕建"万王神庙"。她辞别父母，哭泣上路。到了潼关，大哭一声，城头坍了；原来喜良显灵，把他的尸骨露了出来。潼关总兵把她解到金殿；始皇见其美，要她嫁与。她要求三事：一，造丘坟；二，造万王庙；三，御驾亲祭。他一一依了。一个月后完工，始皇亲祭，焚帛烧锭，火光熊熊。她渐渐近火，始皇正唤她留心，她已跳到火里，化作一阵青烟，上天去了。始皇叫苦连天，命人寻看尸骨，但毫无踪影。他疑心孟姜是仙女，又在万王庙旁造起仙女宫来。孟隆德与万天心本是好友，此时万家老夫妇把住宅舍与常州清凉寺，遣散僮仆，住在孟家。四老一同念佛修道，南海大士前往点度。孟姜上天，和喜良相见，携手同归，拜见四位父母。大士降临，带领他们同见玉帝。家僮使女从长城归来，只见四老盘足而坐，音乐喧天，冉冉脱凡上天去了。大士向玉帝说情，赦芒童和七姑无罪，复原职；四老也派了天官职事。这篇故事，婆子气重极了，只因"宣卷"的事本是在婆子社会中流行的。它说万喜良本是为救万民来的，孟姜女本是为救仙弟来的，而又未经投胎，不昧本性，一切的痛苦都是她预料到的，太白星的降童谣是为完成喜良们的志愿的，她跌到池内是给风吹下的（无扑蝶的游戏，也没有裸浴的轻荡），喜良葬在长城内是穿了蟒袍封为"万里侯万王"的，万、孟两家父母都是由大士超度到天宫的，这是何等的慈祥，何等的有礼仪，何等的美满呵！

还有两种章回小说，是脱胎于上面说的唱本、宝卷、戏本的，都是上海石印本：一唤做《孟姜女万里寻夫全传》，凡十六回；一唤做《哀情小说孟姜女》（又名《万里寻夫贞节传》），凡十二回。这二种也都流传到直隶、河南、湖北诸省。

《万里寻夫全传》中说，孟姜是孟隆德晚年所生，长益美慧。她从一绣花娘学绣，这人是一个节义妇人，教她读书，数年中学成了满腹经史。万喜良在苏州，以学问著名。其时始皇要造长城，有一散仙恐其伤百姓过多，知道喜良是仙人转世，该受此劫，就往见始皇，说万喜良可抵代一万个夫役的死。始皇就行文到楚国，令楚王捉拿，楚畏秦强，只得到苏州张贴榜文。万员外嘱儿子易服逃生；县尹往查，说是喜良游学齐鲁去了。秦使回国，始皇大怒，传旨"无论何国一体严拿"。这时孟姜十六岁了，父母正要同她招婿，她得了一梦，梦见花园中莲开并蒂，鸳鸯交颈；正在赏玩时，却起了一个霹雳，风雹齐下，把莲花打碎，鸳鸯打死了。她醒来，到父母处说起此事；他们也说得到了同样的梦。这天，孟姜绣倦，进花园纳凉，忽见一双飞舞的蝴蝶，上前扑着。不料用力过猛，跌入池内；两腿沾泥。因在夜间，就脱衣洗澡，全身白肉为万喜良所见。她抬头见他，羞得无地自容；穿衣唤他，问明情由，便要嫁与。喜良不肯；她拉他到父母处，以死求婚，他只得应允了。消息漏泄，钦差趁结婚时前往搜查，终于在柴房内搜出。喜良到长城作工三天，就死了。督工官命人把他埋在城内，不到数天城工已完，以前坍塌的地方也都修好。始皇欢喜，封他为督理长城之职，派王贯代主祭他。孟家派孟兴前去探视；他到时正值御祭，回来不敢声张，只说姑爷卧病。他们又派他把寒衣和银两送去；他到苏州眠花宿柳，一年后用光了才回去，说姑爷死了。这夜孟姜梦见喜良，具悉孟兴诓骗之事；明天要捉他时，他早已逃走了。她立志前往寻骨，过了七七，和仆孟和、婢小秀同行。喜良托梦时，曾给她一双黑鞋；醒来时变了一对小鸦，她喂养着。起行之日，不知路径，在灵前祷祝，只见那对小鸦朝着她乱叫。她们起身后，就由它们领路。先到苏州，拜见了翁姑。有一天，忽地出来一个打棍人，把孟和打死，把小秀丢在山腰，原来这正是孟兴。他逼她成亲，她心生一计，把手巾包了石子，失手落在涧中，说包内有黄金二十两。他贪财心切，顺崖下取，给孟姜投石打死了。她孤身半夜走到辛店，听得一家有机声书声，请求假宿。这读书的小孩名韩信，刚七岁，已立了灭秦的大志了。她到木德川，行李给贼人抢光。到曹家店，幸遇店主相助，得了些盘缠。到浒墅关，关官不放；她唱了《十二月花名》，他也落泪了。出关后，遇见一个挈着小孩的老妇，给她一封枣子，陪她在望亭睡眠。她半夜醒时，面前睡着大小二虎；她惊骇晕去。明天醒时，只见留着一个简帖，上写"浒墅关土地奉了菩萨法旨令本关山神母子前来搭救；所食枣名火枣，是仙家的妙品，食过十二枚便可一年不饥不渴"。自此以后，她不吃东西，行路也有精神。她在路上日诵经卷，黑夜也不停宿，只管往前走。有一天，她走过一条有妖怪的山路，给她天宫中的姐妹麻姑和许飞琼救了，从云中送到无锡。孟姜由此过高桥、六社、横林、戚墅、丁堰到常州。常州南门有个清凉寺，她叩门求宿，招待她的两个女冠原来是华周、杞梁之妻。她们自哭夫之后，虽蒙齐君抚恤，终是穷无所依。二人往山中挖菜煮食，忽然挖出了一个何首乌，吃后白发变黑，皱纹平舒，不饥不渴，年纪不过二十外，众人都称她们为仙人。活到一百余岁，亲丁俱无，又加乐毅伐齐，国内大乱，恐为强暴所污，到清凉寺出家。自从到此以来，已经了一百余年了。这天，孟姜女进殿哭拜菩萨，梦见菩萨命韦驮和各府州县城隍土地在七日七夜之内送她到长城；又令浒墅关山神将劫贼押到长城，将赃物跪献与她。华周、杞梁之妻听得了菩萨的命令，十分钦敬，说她这样贞烈，自愧不如。她到丹阳，见慈航寺香火极盛，进去参拜，忽然霹雳一声，把能言的活菩萨打死，现出白毛老猿的本相，原来它受不起她的一拜，送行的韦驮把它打死呢。在这里，她又遇见了高渐离之妻。从此到金山，因无钱渡江，到大王庙祷祝，大王把她在蒲团上送过去了。她到黄河，又无法渡过，愤激投下，韦驮把她送过去了。第七天上，果然到得长城。她依了神示，找到了六角亭，拍着城墙大哭，把头碰去；许多神灵着了急，赶紧推倒一段城墙。她昏晕醒来，见死了的劫贼跪在旁边，将衣包跪献。她把包打开，把骨殖一段段地拾取，放在衣服里；缺少一双鞋子，两只小鸦落下来，就是鞋了。这时守城官奏知朝廷，始皇派赵高提捉。孟姜见了赵高，破口大骂。赵怒，命将喜良骨烧化成灰。兵卒去时，见有两虎守着，不敢走近。赵高带孟姜见始皇，不易孝服；始皇爱其美，命王贯替他说亲。孟姜要求三件事：一，造十里长桥；二，造十里方阔的坟茔；三，皇帝和大臣往祭。始皇一一依了。这座桥跨过了鸭绿江，好似飞虹亘天。祭后，始皇要孟姜同归。她一直跑到长桥，大骂始皇，高叫丈夫，跳下去了。始皇叫人打捞，不知去向，原来她的尸紧贴在江岸呢。始皇回京后，她又自己发上岸来。守城官把她盛殓，暗暗地埋在喜良坟内。皇后骂了昏王，险些遭斩，给太后救下。万员外听得孟姜死耗，立主招魂，又为她过继一子，到松江搬取隆德夫妇同居，弄孙自娱。这本小说大约是一个略略通文的人做的，所以他知道那时的苏州属于楚国，又知道有高渐离、韩信诸人。最奇怪的，他会使孟姜女和杞梁妻会面，并使杞梁妻自愧不如。

《哀情小说孟姜女》里，用的新名词很多，分明是这十几年中的作品。起首与宝卷一样，叙述孟姜的诞生的神话。下说万纪良的父万启忠与赵高不睦，辞职退隐。太白星降下童谣。赵高公报私仇；李斯谏阻无效。皇榜挂到苏州，纪良由家人万祥陪伴逃出。中途，万祥给土匪杀害了，包袱银两悉被抢去。纪良到孟家花园，与孟姜相遇。正在合卺时，即被蒙恬捕去。解到长城，封侯受祭，埋于城内。他的魂到孟姜处，听她正哭述天宫谏阻下凡的事，他恐和她见面后她要寻死，不如让她到长城去吃一番辛苦，造一座庙宇的好，就不托梦与她，飞向外面去了。孟姜亲送寒衣，途中婢为仆害，仆又受孟姜的诳而落涧，她一人独行，作歌自叹（闽、浙通行的《四季歌》）。过把城关（即长城总关），关官疑她是歌妓，要她唱曲，她就唱了《十二月花名》。她一路哭泣，到了潼关，寻觅不到，披散了头发撞去；万纪良阴魂把城一推，城就开了。蒙恬送孟姜上殿，始皇要娶她。她要求三事：一，殓纪良，埋长城下；二，万岁亲自祭奠，文武挂孝；三，丘坟前造一座"万里长城侯万王神庙"。始皇都依了。祭毕，她和他携手至望萍桥上，纵身向河中跳下；即化为仙体，和纪良同驾云头到松江会见四老告别，上天宫归位。尸首捞不着，李斯请建仙女庙。这是全把宝卷作底而用他种有力的传说（如万父和赵高结怨，孟姜女途中唱歌，跳水而死）把它修饰的。

三、研究的结论

这一件故事仅仅断续地研究了一年多，所得的材料亦仅由同志钱南扬（肇基）、钟敬文、刘半农、郑鹤声、郑宾于（孝观）、常维钧（惠）诸先生供给，虽已激起了许多人的"小题大做"的批评，但我自己觉得，这实在是极不完全的（读者不要疑我为假谦虚；只要画一地图，就立刻可以见出材料的贫乏，如安徽、江西、贵州、四川等省的材料便全没得到；就是得到的省分每省也只有两三县，因为这两三县中有人高兴和我通信）。我想，如能把各处的材料都收集到，必可借了这一个故事，帮助我们把各地交通的路径，文化迁流的系统，宗教的势力，民众的艺术……得到一个较清楚的了解。这比了读呆板的历史，不知道可以得益到多少倍。至于小题大做，乃是不成问题的，因为天下事只有做不做，没有小不小：只要你肯做，便无论什么小问题都会有极丰富的材料，一粒芥菜子的内涵可以同须弥山一样的复杂（但这是生着势利眼的人们所不能理会的）。现在试从这一点贫乏的材料中提出几项故事的大趋势瞧一下（里边有许多未考定的事实；因便于称说，不悉列明）：

第一，就历代的文化中心上看这件故事的迁流的地域。春秋战国间，齐鲁的文化最高，所以这件故事起在齐都，它的生命会日渐扩大。

西汉以后，历代宅京以长安为最久，因此这件故事流到了西部时，又会发生崩梁山和崩长城的异说。从此沿了长城而发展：长城西到临洮，故敦煌小曲有孟姜寻夫之说；长城东至辽左，故《同贤记》有杞梁为燕人之说。北宋建都河南，西部的传说移到了中部，故有杞县的范郎庙。湖南受陕西的影响，合了本地的舜妃的信仰，故有澧州的孟姜山。广西、广东一方面承受北面传来的故事，一方面又往东推到福建、浙江，更由浙江传至江苏。江浙是南宋以来文化最盛的地方，所以那地的传说虽最后起，但在三百年中竟有支配全国的力量。北京自辽以来建都了近一千年，成为北方的文化中心，使得它附近的山海关成为孟姜女故事的最有势力的根据地。江浙与山海关的传说联结了起来，遂形成了这件故事的坚确不拔的基础，以前的根据地完全失掉了势力。除非文化中心移动时，这件故事的方式是不会改变的了。

第二，就历代的时势和风俗上看这件故事中加入的分子。战国时，齐都中盛行哭调，需要悲剧的材料，杞梁战死而妻迎柩是一个很好的题目，所以就采了进去。西汉时，天人感应之说成为一种普遍的信仰，在那时人的想像中构成了许多奇迹，如荆轲刺秦王的白虹贯日，邹衍下狱的六月飞霜，东海孝妇冤死的三年不雨，都是。杞妻的哭，到这时便成了崩城和坏山的感应，以致避兵山回，因渴泉涌。六朝隋唐间，人民苦于长期的战争中的徭役，一时的乐曲很多向着这一方面的情感而流注，但歌辞里原只有抒写普泛的情感而没有指实的人物。"此中有人，呼之欲出"，于是杞梁妻的崩城便成了崩长城，杞梁的战死便成了逃役而被打杀了。同时，乐府中又有"捣衣"、"送衣"之曲，于是她又作送寒衣的长征了。再从地别的风俗传说上看这件故事中加入的分子。陕西有姜嫄的崇拜，故杞梁妻会变成孟姜女。湖南有舜妃的崇拜，故孟姜女会有望夫台和绣竹。广西有祓除的风俗，故孟姜女会在六月中下莲塘洗澡。静海有织黄袍的女工，故孟姜女会得织就了精工的黄袍而献与始皇。江浙间盛行着厌胜的传说，故万喜良会得抵代一万个筑城工人的生命。西南诸省有称妻妾事夫为"孝"的名词，故孟姜女会得变成了寻父崩城的孝女。其他如滴血认骨之说，如仙人下凡救劫之说，如葬姑寻夫之说，也莫不有它的来历。

第三，就民众的感情与想像上看这件故事的酝酿力。一件故事，一定要先有了它的凭藉的势力，才有发展的可能。所以与其说是这件故事中加入外来的分子，不如说从民众的感情与想像上酝酿着这件故事的方式。例如上条所举，杞梁妻哀哭的故事是由于齐都中哭调的酝酿，崩城和坏山的故事是由于天人感应之说的酝酿，孟姜女送寒衣哭长城的故事是由于《饮马长城窟行》、《筑城曲》、《捣衣曲》、《送衣曲》等歌诗的酝酿。又如"望夫石"，有它的地方是很多的。唐张籍《望夫石》诗云："望夫处，江悠悠；化为石，不回头。"白居易《蜀路石妇》诗云："道旁一石妇，无记复无铭；传是此乡女，为妇孝且贞，十五嫁邑人，十六夫征行；夫行二十载，妇独守孤茕。"又《续古诗》云："戚戚复戚戚，送君远行役……生作闺中妇，死作山头石！"宋苏辙《望夫台》诗云："江上孤峰石为骨，望夫不来空独立……江移岸改安可知，独与高山化为石。"《明一统志》云："石妇山在广德州城南五十里，旧传谢氏女望夫而化为石，因名。"这些东西正与澧州、山海关、绥中的"望夫台"和"望夫石"一例：不过澧州等处已把它指定为孟姜女的遗迹，而当涂（张籍所咏）、忠州（苏辙所咏）等处则没有指实，或指定了别人（如谢氏）罢了。推原它们所以不被指定为孟姜女的遗迹之故，只因她的故事是活动的（崩城和送衣都须出门），而谢氏等因望夫而化石则是固定的。我们由此可以知道，民众的感情中为了充满着夫妻离别的悲哀，故有捣衣寄远的诗歌，酝酿为孟姜女寻夫送衣的故事；有登高望夫的心愿，酝酿为孟姜女筑台望远的故事（以及谢氏等望夫化石的故事）；有骸骨撑拄的猜想，酝酿为孟姜女哭崩长城滴血觅骨的故事。所以我们与其说孟姜女故事的本来面目为民众所讹变，不如说从民众的感情与想像中建立出一个或若干个孟姜女来。孟姜女故事的基础是建设于夫妻离别的悲哀上，与祝英台故事的基础建设于男女恋爱的悲哀上有相同的地位。因为民众的感情与想像中有这类故事的需求，所以这类故事会得到了凭藉的势力而日益发展。

第四，就传说的纷异上看这件故事的散乱的情状。从前的学者，因为他们看故事时没有变化的观念而有"定于一"的观念，所以闹得到处狼狈。例如上面举的，他们要把同官和澧州的不同的孟姜女合为一人，要把前后变名的杞梁妻和孟姜女分为二人，要把范夫人当作孟姜女而与杞梁妻分立，要把哭崩的城释为莒城或齐长城，都是。但现在我们搜集了许多证据，大家就可以明白了：故事是没有固定的体的，故事的体便在前后左右的种种变化上。例如孟姜女的生地，有长清、安肃、同官、澧州、务州（武州）、乍浦、华亭、江宁诸说；她的死地，有益都、同官、澧州、潼关、山海关、绥中、东海、鸭绿江诸说。又如她的死法，有投水、跳海、触石、腾云、哭死、力竭、城墙压死、扑火化烟，及寿至九十九诸说。又如哭倒的城，有五丈、二三里、三千余丈、八百里、万里、十万里诸说。又如被她哭崩的城的地点，有杞城、长城、穆陵关、潼关、山海关、韩城、绥中、长安诸说；寻夫的路线，有渡浍河而北行、出秦岭而西北行、经泗州到长城、经镇江到山海关、经把城关到潼关诸说。又如他们所由转世的仙人，范郎有火德星、娄金狗、芒童仙官诸说，孟姜有金德星、鬼金羊、七星姑诸说。这种话真是杂乱极了，怪诞极了，稍有知识的人应当知道这是全靠不住的。但我们将因它们的全靠不住而一切推翻吗？这也不然。因为在各时各地的民众的意想中是确实如此的，我们原只能推翻它们的史实上的地位而决不能推翻它们的传说上的地位。我们既经看出了它们的传说上的地位，就不必用"定于一"的观念去枉费心思了。

第五，就传说的自身解释上看这件故事的变迁的样子。例如"孟姜"二字都是可以用作姓的，所以《孟姜仙女宝卷》就解释道，孟家种的瓜生在姜家地上，姜婆与孟公争夺瓜中的女儿，县官断她为两家公有，便用了两家的姓做她的名。北方的孟姜又姓许，所以河南唱本也解释道："他爹姓许来娘姓孟，认了干娘本姓姜。"我们由此可以知道，有许多传说是本来没有的，只为了解释的需要而生出来的。即如孟姜女的婚配，最早的记载只说她因杞梁窥见了她的身体，妇人之体不得再见丈夫，故毅然嫁与。后来为了解释她何以给他窥见身体之故，便想出了许多方法，或说她坠扇入池，捋臂拾取，为他所见；或说她入水取扇，污了一身的泥，就此洗浴，为他所窥；或说她被狂风吹落池中，为他所救；或说她怀春思嫁，烧香许愿，愿嫁与见她脱衣裳的人；或说她虔心事神，观音托梦，嘱她嫁与见她肌肤的人。又如范郎筑在城内，最早的记载不过说他逃避工役，故处死填城。后来为了解释他何以要处死填城之故，或说万喜良自愿替代万民灾难；或说仙人有意降下童谣，说只有他能抵万人生命；或说赵高和他父亲不睦，故意要杀他祭禳长城。因为各人有解释传说的要求，而各人的思想智识悉受时代和地域的影响，所以故事中就插入了各种的时势和风俗的分子。

第六，就这件故事的意义上回看民众与士流的思想的分别。杞梁妻的故事，最先为却郊吊；这原是知礼的智识分子所愿意颂扬的一件故事。后来变为哭之哀，善哭而变俗，以至于痛哭崩城，投淄而死，就成了纵情任欲的民众所乐意称道的一件故事了。它的势力侵入了智识分子，可见在这件故事上，民众的情感已经战胜了士流的礼教。后来民众方面的故事日益发展，故事的意义也日益倾向于纵情任欲的方面流注去：她未嫁时是思春许愿的，见了男子是要求在杨柳树下配成双的，后来万里寻夫是经父母翁姑的苦劝而终不听的；秦始皇要娶她时，她又假意绸缪，要求三事，等到骗到了手之后而自杀。但这件故事回到智识分子方面时，就又变了一个面目，变得循规蹈矩了：她的婚姻是经父母配合的，丈夫行后她是奉事寡姑而不敢露出愁容的，姑死后是亲自负土成坟而后寻夫的；到后来也没有戏弄秦始皇的一段事。因为两方面的思想有这样的冲突，所以一个知礼的杞梁之妻会得变成了自由恋爱的主张者，敢把自己的生命牺牲于爱情之下；但又因智识分子的牵制，所以虽有崩城的失礼而仍保留着却郊吊的知礼，虽有冒险远行的失礼而仍保留着尽孝终养的知礼。我们只要一看书本碑碣上的记载，便可见出两败俱伤的痕迹；倒不如通行于民众社会的唱本口说保存得一个没有分裂的人格了。

从以上诸条看来，我们可以知道一件故事虽是微小，但一样地随顺了文化中心而迁流，承受了各时各地的时势和风俗而改变，凭藉了民众的情感和想像而发展。我们又可以知道，它变成的各种不同的面目，有的是单纯地随着说者的意念的，有的是随着说者的解释的要求的。我们更就这件故事的意义上回看过去，又可以明了它的各种背景和替它立出主张的各种社会的需要。

我们懂得了这件故事的情状，再去看传说中的古史，便可见出它们的意义和变化是一样的。孟姜女的生于葫芦或南瓜中，不即是伊尹的生于空桑中吗？范喜郎为火德星转世，死后归复仙班，不即是传说的"乘东维、骑箕尾而比于列星"吗？秦始皇被骂后两脚浮浮，落在东海里做春牛，不即是"尧殛鲧于羽山，其神化为黄熊，以入于羽渊，实为夏郊"吗？范杞郎死而化为凤凰或鹦鹉，也不即是女娃的溺死而化为精卫（帝女雀）吗？饿虎、毒蛇、雨雪诸村，也不即是《山海经》上的有食人的窫窳的少咸之山，有攫人的朕湖的崍崵之山，冬夏有雪的申首之山吗？（用《楚辞》中的《招魂》和《大招》看来就更像。）读者不要疑惑我专就神话方面说，以为古史中原没有神话的意味，神话乃是小说不经之言。须知现在没有神话意味的古史，却是从神话的古史中淘汰出来的。清刘开《广列女传》的"杞植妻"条云："杞植之妻孟姜。植婚三日，即被调至长城，久役而死。姜往哭之，城为之崩，遂负骨归葬而死。"我们只要看了这一条,便可知道民间的种种有趣味的传说全给他删去了,剩下来的只有一个无关痛痒的轮廓,除了万免不掉的崩城一事之外确没有神话的意味了。况且就是崩城的神话也何尝不可作为非神话的解释,有如王充所云"或时城适自崩,杞梁妻适哭下"(《论衡·感虚篇》)呢?所以若把《广列女传》所述的看作孟姜的真事实,把唱本、小说、戏本……中所说的看作怪诞不经之谈,固然是去伪存真的一团好意,但在实际上却本末倒置了。我们若能了解这一个意思,就可历历看出传说中的古史的真相,而不至再为学者们编定的古史所迷误。

《周易》卦爻辞中的故事 *
（1929）

　　《周易》这部书，用了汉以后人的眼光来看它，真是最古的而且和"道统"最有深切关系的了。为什么？因为他们说，演卦的是伏羲，重卦的是神农（也有人说是伏羲，也有人说是文王），作《卦辞》、《爻辞》的是文王（也有人说是周公，也有人说是孔子），作《彖传》、《象传》等的是孔子：所有的经和传都出于圣人的亲手之笔，比了始于唐、虞的《尚书》还要古，比了"三圣传授心法"的《尧典》和《禹谟》还要神圣。

　　倘若我们问起他们的证据来，他们便可指了《系辞传》的话而作答，说：

> 古者包牺氏之王天下也，仰则观象于天，俯则观法于地……于是始作八卦以通神明之德，以类万物之情。

这是伏羲画卦的证据。又：

> 包牺氏没，神农氏作，斲木为耜，揉木为耒，耒耨之利以教天下，盖取诸《益》。

这是神农重卦的证据。因为《益》的卦文为☶，是《震》和《巽》两卦叠起来的，如果神农不重卦，他就不能取了《益》的卦象而作耒耜了。又：

> 《易》之兴也，其当殷之末世，周之盛德邪？当文王与纣之事邪？是故其辞危。

---

* 此文原载《燕京学报》第六期，1929 年 12 月；又 1930 年 11 月修改，载《古史辨》第三册。

这是文王作《卦辞》和《爻辞》的证据。因为《系辞传》中说到包牺、神农、黄帝、尧、舜,只说他们观了《易》象而制器,没有提着《易》辞;这里既称"文王与纣之事",又云"其辞危",可见《卦、爻辞》定是文王所作的了。又:

> "初六,藉用白茅,无咎。"子曰:"苟错诸地而可矣,藉之用茅,何咎之有!慎之至也。"
>
> "不出户庭,无咎。"子曰:"乱之所生也,则言语以为阶……是以君子慎密而不出也。"

这是孔子作《彖传》、《象传》等等的证据。因为《论语》里边称孔子曰"子",称他的话为"子曰",这里记载相同,可见《系辞传》是孔子的话而门弟子笔记的;至于《彖传》、《象传》不称"子曰",则直是孔子手作的。

其他,说伏羲重卦的,其证据在《周礼》的"外史氏掌三皇五帝之书"和《系辞传》说的圣人作书契取象于《夬》;盖伏羲为三皇之一而已有书,足征他已经取象于重卦的《夬》了(孔颖达说。其实他不必这样的转弯抹角,《淮南子·要略篇》已明言"伏羲为之六十四变"了)。说文王重卦的,其证据在《史记·周本纪》的"西伯……囚羑里,盖益《易》之八卦为六十四卦"。说周公作《卦、爻辞》的,其证据在《左传》昭二年,晋韩起来聘,观书于太史氏,见了《易象》与《鲁春秋》,曰:"周礼尽在鲁矣!"因周礼为周公所制,故《易象》所系之《卦、爻辞》应为周公所作。说孔子作《卦、爻辞》的,其证据在《史记·周本纪》、《日者传》,《法言·问神篇》,《汉书·艺文志》、《扬雄传》,《论衡·对作篇》等都说文王重卦,没有说他作《卦、爻辞》,而《艺文志》所说的"人更三圣",韦昭《注》以为伏羲、文王、孔子;既伏羲只画卦,文王只重卦,则《卦、爻辞》自然是孔子所作的了(康有为说,见《孔子改制考》卷十)。

此外,又有说《卦辞》为文王作,《爻辞》为周公作的。他们以为《系辞传》中既说"当文王与纣之事邪,是故其辞危",文王之有辞自无疑义;但《升》的爻辞言"王用亨于岐山",武王克殷之后始追号文王为王;《明夷》的爻辞言"箕子之明夷",武王观兵之后箕子始被囚奴:文王都不应预言。《左传》中既于《易象》言"周公之德",则《爻辞》当是周公作的,文王仅有《卦辞》而已(《系辞传》言"作《易》者其有忧患乎",文王囚羑里固为忧患,周公被流言之谤亦得为忧患。前人所以只言"三圣"，不数周公者，盖以父统子业之故）。这是调停《系辞传》与《爻辞》内容冲突的一种解释（详见《周易正义》卷首，孔颖达引马融、陆绩等说）。

以上许多理由，从我们看来，直如筑室沙上。他们所根据的只有《系辞传》、《左传》、《史记》、《汉书》等几部战国、秦、汉间的书。他们用了战国、秦、汉间的材料，造起一座从三皇直到孔子的《易》学系统。不幸战国、秦、汉间人的说话是最没有客观的标准的，爱怎么说就怎么说，所以大家在这种书里找寻著作《周易》的证据，说来说去总不免似是而非；除了伏羲画卦和孔子作《易传》而外，聚讼到今天，还都是不能解决的问题。其实，就是伏羲画卦和孔子作《易传》的话，从我们看来，也何曾有坚强的根据。神农，已是起得够后的了，他到了战国之末方始在古帝王中占得一个位置；伏羲之起，更在其后，简直是到了汉初才成立的：当初画卦和重卦的时候，他们这些人连胚胎都够不上，更不要说出生了。此事说来话长，当另作三皇五帝考一文论之。至孔子作《易传》，《系辞传》中似乎有一段很好的话足以证明：

> 子曰："颜氏之子其殆庶几乎？有不善，未尝不知；知之，未尝复行也。《易》曰：'不远复，无祇悔，元吉。'"

这里所谓"颜氏之子其殆庶几乎"，即《论语·先进篇》中的"回也其庶乎"；这里所谓"有不善……未尝复行"，即《论语·雍也篇》中的"有颜回者好学，不迁怒，不贰过"。《系辞传》的话和《论语》所云这样地密合，足见"子曰"的"子"实是孔子。但是，我们倘使懂得了战国、秦、汉间的攀附名人的癖性和他们说话中称引古人的方式，就可以知道这是《易》学家拉拢孔子的一种手段。《礼记》里，《庄子》里这类的话正多着呢。如果不信，那么，孔子既经引了《复卦》的爻辞来赞美颜渊，为什么《论语》里却没有这一句？就使退一步，承认《系辞传》里的"子曰"确是孔子的话，也不能即此证明《彖传》和《象传》等是孔子所作。为什么？因为《象传》等的著作，孔子自己没有说，孔子的门弟子也没有说，连《系辞传》也还没有说。

这种事情的问题还不大；一部《周易》的关键全在《卦辞》和《爻辞》上：没有它们就是有了圣王画卦和重卦也生不出多大的意义，没有它们就是生了素王也做不成《易传》。所以《卦、爻辞》是《周易》的中心。而古今来聚讼不决的也莫过于《卦、爻辞》。究竟这两种东西

（也许是一种东西）是文王作的呢？是周公作的呢？是孔子作的呢？这是很应当研究的问题，因为我们必须弄清楚了它的著作时代，才可抽出它里边的材料（如政治、风俗、思想、言语……）作为各种的研究。

现在，我先把《卦、爻辞》中的故事抽出来，看这里边说的故事是哪几件，从何时起，至何时止，有了这个根据再试把它的著作时代估计一下。因为凡是占卜时引用的故事总是在这个时代中很流行的，一说出来大家都知道的。例如现在的签诀，纸条上端往往写着"伍子胥吴市吹箫"、"姜太公八十遇文王"、"韩信登坛拜将"、"关云长秉烛达旦"……的故事，就因为这些故事是习熟于现在人的口耳之间的，只要说了这件故事的名目便立刻可以想出它的涵义。但也有不直称一件故事的名目而就叙述这件故事的内容的，例如《牙牌数》中的一条说：

> 三战三北君莫羞，一匡天下霸诸侯。
>
> 若经沟壑殉小节，盖世功名尽射钩。

我们如果不读《左传》和《论语》或《列国志》，便不能明白它说的曹沫和管仲的故事。《周易》的《卦、爻辞》的性质既等于现在的签诀，其中也难免有这些隐语。很不幸的，古史失传得太多了，这书里引用的故事只有写出人名地名的我们还可以寻求它的意义；至于隶事隐约的则直无从猜测了。所以我做这个工作决不能做得完满，我只想从这些故事里推出一点它的著作时代的古史观念；借了这一星的引路的微光，更把它和后来人加上的一套故事比较，来看明白后来人的古史观念。这两种观念一分明，《周易》各部分的著作人问题也许可以算解决一半了。

一、王亥丧牛羊于有易的故事。

> 丧羊于易，无悔。（《大壮》六五爻辞）
>
> 鸟焚其巢，旅人先笑后号咷，丧牛于易，凶。 （《旅》上九爻辞）

这两条爻辞，从来的《易》学大师不曾懂得，因为《周易》成为圣经的时候这件故事已经衰微了，不能使人注意了。《象传》于《大壮》说："丧羊于易，位不当也"，虽很空洞，还过得去；于《旅》说："丧牛于易，终莫之闻也"，说得含糊得很，实使人索解不得。王弼注云："以旅处上，众所同嫉，故丧牛于易，不在于难"，这是把"易"字当作"轻易"讲的。朱熹注云："'易'，容易之易，言忽然不觉其亡也；或作

'疆埸'之'埸'，亦通，《汉书·食货志》'埸'作'易'"，则他虽维持王说，也疑其是地方了。

自从甲骨卜辞出土之后，经王静安先生的研究，发见了商的先祖王亥和王恒，都是已在汉以来的史书里失传了的。他加以考核，竟在《楚辞》、《山海经》、《竹书纪年》中寻出他们的事实来，于是这个久已失传的故事又复显现于世。今把这三种书里的文字钞录在下面：

> 王亥托于有易，河伯仆牛。有易杀王亥，取仆牛。(《山海经·大荒东经》)

> 殷王子亥宾于有易，而淫焉，有易之君绵臣杀而放之。是故殷主甲微假师于河伯以伐有易，灭之，遂杀其君绵臣也。(郭璞《山海经注》引《真本竹书纪年》)

> 该秉季德，厥父是臧；胡终弊于有扈，牧夫牛羊？干协时舞，何以怀之？平胁曼肤，何以肥之？有扈牧竖，云何而逢？击床先出，其命何从？恒秉季德，焉得夫朴牛？何往营班禄，不但还来？昏微遵迹，有狄不宁，何繁鸟萃棘，负子肆情？……(《楚辞·天问》)

静安先生谓天问中的"有扈"乃"有易"之误，因为后人多见有扈，少见有易，又同是夏时事，所以改写的。又谓"有狄"亦即"有易"，古时"狄""易"二字本来互相通假，其证甚多。于是断之曰：

> 此十二韵以《大荒东经》及郭《注》所引《竹书》参证之，实纪王亥、王恒及上甲微三世之事。……"狄""易"二字不知孰正孰借，其国当在大河之北，或在易水左右。盖商之先自冥治河，王亥迁殷(颉刚按：此用《今本纪年》说)，已由商丘越大河而北，故游牧于有易高爽之地。服牛之利(颉刚按：《吕氏春秋·勿躬篇》云："王冰作服牛。"静安先生谓篆文"冰"作"仌"，与"亥"相似，"王冰"亦"王亥"之误)即发见于此。有易之人乃杀王亥，取服牛，所谓"胡终弊于有扈，牧夫牛羊"者也。其云"有扈牧竖，云何而逢？击床先出，其命何从"者，似记王亥被杀之事。其云"恒秉季德，焉得夫朴牛"者，恒盖该弟，与该同秉季德，复得该所失服牛也。所云"昏微遵迹，有狄不宁"者，谓上甲微能率循其先人之迹，有易与之有杀父之雠，故为之不宁也。……(《殷卜辞中所见先公先王考》)

有了这一段说明，于是这个久被人们忘却的故事便从向来给人看作荒唐的古书里钩稽出来了，这真是一个重大的发见！

既经明白了这件事情的大概，再来看《大壮》和《旅》的爻辞，就很清楚了。这里所说的"易"，便是有易。这里所说的"旅人"，便是托于有易的王亥。这里所说的"丧羊"和"丧牛"，便是"胡终弊于有扈，牧夫牛羊"，也即是"有易杀王亥，取仆牛"。这里所说的"鸟焚其巢，旅人先笑后号啕"，便是"干协时舞，何以怀之？平胁曼肤，何以肥之？有扈牧竖，云何而逢？击床先出，其命何从？"也即是"殷王子亥宾于有易而淫焉，有易之君绵臣杀而放之"。想来他初到有易的时候曾经过着很安乐的日子，后来家破人亡，一齐失掉了，所以爻辞中有"先笑后号啕"的话。如果爻辞的作者加上"无悔"和"凶"对于本项故事为有意义的，那么可以说，王亥在丧羊时尚无大损失，直到丧牛时才碰着危险。这是足以贡献于静安先生的（民国十五年十二月在厦门草此文，甚快，欲质正静安先生，旋以校中发生风潮，生活不安而罢。今日重写，静安先生之墓已宿草矣，请益无由，思之悲叹）。

还有一件事情应当注意的。《吕氏春秋》说"王冰作服牛"，《世本·作篇》说"胲作服牛"，《大荒东经》说"王亥托于有易，河伯仆牛"，《天问》说"焉得夫朴牛"，静安先生已证明"王冰"与"胲"之即王亥，"仆牛"与"朴牛"之即服牛，而云：

> 盖夏初奚仲作车，或尚以人挽之。至相土作乘马（颉刚案：此与奚仲作车俱见《世本·作篇》），王亥作服牛，而车之用益广。古之有天下者，其先皆有大功德于天下。……然则王亥祀典之隆（颉刚案：卜辞中祭王亥之牲用三十牛、四十牛，以至三百牛），亦以其为制作之圣人，非徒以其为先祖。周、秦间王亥之传说胥由是起也。（《殷卜辞中所见先公先王考》）

这个假设很可能：一个人若没有特别使人纪念的地方便不能成为传说中的人物。但他说"周、秦间之传说胥由是起"，这句话却有应商量之处。因为这个传说从商初起，直到周、秦，经过了一千多年的时间，是无疑义的，不能说至周、秦间才起来；而且这个传说传到了周、秦之间，已成强弩之末了，除了民间的流传以及偶然从民间微细地流入智识界之外，操着智识界权威的儒、墨、道诸家是完全忘记的了，不理会的了。所以《系辞传》中便说：

> 黄帝、尧、舜垂衣裳而天下治，盖取诸《乾》、《坤》；刳木为
> 舟，剡木为楫，舟楫之利以济不通……盖取诸《涣》；服牛乘马，
> 引重致远，以利天下，盖取诸《随》。……

它已把"服牛乘马"的创作归到黄帝、尧、舜的名下去了！三国时的宋
衷，他注释《世本》，见有"胲作服牛"之文，又不敢违背《系辞传》
中的话，便注道："胲，黄帝臣也，能驾牛。"宋罗泌作《路史》，又因
宋衷业已说明胲为黄帝之臣，便在《疏仡纪》中写道："黄帝……命马
师皇为牧正，臣胲服牛始驾，而仆跸之御全矣。"倘使静安先生不作这
番爬梳抉剔的工夫，胲是做定黄帝时的人了！他们为什么要这样讲？只
为秦、汉以来的人看三皇、五帝之世是制度文物最完全、最美盛的时
代，胲的制作之功只有送给那个时代尚可在历史中占得一个地位。不然
的话，只有直捷痛快地说是黄帝、尧、舜制作的，更轮不到提起胲的名
字了。古史系统的伸展使得原有的名人失色，这是一个例子。

就在这一件事情上可以明白，《卦、爻辞》与《易传》完全是两件
东西：它们的时代不同，所以它们的思想和故事也都不同；与其貌合神
离地拉拢在一块，还不如让它们分了家的好。

二、高宗伐鬼方的故事。

> 高宗伐鬼方，三年克之，小人弗用。（《既济》九三爻辞）
> 震用伐鬼方，三年有赏于大国。（《未济》九四爻辞）

《诗·商颂·殷武篇》说："昔有成汤，自彼氐、羌，莫敢不来享，
莫敢不来王"，可见商的势力早已远被西北民族。到高宗时，伐鬼方至
三年之久而后克之，可称是古代的大规模的战争，所以作《爻辞》的人
用为成功的象征。鬼方之在西北，经静安先生的考证，可无疑义。《大
雅·荡篇》中借文王的口气痛斥殷商，其中一事云："内奰于中国，覃
及鬼方"，恐即指此事，因为到了纣的时候，周室早已兴盛，无论商的
国力衰微，不容有伐鬼方的事，就算有这力量，也给周国把路线挡住
了。殷高宗伐鬼方，是东方民族压迫西方民族的一件最大的事，故为西
方民族所痛恨。周国的人替鬼方抱不平，借这个理由来痛骂殷商，即以
此故。不料到了后来，周也吃了鬼方的大亏，赫赫的宗周竟给犬戎灭掉
了（犬戎即鬼方之异称，见静安先生《鬼方昆夷猃狁考》）。

《今本竹书纪年》于武丁三十二年书"伐鬼方，次于荆"，于三十四
年书"王师克鬼方，氐、羌来宾"，这是它混合了《周易》的"三年克

之"和《商颂·殷武》的"挞彼殷武，奋伐荆楚……自彼氐、羌，莫敢不来享"的话而杜撰的。《商颂》、《三家诗》皆谓正考父作于宋襄公之世（《史记·宋世家》云："襄公之时，修仁行义，欲为盟主，其大夫正考父美之，故追道契、汤、高宗、殷所以兴，作《商颂》。"陈乔枞谓此《鲁诗》说，《齐》、《韩》二家并同）。魏源《诗古微》说："殷武，美襄公之父桓公会齐伐楚也。高宗无伐荆楚事；其克鬼方，乃西戎，非南蛮。"此说甚是。其实《今本纪年》于伐鬼方事牵涉荆楚固是错误，而一定要派在三十二年到三十四年，满足三年之数，也未免拘泥古人文字。我的意思，以为殷高宗的"三年克鬼方"，正与殷高宗的"三年谅闇不言"是同样的约举之辞，不是确实之数（关于他谅闇的事，《今本纪年》也说"元年，王即位"，"三年，梦求傅说，得之"）。试看《周易》中的数目字，最喜欢用"三"和"十"。说"十"的，如"十年乃字"（《屯》），"十年不克征"（《复》），"十年勿用"（《颐》），"十朋之勿克违"（《损》、《益》）等。说"三"的更多，如"王三锡命"（《师》），"王用三驱"（《比》），"三岁不得"（《坎》），"三岁不兴"（《同人》），"三岁不觌"（《困》、《丰》），"昼日三接"（《晋》），"革言三就"（《革》），"三日不食"（《明夷》），"田获三狐"（《解》），"田犹三品"（《巽》），"妇三岁不孕"（《渐》），"三人行则损一人"（《损》），"有不速之客三人来"（《需》），"或锡之鞶带，终朝三褫之"（《讼》）等。可见作《卦、爻辞》的人常以"三"为较多之数，"十"为甚多之数（书中"百"仅两见，"千"、"万"则未一见）。"伐鬼方，三年克之"这句话，未必说是十足打了三年的仗，只不过表明鬼方不易克，费力颇多，费时颇久罢了。

《既济》爻辞中的"小人弗用"，不知是对于占卦的人说的话，如《观》初爻的"小人无咎"之类呢？还是连着克鬼方说的，如《师》上爻的"大君有命：开国承家，小人勿用"之类呢？又《未济》爻辞的"有赏于大国"是怎么一回事呢？均以故事早已失传，现在无从知道。

三、帝乙归妹的故事。

帝乙归妹，以祉，元吉。（《泰》六五爻辞）

帝乙归妹，其君之袂不如其娣之袂良，月几望，吉。（《归妹》六五爻辞）

"归妹"，商代嫁女之称。甲骨卜辞中亦有之，如"乙未，寻妹丅〇〇"，"贞妹其至，在二月"（均见《戬寿堂殷虚文字》第三十五页）。王弼《易注》云："妹，少女也"，这是对的。

帝乙嫁女，嫁到哪里去呢？这一件事为什么会得成为一种传说呢？此等问题历来无人讨究，这个故事也早已失传，除《易·爻辞》外任何地方都看不见了。

但是，我以为这件故事还可从《诗·大明篇》中钩索出来。《大明篇》云：

> 挚仲氏任，自彼殷商，来嫁于周，曰嫔于京。乃及王季，维德之行。太任有身，生此文王。

这是说王季之妃太任是由殷商娶来的，她是文王的母亲。又云：

> 文王初载，天作之合，在洽之阳，在渭之涘。文王嘉止，大邦有子。大邦有子，伣天之妹。文定厥祥，亲迎于渭。造舟为梁，不显其光。有命自天，命此文王，于周于京。缵女维莘，长子维行；笃生武王。保右命尔，燮伐大商！

这是说的文王娶妻的情形，又说武王之母是莘国之女（此间虽没有说出武王之母的名姓，但据《思齐篇》的"思齐太任，文王之母……太姒嗣徽音，则百斯男"的话看来，她是名太姒）。关于这段文字，前代学者都看作一件事，以为莘国之女即大邦之子，为文王所亲迎的（例如刘向《列女传》：云："太姒者，有姒氏之女，仁而明道，文王嘉之，亲迎于渭，造舟为梁。"）。但我觉得这一段里所记的事并没有这样简单。

其一，它说"大邦有子，伣天之妹"。"伣"，《说文》云："譬喻也。"这句的意义是说："这个大邦之女仿佛像天的少女一般。"所谓"大邦"是不是指莘国，所谓"伣天之妹"是不是指莘国之女，这是一个可以研究的问题。按：周在文王时已甚强大，若娶的是莘女，则国际地位平等，何必有如此尊崇之情。而周之称殷商则屡曰"大邦"（《尚书·召诰》"天既遐终大邦殷之命"，《顾命》"皇天改大邦殷之命"；又《大明》的"肆伐大商"，《康诰》的"殪戎殷"，亦是），自称则曰"小邦"（《大诰》"兴我小邦周"）；恐此诗所谓"大邦"也是指的殷商。至"伣天之妹"更与"帝乙归妹"一语意义相符。文王与帝乙及纣同时，在他的"初载"，帝乙嫁女与他，时代恰合，这件事是很可能的。否则王季和文王同样娶于东方，为什么《大明篇》中对于文王的婚礼独写得隆重？否则帝乙归妹的事本与周人毫无关系，为什么会深印于周人的心目中而一见再见于《周易》？

第二，它说"缵女维莘"。缵者，继也（例如《闷宫篇》的"至于文、武，缵大王之绪"）。太姒若为文王的元配，为什么要说继？以前的经师讲不通了，便想到"太姒嗣徽音"上去，以为她继续了太任的女事。郑玄《毛诗笺》云："天为将命文王君天下于周京之地，故亦为作合，使继太任之女事于莘国，莘国之长女太姒则配文王维德之行。"这样的解释，恐怕诗义还不至如此迂曲罢？如果直讲为继配，则大邦之子或死或大归，而后文王续娶于莘，遂生武王，文义便毫无捍格。并且这样一讲，也用不着把太姒说成天妹，而云"文王闻太姒之贤，尊之如天之有女弟"（郑《笺》语）。

因为有以上两个理由，所以我以为《周易》中的"帝乙归妹"一件事就是《诗经》中的"文王亲迎"一件事。

帝乙为什么要归妹与周文王呢？这是就当时的情势可以推知的。自从太王"居岐之阳，实始翦商"（《鲁颂·闷宫》）以来，商日受周的压迫，不得不用和亲之策以为缓和之计，像汉之与匈奴一般。所以王季的妻就从殷商嫁来，虽不是商的王族，也是商畿内的诸侯之女。至于帝乙归妹，《诗》称"俔天之妹"，当是王族之女了。后来续娶的莘国之女，也是出于商王畿内的侯国的，这只要看晋、楚战于城濮之役（《左氏》僖二十八年传），晋文公登有莘之虚以观师，可知当年的莘国即在春秋时卫境内，而卫国封土即是殷虚（《史记正义》引《括地志》云："古莘国在汴州陈留县东五里故莘城是也"，又引《陈留风俗传》云："陈留外黄有莘昌亭，本宋地莘邑也"，与《左传》中的有莘之虚虽非同地，但在商之畿内则同）。周本是专与姜姓通婚姻的，而在这一段"翦商"的期间却常娶东方民族的女子了。这在商是不得已的亲善，而在周则以西夷高攀诸夏，正是他们民族沾沾自喜之事呢。

帝乙归妹的故事早失传了，别种古书里都没有讲起的。所以《归妹》爻辞中所谓"其君之袂不如其娣之袂良"，我们不得其解。倘使加以猜想，或者文王对于所娶的适夫人不及其媵为满意。再深猜一层，或者因为"缵女维莘（其娣）"，所以"长子（其君）维行"了。但这仅足备或然的一说，我也不敢自信。至于"月几望"一语，又见于《小畜》上九，《中孚》六四的爻辞，当是卦爻之象，未必是这件故事的一部分。《泰》爻辞所说的"以祉"，《左传》解作"祉，禄也；帝乙之元子归妹而有吉禄"，似乎是这件故事的一部分了；但看《否》九四"无咎，畴离祉"的话，也许是指的卦象，说占得了这一爻的是可以得吉禄的。

帝乙归妹的故事虽失传，但"缵女维莘"的一件事怕是因传讹而起了变化了。《帝系》云："鲧娶于有莘氏，有莘氏之子谓之女志氏。产文命"，则鲧娶于有莘了。《天问》云："成汤东巡，有莘爰极，何乞彼小臣而吉妃是得？"则成汤娶于有莘了（《吕氏春秋·本味》云："有侁氏女子采桑，得婴儿于空桑之中……命之曰伊尹……长而贤，汤……使人请之有侁氏，有侁氏不可……汤于是请取妇为婚，有侁氏喜，以伊尹媵女"，这可以作为《天问》这一问的说明。《孟子》云，"伊尹耕于有莘之野而乐尧、舜之道"，《史记》云，"伊尹欲干汤，乃为有莘氏媵臣"，都是从这一个故事上演化出来的）。《史记》云："帝纣乃囚西伯于羑里，闳夭之徒患之，乃求有莘氏美女……因殷嬖臣费仲而献之纣，纣大说……赦西伯"，则纣纳有莘氏之女了。夏、商的两个开国之君与商代的一个亡国之君都娶有莘氏之女，这也是一件奇巧的事。我们看了上面说的，王亥可以做黄帝时的人，则文王之妃由传说的演变而跟鲧和汤和纣发生了关系也未始不是可能的事呵。

四、箕子明夷的故事。

箕子之明夷，利贞。（《明夷》六五爻辞）

箕子为殷末的仁人，他不忍见殷之亡，致有"为奴"（《论语》）及"佯狂"（《楚辞》）的痛苦。他的故事是古代的一件大故事，古书中常常提起，不待我们作解释。

这里所说的"箕子之明夷"，"明夷"二字当是一个成语，故《周易》取以为卦名，如"无妄"、"归妹"之类。后来这个成语失传了，使得我们没法知道它的确实的意义。以前的人解"夷"为"伤"，这是但见"夷于左股"而为之说。说"暗主在上，明臣在下，不敢显其明智"（孔《疏》），又是专就"箕子之明夷"立说。窃谓此卦离下坤上，明入地中，简直就是暗晦之义；夷者灭也，明灭故暗晦。"箕子之明夷"这句话，仿佛现在人说的"某人的晦气"而已，不必替这二字想出什么大道理来。这个猜想不知对否？

这条爻辞，历来又有一个问题，便是说"箕子"二字不是人名。《汉书·儒林传》云：

蜀人赵宾……为《易》，饰《易》文，以为"箕子明夷"，阴阳气亡箕子；箕子者，万物方荄兹也。

这是训"箕"为"荄",诂"子"为"兹(滋)"的。惠栋《周易述》又说：

> "其"，读为"亥"。《坤》终于亥，《乾》出于子，故其子之明夷。

这是训"箕"为"亥"，以"箕子"二字为十二辰之名也。焦循《易通释》又说：

> "箕子"，即"其子"。《中孚》九二："鸣鹤在阴，其子和之。"《鼎》初六："得妾以其子。"

这是读"箕"为"其"的。他们为什么要这样说？只因《系辞传》中有"《易》之兴也，其当殷之末世，周之盛德邪？当文王与纣之事邪？"的话，所以要把《卦、爻辞》的作者注定为文王，但箕子明夷的事却在武王之世，文王是见不得的；若要维持文王作《卦、爻辞》的信用，那么只有把箕子的事牺牲了的一法，所以他们便用了别种解释把这两个字混过了。可是《易传》中的《彖传》总比赵宾们的时代早些，它说：

> 内文明而外柔顺，以蒙大难，文王以之。……内难而能正其志，箕子以之。

它为什么要在《明夷》的《彖传》里把文王和箕子对举呢？这至少可以证明，在作《彖传》的时候，《周易》的本子上已写作"箕子"，解作箕子了。这是很早的一个本子，我们如果没有文王作《爻辞》的成见横梗在心头，想替它辨护的，我们就应当承认这个较早的本子中的文字。

五、康侯用锡马蕃庶的故事。

> 康侯用锡马蕃庶，昼日三接。(《晋》卦辞)

这也是以前的《易》学大师不当作故事讲的。王弼和孔颖达都说："康，美之名也。"孔更说："侯，谓升进之臣也。"至朱熹则直云："康侯，安国之侯也。"

他们所以要这样解释，一来不知道周初有康侯其人，二来即使知道周初有康侯其人，但为要维持文王作《卦、爻辞》的成说，也须藏起这个证据，犹如"箕子"的被解为"荄滋"、"亥子"和"其子"。

康侯，即卫康叔：因为他封于康，故曰"康侯"，和伯禽的封于鲁而曰"鲁侯"一样；又因他是武王之弟，故曰"康叔"，和"管叔"、"蔡叔"们的名号一样。惟"康叔"一句，书上屡屡说到，而"康侯"之名则但见于彝器中，故大家对于这两个名字有生熟的不同。《康侯鼎》的铭辞云："康侯￼作宝尊。"刘心源《奇觚室吉金文述》（卷一）论之曰：

> 《说文》："￼，爵诸侯之土也。……￼，古文，'封'省。￼，籀文，从￼。"……然"封"古文实当作"￼"，从￼从￼；￼，古文土字。籀文从￼从土，盖迻古文之上下偏旁于左右耳。《说文》"￼，从生，下达也。"余以古刻及小篆偏旁从￼者证之：如"邦"从￼，《说文》作￼，《宗周钟》"具见廿又六￼"，《西￼簋》"齐￼"，《叔向父敦》"莫保我￼我家"，《毛公鼎》"女￼我￼我家"，《￼卣》"策乃￼"，所之￼皆从"￼"，不从"生"。此铭作"￼"，确是￼字。《毛公鼎》"弘我邦我家"之"邦"作"￼"，《齐刀》"邦"作"￼"，皆变￼从￼。古文凡直笔中作注形者，小篆改为横笔，￼即十，￼即壬，￼即土，￼即干，是也。￼即￼，亦其例。古刻从￼之字既可从￼，知￼即￼即封矣。
>
> 《书·康诰》："小子封"，《传》："封，康叔名"。《书序》："封康叔于卫"；马《注》："康，国名"；《传》："康，畿内国"；郑《注》："康为谥号"。《世本》："康叔居康，从康徙卫"，此铭云："康侯￼作"，明系自作，则康非谥也。不言"卫侯"，知作器在克殷以前。

在这一篇考证里，使我们确实知道：康叔在未徙卫的时候是称康侯的。

《尚书》中的《康诰》是武王命康叔监殷时的诰（理由甚多，当于另作《尚书中的周初史料》一文中论之），康叔的封康更在其前。如果封建制度是周的创制，则康叔的受封为康侯恐怕是周代的第一个封国呢。所以《康诰》里称他为"孟侯"，孟者长也。后来人单记得了"小子封"，却忘记了"孟侯"，又以"小子"作小孩子解，于是康叔变为武王的同母少弟。又因《康诰》篇首有一段错简，而这段错简是说周公作洛邑的，于是康叔的监殷移到了成王时去。其实，"王若曰，孟侯，朕其弟，小子封"一句话，除了武王具备说这话的资格之外再没有第二人，而"小子"只是阶位的高下，并非年岁的长幼，并不能证明他是少弟。否则《君奭篇》中，周公亦自称"予小子旦"，难道他说这番话的时候还是一个小孩子吗？

《周易》中，《屯》言"利建侯"者二，《豫》言"利建侯"者一，《师》上六言"大君有命：开国承家，小人弗用"，足征作《周易·卦爻辞》之时，封建亲戚以为王屏藩者已多。倘《卦、爻辞》为文王作而文王时尚无封建之制，则自不当有此等言语，不仅箕子、康侯等事与名在时间上不能相及而已。

康侯用锡马蕃庶的故事久已失传。就本文看，当是封国之时，王有锡马，康侯善于畜牧，用以蕃庶（《诗·鄘风·定之方中》言建国作宫之事而云"騋牝三千"，《鲁颂》言鲁国之盛而云"駉駉牡马，在坰之野；薄言駉者，有骊有皇，有骊有黄，以车彭彭，思无疆，思马斯臧"，可见古代国家以畜牧为财富。《礼记·曲礼》云："问国君之富，数地以对……问士之富，以车数对；问庶人之富，数畜以对。"这是礼家有意分别贵贱的说法，实则问国君之富也可数畜以对的）。至"昼日三接"，则文义实不易解，不敢妄为之说。其六二爻云："受兹介福于其王母。"如果《卦辞》与《爻辞》的意义相关，这也许说的是康侯的事。

除了以上几事约略可以考定之外，还有几条爻辞也是向来说成文王的故事的。

其一，《升》六四云：

> 王用亨于岐山，吉，无咎。

王弼注云："岐山之会，顺事之情，无不纳也。"孔氏《正义》申之曰："六四处升之际，下体二爻皆来上升，可纳而不可距，事同文王岐山之会，故曰：'王用亨于岐山'也。"这是把"王"释为文王，把"亨于岐山"释为岐山之会的，该有岐山之会一段事。但文王有岐山之会吗？在我们看得见的文籍里毫没有这件事的踪影，不知道王弼是怎样知道的？周之居岐，从公亶父（非太王）起，到文王时已好几代了。周之称王，从太王起，到文王时已三传了。这条爻辞只可证明周王有祭于岐山的事，至于哪一个周王去祭或是每一个周王都应去祭，这一条爻辞是说的一件故事或是说的一个典礼，我们都无从知道。

其二，《随》上六云：

> 拘系之，乃从维之，王用亨于西山。

《易纬·乾凿度》云："譬犹文王至崇之德，显中和之美，拘民以礼，系民以义，当此之时，仁恩所加，靡不随从，咸悦其德，得用道之正，故言'王用亨于西山'。"郑玄注云："是时纣存，未得东巡，故言'西山'。"这也是把"王"释为文王的。其没有确实的根据，和上条一样。推求他们所以一定要说为文王的缘故，只因他们先承认古代都是大一统的，天子之下不得称王；有之，则是受命的新王。他们以为太王王季都是克殷以后追王的，文王则是新受命而称王的，《卦、爻辞》又是文王作的，所以《周易》里边说"王"而又说"岐山"、"西山"的除了文王就没有别人。我们现在既知道古诸侯称王并不是一件大不了的事（静安先生曾于金文中寻出矢王、彔之釐王、养之几王等名。按《国语》中有楚王、吴王、越王，《史记》中有戎王、亳王、丰王，可见只要国力充足，尽可称王自娱），那么，便不必对于周的称王作种种的解释而将《周易》中的"王"专归于文王了。

其三，《既济》九五云：

东邻杀牛，不如西邻之禴祭，实受其福。

班固《幽通赋》云："东邻（邻）虐而殄仁兮"，以"东邻"为纣。郑玄注《礼记》，于《坊记》引此文下注云："'东邻'，谓纣国中也；'西邻'，谓文王国中也。"《周易集解》引崔憬曰："居中当位于既济之时，则是当周受命之日也。"他们以"西邻"属文王，正和上条的"西山"一样，只因周在商的西面，而且周和商的对峙是在文王时（《孟子》说"文王以百里"，则文王之前不得与商对峙；《论语》说"三分天下有其二以服事殷"，则文王时周国骤然扩大，具备了与商对峙的资格；到武王殪戎殷而有天下，也不必对峙了），故谓西邻东邻应属于文王与纣。其实那时"邻国相望"，就使有这故事也何尝定属于商、周呢。

《易林》里，对于《既济》这条爻辞有一个很奇怪的解释：

东家杀猪，闻臭腥臊。神怒不顾，命绝衰国。亳社火烧，宋公夷诛。（《益》之《否》）

东家杀牛，污臭腥臊。神怒西顾，命绝衰周。亳社灾烧，宋人夷诛。（《揆》之《明夷》、《鼎》之《小畜》、《噬嗑》之《巽》）

它把这件故事的时代移得很后了，"东家"一名变为指周，说因他们祭神不洁而致"神怒西顾"的（西顾是向秦吧？）。但下面又说"亳社火烧，宋公夷诛"。按《春秋》哀四年"六月辛丑，亳社灾"，《左氏》无传；杜预注云："亳社，殷社，诸侯有之，所以戒亡国。"然则这个亳社是鲁国的亡国之社，它火烧了，为什么要使宋公受夷诛呢？又按《十二诸侯年表》，鲁哀公四年为宋景公二十六年，景公是一个修德之主，克终其天年的，并没有夷诛的事。大约《易林》这条，随意把《周易》和《春秋》合用，又随便写些字句，并不是全条说的一件故事，所以不能用它来作《周易》中的事件的解释。但它说的"神怒不顾，命绝衰国"的话，却可以用它的反面理由来解释"西邻之禴祭，实受其福"一语。这条爻辞，我也觉得似有一个故事隐藏在里面，不过我们无从知道清楚罢了。

此外，又有许多爻辞似乎在称说故事的，例如：

> 伏戎于莽，升其高陵，三岁不兴。(《同人》九三)
>
> 系用徽纆，置于丛棘，三岁不得，凶。(《坎》上六)
>
> 明夷于南狩，得其大首，不可疾贞。(《明夷》九三)
>
> 震来厉，亿丧贝，跻于九陵，勿逐，七日得。(《震》六二)
>
> 睽孤，见豕负涂，载鬼一车；先张之弧，后说之弧。匪寇，婚媾；往遇雨则吉。(《睽》上九)
>
> 或锡之鞶带，终朝三褫之。(《讼》上九)
>
> 日昃之离，不鼓缶而歌，则大耋之嗟，凶。(《离》九三)
>
> 田有禽，利执言，无咎。长子帅师，弟子舆尸，贞凶。(《师》六五)
>
> 密云不雨，自我西郊；公弋取彼在穴。(《小过》六五)
>
> 中行告公从，利用为依迁国。(《益》六四)
>
> 丰其蔀。日中见斗，遇其夷主，吉。(《丰》九四)
>
> 显比，王用三驱，失前禽，邑人不诫，吉。(《比》九五)

像这样的话还多，姑且举出十二条。这些话也许只就了卦爻的象而系之辞，也许用了与卦爻的象相合的故事而系之辞；只为我们现在习熟于口耳间的故事惟有战国、秦、汉以来所传说的（其实战国前期的故事我们已不甚知道，看《天问》便知），而西周人所传说的则早已亡佚，故无从判别。将来地下材料发见愈多，这些话或有渐渐明白之望；但完全明白总是不会的了。"幽室一已闭，千年不复朝"，古书中的疑义沉霾终古的何可胜道，我们还是不要像从前的经师一般，把一部古书满讲通了罢！

《周易》中的故事，可知的尽于此了。这种故事大半是不合于道统说的需要而为人们所早忘却的。但是《周易》从筮书变成了圣经之后，为要装像圣经的样子，道统的故事也就不得不增加进去了。所以《象传》于《革卦》便说：

> 天地革而四时成；汤、武革命，顺乎天而应乎人：革之时义大
> 矣哉！

于《明夷》便说：

> 内文明而外柔顺，以蒙大难，文王以之。

《系辞传》也说：

> 《易》之兴也，其当殷之末世，周之盛德邪？当文王与纣之
> 事邪？

关系最大的要算是《系辞传》中叙述五帝观象制器的一段话：

> 古者包牺氏之王天下也，仰则观象于天，俯则观法于地，观鸟
> 兽之文与地之宜，近取诸身，远取诸物，于是始作《八卦》以通神
> 明之德，以类万物之情。作结绳而为罔罟，以佃以渔，盖取诸离。
> 包牺氏没，神农氏作，斲木为耜，揉木为耒，耒耨之利以教天
> 下，盖取诸《益》。日中为市，致天下之民，聚天下之货，交易而
> 退，各得其所，盖取诸《噬嗑》。
> 神农氏没，黄帝、尧、舜氏作，通其变，使民不倦，神而化
> 之，使民宜之。……黄帝、尧、舜垂衣裳而天下治，盖取诸《乾》、
> 《坤》。刳木为舟，剡木为楫，舟楫之利以济不通，致远以利天下，
> 盖取诸《涣》。服牛乘马，引重致远，以利天下，盖取诸《随》。重
> 门击柝，以待暴客，盖取诸《豫》。断木为杵，掘地为臼，臼杵之
> 利，万民以济，盖取诸《小过》。弦木为弧，剡木为矢，弧矢之利，
> 以威天下，盖取诸《睽》。
> 上古穴居而野处；后世圣人易之以宫室，上栋下宇，以待风
> 雨，盖取诸《大壮》。古之葬者厚衣之以薪，葬之中野，不封不树，
> 丧期无数；后世圣人易之以棺椁，盖取诸《大过》。上古结绳而治；
> 后世圣人易之以书契，百官以治，万民以察，盖取诸《夬》。

有了以上这些话，于是《周易》和伏羲氏、神农氏、黄帝、尧、舜、
汤、文王、武王，以及没有署名的"后世圣人"都发生了关系，他们的
一举一动都依据了《易》义，而《周易》（或为避去"周"字，但言
《易》，言"六十四卦"）竟成了他们一班圣人的"枕中鸿宝"。我们看
了他们的话，简直可以说，中国的古文化都发源于卦象；如果没有伏羲
的画卦和某人的重卦，就不会有中国的文化。这比了《诗》、《书》、

《礼》、《乐》、《春秋》的时代高了多少，价值大了多少？怪不得西汉之末古文学派起来，要把《周易》从《诗》、《书》、《礼》、《乐》之下升到《六经》之首，而曰："《易》道深矣，人更三圣，世历三古！"（《汉书·艺文志》）但是，倘若我们剥去了《易传》，单来看《易经》，我们还能见到这"三圣"和"三古"的痕迹吗（其实，作《系辞传》的人于"《易》之兴"说了两个"邪"，于观象制器说了十二个"盖"，他也不敢全称肯定呢！）？

所以，我们可以说：《易经》（即《卦、爻辞》）的著作时代在西周，那时没有儒家，没有他们的道统的故事，所以它的作者只把商代和商、周之际的故事叙述在各卦爻中。《易传》（这不是一种书名，是《彖传》、《象传》、《系辞传》、《文言传》、《说卦传》、《序卦传》、《杂卦传》的总名）的著作时代至早不得过战国，迟则在西汉中叶（《论衡》云："孝宣皇帝之时，河内女子发老屋，得逸《易》、《礼》、《尚书》各一篇，奏之，宣帝下示博士，然后《易》、《礼》、《尚书》各益一篇。"《隋书·经籍志》云："及秦焚书，《周易》独以卜筮得存，惟失《说卦》三篇；后河内女子得之。"则宣帝时所益的一篇之《易》即是《说卦传》），那时的上古史系统已伸展得很长了，儒家的一套道统的故事已建设得很完成了，《周易》一部新书加入这个"儒经"的组合里，于是他们便把自己学派的一副衣冠罩上去了。捧场者的时代越后，本书的时代越移前，《周易》就因此改换了它的原来的筮书的面目。

我这样说，也许读者不以为然，起来驳道："《易经》中不说伏羲、神农，不说黄帝、尧、舜，不说禹、汤、文、武，只是不说而已，并不是当时没有这些古史。《易传》中说伏羲、神农，说黄帝、尧、舜，说汤、文、武，他们知道的这些古史也许和《易经》的作者一样，只是他们说了出来而已，并不是他们把新发生的传说插进去的。你看了《易经》没有讲这些，就以为《易经》的作者不知道，看《易传》讲了这些就以为《易传》的作者有意改变《易经》的面目，然则汤和文王是《易经》中所没有讲的，难道我们可以说作者不知道有这两个人吗？难道我们可以说这两个人不是真实的人吗？"

我对于这个驳诘的回答，是：凡是一种事实成为一时代的共同的知识时，纵有或言或不言，而其运用此事实的意识自必相同。为什么？因为他们的历史观念相同之故。现在《易经》中的历史观念和《易传》中的历史观念处于绝端相反的地位：《易经》中是断片的故事，是近时代的几件故事；而《易传》中的故事却是有系统的，从邃古说起的，和战国、秦、汉以来所承认的系统，所承认的这几个古人在历史中所占有的地位完全一致。所以我们可以知道：这些历史事实的异同是它们的著作时代有与没有的问题，而不是它们的作者说与不说的问题。如果不信，试看《易林》。《易林》是汉人作的筮辞，与《易经》的《卦、爻辞》同其作用的；只因它的著作时代在道统的故事和三皇、五帝的故事建设完成之后，而又加上了些汉代的神仙家的气味，所以在这一部书里便有以下这些话：

> 黄帝所生，伏羲之宇。兵刃不至，利以居止。（《屯》之《萃》，《履》之《家人》）

> 黄帝出游，驾龙乘凤，东上泰山，南道齐、鲁，邦国成喜。（《临》之《升》，《同人》之《需》）

> 紫阙九重，尊严在中。黄帝、尧、舜，履行至公。冠带垂衣，天下康宁。（《讼》之《贲》）

> 尧、舜、禹、汤，四圣敦仁。允施德音，民安无穷。（《复》之《大过》）

> 文厄羑里，汤囚夏台。仁圣不害，数困何忧。免于缧绁，为世明侯。（《豫》之《屯》）

> 天所祚昌，文以为良。笃生武王，姬受其福。（《临》之《旅》）

看了以上诸条，我们可以知道《易传》中的故事，《易林》中几乎完全说了，惟有神农氏没有提起。但我们可以说，《易林》与《易传》的作者的历史观念是相同的，所以他只是没有提起神农而已，并不是他不知道神农。我们再看《易林》与《易经》（即《卦、爻辞》）的故事的比较怎样呢？它说：

> 泉涸龙忧，箕子为奴，干叔陨命，殷破其家。 （《家人》之《革》）

> 日出阜东，山蔽其明。章甫荐履，箕子佯狂。（《贲》之《屯》，《剥》之《泰》，《晋》之《小过》）

> 三首六身，莫适所闲。……箕子佯狂，国乃不昌。（《大畜》之《履》）

> 龙潜凤池，箕子变服，阴萌作。（《中孚》之《既济》）

箕仁入室，政衰弊极。抱其祭器，奔于他国；因祸受福。（《颐》之《解》）

日暮闭目，随阳休息。箕子以之，乃受其福。举事多言，必为悔残。（《恒》之《睽》）

天命赤乌，与兵徼期。征伐无道，箕子遨游。（《既济》之《丰》）

《易经》中说了一句"箕子之明夷"，《易林》中竟衍为数十句；而王亥、高宗、帝乙、康侯则一句不提（"康侯"曾提过一次，但云"实沈、参虚，封为康侯"，则这个"侯"指的是晋侯，"康"字亦作安康解；实沈主参，参为晋星，见《左氏》昭元年传），这为的是什么？就是《易林》的时代与《易经》的时代相差太远，它们的历史观念就无法相同：王亥和康侯则不知道，高宗与帝乙则忘记了；只有箕子的故事经历周、秦不但没有枯死，并且比原有的还要生动矫健，所以《易林》里也就特别地多提了。说得严格一点，便是《易林》里的箕子也何尝即是《易经》中的箕子，他乃是战国、秦、汉间的箕子呵！

有了这一度的比较，我想大家该明白了：《易传》和《易林》的接近远过于其和《易经》的接近。《易经》作于西周初叶（说初叶，因为它没有初叶以后的故事），虽是到《易传》的著作时代不过九百年左右（理由详下），但在这九百年之中，时代变迁得太快了，使得作传的人只能受支配于当时的潮流而不能印合于经典的本义了。

我们若是肯撇去了《易传》而来看《易经》，则我们正可借着著作《易经》时的历史观念来打破许多道统的故事。在这个工作中，我们并请《易传》和《易林》来帮忙，因为《易经》所没有的就是《易传》和《易林》所有的，《易传》和《易林》所没有的就是《易经》所有的，我们不妨利用了这三部书来划分清楚两个时代。

第一，是没有尧、舜禅让的故事。尧、舜禅让的故事是极盛于战国时的，看《孟子》，看《墨子》，看《尧典》和《禹谟》，谁不信这是真事实。但《周易》中却没有。就说《尚书》，我们若肯暂时搁起开头数篇，先读《商、周书》，这件故事在商、周时尚未发生也十分清楚。武王诰康叔，只说"往敷求于殷先哲王"（《康诰》），只说"自成汤咸至于帝乙，成王畏相"（《酒诰》）。周公戒成王，只说"昔在殷王中宗……其在高宗……其在祖甲……"（《无逸》）。他们说到古代名王，只记得几个商代之君。但一到《伪古文尚书》，就忍不住了，"予弗克俾厥后惟尧、舜，其心愧耻若挞于市"（《说命》）的话就不自觉地说出来了。《伪尚书》是苦心刻画作成的，为什么作者会得违背了商、周人的说话的成例？只为在著作《伪尚书》的时候，那时的历史观念已经不许他不说尧、舜了！同样，我们来看《周易》，在《卦、爻辞》里只说起王亥、高宗、帝乙，和《尚书》中所记的武王、周公们的说话相类：仅记得几个近代的王，没有对于较古的唐、虞有什么称引。但一到《易传》，就必得说出"黄帝、尧、舜垂衣裳而天下治，盖取诸《乾》、《坤》"来了。的确，从《乾卦》初爻的"潜龙"，到二爻的"见龙"，以至到五爻的"飞龙"，恰合舜的一生从"往于田"到"明明扬侧陋"，到"格于文祖"；而用九的"见群龙无首"不啻为"视弃天下如敝屣"的象征。至于《坤》六五的"黄裳，元吉"，更可说为"无为而治"，"允执其中"。独奈何以《乾》、《坤》二卦中不肯漏出一个"舜"字来呢？又《象传》于《大畜》言"刚上而尚贤"，于《履》言"刚中正，履帝位而不疚"，《大畜》和《履》的卦爻辞尽有说出禅让的故事的可能，为什么它们也只说了些不相干的话呢？试看《易林》，便有以下许多说话：

> 天地九重，尧、舜治中。正冠衣裳，宇宙平康。（《大有》之《坎》）

> 唐、虞相辅，鸟兽喜舞。安康无事，国家富有。（《随》之《坤》；《临》之《解》小异）

> 厄穷上通，与尧相逢。登升大麓，国无凶人。（《豫》之《艮》）

> 被服文德，升入大麓。四门雍肃，登受大福。（《随》之《大壮》，《剥》之《噬嗑》）

> 历山之下，虞舜所处。躬耕致孝，名闻四海。为尧所荐，禅位天下。（《观》）

> 尧闻大舜，圣德增益。使民不惧，安无怵惕。（《遯》之《随》）

现在只钞下这几条，其他合言"尧、舜"及"尧、舜、禹"的尚多。为什么《易林》和《易经》不同，它把这件故事讲得这样起劲呢？只为它的著作时代便是这件故事很风行的时代。在那个时代意识中，尧、舜的不得不加进《易传》和《易林》正和他们的不得不加进《伪古文尚书》一样。

颉刚案：前年写此段时，谓《乾卦》恰合舜的一生，不过是一种设想罢了，不料近见宋翔凤《过庭录》（卷一）亦有此推论，且一一比合，尤属巧不可阶。这也是《周易》故事的一说，因录其文如下：

> 《乾》之六爻，明禅让之法也。此尧、舜之事也。初之"潜龙"，其"有鳏在下"乎？孟子曰："舜之居深山之中，与木石俱，与鹿豕游，其所以异于深山之野人者几希。"此即"遯世无闷，不见是而无闷，确乎其不可拔"，潜龙之德也。"及其闻一善言，见一善行，若决江、河，沛然莫之能御"，此《乾》初之善也。《乾》之九二，《坤》五来降，阴阳始通；"厘降妫汭"，当此爻矣。历试诸难，乾乾夕惕，乾象为岁，爻又直三，"三载询事考言"，其当九三乎？四之"或跃"，其摄天子乎？夫摄天子则疑于为君，为君则尧尚存；正朔未改则疑于为臣，为臣而用人行政俱自舜出：故为疑辞以"或"之。……"飞龙在天，利见大人"，其受正改朔之辞乎？盖尧崩而后舜践天子之位，摄天子者相尧之辞也。《论语》："尧曰：'咨尔舜：天之历数在尔躬，允执其中，四海困穷，天禄永终！'"尧之命其命于"受终文祖"之时乎？鸿水之滔天，丹练之不肖，亢龙之悔也，天禄之终也。……上九失位，降居《坤》三……三于爻位为三公，王者之后，当天禄之终，宜退居三公之位，此丹练为二王后之法也。尧之数终而舜受之，舜之数终而禹受之，知进退存亡而不失其正者，其唯尧、舜乎！此众阳之象，群圣人之相继有治而无乱，故"《乾》元用九，天下治"也（"箫韶九成"……即《乾》用九……之义）。

这真是非常切合。《周易》以禅让开始，何等光明正大！可是我们还免不得发问：何以在《卦、爻辞》中不肯漏出一"尧"字，一"舜"字来呢？（"或跃在渊"与高迁适反，以之比附摄天子似不合。又以初二三四五爻属舜而以六爻属尧，亦似突兀。照他说法，是乃先有亢龙之悔而后"见龙在田"了。何不索性也把它说为舜事，以苍梧道死，商均不肖，算作他的亢龙之悔呢？）《卦、爻辞》中没有说尧、舜而他说为尧、舜，然则我们用了他的方式来推《周易》的故事，从没有文字处作索隐，似乎《周易》的作者已逆知袁世凯的一生，早把他记在《乾卦》里。托迹淮军，非"潜龙勿用"乎？理事朝鲜，非"见龙在田"乎？练兵小站，非"乾乾夕惕"乎？放归彰德，非"或跃在渊"乎？总统民国，非"飞龙在天"

乎？身败洪宪，非"亢龙有悔"乎？军阀闻风竞起，非"见群龙"乎？若然，则《周易》不但记旧闻，且亦善作预言，大可作《推背图》观矣。甚哉经师之诬罔也（《周易》中语可以用来讲尧、舜之事和可以用来讲袁世凯之事是一样的，但《周易》中语不就是记尧、舜之事和不就是记袁世凯之事也是一样的。若因其理有可通，即以为事实皆隐伏在内，则种种玄虚之说就纷纷起来，无以逃于诬罔之罪了）！

第二，是没有圣道的汤、武革命的故事。汤克夏，武王克商，那自然是真的事实。但他们这种行动并没有什么了不得的理由，他们只说自己是新受了天命来革去别人以前所受的天命的。例如《诗·大明篇》所说的：

> 有命自天，命此文王……笃生武王。保右命尔，燮伐大商。……上帝临女，无贰尔心！

这便是当时革命中的标语。再说得清楚畅尽些，便如《书·多士》的一番话：

> 上帝引逸，有夏不适逸，则惟帝降格，向于时。夏弗克庸帝，大淫泆有辞，惟时天罔念闻。厥惟废元命，降致罚，乃命尔先祖成汤革夏。……在今后嗣王诞罔显于天……惟时上帝不保，降若兹大丧。……今惟我周王丕灵承帝事。有命曰割殷，告敕于帝。……非我一人奉德不康宁；时惟天命，无违！

从这些话里可以知道那时所谓"革命"的意义是这样：前代的君不尽其对于上帝的责任，所以上帝便斩绝他的国命，教别一个敬事上帝的人出来做天子（《长发》云："汤降不迟，圣敬日跻，昭假迟迟，上帝是祗"，《大明》云："维此文王，小心翼翼，昭事上帝，聿怀多福"，这便是汤和文王的革命的资格）。那时的革命者与被革命者都站在上帝的面前，对上帝负责任。那时的革命，是上帝意志的表现。但到了战国，神道之说衰而圣道之说兴，于是这班革命家也受了时代的洗礼而一齐改换了面目。我们看《孟子》中所说的汤、武就不是《诗》、《书》中的汤、武了。例如：

> 汤始征，自葛载，十一征而无敌于天下。东面而征西夷怨，南面而征北狄怨，曰："奚为后我？"民之望之，若大旱之望雨也。归

市者弗止，芸者不变。诛其君，吊其民，如时雨降，民大悦。《书》（这是战国时人所造的《尚书》，理由另文论之）曰："徯我后，后来其无罚！"

"有攸不惟臣，东征；绥厥士女，匪厥玄黄，绍我周王见休，惟臣附于大邑周。"（这几句也是战国人所造的《尚书》）其君子实玄黄于匪以迎其君子；其小人箪食壶浆以迎其小人。救民于水火之中，取其残而已矣！（《滕文公》下）

经他这样一讲，汤、武的征诛乃全出于不忍之心。这便是他们对于人民负责任，对于自己的良心负责任，而不是对于上帝负责任了。王者的功业经了这样一布置，于是起了一个大变化。有了这样的大变化，所以孟子对于《武成》要怀疑（"血之流杵"不像是"如时雨降"时的样子），他想用了这新传说来毁灭旧史料。有了这样的大变化，所以《论语·尧曰篇》（这是《论语》中最不可信的一篇）就以"尧—舜—禹—汤—武王"列出一个圣道的系统来，《孟子·尽心篇》也就以"尧、舜—汤—文王"列出一个传道的系统来了。在这个道统之下，汤、武的征诛和尧、舜的禅让具有同等的地位：他们的手段虽不同，目的却一致，因为都是爱民与救民的；他们只是时代有异，不得不分成两种做法而已。自从有了这一个道统说，尧、舜、禹、汤、文、武便成了面目相同的人物了。

现在，我们来看《周易》。六十四卦中，如《师》，如《同人》，如《谦》，如《豫》，如《晋》……都说到行师攻伐，但汤、武征诛的故事没有引用过一次。《既济》和《未济》只说高宗伐鬼方，也不提起汤、武的故事。这还不奇；最奇怪的，《革卦》也不提一字。"汤、武革命"，不是说明《革》的卦象的最适当的例子吗？挂在口边的现成材料也会忘记，这是怎的？因为这样，所以《彖传》就起来补道：

天地革而四时成；汤、武革命，顺乎天而应乎人：革之时义大矣哉！

《易林》也起来补道：

开牢辟门，巡狩释冤。夏台羑里，商文悦喜。（《讼》之《临》；《大过》之《师》略异）

五精乱行，政逆皇恩。汤、武赫怒，天伐利域。（《中孚》之《革》）

经枣整冠，意盈不厌。桀、纣迷惑，谗佞伤贤，使国乱倾。

《解》之《贲》)

　　天厌禹德，命兴汤国。袚社衈鼓，以除民疾。(《复》之《革》)

　　鬼哭于社，悲伤无后。甲子昧爽，殷人绝祀。(《暌》之《颐》；
《涣》之《大壮》；《大过》之《坤》略异。)

　　八百诸侯，不期同时，慕西文德。兴我家族，家门雍睦。
(《临》之《遯》)

　　商纣牧野，颠覆所在。赋敛重数，黎元愁苦。(《需》之《益》)

　　周师伐纣，战于牧野。甲子平旦，天下喜悦。(《涣》之《夬》、
《复》，《谦》之《噬嗑》，《节》之《升》)

既经是"匪厥玄黄"，"箪食壶浆"以迎的，既经像"大旱之雨"以望
的，不当有这许多歌颂的话吗？

　　第三，是没有封禅的故事。自从战国、秦、汉间燕、齐、鲁的方士
和儒者倡导了封禅说以来，古时七十二代的帝王便没有不到泰山去封禅
的。《史记·封禅书》中写管仲所记得的十二代，是：

　　昔无怀氏封泰山，禅云云。虑羲封泰山，禅云云。神农封泰
　　山，禅云云。炎帝封泰山，禅云云。黄帝封泰山，禅亭亭。颛顼封
　　泰山，禅云云。帝俈封泰山，禅云云。尧封泰山，禅云云。舜封泰
　　山，禅云云。禹封泰山，禅会稽。汤封泰山，禅云云。周成王封泰
　　山，禅社首。皆受命，然后得封禅。

看这一段话，可知封禅是古代的一个大典，凡是受命之君没有不举行这
个大典的。只有一点例外，是"纣在位，文王受命，政不及泰山；武王
克殷二年，天下未宁而崩"(《封禅书》)，所以周室受命之后，直到成王
手里才封禅。然而文王、武王虽没有举行这个典礼，他们对于这个邃古
以来的定制是一定知道的。《卦、爻辞》无论是文王作，或是周公作，
总应当提起一声。何以"圣人以神道设教"的《观卦》里竟毫无封禅的
痕迹？又何以《益》六三言"王用亨于帝"，《升》六四言"王用亨于岐
山"，《随》上六言"王用亨于西山"，都不提起封禅？

　　说到这里，或者有人起来驳我，说："卢植注《礼器》'因名山升中
于天'，谓'封太山，告太平'，然则《易》有《升卦》，即是封禅。
《升》六四的'王用亨于岐山'，不过因文王不能到泰山去，所以改在岐
山罢了。"我对于这个驳语的解答，以为祭山是一件事，封禅又是一件
事。祭山是各国各时代都有的，故《论语》有"季氏旅于泰山"，《左

传》有"至于夷王，王愆于厥身，诸侯莫不并走其望以祈王身"（昭二十六年）的话。封禅却不同，只有受命的天子才可行，不是受命的便没有这个希望。所以《升卦》的"王用亨于岐山"，既只言"亨（享）"而不言封禅，可知仅是祭山而非封禅。至于卢植何以要把"升"字讲作封禅，这只要看《诗·周颂》就可明白：

> 时迈其邦，昊天其子之，实右序有周。薄言震之，莫不震叠。怀柔百神，及河乔岳。允王维后！（《时迈》）
>
> 於皇时周！陟其高山，隋山乔岳，允犹翕河。敷天之下，裒时之对，时周之命！（《般》）

这两首诗都是说祭乔岳和祭河的，不曾见一"封"字或"封禅"字。所以到了东汉初，卫宏作《诗序》，还说：

> 《时迈》，巡守告祭柴望也。
>
> 《般》，巡守而祀四岳河海也。

他虽是"巡守"呵，"柴望"呵，"四岳"呵，充满着《尧典》的气味，但还不曾说是封禅。到了班固作《白虎通德论》，就在《封禅篇》中写道：

> 《诗》云："於皇时周！陟其高山。"言周太平封泰山也。

那么，《般》这一篇是说封禅的了。到了郑玄作《毛诗笺》，又于《诗序》下注道：

> 巡守告祭者，天子巡行邦国，至于方岳之下而封禅也。（《时迈》）

于是，《时迈》也是说封禅的了。《周颂》绝没有说起封禅，但后来的经师可从它里边寻出封禅的材料来；然则《易》有《升卦》，我们何尝不可学一学这班经师的成法，把它讲成了封禅呢！

可是，我们与其在《卦、爻辞》里寻出假封禅的材料，还不如到《易林》里去寻些真封禅的材料为好。《易林》说：

> 德施流行，利之四乡。雨师洒道，风伯逐殃。巡狩封禅。以告成功。（《益》之《复》，《莘》之《比》，《巽》之《小过》）

第四，是没有观象制器的故事。《系辞传》说："《易》有圣人之道四焉……以制器者尚其象。"这是说看了《易》象来制器是圣人的一道。例如《涣卦》䷸，上《巽》下《坎》，《巽》为木，《坎》为水，圣人看了这个卦象，便会想起木在水上可以造些什么东西出来；结果就造成了一条船。《系辞传》举出了许多圣人制器的事实，可以使我们知道从伏羲到尧、舜的创作，可以使我们知道现在天天用着的器物的来源，所以从刘歆的《三统历》以来，已经把这些事情安插到上古史里去了。但是，《易》道中既有这样重大的事，为什么《卦、爻辞》中竟一字不提（在《离卦》中不提网罟，在《益卦》中不提耒耜，在《随卦》中不提服牛乘马……）？朱熹于《泰》六五注云："帝乙归妹之时亦尝占得此爻。凡《经》以古人为言，如高宗、箕子之类者，皆放此。"照他所说，古人占得了这一爻的尚且把这个事件记在《卦、爻辞》下，何以古圣人曾用了这一卦的象发明出许多重要的东西来的竟这样地寂寞无闻，直待《系辞传》而始把他们表章了呢？

讲古圣贤的创作的专书，是《世本》的《作篇》。《系辞传》中既有这一大篇的圣人制器的故事，那么这些故事自然应当在《世本》中各占地位了。但是，不幸得很，《世本》与《系辞传》所记的制作的东西虽差不多，而制作的人则完全不一样。我们可以列一个表来比较一下：

《系辞传》	《世本·作篇》
庖牺氏作八卦	无
庖牺氏作网罟	句芒作罗（又《御览》引，"芒作网"。）
神农氏作耒耜	垂作耒耜、作耨（又《御览》引，"咎繇作耒耜"；又引，"鲧作耒耜"。）
神农氏作市	祝融作市
黄帝、尧、舜（原文未分别哪一个人，故只能照样录之）作舟楫	共鼓、货狄作舟
黄帝、尧、舜作服牛乘马	胲作服牛；相土作乘马；奚仲作车
黄帝、尧、舜作重门击柝	无（但有"鲧作城郭"。）
黄帝、尧、舜作杵臼	雍父作杵臼
黄帝、尧、舜作弧矢	挥作弓；牟夷作矢
后世圣人作宫室	尧使禹作宫室
后世圣人作棺椁	无
后世圣人作书契	沮诵、苍颉作书

由以上的比较，使得我们知道《系辞传》中的制器的故事无一与《世本》相同。这是古代的极重大的事，为什么竟会这样地差异呢？这个原因，我们可以先作两种假设：

1. 《系辞传》的话全为诬妄，故不为《世本》的作者所承认；

2. 作《世本》时尚无《系辞传》，故仅录其自己的传闻，而当时所传闻的都不是《系辞传》所说的那一套。

这第一个假设，我以为是不成立的，因为作《世本》的人所记的事大一半是根据传说来的，其一小部分则出于作者的附会（例如《小雅·何人斯篇》中有"伯氏吹埙，仲氏吹篪"的话，而《何人斯篇》说是苏公刺暴公的，《世本》便说，"埙（壎），暴辛公所造；篪，苏成公所作"，这真是一个可笑的推断），他并不曾做过一番细密的考据功夫。《系辞传》中的话既说得这样神圣，对于民生又如此有关系，假使能给《世本》的作者看见，他一定大大地采用，决不会深闭固拒，仅说"伏羲、神农作琴瑟；黄帝作冕旒"，而绝口不谈那些依据了《易》象而制作的东西的。因此，我的意见倾向于第二个假设：那时没有《系辞传》，所以《世本》不说。《世本》的著作时代已经够后（言伏羲，采《帝系》，当是秦、汉间人所作），《系辞传》乃更在其后。因为它出现得太迟了，向来又没有这些故事，所以战国诸子中都不曾提起古圣人观象制器一类的话，不但《世本》的作者不知道而已。

然则《系辞传》中这段故事是作者凭空想出来的吗？这也不然。《淮南子·氾论训》上有一段话和这段文字大同小异，我们也可把它们列成一个比较表，在比较之后加以讨论：

《淮南子》	《系辞传》
古者民泽处复穴，冬日则不胜霜雪雾露，夏日则不胜暑蛰蚊虻；圣人乃作为之筑土构木以为宫室，上栋下宇以蔽风雨，以避寒暑，而百姓安之。……	上古穴居而野处，后世圣人易之以宫室，上栋下宇以待风雨，盖取诸《大壮》。
古者剡耜而耕，摩蜃而耨……民劳而利薄；后世为之耒耜耰锄……民逸而利多焉。	神农氏作，斲木为耜，揉木为耒，耒耨之利以教天下，盖取诸《益》。
古者大川名谷冲绝道路，不通往来也；乃为窬木方版以为舟航。	黄帝、尧、舜氏作……刳木为舟，剡木为楫，舟楫之利以济不通，致远以利天下，盖取诸《涣》。
故地势有无得相委输，乃为靻蹻而超千里，肩荷负担之勤也，而作为之揉轮建舆，驾马服牛，民以致远而不劳。	服牛乘马，引重致远以利天下，盖取诸《随》。
为挚禽猛兽之害伤人而禁御也，而作为之铸金锻铁以为兵刃，猛兽不能为害。	弦木为弧，剡木为矢，弧矢之利以威天下，盖取诸《睽》。

在这样比较之下，可见它们不但意义全同，即文字亦多相同的（如"上栋下宇以待风雨"，"服牛乘马，引重致远"等）。关于这个问题，我们也可作两个假设：

    1.《淮南子》袭用《系辞传》；

    2.《系辞传》袭用《淮南子》。

这第一个假设，我以为理由也不充足。因为《淮南子》中是常称引《易》文的（先秦诸子中称引《易》文的仅一荀子，《礼记》中也有一些，足征当时引用《周易》的人实在不多），刘向《别录》云："淮南王聘善为《易》者九人，从之采获，署曰《淮南九师书》。"（《御览》六〇六引）可见刘安对于《易》学是很肯提倡的。假使他那时已有《系辞传》，已有观象制器的故事，则苏飞、李尚一班人著《氾论训》的时候为什么不用这有凭有据的《系辞传》来证实自己的说话呢？

《氾论训》这一段的主要意义，是：

> 故民迫其难则求其便，困其患则造其备。人各以其所知去其所害，就其所利。常故不可循，器械不可因也。则先王之法度有移易者矣。

这原是他们的变法论。战国、秦、汉间一班道家最喜尊古贱今，以为愈古则愈康乐。《淮南子》中虽也有此种议论，但在这一段里则一反此说，以为愈到后世则器用愈完备。这是一个极锐利、极真切的观察。作《系辞传》的人肯不把所有的制作一起送给伏羲，而连说"后世圣人易之"，这也不能不说是进步的思想；但他把制作的原因一起归功于《易》象，而八卦为伏羲所创造，后世圣人的制作只是从伏羲的八卦中演绎出来的，还是一种迷信古初的见解。所以如此之故，只为他讲的是《易》，总想把《易》推尊起来：他把神农、黄帝一班人拉进《易》的境域为的是抬高《易》的地位，他把民生日用的东西归功于圣人的观象制作也为的是抬高《易》的地位。《淮南子》中这一段话是要证明"先王之法度有移易"，而他这一段话乃是证明了"伏羲之法度无移易"。那么，八卦是伏羲画的，观象也是由伏羲起的，他尽可自己观自己所画的卦象而制作了神农、黄帝们所制作的东西，为什么他只做得网罟便停了手呢？为什么他把这许多眼前的功业都让给了"后世圣人"呢？所以，《淮南子》这一段话是一气贯注地陈说下去的，是一种健全的议论；而《系辞传》

这一段话则迟回瞻顾，既欲说伏羲的了不得，又欲表示后世圣人的有进步。此无他，《系辞传》袭用《淮南子》之文而改变其议论的中心，故这一段话里遂包容了两个论点耳。

以上所说的，只是观象制器的故事的出现的时代问题，而不是这件故事的可否成立问题。依我看来，这件故事简直不能成立。创造一件东西，固然是要观象，但这个象乃是自然界之象而非八卦之象。例如看了一块木头浮在水面，从此想下去，自然可以想出造船；至于卦象，则仅木在水上耳，并没有表示其不沉的德性，如何可以想出造船来呢？如《系辞传》所言，看了"《巽》（木）上《坎》（水）下"的《涣》会造出木头船，为什么看了"《乾》（金）上《坎》（水）下"的《讼》想不出造铁甲船？为什么看了"《离》（火）上《坎》（水）下"的《未济》想不出造汽船？又为什么看了"《离》（电）上《坤》（地）下"的《晋》想不出造无线电？为什么看了"《坤》（地）上《震》（雷）下"的《复》想不出造地雷？汽船、无线电……既已制作矣，这班发明家观的是什么象？观《易》象的圣人造不出这种器物来，造出这种器物的又不去观《易》象，那么，这种神圣的故事不亦太可怜乎？因为这样，所以在《系辞传》以前没有人说过观象制器的话，在《系辞传》以后也不曾有人做出观象制器的事；结果，徒然使得伪古史中添了一大笔虚账。这个虚账可以分成两部分：第一部分是新制作说，第二部分是新五帝说。新制作说战胜了旧制作说，所以宋衷的《世本注》里把作网的句芒算做伏羲臣，把作耒耜的垂算做神农臣，把作杵臼的雍父算做黄帝字（一本作黄帝臣），把作矢的牟夷和作舟的共鼓算做黄帝臣。新五帝说战胜了旧五帝说，所以伏羲、神农遂为后世言古史者的不祧之祖，不像《吕氏春秋》、《五帝德》、《史记·五帝本纪》的只说黄帝、颛顼、帝喾、尧、舜了（后人无法处置这两个不同的系统，只得把伏羲、神农升到三皇里去。但三皇在秦是天皇、地皇、泰皇，在西汉后也是天皇、地皇、人皇，总没有伏羲、神农们。没有法子，就把天皇、地皇们牺牲了。倘使没有《系辞传》的这番称扬，伏羲、神农的地位至多只能和有巢氏、燧人氏们一样，决不会像现在这样地有坚实的地盘的。此问题非数语所可尽，当于另作《三皇五帝考》一文中详论之）。《系辞传》之与伪古史，其关系盖如此。

于是我们对于《周易》的经传可以作大体的估量了。

作《卦、爻辞》时流行的几件大故事是后来消失了的，作《易传》时流行的几件大故事是作《卦、爻辞》时所想不到的：从这些故事的有与没有上，可以约略地推定《卦、爻辞》的著作时代。它里边提起的故事，两件是商的，三件是商末周初的，我们可以说，它的著作时代当在西周的初叶。著作人无考，当出于那时掌卜筮的官（即《巽》爻辞所谓"用史巫纷若"的史巫）。著作地点当在西周的都邑中，一来是卜筮之官所在，二来因其言"岐山"，言"缶"，都是西方的色彩（《离》九三，"不鼓缶而歌"；李斯上秦王书曰："击瓮扣缶而呼呜呜快耳者，真秦之声也"，杨恽报孙会宗书曰："家本秦也，能为秦声……酒后耳热，仰天抚缶而呼呜呜"，可见缶是秦地的主要乐器，秦地于西周时则王畿也）。这一部书原来只供卜筮之用，所以在《国语》（包《左传》）所记占卜的事中引用了好多次；但那时的筮法和筮辞不止《周易》一种，故《国语》所记亦多不同。此书初不为儒家及他家所注意，故战国时人的书中不见称引。到战国末年，才见于荀子书，比了《春秋》的初见于孟子书还要后。《春秋》与《易》的所以加入"《诗》、《书》、《礼》、《乐》"的组合而成为《六经》的缘故，当由于儒者的要求经典范围的扩大。

到《周易》进了"经"的境域，于是儒者有替它作传的需要。在作传的时候，尧、舜禅让的故事，汤、武征诛的故事早流行了，就是黄帝、神农、伏羲诸古帝王也逐渐出来而习熟于当时人的口耳之间了，所以《易传》里统统收了进去，请他们作了《周易》的护法。这时候（汉初），正值道家极发达的当儿，一般的儒者也受了道家的影响，所以《易传》里很多道家意味的说话（详见《燕京学报》第二期中许地山先生和冯友兰先生两篇论文）。这时候，《世本》出来了，《淮南子》也出来了，作《系辞传》的人就取了《世本》中的古人创作的一义和《淮南子》中的"因其患则造其备"的一义，杜造了观象制器的一大段故事，以见《易》的效用之大。《易》本来只是一部卜筮之书，经他们用了道家的哲理，圣王的制作和道统的故事——点染上去，它就成了一部最古的，最玄妙的，和圣道关系最密切的书了。于是它从《六经》之末跳到《六经》之顶！

现在呢，我们要把这时代意识不同，古史观念不同的两部书——《周易》和《易传》——分开来了。我们要谢谢它们，从它们的乖异上使我们得到一个估计西周和秦、汉间的文籍的尺度。

此文之作，开始于民国十五年十二月，嗣因厦门大学风潮辍笔。至十七年八月，以编纂中山大学上古史讲义，摘录稿中要点，写成一篇。十八年十月，燕京大学行开幕典礼，嘱宣读论文，遂以摘本应命。越一旬，《燕京学报》征文，又费旬余之力，整理原稿，成为此篇。综计首尾四年，始能勉强完稿，生活不安，即此可见。爰记始末于此，以见居今之世从事研究之难。舍馆初定，匆促写此，不及细检，虑多误谬，愿读者正之。中华民国十八年十一月三日，颉刚记于北平西郊之成府。

《古史辨》第二册自序[*]
（1930）

　　《古史辨》第一册出版了足四年了。在这四年中，朋友们看见我，常常问道"第二册出版了吗？"我只是惭恨，无以回答。实在近数年来，我的生活太忙乱了。四年以前的生活，我已嫌它不适宜于研究学问；哪知近数年来的生活更不适宜于研究学问。自从民国十五年的秋天，受了衣食的逼迫，浮海到厦门（不到一年，又被学校的风潮驱到了广州），从此终日为教书忙，为办公忙，为开会及交际等事忙，于是我的生命史开了新纪录了，向来平庸不过的生活中也居然激起波浪来了，拥戴的有人了，攻击的也有人了；结果逼得我成了对付别人的人而丧失了自己。我常想：照这样子流转下去，我至多只有做成一个教育行政家（给人骂起来就是所谓学阀），这是我能做的吗？这是我心愿的吗？唉，我十几年来所为排万难以求的是什么，我能为衣食的不生问题就忘记了那个目的吗？年纪一天比一天大，心情一天比一天乱，学问一天比一天退步，这怎么办？难道我就这样地完了吗？想到这里，真是痛苦极了；回忆数年前在生计压迫之下还有空闲读书的生活，只觉其可歆羡了。于是我立定主意，逃出了南方。逃出来一年之后，这《古史辨》第二册就出版了，朋友们再问我时我就可以回答了。这真该谢天谢地的呵！

　　这一册的内容，四年前早拟定了，曾在第一册的后面附了一个目录：上编是古史问题，中编是经学问题，下编是前代辨伪者的传记。后来在厦门在广州又编过几次，因为搜集的材料多了，一册容不下，决定分为两册，所以这一册的内容和预告的有些不同：上编仍为古史问题，中编则改为孔子和儒家问题，下编又改为关于《读书杂志》中古史论文

---

　　* 此文原载《古史辨》第二册，朴社，1930 年 9 月。

和《古史辨》第一册的批评。

因为前几年的生活太忙乱了，所以不能有新的作品给大家看。这一册所搜集的，我的还是几篇老文章，别人作的则有很新的，可以弥补我久不继续努力的缺憾。本册下编，全是别人对于我的批评，在这些矛盾的论调中，读者大可看出这个时代的人们对于古史的观念有怎样的不同，我们将来工作的进行应当拣取什么方法。这是很好的思想史的材料，又是很好的史学方法论的材料。许多指正我的地方，我铭感地领受。其有不能同意而不按篇答覆者，一因没有时间，二因有许多已不成问题了，三因我现在的生活较为安定，如果能让我在这种生活中过上几年，我必可有进一步的事实作为解释，正不必在这没有成绩的现在作断断之辨（我现在自信已捉得了伪古史的中心，只要有时间给我作研究工夫，我的身体又支持得下，将来发表的论文多着呢）。这些批评的文字，只就我所看见的或我的朋友们寄给我的收录进去，其他失载的想来还很多，只得待以后续补了（有几篇是和别种书一起批评的，现在不加删削，因为借此可以看出近年来史学界的风气）。

自从本书第一册出版之后，不能说没有影响，但不了解我的态度的人依然很多。现在趁这作序的机会，略略答述如下。

最使我惆怅的，是有许多人只记得我的"禹为动物，出于九鼎"的话，称赞我的就用这句话来称赞我，讥笑我的也就用这句话来讥笑我：似乎我辨论古史只提出了这一个问题，而这个问题是已经给我这样地解决了的。其实，这个假设，我早已自己放弃（见第一册二二七页）。就使不放弃，也是我的辨论的枝叶而不是本干；这一说的成立与否和我的辨论的本干是没有什么大关系的。这是对我最浅的认识。其他较为深刻的，有下列四项：

第一，说我没有结论。我以为一种学问的完成，有待于长期的研究，决不能轻易便捷像民意测验及学生的考试答案一样。如果我随便举出几句话作为我的结论，那么，我就是伪史的造作家了，我如何可以辨别人所作的伪呢！我要求结论之心，或者比了说这句话的人还要热切，但我不敢自己欺骗自己，更不敢欺骗别人。责备我的人们，请息了这个想念罢！我是不能满足你们的要求了！这不是我的不争气，使得你们的要求不能满足，实在这个时代还不容我满足你们的要求呵！千万个小问题的解决，足以促进几个中问题的解决；千万个中问题的解决，足以促进几个大问题的解决。只要我们努力从事于小问题的研究而得其结论，则将来不怕没有一个总结论出来。可是在我们这几十年的寿命里是一定看不见的了！

第二，说我没有系统。他们的理由和上条一样，我的答覆也和上条一样。系统的完成不是一朝一夕的事，哪里可以像木架般一搭就搭起来的。不过，有一个你们愿意听的消息报告给你们知道。数年前，我专作小问题的研究，原没有组织系统的觊望。这几年不同了，因为在学校里教授上古史，逼得我不能不在短时期内建设一个假定的古史系统。现在我很想在《古史辨》之外更作两部书，一是《古史材料集》，一是《古史考》。《材料集》是把所有的材料搜集拢来，分类分时编辑，见出各类和各时代中包孕的问题；《古史考》则提出若干较大的问题，作为系统的研究。这是足以使得古史的材料及辨论都系统化的；不过这两部书的完工很不容易，恐怕要迁延到我的垂老之年吧！至于《古史辨》，本是辑录近人著作，用意在于使大家知道现在的古史学界中提出的问题是些什么，讨论的情形是怎样，以及他们走到的境界有多么远而已，正不须使它有系统。

第三，说我只有破坏，没有建设。我以为学术界中应当分工，和机械工业有相同的需要。古史的破坏和建设，事情何等多，哪里可由我一手包办。就是这破坏一方面，可做的工作也太多了，竭尽了我个人的力量做上一世，也怕未必做得完，我专做这一方面也尽够忙了。而且中国的考古学已经有了深长的历史，近年从事此项工作的人着实不少，丰富的出土器物又足以鼓起学者们向建设的路上走的勇气，我不参加这个工作决不会使这个工作有所损失。至于辨伪方面，还没有许多人参加，头脑陈腐的人又正在施展他们的压力（请恕我暂不将事实陈述），如果我不以此自任，则两千数百年来造作的伪史将永远阻碍了建设的成就。所以即使就时代需要上着想，我也不得不专向这方面做去。

第四，说书本上的材料不足为研究古史之用。书本上的材料诚然不足建设真实的古史，但伪古史的发展十之八九在已有了书本之后。用了书本上的话来考定尧、舜、禹的实有其人与否固然感觉材料的不够用，但若要考明尧、舜、禹的故事在战国、秦、汉间的发展的情状，书本上的材料还算得直接的材料，惟一的材料呢。我们先把书籍上的材料考明，徐待考古学上的发见，这不是应当有的事情吗？再有一个理由：有许多古史是考古学上无法证明的，例如三皇、五帝，我敢预言到将来考古学十分发达的时候也寻不出这种人的痕迹来。大家既无法在考古学上得到承认的根据，也无法在考古学上得到否认的根据，那么，希望在考古学上证明古史的人将怎么办呢？难道可以永远"存而不论"吗？但是在书本上，我们若加意一考，则其来踪去迹甚为明白，固不烦考古学的反证而已足推翻了。

以上四项，都是对于我的"求全之毁"。还有一项，是"不虞之誉"。我出了一册《古史辨》，在这学术饥荒的中国，一般人看我已经是一个成功的学问家了，于是称我为历史专家，说到历史似乎全部的历史我都知道的，说到上古史似乎全部的上古史我都知道的。唉，这岂不是我想望中的最大成就，不过想望只是想望，哪里能够如愿呢！学问的范围太大了，一个人就是从幼到壮永在学问上作顺遂的进展，然而到了老迈亦无法完全领略，因为我们人类的生命太短促了，有涯之生是逐不了无涯之知的。何况我对于古史只有十年的功力，对于这方面的知识的浅薄是当然的事呢！我决不是三头六臂的神人，也决不是"造逡巡酒、开顷刻花"的术士。我只是一个平常人，只能按部就班地走，只能在汪洋大海中挹得一勺水呵！所以这种不虞之誉，实在还是求全之毁的变相。这种非分的颂扬，实在即是惨酷的裁制。

我现在诚挚地自白：我不是一个历史的全能者，因为我管不了这许多历史上的问题；我也不是一个上古史专家，因为真实的上古史自有别人担任。我的理想中的成就，只是作成一个战国、秦、汉史家；但我所自任的也不是普通的战国、秦、汉史，乃是战国、秦、汉的思想史和学术史，要在这一时期的人们的思想和学术中寻出他们的上古史观念及其所造作的历史来。我希望真能作成一个"中古期的上古史说"的专门家，破坏假的上古史，建设真的中古史。所以，我的研究的范围大略如下：

（1）战国、秦、汉人的思想及这些思想的前因后果；

（2）战国、秦、汉间的制度及这些制度的前因后果；

（3）战国、秦、汉间的古史和故事的变迁；

（4）战国以前的书籍的真面目的推测；

（5）战国、秦、汉间出来的书及古书在那时的本子；

（6）战国、秦、汉人讲古籍讲错了的地方及在此错解之下所造成的史事。

我承认我的工作是清代学者把今古文问题讨论了百余年后所应有的工

作，就是说，我们现在的工作应比清代的今文家更进一步。从前叶德辉（他是一个东汉训诂学的信徒）很痛心地说：

> 有汉学之攘宋，必有西汉之攘东汉。吾恐异日必更有以战国诸子之学攘西汉者矣！（《与戴宣翘校官书》，《翼教丛编》卷七）

想不到他的话竟实现在我的身上了！我真想拿了战国之学来打破西汉之学，还拿了战国以前的材料来打破战国之学：攻进这最后两道防线，完成清代学者所未完之工。这可以说是想从圣道王功的空气中夺出真正的古文籍，也可说是想用了文籍考订学的工具冲进圣道王功的秘密窟里去。

其次，在古文籍中不少民族的信仰，民众的生活，但是一向为圣道王功所包蒙了，大家看不见。我又很想回复这些材料的本来面目，剥去它们的乔装。

所以我的工作，在消极方面说，是希望替考古学家做扫除的工作，使得他们的新系统不致受旧系统的纠缠；在积极方面说，是希望替文籍考订学家恢复许多旧产业，替民俗学家辟出许多新园地。

这是我的大愿，但这个大愿能达到与否我不敢说，我只敢说我将向此目的而永远致力。谢谢许多人：你们不要对于这个未成功者作成功的称誉，替他欺世盗名，害得他实受欺世盗名的罪戾；你们也不要对于这个未成功者作成功的攻击，把全国家之力所不能成事者而责备于他一人之身，把二千数百年来所层累地构成且有坚固的基础者而责望他在短时期内完成破坏的工作，逼得他无以自免于罪戾。你们如果同情他的工作，应自己起来，从工作中证明他的是；你们如果反对他的工作，亦应自己起来，从工作中证明他的不是。只要大家肯这样，古史问题的解决自然一天比一天接近，他也不致因包办而失败了！

顾颉刚。十九，八，十，于燕京大学。

《古史辨》第三册自序[*]
（1931）

　　这第三册《古史辨》分为上下两编：上编是讨论《周易》的，下编是讨论《诗三百篇》的；多数是这十年来的作品，可以见出近年的人们对于这二书的态度。其编纂的次序，以性质属于破坏的居前，属于建设的居后。于《易》则破坏其伏羲、神农的圣经的地位而建设其卜筮的地位；于《诗》则破坏其文、武、周公的圣经的地位而建设其乐歌的地位。但此处说建设，请读者莫误会为我们自己的创造。《易》本来是卜筮，《诗》本来是乐歌，我们不过为它们洗刷出原来的面目而已；所以这里所云建设的意义只是"恢复"，而所谓破坏也只等于扫除尘障。此等见解都是发端于宋代的，在朱熹的文集和语录里常有这类的话。我们用了现代的智识引而伸之，就觉得新意义是很多的了。

　　我们知道：我们的功力不但远逊于清代学者，亦且远逊于宋代学者。不过我们所处的时代太好，它给予我们以自由批评的勇气，许我们比宋代学者作进一步的探索——解除了道统的束缚；也许我们比清代学者作进一步的探索——解除了学派的束缚。它又给予我们许多崭新的材料，使我们不仅看到书本，还有很多书本以外的东西，可以作种种比较的研究，可以开出想不到的新天地。我们不敢辜负这时代，所以起来提出这些问题，激励将来的工作。

　　这一册书的根本意义，是打破汉人的经说。故于《易》则辨明《易十翼》的不合于《易上下经》；于《诗》则辨明齐、鲁、韩、毛、郑诸家《诗》说及《诗序》的不合于《三百篇》。它们解释的错误和把自己主张渲染到不相关的经书上，许多许多是证据明确，无可作辨护的。我

　　* 此文原载《古史辨》第三册，朴社，1931 年 11 月。

们的打破它们，只是我们的服从真理，并不是标新立异。

倘有人视经书为神圣，因视汉人的解释为同等的神圣，加我们以"狎侮圣言"的罪名，则我们将说：神圣的东西是"真金不怕火"的，如果汉人的解释确是神圣，则我们这些非传统的言论固嫌激烈，但终无伤于日月之明。如其不然，则即使我们不做这番工作，而时代是不饶人的，它们在这个时代里依然维持不了这一个神圣的虚架子。经久的岁月足以证明真实的是非，请你们等着瞧罢！

可是，我们在这些工作里证明了一件事，就是：我们要打破旧说甚易而要建立新的解释则大难。这因为该破坏的有坚强的错误的证据存在，而该建设的则一个小问题往往牵涉到无数大问题上，在古文字学、古文法学、宗教学、社会学、民俗学……没有甚发达的今日，竟不能作得好。例如《邶风·静女篇》是多么简单的一篇诗，可是摧毁毛、郑之说丝毫不费力，也不发生异议，而要建立现代的解释时，则"荑"呵，"彤管"呵，"爱"呵，触处是问题，七八个人讨论了五六年方得有近真的结论。照这样看起来，讨论一篇问题复杂的文字要费多少时候呢？要把一部书整个讨论停当又要费多少时候呢？这几部经书已经这样够困难，尽了我们几个人的一生精力未必能有十分之一的整理，何况经书以外，古史的天地还大得很，我们是决不能作"及身成功"的梦了！

近来有些人主张不破坏而建设。话自然好听，但可惜只是一种空想。我们真不知道，倘使不破坏《易十翼》，如何可把《易经》从伏羲们的手里取出来而还之于周代？倘使不破坏汉人的《诗》说，又如何脱去《诗序》、《诗谱》等的枷锁而还之于各诗人？如不还之于周代及各诗人，则《易》与《诗》的新建设又如何建设得起来？所以，这只是一句好听的话而已，决不能适用于实际的工作。

许多人看书，为的是获得智识，所以常喜在短时间内即见结论。但《古史辨》中提出的问题多数是没有结论的，这很足以致人烦闷。我希望大家知道《古史辨》只是一部材料书，是搜集一时代的人们的见解的，它不是一部著作。譬如货物，它只是装箱的原料而不是工厂里的制造品。所以如此之故，我实在想改变学术界的不动思想和"暖暖姝姝于一先生之说"的旧习惯，另造成一个讨论学术的风气，造成学者们的容受商榷的度量，更造成学者们的自己感到烦闷而要求解决的欲望。我希望大家都能用了他自己的智慧对于一切问题发表意见，同时又真能接受他人的切磋。一个人的议论就使武断，只要有人肯出来矫正，便可令他发生自觉的评判，不致误人。就使提出问题的人不武断而反对他的人武断，这也不妨，因为它正可因人们的驳诘而愈显其不可动摇的理由。所以人们见解的冲突与凌乱，读者心理的彷徨无所适从，都不是坏事，必须如此才可逼得许多人用了自己的理智作审择的功夫而定出一个真是非来。

数年前，曾有人笑说《古史辨》杂集各人信札发表，其性质等于《昭代名人尺牍》。但我以为这个编纂法自有用处，凡是一件事情可以发生疑窦的地方，这人会想到，别人也会想到；不过想到的程度或深或浅，或求解答或不求解答。若单把论文给人看，固然能给人一个答案，但读者们对于这个答案的印象决不能很深。换言之，即不能印合读者们在无意之间自起的怀疑，因为他们的注意力不深，没有求这答案的需要，不能恰好承受这个答案。现在我们把讨论的函件发表，固然是一堆材料，但我们的疑窦即是大家公有的疑窦，我们渐渐引出的答案即是大家由注意力之渐深而要求得到的答案。这样才可使我们提出的问题成为世间公有的问题，付诸学者共同的解决。从前人有两句诗："鸳鸯绣出凭君看，不把金针度与人。"我们正要反其道而行之，先把金针度与人，为的是希望别人绣出更美的鸳鸯。试看阎若璩的《尚书古文疏证》，每篇正文之后有附录若干条，录其自己的札记及和他人的讨论，有时自行驳诘而不割弃以前的议论。固然是零碎和支蔓，被人讥为著书体例不谨严；但若没有此附录，这正文是多么枯燥呵？现在他把这些结论的来源发表出来，我们正可就此寻出其论证的阶段而批评之，他的几十年研究的苦心就不致埋没，我们继续加功也易为力了。所以我们现在处于这研究古史的过程中，正应借着《古史辨》的不谨严的体例来提出问题，讨论问题，搜集材料，酝酿为有条有理的《古史考》，使得将来真有一部像样的著作。

这一册里，十分之九都是讨论《易》和《诗》的本身问题的，关于古史的极少。也许有人看了要说："这分明是'古书辨'了，哪里可以叫做'古史辨'？"如果有此质问，我将答说：古书是古史材料的一部分，必须把古书的本身问题弄明白，始可把这一部分的材料供古史的采用而无谬误；所以这是研究古史的初步工作。我敢重言以申明之：这是研究古史的初步工作！譬如《周易》和《三百篇》，大家都知道它们是古书，以前也曾把这里面所载的材料充分收入古史。但因它们的自身问题不曾弄明白，所以《易十翼》和《易经》会得看成同样的意义，《系辞传》中的庖牺氏画卦，黄帝作衣裳、舟楫等故事遂成为典型的古史；而《三百篇》的真相也纠缠于汉人的《诗》说，遂使《商颂》成了商代人的作品，有"平王之孙"的《二南》也成了周初人的作品，为商代和周初添上了一笔伪史。我们现在要把这些材料加以分析，看哪些是先出的，哪些是后出的；春秋以上有多少，战国以下有多少。再看春秋以上的材料，在战国时是怎样讲，在秦、汉时是怎样讲，在汉以后又是怎样讲；而这些材料的真实意义究竟是怎样，以前人的解释对的若干，错的若干。这些工作做完的时候，古史材料在书籍里的已经整理完工了。那时的史学家就可根据了这些结论，再加上考古学上的许多发见，写出一部正确的《中国上古史了》。

所以我编这一册书，目的不在直接整理古史。凡是分析这二经中材料的先后的，或是讨论这二经的真实意义的，全部收入。希望秦、汉以前的几部书都能经过这样的讨论，使古书问题的解决得以促进古史问题的解决。

十余年前，初喊出"整理国故"的口号时，好像这是一件不难的工作，不干则已，一干则就可以干了的。我在此种空气之下，踊跃用命，也想一口气把中国古史弄个明白，便开始从几部古书里直接证明尧、舜、禹等的真相。现在看来，真是太幼稚，太汗漫了！近年每逢别人询问"你的研究古史的工作怎样了"时，我即答说："我不敢普泛的研究古史了，我只敢用我的全力到几部古书上。"实在，这并非胆怯；如果不自认定了一个小范围去做深入的工作，便没有前进的可能了！我自信，这一种觉悟是有益的。

我敢正告青年们：这若干部古书本是一种专门学问而不是常识，不是现代的人们所必有的智识；如果你们毫不顾问，也没有大关系。但是你们如果对于它发生了研究的兴趣，要向这方面得到些智识时，则一定要干苦工，要肯牺牲很多的时间去获得那很少的智识。以前的人，束发受经，有信仰而无思考，所以儒家统一了两千年的教育，连这几部经书也没有研究好；岂但没有研究好，且为它增加了许多葛藤，使它益发浑乱。现在我们第一次开垦这个园地，当然要费很大的力气为后来人作方便。我们处于今日，只有做苦工的义务而没有吃现成饭的权利。

数年来不满意于我的工作的人很多，看他们的意见大都以为我所用的材料不是古史的材料，所用的方法不是研究古史的方法。我以为这未免是一种误解。就表面看，我诚然是专研究古书，诚然是只打倒伪史而不建设真史。但是，我岂不知古书之外的古史的种类正多着，范围正大着；又岂不知建设真史的事比打倒伪史为重要。我何尝不想研究人类学、社会学、唯物史观等等，走在建设的路上。可是学问之大像一个海，个人之小像一粒粟，我虽具有"长鲸吸百川"的野心，究竟我是一个人，我的寿命未必有异于常人，我决不能把这一科学问内的事项一手包办。我不但自己只能束身在一个小范围里做深入的工作，而且希望许多人也都束身在一个小范围里做深入的工作。有了许多的专门研究，再有几个人出来承受其结论而会通之，自然可以补偏救弊，把后来的人引上一条大道。《荀子·解蔽篇》云："倕作弓，浮游作矢，而羿精于射。奚仲作车，乘杜作乘马，而造父精于御。"只要我们各个人能把根柢打好，把工具制好，将来精于射御的人就自然会起来了。要是痴想"一步跨上天"，把许多的需要责望到几个人的身上，要他们在一个短时期内得到大成就，那么只有逼得他们作八股文章：大家会说那一套，但大家对于那一套都不能有真实的了解。试问到了这步田地，还有什么益处？那不是自欺欺人吗？总之，处于现在时代，研究学问除了分工之外再没有别的办法：分工的职业是无贵贱之别的，超人的奢望是不可能的。

至于我所研究的材料，说它不是古史的全部材料固可，说它不完全为真材料亦可，说它不是古史的材料则不可。为什么？因为这些明明是古代流传下来的，足以表现古代的史事、制度、风俗和思想。如《周易》，是西周的著作，《诗三百篇》，是西周至东周的著作，你能不承认吗？既承认了，何以不能算是古史材料呢？从前人讲古史，只取经书而不取遗物，就是遗物明明可以补史而亦不睬，因为经里有圣人之道而遗物里没有。这个态度当然不对，不能复存在于今日。但现在人若阳违而阴袭之，讲古史时惟取遗物而不取经书，说是因为遗物是直接史料而经书不是，这个态度也何尝为今日所宜有的呢。学术界的专制，现在是该打破的了。我们研究史学的人，应当看一切东西都成史料，不管它是直接的或间接的；只要间接的经过精密的审查，舍伪而存真，何尝不与直接的同其价值。况且既有间接的史料存在，而我们懒于收拾，搁置不谈，无法把它使用，也何尝是史学界的光荣。现在经书中既存有许多待解决的问题，我们正不该错过此好时光而不工作呵！

于是有人说："古书中的真材料，我们自然应当取出应用；至于伪材料，既已知道它伪了，又何必枉费气力去研究！"这个见解也是错的。许多伪材料，置之于所伪的时代固不合，但置之于伪作的时代则仍是绝好的史料：我们得了这些史料，便可了解那个时代的思想和学术。例如《易传》，放在孔子时代自然错误，我们自然称它为伪材料；但放在汉初就可以见出那时人对于《周易》的见解及其对于古史的观念了。又如《诗三百篇》，齐、鲁、韩、毛四家把它讲得完全失去了原样：本是民间的抒情诗成了这篇美后妃，那篇刺某王，甚至城隅幽会的淫诗也说成了女史彤管的大法，在《诗经》的本身上当然毫无价值；可是我们要知道《三百篇》成为经典时被一般经师穿上了哪样的服装，他们为什么要把那些不合适的服装给它穿上，那么，四家诗的胡说便是极好的汉代伦理史料和学术史料，保存之不暇，如何可以丢弃呢。荒谬如谶纬，我们只要善于使用，正是最宝贵的汉代宗教史料。逞口而谈古事如诸子，我们只要善于使用，正是最宝贵的战国社会史料和思想史料。不读谶纬，对于史书上记载的高帝斩白帝子，哀帝再受命，及光武帝以赤伏符受命等事的"天人相与"的背景是决不能明白的。不读诸子，则对于舜自耕稼陶渔而为天子，傅说举于版筑之间的传说，以及高帝以一布衣五载而成帝业的事实的社会组织的变迁的背景也是不会看清楚的。所以伪史的出现，即是真史的反映。我们破坏它，并不是要把它销毁，只是把它的时代移后，使它脱离了所托的时代而与出现的时代相应而已。实在，这与其说是破坏，不如称为"移置"的适宜。一般人以为伪的材料便可不要，这未免缺乏了历史的观念。

一种学问的研究方法必不能以一端限，但一个人的研究方法则尽不妨以一端限，为的是在分工的学术界中自有他人用了别种研究方法以补充之。我深知我所用的方法（历史演进的方法）必不足以解决全部的古史问题；但我亦深信我所用的方法自有其适当的领域，可以解决一部分的古史问题，这一部分的问题是不能用他种方法来解决的。

基于上述诸种理由，所以我有几句话诚恳地祈求于人们之前：第一，从此舍弃正统和偏统等陈腐的传统思想，不必以正统望人，也不必以偏统责人；大家既生在现时代，既在现时代研究学问，则必须承认"分工"是必要的，应当各寻各的路，不要群趋一个问题而以自己所见为天经地义，必使天下"道一风同"。第二，我们又要知道所谓学者本是做"苦工"的人而不是享受的人，只要有问题发生处便是学者工作的区域；这种工作虽可自由取舍，但不应用功利的眼光去定问题的取舍，更不应因其困难复杂而贪懒不干。第三，我们一方面要急进，一方面又要缓进；急进的是问题的提出，缓进的是问题的解决：在我们的学力上，在时代的限制上，如不容我们得到充分的证据作明确的断案时，我们只该存疑以待他日的论定。凡是一件有价值的工作必须由于长期的努力，一个人的生命不过数十寒暑，固然可以有伟大的创获，但必不能有全部的成功，所以我们只能把自己看作一个阶段，在这个阶段中必须比前人进一步，也容许后一世的人更比自己进一步。能够这样，学术界才可有继续前进的希望，而我们这辈人也不致做后来人的绊脚石了。

我们虽只讨论古书和古史，但这个态度如果像浪花般渐渐地扩大出去，可以影响于他种学术上，更影响于一般社会上，大家不想速成，不想不劳而获，不想一个人包揽精力不能顾注的地盘，而惟终身孜孜于几件工作，切实地负责，真实地有成就，那么，这个可怜的中国，虽日在狂风怒涛的打击之中，自然渐渐地显现光明而有获救的希望了！倘使有这一天，那真是我们的莫大之幸，也是国家的无疆之休！

顾颉刚。二十，十一，一。

《古史辨》第四册序*
（1933）

宇之广，宙之久，材料是找不尽的，问题是提不完的。何况一种学问已有了两千余年的积聚，现在刚把传统的态度彻底改变，开手作全盘的清理之时，其困难烦乱之状岂是想像得出的。我编印了三册《古史辨》，每每有人问我："《古史辨》出齐了吗？"我只得笑应之曰："这书没有出齐的日子，希望到我死后还有人继续编下去呢。"因想起三年前在广东时，有一位青年选修了我的课，耐不住了，焦躁地喊道："我对于古史愈疑愈多，更碰更繁，越深入越不见底了！我看你找了无数材料，引了无数证据，预料定有断然的结论在后头，但末了仍是黑漆一团。如何你十年前的怀疑，到此刻仍未确定呢？我等待不及了！"他说的话是真心话，定然代表一部分人对我的感想。我惭愧我没有法子使他们满意，因为我的工作本来不是一服急效的药剂，供应不了他们的需要。

秦、汉间的方士常说海上三神山可望而不可即。我们对于古史，正有同样的感觉。在许多条件没有比较完备的时候，要找得一个系统也是可望而不可即的。条件是什么？许多现存材料，应当依着现在的历史观念和分类法去整理一过，此其一。许多缺着的材料，要考古学家多多发见，由他们的手里给与我们去补缀，此其二。以前学者提出的问题，哪些是已解决的，哪些是待解决的，哪些是不能解决的，应当审查一下，结一清账，此其三。现在应当提出的新问题是什么，这些新问题应当怎样去谋解决，应当计画一下，此其四。这旧材料和旧问题的整理已经够许多人的忙了，何况加以新材料和新问题的出现，更哪里是少数人的力

---

* 此文原载《古史辨》第四册，朴社，1933 年 3 月。

量所能包办的！至少的限度，必须对于旧的有了过半数的认识，对于新的有了大体的预测，才可勉强搭起一座架子来，称之为假设的系统。这件事，现在能做吗？数年以来，一般人不耐没有系统，但也不耐费了大功夫去搜集材料和推敲问题，于是只在传统的文献里兜圈子，真的不足，把伪的续，只要给渺茫的古人穿上了一身自己想像中的衣服，就自以为找到新系统了。唉，除了自欺欺人之外，世界上还哪里有这样容易的事情！我尽可以给他们同情心，因为"慰情聊胜于无"是人类的通性。但我的治学的责任心不许我这样干：它只愿我一块砖一块瓦地造起屋子来，不愿海市蜃楼在弹指之顷立现，也在弹指之顷消失。如果青年们因此而唾骂我为落伍者，那也只得听之。

可是系统和结论，我虽不急急地寻求，究竟它们也常在我的心底盘旋，酝酿了好几年了。今就作这序文的方便，略述所酝酿的如下：

我的研究古史的经历甚简单。幼年读过几部经书；那时适值思想解放的运动，使得我感到经书中有不少可疑的地方。其后又值整理国故的运动，使得我感到这方面尽有工作可做。因为年轻喜事，所以一部分的材料尚未整理完工，而议论已先发表。遭逢时会，我所发表的议论想不到竟激起了很多人的注意，盗取了超过实际的称誉。在友朋的督促之下，编印了《古史辨》第一册。我向来对于学问的嗜好是很广漠的，到这时，社会迫着我专向古史方面走去；我呢，因为已出了书，自己应当负起这个责任来，所以也把它看作我的毕生工作的对象。

自从发表了几篇古史论文之后，人家以为我是专研古史的，就有几个大学邀我去任"中国上古史"的课；我惟有逊谢。这不是客气，只因担任学校的功课必须具有系统的知识，而我仅作了些零碎的研究：自问图样未打，模型未制，就造起渠渠的夏屋来，岂不危险。若说不妨遵用从前人的系统，那是违背了我的素志，更属不可。可是受着生计的驱策，使我不得不向大学里去讨生活。民国十六年的秋天，我到广州中山大学。到的时候已开课了，功课表上已排了我的"中国上古史"了，而且学生的选课也选定了。这一急真把我急得非同小可：这事怎么办呢？没有办法，只得不编讲义而专印材料，把许多零碎文字钞集一编，约略组成一个系统。那时所印的材料分作五种：

甲种——上古史的旧系统（以《史记》秦以前的本纪世家为代表）。

乙种——甲种的比较材料（一，《史记》本纪世家所根据的材料；二，其他真实的古史材料。现在看来，这两类不应合在一起）。

丙种——（一）虚伪的古史材料；（二）古代的神话传说与宗教活动的记载。

丁种——古史材料的评论。

戊种——预备建立上古史的新系统的研究文字。

那时搜集到的材料约有两百万言，在一个学校里的功课里已不能算少，但自问把这些材料系统化的能力还差得远；而且范围太大，一个人也不能同时注意到许多方面。因此，我觉得有分类编辑《古史材料集》的需要。但这是一个学术团体的事，或是一个人的长期工作，决不是教书办事终日乱忙的我所能担负的。

为了北平的环境适宜于研究，所以十八年就回到这旧游之地来，进了燕京大学。来的时候，"中国上古史研究"的课目也早公布了。幸而我有了两年来的预备，不致像那时般发慌。但年前编的是些零碎材料，没有贯穿的，现在则不该如此了。计画的结果，拟就旧稿改为较有系统的叙述，凡分三编：

甲编——旧系统的古史。

乙编——新旧史料的评论。

丙编——新系统的古史。

可是不幸得很，编了一年，甲编尚未编完，更说不到乙、丙两编。所以然者何？只因旧系统方面，我想编四个考：（一）辨古代帝王的系统及年历、事迹，称之为《帝系考》。（二）辨三代的文物制度的由来与其异同，称之为《王制考》。（三）辨帝王的心传及圣贤的学派，称之为《道统考》。（四）辨经书的构成及经学的演变，称之为《经学考》。这四种，我深信为旧系统下的伪史的中心；倘能作好，我们所要破坏的伪史已再不能支持其寿命。我很想作成之后合为《古史考》，与载零碎文字的《古史辨》相辅而行。可是一件事情，计画容易，实做甚难。《帝系》、《道统》两考比较还简单；而《王制》和《经学》的内涵则复杂万状，非隐居十载简直无从下手。因此，在燕大所编的《上古史讲义》，只成了《帝系考》的一部分；《五德终始说下的政治和历史》（《清华学报》六卷一期）即是这一部分中的一部分。此后为了预备作《王制考》，改开了《尚书研究》一课，一篇篇地教读，借它作中心而去吸收别方面的材料。工作的情况，诚有如某君所云："愈疑愈多，更碰更繁，越深入越不见底。"不过，我不像他那样急性，决不以"黑漆一团"而灰心。我总希望以长时间的努力，得到一部分的"断然的结论"，来告无罪于读者。

这一个计画，蓄在我的心头已三年多了。我自信这是力之所及，只要肯忍耐便有成就之望的。所以没有发表之故，只因怕惹起了急性的读者们的盼望和责备。现在强邻逞暴，国土日蹙，我们正如釜中之鱼，生死悬于人手，不知更能读几天书，再得研究几个题目。就算苟全了性命，也不知道时势逼着我跑到什么地方，热情逼着我改变了什么职业。如果不幸而被牺牲了，那在民族与国家的大损失中也算不了一回事。但中国不亡，将来这方面的研究是一定有本国的同志起而继续之的，我很愿他参考我的计画。所以现在略略写出我对于这四种的意见：

我们的古史里藏着许多偶像，而帝系所代表的是种族的偶像。所谓华夏民族究竟从哪里来，它和许多邻境的小民族有无统属的关系，此问题须待人类学家与考古学家的努力，非现有的材料所可讨论。但我们从古书里看，在周代时原是各个民族各有其始祖，而与他族不相统属。如《诗经》中记载商人的祖先是"天命玄鸟"降下来的，周人的祖先是姜嫄"履帝武"而得来的，都以为自己的民族出于上帝。这固然不可信，但当时商、周两族自己不以为同出于一系，则是一个极清楚的事实。《左传》上说："任、宿、须句、颛臾，风姓也，实司太皞与有济之祀"，则太皞与有济是任、宿诸国的祖先。又说："陈，颛顼之族也"，则颛顼是陈国的祖先。至于奉祀的神，各民族亦各有其特殊的。如《左传》上说鲧为夏郊。又如《史记·封禅书》上说秦灵公于吴阳作上畤，祭黄帝；作下畤，祭炎帝。这原是各说各的，不是一条线上的人物。到了战国时，许多小国并合的结果，成了几个极大的国；后来秦始皇又成了统一的事业。但各民族间的种族观念是向来极深的，只有黄河下流的民族唤作华夏，其余的都唤作蛮夷。疆域的统一虽可使用武力，而消弭民族间的恶感，使其能安居于一国之中，则武力便无所施其技。于是有几个聪明人起来，把祖先和神灵的"横的系统"改成了"纵的系统"，把甲国的祖算作了乙国的祖的父亲，又把丙国的神算作了甲国的祖的父亲。他们起来喊道："咱们都是黄帝的子孙，分散得远了，所以情谊疏了，风俗也不同了。如今又合为一国，咱们应当化除畛域的成见！"这是谎话，却很可以匡济时艰，使各民族间发生了同气连枝的信仰。本来楚国人的赅舌之音，中原人是不屑听的，到这时知道楚国是帝高阳的后人，而帝高阳是黄帝的孙儿了。本来越国人的文身雕题，中原人是不屑看的，到这时知道越国是禹的后人，而禹是黄帝的玄孙了（《国语》中记史伯之言，越本芈姓；但到这时，也只得随了禹而改为姒姓了）。最显著的当时所谓华夏民族是商和周，而周祖后稷是帝喾元妃之子，商祖契是帝喾次妃之子，帝喾则是黄帝的曾孙，可见华夏的商、周和蛮夷的楚、越本属一家。借了这种帝王系统的谎话来收拾人心，号召统一，确是一种极有力的政治作用。但这种说法传到了后世，便成了历史上不易消释的"三皇五帝"的症痕，永远做真史实的障碍（如有人说：中国人求团结还来不及，怎可使其分散。照你所说，汉族本非一家，岂不是又成了分离之兆。我将答说：这不须过虑。不但楚、越、商、周已混合得分不开，即五胡、辽、金诸族也无法在汉族里分析出去了。要使中国人民团结，还是举出过去的同化事实，积极移民边陲，鼓励其杂居与合作。至于历史上的真相，我们研究学问的，在现在科学昌明之世，决不该再替古人圆谎了）。除了种族的混合之外，阴阳五行的信仰也是构成帝系说的一个重大原因。

王制为政治的偶像亦始创于战国而大行于汉。古代对于先朝文献本不注意保存，执政者又因其不便于自己的行事，加以毁坏。所以孔子欲观夏、殷之礼，而杞、宋已不足征；北宫锜问周室班爵禄事，而孟子曰："其详不可得闻也，诸侯恶其害己也而皆去其籍。"但战国的诸子同抱救世之心，对于时王之制常思斟酌损益；而儒家好言礼，所改造的制度尤多。又虑其说之创而不见信，则托为古代所已有。《淮南子·修务训》所谓"世俗之人多尊古而贱今，故为道者必托之于神农、黄帝而后能入说。乱世暗主高远其所从来，因而贵之。为学者蔽于论而尊其所闻，相与危坐而称之，正领而诵之"，直是说尽了这班造伪和信伪的人的心理。所以三年之丧厕之于《尧典》，五等之爵著之于《春秋》，而人遂无有疑者。同时出了一个邹衍。他杜撰五德终始说，以为"五德转移，治各有宜"，政治制度应由五德而排成五种。他们说，黄帝为土德，夏为木德，商为金德，周为火德，秦为水德，汉又为土德：这各代的制度遂各不相同，惟汉与黄帝以同德而相同。稍后又出了一种三统说，截取了五德说的五分之三而亦循环之，于是政治制度又分为三种。他们说，夏是黑统，商是白统，周是赤统，继周者（春秋与汉）又为黑统。有了这样的编排，而古代制度不必到古国去寻，也不必向古籍里找，只须画一五德三统的表格，便自会循次地出现。例如《礼记·檀弓》中说："夏后氏尚黑，大事敛用昏，戎事乘骊（黑马），牲用玄。殷人尚白，大事敛用日中，戎事乘翰（白马），牲用白。周人尚赤，大事敛用日出，戎事乘骝（赤马），牲用骍。"懂得了三统说的方式，就知道这一个礼制单是这样地推出来的。如《月令》十二纪，则是五德说支配下的礼制。其中所谓五时、五方、五帝、五神、五祀、五虫、五畜、五数、五音、五色、五味、五臭……莫不是从五行上推出来的。人事哪能这样整齐，又哪能这样单调！董仲舒所作的《三代改制质文篇》，写的推求的方式尤为明显。照他所说，自神农至春秋十代的礼制俱可一目了然；不但如此，推上推下可至无穷，真是"虽百世可知也"！照他所说，古代帝王尽不必有遗文留与后人，只要把他们的代次传了下来，即可显示其一切。以我们今日的理智，来看他们的古史，不禁咋舌。但是都假了吗？那也不然，他们总有一些儿的依傍。如上所举，周人尚赤，牲用骍，乃由《洛诰》"文王骍牛一，武王骍牛一"及《论语》"犁牛之子骍且角，虽欲勿用，山川其舍诸"来。是则《檀弓》所言，别的均假，惟此不假。推想其他单子，亦当如此。即如明堂，《月令》中说得轰轰烈烈的当然是假，后儒把许多不相干的什么文祖、太庙、衢室、总街……都说成明堂也当然是附会，但《孟子》里的齐宣王欲毁明堂一事则不假。究竟《三礼》中有多少是真的，多少是假的，这是一件极难断定的事情。这种的分析，将来必须有人费了大功夫去做。其术，应当从甲骨文中归纳出真商礼，从金文、《诗》、《书》、《春秋》、《左传》、《国语》中归纳出真周礼，《史记》、《汉书》中归纳出汉礼，而更以之与儒家及诸子所传的礼书礼说相比较，庶几可得有比较近真的结论。

道统是伦理的偶像。有了道统说，使得最有名的古人都成了一个模型里制出来的人物；而且成为一个集团，彼此有互相维护的局势。他们以为"天不变，道亦不变"，凡是圣人都得到这不变之道的全体。圣与圣之间，或直接传授，或久绝之余，以天亶聪明而绍其传。最早的道统说，似乎是《论语》的末篇："尧曰：'咨尔舜，天之历数在尔躬！允执其中！四海困穷！天禄永终！'舜亦以命禹。"见得尧传舜，舜传禹，圣圣传心，都在"执中"一言。下面记汤告天之词，记武王大赉之事，见得汤与武王虽不能亲接尧、舜、禹，而心事则同，足以继其道统。但《论语》末数篇本有问题，此所谓"天之历数"颇有五德转移的意味，"允执其中"亦是儒家中庸之义，疑出后儒羼入，非《论语》本有。推

测原始，当在《孟子》。《尽心篇》的末章说，尧、舜后五百余岁，汤闻
而知之；汤后五百余岁，文王闻而知之；文王后五百余岁，孔子闻而知
之：见得孔子的道即是尧、舜的道，相去千五百余年没有变过。孔子以
后，他以为没有闻道的了，所以以一叹结之。然孟子常说"私淑诸人"，
"乃所愿则学孔子"，可见他是闻孔子之道的，也就是直接尧、舜之传
的。他说这番话，不过为自己占地位。后人读到这一章，辄不自期地发
生思古之幽情，有志远绍圣绪。如司马迁说："自周公卒，五百岁而有
孔子；孔子卒后，至于今五百岁，有能绍明世，正《易传》，继《春
秋》，本《诗》、《书》、《礼》、《乐》之际：意在斯乎！意在斯乎！小子
何敢让焉！"（《史记·自序》）这就可见孟子的话发生了有力的影响。其
后扬雄、王通、韩愈等各欲负荷这道统，不幸没有得到世人的公认。到
宋代理学兴起，要想把自己一派直接孟子，以徒党鼓吹之盛，竟得成
功，而濂、洛、关、闽诸家就成了儒教的正统，至今一个个牌位配享在
孔庙。这个统自尧、舜至禹、汤，至文、武、周公，至孔、孟，又至
周、程们，把古代与近代紧紧联起。究竟尧、舜的道是什么？翻开经书
和子书，面目各各不同，教我们如何去确定它？再说，孔、孟之道是相
同吗？何以孔子称美管、晏而孟子羞道之；何以孔子崇霸业而孟子崇王
道？即此可见孔、孟之间相去虽仅百余年，而社会背景已绝异，其道已
不能不变，何况隔了数千百年的。至于宋之周、程们，其道何尝得之于
孔、孟。周敦颐的学问受于陈抟，他是一个华山道士。《太极图》是他
们的哲学基础，而这图乃是从仙人魏伯阳的《参同契》里脱化出来的。
所以要是寻理学的前绪，这条线也不能挂在孔、孟的脚下。他们又从
《伪大禹谟》中取出"人心惟危，道心惟微；惟精惟一，允执厥中"十
六字算做尧、舜以来圣人相传的心法；但这是从荀子所引的《道经》加
上《尧曰》杂凑起来的，《道经》是道家的东西，依然不是尧、舜之言，
儒家之语。至于尧、舜以前，他们又要推上去，于是取材于《易系辞
传》的观象制器之章，而加上伏羲、神农、黄帝。只是这章文字非用互
体说和卦变说不能解释，而这两种学说乃西汉的《易》家所创造，不是
真的古代记载。道统说的材料如此的一无可取，然而道统说的影响竟使
后人感到古圣贤有一贯的思想，永远不变的学说，密密地维护，高高地
镇压，既不许疑，亦不敢疑，成为各种革新的阻碍：这真是始作俑的孟
子所想不到的成功。

　　经学是学术的偶像。本来古代的智识为贵族所独占，智识分子只是

贵族的寄生者。贵族有乐官，他们收聚了许多乐歌，所以有《诗经》。贵族有史官，他们记载了许多事件，所以有《尚书》和《春秋》。贵族有卜官，他们管着许多卜筮的繇辞，所以有《周易》。贵族有礼官，他们保存许多礼节单，所以有《仪礼》。实在说来，几部真的经书都是国君及卿大夫士们的日常应用的东西，意义简单，有何神秘。《诗》、《书》、《礼》、《乐》，是各国都有的。《易》和《春秋》，是鲁国特有的（《左传》上记韩宣子聘鲁，见《易象》与《鲁春秋》，曰："周礼尽在鲁矣。"这句话大概可信。《孟子》上说："晋之《乘》，楚之《梼杌》，鲁之《春秋》，一也：其事则齐桓、晋文，其文则史。"可见同样的记载春秋时代的史书，在晋的叫做《乘》，在楚的叫做《梼杌》，在鲁的叫做《春秋》）。孔子生在鲁国，收了许多弟子，把鲁国所有的书籍当作教科书，这原是平常的事。他死了之后，弟子们造成一个极大的学派，很占势力，就把鲁国的书加以润饰（如《仪礼》的《丧服》，《春秋》的名号和褒贬诸端），算作本学派的经典，这也是平常的事。战国时，平民取得了政治上的地位，都要吸收智识，而当时实无多书可读，只有读儒家的经。孔子之所以特别伟大，《六经》之所以有广远的流传，其原因恐即在此。到了汉代，孔子定为一尊，大家替他装点，于是更添出了许多微言大义。他们把不完全的经算是孔子所删，把完全的算做孔子所作。于是经书遂与孔子发生了不可分解的关系，几乎每一个字里都透进了他的深意。这还不管，尊孔之极，把经师们所作的笔记杂说也算做经，把儒家的学说也算做经，把新出现的伪书也算做经，而有"十三经"的组织。《十三经》，何尝连贯得起，只是从西周之初至西汉之末一千一百年中慢慢地叠起来的（若加《伪古文尚书》则经历一千三百余年）。一般人不知道，以为《十三经》便是孔子，也便是道德，只要提倡读经，国民的道德就会提高，这真是白日做梦。讲起一班西汉的经师会占卦，会求雨，开口是祯祥，闭口是灾异，结果造成了许多谶纬，把平凡的人物都讲成了不平凡的妖怪。东汉的经师讲训诂，当然好得多，可是穿凿附会的功夫也到了绝顶。例如郑玄，他是一个极博的学者，却有一个毛病，最喜欢把不一致的材料讲成一致。这类的事极多，试举其一。《礼记·王制》说"公侯田方百里，伯七十里，子男五十里"，是一种封国说。《周官·职方氏》则谓公方五百里，侯方四百里，伯方三百里，子方二百里，男方百里，又是一种封国说。这两种说广狭悬殊（前说的公国只一万方里，后说的便有二十五万方里），决合不在一起。但他想，

《周官》出于周公已无疑，《王制》虽未标明时代，既在《礼记》中则亦必出周人，于是为调和之说曰："周武王初定天下……犹因殷之地（指《王制》），以九州之界尚狭也。周公摄政致太平，斥大九州之界（指《周官》），制礼成武王之意。"（《王制注》）照他所说，是武王时的疆域计广九百万方里（《王制》："四海之内九州，州方千里"），而周公时的疆域则广一万万方里（《职方氏》，王畿方千里，外九服各方五百里）。何以周公时的国土会大于武王时十一倍余？要是作史的人照他所说的写在书上，岂不成了周初历史的一件奇迹。然而学者相传："宁道周、孔误，讳言服、郑非。"郑玄在经学上的权威直维持到清末。所以经学里面不知道包含了多少违背人性和事实的说话，只是大家不敢去疑它。既不能把它推翻，而为了叙述历史的需要去使用它时又只能从这里面去抽取材料，这几何而不上他们的当。所以为要了解经书的真相和经师的功罪，使古史不牵绊于经学，我们就不得不起来作严正的批评，推倒这个偶像。

这四种偶像都建立在不自然的一元论上。本来语言风俗不同，祖先氏姓有别的民族，归于黄帝的一元论。本来随时改易的礼制，归于五德或三统的一元论。本来救世蔽，应世变的纷纷之说，归于尧、舜传心的一元论。本来性质思想不一致的典籍，归于孔子编撰的一元论。这四种一元论又归于一，就是拿道统说来统一一切，使古代的帝王莫不传此道统，古代的礼制莫非古帝王的道的表现，而孔子的经更是这个道的记载。有了这样坚实的一元论，于是我们的历史一切被其搅乱，我们的思想一切受其统治。无论哪个有本领的人，总被这一朵黑云遮住了头顶，想不出有什么方法可以逃出这个自古相传的道。你若打破它的一点，就牵及于全体，而卫道的大反动也就跟着起来。既打不破，惟有顺从了它。古代不必说；就是革命潮流高涨的今日，试看所谓革命的中心人物还想上绍尧、舜、孔子的道统而建立其哲学基础，就知道这势力是怎样的顽强呢。然而，我们的民族所以堕在沉沉的暮气之中，丧失了创造力和自信力，不能反应刺戟，抵抗强权，我敢说，这种思想的毒害是其重要的原因之一。大家以为蓄大德，成大功的是圣人，而自己感到渺小，以为不足以预于此，就甘心把能力暴弃了。大家以为黄金时代在古人之世，就觉得前途是没有什么大希望的了。下半世的太衰颓，正由于上半世的太繁盛。要是这繁盛是真的，其消极还值得，无奈只是些想像呵！所以我们无论为求真的学术计，或为求生存的民族计，既已发见了这些主题，就当拆去其伪造的体系和装点的形态而回复其多元的真面目，使人晓然于古代真相不过如此，民族的光荣不在过去而在将来。我们要使古人只成为古人而不成为现代的领导者；要使古史只成为古史而不成为现代的伦理教条；要使古书只成为古书而不成为现代的煌煌法典。这固是一个大破坏，但非有此破坏，我们的民族不能得到一条生路。我们的破坏，并不是一种残酷的行为，只是使它们各各回复其历史上的地位：真的商、周回复其商、周的地位，假的唐、虞、夏、商、周回复其先秦或汉、魏的地位。总之，送他们到博物院去。至于古人的道德、学术、制度可保存于今日的，当然应该依了现代的需要而保存之，或加以斟酌损益，这正如博物院中的东西未尝不可供给现代人的使用。但这是另一事，应由另一批人去干；我们的工作只是博物院中的分类陈列的工作而已。

我自己的工作虽偏于破坏伪史方面，但我知道古史范围之大，决不能以我所治的赅括全部，我必当和他人分工合作。数年以来，我常想把《古史辨》的编辑公开，由各方面的专家辑录天文、历法、地理、民族、社会史、考古学……诸论文为专集。就是破坏伪史方面，也不是我一个人的力量所能完成；逐部的经书和子书，都得有人专治并注意到历来的讨论。能够这样，我便可不做"古史辨"的中心人物，而只做"古史辨"的分工中的一员。我的能力之小，正无碍于学问的领域之大。能够这样，古史的研究自然日趋于系统化，人们的责望也自然会得对于古史学界而发，不对于某一个人而发。一般人如能有此分工合作的正确的学问观念，学者们始可安心地从事其专门的工作而得到其应有的收获，不给非分的责望所压死，也不至发生"惟我独尊"的骄心了。

罗雨亭先生（根泽）是努力研究诸子学的一人。他著有《管子探源》、《孟子评传》诸书，对于《墨子》、《老子》、《庄子》、《荀子》、《战国策》、《尹文子》、《邓析子》、《燕丹子》、《慎子》、《孔丛子》、《新书》、《新语》、《新序》、《说苑》等书又都有考证。去年一月，他把编辑的《诸子丛考》给我看：起自唐代，讫于今日，凡辨论诸子书的年代和真伪的文字都搜罗于一集，计二百余篇。把异时异地的考辨，甚至站在两极端的主张都放在一起，读者们比较之下，当然容易获得客观的真实，于以解决旧问题，发生新问题。我见了，触动了我的宿愿，就请求他编列为《古史辨》的第四册。承他的厚意，给我以如愿的答覆。惟篇幅太多，非一册所可容纳；于是先把清以上的文字删掉，继把名家和阴阳家等问题留下。然而仅仅这儒、墨、道、法四家，十余年来讨论的文字已着实可观。这些文字散在各处，大家乍尔一想，似乎没有多少，问题也没有几个。现在集合了起来，马上见得近年的文籍考订学是怎样的进步了。这可欣幸的进步，其由来有二：第一，学问上的束缚解除了，大家可以作自由的批判，精神既活泼，成绩自丰富。第二，文籍考订学的方法，大家已得到了；方法既差不多趋于一致，而观点颇有不同，因此易起辨论。"知出于争"，愈辨论则其真相亦遂愈明白。虽是有许多问题不能遽得结论，但在这条长途上，只要征人们肯告奋勇，不开倒车，必然可以达到目的地。所不幸者，时势的纷扰、生计的压迫，使人不能不分心，有的竟至退了下来。如果我们的祖国在受尽磨难之后，一旦得到了新生命，这种研究一定比现在更兴盛，因为这一重久闭的门已经打开了，可工作的题目早放在人们的眼前了，许多发展的条件是具备了。

中国的古籍，经和子占两大部分。普泛的说来，经是官书，子是一家之言。或者说，经是政治史的材料，子是思想史的材料。但这几句话，在战国以前说则可，在汉以下说则必不可。经书本不限于儒家所诵习，但现在传下来的经书确已经过了战国和汉的儒家的修改了；倘使不把他们所增加的删去，又不把他们所删去的寻出一个大概，我们便不能径视为官书和古代的政治史料，我们只能认为儒家的经典。因此，经竟变成了子的附庸；如不明白诸子的背景及其成就，即无以明白儒家的地位，也就不能化验这几部经书的成分，测量这几部经书的全体。因此，研究中国的古学和古籍，不得不从诸子入手，俾在诸子方面得到了真确的观念之后再去治经。子书地位的重要，于此可见。

不幸自汉武帝尊儒学而黜百家之后，子的地位骤形低落。儒家的几部子书，升做经了。剩下来的，以儒者的蔑视和功令的弃置，便没有人去读；偶有去读的也不过为了文章的欣赏。子书的若存若亡，凡历二千年。犹幸重要的几种尚未失传。到了清代，因为研究经学须赖他种古籍作辅佐，而子书为其大宗，故有毕沅、谢墉、孙星衍、卢文弨等的校刻，严可均、汪继培、马国翰等的辑录，汪中、王念孙、俞樾、孙诒让等的研究，而沉霾已久的东西复显现其光辉。到清末，康有为作《孔子改制考》，以为周末诸子并起创教，托古改制，争教互攻。孔子亦诸子之一，创儒教，作《六经》，托之于尧、舜、文王。以其托古而非真古，故弟子时人常据旧制相问难。他的话，现在由我们看来，也不能完全同意。因为儒教的创造，《六经》的编集，托古的盛行，都是孔子以后的事。孔子当年对于自己的工作并没有很大的计划，只是随着弟子们的性格指导以人生的任务。又《六经》中的思想制度，错杂而不单纯，必不能定为一时一人所作。但儒教发源于孔子，《六经》中的尧、舜、文王有若干出于儒教所赝托，这是无疑的。明白了这一点，则周末诸子并起创教，托古改制，儒家的宗旨与诸家异，儒家的方式与诸家同：康氏所发现的事实确已捉得了子学和经学的中心。只因他的见解是超时代的，故《孔子改制考》出版之后，发生不出什么影响。我自己，虽在《不忍杂志》里见到改制考的目录，惟以没见全文（未登完），也不甚注意。

自从刘歆在《七略》中规定了诸子有九家，每家都出于一个官守，学者信为真事，频加援引。郑樵的《校雠略》，章学诚的《校雠通义》，尤为宣传的中坚。诸子既是同出王官，原在一个系统之下，如何会得互相攻击？儒、墨固常见于战国书中，何以其他的家派之名竟无所见，而始见于汉代，甚至到了《七略》才露脸？这些问题，不知从前人为什么提不出来。民国六年四月，适之先生在国外作了一篇《诸子不出于王官论》。就是这年的秋天，他到北京大学授课，在课堂上亦曾提起此文；但送去印了，我们都未得见。延至年底，《太平洋杂志》把它登出，有几位同学相约到图书馆钞写，我始得一读。我那几年中颇喜治子，但别人和自己的解说总觉得有些不对，虽则说不出所以然来。自读此篇，仿佛把我的头脑洗刷了一下，使我认到了一条光明之路。从此我不信有九流，更不信九流之出于王官，而承认诸子的兴起各有其背景，其立说在各求其所需要。诸子的先天的关联既失了存在，后天的攻击又出于其立场的不同，以前所不得消释的纠缠和抵牾都消释了。再与《孔子改制考》合读，整部的诸子的历史似乎已被我鸟瞰过了。可是这种不自然的关系，家派方面虽已解除，而个人方面尚有存在，例如道家的老子为儒家的孔子之师的故事，到民国十一年的春天，梁任公先生发表其《老子》书作于战国之末的意见，始把我的头脑又洗了一下。凡古人所喷着的厚雾，所建着的障壁，得此两回提示，觉得渐有肃清的可能了。这真是学术史上应当纪念的大事！现在罗先生把这两篇文字放在本册两编的开头，使我回忆前事，生出无限的欢喜。我敢说，一个人发见的真理是大家可以承认的，一个人感受的影响也是大家直接间接，有意无意间所受到的；本册中容纳的四十余万言的讨论恐怕大部分都是从这两篇引起。如果没有这两篇，时代的飓风固然也终于吹散这堆浮云，但总要慢一些了，民国二十一年的罗先生是编不出这一册的。等到这一册书出来之后，研究诸子学的风气又推进一层了，将来他再编第二、第三册《诸子丛考》时，当然讨论得更深密了。子书方面，既无西周文字，不如经书的考订之劳，又不曾经过经学家的穿凿附会，不必多费删艾葛藤的功夫，其得到结论必较经学为速。罗先生研究诸子早定有详细的计画，我敢鼓舞赞叹以预祝他的将来的成功！

有一点意思，我和罗先生略有出入。"考年代与辨真伪不同：辨真伪，追求伪迹，摈斥不使厕于学术界，义主破坏；考年代，稽考作书时期，以还学术史上之时代价值，义主建设"（《古史辨》第四册六一六页），这个意见，他屡屡提起。由我看来，这二事实没有严密的界限。所谓考年代，也就是辨去其伪托之时代而置之于其真时代中。考年代是目的，辨真伪是手段。所以我们的辨伪，决不是秦始皇的焚书。不过一般人确实常有焚书的误认，所以常听得人说："顾颉刚们说这部书伪，那部书伪；照这说法，不知再有什么书可读！"这真是太不了解我们的旨趣，不得不辨一下。我们辟《周官》伪，只是辟去周官与周公的关系，要使后人不再沿传统之说而云周公作《周官》。至于这部书的价值，我们终究承认的。要是战国时人作的，它是战国政治思想史的材料。若是西汉时人作的，它便是西汉政治思想史的材料。又如我们辟《左传》伪，也只要辟去《左传》与孔子的关系，使后人不再说"左丘明与孔子俱乘传如周，观百二十国宝书"，以及"孔子作《春秋》，丘明为之《传》"等话。至于它的历史价值，文学价值，我们何尝不承认。堪笑一般人以为我们用了刘逢禄、康有为的话而辨《左传》，就称我们为今文学家。不知我们对于春秋时的历史，信《左传》的程度乃远过于信《公羊传》。我们所摈斥的，不过"君子曰"及许多勉强涂附上去的释经之语，媚刘氏之语，证《世经》之语而已。而且所谓摈斥云者，只摈斥之于原本的《左传》（《国语》），并不摈斥之于改本的《左传》（西汉末以来的流传本）。这原是以汉还汉，以周还周的办法，有何不可。我们所以有破坏，正因求建设。破坏与建设，只是一事的两面，不是根本的歧异。

况且辨伪这件事，原不是我们几个人忽发奇想想出来的，也不是我们的态度激烈，有意打倒前人而鼓吹起来的。当"文、武之道未坠"的春秋之世，子贡已说"纣之不善不如是之甚也"。口边常提《诗》云、《书》曰"的孟子，也曾说"尽信《书》则不如无《书》"。凡是理智发达的人，决不会对于任何事物作无条件的信仰。班固著《汉书·艺文志》，根据的是刘向、歆父子的《七略》，其所录书名之下辄注云"依托"，"非古语"，"近世增加"。有的更直揭其作时与作者，如《神农》二十篇，不但不信为神农之书，且注云："六国时诸子疾时怠于农业，道耕农事，托之神农。"又如《黄帝泰素》，不但不信为黄帝之书，且注云："六国时韩诸公子所作。"以汉人历史观念的薄弱，刘歆又蒙有造伪书的绝大嫌疑，而其所作序录尚如此，可见是非之公自有不容泯灭者在。到东汉，有王充的"疾虚妄"的《论衡》，打破了无数不合理性的传说，其《艺增》、《儒增》等篇对于经书和子书举发了不少的疑点。到唐，有刘知幾的《史通》，对于古代的史料与史法作不容情的批判。他不信古代记载为完全的真实；他还说破学术界所以不敢疑古的心理，是"拘于礼法，限于师训，虽口不能言而心知其不可者盖亦多矣！"（《疑古》）这句话真痛快，真确切。学术界的所以平静，并不是古无可疑，也不是智不能疑，而只是受了礼法和师训的束缚，失去了言论的自由。换句话说，学者们对于古事，但有腹诽而已，哪敢说在嘴上，写在纸上。这正如专制的家庭，尊长对于卑幼凌虐万状，卑幼只有将痛苦咽在肚里，面子上依然是叩头服从。家庭如此，当然非健的家庭。学术界如此，也当然非健全的学术界。

唐代以上，因为书卷都由钞写，一个人不能得到很多的书，不易做比较考订的工作，所以辨伪的事只限于几个特出的人。自从有了刻版，书价低廉，学者能见的书骤然增加了许多，而辨伪遂成为一时普遍的风气。我们翻开宋代人的文集和笔记，几乎可疑的古书已全被检举。例如《古史辨》第三册里，我怀疑《易传》中的观象制器的故事，似乎在今日犹为新奇之说，但叶适的《习学记言》里已早说道："十三卦亦近世学者所标指，而其说尤为不通。包牺氏始为罔罟，神农氏始为耒耜、交易，黄帝、尧、舜始为衣裳，其后乃有舟楫、马牛、臼杵、弧矢、宫室、栋宇。甚矣其不考于《易》也！《易》十三卦义详矣，乃无毫厘形似之相近者。"（卷四）又如《孝经》，是一部含有浓厚的宗教性的经典，谁敢疑它，却不道在道统中占有重要地位的朱熹反一再说它除了开头一段之外不是圣人之言，其文远不如《论语》中说孝的亲切有味；而且剿袭《左传》，文势反不通贯（见《孝经刊误》及《语类》）。《古文尚书中》，圣帝和贤臣所说的话何等光明正大，勤政爱民，真是最好的道德教条；但自吴棫发难，朱熹继之，疑者接踵，直到阎若璩而判决为伪造，这个案子再也翻不过来。他们何尝是轻蔑古代，侮圣人之言，只为用了求真理的态度来治学问，不得不如此。

现存的古书莫非汉人所编定，现存的古事莫不经汉人的排比，而汉代是一个"通经致用"的时代，为谋他们应用的方便，常常不惜牺牲古书古事来迁就他们自己，所以汉学是搅乱史迹的大本营。同时，汉代是迷信阴阳五行学说的时代，什么事都要受这学说的分配，所以不少的古代史迹已被迫领受了这个洗礼。其后隋代禁谶纬，宋代作新注，汉学早已销沉。不料清代学者信而好古，他们在"汉人近古，其说必有所据"的前提之下工作，于是汉学复兴而疑古之风为之减杀，宋人精神几于断绝。可是，他们除了汉人之说不敢献疑之外，对于魏、晋之说毕竟也做了许多有力量的辨伪工作。例如《古文尚书孔传》、《孔子家语》、《孔丛子》等书，都因代郑玄反王肃的缘故而明白宣布其伪造的证据。其后今文家起，对于古文家的几部经传，《书序》、《毛诗》、《周官》、《左传》等，又肆抨击。史书方面，考订讹误的极多，广雅书局已集为丛书；其中梁玉绳的《史记志疑》，直把汉武帝以前的史迹作一总清理，其气魄尤为伟大。可见辨伪之事既已开了头，便遏束不来。好像长江、大河挟了百川东流，势极汹涌，不到大海是不能停止的。

我们今日的工作，正是疏导它的下流，使之归于海，完成昔人未完的工作。这个工作是迟早必做的，而我们在这思想解放的潮流中读古书，更是义不容辞的时代使命。可怜一般人没有溯源寻流，不知道这是一件必然的事，竟看我们是"异军苍头特起"！又或看见我们表章郑樵、姚际恒、崔述、康有为们，而这一般人有些短处和漏洞落在人手，即以为是辨伪工作本身的危险。又或因我们提倡辨伪已有十余年了，看得厌了，便以为不必再走这老路。这都把事情看得太简单了！我们为他们悲伤，不如为中国的学术界悲伤。中国的学术界做深彻的工作的太少了，大家只见当前的时髦货色，而这些货色是过数年必须换一次的，大家看惯了，以为我们研究古史，提倡辨伪，亦是时髦的一种，有改换的必要。不知道我们的工作有源有委，既不随便而来，也不随便而去。别人的短处，我们可以修改。旁观者的厌倦，并不会影响到我们而亦厌倦。谢谢批评的人们：愿你们在了解我们的态度和我们的工作的由来之后再发言罢！

又近年唯物史观风靡一世，就有许多人痛诋我们不站在这个立场上作研究为不当。他人我不知，我自己决不反对唯物史观。我感觉到研究古史年代、人物事迹、书籍真伪，需用于唯物史观的甚少，无宁说这种种正是唯物史观者所亟待于校勘和考证学者的借助之为宜；至于研究古代思想及制度时，则我们不该不取唯物史观为其基本观念。唯物史观不是"味之素"，不必在任何菜内都渗入些。在分工的原则之下，许多学问各有其领域，亦各当以其所得相辅助，不必"东风压倒西风"才算快意。况且我们现在考辨古书，为什么成绩能比宋人好，只因清代三百年的学者已把古书整理得很清楚了，我们要用好版本，有；要用好注释，也有；要寻零碎的考证文字，也多得很。清代的学者辛辛苦苦，积聚了许多材料，听我们用。我们取精用弘，费了很少的功夫即可得到很大的效力。然而清代学者大都是信古的，他们哪里想得到传到现在，会给我们取作疑古之用！所以然者，他们自居于"下学"，把这根柢打好了，我们就可跳一级而得其"上达"了。他们的校勘训诂是第一级，我们的分析考证是第二级。等到我们把古书和古史的真伪弄清楚，这一层的根柢又打好了，将来从事唯物史观的人要搜取材料时就更方便了，不会得错用了。是则我们的"下学"适以利唯物史观者的"上达"；我们虽不谈史观，何尝阻碍了他们的进行，我们正为他们准备着初步工作的坚实基础呢！若说我们的工作做得太慢，得到结论不知在何年，他们等不及了，可是不幸得很，任何学问都是性急不来的。我们考辨古书，须借助于语言学家、考古学家之处不知有多少；而语言学家等又各有须待借助的他种学问，不能在我们一发问之后即致一个满意的回答。我们若因他们的不能回答或回答而不能使我们满意之故，就喊出打倒他们的口号，不与他们合作，那么无非得到同归于尽的结果，有什么益处？所以，须待借助于我们的还请镇静地等待下去罢！如果等待不及，请你们自己起来干罢！如果干得不耐烦，也希望不要因材料的缺乏和填表格的需要，便把战国、秦、汉间人用了他们的方式制造出来的上古史使用于真的上古：因为将来一定可以证明，这种工夫是白费的！

正经的话说得太多了，板着面孔没有趣，我们还是同唱一首陕西的歌谣，大家乐一乐罢：

　　姐姐缝衣缝窟窿，

哥哥看书看不通；
两人急的满石碰，
几乎成了疯先生。
"不要急来不要慌！
慢慢看来慢慢缝，
就是功到自然成。
哪有一掀挖成井；
哪有一笔画成龙！"

见二一年十二月十九日《大公报·小公园》

顾颉刚。二十二，二，十二。

《古史辨》第五册自序[*]
（1935）

现在距离编辑《古史辨》第一册的时候，差不多已十年了。时间真过得快！但是性急的人们已嫌其慢，曾有人责问我道："你研究古史为什么到今还寻不出一个结论来呢？我们真是等不及了！"这是实在的，十年的数目，在个人的生命史上已是一个长时期了，一个人能活几个十年呢？能工作几个十年呢？可是，话又说回来，学问原不是某一个人的专责，也不是某一时代的特有任务，乃是一种含有永久性的分工合作的共同事业，除了同时代人的同声相应之外，前辈老死，后辈还该接上。一个人的智力才力固然是有限的，但像接力赛跑一样地前进，则智力才力便成了无限的。在这样的工作状态中，十年算得了什么，还不是一瞬眼吗！

我的编辑《古史辨》的动机，并不是想把它当做自己的著作，乃是要它做成中华民国学术史上的一部分的"史料汇编"；要使人读了这部汇编，可以有几个清楚的问题梗在心头。问题自我发，固然编辑起来凑手一点；即不自我发，只要和古史有关系而已经讨论了些时候，我也乐于搜集。书，由我编固可，即不由我编亦可。上次出的第四册，就是罗雨亭先生（根泽）编的。他本来编的是《诸子丛考》，我看他的体例和《古史辨》绝相类，就请他加入。出版之后，许多人觉得诧怪，说：《古史辨》为什么不由顾颉刚编了？我觉得这种态度未免胸怀不广：学问非财产，何必私有呢！古史的园地宽得很，应当做的工作多得很，竭顾颉刚一人之力也不过耕得百亩，何必把那些不耕之地也占拦了！现在这第五册，上编讨论的是汉代今古文学的本子问题，下编讨论的是汉代今古

---

[*] 此文原载《古史辨》第五册，朴社，1935 年 1 月。

文学的学理问题中的一个（也许是今古文学的中心问题）——阴阳五行问题。在这两编中，我自己虽有些文字编入，但问题则不是我提出来的。今古文的本子问题，清代学者已讨论了好久，但到民国，除了崔鹴甫先生（适）在北京大学大家不甚了了的课堂上扬些垂尽的火焰之外，差不多已经绝响了。至于近来热烈的讨论，则由于钱玄同先生和钱宾四先生（穆）的倡导。阴阳五行问题是梁任公先生提出，而刘子植先生（节）继承的。我和这些师友们常在一块，当然要受些他们的影响。我久觉得这些问题是研究汉人的古史说时的先决问题，所以就把这十余年来的讨论文字集成这一册，好让同志们细细地咀嚼，再求深入，去获得一个结论。当去年编纂时，似乎分量不算太多，但现在印成一看，这册书已厚得利害。即此可知中国的学术界，近年来实在不能说没有进步；只恨遭逢的时代太坏，内忧外患交相煎迫，无法安心工作，所以仅得如此，否则成绩一定超过现在十倍。倘如天之福，挨过了这样重重的危难，还不至于亡国灭种，愿将来生在升平世界里的人们用了怜悯的眼光来看我们这种宛转于生死不得的环境中勉强做成的工作罢！

这册书出来时，一定有人讨厌它，说："他们又在闹今古文问题了，真头痛！"他们以为今古文问题是一种门户之见，是主观的争霸而不是客观的研究。所以一提到这个问题，这人不是站在今文家的立场上来同古文家为难，就是站在古文家的立场上想来压倒今文家。他们永是这样想：不做今古文家就没有讨论今古文问题的需要。这是有证据的：几年来我们发表了些不信任古文家的议论时，人家就替我们加上了"新今文家"的头衔。我觉得，而且我敢决然地说：抱这种态度的是只会因袭传统的见解而不肯自动夭君的人，或是但会耳食而不能用目视的人，现在我们应该起来打破他们的成见。无论如何，今古文问题总是一件悬案，悬案是必须解决的。这个问题所以闹了好久而不得解决，固然有一部分是因从前参加讨论的人以为家派门户应当存在，他们感到离开了家派就没法解经，所以自己只得偏袒一方面做立足点，而另一部分则因这问题麻烦，恐怕把是非落到自己头上，相率袖起手来，仿佛没有这件官司似的，以致只有让家派色彩浓重的人去干。现在我们所处的时代和他们截然不同了：我们已不把经书当作万世的常道；我们解起经来已知道用考古学和社会学上的材料作比较；我们已无须依靠旧日的家派作读书治学的指导。家派既已范围不住我们，那么今文古文的门户之见和我们再有什么关系！我们所以在现在提出今古文问题，原不是要把这些已枯的骸骨敷上血肉，使它重新活跃在今日的社会，只因它是一件不能不决的悬案，如果不决则古代政治史、历法史、思想史、学术史、文字史全不能做好，所以要做这种基础的工作而已。古人的主观争霸，何害于我们的客观研究！我们的推倒古文家，并不是要帮今文家占上风，我们一样要用这种方法来收拾今文家。至于这件悬案的不能马上解决，那是自然的，天下哪有这样轻而易举的事！一部晋代的《伪古文尚书》，它的来历既极不光明，它的材料又全有出处可寻，它的文章更是做得千篇一律，分该一出来就打倒，然而它毕竟延了一千五六百年的寿命。怀疑它的，从宋朝发难，到清朝完工，也经过了七百多年。做一件实实在在的工作，未有不艰难的。汉《伪古文》比了晋《伪古文》，作者既复杂，时期又加久，方面又加多，然而比较的材料反减少（晋《伪古文》出在古籍已凝固的时代，任何古籍都可拿来作比较；而汉《伪古文》则是出在古籍未凝固的时代，作者所用的材料有许多已看不见，有许多古籍的本身已受它的窜乱，须一条条地剔出，而剔出时又举不出积极的证据来），其工作的艰难何啻十倍。就使工作的人增多，用的方法也好，可以缩短年限，也决不是一百年以内可望完工的。到那时，不但我们不在世，连我们的下一辈也不在世了。大家怕听这种话吗？倘使怕的，你们应当退下来，让我们好好去做这种不求近功的工作，你们不必站在旁边说冷话。倘使不怕，那么，北山愚公说的"子子孙孙，无穷匮也，而山不加增，何苦而不平"，你们应当用这种的精神干去，让后世的人来称颂你们的功绩！

本来，汉代的经学无所谓今古文。"古文"这个名词，是西汉末的刘歆提出来的。"今文"这个名词，是古文经师给旧时立于学官的经书、经说和经师加上去的，因为古文家自树一帜，与旧有的为敌，逼得他们不能不合成一派，于是真有了今文家，这个名词的出现大约已在东汉了（《史记·儒林传》有"安国以今文读之"一语，系普泛的述说，不是家派的专名）。拿宗教来比方：中国古代本有许多零碎的民间信仰，想不到有联合的一回事。自从佛教传进，它是有组织的，收得许多信徒，给原有的民间信仰以严重的威胁，于是这些零碎的东西也团结于一个组织之下，名之曰道教。佛教彷佛古文，道教彷佛今文。实际今文在先，然因其组织在后，故其得名亦在后。距今四十九年（光绪十二年），廖季平先生作了一册《今古学考》，把今学和古学的界限分得清清楚楚，又说古学为孔子壮年之说，今学为孔子晚年之说，在先秦已有此二派；因为他的话好像公平，所以这书风行一时。其实全不是这么一回事（过了九年，廖先生又做了一种《古学考》，主张"今学传于游、夏，古学张于刘歆；今学传于周、秦，古学立于东汉；非秦、汉以来已两派兼行"，这是很对的，但因这书流传不广，大家不知道）。现在把我的观察说一个大概。

汉朝初年的君臣本来不曾想到表章经学，高祖骂儒，绛、灌无文，一切因袭秦制，一件事情没有有势力者的提倡就会衰颓了下来；加以楚、汉之间的大乱，民不聊生，享有安定的读书生活的能有几人：所以汉初六十年间真可称为"经籍道息"。《史记》说："孝文帝时，天下无治《尚书》者"（《晁错传》），这是实在的情形。待到天下承平已久，人民有了钱想寻求些知识，国家有了钱想创立些制度，然而那时除掉儒家保守的几部古先圣王的经典之外是没有什么可以依据的，于是访经师，立博士，孔子的经书就与汉朝的政治发生了不可分离的关系。为了要求完备，所以免不了杂凑。固然有几个老师宿儒，像申公、伏生之流，但既由国家提倡，群众一窝蜂拥上去，当然发生了供不应求的现象。因此，西汉的经师虽是二三等角色也能特立一个学派：他们没有一定的宗旨，没有系统的学说，解经的话就随时变、随人变。我们只要看《韩诗外传》的著作方法，王式对昌邑王的教授方法，便可知道他们是发议论和讲故事的成分多，推求经义和解释经字的成分很少，因为他们原是要"通经致用"而不是要"通经识古"的。又看孟喜得了候阴阳灾变书，便诈言"师田生且死时，枕喜膝，独传喜"；赵宾持论巧慧，说是从孟喜得来的，孟喜也承认了，及至宾死，没有人能讲通他的话，孟喜又否认了：可知那时人所要求的是新奇可喜，因为惟有树新说才能开新派，开新派才有立于学官的希冀，所以就用了立异的手段来抢地盘（《穀梁》之于《公羊》，就是如此）。又看申公本但教《诗》，但有了那位学《穀梁春秋》的瑕丘江公以后，他就变成教《诗》与《春秋》了；韩生亦但教《诗》，但有了那位通《易》的他的后人涿郡韩生以后，他就变成《易》学胜于《诗》学，著了《易传》藏于家了：这可以知道那时人为了装点自己的身份，会行使影戤老牌子的诈术的。《汉书·儒林传·赞》说得好："自武帝立五经博士，开弟子员，设科射策，劝以官禄，迄于元始，百有余年，传业者寖盛，支叶蕃滋，一经说至百余万言，大师众至千余人，盖禄利之路然也。"上层阶级"劝以官禄"，下层阶级就尽向这"禄利之路"跑，所以"支叶蕃滋"就是由"一生吃着不尽"的诱引上来的。他们只想自出心裁，激起社会国家的注意，然后可以开出新科目；他们哪里想到要在同一的目标之下设立共同遵守的科条，用齐一的步骤来解经呢！

西汉学者读书是最少的，他们只消用三年的工夫通一经就可入仕途，若通两经以上便算渊博了。在这种风气之下，当然造就不了大学问家。到成帝时，文化日高，儒者秉政，于是求遗书于天下，命刘向等做校雠批判的工作；后来又命刘歆续作。刘歆家学的根柢既好，加以天资的聪颖，又得到这样一个博览的环境，一定可使学术界放大光明。但不幸他生在那时，他不能客观的表章遗文，使后人见古书的真相；而只有主观的改造旧籍，使它适应于目前的时势。这依然为"通经致用"这个观念所误。话虽如此说，然而我们也须知道，那时如不影戤牌子，涂上致用的色彩，恐怕根本就没有表章遗文的可能。任你喊破了喉咙，人家谁来回头睬你？现在发见了殷虚甲骨、新郑铜器，所以哄动全世界的视听者，正因今人的历史观念突过前人的缘故。若在那时，单说"古东西，好材料"是没有用的，一定要拍上一个偶像才能收号召的力量。例如殷虚甲骨不要说时代待考，须要说是这是武丁举了傅说之后，祭祀上帝祖宗，傅说亲手刻上去的；新郑铜器，不要说是从无名氏的墓里挖出，你不妨说这是子产死了之后，家人把他日用的东西拿来殉葬的：那就有了经典上的大价值了。但既经拍上了偶像，必得做几件假古董窜乱在内，把所托的人的姓名写上，行事记上，才可算作证据；因此又要伪造文件。刘歆当时在秘阁读书，见到了左丘明的《国语》，觉得它记载春秋时事十分丰富，大可作为《春秋经》的辅佐；又见许多零篇碎简的《逸书》和《逸礼》，觉得其中有许多珍贵的材料，也可作为《书经》和《礼经》的补遗：他希望把这些东西公开，教学官子弟都得读到，实在是他的好意。如果他的动机确是如此，我们真该佩服得五体投地。不幸他处在这个时代，不托古竟做不成事。他只得说：左丘明做的是《春秋传》，他是孔子同时人，而且是同志，写的最得圣人之意；《逸书》和《逸礼》是鲁共王在孔子壁中发得的，也是孔子的原定经书。用孔子的大帽子来维持这三部书，自然有了立于学官的必要理由。然而当时的博士们不愿意他的势力冲进了他们的藩篱，起来反对他，说：《尚书》二十九篇是已经完全的，用不着拿不相干的东西来补缺；左氏本来不是传《春秋》的，也无须请他来解经。因此，在哀帝之世，这补经增传的运动竟未成功。到平帝时，王莽柄政，他和刘歆是老朋友，才让他达到了这目的。因为刘歆所表章的经传都是用古文写的，所以他开创的一个学派叫做古文学派。

刘歆争立几种古文经传，我们承认他是一番好意（虽则也许为的争地盘），但他的伪窜是一件确然的事实。固然以前攻击他造伪的是今文家，但既经是事实，那么就使非今文家也该得承认。我说这话，或者还有人怀疑，我只得引些书来证明。《汉书·刘歆传》说："及歆校秘书，见《古文春秋左氏传》，大好之。……歆治《左氏》，引《传》文以解《经》，转相发明，由是章句义理备焉。……歆以为左丘明好恶与圣人同，亲见夫子……"仅此数语可见：（一）这部书是刘歆从秘书里提出表章的，（二）把《左氏传》来解释《春秋经》是他所开创的，《左氏传》的章句义理是由他定的，（三）左丘明与孔子的关系是他"以为"出来的。崔觯甫先生说："《传》自解《经》，何待歆引？歆引以解，则非《传》文"，这是没法答辨的质问。至于说鲁共王从孔壁里挖出来的《逸书》、《逸礼》，我们可以用康长素先生的方法，拿《史记》、《汉书》的两篇《共王传》来比较：

《史记》（卷五十九）《五宗世家》

鲁共王余，以孝景前二年用皇子为淮阳王。二年，吴、楚反，破后，以孝景前三年徙为鲁王。好治宫室、苑囿、狗马。季年好音，不喜辞辨。为人吃。二十六年卒。

《汉书》（卷五十三）《景十三王传》

鲁恭王余，以孝景前二年立为淮阳王。吴、楚反，破后，以孝景前三年徙王鲁。好治宫室、苑囿、狗马。季年好音，不喜辞。为人口吃难言。二十八年薨。……

恭王初好治宫室，坏孔子旧宅，以广其宫，闻钟磬琴瑟之声，遂不敢复坏。于其壁中得古文经传。

这真奇怪：为什么《汉书》全钞《史记》，却多了"坏孔子旧宅，于壁中得古文经传"的一事呢？固然也可以说：司马迁没有采访周备，他脱漏了，所以班固替他补上。然而孔壁里出来的东西，刘歆说是《逸礼》有三十九，《书》十六篇，天汉之后，孔安国献之"，牵到了孔安国身上，《史记》就有材料了。《史记·儒林传》云："孔氏有《古文尚书》，而安国以今文读之，因以起其家，《逸书》得十余篇。"可见司马迁是知道这件事情的，但这《古文尚书》只是孔氏的家传而不是共王所发得；

也没有什么《古文逸礼》，否则司马迁为什么但说"至秦焚书，书散亡益多，于今独有《士礼》，高堂生能言之"呢？即此可见刘歆之言，是把共王的好治宫室和孔氏的家传《古文尚书》拉凑在一起，而成就了这一件新的故事。

刘歆所建立的还有一部《毛诗》，一部《周官》。《汉书·艺文志》用的是刘歆《七略》的材料，《志》里说："毛公之学，自谓子夏所传，而河间献王好之，未得立"，又说："武帝时，河间献王好儒，与毛生等共采《周官》及诸子言乐事者以作《乐记》"，见得这两部书都是经过河间献王提倡的。不但此也，《汉书·儒林传》还说："贾谊……为《左氏传训故》，授赵人贯公，为河间献王博士"，见得《左氏传》是已由河间献王立过博士的（这不知是否根据刘歆的材料）。我们现在再用康先生的办法，把《史》、《汉》的两篇河间献王传文提出一校：

> 《史记·五宗世家》
> 河间献王德，以孝景前二年用皇子为河间王。好儒学，被服造次必于儒者；山东诸儒多从之游。二十六年卒。

> 《汉书·景十三王传》
> 河间献王德，以孝景前二年立，修学好古，实事求是。从民得善书，必为好写与之，留其真，加金帛赐以招之。由是四方道术之人，不远千里。或有先祖旧书，多奉以奏献王者，故得书多与汉朝等。……献王所得书，皆古文先秦旧书，《周官》、《尚书》、《礼》、《礼记》、《孟子》、《老子》之属，皆经传说记，七十子之徒所论。其学举《六艺》，立《毛氏诗》、《左氏春秋》博士，修礼乐。被服儒术，造次必于儒者；山东诸儒多从而游。武帝时，献王来朝，献雅乐，对三雍宫，及诏策所问三十余事：其对推道术而言，得事之中，文约指明。立二十六年薨。

这一比较，显见得《汉书》增加的更多了。司马迁是一个"考信于《六艺》"的人，他作《史记》原是想继续《春秋》的，他的书里用的左丘明的记载这等多，为什么献王立《左氏春秋》博士这一件事他又不知道呢？他的《自序》里说"为太史令，紬史记石室金匮之书"，又说"百年之间，天下遗文古事靡不毕集太史公"，他对于文献既这般注意，智识又这么多，为什么献王"得书多与汉朝等"这一件重要事情他却一些也不提起呢？这又分明是影射了献王的"好儒学，被服造次必于儒者"

而造出来的了。

刘歆既经造了假古董来开新文化，为要使得它流行，便不得不插入些时代的需要，作鼓动有势力者护法的方术。于是王莽要作"摄皇帝"，《左传》中就有"隐公元年春，王周正月，不书即位，摄也"之文。王莽要作"假皇帝"，《逸书·嘉禾篇》中就有"假王莅政，勤和天下"的话。王莽要以土德舜后接受火德尧后的禅让，《左传》中也就有"其处者为刘氏"，"昔匄之祖自虞以上为陶唐氏"，"有陶唐氏既衰，其后有刘累"，"金天氏有裔子曰昧"诸条。王莽要自居正统，就会创作《世经》以别正闰。王莽要制作礼乐，就会"发得《周礼》以明因监"。王莽要什么，刘歆有什么。所以王莽未作皇帝以前，刘歆作的是"羲和，治明堂辟雍，典儒林史卜之官"，及做了皇帝以后，刘歆作的是"国师"，他总是包办了文化事业。

古文经传既为刘歆所建立，要是没有帮他的人，他的势力也不会广大的，因为这种新出的东西谁懂得呢！所以平帝元始四年，在起造明堂、辟雍、灵台的时候，就"为学者筑舍万区；益博士员，经各五人；征天下通一艺，教授十一人以上，及有《逸礼》、《古书》、《毛诗》、《周官》、《尔雅》、天文、图谶、钟律、《月令》、兵法、《史篇》文字，通知其意者皆诣公车，网罗天下异能之士；至者前后千数，皆令记说廷中，将令正乖谬，壹异说云"（《王莽传》上），这样的文化统制政策是多么的可怕！刘歆一个人，凭你本领大，也大不了多少。但有了这几千个（"千数"当是以千为数，否则当云千数百人）趋炎附势之徒，替各种古文经传及刘歆学说大吹大播，"古文学派"立刻成立了。当时他们怎样在未央宫廷中"正乖谬，壹异说"，可惜材料无存。但看许慎《说文·序》中说"亡新居摄，使大司空甄丰等校文书之部，自以为应制作，颇改定古文；时有六书，一曰古文，孔子壁中书也……"就可知道古文已在文字界中取得了第一流的地位，而且是颇经改定的。推之其他经籍，亦当以新出来的为第一流无疑。

其后王莽的政权虽倒坠，但刘歆的学术却没有跟着他失败。我们只要看《汉书》十志，就可知道他在学术界的建树是怎样地根深柢固。《律历志》说："元始中，王莽秉政……征求天下通知钟律者百余人，使羲和刘歆等典领条奏，言之最详；故删其伪辞，取正义，著于篇：一曰《备数》，二曰《和声》，三曰《审度》，四曰《嘉量》，五曰《权衡》。"这是刘歆在律、度、量、衡方面的工作。《律历志》又说："至孝成世，刘向总六历，列是非，作《五纪论》；向子歆究其微眇，作《三统历》及《谱》，以说《春秋》，推法密要，故述焉。"这是刘歆在历法方面的工作。《礼乐志》说："王莽为宰衡，欲耀众庶，遂兴辟雍。"我们在《刘歆传》中知道他是主治明堂辟雍的，这是他在礼乐方面的工作。《食货志》云："莽……每有所兴造，必欲依古，得经文，国师公刘歆言'周有泉府之官，收不雠，与欲得……'莽乃下诏曰：'夫《周礼》有赊贷，《乐语》（邓展曰："《乐语》，乐元语，河间献王所传"）有五均……'遂于长安及五都立五均官。"这是他在食货方面的工作。《郊祀志》说："元始五年，大司马王莽奏言：'……臣谨与……刘歆……等议，皆曰……复长安南北郊如故。'莽又颇改其祭礼曰：'《周官》天地之祀，乐有别有合……'"又说："莽又奏言：'……日、月、雷、风、山、泽，《易》卦六子之尊气，所谓六宗也……今或未特祀，或无兆居，谨与……羲和歆等……议：……分群神以类相从为五部，兆天地之别神：中央（黄）帝，黄灵后土畤，及日庙、北辰、北斗、填星、中宿、中宫，于长安之未地兆；东方帝太昊，青灵句芒畤，及雷公、风伯庙、岁星、东宿、东宫，于东郊兆；南方炎帝，赤灵祝融畤，及荧惑星、南宿、南宫，于南郊兆；西方帝少暤，白灵蓐收畤，及太白星、西宿、西宫，于西郊兆；北方帝颛顼，黑灵玄冥畤，及月庙、雨师庙、辰星、北宿、北宫，于北郊兆。'奏可，于是长安旁诸庙兆甚盛矣。"这是他在祭祀方面的工作。《郊祀志》又说："刘向父子以为帝出于《震》，故包羲氏始受木德，其后以母传子，终而复始，自神农、黄帝下历唐、虞、三代而汉得火焉。"这是他在帝王系统方面的工作。《五行志》说："景、武之世，董仲舒治《公羊春秋》，始推阴阳为儒者宗；宣、元之后，刘向治《穀梁春秋》，数其祸福，傅以《洪范》，与仲舒错；至向子歆治《左氏传》，其春秋意已乖矣，言《五行传》又颇不同：是以仲舒，别向、歆……举十二世以傅《春秋》，著于篇。"又说："孝武时夏侯始昌……善推《五行传》……其《传》与刘向同，惟刘歆《传》独异。"这是他在灾异说方面的工作。《艺文志》说："成帝时……使谒者陈农求遗书于天下，诏光禄大夫刘向校经传诸子诗赋……每一书已，向辄条其篇目，撮其指意，录而奏之；会向卒，哀帝复使向子……歆卒父前业，歆于是总群书而奏其《七略》，故有《辑略》，有《六艺略》，有《诸子略》，有《诗赋略》，有《兵书略》，有《术数略》，有《方技略》：今删其要，以备篇籍。"这是他在整理文籍方面的工作。无论典章制度、学术思想，他几乎没有不参加的。班固虽有时也不以他为然，但叙述事迹仍不得不采用他的书。他真像如来佛了罢，为什么孙行者总跳不出他的掌心？他这个人的学问事业，方面之广，见解之锐，作事之勇，哪一件不够人佩服？我们绝不像从前人一样，因为他帮了王莽篡位就把他看作乱臣贼子；我们诚心称他一声"学术界的大伟人"！章太炎先生曾说孔子以后的最大人物是刘歆（《訄书》），这句话真不错。但他的学问的卓越是一件事，他所表章的书的真伪则是又一件事，我们不能因为佩服了他就原恕了他！

当哀帝时，刘歆要把四种古文经传立学，博士们反对，他写给他们一封信，说："鲁恭王坏孔子宅……而得古文于坏壁之中，《逸礼》有三十九，《书》十六篇，天汉之后，孔安国献之，遭巫蛊仓卒之难，未及施行；及《春秋左氏》……皆古文旧书……藏于秘府，伏而未发。"这些话虽很有疑问，但足见这种书都是秘府里的东西，外边看见的人是很少的，当然没有什么师承。他又说："孝成皇帝闵学残文缺，稍离其真，乃陈发秘藏，校理旧文，得此三事，以考学官所传，经或脱简，传或间编；传问民间，则有鲁国柏公、赵国贯公、胶东庸生之遗学与此同。"这是说秘府里藏的古文经，其一部分有与今文经同的，足以纠正今文经的传讹，到民间去问，则有柏公等三位传下的本子与古文经相合：他们三位并不是传古文之学，只是传得"不脱简"和"不间编"的本子而已。因为本来没有传古文之学的，只有极少数人觉得古文经传好，所以他说哀帝是要"辅弱扶微"，博士们是"绝灭微学"。这是一件极清楚的事实。但到后来，不知刘歆自己反悔呢，还是他招来的几千人要替古文之学撑场面呢，古文经传的授受就有了深长的历史。我们看《史记·儒林列传》记五经师承，除"商瞿受《易》孔子"以外，其余都是从汉代说起，这一班儒者还是司马迁所及见的。里边讲起的古文，只有《尚书》一种，然而他说"孔安国以今文读之，因其起其家"，则古文也写成今文了。到了《汉书·儒林传》，就添上一大批的师承系统。最显著的是《左氏传》：张苍、贾谊、张敞一班名人无不修《左传》了，贾谊且有关于《左传》的著作了，河间献王且立过博士了，从贾谊到刘歆、王莽的传经系统是历历可数了。倘使真的这样，刘歆在当时何以竟说出"藏于秘府，伏而未发"及"陈发秘藏，校理旧文，得此三事……传问民间"的话，反把自己的师承隐没了？其他家派的增益（毛《诗》，申公《春秋》，韩氏《易》），事实的加添（申公与刘交父子同师，申公弟子由百余人变为千余人，辕固生作《诗传》，商瞿至田何的六世师承的姓氏，田何授《易》与周王孙、丁宽、服生、江公与董仲舒论《春秋》，以及韩生、伏生、庸生的名讳）也很多。我们固然不敢说班固父子作《汉书》时所得的材料必不能多过《史记》，但因有了这班善于作伪的古文家在内，就决不可完全信托。最可笑的，费氏《易》是与古文经同的（见《艺文志》），而传《费氏易》的王璜即是传《古文尚书》的人；《古文尚书》是由都尉朝传给庸生，庸生传给胡常的，而胡常又传《左氏》；胡常传给徐敖，而敖又传了《毛诗》：天下事何其巧，古文经与通古文的人老是凑在一块儿？读到下文，"徐敖……授王璜、涂恽……王莽时诸学皆立，刘歆为国师，璜、恽等皆贵显"，原来这班通古文经的即是刘歆手下的人，怪不得他们自己会尽往上推了。在《汉书》之后，古文家的师承系统还继续演进，所以《经典释文叙录》中会在毛公之上更推出一个大毛公，而大毛公是子夏的四传弟子（一说是六传弟子），那么《古文诗》就直接孔子了。《左传》呢，更是齐齐整整，从左丘明到王莽是十九传，而刘歆是十七传的弟子；古代的名人，如曾申、吴起、铎椒、虞卿、荀况，都成了传《左氏》学的先师了。这些个声势赫奕的家派，何以自谦曰"弱"曰"微"？刘歆既经有了正式的传授，为什么要在秘府发得，才争立于学官呢？这真是不必猜的谜了（关于此点，已于本篇末附了一个《史汉儒林传及释文叙录传经系统异同表》，请读者自去比较）！

读者看到此地，不免要问：刘歆一手掩不尽天下目，他既经帮了王莽窃国，当他们的敌人光武帝复国之后，怎不明揭其窜乱学术之罪，把他的遗文伪籍一举而肃清了呢？为什么古文学在东汉反而很发达呢？这个问是应当的，但须知道东汉的国本就建设在刘歆的学术上，即使对他深恶痛绝，但为了安定国家的基础起见，也动他不得。王莽与刘歆排列帝王的五德系统，不知费了多少心血，才算勉强放伏贴了。经他们的宣传，居然也使民众确认汉为火德，新为土德，知道火德已尽，该由土德起来。恰好哀帝时有"汉家再受命"的传说，就给光武所利用，他向民间宣传，说汉固是火德，但气运还未尽，该得由我来再受命。他的受命之符叫做《赤伏符》，上面写的上帝的话是"刘秀发兵捕不道，四夷云集龙斗野，四七之际火为主"。所以他即了帝位，就"正火德，色尚赤"（均见《后汉书·光武帝纪》）。当时兵马倥偬，只求唤起人民的信仰，就这样定了。刘歆所立的几种古文经传，中兴后当然罢废。但到了太平之世，理智较强的人不免要怀疑，说：汉为火德的证据在哪里呢？可靠不可靠呢？图谶由于假造太显明了，证据总要出在经书里才好。于是刘歆弟子贾徽的儿子贾逵，他就趁这机会对章帝说："五经家皆无以证图谶明刘氏为尧后者，而《左氏》独有明文：五经家皆言颛顼代黄帝而尧不得为火德，《左氏》以为少昊代黄帝，即图谶所谓帝宣也。如令尧不得为火，则汉不得为赤：其所发明，补益实多。"（《后汉书》卷三十六本传）这简直对于东汉皇帝作大声的恫吓，说："汉的国运只有《左传》里可以证明，如果你不提倡《左传》，则尧不得为火德，汉自然亦不得为火德，国本就动摇了！"章帝被逼无法，只得令贾逵自选了《公羊春秋》的高才生二十人，把《左传》教他们。不但这样，《古文尚书》和《毛诗》也选了高才生学习，并给这班弟子做官。利用了帝王的权力来作推行学说的护符，当然是最有效的，所以使得当时的学者欣欣羡慕。范晔在《贾逵传》的《论》里说："郑（郑兴，也是《左传》和《三统历》的专家）、贾之学行乎数百年中，遂为诸儒宗……贾逵能附会文致，最差贵显：世主以此论学，悲矣哉！"其实范晔何必悲伤！东汉的国本既建筑于王莽时的伪史上，王莽时的伪史又伏匿在古文学的经典里，古文学的风行是前定的事了，没有贾逵难道别人就想不出这种把戏来吗！

古文学的推行，说易也真易，说难也真难。易的是刘歆和贾逵靠着帝王的力量，一说就成功。难的是把他们的学说融化在民众的脑髓里，性急不来。这消息，在贾逵所说"五经家皆言颛顼代黄帝而尧不得为火德，《左氏》以为少昊代黄帝，即图谶所谓帝宣"一语中可以看出。本来五德终始的系统里是没有少昊其人的，自从王莽、刘歆为要建设新的国本，重排这个系统，没有法子排好，只得把少昊请了进去，在《左传》中插入了伪史，于是汉火新土始得确定。可是一班士大夫们不读《左传》，他们找不到少昊代黄帝的证据，于是依然把颛顼接黄帝，而尧的火德就没着落了。一班民众，他们也不读《左传》，一样地不知道少昊代黄帝，但他们作图谶，需要排五德的系统，一排起来则黄帝和颛顼之间空着一代，于是杜造一个帝宣，插了进去，算弥缝了。贾逵生在这时，他一口咬定《左传》不错，只得说士大夫所说是脱漏，而民众们的帝宣就是《左传》的少昊。可是贾逵虽然得势，而要全国人信仰这个改造过的历史，还是困难。约莫过了五十年，张衡又条上司马迁、班固所叙与典籍不合者十余事，其一事云："《帝系》：'黄帝产青阳昌意'，《周书》曰：'乃命少皞行清'，清即青阳也，今宜实定之。"（《后汉书》卷五十九本传，章怀《注》引《衡集》）可见少昊即青阳这件事经刘歆学派宣传了一百余年，依然没有得到普遍的承认，累得张衡替他发急，要用了国家之力来"实定"他！到底这位新产生的古帝到什么时代才实定了呢？这不能不归功于晋《伪古文》。伪孔安国的《尚书序》上说："伏羲、神农、黄帝之书，谓之《三坟》，言大道也；少昊、颛顼、高辛、唐、虞之书，谓之《五典》，言常道也。"后人少小读《尚书》，一开头就读得这两句，有了先入之见，少昊始占得稳固的地位（《左传》中的少昊隐曲得很，只能去寻，不能一望而知，故须赖伪《孔序》的播扬），任何历史中都记上了。因此，我敢说，倘使光武帝不以《赤伏符》受命，则刘歆古文学与少昊古帝王的运命就将随着王莽的政权崩溃而烟消火灭。弄假成真的例多得很，这就是一个。

古文学既赖郑兴、贾逵们的力量，在东汉占了优势，他们为要同历史较久的今文家对立，就建设自己的学说系统。同时，今文家为要防御古文家的攻击，也只得撇开从前门户的成见，相互团结起来。用现在的话来说，西汉今文家只有派而没有党，东汉则因受了古文家的党的袭击，这些小组织就合组为一党了。因为两党对峙，所以各有各的家法，排了齐整的阵容在疆场上相见。许慎生在两党争论剧烈之际，搜集其题目与学说，作成《五经异义》一书，列举而批评之。这真是东汉今古文学史上的最重要的材料。可惜原书失传，现在只能在辑本里看见一些鳞爪。今摘出其较为重要的如下：

(1) 九族——今文《礼》戴、《尚书》欧阳说：九族乃异姓有属者，父族四，母族三，妻族二。

古文《尚书》说：自高祖至玄孙，凡九族，皆同姓。

(2) 婚嫁——今文《大戴》说：男三十，女二十，有婚娶，合为五十，自天子达于庶人，一也。

古文《左氏》说：国君十五而生子，礼也；二十而嫁，三十而娶，庶人礼也。

(3) 世及制——今文《公羊》、《穀梁》说：卿大夫世及则权并一姓，妨塞贤路，故春秋讥周尹氏、齐崔氏也。

古文《左氏》说：卿大夫得世禄，不得世位。父为大夫，死，子得食其故采；而有贤才，复得升入父位。

(4) 封国——今文《公羊》说：殷三千诸侯，周千八百诸侯。

古文《左氏》说：禹会诸侯于涂山，执玉帛者万国；唐、虞地万里，容百里地万国。

(5) 朝聘——今文《公羊》说：诸侯比年一小聘，三年一大聘，五年一朝天子。

古文《左氏》说：十二年之间，八聘，四朝，再会，一盟。

(6) 三公——今文《尚书》夏侯、欧阳说：天子三公，一曰司徒，二曰司马，三曰司空。

古文《周礼》说：天子立三公，曰太师、太傅、太保；又立三少以为之副，曰少师、少傅、少保，是为三孤。至司徒，司马等官，乃六卿之属耳。

(7) 尺度——今文《韩诗》说：八尺为板，五板为堵，五堵为雉。

古文《周礼》说：雉高一丈，长三丈。

(8) 田赋——今文《公羊》说：十一而税。

古文《周礼》说：国中园廛之赋，二十而税一：近郊十而税一；远郊二十而税三。

(9) 服役——今文《礼》戴氏《王制》说：五十不从力政，六十不与服戎。又今文《易》孟氏、《诗》韩氏说：年二十行役，三十受兵，六十还兵。

古文《周礼》说：国中自七尺以及六十，野自六尺以及六十有五，皆征之。

(10) 死社稷——今文《公羊》说：国灭君死，正也，无去国之义。

古文《左氏》说：昔太王去邠，狄人攻之，乃逾梁山，邑于岐山，故知有去国之义也。

(11) 复雠——今文《公羊》说：复百世之雠。

古文《周礼》说：复雠之义，不过五世。

即此可见这两党都有充实的内容和明确的主张。他们讲的都是三代的典章制度，然而任何事项都不同。我们讲到三代的历史时，看它好呢，不看它好呢？要我们作无条件的采取罢，这未免太无别择力。要作无条件的摈斥罢，又嫌太卤莽。所以我们研究古史，实不得不以汉代的今古文问题作为先决问题；先打破了这一重关，然后再往上去打战国和春秋的关。

我们对于今古文问题的惟一办法，是细心分析这些材料，再尽量拿别种材料做比较研究。第一步工作，是探求这问题的来源及其演变。为要达到这一个任务，所以我编成本册上编。第二步工作，是解剖其内容，知道其构成层次和是非曲直。为要达到这一个任务，所以我编成本册下编，借阴阳五行问题来举一个例。这二十三篇长短不等的文字，固然还不够解决什么问题，但总可以给学术界一种新的提示。只要我们这一册比《新学伪经考》和《史记探源》逼进一层，就可以无愧于时代的使命。至于将来可以做的工作实在多得很，希望我们一班人都能继续奋斗下去；更祷祝国家民族的运命转危为安，容我们作这方面的发展！

顾颉刚。二十三年十二月三十一日。

"中国上古史研究课" 第二学期讲义序目 [*]
（1935）

二六　《世经》

二七　《月令》等（五帝五神）

　　　以上为刘歆的历史系统。

二八　谶纬

　　　以上为谶纬的历史系统。

二九　《白虎通德论》（三皇五帝）

三〇　《风俗通义》（三皇五帝）

三一　《孔氏尚书传序》等（三皇五帝）

三二　《孔子家语五帝篇》

三三　后期的三统说

三四　《潜夫论》（《五德志》、《志氏姓》）

　　　以上为有了《世经》和谶纬的系统之后，一般学者受了它们
　　　的影响，而又想调和各方面的冲突，各以己意整理出来的历
　　　史系统。

这一学期所讲的，是我们的古史中的一个最大的症结。这个症结自
从发生以来，大家莫名其妙地在信奉；就是对它怀疑的人想要攻击它，
也因各方面的材料都给弄乱了，寻不到一个头绪，无法下手。攻击既不
可能，于是编起古史来，虽明知它是荒谬，也不得不依声学舌，照钞
一遍。

一方面，又因帝统即是道统，而道统是国性国本之所系，所以这一
个系统就成了国家的功令，伦理的中心，有不信的就是离经畔道，该在

---

　　* 原载《古史辨》第五册，朴社，1935 年 1 月。

诛灭之列。因此，即使有人能想出方法去解开这个症结，但在专制时代也是不敢做的。

因为有这两个原因，所以从王莽时代直到清代，这一千八百年之中，这个破绽甚多的系统却能安稳地维持下去，统一所有的历史书。

不幸清代是一个整理古文籍的时代，什么古书都要研究，把它们的本子问题弄得一天比一天清楚。这样一干，许多伪书及真书中窜伪的部分就露出马脚来了。书籍的著作时代既成了学术界中的重大问题，则书籍里边记载的古代史事自然联带发生了问题。到了十八世纪之末，崔东壁先生（述）便把战国以上的书和战国以下的书分成两组，作比较的研究。结果，他指出战国以下的书里所述的古代史事的无数误谬，说明它们自觉地或不自觉地造伪的方式。他做了一部《考信录》，对于古史作彻底的考究，去其妄而存其真。他的考信的工具是孔子的经，因为这些书出得早，保存的原来样子多。凡不合于经的，即为百家杂说，不该信它。但是经中所记的古史本不很多，如何能把百家杂说一一量度了呢？所以他又收取了次一等的材料进去，即是解释经书的传记和羽翼经书的诸子。他这个工作做了四十年，把东周以上的历史完全审查过了。这是一次大清理，自从有了这个症结之后所不曾有过的清理。

可是，我们在这半年中所讲的症结，是经学极昌盛的时代所发生的，故这些病菌蔓延在百家杂说里的远不及其蔓延在经和传记里的多。崔先生是信经的，经以外是信传记的，所以这个系统虽被他打了几拳，但没有中着要害，仍无碍其生存。

又过了一百年，到十九世纪之末，康长素先生（有为）起来，大胆作《新学伪经考》，把经传中的一部分也排除出去，这才鞭辟入里，打碎了这个系统。这固然是他的成功，但若没有他以前的一班汉学家和今文学家专力把汉代经学的派别一一理清，把久已忘记了的今、古文问题重新提起，则他也不能获得这个大发见。原来汉代的经学因发生时代的先后，及其发生时代的社会需要，分为今文和古文两大宗。今文方面，本来没有统一过。古文一派，则在刘歆的学术和王莽的政治的指导之下，自成为一个系统，以与原有的经学为敌；这原有的经学就被名为今文。古文一派为适应时势的需要及攻击今文家起见，不但自有其经说，亦且自有其经书，这些经书比了今文家的，除了文字异同之外，又往往有所增益，这就是他们的伪作品。康先生既特为一书，阐明此义，于是往常看一切经传同在孔子的意旨下的，到这时便发生了大问题。而崔先生所谓"考信于《六艺》"的《考信录》中所收的材料是否为真正的信史,自然也发生了问题了。

康先生告诉我们,在今文家的历史里,五帝只是黄帝、颛顼、帝喾、尧、舜,没有少皞。在古文家的历史里,颛顼之上添出了一个少皞,又把伏羲、神农一起收入,使得这个系统里有八个人,可以分作三皇、五帝,来证实古文家的伪经《周礼》里的"三皇、五帝"。这个假设,虽由我们看来还有不尽然的地方,但已足以制《世经》和《月令》的死命了。

康先生奔走政治,对于"新学伪经"的研究工作没有继续做下去。于是又有另一个崔先生——崔觯甫先生(适)出来,根据了他的学说作精密的研究,著成了一部《春秋复始》和一部《史记探源》。

《春秋复始》的宗旨,是在撇去古文的春秋学(《穀梁传》、《左传》)而回复到原始的春秋学(《公羊传》)。他的建设的部分是否得到孔子作《春秋》的本意,我们不必讨论。但他的破坏的部分,把《左传》中少皞的记载,社稷五祀的记载,以及汉为尧后的记载,都以新莽时代的需要把它解释明白,实在足使后来研究古史的人对于这些古史的来源有较深澈的了解。

《史记探源》的作意,也和上书一样,是要探求《史记》未被窜乱时的原始面目的。原来《史记》是一部"厥协六经异传,整齐百家杂语"的书,古代的书籍差不多都包括在里边;它又是作在未有古文学派之时,保存今文经说最多。古文家既造了许多伪书,又出了许多新主张,当然与《史记》所载的不合,所以他们连《史记》也要改动。崔先生这一部书,分析出《史记》中含有今文义的及古文义的材料,以今文义的为其原始的文字,古文义的为其增窜的文字。他在全书之前,作了一卷《序证》,立了几个分析的标准。标准中的一个是"终始五德"。他说,这是刘歆欲明新之代汉,迫于皇天威命,非人力所能辞让,所以造出来的。他把《世经》的系统排给我们看,说:如果不插入少皞,则汉不能为火德的尧的后代,新不能为土德的舜的后代,而汉、新也不便重演尧、舜的禅让。这个解释实在比了康先生的增入少皞为要补足三皇、五帝之说精密多了,因为从伏羲到舜为三皇、五帝,这是后人的解释,刘歆方且以伏羲至颛顼为五帝呢。但崔先生说终始五德之说为刘歆所造,托之邹衍,我也不以为然。如果五德说为向来所无,则新创此说之时必不能骤然博得多数民众的信仰,且亦不当有许多冲突的五德的历史记载。现在王莽以前的五德记载既这样多，而王莽时的五德系统和邹衍的五德系统又根本不同，可见这是冒牌的而不是创作的。

他们这些著作，都是在历史界里起革命的，论理应当使通俗的历史大大地改观。何以这三位先生倡导了一百余年，我们的历史系统还是王莽的历史系统，不但通俗的历史书未改，即学者们也不大理会呢？说是社会上不知道吧，《新学伪经考》已刻了七次版子，《考信录》也有五种版子，《史记探源》也有两种版子，其铅印的一种已三版：这种书实在是很普及的了；《伪经考》且因焚禁三次之故而使人更注意了。说是他们的学说不足信吧，却也没有人起来作大规模的反攻，除了钱宾四先生（穆）新近作了一篇《刘向歆父子年谱》之外（此文刊入《燕京学报》第七期，将出版）。

那么，这是什么缘故呢？依我猜想，可分为三种原因。

其一，这几十年中，我国内忧外患，纷至沓来，人民憔悴，失其有生之乐。又为生活压迫，只有乱忙，学问的事简直谈不到。所以这种很可以有为的历史问题，虽经先辈鼓吹，但大家为环境所限，只能知道他们有这一回事而已，不能自己起来继续努力（这是一切学问所公有的苦痛，古史学当然不能成为例外）。

其二，他们提出的问题，几乎牵涉全部的经学和史学。假使我们不能知道这些经史上的问题在当时如何一点一滴地积成，到后来如何一点一滴地拆散的历史，则我们对于他们的结论将无法明了。不幸他们的书既不能通俗化，又不甚能系统化，而今古文的问题又太复杂，使得初学的人摸不着一个头路。大家看着他们的书，只知道他们在创立一种新学说，他们要如何如何而已，实际上不易得到很深的刺戟，引起跟着他们工作的兴趣。

其三，他们的治学，究竟不能脱离旧观念，既要昌明孔学，又要通经致用。《考信录》一书固然不少客观的研究，但也不少主观甚重的卫道议论。凡是关于圣人的记载，说圣人坏的大都认为伪，反之则大都认为真，这不够淆乱事实吗？古文家的经文固然是伪，但他们的经说出在今文家之后，当然有胜过今文家的地方。而且从我们看来，今文经说不过是西汉前期的经师所说的话而已，与孔子不见得能发生密切的关系。但康、崔诸先生则先已认定自己是今文家，凡今、古文经义有不合的，必扬今而抑古。甚而至于春秋时的历史，凡《左传》与《公羊传》违异的，亦以《公羊》为信史而以《左氏》为谬说。其实他们既说《国语》

为《左传》的前身，则《左传》的记事出于古文家之前，原不当因它为古文家改编之故，使它蒙了古文之名而与今文对垒。在这种地方，很可使人怀疑为门户之争而非真理之争。又康先生是作政治运动，鼓吹变法的人，所以人家看他的书往往以为是他当作运动的工具用的；现在变法运动既停，就成了过时货了。

然而这三种原因，在我们大致都可避免。

第一，在这终年战争的国家之中，我们还能不罹锋镝，不受冻馁，在学校里研究历史，真可算得天之幸民。如果我们不起来继续努力，还有什么人干？

第二，我们固然程度不够，不能在短时间内有超越他们的成绩，但把他们的学说通俗化，系统化，使得后来研究历史的人容易摸出一个头路来，这是可以的。我们且得做了这步工夫再说。

第三，从前人治学的最大希望是为承接道统，古文家所以造伪经者为此，清代的今文家所以排斥伪经者也为此。但时至今日，孔子的势力已远不如前了，我们可以打破这种"求正统"的观念而易以"求真实"的观念了。

因为这个缘故，所以我在这半年中编了这一份讲义。

想起我自己对于这方面的研究的经过，也值得一说。当民国五年，崔觯甫先生初到北京大学时，我即上他的《春秋公羊学》一课。那时大学里不行选科制，所以这一课在必修。我先前已受了章太炎先生（炳麟）的影响，深信古文家得经学之真，今文家多妖妄之说。后来购读了《新学伪经考》，虽也知道今文家自有其立足点，古文家亦有不可信处，只因先入为主，仍不能改变我的薄今文而重古文的观念。及至上了崔先生的课，他把《春秋复始》和《史记探源》一张张发给我们，我才领会了一个大概，因为今文学的代表著作是《公羊传》及《春秋繁露》，故我开始点读。不幸读的结果，这些汉人的迂谬的见解已非我们的头脑所能容受了，看了只有头痛，故对崔先生的课并无好感。那时的见解，似乎以为我既不想作今文家，就不必理会这些。

在大学毕业之后，始见钱玄同先生。他屡屡提起今、古文问题，并以为古文是假的，今文是口说流传而失其真的。他以为今文家与古文家的说话，都是一半对，一半不对；不对的是他们自己的创造，对的是他们对于敌方的攻击。所以我们要用了今文家的话来看古文家，用了古文家的话来看今文家。如此，他们的真相就会给我们弄明白。我听了这番话后，眼前一亮，知道倘使不用了信仰的态度去看而用了研究的态度去看，则这种迂谬的和伪造的东西，我们正可利用了它们而认识它们的时代背景。

我虽有如此存想，但今、古文的问题究竟太复杂了，单看几部近于目录学的书，如《今古学考》、《新学伪经考》等，是不会对于这个问题有澈底的了解的。但是要一部经、一部经去研究，又苦于没有这个功夫。

自从在厦门和广州的两个大学里担任了《尚书》和《春秋》两课，聚集了许多材料，我方才对于今、古文问题有较深的认识。我知道我们一讲到古代学术，即离不了汉学，因为现在所有的古书都是经过汉代人的笔削的；而一研究汉学，今、古文就是一个最大的关键，因为古文学发生时曾把所有的学问从头整理一过，如果我们不把今、古文的材料分清，则未有不以古文学家整理的结果认作当初的原状的，于是就受了他们的欺骗了。

在广州时，又曾任上古史一课，我始把上古史的材料作系统的收集（以前，我虽有志研究古史，但只希望作小问题的研究，并不曾想建立一个大系统而把所有的材料收来，作为说明此系统之用）。我便把康先生辨少皞的话钞了出来，以崔先生论终始五德的话校之，更以其他的古史系统证之，始确知《世经》和《月令》的古史系统只是王莽的古史系统，这个系统是为他受禅的张本的。它的原理在五德说；而五德说从《史记·封禅书》和《汉书·郊祀志》看，则其在秦、汉间的变迁之迹历历可按。我有意澈底地研究五德说了，可是时间不能许我。

自从去年秋后到了本校，始得却去数年来的无聊生活而一意研究上古史。去年既讲完了"子学时代"的材料，今年将接讲"经学时代"了，即想对于王莽时的五德说下些工夫。本讲义《世经》一章，即是在寒假中写的。开学之后，一方面接写《月令》诸章，一方面为《清华学报》作《五德终始说下的政治和历史》一文，即把讲义之文放大。自开学起到现在，已近四个月，这篇论文只写得一半，但已把《清华学报》占了三分之二，不得不停止了。我非常的欣幸，这半年中竟给我专心研究了这一个古史的中心的题目！

讲义编在前，论文作在后，讲义所说，当然发见了许多错误之处。待论文出版时，再给诸君订正吧。

这一学期的讲义，我也知道太沉闷，太单调，不及去年讲诸子时的有趣味。可是，汉的时代根本是个沉闷单调的时代呵！我们如果要把现在成为常识的古史的来历弄明白，那么，这种讨厌的东西实在有亲手去检视一次的必要。

曾有一位同学对我说：

> 有了科学，就不该有迷信。研究科学，就不必研究迷信，因为它是无根据的妄诞的一件东西，我们枉费了精力去研究它干吗！就如《世经》，完全是迷信的一个代表，它的主要点是依据着什么五德五行，相胜相生的把戏而出的。我们要去研究它，证实它，批驳它，的确是一桩徒劳而无益的事情！经过我们研究以后的它，早已被我们证实出假来了；更经过许多名人，如崔述、崔适、康有为等，驳得刘歆走头不是路了！那本来是无关重要的。

这位同学的意思是很好，可惜他对于常识和学问的分别没有想清楚。凡是科学家所考定的真的事实，一般人应当都明白的，唤做常识。无论什么好的坏的，真的假的，对于这一大堆材料，认定了一个目标，画出了一个范围，而加以研究的，唤做学问。中国的上古史，有多少真的，我们应当信它，这是常识范围内的事。中国的上古史，究竟有多少真的，有多少假的，又有多少真假未分清的，我们应当研究它，这是学问范围内的事。所以"有了科学，就不该有迷信"，这就常识而言，很说得通。"研究科学，就不必研究迷信"，这就学问而言，则很说不通。为什么？迷信是一件东西，也是在科学家应当研究的范围之内的。所以扶乩、巫祝、卜筮、星相，虽应由政府下令禁止，但心理学家还要收集了这种材料去研究变态心理学。上古时代的各种生活仪式，在文明种族间早失去了，但社会学家还要到野蛮民族中去搜求了而研究古代社会。难道他们有嗜痂之癖，干这种不值得干的事吗？不，这正因学问的目的在求知，与常识的目的在致用的有别；我们在学问上本来只当问然不然，不当问善不善呵！

而且，《世经》的基础建筑于迷信上，这是我们的话，一般人正以为这是真历史呢。试看去年商务印书馆的《中学本国史教科书》因不载三皇、五帝而被禁，北平某文化机关的图书馆，主其事者不许购入《崔东壁遗书》，可见这种迷信的势力还是很大。我们就是退一百步，说我们研究学问的目的不在求知而在致用，试问我们还是一声不响，让人家去迷信《世经》的历史系统好呢？还是继续了崔、康诸先生的脚步而前进，使得一般人的常识因此而改变，不去迷信《世经》的系统为好呢？

如果说是后者好，那么，研究的事怎可说是徒劳无益。

并且，这种五德五行，相胜相生的把戏，对于上古史固然是假，对于汉代的史还是真的。汉代的社会是一个以阴阳五行为中心思想的社会，这种把戏就是那个社会的真实产物。试问我们要研究汉代思想及其在上古史上所发生的影响，我们能不理会这套把戏吗？这正如卜筮星相者所讲的话固然是假话，但他们自己的生活却是真的生活，他们的假话就是他们的真生活的反映（如何可以骗得人相信，如何可以多骗取金钱，如何可以安度他自己的生活……）。他们也是社会上的一部分，我们如果作社会调查，对于这种真生活不当去调查清楚吗？

以上的话，不是但与这位同学责善，也是希望消除一般人的误解，因为在这科学落伍的中国，做研究工作的人太少，一般人得不到观感，这种误解是最容易发生的。

顾颉刚。十九，六，五，于燕京大学。

汉代学术史略[*]
（1935）

第一章　阴阳五行说及其理想中的政治制度

汉代人的思想的骨干，是阴阳五行。无论在宗教上，在政治上，在学术上，没有不用这套方式的。推究这种思想的原始，由于古人对宇宙间的事物发生了分类的要求。他们看见林林总总的东西，很想把繁复的现象化作简单，而得到它们的主要原理与其主要成分，于是要分类。但他们的分类法与今日不同，今日是用归纳法，把逐件个别的事物即异求同；他们用的演绎法，先定了一种公式而支配一切个别的事物。其结果，有阴阳之说以统辖天地、昼夜、男女等自然现象，以及尊卑、动静、刚柔等抽象观念；有五行之说，以木、火、土、金、水五种物质与其作用统辖时令、方向、神灵、音律、服色、食物、臭味、道德等等，以至于帝王的系统和国家的制度。

这种思想不知道什么时候发生的。依据现存的材料，阴阳说可说是起源于《周易》，五行说可说是起源于《洪范》。《周易》是筮占的繇辞，比了甲骨卜辞为后起，当然是商以后的东西；而且在《周易》的本文中不见有阴阳思想，不过它的卦爻为一和--的排列，容易激起这种思想而已。《洪范》上的五行，说是上帝赐给夏禹的；但从种种方面研究，这篇书很可疑，大约出于战国人的手笔。所以这种思想虽不详其发生时代，但其成为系统的学说始自战国，似已可作定论。汉代承战国之后，

　＊　1933 年作。1935 年 8 月由上海亚细亚书局出版。1950 年代修改后易名《秦汉的方士与儒生》再版，所作《序》附于文末。

遂为这种学说的全盛时代。

今先把在这种学说之下所发生的政治学说讲出三种，作为引子。

以前作天子的要"受命"（受上帝的抚有四方的命），要"革命"（革去前代的天子所受的命）。到战国时，周天子渐渐在无形中消灭，用不着"革命"了；而群雄角逐，究竟哪一个国王可做天子还没定，所以"受命"说正有其需要。但那时已有五行说了，五行说已为最高的原理了，所以这"命"应是五行的命而不是上帝的命。那时有一个齐人邹衍，他作了好些书，其中一篇是《主运》，说做天子的一定得到五行中的一德，于是上天显示其符应，他就安稳地坐了龙位。他的德衰了，有在五行中得到另一德的——这一德是足以胜过那一德的——就起而代之。这样地照着五行的次序运转下去，成功了历史上的移朝换代。他创了这种学说，唤做五德终始说，很得当时的信仰，自然有推波助澜的徒众。他们以为黄帝得土德，天就显现了黄龙地螾之祥，所以他做了王，他的颜色是尚黄的，他的制度是尚土的。其后土德衰了，在五行中木是克土的，所以禹据木德而兴，他就得了草木秋冬不杀的祯祥，建设了木德的制度，换用了青色的衣物。此后汤以金德而克夏木，文王以火德而克商金，亦各有其表德的符应和制度服色。邹衍们排好了这个次序，定了五德的法典，吩咐上代帝王各各依从了他们的想像，成了一部最有规律的历史。到秦始皇既并天下，他是应居于克周火的水德的，只是不见有上天的符应下来，因此就有人对他说，从前秦文公出猎时获得一条黑龙，可见水德的符应已在五百年前见了。他听了很高兴，就用了邹氏们的法典定出一套水德的制度：（1）以十月朔为岁首；（2）衣服和旌旗都用黑色；（3）数以六为纪，如符是六寸，舆是六尺，乘是六马；（4）行政刚毅戾深，事皆决于法；（5）更名黄河为德水。这是实行五德说的第一次。到汉得天下之后，当然也要来这么一套。

不知何时，起了一种与五德说大同小异的论调，唤做三统说。他们说，历代的帝王是分配在三个统里的，这三个统各有其制度。他们说，夏是黑统，商是白统，周是赤统；周以后又轮到黑统了。他们说，孔子看周道既衰，要想成立一个新统，不幸他有其德而无其位，仅成一个"素王"，所以他只得托王于鲁，作《春秋》以垂其空文；这《春秋》所表现的就是黑统的制度。《春秋》虽是一部书，抵得一个统，故周以后的王者能用《春秋》之法的就是黑统之君了。记载这个学说的，以董仲舒的书为最详。

照我想来，三统说是影戤了五德说的牌子而创立的。当汉高帝成功之后，他自以为始立黑帝祠而居于水德。这不知道他是否因秦的国祚太短而不承认为一德，要使自己直接了周，还是有别的用意？到文帝时，有人出来反对，说汉革秦命，应以土德代水德，丞相张苍就驳道："河决金堤，就是汉为水德的符应。"此后虽因种种原因，改为土德，又改为火德，但在汉初的四十余年里是坐定了水德的。大约这个时期中讲《春秋》之学的有人对着五德说的流行颇眼红，就截取了它的五分之三，将汉的水德改成黑统，周的火德改成赤统，商的金德改成白统，使得五德说的法典都适用于这一说，见得他立说的有据。只是夏在五德说中为木德，在三统说中为黑统，有一些儿的冲突。但他们说：不妨，孔子志在"行夏之时"，所以春秋用的是夏时（？），即此可证明夏和《春秋》有同统的必要。

再有一种明堂说，说天子应当住在一所特别的屋子里，这屋子的总名叫做明堂，东南西北各有一个正厅，又各有两个厢房。天子每一个月应当换住一地方，穿这一个月应穿的衣，吃这一个月应吃的饭，听这一个月应听的音乐，祭这一个月应祭的神祇，办理这一个月应行的时政；满十二个月转完这一道圈子。这大院子的中间又有一个厅，是天子在季夏之月里去住的；另有一说是每一季里抽出十八天（所谓"土王用事"）去住的。这把方向的"东、南、中、西、北"和时令的"春、夏、□、秋、冬"相配，使天子按着"木、火、土、金、水"的运行去做"天人相应"的工作，真是五行思想的最具体的表现。记载这个制度的，叫做《十二纪》（《吕氏春秋》），又叫做《时则》（《淮南子》），又叫做《月令》（《礼记》）。

以上所说，今日的读者们切莫以自己的智识作为批评的立场，因为其本质惟有迷信，已不足供我们的一击。但这是汉人的信条，是他们的思想行事的核心，我们要了解汉代的历史时是非先明白这个方式不可的。

第二章　封禅说

古代的王者固然最信神权，但因王畿的狭小，四围又都是些小国家，已开化的和未开化的，不尽能交通无阻，所以他们并无远行的可能，也就不能到远处去拜神。《左传》中记楚昭王生病，卜者告诉他是河神作祟，应该去祭，他说："江、汉、睢、漳是楚国的望，才是应当祭的。河距我们远了，我就是有了错处，河神也管不着！"就不祭了。古代命国中名山川为"望"，也命山川之祭为"望"。各国有各国的望，谁也不想越界去祭神。

春秋战国之世，齐和鲁是文化的中心，泰山是这两国的界墙。他们游历不远，眼界不广，把泰山看做了全世界最高的山（连聪明的孔子也曾说"登泰山而小天下！"），设想人间最高的帝王应当到最高的山去祭天上最高的上帝，于是把这侯国之望扩大为帝国之望，定其祭名为"封禅"：封是泰山上的祭，禅是泰山下小山的祭。他们又说，自古以来七十二代之君，当他们得了天下之后，没有一个不到泰山去封禅的。

最早记载这件事的要算《管子》，其中有《封禅篇》。但管仲为齐桓公成霸业，是齐国人崇拜的偶像，他的书全非自著而出于齐人的杂集；《封禅篇》又已亡，惟《史记·封禅书》载有管仲论封禅一段话或是从那篇钞出来的。今把它大意叙述一下，以见封禅在战国时的意义。

这上面说：桓公既霸，会诸侯于葵丘，想行封禅之礼。管仲提出抗议，道："从前封泰山、禅梁父的有七十二代的帝王，我只记得十二个。从无怀氏、伏羲、神农……到周成王，都是受命之后才行这个礼的。他们那时候，嘉谷生，凤凰来，东海得到比目鱼，西海得到比翼鸟，有十五种不召而自至的祥瑞，然后封禅。现在有这种东西吗？"桓公自己知道没有这大福气，只得止了。——这一说和五德终始说同出于齐人，亦同出于一个目的，就是希望受命的天子得到他的符应；不过得到了符应之后，五德说望他定制度，封禅说望他到泰山去祭天，有些不同罢了。

第一个去实行这个学说的，也是秦始皇。他做了皇帝三年，巡狩郡县，带了齐、鲁的儒生博士七十人，走到泰山下。他已从"秦文公获黑龙"上证明了他的受命，当然要实行这个所谓自古相传的典礼。不幸封禅之礼虽说为旧章，究竟没有实际的根据，临到办事的时候，儒生博士便议论纷纷，得不到一个结论；有的还唱高调，以为只须极简单的礼节，扫地而祭就够了。始皇怒他们的不济事，把他们完全斥退，自己到泰山顶上去行封礼，又到梁父去行禅礼；他的礼节大都采自秦国祭上帝时所用的。诸儒既不得参加这个大典，怨恨得很，恰好始皇走到半山碰着大风雨，躲在树下，就暗暗地讥笑他，以为犯了天怒。不久秦亡，这班儒者又造他谣言，说他给大风雨击坏了，或者说他没有到山顶就退下来了。

"泰山是世界上最高的山"，这是齐、鲁间人的信念。但始皇成了统一之业，到底眼界广了，他把全国的名山大川整理了一过。他以嵩山——旧时秦国的门户——为界，定其东边名山五：太室、恒山、泰山、会稽、湘山；其西边名山七：华山、薄山、岳山、岐山、吴山、鸿冢、渎山。泰山的地位固然高，但也不过是十二个名山中的一个罢了。

汉高帝得天下，四面乱嚷嚷的，没有功夫做这种事。文、景玄默，也不想做这种夸大的事。直等了六七十年，到武帝即位，这种学说才因投合了天子的脾胃而蓬勃地兴盛起来，司马迁特地作一《封禅书》以记之。

第三章　神仙说与方士

仙人，是古代所没有的。古人以为人死为鬼，都到上帝那边去；活的时候的君臣父子，到了上帝那边之后还是君臣父子。天子祭享上帝，常选其有大功德的祖先去配享他。所以鬼在人间的权力仅亚于上帝一等，不过在许多鬼中还保存着人间的阶级而已。古代的人没有很多的自由，他们也想不到争取自由，因此，他们没有在意识中构成了一种自由的鬼，浪漫地游戏于人世之外，像战国以来所说的仙人。

最早的仙人史料，现在也得不到什么。只从《封禅书》里知道燕国人宋毋忌、正伯侨、羡门子高等都是修仙道的；他们会不要这身体，把魂灵从身体中解脱出去，得到了一切的自由。齐威王、齐宣王、燕昭王们都是他们的信徒，听得他们说，"渤海里有三个神山，名为蓬莱、方丈、瀛洲，山上的宫阙都是用黄金和银建造的，其中住着许多仙人，又藏着一种吃了会不死的灵药"，高兴极了，屡次派人到海里寻去。不幸这班人回来报告，总是说："三神山是望到的，好像云一般地灿烂；但是船到了那边，这些神山就沉到水底去了，海风也把我们吹回来了！"在这些话里，可以知道仙人是燕国的特产，其风尚及于齐国；仙人的道是修炼来的；仙人的居地在燕国东边和齐国北边的渤海；仙人的生活是逍遥出世，只求自己的不死，不愿（或不能）分惠与世间人，使他们都得不死。

此外，《庄子》里说的"真人"也颇有仙人的意味。这书讲：普通人的呼吸都在喉咙里，真人的呼吸却在脚跟上。真人的本领，会入了水不湿，入了火不热。有一位列御寇能腾空走路，常常很舒服地御风而行，一去去了半个月。藐姑射山上住着一个神人，他的皮肤好像冰雪一样白，他的神情好像处女一样柔和；他吸的是风，饮的是露；他出去时，乘了云气，驾了飞龙，直到四海之外。

这种思想是怎样来的？我猜想，有两种原因。其一是时代的压迫。战国是一个社会组织根本变动的时代，大家感到苦闷，但大家想不出解决的办法。苦闷到极度，只想"哪得躲开了这恶浊的世界呢？"可是一个人吃饭穿衣都是免不了的，这恶浊的世界紧紧跟在你的后头，有何躲开的可能。这问题实际上既不能解决，那么还是用玄想去解决罢，于是"吸风饮露，游乎四海之外"的超人就出来了。《楚辞·远游》云，"悲时俗之迫厄兮，愿轻举而远游。质菲薄而无因兮，焉托乘而上浮。免众患而不惧兮，世莫知其所如"，真写出了这种心理。其二是思想的解放。本来天上的阶级即是人间的阶级，而还比人间多了一个特尊的上帝，他有最神圣的地位，小小的人间除了信仰和顺从之外再有什么敢想。但到战国时，旧制度和旧信仰都解体了，"天地不仁"、"其鬼不神"的口号喊出来了，在上帝之先的"道"也寻出来了，于是天上的阶级跟了人间的阶级而一齐倒坏。个人既在政治上取得权力，脱离了贵族的羁绊，自然会想在生命上取得自由，脱离了上帝的羁绊。做了仙人，服了不死之药，从此无拘无束，与天地相终始，上帝再管得着吗！不但上帝管不着我，我还可以做上帝的朋友，所以《庄子》上常说"与造物者（上帝）游"，"与造物者为人"。这真是一个极端平等的思想！有了这两种原因做基础，再加以方士们的点染、旧有的巫祝们的拉拢，精深的和浅薄的，哲学的和宗教的，种种不同的思想糅杂在一起，神仙说就具有了一种出世的宗教的规模了。

鼓吹神仙说的叫做方士，想是因为他们懂得神奇的方术，或藏着许多药方，所以有此称号。《封禅书》说"燕、齐海上之方士"，可知这班人大都出在这两国。当秦始皇巡狩到海上时，怂恿他求仙的方士便不计其数。他也很相信，即派韩终等去求不死之药，但去了没有下文。又派徐市造了大船，带了五百童男女去，花费了好几万金，但是还没有得到什么。反而同行嫉妒，互相拆破了所说的谎话。其中有侯生、卢生二人，不满意于始皇的行为，以为不值得替他求仙药，他们就逃走了。始皇对于这班方士久已不怀好感，听得了这件事，就大发雷霆，骂道："我用了许多文学方术之士，为想兴太平，求奇药。现在得不到一点效验，反而说我坏话，摇惑人心，这样的可恶，还不应当重重治罪！"他把养着的儒生方士都发去审问，结果，把犯禁的四百六十余人活葬在咸阳：这就是"坑儒"的故事。当时儒生和方士本同等待遇，这件事又是方士闯下的祸，连累了儒生；后人往往把这件事与"焚书"作一例看，实在错误。焚书是一种有计划的政治手段，也是他们的时代使命，坑儒则不过始皇个人的发脾气而已。

在汉初，这班方士似乎没有什么活动。只有赵人新垣平弄了许多花样。他因望到了五采的神气而劝文帝立渭阳五帝庙，候着太阳的再中而劝文帝更以十七年为元年，又望见了金宝气而劝文帝祠出周九鼎；但没有韩终、徐巿这样劝文帝到海中去求不死之药，这或者因为他是赵人而非燕、齐人的缘故。文帝的性情不是喜欢张扬的，后来识破他的欺诈时立刻把他杀了。

第四章　汉代受命改制的鼓吹与其实现

自从秦始皇听了齐人的话用邹衍的法典去改制度，易服色，又听了齐、鲁儒生的话到泰山去封禅，表明了这是一代受命有天下的大典，汉代的皇帝就不该不这样办。不料高帝因秦有青、黄、赤、白四个上帝之祠而没有黑帝祠，给他补上，算作符瑞，仍自居于水德，制度服色一仍旧贯；而且全国的东部封建了许多王国，天子不便到泰山去，连这一件轻而易举的封禅之礼也没有举行。这真把一班怀着开国规模的儒生方士急死了。加以这种学说既已风行，即成了社会上的公同的信仰与要求，所以连一班准备看热闹的民众也等得不耐烦了。

于是有人屡屡提出这个问题来，督促天子去实行。第一个是贾谊，他以汉承秦后，当为土德；他就打起一个土德制度的草案来，色尚黄，数用五，改正朔，定官名，把秦的水德之制一切改过。然而他年轻，许多老臣瞧不起他，又怕他擅权，他们设法把他撵走了。第二个是鲁人公孙臣，他也以为汉是土德，预言将有黄龙作它的符应，当时虽遭张苍的反对，但隔了一年（文帝十五年），黄龙居然出现于成纪县，于是文帝信他的先见之明，任他为博士，叫他和诸儒同草这新制度。新垣平大约也是其中的一个；所以他一被诛，这件事又搁下了。

到武帝即位，那时汉兴已六十余年，天下太平，家给人足，许多耆老都殷殷地期望他封禅和改制。恰好他是一位好大喜功之主，又凭着汉家全盛之业，哪一件事不好做，所以他就招了赵绾、王臧一班儒者作公卿，要在城南立明堂以朝诸侯，又草巡狩、封禅、正朔、服色诸制。他们因为这事重大，举荐他们的老师申公作指导；武帝很敬重他，派人用安车驷马迎了来。这事眼看成功，想不到武帝的祖母窦太后喜欢老子之言而不爱儒术，借一点小事把赵绾、王臧下了狱，他们都自杀，一切举办的事也就全付了东流！

到武帝建元六年（公元前135），窦太后去世。只过了半年，武帝就举孝廉，试贤良，董仲舒一班人受了他的特达之知，以前的计划又有施行的可能了。只因此后十余年中，忙于征伐匈奴及南越等国，讲不到文治，所以济北王虽早把泰山献了出来，也没有实行封禅。到元封元年（前110），他才决定到泰山去，可是他身边的一班儒者依然像一百年前地不解事：他把祭器给他们看，他们说和古代不一样；问他们古礼究竟怎样，他们也说不出一个所以然来，并且各个人说得都不同。武帝到这时候，禁不住发秦始皇的脾气了，就把他们全都黜免，用了祭泰一（上帝）的礼去封泰山，又禅于泰山下的肃然山。祭的时候，叫人把远方的奇兽珍禽放了满山，好像真来了管仲所说的麒麟、凤凰一大套。那几天天气很好，没有风雨，显见得他的福命比始皇强。礼毕之后，他坐在明堂，受群臣的更番上寿。于是下诏改元为元封。此后，他又曾修封过四次。

这一次，从汉代人看来，它的含义真重大。那时司马迁的父亲司马谈任职太史令，不知为了何事留在洛阳，不得观礼，心中一气，病重了。他临终时，握着儿子的手，一边哭，一边说："今天子上接千岁之统，封泰山，这是怎样的盛事，而我不得跟了去，这是命罢！这是命罢！"生在二千年之下的我们，读到这句话，仿佛看见了他的信心与伤心。即此可知武帝的大事就是当时民众们所共同要求的大事呵！

又过了五年（前104），他正式宣布改制：定历法，以正月为岁首；服色尚黄；数用五；官名的印章改为五字。这年改元太初；十一月甲子朔旦冬至。一百年来的悬案，到此方因运动的成熟而实现；而其以建寅之月为正月，直到中华民国改用了阳历才废除，尤不仅是汉家一代的制度。这件事是司马迁等鼓吹起来的，新的历法也是他和几个天文学家合定的。他做了这件事，高兴得跳起来，以为周公卒后五百载而有孔子，定出了许多制度；孔子卒后五百载而有他，又定出了许多制度；他真可直接孔子的道统了，所以就在那一年，开始作《史记》以继《春秋》。改制对于学术的刺戟力有这样的强烈！

不过我们要问：秦为水德而尚黑，汉为土德而尚黄，这是照着五德说的；但秦以建亥为正月，汉以建寅为正月，并没有相承的次序，这为什么呢？推究起来，这一回的改制实在不出于一个系统，他们是用五德说易服色而用三统说改正朔的，因为在三统说里，汉是黑统，黑统建寅。可是我们与其说他们用了三统说而改正朔，似乎不如说在实际上早有把建寅之月定为正月的必要，所以三统说中才把汉预先排成了黑统。当汉初百年中，所用的《颛顼历》太不适于实用了，弄得每逢晦朔见了月亮，上弦下弦见了团圆的月亮，民众们早已厌恶，经师们亦有"孔子传《夏小正》"及"孔子用夏时作《春秋》"等传说，希望改得与夏历一致；而这次的改正朔也并不轻易，乃是唐都、落下闳等一班天文学家精密推算的结果，是有客观的根据的。不过在那时的思想潮流中，不涂上阴阳五行的色彩总行不通，所以三统说的改变五德说而主张汉当建寅，说不定即是为了这个使命。从此之后，汉是确定为土德了。

第五章　汉武帝的郊祀与求仙

当始皇统一天下之后，令群臣议称号。他们答说："古时有天皇、地皇、泰皇，其中最贵的是泰皇。我们敬请以'泰皇'为尊号。"始皇听了他们的话的一半，把这三皇合于五帝，定尊号为"皇帝"。这三皇是些什么样的人物，从哪里来的，古书里找不到记载，我们无法知道。

汉武帝即位，受了方士李少君们的诱引，很喜欢祀神求仙。其中有一个亳人谬忌，他请求祭祀泰一，大意是："天神最贵的为泰一，他以五帝为辅佐。古来的天子都在东南郊建坛祭他，日子是春秋两季，祭品是每天一具太牢，一连祭上七天。"武帝听了他，就令太祝在长安城的东南郊立了一座泰一坛，照这说法去祭。此后又有人上书，说："古来的天子每三年祭一回三一；这是三个最高的神：天一、地一、泰一。"武帝又照办了，在泰一坛上一块儿设祭。——看了这两件事，就可以知道秦的三皇即是汉的三一，他们是天神，地位在五帝之上的。这种天神，无疑地发生于阴阳说：天一是阳神，地一是阴神；泰一更在阴阳之前，为阴阳所从出，所以谓之最贵。《易传》里说，"易有太极，是生两仪"。泰一便是太极，天一和地一便是两仪。至高无上之谓泰，绝对不二之谓一，本来是一个哲学里的名词，却给宗教家取去作为神灵的称号了。从此以后，泰一就是上帝之名，上帝就是泰一之位，终汉一代再也分不开来。

元狩三年（公元前 120），齐人少翁得了武帝的信用，在长安西北的甘泉山筑造离宫，画了天、地、泰一诸神，时时拜祭，要使武帝和神灵通话，不幸没有成功。后二年，武帝大病。那时有一个上郡的巫在甘泉宫内祠着神君，他的通话的试验成功了，于是他传达神君的话与天子，说道："病是就会好的，不必怕；等您身体健旺些时，就来会见我们罢！"人竟能亲接神，这是何等的幸福！武帝心中一高兴，病已好了一半；及至甘泉，居然恢复了健康。神君数目甚多，其中最贵的是泰一；时去时来，来时风声飒然。神君在帷幕中说话，声音和活人一样；说话的时候多半在晚上。天子斋戒而入，听得很有味，虽则他们所说的都是些平常的话语。这时候，甘泉就成了一个宗教的中心了。到元鼎五年（前 112），武帝即在甘泉立起泰畤坛，样式同谬忌的泰一坛差不多，凡三层。五帝是泰一的辅佐，所以他们的坛环绕在下面，青、赤、白、黑四帝各按照了五行说中的东南西北的方向；只有居中的黄帝没法办，便把他的坛安置在西南角上。祭的时候，杀一白鹿，把猪和酒装在它的肚里；又杀一白牦牛，把白鹿装在它的肚里。掌祭泰一的祝宰穿的是紫色衣，掌祭五帝的分穿了青赤诸色衣。又祭日和月：祭日的穿赤衣，祭月的穿白衣。这年十一月初一是冬至，趁这好日子，天子就于黎明时行郊礼，对泰一下拜。早晨祭日，黄昏祭月，因为它们的地位都不高于天子，天子都长揖。明日，有黄气上冲；群臣鼓舞，以为这是上天的祥应。后来武帝在汶上造了明堂，也把泰一和五帝祀在堂上。五帝分司五个天，泰一做他们的总管。战国时破坏的天上秩序，到这时又建设起来了。

周代的祭礼有郊有社：郊以祭上帝，社以祭后土。所以春秋时人设誓，常称"皇天后土实闻此言"，见得天帝和地神是最大的两个神。汉得天下之后，没有想起后土，确是一个缺典。因此，司马谈等请求在泽中立后土坛。元鼎四年（前 113），武帝巡幸到汾阴，听说汾水旁有光腾起，像一疋红纱似的，他想起了司马谈的请求，就在那边立了一座后土祠，祭礼和郊祀上帝时一样。于是天地之祀有了固定的地方，祭天在国都西北的甘泉，祭地在国都东北的汾阴，都要走二三百里地。好在武帝喜欢旅行，为了祭祀跑许多路，在他是不觉得累的。

武帝一世里，方士们的奇迹与丑相都显露得不少。他们的工作大概可以分成下数类。其一是召鬼神，如武帝所爱的李夫人死了，他思念甚苦，少翁能把她的魂灵摄来，让他在帏中望见。其二是炼丹沙，如李少君说的祠灶之后，丹沙会得变为黄金，把这黄金作为饮食器可以益寿求仙。其三是候神，如公孙卿到名山寻访仙人，有一天夜里在东莱见有长数丈的大人，迎上去已不见，留下了很大的脚印。至于入海求蓬莱，指山说封禅的也是很多。但方士口中的封禅的意义和儒者是不同的，儒者为的明受命，他们为的求不死。所以有一个申公（不是议明堂的那一个）说："封禅之后就会白日飞升。以前的七十二王，只有黄帝是得上泰山的。因为他封得成，所以他铸好了鼎，就有垂髯的龙下来迎接他上天。当时黄帝跨了上去，许多臣子和宫女也想升天，各各爬在龙身上，挤到七十余人再也挤不下了；剩下的人只得攀住了龙髯，可是龙髯不是铁链，支持不起，髯脱了，人也跌下来了。"武帝听得这故事，叹息道："唉，我要能和黄帝一样，还有什么人世的留恋呢！"过了些时，他巡狩朔方，经过桥山，瞧见黄帝的冢，不禁疑惑起来。旁边的方士赶快解释道："黄帝上天了，群臣在这里葬了他的衣冠！"

武帝求仙求了五十年，用了许多方士，又杀了许多方士，甚至把自己的女儿嫁给方士，然而不死之药究竟不能得到。无可奈何地自慰，只有在建章宫北面的泰液池内筑了几个岛，唤做蓬莱、方丈、瀛洲，雕刻了许多石鱼、石鳖排列在上面，算是真到了海上神山了。

因为他的求仙和封禅都和山有关系，所以天下名山又经过了一回整理。那位讲黄帝故事的申公曾说："天下有八个名山，三个在蛮夷，五个在中国。这中国的五个名山，是华山、首山、太室山、泰山、东莱山；都是黄帝常游的地方，他就在这些山上和神灵相会。"用现在的地域说来，华山在陕西，首山在山西，太室在河南，泰山和东莱在山东，都在黄河流域，并不曾按照汉代疆土平均分配。所以武帝另行规定，以河南的太室为中岳，山东的泰山为东岳，安徽的天柱山为南岳，陕西的华山为西岳，河北的恒山（在保定西）为北岳。这又是五行思想的具体表现。从此"五岳"成为一个典则而且习用的名词。经学家为要提高它的地位，就说为尧、舜时已有的制度。但安徽并不很南，所以后来又改以湖南的衡山为南岳。山西浑源县本有一个玄岳，明代定岳制，以玄岳为北岳，于是恒山也从河北移到山西去了。到现在，我们所称道的就是这个武帝的五岳的修正本。

还有一个重要的制度也是从武帝的封禅和求仙来的。大家知道，中国的皇帝有年号；这种风气传到邻邦，使得朝鲜和日本等国也有了年号。这事的创始，由于武帝的获麟。当他即位了十九年（公元前 122），到雍县祀五帝，乘便打猎，获得一匹兽，它的毛是纯白的，头上却只有一个角；大家不识得，猜想应是麒麟，于是作《白麟之歌》以记其盛，后来群臣请定这一年为"元狩"元年。倒推上去，把过去的十八年划为三段，定第一个六年的年号为"建元"，第二个为"元光"，第三个为"元朔"。又过了六年（前 116），汾阴县掘得一个大鼎，武帝又认作祥瑞，迎至甘泉，改元为"元鼎"。再过了六年（前 110），他到泰山封禅了，改元为"元封"。再过了六年，他改正朔、易服色了，又改元为"太初"，这新定的历法也就称为《太初历》。从此以后，每个皇帝必有年号，逢到什么祥瑞也就改元。例如汉宣帝的"黄龙"、"神爵"，吴大帝的"嘉禾"、"赤乌"，都是一时张扬的奇迹。可是这个制度虽由迷信来，究竟年代有了标题，于实用上甚是便利。别的不用说，即如周代器物常刻"唯王……年"，后人既不知道这王是哪一王，就不知道这年为哪一年；有了年号，一看便明白了。

第六章　天象的信仰与天变的负责者

古人相信天上有上帝管着人间的事，表现他的最高的权力。然而上帝是无声无臭的，有什么东西可以作他的具体表现呢？他们想，天上有日月星，是我们瞧得见的，日月星的变动应该就是上帝的意思吧，所以他们就把天文的现象当作上帝对于人间的表示。一部《春秋》，每年记载人事总是寥寥的几条，而"日有食之"却记了三十六次。所以然者，正为这是天变，是天降祸患与人们的预示，比了一切的人事都重要。因此，当每次日食，天子和诸侯都要减掉好吃的饭菜，又要从正寝里搬出来；百官改穿素服，乐官在朝中打鼓，祝官在社神前献币，史官代他的主子作了册文，责备自己。此外星辰之变，《春秋》中记载亦多，如"恒星不见"、"星陨如雨"、"有星孛入于北斗"、"有星孛于大辰"等都是。他们把天上的星分做几区，又把天上的区域拍合到地上的国家，所以哪几个星变了就是哪几个国该遭殃了。这种学说，后来叫做"分野说"，也有各种不同的说法。

司马迁曾经发过一句牢骚，说"文史星历，近乎卜祝之间"，即此可知当时的史官必须懂得星历，大约现在"历史"这个名词就从这上面来的。他说和卜祝相近，这话很对，因为星历和卜祝本是拆不开的。我们看他的《天官书》，简直把天上的星写成了一个国家：人的方面有天王、太子、庶子、正妃、后宫、藩臣、诸侯、骑官、羽林天军；屋的方面有端门、掖门、阁道、明堂、清庙、天市、车舍、天仓、天库楼；物的方面又有帝车、天驷、枪棓、矛盾、旌旗之属。至于星辰示象，如南极老人星见则治安，不见则兵起；岁星色赤则国昌，赤黄则大穰，青白而赤灰则有忧；狼星变色则多盗贼；附耳星摇动则谗臣在侧；木星犯了土星要内乱；火星犯了土星要战败……这种法则也讲得很多。总之，他们把天上的星辰组成了一个系统，又把天与人的关系组织为一个系统，使得天人之间发生了密切的感应。他们很用心观天（刘向常夜观星宿，不寐达旦。经学家如此，天文家可知），看见天上有一些变动时，就以为人间将有某事发生，并推其将应验于某人。如其是凶的，就要行他们的禳解的法术。

古代的国王和诸侯都兼有教主的职务，负有以一己代替全国人民的灾患的大责任。古书里常提起汤祷旱的故事，说汤的时候大旱了七年，于是他以自身为牺牲，到桑山的树林中祈祷。他剪了发和爪，投身在柴上，要把自己烧死。天哀怜他，就下雨了。遇到国君不肯牺牲自己的时候，也可设法使臣下代负这责任。就如上面讲起的拒绝祭河神的楚昭王，他临死的一年，忽然天空中的云像许多赤色的鸟，夹住了太阳飞舞，一连显现了三天。太史对他说："这个祸患固然应由国王去担当，但请您不要害怕，只要禳祭一下，还容易移于几个大官；像令尹啊，司马啊，都是代替得您的。"可是这位硬性的昭王竟毅然地答道："我倘使没有大过，天为什么要使我死！我如真的有罪，应当自己受罚，又为什么要害我的股肱之臣！"他挺身承受了这个祸患。

到了汉代，由于战国时自由批评的反动，对于神的信仰增高，这种思想又复盛极一时。文帝二年（公元前178），十一月晦，日有食之，他下诏道："我听说：天生了百姓，就为他们立君；如果这个君的德行不修，或政治不明，违背了立君的本意，天就要用灾象来警戒他。现在天下的治和乱，都在我一个人的身上。不幸我不能尽我的教养人民的责任，以致掩蔽了日月的光明，我的过失真大极了！你们应当把我的错处都说给我听，并举出贤良方正和能直言极谏的人来匡正我才是！"十三年（前167），他废掉秘祝之官，为的是他们在禳解时常把灾害移给臣下。明年，他又因祠官的祝福专为皇帝而不为百姓，令其停止祈祷。在这种地方，都可见他的责任心不亚于楚昭王，所以不愿享福而但愿受过。

后来的皇帝没有他这样的好心了，天变的责任只得请丞相担负了去。当元帝永光元年（前43），春霜夏寒，日青无光，丞相于定国就缴上侯印，自劾而去。薛宣做了丞相，恰逢到永始二年（前15）的阴星和日食，成帝就给他一个册书，说道："灾异数见，秋收又不好，这都是你做了丞相的缘故。快些把印绶解下了罢！"他走了之后，继任的是翟方进，为相九年，没有出什么岔子。不料绥和二年（前7）荧惑星守住了心星，其凶应在皇帝。有人上书，撺掇成帝让大臣去担当。他听信了，也就发下册书，把翟方进重重地骂了一顿；并赐给他酒十石，牛一匹，作他最后的餐食。他只得即日自杀了。成帝看他做了自己的替死鬼，未免有些不忍，所以对于他的饰终典礼非常优异。很不幸的，丞相二月自杀，皇帝就于三月寿终了，并没有达到替灾免晦的目的，翟方进只算得白死！

因为有了这件故事，所以《汉仪注》里就规定了一条惨酷的法典，是：天地有大变时，皇帝派侍中持了使节，乘四匹白马，带着尊酒十斛，牛一头，到丞相家，把这殃咎告知他。侍中走到半路，丞相即上书告病。侍中回朝，还没有覆命时，尚书就把他的死讯报与皇帝。——这个制度虽没有使用过几回，但此后逢着天变把丞相免官还是常事，就是不当权的也往往免不了这个责任。商汤和汉文帝之风真是"夐乎尚矣"！

第七章　灾异说和西汉的国运

上一章所讲的是商、周到汉代对于灾异现象的观念及其反应。在这一点上，汉人是完全承受商、周的思想的。但他们毕竟有比商、周进步的地方，就是用了阴阳五行的学说来整理灾异的现象，使它成为一种极有系统的学问。

司马谈曾批评阴阳家道："他们依据了阴阳、四时、八位（八卦的方位）、十二度（星的十二次）、二十四节气，定出许多教令，说：顺着这教令的会昌盛，逆着的会死亡；这未免使人太多拘牵和忌讳。但春生、夏长、秋收、冬藏，本是自然的法式，人事的纲纪，他们要人家遵循这个次序是不错的。"看《汉书·艺文志》，列在阴阳家的有邹衍、邹奭、南公、张苍等人，可惜他们的著作全已失传。犹幸散见各书的五德终始说的资料可以辑出，又有一部完全的《月令》可以借鉴，我们还能知道它的一个约略。我们可以说，自从有了阴阳家之后，天象和人事经过一番系统的整理，比了商、周时代的灾异观念精密多了。

一部《月令》，虽是说得呆板可笑，但它的中心观念只是"春生、夏长、秋收、冬藏"八个字。他们以为春天是万物生长的时候，一切的政治和人事都应向了生长方面进展，使得可以增加自然界的动作的力量。所以在那时候，向来关闭的地方要打开，刑罚要停用，犯人的桎梏要解除，伐木和打猎要禁止，让人和物各得欣欣地生长。一到秋天，造物者降下一股肃杀之气，草木随着黄落，国家也就可以出兵打仗，行法杀人了。他们立说的宗旨，只是希望"天人合一"。他们要使春天像个春天，也要使春人像个春人；因此，他们对于反常的时令非常害怕。他们说：倘使孟春行了秋令将有大瘟疫，仲春行了冬令将大旱，季秋行了冬令将多盗贼，孟冬行了春令将多流民，仲冬行了秋令将有大兵灾。这类的话很多，一时也说不尽。总之，这个灾异说的系统是建立于时令反常上的。

《尚书》里的《洪范》，它把人事的"貌、言、视、听、思"和天气的"雨、旸、燠、寒、风"合在一起。它说：国君的貌正了，雨就照着时候，不多不少地降下来了；倘若不正，这雨也就降个不歇，成了淫雨。其他言和旸，视和燠……也都有这样的关系。作者的宗旨和《月令》一样，要使应该下雨的时候下雨，应该刮风的时候刮风，得其时，亦得其正，本来是一个平常的意思。但它以为天气都和君主的一举一动有关，这却是神秘的排列式了。到汉代，更把这篇文字放大为《洪范五行传》（编入《尚书大传》中），说貌如不正，不但有淫雨之灾，还要有服妖，有龟孽，有鸡祸，有青眚青祥，有下体生在上身的病；其他四种也有这类的怪现象。后来刘向和他的儿子刘歆各把古来祸福之事分派到各类，著了一部十数卷的灾异史；班固录入《汉书》为《五行志》。这种灾异说的系统又是建立于君主的态度不正上的。

因为他们的学说有这样的精密，所以发生的影响亦是异乎寻常，造成了商、周时所不会有的事实。

却说武帝之世正值汉家全盛时代，先朝积蓄了六七十年的财产，给他在五十年中郊祀、求仙、巡狩、封禅，加以四方的征伐，花费个干净。到用尽之后，只得立下许多苛捐杂税，维持他的奢侈惯了的生活。因此弄得人民筋疲力竭，盗贼纷纷起来；再碰着荒年，竟至赤地数千里。人民怨望之余，不禁发生了五德说下的希望。这就是说，汉的气运尽了，该有新受命的天子起来了！昭帝元凤三年（前78），泰山下一块一丈五尺长的大石忽然自己站起，上林苑中一株卧地的枯柳也自己站起。有一位《春秋》学家眭弘推说其意，以为石和柳都是阴类，下民之象，而泰山乃是帝王受命封禅的地方，可知将有新天子从匹夫中突起；汉帝应即寻求贤人，把帝位让给了他。但尧、舜禅让的事本是一种想像，既做了皇帝，还哪里会让呢，所以眭弘就以妖言惑众之罪伏诛了。

京房是专治《周易》的，他曾想出一种卜法，把六十卦的三百六十爻，以一爻值一日，又把剩下的《震》、《离》、《坎》、《兑》四卦分主二分二至，这样恰恰是一年；更以当时的风、雨、寒、温的气候定所卜的吉凶。有一天，元帝召见他，他乘机进言道："《春秋》一书，记二百四十二年中的灾异，给万世之君看个榜样。现在自从您即位以来，日月失了明，星辰逆了行，山崩了，泉涌了，地震了，石陨了，夏天有霜，冬天有雷，春凋叶，秋开花，《春秋》所记的灾异一齐见了。请您自己想想，倒底是治是乱？"说到这样，元帝也只得叹一口气道："实在是乱极了，再有什么说的！"粗看这种话，似乎不错。但试想，汉的疆域多少大；这样大的地方，地文上不当有些变态吗？这种事，武帝时何尝没有；只是那时的社会正沉醉在祯祥的空气里，大家不提罢了。

谷永是继承京房之学的。永始二年（前15），有黑龙见于东莱，成帝派人去问他。他答道："汉家行夏正，色尚黑。黑龙是同姓之象，恐怕本族中人有举兵谋反的。"唉，这条黑龙若出在文帝前，岂不成了汉的水德的符瑞？就是出在武帝后，也何尝不是汉的黑统的符瑞？为什么成帝时出来了，就不成祥瑞而反为灾异呢？这种话固然不真实，但的确映现了一个脆黯不安的社会在后头，在这个社会里，大家觉得汉的国运是快完了。可是那时既没有内乱，也没有外患，怎样可以把汉家灭亡，倒是一个不易解决的问题。

在这沉闷的空气中，有一个齐人甘忠可造了一部《包元太平经》，说："汉家的气运固然完了，但上帝的意思还许他第二次受命；因此，他派了赤精子下来，传与我这部书。"这天开的异想，可算是一个转圜的办法。不幸因刘向的不赞成，把他下了狱，就病死在狱里。后来哀帝即位，甘忠可的弟子夏贺良继续鼓吹，居然成功：哀帝就宣布再受命，大赦天下，改元为太初元将（前5），改号为陈圣刘太平皇帝，这衰颓的旧国似乎得到一种新生命了。不料夏贺良等志得意盈，就想夺取政权，斥去旧时的三公，为人所嫉忌，不到两月，哀帝把他杀了，这再受命的滑稽剧便一霎时闭了幕。

换一个人受命罢,没有这个人。汉家再受命罢,也做不成功。维持下去罢,灾异说已把汉家的地位在精神上打倒了。进既不可,退又不能,大家悉在这僵局之下徘徊观望。

第八章　黄老之言

中国的上古史,说它长也真长。看传统的史书,从夏禹到现在有四千年,从黄帝到现在有五千年,从三皇到现在约有十万年,再前一点就是开辟天地的盘古氏了。照这样说,自从有了天地就有我们的历史记载,从此不曾断过,真是极大的光荣。可是我们翻开东周以前的书,其中只有称说夏、殷,夏以上就一字不提,这为什么呢?记孔子之言的《论语》、墨子之言的《墨子》、孟子之言的《孟子》,提到夏以前了,但也只有尧、舜。因此,儒家编集的《尚书》就托始于《尧典》。尧以前有无帝王,这问题是没人提起的。看孟子说的"当尧之时,天下犹未平,洪水横流,泛滥于天下,草木畅茂,禽兽繁殖,五谷不登,禽兽逼人",仿佛尧的时候还是洪荒初启,尧以前不能再有别的帝王,就使还有也是无从知道的了。但稍后于孟子的邹衍,他的历史说就从当时直序到黄帝,再推至窈窈冥冥的天地未生之际,可见他以为黄帝是尧、舜以前的帝王,历史记载的开头。这一变便使上古史换了一个新面目。司马迁作《史记》,列《五帝本纪》于《夏本纪》之前,而以黄帝为其魁首,黄帝的历史地位就益加巩固,直到如今不曾动摇。

但是为了儒家的孔、孟都不提黄帝,他们的经典《尚书》也没有叙述到尧以前,所以黄帝在儒家中是不占势力的。至于阴阳家、道家、神仙家、医家、历家……都常说起黄帝,而且把他看作教主,因此他竟成了一个极伟大的偶像,由他开创了中国的全部文化。依我想,这完全是时代因缘的凑合。假使他的传说发生得早些,自会成了儒、墨二家崇拜的对象。假使尧、舜的传说发生得迟些,他们也就变为"百家言不雅驯"的箭垛。这立言的诸子何尝像我们这样用功研究古史,他们只是拉了一个当时认为最古且最有力的人作为自己的学说的保护者而已。黄帝是怎样一个人物,或只是天上的五色帝之一,或再有别的背景,均不可知;但他的传说普及于学术界是战国末年的事,其发展直到西汉,则是一个极明显的事实。所以我们如果研究黄帝,切勿以为所研究的是夏以前史，应当看做战国、秦、汉史，因为他的学说只是战国、秦、汉间的思想学术的反映，只是表现了战国、秦、汉间的文化。

老子，名聃，说是周朝的史官，作有《老子》一书，又名《道德经》，他在学统中的地位正像黄帝在帝统中的地位一样高。大家说：他是孔子的老师，他是先秦诸子中的第一个，他是道家的开创者。因为作师的老子开创了道家，他的弟子孔子开创了儒家，所以一向公认道家在儒家之前。可是到了现在，我们从种种方面研究，都得到相反的结论：老子这个人必在孔子之后，《老子》这部书又在老子之后；老子不是道家的开创者，道家的成立又远后于儒家。这些结论的理由复杂得很；现在我们且不谈考据，先讲一讲孔子以来的学术界的情形。

学者们的思想不是顺着时代就是反着时代，孔子是反时代的一个人。他在世时候，旧式的封建组织已渐崩溃，他目睹"君不君、臣不臣"的样子非常生气，所以提倡"正名"和"礼治"，要维持旧制度，又改良旧制度。他造成了一个新学派（这学派后来唤做"儒家"），常把旧制度加上自己的理想来鼓吹和演习。他又因宗法组织将联带崩溃，所以提倡孝道，说父母生时应怎样的奉事，死了要怎样的丧葬，借着亲子的感情作维持它的工具。后来诸国内外吞并愈烈，成年的打仗，残余的贵族又奢侈得厉害，人民陷于水火之中；如何可以作迫切的救援，这一点就不是儒家所能负的使命。所以墨子起来，打破孔子的维持旧制度的政策，直捷痛快，主张"兼爱"以毁灭宗法组织，主张"尚贤"以破坏封建组织。他不要什么带有贵族性的礼乐，只要一班平民都有饭吃，可以过他们的正当生活。他四面奔跑，劝止战争，简直只看见人民，忘记了自己。但不久出来一个杨朱，他对于救世问题又换了一种看法。他觉得世界之所以乱都由于心的外骛，一个人的欲望是永远填不满的，不幸大家要求尽量的满足，就激起了许多争斗。他以为人人肯不夺别人所有以利己，也不让别人夺去自己的所有，那时世界就太平了。他以为墨子固然一团好心，但只见别人而不见自己，这也算是骛外，和纵欲的人有同等的弊病，所以他主张保全自己的精神和形体，不受外物的引诱，拔一根毛去利天下人是不做的，把天下的东西来供一己的使用也是不取的。他的主义就称为"为我"。在那时，孔、墨、杨三派鼎足而峙：一派主张复古，一派主张舍身救世，一派主张舍世救身。

既已三派分立，叫后来的人何所适从呢？于是起来了一个孟子。他的生地极近孔子，早受了儒家古礼的熏陶；他遭逢的时势比墨子更坏，也感染了墨家救世的风气。他想出一种主义，称之为"王政"，到新近称王的几个国家去，对国王说："你们称王不是想统一天下吗？须知要达到这个目的，非先行我所说的王政不可。"他的主义没有什么特别的，只是想限制贵族的权利，使平民都有温饱的生活可过；又要使德行最好的人成为政治地位最高的人；这些意见都和墨子之说很相近。但一提到家族制度，则他完全承受孔子之说，维持父权，提倡厚葬和三年之丧，因此，他骂主张兼爱的墨子为"无父"。同时他因反对个人主义，也联带骂那主张独善其身的杨朱为"无君"。（这个君不是说掌握大权的君王，只是泛指国家与社会，说杨朱不肯为人所用，不尽国民的责任而已。）我们可以说，孟子不是纯粹的孔子之徒，他乃是孔、墨两家的调和者。在孟子时，还有一个人是调和墨与杨的，叫做宋钘。他的学说有两方面：在外的是"禁攻寝兵"，在内的是"情欲寡浅"。这就是说，他用墨子之学做事业，用杨朱之学修身心。他要兼顾别人和自己，使之得到同样的满足。他说："一个人所以和人争斗，只为受了别人的侮辱。但你自己的人格并不因了别人的侮辱而有损伤，所以你受的侮辱并不是你的真羞辱。而且一个人的欲望是本来不多的，只要你心有所主，不使外面的东西扰乱了你的心，增加了你的欲望，那么，你既不侵犯别人，别人也就不来侵犯你了。"这不能相容的三大派，有了他们二人的调和，居然渐渐地接近起来。

杨朱和宋钘都讨论到人性的本质，人和外物的关系，及如何可以保全自己的真性等问题。以战国时思想的解放，学术界进步的急速，这个趋势就使一班学者超出于实际的政治论而向哲学方面走去。他们要讨论宇宙的本体了，要讨论智识的真实性了，要讨论人生的究竟意义了。于是有的以清虚为目标，不愿立自己的主张，只想像镜子这样，照着万物。有的说，智识是靠不住的，而且也求不尽的，何必这样自寻苦恼呢，只消委心任运好了。他们看出一切的观念都是相对的，所以有大小、高下、是非、寿夭等等差别；但实体是绝对的，没有差别的。他们唤这个绝对的实体为"道"；以为得道的人的心中就不存着这些差别，所以由他看来，万物都是一齐的。"道家"这个称谓就从这里来了。他们的话都说得非常玄妙，使人不全懂也没法驳。然而因为他们要得到这个最高的"道"，把人世间事看得很轻，社会的规律无形中都给打破，使得统治国家的人感到棘手。又因一般人民学会了他们的辩论法，死里说出活来，弄得任何事情都没有固定的是非可据，尤使统治者痛苦。所以到战国之末，激起了一个新学派，称为"法家"，专为统治者说话；他们主张遏灭私家之学，禁止游谈之士，平民都须专力农作，不得随便发议论。把这个意思讲得最清楚的是韩非的《五蠹》和《显学》，其后秦始皇的焚书灭学即是这个政策的实行。

说了一通战国学术界的大势，再回到老子身上。老子是主张柔弱和谦下的。他所以这样，并不是爱这样干，乃是因为用了这种手段可以达到胜过刚强者的目的。他以为要不受人家的欺侮，先要使对方不想欺侮。我柔弱了，好胜的人就不来和我生事了。如果对方决心要欺侮我，那么我就让他，他得其所欲也就完事了。但是他尝到了这个甜头，一定以为欺侮人是容易的，他将愈敢放开这手腕，终至碰到了一个比他更强横的敌人把他打倒而后已。所以，我的让他并非我的吃亏，只是骗他走上倒霉的第一步，依然是我的胜利。而且愈肯吃亏的愈能获得别人的同情，地位也就高起来。所以他说，事情往往是相反的：吃亏就是便宜，便宜就是吃亏。这种见解，我猜想是宋钘的"见侮不辱"的演进，是杨朱的"全生"学说的变相。如果猜得对，则老子应是宋钘的后辈，怪不得孔、墨、孟的书里全不曾把他提起，他如何做得孔子的老师！至于《老子》这书为什么说不是他做的，则因书中说"绝圣弃知"、"绝学无忧"、"古之善为道者非以明民，将以愚之；民之难治，以其多知"等话完全是战国末年的思想；这时以前的圣知正是社会上所期望的，它不曾在民间生出流弊，没有弃绝的需要。而且战国时人每提到老子，只有说他主柔弱，没有说他想毁灭文化，可见这些话不是他固有的。那么，我们为什么不说他生于战国之末，可以把它写进了自己的书里呢？这因到了那时，他为孔子的师的传说已起来了，叫人错认了时代的人一定是过去的人，所以他不会生得太晚。因此，我们以为老子这人是战国中期的，《老子》这书是战国后期的。战国后期的人作的书为什么要托老子的名？大概因为这部书里采用他的话最多，所以就用他作代表了；或者作者并非有心托他而被后人误认了。

于是我们再要提出一个问题：老子为什么会成为孔子的老师？我以为这不是讹传的谣言，乃是有计划的宣传。老子这个学派大约当时有些势力，但起得后了，总敌不过儒家。他们想，如果自己的祖师能和儒家的祖师发生了师弟的关系，至少能耸动外人的视听，争得一点学术的领导权。于是他们造出一件故事，说孔子当年到周朝时曾向老子请教过，但他的道力不高，而且有些骄矜之气，便给老子痛骂了一顿。他知道自己的根柢差得多，羞惭得说不出话。回得家来，只有对老子仰慕赞叹。
借了孔子的嘴来判定了老、孔的高下，显见他们的门徒之间也是这等比
例，道家的身价就可提高。想不到他们这种宣传不但如了愿，竟至超过
了预期，而使儒家承认为事实；又不但如此，而使儒家也增加了一段故
事，说孔子曾向老子问过许多礼制，把老子也儒家化了。可怜的是《老
子》里既有"礼者，忠信之薄而乱之首"的话，《礼记》中又有老聃答
孔子问庙主、问葬礼的话，逼得他竟成了二重人格，自己打自己的嘴
巴！他们这个工作成功了，索性再进一步，使出手段来拉拢黄帝。他们
把本学派里的货色尽量向黄帝身上装，结果，装得黄帝也像了老子，而
后道家里以老子为"太祖高皇帝"，黄帝为"肇祖原皇帝"，其学派的开
创时代乃直顶到有史之始了。至于发纵指示的杨朱，早被一脚踢开，学
术系统从此弄乱。《汉书·艺文志》所列道家著作，有《黄帝四经》、
《黄帝铭》等篇，注云"起六国时，与老子相似也"。这就是黄帝与老子
合作的成绩，而"黄、老"一名也从此打不破了！

　　《老子》这书中，主张君主应当清静无为，对于人民要使他们吃得
饱饱的，不存什么野心，这和汉初承大乱之后与民休息的条件极相合，
而且这书的文字简短有韵，容易记忆，所以就风行于世。曹参为齐王的
丞相，那时天下初定，百姓流亡，听得胶西有一位盖公，善治黄、老之
言，就用厚币请了他来，把自己住的正房让给他，常去请教。一连做了
九年，果然齐国安集，大称贤相。后来汉相萧何死了，惠帝命他继任。
他一切遵照萧何的原样；把好出风头的属员都免了职，换用了朴讷的
人。他自己天天饮醇酒，不管事。有人想劝他做事，他等那人来时就请
他喝酒，那人正想说话时又敬上一杯酒，直灌到醉了，那人终没有说话
的机会。丞相府的后园靠近府吏的宿舍，他们常常饮酒，呼叫和歌唱的
声浪闹得人不安静。有人讨厌了，请丞相去游园，以为他听得了是一定
喝止的；那知他就在园中斟起杯子来，一样地呼叫和歌唱，竟同隔墙的
吏人们相应答。惠帝看他不办什么，觉得可怪，问他："是不是为了我
年轻，瞧不起呢？"他道："请您想想，您比高帝怎样？我比萧何怎样？
我们既都不及他们，只该遵守他们的规模。请您垂了裳，拱了手坐
着罢！"

　　文帝即位之后，非常的俭朴。有一次他想造一个露台，唤匠人估
计，说须百金。不料这一个微小的数目竟使这位皇帝吃了一惊，嚷道：
"百金，这是十个中等人家的家产呵！"就不造了。这样的风度，固由于

个人的生性，但汉初道家的势力正弥漫一世，说不定也是接受了黄、老的"寡欲"的遗训。他的皇后窦氏极好黄、老之言，叫他的儿子景帝和自己母家的人都须读《老子》。那时有一个《诗经》博士齐人辕固生瞧不起这书，批评了一句，她听了大怒，逼他到兽圈里去打野猪。景帝知道他危险，但又没法改变太后的命令，只得拣一把快刀给他。他进了圈子，用劲一刺，居然刺中了它的心，应手倒了；太后才没奈何他。后来武帝即位，他喜欢铺张和他的祖父不同，好任儒生和他的祖母不同，于是这位窦太后又同自己的孙儿冲突起来了。当建元元年（公元前140），赵绾等议立明堂以朝见诸侯，她心里已嫌其多事。想来她总有牵掣他们之处吧，所以到了第二年，赵绾奏请武帝不必向长乐宫（太后所居）奏事，希望免掉许多麻烦。给她知道了，立刻下个辣手，把丞相和太尉都免了职，赵绾也就死在狱里。在这种地方，都可见汉初的儒家远不及道家之得势。

道家的兴起，《老子》的盛行，固有许多原因，而汉初的时势实为其重要条件。自从春秋末年以后，为了推翻贵族阶级，人民捱受了二百五十年的刺戟和痛苦，到这时天下初平，着实应该休息了。以黄、老之言作为休息的原理，本不算错。所不幸的，这种柔弱和退让的思想竟透进了我们民族的骨子，使得我们没有热心，只会随顺，没有竞争，只有停顿，逢到了大事要把它化为小事无事，逢到了难事要以没办法为办法，听它自然的变化，一直传到现在。

第九章　尊儒学而黜百家

墨子的政治主张，以为作天子的应是天下最好的人，这个人是从人民中选举出来的。有了天子，再由他去寻好人做三公和诸侯。除了选举之外，还有禅让的一法：天子年纪老了，就找一个最好的人作他的继承人。墨子是根本否认贵族的存在的，他以为下层的民众，只要有本领，也可做得地位最高的天子。他举的古人的例是尧、舜。他说：舜本来是一个历山下的农夫，又曾做过黄河边的陶工，还曾在雷泽摸过鱼，常阳贩过货，是一个纯粹的平民；但他的德行和才干给尧知道了之后，他就受了尧的禅让。这种说话经墨家一宣传，居然成为史实，便是承认贵族地位的儒家也引用起来了。

儒家的宗旨主于旧有阶级的维持。他们以为不是君主十分坏，坏得像桀、纣一样，总是不该推翻的。推翻之后，换了新主，阶级制度还是照常。这一点是儒、墨两家绝对不同的地方；所以墨家要提出天子和诸侯的来源问题，而儒家则不问。儒家所问的，只是朝廷的仪式怎样；贵族的继承条例怎样；王国和侯国的典章如何不同；这一代和那一代的礼乐如何有别；祭祀鬼神、宴会宾客、聘问列国，以及冠笄、婚姻、丧葬等事应当怎样办。向好处说，他们要使在上的抚养子民，在下的恭敬长上，一切都有轨道，没有争，没有乱，风俗益臻淳厚。若向不好处说，这简直是麻醉民众，叫他们安心做奴隶。

秦始皇统一了天下之后，还想做统一思想的工作，他把学问聚在皇室，立下严酷的法令，民间有偶语《诗》《书》的就犯杀头的罪名。这一下当然使儒家失色。过了四年（前209），陈涉起兵，鲁国的儒生为要出这口气，就抱了孔家的礼器跑到他那边去，孔子的八世孙孔鲋做了他的博士。不满半年（前208），陈涉被杀，孔鲋也随着死了；可是鲁国的儒生又从此获得了讲习礼乐的自由。后来汉高帝灭了西楚霸王项羽，西楚的地已全夺了过来，只有鲁国不降，于是他带了很多的兵把鲁城重重围住。但这班儒生还在那里行礼奏乐，弦歌的声音飘散到城外。高帝也感动了，不忍打进去把他们屠尽，就拿项羽的头给他们看，他们才降了。

却说高帝是平民出身，他的胸中没有什么贵族的架子，所以他很讨厌这班专讲架子的儒者。他刚起兵的时候，凡戴了儒冠去见他的，他总要使蛮把他的冠解了下来，撒一泡尿在里边，表示他的侮辱。有一个秦博士叔孙通从关中逃了出来，辗转到他那边，知道他有这种怪脾气，便扔去了儒冠，改穿了楚国式的短衣。他果然很喜欢他，拜为博士。汉五年（前202），天下统一，诸侯尊汉王为皇帝；这即位的仪式就是叔孙通所定。那时虽说是定了君臣的名分，然而群臣多从草野中发迹，不懂得什么叫礼节；他们在殿上饮酒，往往争论功劳；喝醉了也就大叫起来，拔剑向柱子砍去。这位平民化的高帝，因为自己有了身份，对于这些粗鲁的举动渐渐觉得可厌了。叔孙通趁着这个机会，就进言道："儒者固然不能图进取，但守成是会的。请您下个命令，召集鲁国的儒生和我的弟子一同商订朝仪罢！我想现在应当采取古礼和秦仪，造成一种新制度。"高帝道："你可以试一下，但不必太琐碎，只就容易实行的做去好了。"叔孙通奉了旨，立刻自己赶到鲁国去，招访儒生。别的都欣然，只有两人不肯走，他们说："现在天下初定，死的没有葬，伤的没有复原，哪里可以兴礼乐！要兴礼乐，且待积德百年！"叔孙通听了笑道：
"你们真正是不识时务的乡下老儿！"他就带了招到的三十三人到京城，
和他自己的弟子百余人，用绵索在野里围了一个圈子，插了许多茅草当
作君臣的位次，演习礼法。一月之后，他请高帝去阅礼，高帝以为很
好，命令群臣照样学习。七年（前200）十月（就是正月），长乐宫初
造成，群臣都到那边去贺年。天刚亮，谒者就按照文武官员的等级，一
次次引进了殿门。那时殿廷之中早已排列了车骑，陈设了兵器，升张了
旗帜。上面传一声"趋！"殿下的郎中们数百人就夹侍在阶陛的两旁；
功臣、列侯、诸将军、军吏都向东站立；文官丞相以下都向西站立。于
是皇帝坐了辇出房，百官传呼警卫；从诸侯王以下直到六百石的吏员依
了次序奉贺，他们没有一个不肃敬震恐的。到行礼完毕，又在殿上置
酒，他们都低着头饮酒，没有一个敢喧哗失礼的。斟酒斟到第九次，谒
者高唱"罢酒"，他们都静静地退出。于是高帝说："吾到今天才知道皇
帝的尊贵呵！"他就拜叔孙通为太常，赐金五百斤。

起先，叔孙通初归汉时，有一百多个弟子跟着他，他们都想做个小
官；但这位老师只向汉王面前推荐惯做强徒的汉子，永不提起他们。他
们气极了，常常背后骂他。他知道了，向他们说："汉王正在冒了矢石
和人争天下，他所要的是能斩将搴旗的人，这种事你们会干吗？你们还
是安心等着，我总不忘记你们的。"自从长乐宫朝贺之后，叔孙通就向
高帝说："这一班弟子们跟了我好久了，这次的朝仪是他们共同的功劳，
您给他们一个官罢！"高帝立刻答应，都任他们为郎。叔孙通出来，把
赏下的五百斤金完全分与他们。他们大喜道："叔孙先生真是最识时务
的圣人！"

高帝去世，惠帝即位，他又拜叔孙通为太常，对他说："先帝的园
陵和寝庙的仪式，群臣中没有能定的，还是请你老先生草拟了罢！"凡
汉初的种种制度，都是他做太常时所讨论规定的。他似乎没有受到五德
说的影响，所以他所定的礼，我们见不着五行的色彩。

秦代统一之后，没有订立许多新法制，国已亡了。汉兴，各种制度
都待创立，所以好言礼乐的儒家急欲发展他们的抱负。不幸文帝、景
帝、窦太后都好黄、老和刑名，而历来当国的丞相，萧何、曹参、陈
平、周勃、张苍之类，有的是刀笔吏，有的是战将，有的是策士，有的
是道家，有的是阴阳家，他们对于儒家都没有信仰；对于制度，也只要
够用就算，因此只望因袭旧的，不想创造新的。所以自从叔孙通死了之

后，这制礼之业竟停顿了。虽有贾谊、公孙臣等鼓吹改制，也没有什么效果。

在这时，一班儒者等得不耐烦了。董仲舒是专精《春秋》的，他在文章里说："依照《春秋》的道理，新王必改制。为什么呢？就因新王是受命于天的，不是继承前王的。倘使一切照了前王的制度，那和继承前王的还有什么分别？受命的王原是上天所特别提拔的人，一个人奉事他的父亲尚且要先意承旨，何况是天。现在上天特别提拔了你，然而你竟没有把旧制度变更一点，显不出这提拔的好意，这是天的意思吗！所以迁都城、换称号、改正朔、易服色，都不为别的，只为顺着上天的意思，表示自己是新受天命的人罢了。"这样说来，这种改制度的事并不为适合民众的需要，只是要使上帝喜欢。更老实讲，不过替皇帝装点，使得他的地位以神秘的渲染而更高超而已。

自汉兴到武帝之世已六十余年（前206—前140），鲁两生所说的"积德百年"的话已差不多了。武帝是一个好大喜功的人，他过不惯道家的淡泊生活，觉得儒家讲得"天花乱坠"的各种制度很有趣，所以他一即位就用赵绾、王臧等儒者为公卿。他们做了公卿，第一件事就是准备在城南造一个明堂，为皇帝朝见诸侯之用。这制度还保存于《礼记》。书上说：明堂是明诸侯的尊卑之堂，在这堂里，天子背着屏风，南向而立。三公站在中阶之前，北向；诸侯站在阼阶之东，西向；诸伯站在西阶之西，东向；诸子站在正门的东隅，诸男站在正门的西隅，都北向。九夷在东门外，西向；八蛮在南门外，北向；六戎在西门外，东向；五狄在北门外，南向；九州之牧在二重门外，北向。这样的"万国衣冠拜冕旒"，天子的尊严哪里想像得尽；再看叔孙通的朝会之礼，仅列文武百官的次序的，就觉其规模的狭小了。

建元元年（前140）冬十月，武帝诏丞相、御史、列侯等大官各举贤良方正直言极谏之士；这是科举制的开头。举来了一百多人，天子把他们问了再问。策问的结果，以董仲舒为最优，这就是很有名的"天人三策"。他的第三策的末尾说："孔子作《春秋》，最看重一统。现在百家异说，各人有各人的主义，使得国家没法立出一定的法制，百姓也不知道走哪一条路好。据我的意见，以为凡不在《六经》里的，以及和孔子的道理不合的，都可以截住它前进的道路。等到邪说息了，然后政治可以划一，法制可以明定，人民也得到了正确的路了。"武帝正心醉着儒家，他的话很中听，就讽令丞相卫绾奏说所举的贤良们，有的治商鞅、韩非的刑名之言，有的习苏秦、张仪的纵横之言，足以惑乱国政，请都黜退；于是这一次的选举就只剩下了儒家。五年（前136），他又置五经博士，提倡儒学的色彩愈加鲜明。人民为谋自己的出身计，大家涌进了这条路。儒家所提倡的大典，如巡狩、封禅、郊祀、改制等事，武帝莫不一一举行。自从他定了郊祀天地之礼，又集合了一个歌曲的班子，唤做"乐府"，用李延年为协律都尉，命司马相如等数十人造作诗赋。每年正月第一个辛日，他在甘泉祭上帝时，童男女七十人一齐歌唱，从黄昏直唱到天亮。儒家鼓吹了几百年的礼乐，到他的手里而一齐实现。

但劝武帝罢黜百家的董仲舒，他真是孔子的信徒吗？听了董仲舒的话尊崇儒家的武帝，他真行孔子之道吗？这不劳我细说，只消把董仲舒所作的《春秋繁露》，和记武帝事实最详细的《史记·封禅书》去比较《论语》，就会知道。

秦始皇的统一思想是不要人民读书，他的手段是刑罚的裁制；汉武帝的统一思想是要人民只读一种书，他的手段是利禄的诱引。结果，始皇失败了，武帝成功了。劝始皇统一思想的李斯，他是儒家大师荀卿的弟子；劝武帝统一思想的董仲舒，他是《春秋》专家。他们对于孔子尊敬的分量虽不同，但政策却是一贯的。儒家主张复古，承认阶级的存在；自从武帝定为国教，这偶像直维持到现在。所以战国之末虽已把封建制度打破，而封建思想还由儒家传了下来，造成了无数宗法组织极严密的家族，使得人民上面忘记了国家，下面忘记了自己。

第十章　经书的编定与增加

儒家是主张复古的，凡属记载古代的东西，他们都要搜罗保存。然而可怜，传下来的古代记载少得很。这个缘故，他们不知道，以后的人也不知道，直待现代的我们方始知道。原来商以前还是没有文字的时代，那时人无法把事情记出。商代初有象形文字，字体常常变化，所记载的只是极简单的某月某日作什么事，用小刀刻在龟的腹甲和牛的胛骨上。因为他们的记载大都是占卜的事情，所以今日称它为"甲骨卜辞"。自从清末在安阳出土以后，到现在中央研究院的正式发掘，已发现了三万片以上，可以整理出一部《商代史》来了。但这三千年前的东西，我们能看见，秦、汉间的人却不能看见。此后，记载的技术稍进，某月某日作什么事之外还能记及人的说话；那时正以冶金术的进步，大批制造铜器，就把这些记载刻在铜器上。因为铜器不易损坏，所以秦、汉间人还有得看见。陈涉起兵之后，鲁国的儒生抱了孔家的礼器去投他，这礼器就是前代的铜制用具。大概说来，乐器有钟；食器有鼎、鬲、敦、簋；饮器有尊、彝、壶、罍、爵、觚；盥洗器有盘、匜。因为一切生活的仪式都属于礼的范围，而儒家是主张复古的，所以凡是古人日用的东西都可以叫做"礼器"。因为这些礼器中算钟和鼎为最大，所以后来就称研究这类东西的学问为"钟鼎之学"；其文字为"钟鼎铭辞"，现在称为"金文"。这类东西，固然秦、汉间人也有得看见，但他们看见的反不及我们多。当汉武帝时，汾阴掘出了一个特大的鼎，没有字，大家惊为祥瑞，武帝就改元为元鼎。后来宣帝时，美阳又掘得了一鼎，官员们又说是祥瑞，劝皇帝重行元鼎的故事。有一位聪明的张敞，他是识得古文字的，起来驳道："他们说得不对！这鼎的铭文是'王命尸臣："官此栒邑；赐尔旗、鸾、黼、黻、瑂戈。"尸臣拜手稽首曰："敢对扬天子丕显休命！"'美阳是西周的王畿，可见这是周王把许多东西赐给这位大臣，大臣的子孙为要表扬先人所受的恩宠，刻在鼎上，藏在祖庙里的。这是旧藏的发见，不是祥瑞的天降！"他既说得这样清楚，宣帝也只得罢了。到宋代，这种古器积聚渐多，加以徽宗的提倡，钟鼎之学兴盛起来，把六百余件的器铭编成了好几部专书。到清代，以古文字学和古史学的发达，钟鼎学的研究更深刻，一件古物发见时就有许多人作考证。至于今日，我们所知道的有铭辞的古器约有三千件了。这种眼福，决不是秦、汉间人所能有的。我们用了这些材料，也可希望整理出一部《西周史》来。商代之后，记载的技术又较进步，这人和那人间可以用书信往来，长段的事情和说话也能联缀成篇。那时记载的器具是用漆写在竹木制的简上，一枝简大约写十余字至二十余字不等；用绳子或皮带把许多简穿起来，就成了"册"和"篇"。自从秦将蒙恬发明了兔毫笔，写字就轻易得多。西汉之世，简和帛是并用的。帛可以卷起来，就成了"卷"。

自甲骨而钟鼎，而竹木简，而帛，物质的便利程度愈增加，记载的东西也就愈多。生在后世的人们用得惯了，看得惯了，正如纨绔子弟不知稼穑之艰难，以为古人也是这样的，应当有很多的东西传下来，对于古书和古史的责望心就很重。要是像现在这样，肯去挖地，从许多地下遗物整理出几部古代史来，当然再好不过。无奈他们想不出这种方法，他们只会把耳朵里听来的算做古史，甚至于把自己心里想出来的算做古史；再把这些听来的想来的东西写在书本上，就承认为真的古书。因此，古人虽没法把当时的事情留与后人，但后人却都会给他们补上，而且补得很齐整。我们翻开《汉书·艺文志》来，古帝王和古名臣的著作不知有多少；只恐这些著作离开他们的真面目还不止十万八千里呢。

古代的学问都聚集在贵族那边，那时的知识分子都是贵族的寄生者。贵族信仰天，信仰鬼，常要祭祀，他们的手下就有了"巫、祝"。贵族要作祝文、策命、人事和天意的记载，他们的手下就有了"史"。贵族要在祭神和宴会的时候奏音乐，他们的手下就有了"师"。这些巫、祝、史、师之官，为了职业的需要和长期的工作，对于天文、地理、音律、政制、历史，当然知道得很多，渐渐地构成了有系统的学问。但一般民众呢，他们受着阶级的限制，没有享受这些文化的福分，所以他们也想不到有学问这一回事。也是"天开文运"，孔子为了不得志于时，用私人名义讲学，收了一班弟子。他讲的学虽甚平常，但因他是第一个把贵族那边的学问公开给民众，使得民众也能享受些高级的文化的，所以他巍然居于中国学统之首，二千四百年来大家认为极伟大的人物。

在《论语》里，我们看孔子常引《诗》和《书》，又常称道礼和乐。《诗》和《书》是当时的两类书（为什么不说"两部"？因为当时的书用竹简编写，繁重得很，我们看作一篇，在那时已是一册；我们看作一部，在那时是一大堆。所以对于书籍的观念，我们可用部计而他们不能。他们只能说，这类的东西叫做《诗》，那类的东西叫做《书》而已）；礼和乐则不是书而是事。一件事情应当怎样办，是礼；一首诗应当怎样唱，是乐。所以《诗》是乐的本子，乐是《诗》的动作。这些《诗》本来都是乐师所管：有的是在宗庙里祭神时用的，叫做《颂》；有的是宴会宾客时用的，叫做《风》和《雅》。《风》、《雅》、《颂》的来源，有的是士大夫所作，有的是乐师所作，有的是民间的歌谣而为乐师所采取。这些诗应当有好多，但常用的只有三百篇左右。《书》呢，是史官所掌的记载，国君对臣子说的一段话，或臣子对国君说的一段话，或战争时的一篇誓师词，或王室的一件大典礼，史官感觉其重要，记了出来，一事就成了一册书；再摘取数字，给它一个题目。用现在的话说来，这就是"公文"或"档案"。这类东西的分量比《诗》还多，但因竹木简容易朽蠹，不及《诗》的因歌唱而保存于人们的口边，所以传下来的也寥寥无几。孔子当时不知实在见过多少。他有一个很直爽的弟子，叫做仲由，曾质问他道："何必读书然后为学？"可见他教导学生时要他们多读书的。然而可怜，那时实无多书可读，仅仅这三百篇的《诗》和若干残篇断简的《书》，能够读出什么大道理来！所以他给予后世的影响，虽说传播古文化，其实还靠在他自己主张的实践伦理的"礼"上。

有一部周朝的占卜书，叫做《易》。它所以有这个名称，大约因为这种用蓍草的占卜法比较用甲骨为简易的缘故。这也算得一部古书，孔子或许在卜官处见到；但他不曾提起，说不定他重人而不重神，看破了占卜法的无聊，不愿表章，也是有的。又有一部鲁国的编年史书，叫做《春秋》；大约因为简册断烂，只存鲁隐公以下。这书，他一定见到，但《论语》中也不曾提起。后来的儒家把这两部书都收进去了。他们说：《春秋》是孔子作的；他所以作这部书，为的是要整顿纲常名教。他看天下太乱了，所以奋身而起，代行天子的职权，把一代的诸侯大夫加以进退黜陟；固然文字上没有写明，但字里行间都藏着他的褒贬的意思。《春秋》本是一部鲁国的史书，给他这样一修改，就成了他的政治哲学，而且是他为后来的天子制定的一部法典了。因为他恐怕触动了当时有权有势的人们的怒气，妨碍了他的安全，所以只把这些意思口传给弟子们。因为弟子们口传得不同，所以后来写出时就成了几部不同的《春秋传》。他们又说《易》是孔子到晚年才研究的；因为天道精微，不易认识，所以他下了苦功去读，读得勤了，竟使穿着竹简的皮带断了三次。他为阐明《易》理，所以作了十篇《易传》；这些传是易的羽翼，所以又称为《易十翼》。孔子既对《易》和《春秋》自己动过手，对于《诗》和《书》当然也要动手。所以他们说：《诗》本来有三千余篇，给他删掉了十分之九。《书》删削更多了，本来有三千二百余篇，只存得一百篇。还有一部《仪礼》，讲的是冠、婚、丧、祭诸礼，一共十七篇，他们也说是孔子所作。照这班儒家的话讲来，孔子一生的学术事业，计删了《诗》和《书》，作了《春秋》和《仪礼》，还替《易》做了一部传。因为他有了这五种著作，所以就有了《五经》。乐，他虽没有著作，但也下过一番整理工夫，所以联带说起来，就成了《六经》。自从战国末年至于今日，这种观念在学术界中不曾变过。

称孔子的书为"经"，以表示对于它的尊崇，这个意思向来没有疑问。但现在知道，经的原义是丝线。许多竹木简用丝线联贯起来，这叫做经；经乃是书籍的通名，并不含有后来所谓"天经地义"的观念。竹简有长短，官府用的长二尺四寸；《五经》等虽说是孔子的著作，究竟原本是官书，所以也是二尺四寸。私人所用则有长一尺二寸的，也有八寸的。还有一种六寸的木版，备随时的写记，正像我们的笔记簿，称之为"簿"，亦名为"专"，用假借字写来就成为"传"。它不像经的严整，所以后人就用来做经的补助读本或参考材料。他们说：孔子做了一部《春秋》，他有三个弟子记着他的意思，一代一代地传下，传到汉代，就成了三部《春秋传》。他删定了《尚书》，留下许多解释，传到汉代，就成了一部《尚书大传》。他删定了《诗三百篇》，传到汉代，有齐国的本子，有鲁国的本子，有燕人韩婴的本子，他们的讲法又各各不同，所以便有齐、鲁、韩三家的传。《礼》，有他的弟子卜商作的《丧服传》，又有七十二弟子的后学们作的一百余篇的《记》。《易》是文王和周公作的《经》，他自己做的《传》。所以《五经》是莫不有《传》的。

儒家最重孝道，而孔子弟子中以曾参的孝为最有名，所以不知何时何人作了一部《孝经》，说是孔子教给曾参的。《诗》本来只叫作《诗》，《书》本来只叫作《书》，称为《诗经》、《书经》是后来的事。惟独这《孝经》的"经"字是离不开"孝"字的，分明出在经的名词已得了崇高的地位之后。因为这是一个小本子，容易念，而且受了君主的提倡，风行天下，所以汉人对于这部书非常信仰。东汉末，张角造反，有一个侍中向栩上奏书，说："国家不必兴兵讨伐，只消在黄河边上北向读《孝经》，贼徒自会消灭的！"

还有一部书，记孔子和当时人及弟子们的说话，又有些他们的零碎事情，叫《论语》。这一部书大概是孔子的再传弟子编辑的，齐国和鲁国的本子也各不同，到汉代才并合为一。我们要看孔子的真相，这是第一等的原料，虽则里面已有了些窜改。《论语》这个名词也由竹简来。"論"字古但作"侖"，就是把竹简排比为一册的意思。

以上说的是五部经，这些经各有一部到几部的传，又有一部特造的《孝经》，一部记孔子言行的《论语》，虽说同是儒家的东西，性质是各别的；至于主要的东西仍是这五部经而已。到后来，尊孔子太过，把这些传都升做了经，于是有"《十三经》"的名词出现（《十三经》的构成不是一次的事。战国以前只说《诗》、《书》、《礼》、《乐》，是四种。战国以下加上了《易》、《春》秋，是六种。汉人因为《乐》有谱而无经，把它去掉，为五种；加上《论语》、《孝经》，是七种。唐代分《仪礼》、《周礼》、《礼记》为三种，又分《春秋》的三种传为三种，合上《易》、《书》、《诗》，是九种。宋代就唐的九种，再加上《论语》、《孝经》、《孟子》、《尔雅》，是十三种。所以《十三经》这个集团是经历了五次的变迁而成的)。

汉学的中心是经学，我们要了解汉学的地位，应当先明白所谓经也者是什么东西。可惜话长纸短，写不尽了！

第十一章　博士官

博士，现在是学位的名称，但在古代是个官名。这个官，战国时就有，其详细情形不得而知。秦始皇时，博士有七十人，他们的职务是"通古今"。当始皇三十三年（前214），北边夺了匈奴的河套，南边夺了南越的陆梁地，明年，他置酒咸阳宫庆贺，博士七十人上前献寿。仆射（博士之长）周青臣进颂词，说："现在日月所照的地方没有不服皇帝的威灵的，又把诸侯之国改成了郡县，从此可免战争的祸患，这是上古以来所不曾有过的盛事！"始皇听了大高兴。这时候，忽然一个不识趣而又胆大的博士齐人淳于越起来说："殷王和周王因为封建了子弟和功臣，所以才能有千余年的天下。现在皇帝的子弟就是匹夫，一旦碰到了权臣篡国，试问有什么人可以帮助皇室的？做事不以古人为师法，决不能长久。青臣当面谄谀，不是忠臣！"始皇把这个主张交臣子们去议，丞相李斯说："今古的制度不同，原不是立意相反，乃是时势变了。我们所定的是万世的大业，那只懂得三代之事的淳于越哪能体会到这些新制度的意义！从前天下未统一时，君主所定的制度常常受私家之学的攻击；他们说的名为古事，其实是装饰出来的虚言。现在天下已统一了，而这种风气还没有改变，倘不严令禁止，那么下面的党派一结成，上面的威权就坠落了。我提议：史官所典藏的，凡不是秦的史书，完全烧了。不是博士官所执掌的，私家所藏的《诗》、《书》百家之言完全送地方官烧了。有敢聚会了人们讲《诗》、《书》的，处死刑。有敢引用了古事来反对今制的，全家处死刑。官吏知道了不举发，处同样的刑罚。令下了三十天还不烧的，黥钳了去筑长城。所存留的，以医药、卜筮、种树的书为限。想学法令的，就到官吏那边去学习。"始皇立刻批准了。这固是在主张统一思想的李斯执政之下所应有的事情，但其爆发点实由于"通古而不通今"的博士的"是古非今"，可算是淳于越闯下的大祸。但有奇怪的一点，史官所藏的史籍，除了秦的统统烧了，而《诗》、《书》百家之言凡是博士官所执掌的都不烧：为什么还要留上这一点

"是古非今"的根苗？大约这和官制有关系，除非把博士官取消，就得让他们去读点古书；只要他们不敢乱发不合时宜的议论，安心做个皇帝的装饰品，也就罢了。

那时的博士是掌《诗》、《书》和百家之言的，《诗》、《书》是古代传下来的经书，百家之言是战国时的各家学说。既经称为百家，当然很杂，所以里边有神仙家，也有术数家。当始皇三十六年（前211），有陨星落在东郡，不知什么人在上边刻了"始皇帝死而地分"一句话，始皇听得，把石旁的居民都杀了，把星石也烧坏了，但心中还是闷闷不乐，于是叫博士们做《仙真人诗》；他游到哪里，就令乐人们在哪里歌唱。为什么叫作仙真人呢？因为始皇爱慕真人，自称"真人"，他听人唱这首诗，仿佛自己真做了仙真人而不死了。明年，他游罢会稽，沿海到琅邪，途中作了一梦，梦和海神交战。他把这梦询问占梦博士，博士说："水神是不可见的，但他手下的大鱼鲛龙常常出来；若想除去这恶神，应该先去捕捉大鱼。"始皇就预备下捕鱼的器具，自己挟了连珠箭候着；到之罘时，果然射杀一条大鱼。不幸这位博士的话不灵，仙真人诗又没有用，他上岸就病，不久死在路上。

汉元年（前206），高帝破了秦军，进至咸阳，许多将士争先恐后地到金帛财物的府库中去抢东西，萧何独到丞相和御史府里收取律令图书，带到军中。后来高帝所以能知道天下的险要，户口的多少，民间的疾苦，就靠了这些图书。至于博士衙门里的古籍，这位从刀笔吏出身的当然注意不到了。过了月余，项羽来到，他杀了降王子婴，屠了咸阳人民，烧了秦的宫室，火焰经历三个月还没有消灭。在这种情势之下，博士官所藏的《诗》、《书》和百家之言必已没有存留。秦始皇烧民间书，项羽又烧博士书，这是八年间的两度书籍的浩劫。

书籍虽遭了两度浩劫，但读书的人原没有死完，所以秦博士叔孙通带了一百多个弟子归了汉，被他招到关中的又有鲁儒生三十三人，他们议定了汉家的各种制度。秦御史主柱下方书的张苍，明习天下图书计籍，归汉后做到丞相。最重要的，是鲁孔子庙堂里藏的孔子衣、冠、琴、车、书，世世相传，到汉二百余年不绝；诸儒又讲乡饮和大射的礼节在孔子冢上，这冢地大至一百亩。所以这两次的大焚烧，书籍固然受到极大的损失，但只要用心搜集，还不难复原。只是楚、汉之间四方起兵，打了八年，其后抵抗匈奴，削平叛臣，费了好多力气，已没有余力顾到文化的建设。又秦始皇禁止私家藏书的法律，汉初还继续行用，到惠帝四年（前191）方始废掉。当国的大臣周勃、灌婴之类都是武人出身，也不高兴提倡学问。自从战国末年的大震荡，直到汉室的安定，约有六七十年，在这时期中，文化的空气消沉了，研究的工作停顿了。无论哪种事情，只消数十年没有人提倡经营，就会烟消云散。不看八股文和试帖诗，自从停止科举以来，到今不过三十年，已经老年人不讲了，中年人不懂了，少年人简直不知道有这回事了。再过三十年，连卖破货的摊子上也绝迹了。然而在科举未废之时，何等如火如荼，有哪一个读书人不尽力钻研的！《六经》，固然不至像八股文一样的仅作敲门砖，但经过这长期的停顿，懂得的人日少，存留的本子也大减，实在是一件必然的事实。这就是汉代的经学所以纷歧的主因。

　　文帝时，黄龙出现，应了公孙臣的预言，文帝就任他为博士，和诸儒同草土德的制度。公孙臣是传阴阳家邹衍之说的，而作博士，可知当时犹承秦的遗风，百家之言也各立博士的。据说，文帝的博士有七十余人，数目和始皇差不多；以他的崇尚黄、老，想来道家的博士必然不少。但古学以儒家为大宗，天下既渐承平，《六经》当然要提倡。《诗》和《书》是古人最多引用的，所以文帝也要立这二经的博士。那时讲《诗》的，鲁有申公，燕有韩婴，文帝就任他们为《诗》博士。《书》呢，全国几乎没有人读的。寻了好久，知道济南有个伏生，本来是秦的博士，专治《尚书》，现在年已九十多了，不能到京城里来。于是派了太常掌故晁错到他家里去受业；但是他那边的《书》也不多了，只传得二十余篇，所以春秋、战国时人称引的《书》语，到现在有好多不能在《书经》里找出。倘使伏生早几年死了，这《尚书》一经也就绝种了。不久，朝廷任命伏生的弟子欧阳生为《书》博士。到景帝时，又以辕固生为《诗》博士，董仲舒、胡毋生为《春秋》博士。辕固生为齐人，他讲的《诗经》和申公、韩婴都不相同，所以《鲁诗》、《韩诗》和《齐诗》就成了鼎足而立的三派。《春秋》，董和胡毋两家没有什么分别。

　　武帝建元元年，借着选举贤良方正的机会，崇儒学而黜百家。五年，他又置《五经》博士。从此以后，博士始专向儒家和经学方面走去，把始皇时的博士之业"《诗》、《书》"和"百家之言"分开了。这是一个急剧的转变，使得此后博士的执掌不为"通古今"而为"作经师"。换句话说，学术的道路从此限定只有经学一条了。这比了始皇的以政治力量统一思想还要厉害。二千年来没有生气的学术思想，就在这时行了奠基礼。武帝立的为什么叫做"《五经》博士"？只因文、景之世仅立了

《诗》、《书》、《春秋》三种，还缺《礼》和《易》，所以他给补足了。博士之数本来是很多的，到这时，既把百家之言的博士取消，剩下来的就没有几个人。后来到了宣帝、元帝的时候，又加立了几家博士。当时只要我讲的经和你讲的两样，而你我所讲的都给人看作有理由，便可各立博士，都置弟子员。因为博士的官不算小（汉初俸四百石，其后增至六百石；内迁可为奉常、侍中，外迁可为郡国守相、诸侯王太傅等职），所以引得人眼红，常想标新立异，取得一个地位，以致经书愈讲愈乱。这又是汉代经学所以纷歧的一个主因。

博士本来可收弟子，例如叔孙通的手下就有一百多人。武帝时，博士减少，弟子员亦减少，只定五十个名额，叫太常就人民年十八以上、相貌端正的选择。读了一年，考一次，如能通一经，就可补文学掌故的缺，考得最高等的可以做郎中。其后昭帝时加至一百人，宣帝时又加至二百人。元帝好儒，特增至一千人。成帝时，有人说孔子是布衣，尚且养了三千个徒弟，现在国立的太学的弟子反而比孔子少，实在说不过去；于是听了他的话，又增至三千人。到东汉时，太学诸生竟至三万余人了。班固在《汉书·儒林传赞》里说得好："自从汉武帝立了《五经》博士，选弟子员，经过了一百多年，传业的愈盛，枝叶丛生，一部经书解说至百余万言，大师们的数目多至千余人。为什么会这样？只因这是一条禄利的门路！"呵，经学的兴盛靠了禄利的引诱，当时经学的性质原不异于明、清的八股，奉劝研究古学的人们，千万不要再做"汉人近古，其言必有所据"的好梦了！

第十二章　经学的今古文问题

武帝时，正值太平盛世，他很讲究藏书，宫庭里的藏书处有天禄阁、延阁、广内、秘室，宫庭外的有太史和博士的官署；又设置写书的官，钞写得很多。到成帝时，还嫌其不足，河平三年（前26），命谒者陈农四出搜访遗书，又命光禄大夫刘向校《六经》、传记、诸子、诗赋，步兵校尉任宏校兵书，太史令尹咸校数术（天文及占卜等）书，侍医李柱国校方技（医学）书。因为刘向是学问最博的人，所以每一部书校完，就由他列举其篇目，并撮其要点，写成一篇评论奏上去。这是对于古代学术的一种结账的工作，非常有价值的。不幸这位总编辑工作了二十年，没有做完，于绥和二年（前7）死了。他的儿子刘歆也是一个学问很渊博，什么都懂得的人，且已久作襄校的事，所以哀帝很宠他，命他继续父业。他任了职，就总合群书，编成《七略》：（一）《辑略》（全书的通论），（二）《六艺略》（《六经》和传记），（三）《诸子略》，（四）《诗赋略》，（五）《兵书略》，（六）《术数略》，（七）《方技略》。这是中国第一部目录书。后来班固作《汉书·艺文志》，就以它为蓝本。现在我们所以能约略知道些古学与古籍的情形，这部书实在有很大的启示之功。

刘歆先前襄校的时候，曾发见一部古文字的《春秋左氏传》，读得非常喜欢；他引了《传》文来解《经》，于是《左氏传》有了章句。他说：作这书的左丘明是亲见孔子的，他所爱的和所恨的完全和孔子一样，所以讲到《春秋》，这是最靠得住的一部《传》；不比《公羊》和《穀梁》，作者生在孔子的七十二弟子之后，所记的《春秋》宗旨是由传闻得来的。讲到这件事，我们第一要知道，所谓"《春秋公羊传》"一名和"《春秋穀梁传》"一书实在都很后起。孔子作《春秋》，他自己没有说过，第一个说的是孟子。在孟子时，不知《春秋》已有了《传》没有。但战国诸子以及汉人所引的《春秋》常是《公羊传》里的文字，可见这本《传》出来很早。景帝时所任的董仲舒和胡毋生两个《春秋》博士，也都是所谓《公羊》学的。在《公羊传》中，引了许多《春秋》先师之说，有鲁子、有沈子、有司马子等等，也曾两度引及公羊子，可见公羊子只是《春秋》的先师之一，并不是这部《传》的作者。不知何年始称它为《公羊传》。有了《公羊传》这个名称，于是联带有所谓《穀梁传》。"穀"和"公"是双声，"梁"和"羊"是叠韵；为什么这两个作《春秋传》的人都是复姓，而且差不多是同音的复姓，事情竟这样地巧呢？现在，我们既经明白了汉博士的地位和其势力，就可以知道这是当时学《春秋》的人看见别经分家而《春秋》不分，因此想自立门户，把原来的《春秋传》改称为《公羊传》，表示它只是一家之言而不是惟一的《春秋传》；再把自己的意思另写一部《春秋传》，别树一帜，影射了《公羊》的牌子而为《穀梁传》。这正和北京的剪刀店有了王麻子再有汪麻子，杭州的剪刀店有了张小全再有张小泉，是同样的道理。我们只要看《穀梁传》中极多灾异之说，其立博士在宣帝之末（甘露三年，前51），就可知道它必是西汉中叶以后的作品。再说《左氏传》，却是一部真古书。司马迁作《史记》时很多根据它，他曾两次说"左丘失明，厥有《国语》"，可见这部书实在叫做《国语》。刘歆在皇室的图书馆中见到了《国语》，喜欢它的讲春秋时史事详细而有趣味，比较《公羊》和《穀梁》专从咬文嚼字推求孔子著作的意思的大不相同，立志替它表章一下，这原是学术界中应有的事。但那时是经学的全盛时代，如说这是战国时的左丘明编的一部春秋时的分国史，大家不会来睬你；现在改说这是春秋时的左丘明为《春秋经》作的《传》，他作《传》时曾和孔子商量过，所以这部《传》是最得孔子的原意的，那么，它的地位岂止超过《穀梁》和《公羊》，简直和《春秋经》"分庭抗礼"了。然而《国语》的原本仅是叙事，如何可以改作《春秋》的《传》呢？因此，刘歆只得引了《传》文来解《经》，并为它加进许多经说了。所以《左传》是一部真材料的伪书，它的真名是《国语》，它的伪物是经说。它不解经，它的价值在《公羊传》上；它一解经，反成了《穀梁传》的后辈。至于现在的《国语》，那是刘歆的删削之余。《左传》能不能再和《国语》并家，这须看我们将来的努力如何了（关于这问题，可读清刘逢禄的《左氏春秋考证》，康有为的《新学伪经考》，崔适的《春秋复始》和《史记探源》，今人张西堂的《穀梁真伪考》）。

刘歆既编成了一部《春秋左氏传》，后来又说寻出了一部《毛诗》、一部《逸礼》、一部《古文尚书》。到他代了父职，当了学术的重任，就请国家把这些都列入博士之官。哀帝叫他先和《五经》博士讨论一下，但许多博士全不赞成：有的不肯表示意见；有的说，《尚书》二十九篇已经完备了，用不着更立《古文尚书》；有的说：左丘明是不传《春秋》的，哪里会有《春秋左氏传》。他于是写了一封很长的信责备博士们，大意是："孔子为了他的道不行，所以修订《六经》；但经过了战国的打仗、暴秦的烧书，他的原本已经看不见了。汉兴之后，一切制度没有可根据的，幸而得到一个叔孙通规定了些礼仪。那时天下的书只有卜筮用的《周易》，没有别的。惠帝时虽说废了藏书的禁令，但大臣们也不曾把经书放在心上。文帝叫晁错到伏生那边去受《尚书》，因为这部书刚从墙壁里拆出来，有的朽折了，有的散乱了。到武帝时，然后邹、鲁、梁、赵之间很有些《诗》、《礼》、《春秋》的先师。在这时候，一个人的力量不能独管一部经；举《诗》来说罢，有专管《雅》的，有专管《颂》的，要几个人合起来方成为一部完全的《诗经》。后来得了一篇《泰誓》，集合了许多博士才把它读出。那时汉兴已七八十年，离开全本的经远得很。后来鲁共王要造自己的宫殿，把孔子的旧宅也围了进去，正在拆卸墙壁，忽然发见了许多古文字的书简；整理一过，知道其中有《礼》三十九篇、《书》十六篇（因为这《礼》是在博士的十七篇之外，所以称为《逸礼》；因为这《书》是用古文字写的，所以称为《古文尚书》。如倒过来称为《古文礼》和《逸书》，也是一样）。天汉（前100—前97）之后，孔子的十二世孙孔安国献了上去，适值戾太子的巫蛊之难，没有施行。又《春秋左氏传》是左丘明所作，也是古文字的旧书，藏在秘府里。成帝命我们校书，得到这三种，来比较博士的本子（例如博士的二十九篇，《古文尚书》里也有），有的经是脱了几片简了，有的传是编排错乱了。到民间去调查，也有和这几种相同的。既经找出了这种好东西，为什么不让立博士呢？以前所立的经和传，大都是相传的口说，现在已获得古人的真本了。难道你们宁可信口说而不信原本书吗？难道你们只信近代的经师而不信真的古人吗？你们只想守住一些残缺不完的东西，而没有从善服义的公心，这是我所深以为不合的！"这封信发出之后，许多儒者都怨恨他，几个大官对他攻击得尤其厉害。幸而哀帝帮助他，他没有吃眼前亏。他怕遭着意外的祸殃，请求外放，到河内等郡做了几年太守。

　　刘歆在秘府里找到几部古书，正和我们今日在敦煌千佛洞中找出许多唐人写本，在北京图书馆的乱书堆中找出几部内阁大库旧藏的宋版书一样，照现在想来，只该欣幸，哪有受怨恨攻击的道理。所以会得如此，在汉儒大抵是出于嫉妒，怕古代的、详细的东西一立了博士，就把近代的、残缺的东西打倒了，把他们的饭碗摔碎了。至于我们对他下攻击，则因他不是客观的整理古书，而是主观的改编古书，使得许多材料真伪混杂，新旧错乱，他随意一动笔，害我们费了不知多少工夫才得纠正；而且没有原本对照，还不知道所纠正的恰当与否。他的作伪的痕迹是很显然的，例如他的信里所说的鲁共王坏孔子壁得《古文经》事，《史记》里就没有；共王死在武帝初年，巫蛊之难作于武帝末年，经过了三十余年的长时期，以《古文经》的价值之大，加以武帝的喜欢表章《六经》，哪会在数十年中寂寂无声之理。又那位献书的孔安国已早死了，也捱不到巫蛊之难。他写的信尚会当面说谎，何况私下窜入书内的东西。他逢着的便宜，是汉人太没有历史知识，几位博士只会捧住了自己的破书硬反对，不会在历史里找了证据来质问，所以给他骗过了好多年中的好多人。

　　刘歆以为经书中什么都残缺，有待于古文真本的校补；博士们反对他，就以为什么经都已完全了。这是两方面的观念截然相反的一点。刘歆表章的几部书，都说是古人用了古文字书写的，所以称为《古文经》；对比了用汉代文字写的，自然那边应当称为"今文"了。所以今文一名是后起的，在没有《古文经》与它对立的时候是不会有的。从此以后，经学分为两派；今文家与古文家不但本子不同，即经文的解释和所说的古代制度也都不同。东汉时，许慎为了分别他们的异同，特作了《五经异义》一书。在这书里，我们可以看出，经书中的意义是给汉人有意播弄得这样纷歧了。

第十三章　通经致用

现在，如有人拿了许多经书堆在我们的面前，问有什么用处，那么，我们可以干脆答道：没有用。因为《诗经》里的诗已不能唱了；《易经》里的占卜是我们不信的；《礼经》和《礼记》中许多琐碎的礼节，看着也头痛；《春秋》中的褒贬予夺，完全表现阶级思想，决不是现代的伦理；《尚书》里记的说话，动不动叫着上帝和祖先，我们的理智也提不起这种信仰了。这种东西，实在只有一种无用的用处，就是它的史料价值。汉以前的材料，存留到现在的太少了，除了甲骨文和钟鼎文之外，可见的只有这几部经书了。甲骨钟鼎的材料固然可靠，但都是零碎的，而几部经书则是较有系统的；把这较有系统的书本材料来联串无系统的地下实物，互相印证，于是我们可以希望写出一部比较真实的上古史（完全真实是不可能的），使得人们知道我国古代的民族和社会究竟怎样，我们的先民辛苦缔造传给我们的是些什么，这是它的惟一的用处。这用处的表章，也是我们所肩着的新时代使命。

上面说的，只是现代的我们的话；如果把这番意思说给汉代人听，他们决不会了解。他们以为无论什么大道理都出在经书里，而且这种道理有永久性，所谓"天不变，道亦不变"，经是道的记载，所以也不变了。《易》学家说：《易》理是弥漫于天地之中的，万物的现象莫不从《易》理里变化出来，一切人生日用的东西也莫不是圣人们看了《易》的卦象而造出来的。《春秋》家说：《春秋》的第一句就是"元年"，元是根原的意思，表示它存在于天地之前，作万物的根本，所以《春秋》之道是用了元的精深来正天的端兆，还用了天的端兆来正王的政事的（这话很不好懂，但经学的神妙就靠在这不好懂上）。照这样说，经书不成"天经地义"再成什么！经既成了天经地义，当然一切的用处都要从这里边搜寻出来了。

他们的应用方术，简单地举出几个例，就是所谓"以《春秋》决狱，以《禹贡》治河，以《三百五篇》（即《诗经》）当谏书"。

为什么"以《春秋》决狱"呢？因为《春秋传》里说孔子作《春秋》，褒这个、贬那个，都有他的理由；这些理由就是这人那人的功罪，也就是孔子定的法律。审官司时引用孔子手定的法律，这是何等地尊严而又漂亮。所以张汤做了廷尉（武帝元朔四年，前125），他就聘请读《尚书》和《春秋》的博士弟子任廷尉的史，用古义来判决大狱。淮南王谋反的案子（元狩元年，前122），武帝派董仲舒的弟子吕步舒去查办，他不等奏书的批准，就用《春秋》之义一一判定了罪名；武帝也不斥他专断。征和二年（前91），武帝听了江充的谗言，疑太子据用了巫术咒诅他早死；太子气不过，把江充杀了。一时长安扰乱，丞相发兵打他，他逃到湖县（汉京兆尹东部，在今河南阌乡县）自杀。这就是所谓"巫蛊之难"。但因太子逃在外边，很有谣传说他没有死的（正和明的建文帝一样）。昭帝始元五年（前82），有一个男子头戴黄帽，身穿黄衣，乘了黄犊车，车上插了黄旗子，投到宫门，自己说是武帝的太子。那时长安吏民听得太子隔了十二年回来了，惊奇得很，奔去看的有几万人。昭帝命令一班大臣验看，没有一个人敢说是或不是的。京兆尹隽不疑最后到，立刻吩咐随从的人把他捆起来。旁边大官们上前劝止，说："这是不是前太子还没有定，你为什么这样卤莽呢？"隽不疑答道："就是真的太子，诸君也何必怕！从前卫灵公的太子蒯聩得罪了他的父亲，出奔晋国。后来灵公死时命他的孙儿辄（蒯聩的儿子）继位。晋国得悉了他的死讯，把蒯聩送回来；辄竟拒而不纳。《春秋》上说他做得很对，因为从了祖父的命令就该这样。前太子得罪武帝，逃在外边不死，到现在归来，依然是个罪人，应当法办，没有疑问！"廷尉审讯的结果，这位太子果然是冒充的，腰斩了。昭帝和大将军霍光听得，佩服他的能干，赞叹道："一定要用了读经书的人做公卿大臣，才会这样明白大道理呢！"这件事固然做得不错，但《春秋》之学喜欢"诛心"，实在也免不了流弊。例如《经》上写"许世子（即太子）止弑其君买"（昭十九年），《传》中说：许太子并不曾弑君；孔子所以这样写，只因依照礼法，父亲生病服药，该得由儿子先尝，以免中毒，现在许悼公服药时，这位太子没亲尝，他吃错了药死了，这就是太子的不尽子道，该负弑君的责任的。在这种苛刻的诛心论之下，不知冤死了多少可以无罪的人。

倘使现在还保留得汉廷尉的档案，我们一定可以找出好多例子。想来当时经学化的法律，和现在军政时期的法律有些相同吧？《汉书·艺文志》上载着《公羊董仲舒治狱》十六篇，这是"以《春秋》治狱"的一部原理书，可惜现在也看不到了。

禹治洪水是古代一件极大的故事；《禹贡》一篇就是记他治水的经过的，列在《尚书》的《虞夏书》中。固然这篇未必真是禹所作，却也不失为中国地理学史里第一篇大文字。在经书中，讲地理最有系统和最有真实性的，也推着它了。汉人治水，用了它作根据，在没有科学的地理学和河海工程的时候，也不失为一个办法。只是《禹贡》本书太简略了，只能使人知道些水道的大概，不能给人以治水的整个计划。黄河是最多决口的；武帝元光三年（前132），在瓠子决了。过了二十余年（元封二年，前109），武帝封禅泰山回来，到决口的地方，决心把它塞住，就令随从的官吏们各人背了柴薪填塞下去，工作的徒役有数万人，柴薪用完了用竹子；果然把决口填平。造一个宫在上面，称为宣防。他们又导河水北行，分为二渠，减杀它的怒势，算是恢复了禹的旧迹。但是，过了些时候，黄河又在馆陶决口，分为屯氏河，也入海。元帝永光五年（前39），黄河又决鸣犊口，屯氏河也绝了。这些下流的变迁使得人们想起了《禹贡》里的"九河"。这九河不知道是整整的九条河呢，还是表示其数目之多呢；是长长的河流呢，还是黄河入海处的三角洲呢；要之，总是黄河下流分汊甚多，禹为了宣泄水势而分布着的。所以那时的人常想开浚九河，继续禹的功绩。可恨《禹贡》里只提了九河这个总名，没有说是哪些河；费了他们好多的力量，只寻出徒骇、胡苏、鬲津三条河来。那时有一个博士许商，专治《尚书》，又懂得数学，被任为将作大匠，转为河堤都尉，研究了好多年的治河方法。到哀帝初年，因平当（先前也是博士）对于《禹贡》很有研究，使他接管河堤的事。他奏说："禹的九河现在差不多都湮没了。按照经义治水，只有分泄和浚深的办法，没有用堤防来壅塞的。现在黄河下流的水道太不分明，应当寻觅开河的人才。"但是那时的学术久已定于一尊，读《禹贡》的人虽多，会开河的却没有，所以到了王莽的时候，黄河又大迁徙了一次。

昭帝去世（前74），无子，霍光迎立昌邑王贺（武帝的孙儿）为皇帝。他在自己的王国里是荒淫惯了的，那时他的郎中龚遂曾谏他道："大王曾读了《诗》三百五篇，人事应该通晓了，王道也该备知了。试问您所作所为，合于《诗》中的哪一篇？大王虽说做了王，恐怕您的品行连平民都不如呢!"及至他做了天子，霍光见他越弄越不像样，下个决心，把他废了；把他带来的一班臣子都送到监狱里去，好多人是杀了。只有龚遂和一二人曾经谏劝过他几次，得减死一等，罚作苦工。还有一个他的太傅王式，查无谏书。审判官责问道："你为什么不谏？"答道："先前我把《诗》三百五篇早晚教王。每当读到忠臣孝子的诗，没有一次不对王反覆几遍的。读到了危亡失道的诗时，又没有不流了泪来讲的。我已有了三百五篇作谏书了，所以没有写谏书。"审判官把这套话奏上去，他也得免于死罪。后来成帝时有一位匡衡，他是学《齐诗》的，上疏戒后妃道："夫妇之际，是生生之始、万福之原，所以一定要婚姻之礼正了，然后天命可以保全。孔子编《诗》，为什么把《关雎》列在第一篇？只因后夫人的品行如果不合于天地，就没法接续神灵的统绪。《诗》上说'窈窕淑女，君子好逑'，这是说女子的贞淑之德可以不改她的操守，情爱的刺戟又可以不表现于她的容貌，这样的又坚贞（淑），又幽深（窈窕），然后可以和至尊的皇帝相匹配。这真是人伦纲纪的第一项，教化的开端呵！……"诗是主于发抒情感的，情感与理智常常不容易得到平衡，所以这三百零五篇里有的愤怒，有的颓废，有的浪漫，本来不尽可作道德的规律看。就是第一篇《关雎》，原是一首单相思的情诗，何曾和后夫人配至尊发生关系。但那时的经学家要求"通经致用"着了迷，一定要用了道德的观点把全部书拉到一种训诫的目标之下，以便做他们的谏书的材料。所以他们对于理智的作品（像《雅》、《颂》里的赞美文王、武王），就以为这是太平盛世的榜样，孔子选进去作鼓吹之用的；碰着了情感的作品（像《国风》里的数十篇情诗），就曲解为"思贤才"，或径说为孔子特地留着做炯戒的。他们为要劝导君主，又把任何私人的喜怒哀乐之情都说成了君主的善恶的感应，以至人民只成了木偶。大家如去一读东汉初年卫宏作的《毛诗序》，就可知道一部活泼泼的《诗经》已如何被他生吞活剥地谏书化了。

讲到致用，最重大的莫过于政治；现在试举一个应用经学的例。宣帝神爵四年（前58），匈奴人争夺单于的位子，国内大乱。许多人以为他们侵害中国已久，现在内乱了，正好趁这机会把他们灭了。大鸿胪萧望之独持异议，他说："春秋时，晋国派士匄去打齐国，走到半路，听说齐灵公死了，士匄就带了兵回去。孔子很称赞他，因为敌国不幸遭了丧事，就表示同情，停止征伐，这是一种伟大的精神。前年握衍单于派人来请和亲，中国人知道不打仗了，很喜欢；现在他死于内乱，我们反而进兵征伐，这完全是一种幸灾乐祸的心理。不义之兵是不会有成功的。我们只该遣使吊问，救他们的灾难。"这种态度确实大方，所以宣帝依从了他，后来呼韩邪单于就自来归顺了。还举一个例。武帝平了南越，在现在的广东琼州岛上立了儋耳和珠崖两郡。那边民风强悍，受不惯汉官的干涉，隔了几年即起一次反抗，把官长杀了。因为反抗的次数特别多，朝廷感觉派了很多的官员去管理也无谓，便把儋耳并入珠崖。元帝初元元年（前48），珠崖又反，当时很想多开些军队去攻打。待诏贾捐之建议，以为不必。元帝派人问他："你的意见在经义上有什么根据？"他道："尧、舜、禹是最大的圣人，然而他们的地方不过数千里，《尚书·禹贡》中载明其疆界。至于四方夷狄，来归化的他们固然受了，不归化的也不去勉强。秦始皇不学圣人的好样，专想开辟四境，弄得天下溃叛，他的基业也就一败涂地。珠崖是海中的一个岛，多毒草和蛇虫，那边的人又蠢笨得像禽兽一样，本来不值得立郡县的。我的意见，以为凡不是戴冠束带和中国人相类的地方，凡不是《禹贡》所说到的和《春秋》所记着的，都可以把我们的政治机关裁掉。"元帝听了他，琼州岛就不算当时中国的地方了。这件事的功罪却很难说。秦皇、汉武的辟地固然由于穷兵黩武的野心，然而倘使他们死守了黄河下流的文化区域，到今日或者已没有汉族存在，因为延长汉族的寿命的就靠在这向外发展和同化异族呀。现在经书所记的道理，汉人看作与天地相终始的，经书里既不主张向外发展，读者们受了这个暗示，自然要以《禹贡》的疆域为满足了。到了今日，东三省做了人家的生命线而不做我们的生命线，恐怕《禹贡》的没有说到也是一个潜在的原因吧？

上面叙述的改制、封禅、巡狩、郊祀以及灾异、祯祥诸说，无一不和通经致用有关系。固然有许多是经书里所没有的，但狡狯的经学家总会设法讲得它有，或者竟把假材料插入真书，算做确实的证据。

经书中的事实在古代都有所以发生的背景，要一一在后世复现，固然不会全无价值，但也决不会完全对，因为时代背景已变换了。自从汉人把《五经》看作天经地义，又把自己的意见和当代所需要的东西涂在上面，弄得今不今，古不古。要致用罢，却时常以今古不同，真假不明，逢到窒碍。说研究学问罢，学问的基础不建筑在求真上，先圣先师的权威又特别大，既不能跳出他们的圈子，如何可以有进步的希望。弄到底，经既不通，用又不达，大家所有的只是缴绕文句的技术和似是而实非的智识而已。

第十四章　王莽的受禅

自从墨家倡导了尚贤之说，主张君位应为禅让制，托之于尧、舜，这学说一时很风行，连主张贵族政治的儒家也接受了。一种学说既经鼓吹了起来，当然有实行的。燕王哙时，以子之为相，他们君臣之间情投意合。燕王哙就把国事交给子之，叫他南面为王。子之做了三年的王，燕国大乱；齐王趁这机会进兵，打了一次大胜仗，几乎把燕国灭掉。这禅让制的第一次试验就很糟。

汉武帝穷兵黩武，用财无度，弄得天下骚乱。信五德说和三统说的人以为汉的气运已尽，该得换朝代。昭帝元凤三年（前78），《春秋》学家眭弘借着泰山上的大石自立的奇迹，根据了董仲舒的受命说，劝昭帝禅位贤人。结果，尧、舜的牌子抵不过汉帝的实权，他以妖言惑众之罪伏诛了。到宣帝神爵二年（前60），司隶校尉盖宽饶又根据了韩氏《易传》，请宣帝学五帝的"官天下"，不要像三王的"家天下"。无奈禅让的事，言之虽美，真要干时却无异"与虎谋皮"，所以他也得了大逆不道之罪，因不愿下狱而自刭了。民众对于汉室早已失掉了信仰，然而禅让之说既行不通，革命之事又起不来，于是陷在无可奈何的僵局之中，天天听经学家讲灾异，把汉帝攻击得体无完肤。甘忠可想出一个调停的方法，说汉的气运虽尽，但上帝还许其再受命。哀帝初时信了他，改元改制，似乎有些新气象，不幸不到两个月又取消了。这样沉闷地度过了八十年，大家寻不到一条出路。

元帝的皇后，成帝的母亲，是王政君。王氏一门，为了她的关系，常执最高的政权。这位王太后有一个侄子，名唤王莽，是礼学的专家。他的弟兄们都因门庭贵显，非常骄奢浮华，他却节俭恭敬，像一个穷读书人一样。永始元年（前16），封为新都侯。他爵位愈尊，态度愈谦，名誉极好。哀帝去世，王太后任他为大司马，迎立九岁的中山王为皇帝，就是平帝。元始元年（公元1），他示意益州塞外的蛮夷，自称越裳氏，重译到汉廷，献白雉一，黑雉二。为什么要自称越裳氏，献白雉呢？因为《尚书大传》里说：交趾的南面有一个越裳国，当周公摄政六年，制礼作乐，天下太平之后，他们骑了三匹象，带了几重的翻译员，到中国来献白雉。成王叫他们转送给周公。周公问道："你们为什么要送给我呢?"他们的使官说:"这几年,我们国里不曾有过烈风和淫雨,许多老年人都觉得奇怪,他们说,'恐怕中国出了圣人了',所以派我们来进贡的。"据汉代的经学家讲,武王死了之后,成王年纪幼小,周公保了这幼主,摄政七年,成了太平之世。王莽此日的地位正与周公相像,所以他要根据经传,重演这个历史上的佳话。越裳氏这样来了,他就是一个活现的周公了。周公托号于"周",他也当托号于"汉",所以王太后就赐他"安汉公"的称号。从此以后,各处不断地发现祥瑞,五年之中出了七百余件。武帝以后,汉家的国运被灾异说打得奄奄欲绝,到此时竟有大批的祥瑞出现,这真是民众的视听上的一个极大的转变,足以唤起他们的光明的希望的。可是以前的灾异说是汉受其殃,现在的祥瑞说却非汉得其利,因为鼓吹这一说的人本来只为自己打算呵!

王莽是礼家出身,所以要把所有的礼制都用他自己的意思改变过,使它成为极整齐的一大套。自从国家的宗庙、社稷、封国、车服、刑罚等制度,以及人民的养生、送死、嫁娶、奴婢、田宅、器械等品级,他没有不改定的。这确是一代的大手笔,而他也更像那位"思兼三王以施四事"的周公了。

元始四年,王莽的女儿立为皇后。太保王舜等向太后奏道:"至德大贤的人,生当有大赏,死当为宗臣(配享太庙),例如殷的阿衡伊尹,周的太宰周公。安汉公和他们一般,应当进位才是。"人民八千余人上书也这样说。于是王太后摘取了"阿衡"和"太宰"的两字,赐王莽以"宰衡"的称号,表明他是合伊尹和周公为一人的;又加增了他多少新野的封地。他受了宰衡,辞了封地。因此一辞,又把古史上的佳话复演起来了。《史记》里讲:周文王为人太好,所以诸侯之间有不能解决的事情就请他去判断。有一次,虞国和芮国的人打官司,相持不下,同到文王那边去。他们一进了他的国境,只见种田的人让田界,走路的人让年长,自己心里惭愧起来,叹口气道:"想不到我们所争的就是周人所耻的。不要去罢,去真是丢脸呢!"他们彼此一让,这官司就完事了。因为古代曾有这件故事,所以王莽一辞了加封的地,就有蜀郡男子路建等撤消诉讼,自称惭怍而退。王舜等又赶紧上奏书,说安汉公至德感人,虽文王的却虞、芮也不过如此了。

就在这一年,王莽奏起明堂、辟雍、灵台,为读书人筑一万间的宿舍,又作市常满仓,制度甚盛。群臣又上奏书请求道:"从前周公是文王之子,在公侯中占第一位,尚且经过了七年的长时间方把制度规定。

明堂和辟雍诸制已经废了一千年，没有人能够兴复的。现在安汉公起于民间，仅仅执政四年，功德已经这样的灿烂。虽唐、虞和成周，也不能更好了。宰衡之位，应当列在诸侯王的上面才对!"这时，人民因王莽不受新野田而上书的，前后达四十八万七千人，都请加重赏赐安汉公。王莽苦苦辞谢，请待制礼作乐之事完了再说。但太后不许，她令群臣们议"九锡"的典礼。公卿、大夫、博士、议郎、列侯九百零二人根据《周官》和《礼记》等书议定了，王莽就领受绿韨、衮冕、鸾路、龙旗……许多尊贵的东西。

王莽这样一干，一时天下顿现升平的气象。他看西方的羌人还没有表示，便派中郎将平宪等带了很多的金币，骗他们献地内属，这事果然成功。平宪等奏道："羌人领袖良愿们一万二千人愿献鲜水海、允谷、盐池，把平地美草之区都让给汉人居住，自己搬往险阻的地方做我们的屏藩。我们问良愿们为什么要归顺，他们答道：'太皇太后圣明，安汉公又极仁爱，所以天下太平，五谷成熟，禾有不种自生的，茧有不蚕自成的，甘露从天降，醴泉从地出。四年以来，羌人太安乐了，知道这都由于朝廷德泽的涵育，所以很愿意归顺。'……"王莽接受了他们的请愿，就把羌地立了一个西海郡。接着，他又用了经义改定十二州的名称。

王莽的势力和声望高到了这等地步，他不做皇帝再做什么，所以汉的宗室泉陵侯刘庆上书，就直捷痛快地说："《尚书》里，周成王因幼小称'孺子'，那时周公代行天子的事。现在皇上年龄也小，安汉公应当照周公的办法，践天子之位以治天下。"刘庆既有这等提议，群臣自然应声说"对呀!"然而王莽行了天子事，将置平帝于何地呢？所以平帝就不得不于这年的十二月里夭亡了。在他病着未死时，王莽作了祝策，请命于泰畤，愿以身代。祝毕，把策藏在金縢的柜子里。他为什么要这样做？原来这件故事出在《尚书》的《金縢篇》中，当武王生病时，周公是曾经这样做过的。

平帝十四岁死。那时元帝的一系绝了；宣帝的曾孙有五十三人，玄孙有二十三人。经过王莽的卜相之后，只有玄孙中最幼的广戚侯子婴最吉利，所以他就嗣了位，称为"孺子婴"，只有二岁。就在这一个月里，前辉光谢嚣奏武功长孟通开井，掘出一块白石，上圆下方，有八个红字写在上面："告安汉公莽为皇帝。"这奏书一发表，王舜等就请太后下诏，说："皇帝方在襁褓之中，没有一个大贤人，天下是不能安定的。

安汉公的德行和功业，和周公异世同风。现在井中发现的白石之文，我想来，所谓'为皇帝'者，乃是摄行皇帝之事也，就令安汉公践天子之位，一依周公的故事！"从此王莽服了天子的韨冕，南面朝群臣，出入警备清道，人民对他自称"臣、妾"，一切和天子一样；祭天地和祖宗时他自称"假皇帝"，人民称他为"摄皇帝"。

汉的宗室固有劝王莽行天子事的刘庆，但也有怕王莽移汉祚的刘崇。他在居摄元年（公元6）起兵讨伐，不幸败了。过了一年，东郡太守翟义立了严乡侯刘信为天子，发檄到各郡各国，说王莽毒杀平帝，志在篡位；响应的有十余万人。这次声势浩大，所以王莽很害怕，日夜抱了孺子婴到郊庙里祈祷，又模仿《尚书》里的《大诰》而作了一篇新的《大诰》，布告天下。他为什么要模仿《大诰》呢？因为照那时的经师说，这篇文字是周公摄政时，他的弟弟管叔、蔡叔不满意他，联合了纣子武庚打他，他作这篇以自明的。现在王莽碰到相同的困难了，所以完全脱调，作这最后一次的模仿。他的运气真好，翟义们又给打灭了。从此他的气焰更高，自以为得到天和人的帮助，真有做皇帝的资格。

居摄三年（公元8），又出了几件符瑞。其一，齐郡临淄县的一个亭长在一夜里得了几次梦，梦见一人向他说："我是天公派下来的。天公叫我通知你，摄皇帝应做真皇帝。你如不信，试看我在这亭中开一口新井。"明天，亭长起来，亭中果然发现了一口新井，几乎有一百尺深。此外，还有巴郡的石牛、扶风的石文，都送到长安。王莽、王舜等去看，忽然狂风大起，对面不相见。等到风停，石前留着一幅铜符帛图，上面写着："天告帝符，献者封侯。承天命，用神令。"于是王莽把这符瑞奏上太后，说道："天命不可不畏。我请求对上帝、祖宗及太皇太后、孝平皇后说话都称'假皇帝'；至于号令天下，和天下上奏书都直称'皇帝'，不加'摄'字，藉以顺应天命。居摄三年，请改为初始元年。我总尽心竭力，教育孺子，使他将来可以和周成王一样地好。等他长成时，我再让位，如周公的故事。"

那时有一广汉郡人哀章，在长安读书，素来很没有品行。他看见王莽居摄，猜到他的心事，就预先作了两个铜柜，柜子上面一个写"天帝行玺金匮图"，表示是上帝的命令；一个写"赤帝行玺邦传予黄帝金策书"，表示是五帝中的赤帝传授给黄帝的，这赤帝便是汉高帝。书上说，王莽应当作真天子，太皇太后应当顺着天命。又把那时的大臣姓名写上，自己也挨了一个。他听得王莽把铜符帛图奏上去了，当天晚上，就自己穿了黄衣，把这两个柜子送到高帝的庙里。王莽得信，正中下怀，翌日前往，拜受这高帝的禅让。他下诏书道："我很侥幸，托于皇初祖考黄帝的后代，皇始祖考虞帝的苗裔，和太皇太后的亲属。现在皇天上帝既经付给我天下兆民，赤帝汉氏高皇帝的神灵又承了天命而传国给我，我敬畏天命，哪敢不受！即日登真天子位，定国号为新。正朔应改，服色应易，着以十二月朔癸酉为始建国元年正月朔，服色配土德尚黄，牺牲应白统尚白。"他又封孺子婴为定安公，给以百里之地。封策读完时，他亲执了这孩子的手，流泪道："从前周公摄政，终使成王复位。现在我竟迫于皇天的威命，不得如愿了！"他照了这符命设立官职，哀章就任为国将，封美新公，和国师嘉新公刘歆同列于上公之位。

从此以后，中国的历史上，凡是换朝代而出于同民族的，便没有不依照这个成例，行禅让的典礼的。所谓征诛，只供异民族的使用罢了。王莽固然不久失败，但这"心法"是永远传下去了，直到袁世凯的筹安会还是如此。

第十五章　汉的改德

我们读上一章时，应该觉得奇怪。汉高帝自以为是水德；其后经过了好多人的抗争，才改为土德。武帝太初元年，宣布改制；他用了三统说定正朔，用了五德说定服色。因为汉是黑统，黑统建寅，故以正月为岁首；又因汉是土德，土德尚黄，故以黄为服色。这件事再清楚没有。现在王莽受禅，他在三统说中自居于白统，所以定十二月为岁首，牺牲的颜色用白；白统本上承黑统的，一点没有问题。但何以他在五德说中竟自居于土德，和汉的制度一样？又何以哀章作的铜柜上写"赤帝邦"，王莽的诏书里又称"赤帝汉氏高皇帝"，竟把汉朝说成了火德呢？依照邹衍的说法，后代是用了前代所不胜之德去克伐前代的，所以夏用木德而克黄帝的土德，秦用水德而克周的火德。汉就算是改为火德，继承它的也应是水德，何以王莽竟是土德呢？这事说来话长，请大家耐心听着。

王莽不是在诏书里说过吗？他是黄帝的后代，虞帝的苗裔。黄帝为土德，在这名号上就很清楚。虞帝为土德，《淮南子》里也曾提起。既有两代土德的祖先，他不当为土德吗？这是理由之一。历来的得天下有两条路：一是唐、虞的禅让，二是殷、周的征诛。邹衍之说主"五德相胜", 要后代去克伐前代, 这对于以征诛得天下的殷、周固甚适用, 可是对于以禅让得天下的虞、夏有些不恰当。王莽是早预备受汉的禅让的, 他肯用相胜式的五德说吗? 这是理由之二。只要记得这两个理由, 这个问题就迎刃而解了。

王莽著有一部家谱, 称为《自本》。上面说: 黄帝的八世孙是虞舜。虞舜的后代妫满, 周武王封为陈侯。妫满的十三世孙陈完, 字敬仲, 因国乱奔齐, 齐桓公命他为卿。陈完的十一世孙田和, 占有了齐国; 过三世, 称齐王。到王建时, 给秦灭了。项羽起兵, 封王建的孙儿田安为济北王。后来田安失国, 齐人称为王家, 他们就姓了王。田安的曾孙王贺, 在武帝时做绣衣御史, 逐捕魏郡群盗, 全活甚多。他搬家到魏郡元城县住, 那边的人很感激他, 有一个老年人说: "从前春秋时沙麓崩, 晋国掌占卜的史官曾说: '阴为阳雄, 土火相乘。过六百四十五年, 此地该有圣女兴, 大概是齐国的田氏吧?'现在王家正搬在沙麓, 时候只差八十年了, 想来将有圣女兴起来了。"这句话果然应在王政君的身上。王莽靠了这位圣女的力量, 平步上青云, 从新都侯直做到皇帝。晋史所说的阴为阳之雄, 土与火相乘, 这预言应当实现了。王莽是土德的皇帝的子孙, 当然继续其土德, 而他所代的也自然是火德了。可是有一件难处, 汉分明是土德, 如何可以把这土德让与代汉的新, 而改居于火德呢?

我们所感到的困难, 从汉人看来是不难的, 因为他们有造伪的本领。他们说, 王莽是舜后, 汉高帝应是尧后; 王莽受汉高帝之禅, 正像舜受尧禅一样。这样讲来, 王莽做皇帝一事, 就不是他的阴谋的成功, 而是前定的事实了。但如何可以把汉高帝说成尧后呢?

汉高帝起于平民, 大刀阔斧, 打出了天下。他不像王莽的出于世家, 他没有什么家谱, 他也不想造一本假家谱。所以司马迁生在武帝之世, 替他作《本纪》, 只能说"父曰太公, 母曰刘媪", 他的祖父是谁, 已经不知道了。其实, 就是他的父母也何尝真知道!"太公"只是"老太爷"的意思, "刘媪"则是"刘老太太", 究竟高帝的父亲叫什么, 他的母亲姓什么, 连这一点最基本的史实也渺茫了。他起于平民, 可羞吗? 不, 不但不可羞, 且很可夸。只要看司马迁说的"秦始皇怕诸侯起兵, 不给人尺土之封, 然而王迹起于闾巷之间, 讨伐之功超过了三代, 这不是书中所说的大圣人吗? 这不是天意吗? 如果不是大圣人, 怎能受了天命做皇帝呢!"就可知道高帝的起于平民正可表示其出于天意。他的身份越是微贱，所表示的天意就越明白。

但到了王莽之世，平民的汉高帝也不得不装做世家了。刘歆是改造《国语》为《左传》的人，他就淡淡地在《左传》里插入三段关于刘家上代的文字。把这三段文字综合起来，便是：陶唐氏后有一个刘累，会得养龙，夏王孔甲用了他管养龙的事，赐他为御龙氏。有一天，那条雌龙死了，他私下把它烹给夏王吃，吃得很好。后来夏王要他找出这条龙来，他心中害怕，逃走了。他们这一家，传到商代称为豕韦氏，传到周代称为唐杜氏。周宣王杀了杜伯，他的儿子隰叔奔晋。四世到士会，受封于范，为范氏。士会因事逃奔秦国，很受秦康公的宠用；晋人设法把他骗了回来。秦公很好，把他的家眷送回晋国；但还有一部分留在秦国，就改为刘氏。刘氏既是陶唐氏的子孙，那么，汉高帝为尧的后代这件事可以确定了。他们又继续编下去，说道：战国时，刘氏从秦搬到魏；后来从魏往东，住在丰邑，为丰公；丰公就是高帝的祖父。

高帝是尧后，王莽是舜后，这个方式，他们已这样地布置妥贴了。至于王莽是土德，高帝是火德，这一说乃从五行相生说来的。五行相生的次序，是木生火、火生土、土生金、金生水、水生木。王莽的天下，是汉高帝传与他的，只有祥和，毫无克伐，所以该得用相生说而不用相胜说。王莽既为土德，这方式当然是"火生土"。因此，他们又替汉高帝造出一件火德的符瑞。他们说：高帝做平民的时候，有一夜喝醉了酒回家，经过一带洼子，叫一个从人在前边走。这前行的人忽然转身回来，报道："有一条大蛇当着路，走不过去了。"高帝斥道："壮士走路，怕什么！"他一直向前，看见了这条大蛇，拔出剑来一砍，砍成两段，走过去了。再走了数里，困倦了，躺在地上。后边来的人经过这死蛇的地方，见一个老婆子正在哭。问她哭的什么，她道："我的儿子给人杀了！"又问："你的儿子为什么给人杀了呢？"她道："我的儿子是白帝子，变了一条蛇当着路；刚才给赤帝子砍死了！"这人以为她是乱说，要打她，忽然她不见了。他往前走，经过高帝睡的地方，高帝醒来，他一五一十地说给他听。高帝知道自己有天子的身份，大喜；手下的人听得了这件事，对他就愈加敬畏。——这件故事是由他们插入《史记》的。有了这一件故事，高帝之为火德也确定了。可是一手掩不尽天下目，到现在，我们要问：高帝既是火德，为什么他即位之后，要自居于水德，袭用秦的正朔和服色呢？又为什么汉的德运，从文帝闹到武帝，经历了五十余年，而所争的只有水德和土德，却从没有人想出高帝斩蛇的故事，说汉应是火德呢？这件故事是汉家的受命之符，立国的基础，如何竟"数典忘祖"了呢？

高帝以赤帝子斩白帝子，象征汉的灭秦。但秦为水德，这是千真万确的事情。水之色黑，为什么会变成白帝子？原来这是依照他们得天下的方式而定的。因为王莽是土德，依相生说，禅让与他的应是火德（赤帝）；汉是火德，依相胜说，被他所征诛的应是金德（白帝）。所以这秦为金德之说，仍是以王莽的土德为出发点的（这是王莽等的初期之说，后来他们又不主张秦为金德了，见下章）。

王莽所以改汉为火德，其宗旨原在攘窃汉的天下。哪知光武帝就利用了这一点，来做"光复旧物"的事业。光武帝名秀，是高帝的九世孙，在南阳做庄家人。王莽做了皇帝的第六年，他到长安读书，读的是《尚书》。地皇三年（公元22），南阳闹饥荒，盗贼蜂起。有一个李通把图谶给他看，上面写着"刘氏复起，李氏为辅"，劝他起兵。打了三年，势力很大，他手下的将官劝他做皇帝。他正在迟疑之间，先前的长安同学强华从关中带了赤伏符来。符上写："刘秀发兵捕不道，四夷云集龙斗野，四七之际火为主。"符上既分明说了刘秀当以火德为天子，于是群臣又奏道："现在上无天子，海内淆乱。受命之符，明白如此，亟须答谢上帝，以符人民的希望！"那时他们在鄗（今河北省柏乡县），就在鄗南千秋亭设了坛场，燔燎告天，即皇帝位。后来他到了洛阳，定都起庙，案图谶，推五运，就正了火德，色尚赤。那时人还讲起光武帝的两件故事：一是他降生时，有赤光照耀室中；一是他初起兵时，远望舍南火光冲天。他以火德王天下，无论在图谶上看，在符瑞上看，都是确定不疑的了。

后世的人称汉代为"炎汉"或"炎刘"，就是这样来的。

第十六章　古史系统的大整理

王莽把汉高帝说成了尧后和火德，就满意了吗？不，他还有未完的工作。一来呢，他的两个顶有名的祖先，是黄帝和虞舜；虞舜受尧禅即为新莽受汉禅的张本固然安排好了，黄帝和前一代又如何可以与他和汉发生关系呢？这一点却还没有说明白。二来呢，他是一个主张彻底的人，所以一不做，二不休，索性准备把全部古史在他手里重新整理一过。我们讲到这一个问题，必须明白，那时人的历史观念和我们不同。

我们知道，社会是时时在变动的，历史是决不会复现的。而他们则正和我们反对，以为如果不会复现便不成其为历史。他们觉得历史是走马灯，来了又去，去了又来。五德说主张五个德循环，三统说主张三个统循环，就是这个观念的具体表现。王莽处处模仿周公，宛然周公再生，也是这个观念的具体表现。

邹衍当初创五德终始说时，只从黄帝说起，黄帝之后就是夏，夏后是商，商后是周。虽说"周而复始"，其实连第一次的循环还不曾周遍。所以然之故，大约黄帝是当时传说中的第一个天子，至于尧、舜们则是属于黄帝的一个朝代的。其后古史系统愈说愈长，黄帝之前有神农，神农之前有伏羲，拿他们并在黄帝的一代里似乎不妥当。因此，五德说就有伸展的需要。在董仲舒的书里，有三王，有五帝，有九皇。什么叫九皇？就是从当代往上数，数到的第九代。最近的三代叫做"王"，稍远的五代叫做"帝"，最远的一代叫做"皇"，时代愈远，称号愈尊。所以他以为夏、商、周的君主称王，乃是周人之说；从汉人说来，商和周还是王，夏便是帝了。他举了一个周代的例，说：舜本是王，但从周人看他，已经超过了三王，该称帝了；轩辕是周的前八代，为五帝之首，所以称为黄帝；神农本来是五帝，现在列在第九代，该为九皇了。周人既能上溯到九代，秦自能上溯到十代，汉也当然可以上溯到十一代。这比了邹衍所说的就伸长了一倍。

既有比邹衍之说伸长的代系，而且五行相胜说之外另有一种五行相生说，于是他们要创造一个新系统时，就可根据了这两点，重排五德终始表了。他们说，《易传》里有一句"帝出乎《震》"，《震》是东方之卦，东方于五行属木，可见帝王是应从木德开头的。最古的帝王是伏羲，所以伏羲应是木德。从此以母传子，以子承母，代代相生，五行之运周而复始。这便是第二种的五德终始说。它虽和邹衍之说同名，这思想也由邹衍来，但帝王的代系和继承的方式都和前者不同，也可算得古史界的一度革命。

我们从周、秦诸子和《史记》里看，知道黄帝之前为神农氏。神农氏传了十七世，衰了。那时称雄的有炎帝，有黄帝，有蚩尤。黄帝先起兵和炎帝战于阪泉之野，后来又和蚩尤战于涿鹿之野，都胜利了，于是诸侯尊黄帝为天子。这种记载固然未必可靠，但炎帝和黄帝是神农氏末世的两个对立的雄豪，这意义是很显明的。《封禅书》中载的管仲论封禅的一段话，也说"神农封泰山，禅云云。炎帝封泰山，禅云云。黄帝封泰山，禅亭亭"，可见炎帝是在神农和黄帝之外的一个帝王。但是他们依据了"木生火，火生土"的原则，定伏羲为木德，黄帝为土德，则夹在中间的神农当为火德；神农是种田的，田应属土，生出来的禾稼应属木，如何可以算作火德呢？他们说：不妨，只消把炎帝和神农拍合为一个人就得了！于是这位古帝称为"炎帝神农氏"，他的火德的意义在名号上已经表现了出来。

他们定汉高帝的祖先为尧，尧是火德。依据"木生火"的原则，尧的上一代帝喾自然是木德。又依据"水生木"的原则，帝喾的上一代颛顼自然是水德。但是颛顼的上一代就是黄帝了，黄帝的土德是不能改变的，依据"土生金，金生水"的原则，黄帝既不能用了自己的土德下生颛顼的水德，颛顼也不能用了自己的水德上承黄帝的土德，这事怎么办呢？他们说：不妨，补上一代金德的帝王就是了！他们看古时东方有两个雄长，一个是太皞，一个是少皞（皞，亦作昊），就请少皞填了这个空缺，更加以"金天氏"的副名，使得他的金德可以从名号上直接表现出来。从此古史系统换了一个样子，黄帝之后是少皞，少皞之后是颛顼了。还有一个太皞，他们安置在伏羲氏的头上，称为"太皞伏羲氏"，和"炎帝神农氏"的拼凑而成的复名正相对。

有一篇书，称为《五帝德》，是司马迁作《五帝本纪》的蓝本。书里说："黄帝，少典之子也，曰轩辕。……颛顼，黄帝之孙，昌意之子也，曰高阳。……帝喾，玄嚣之孙，蟜极之子也，曰高辛……"他们就依据了这个记载，称黄帝为"黄帝轩辕氏"，颛顼为"颛顼高阳氏"，帝喾为"帝喾高辛氏"，使得"太皞伏羲氏"、"炎帝神农氏"、"少皞金天氏"等新造的称号得到了固有名词作陪客，可以减少生硬和杂凑的感觉。再有尧和舜，是向来称为陶唐氏和有虞氏的，也就称为"帝尧陶唐氏"和"帝舜有虞氏"。经过这样的整理，在形式上是整齐极了。

秦为水德，是始皇按照了邹衍的五德终始说而明白宣布的。但到这时，汉的火德为周的木德所生，紧紧的承接，秦已没有地位了，如何可以解释始皇的改制呢？他们说：不妨，秦以水德介于周、汉的木火之间，失了它的五行的次序，所以享国不永，只得列为"闰统"。唉，假使这相生式的五德说早已有了，秦始皇还哪里会自己甘心居于闰统呢！他们觉得木火之间但有一个秦，没有复现的形式，便不成其为走马灯式的历史，所以说：伏羲木和神农火之间有共工氏；帝喾木和帝尧火之间有帝挚；周木和汉火之间有秦：见得五德之运运转到了这个地方时便非有一个闰统不可。

他们各方面都布置好了，于是写定"全史五德终始表"如下：

木	1 太皞伏羲氏	6 帝喾高辛氏	11 周
闰水	共工	帝挚	秦
火	2 炎帝神农氏	7 帝尧陶唐氏	12 汉
土	3 黄帝轩辕氏	8 帝舜有虞氏	13 新
金	4 少皞金天氏	9 伯禹夏后氏	
水	5 颛顼高阳氏	10 商	

邹衍的五德说还没有转完一回，哪里知道过了二百数十年就会转到第三回！邹衍本说禹为木德，其符瑞是"天先见草木秋冬不杀"，到这时禹就成了金德，是白帝之子了。邹衍本说汤为金德，其符瑞是"天先见金刃生于水"，到这时他也变了水德而为黑帝之子了。邹衍又说文王时"赤乌衔丹书，集于周社"，表明他是火德，但到这时他又成了木德，赤雀衔到的丹书上的文字是"姬昌，苍帝子"了。为什么要这样变？原来它的中心是建筑于

火　炎帝——帝尧——汉高帝
土　黄帝——帝舜——王莽

上的。这个中心绝对不能变，所以中心以外的一切就不得不换去了各个的本来面目而迁就它了。

王莽既在学说里先有此规定，因此，他做了皇帝之后，就下诏道："帝王之道是相通的，盛德之后是应当百世享祀的。黄帝、帝少皞、帝颛顼、帝喾、帝尧、帝舜、帝夏禹等都有圣德，应当寻访他们的后代，奉守其祀典。"他于是封姚恂为初睦侯，奉黄帝后；梁护为修远伯，奉少皞后；皇孙功隆公王千，奉帝喾后；刘歆（不是那个做国师的）为祁烈伯，奉颛顼后；刘叠为伊休侯，奉尧后；妫昌为始睦侯，奉舜后。又封夏后姒丰为章功侯，殷后孔弘为章昭侯，都位为"恪"；周后姬党为章平公，和先封的汉后定安公刘婴，都位为"宾"。这样，新造的古史系统就和实际的政治发生了密切的关系，靠了这关系而后这杜撰的系统就获得了保证人了。

到后来，王莽在政治上固然失败，但这个杜撰的古史系统却已立于不败之地。我们试翻开近三百年来民众的正统史书《纲鉴易知录》，上面便写着"太昊伏羲氏以木德王"，"炎帝神农氏以火德王"，"黄帝有熊氏以土德王"，"少昊金天氏以金德王"，"帝喾高辛氏以木德王"，"帝尧

陶唐氏以火德王","帝舜有虞氏以土德王","大禹以金德王"。这些话谁敢不奉为典则？谁会想到这是王莽的骗局的遗留？

这古史系统的改造，把人们欺骗了近二千年。一班有学识的人固然也感觉其离奇，但至多只有不提而已，总想不出它是怎样来的。自从清末提出了"今古文问题"，知道应把古文的著作和今文的著作分别着读，比较之下，才发见这是古文家摆布的迷魂阵。康有为作《新学伪经考》，指出了黄帝、颛顼之间本来没有少皞这一代；崔适作《史记探源》，指出了王莽所以这样排列的意思是要证明新之当受汉禅正如舜之当受尧禅：这一个大黑幕方得揭开。至于帮助王莽摆下这迷魂阵的，他们以为是刘歆；我也以为很对。一来呢，刘歆是编辑《左传》的人，《左传》既说刘为尧后，又偷偷地把少皞插入黄帝和颛顼之间，又露出金天氏一名，隐隐与少皞联起，而这些说话显然与他种古籍矛盾，足以证明其出于编辑人的窜乱。二来呢，班固作《汉书·律历志》，自己说明根据的是刘歆之言，而《志》中引的《世经》就是这个新造的古史系统的娘家。清代的今文家自己的建设固然不足取，但其对于古文家的骗局的破坏工作实是非常的精当，为讲汉代学术思想史的人所不该不取材的。

第十七章 经古文学的建立

刘歆在哀帝时要立四种古文经传，碰了博士们一个大钉子，他忍气吞声，出来做了几任外官。但他的幸运终于到了，他少年时任黄门郎，恰好那时王莽也是一个黄门郎，两人都很博学，意气十分相投。自从平帝元年，王莽当了权，他就回到朝内，任右曹太中大夫，又任羲和、京兆尹。元始四年，王莽奏起明堂和辟雍等，规复古代的建筑，就是由刘歆主办的。因他有功，封为红休侯。又使他典儒林史卜之官，考定律历。这时候，刘歆已成为文化事业的中心人物，他可以用了自己的理想构成一个文化的系统了。于是《左氏春秋》、《古文尚书》、《逸礼》、《毛诗》都立于学官。向来反对他的博士们只得忍气吞声地领受他的报复。

他立了这四种古文经传，还不以为满足，索性更掀起一个大规模的学术运动。《六经》里面的《乐》，本来是有谱而无经的，他也找出了《乐经》而立于学官。又增加博士员，每经五人，《六经》共三十人；每一博士领三百六十个弟子，总共有一万零八百个博士弟子。他还以为不足，奏请征求天下异能之士，凡是通一经，教授十一人以上，和懂得《逸礼》、《古书》、《毛诗》、《周官》、《尔雅》、天文、图谶、历算、钟律、《月令》、兵法、小学、《史篇》、医术、《本草》的，地方官就替他备了车马，送到京城里来。在元始四、五年间（公元 4—5），到的数千人，都令在未央宫的廷中讨论记录，要他们改正前人的乖谬，统一各种的异说。这件事情，手段非常毒辣，既把古文学的种子散播到民间，又令今文学增加许多敌人，凡是古文学家眼光中感到的"乖谬"和"异说"都被打倒了。这是用了利禄的引诱来统一学术思想的办法，实在还是武帝立五经博士的老手段。

当时这一班人，现在已经不可考了，只知道那时通知钟律的有一百多人，他们的议决案是羲和刘歆领衔奏上去的。又知道那时说文字的有一百多人，其中以沛人爱礼的学问为最高，就任他为小学元士。黄门侍郎杨雄采取他们的讨论的结果，编成了一部《训纂篇》。汉代通行的文字，据《仓颉篇》只有三千三百字；现在《训纂篇》就有五千三百字了。到居摄时（公元 6—8），大司空甄丰又奉命校文书，给他改定的古文字也不少。那时有六种书法：一是"古文"，说是孔家壁中书的遗文；二是"奇字"，是古文的变体；三是"篆书"，就是小篆；四是"左书"，是秦的徒隶们写的简笔字；五是"缪篆"，是用来刻印的；六是"鸟虫书"，是用来写旗帜的。有此分别，于是今文经归入了"左书"，地位远在古文经之下了。这是文字学的一回大整理。他们用了这手段奠定了经古文学的基础。从此以后，文字愈多，东汉时班固作的《续训纂篇》就有六千一百多字，许慎的《说文解字》就有九千三百多字了。

我们知道，这些古文奇字有的是他们杂凑起来的，有的是完全杜撰的，也有是从古器上钞写来的。但他们决不承认是零碎集成，屡次声明为整个的材料。他们说：壁中书是鲁恭王毁坏孔子宅时得到的，其中有《礼记》、《尚书》、《春秋》、《论语》、《孝经》。（诸位应记得，哀帝时刘歆责备博士的信上说孔壁里出来的东西只有《礼》和《书》，而今又添出了三种了！）还有汉初丞相张苍也献上古文的《春秋左氏传》。他们说：这种文字或是孔子手写，或是孔子同时人所写，所以古文经是最可靠的，它确为孔子的真传。我们翻开《汉书·艺文志》来，哪一种经书不是今古文并列，这可见他们建立古文学的工作是怎样的急进呵。所以，今文学是由春秋、战国以来五百年间渐渐构成的；古文学则是刘歆一手包办，在十余年间一齐出来的。我们说刘歆作伪，人家听了往往以为言之过甚，说他一个人的精力如何造得了许多。须知他一个人的精力固然有限，但他借着帝王的权势，收得三十个博士，一万零八百个弟子员，数千个奇材异能之士，漫说十几部书，就是几百部书也未始做不出呢！刘歆何须亲手做，只消他发凡起例，便自有人承应工作。这承应的工作虽成于他人之手，难道他就可不负造意的责任吗？

钱玄同说："古文经对于今文经的态度是这样：'我的篇章比你的多；我的字句比你的准；我的解释比你的古；我有你所没有的书，而你所有的我却一概都有。'因为他是这样的态度，所以就上了今文家一点小当。今文经中汉朝人伪造的文章，古文经也居然有了，如《易》之《说卦》以下三篇和《书》之《太誓》皆是。古文经据说非得自孔壁，即发自中秘，或献自民间，总之皆所谓'先秦旧书'也。先秦人用'古文'写的书中居然有汉朝人伪造的篇章，这不是作伪的显证吗？"

他们不但要造伪经，而且要造伪经的传授系统。例如《毛诗》，本来没有什么传授可说的，但他们也想出一个很长的系统来（他们自己的记载是失传了；依据唐人书上写的是孔子传子夏，子夏传曾申，曾申传李克，李克传孟仲子，孟仲子传根牟子，根牟子传荀卿，荀卿传毛公，毛公做河间献王的博士；从此传下来，直到王莽时）。他们说：《诗经》该有三百十一篇，但今文经只有三百零五篇是不全的，他们失去的六篇是《小雅》里的《南陔》、《白华》、《华黍》、《由庚》、《崇丘》、《由仪》。这句话就露出破绽来了。钱玄同说："汉初传《诗》，即分鲁、齐、韩三家，这三家各自传授，并非同出一源，何以申培、辕固、韩婴三位老先生都把这六篇诗忘了，又都把其他的三百零五篇记住了？天下竟有这样的巧事，岂非大奇！更奇的是：古文之《毛诗》，这六篇的篇名虽然幸被保存了，偏偏它们的词句也亡缺了！今文《诗》据说是靠讽诵而传下来的，三位老先生既同样的背不出这六篇，而古文《诗》据说是从子夏一代一代传到大毛公，作《故训传》，被河间献王所赏识，立博士，则早已著于竹帛了，偏偏也是缺了这六篇，偏偏和今文三家同样的缺了这六篇。这种奇迹，居然能使自来的经学家深信不疑，刘歆的魔力真是不小哇！"

王莽自从辅了平帝之后，处处模仿周公，所以那时就有《周官》一书现出，说是周公作的，供给王莽许多模仿的资料。当居摄三年，王莽的母亲功显君死了，太后诏议他的服制，羲和刘歆和博士等奏道："摄皇帝要使汉朝和唐、虞、三代同样的兴盛，所以开秘府，会群儒，制礼作乐，以成天功。他圣心周至，有独见之明；又发见《周礼》一书，可供损益古代礼制的参考。现在功显君薨了，摄皇帝承皇天之命，奉汉大宗之后，不得顾私亲。《周礼》里说，'王为诸侯缌缞'。应请用这天子吊诸侯之服，以应合圣制。"在这段话里，已亲切地告知我们，《周官》（即《周礼》）这部书是王莽发见的。在这样崇拜周公的高潮之下，在周公的偶像这样支配现实政治的时候，恰巧发见了这一部书以供他制礼作乐时的参考，这部书的来历不是很可疑吗？因为有了这个参考，所以《周官》里"兆五帝于四郊"，他就建郊宫；《周官》里"辨庙祧之昭穆"，他就定祧庙；《周官》里有"九命作伯"，他就受九锡；《周官》里有"嘉量"，他就制嘉量（故宫博物院藏一器，现在南迁了）；《周官》里说"羞用百有二十品"，他就吃一百二十样的饭菜；《周官》里有"六宫"和"九嫔、世妇、女御"一班妃妾，他就于皇后之外列"和、嫔、美、御"之位：三个和人位视三公，九个嫔人位视九卿，二十七个美人位视大夫，八十一个御人位视元士：一共纳了一百二十个女子，比较古代的天子超过了十倍。

　　在其余的古文经传里也多寻得出帮助王莽做成皇帝的痕迹。例如《春秋》隐公元年只写"元年春王正月"，不写"公即位"，《春秋》家推求孔子所以不写的缘故，说隐公本有让国于弟桓公之意，故孔子以不写他即位表显他的志愿。不过这仅是隐公的志愿而已，至于鲁公之位终究是他实任的。《左传》却说"不书'即位'，摄也"，这样说来，隐公就不是实任的君而是用了臣的资格来摄行君事了。这对于王莽的做摄皇帝是怎样的给予他一种有力的根据呵！又刘歆所表章的《古文尚书》里有一篇《嘉禾》，其中的一段是"周公奉鬯立于阼阶，延登，赞曰：'假王莅政，勤和天下'"，这是不是王莽做假皇帝的一个很好的先例？天下竟有这样的巧事，后世的人要什么就可以在古书里找出什么来！

　　古代的历史，古代的书籍，都为供给他们的需要而弄乱了。无数的知识分子也都受了他们的麻醉了。光武帝虽说"光复旧物"，但在文化上，他已经认不清谁是旧的，谁是新的。而且他以《赤伏符》受命，固已根本接收了王莽的学说。所以中元元年（公元56），他就依照王莽的制度，筑起明堂、辟雍、灵台来。明帝继续了他的事业，坐明堂而朝列侯，升灵台以望云气；又临幸辟雍，亲袒割肉，行养老之礼；缫射礼毕，他正坐讲经，诸儒执经问难于前，数万个冠带齐整的绅士们环绕桥门，静静地听着（北京的国子监就是汉的辟雍遗制，可以到那边去想像那时的情形)。因为汉的火德只有用了王莽的历史系统才能说明,而这个系统,除了图谶之外,在古书中只有《左传》是寻得到证据的,所以《左传》被重视了。当光武帝时,就想立《左传》的博士,有一个老博士范升竭力反对,说道:"《左传》不祖孔子而出于左丘明,又没有相传的师徒,又不是先帝所立的,为什么要立博士呢?"他和几个古文学者辨难了好久,又提出《左传》的不合处十四条奏上去。光武帝不听他的话,立了;后来又因许多人的反对,废了。到章帝初年,令贾逵自选二十个高才生,把《左传》教他们。八年(公元 83),又诏诸儒各选高才生受《左传》、《毛诗》、《古文尚书》等古文家的经典,又任贾逵的弟子为郎官,学者都欣欣地向慕。既有许多的高才生替它宣传,它在学术上就取得了新的生命,渐渐地成为《春秋》之学的正统,把原来惟一的《春秋传》(《公羊》)挤出去了。

东汉一代,博士共十四人,都是今文经之学。在表面上看,似乎是今文学的胜利;然而这胜利只有在表面上而已。所以然之故,古文视今文为后出,经过一次整理,当然比今文进步;况且《左传》的记事何等美丽,《周官》的典制何等绵密,今文经里哪里找得出来。因此,东汉时几个最有名的学者,如贾逵、服虔、马融、郑玄,都是古文家,或是兼通今古文的。到了魏、晋之后,五胡乱华,中原士大夫忙着南渡,今古文的经典和汉人的经说散失很多,今古文的界限就记不起了。到唐初作《五经正义》:《易》用晋王弼《注》,《书》用晋梅赜所献的伪《古文尚书》(刘歆的《古文尚书》已是假,这乃是假中之假)和伪《孔安国传》,《诗》用《毛传》和郑玄《笺》,《礼记》用郑玄《注》,《左传》用晋杜预《注》。后又加上《周礼》和《仪礼》的义疏,都用的郑玄《注》。郑玄所以在经学界中握有绝大权威,就为这七部正统的经典的注释,他一个人占据了四部之多。但他是兼修今古文的,常用古学说去改今学说,又用今学说去改古学说,所以后人骂他为搅乱家法的罪魁。这几种经典里,纯粹是古文学的,有《周礼》和《左传》的本身和《诗经》的《毛传》。虽然古文学还没有把经学界统一,但比了湮没了的今文学究竟占了绝大的优势,刘歆的势力赖此维持到清末。自从清代中叶(嘉庆十,1805)刘逢禄作了《左氏春秋考证》,他的地位才开始摇动;到清代末叶(光绪十七,1891)康有为作了《新学伪经考》,他方受了致命伤而倒坏了。他为什么要造伪书伪史,这是汉代史中的问题。他要造伪书伪史在古书古史里发生怎样的影响,这是文籍考订学中的问题,也可说是上古史中的问题。所以现在我们的使命，就是要向他清算这一千九百余年来的搅乱古书和古史的总账。

第十八章　祀典的改定和月令的实行

我们翻开古书来看，觉得秦以前的国家宗教是很简单的。最大的祭礼是郊，一年一次，祭的是天，也把天子的最有功德的祖先去配享。例如周人，他们的始祖是后稷，后稷在农事上是有大功劳的，所以他们在郊祭时便以后稷配天，连带祈求年谷的丰登。其次是社，这仿佛像现在的城隍庙和土地堂一样，无论大都小邑，都有社庙；上自天子，下至庶民，都有他的社。他们不但在那边祭后土之神，就是碰见大水、大火等灾难，或是日食等灾难的预示，都要击鼓杀牲而祭。逢到打仗，出兵和班师时都须祭社；献俘也在那边。因为那边成了军事机关，所以即在太平的时候，也要借着社祭陈列军器，好像开国防博览会似的；齐国的社尤其有名。社既是代表国土，又作国防的中心，再加上了民食的稷，国家的意义已完全，所以"社稷"二字就成了国家的代名词。郊社之外，又有宗庙，是祭祖先的；又有旅和望，是祭国内的名山大川的。寥寥落落，只有这几种。要拿阴阳五行之说来分配，至多把郊配阳，社配阴；五行便无从说起。好在那时还没有系统的阴阳五行说，用不着人们发愁。

那时的祀典比较可和五行说接近的，是秦国的上帝。然而秦文公在鄘衍祭白帝，秦宣公在渭南祭青帝，秦灵公在吴阳祭黄帝和炎帝，都是随时随地建立，并没有顾到五行的方位。到汉武帝时，他在长安西北的甘泉建了泰畤坛去祭天，在长安东面的汾阴建了后土祠去祭地，也没有按照着方位。这种不择地的设置，足见其时尚没有极严密的阴阳五行说，所以不曾处处受着这些规律的束缚。武帝又喜欢求神仙，任方士，以致许多的民间信仰都变成了国家宗教。

武帝以后，阴阳五行的学说经经师们的鼓吹，这空气愈来愈浓重了，简直笼罩着一切。他们以为属于木的一定居东，属于火的一定居南，属于土的一定居中，属于金的一定居西，属于水的一定居北；少阴为西，太阴为北，少阳为东，太阳为南，都是一定不移的方位。既有这些严格的学说，于是以前的种种宗教建设大家看得不顺眼了。成帝初即位（建始元年，公元前32），丞相匡衡奏言："帝王的事务，没有比郊祀更重的，所以从前的圣王都尽心极虑地规定这制度。他们祭天于南郊，为的是就阳；祭地于北郊，为的是就阴。上天受天子的祭飨，是在天子的都城里的。现在天子住在长安，祭天反到太阴方面的甘泉去，祭地反到少阳方面的汾阴去，和古礼太不合了。应当把这天地的祀典搬到都城来举行，从此祭天于南郊，祭地于北郊，回复古帝王的规模。”会议的结果，照办了。匡衡又奏：“甘泉的泰畤太奢华，有采镂黼黻的装饰，有鸾路骍驹的祭物，又有玉几玉器的陈列，又有童男童女的歌乐，这也和古制不合。古代的祭天之礼质朴得很，祭具是陶制或瓠制的，牲只用犊，席只用秸。现在也应当复古。”他还说：“秦国所立的上帝祠本不合礼，应当和其他不合礼的祠庙一齐罢废。”成帝都接受了。那时国家奉祀的祠庙本有六百八十三所，审查的结果只有二百零八所是合礼的，其它都废了。候神方士等七十余人，也都免职归家。这是把原有的祠宇作一次总整理，大淘汰，把汉武帝在封禅郊祀的狂热中的建设完全破坏了。实在说来，这是儒生对于方士的威胁，他们用了纯粹的阴阳五行说把随时随地发生的神仙庙祀打倒了。他们反对的是鬼神，保留的是术数。他们说是古代圣王如此，其实只是他们心目中的圣王是应该如此的。

成帝没有儿子，王太后急于抱孙，疑心为了迁废诸庙，受鬼神的责罚，永始元年（公元前 16），她下诏把泰畤迁回甘泉，后土祠迁回汾阴，又恢复了许多祠庙。可是到底没有用，成帝也死了。王太后十分生气，她说：“皇帝遵了经义定郊礼，原是不错的。为了求福，所以又迁回去。现在到底没有得到一些福佑，还是顺了皇帝的原意，回复了长安的南北郊罢！”

哀帝即位之后，也常常生病，为要求福，又征用方士，把以前所废的祠庙完全恢复了。他在一年之中祭过三万七千次。过了一年（建平三，公元前 4），病还没好，又把泰畤和后土祠迁回原处。到平帝元始五年（公元 5），王莽又请复长安南北郊，并请把高帝、高后配享：冬至日，祠南郊，高帝配而望群阳；夏至日，祠北郊，高后配而望群阴。王太后都照准了。三十六年之间，天地之祠搬徙了五次。

因为王莽是一个笃信阴阳五行说的人，所以他既继承了匡衡的主张，用阴阳说定了南北郊，还要更进一步，用五行说定群神之祀。他和太师孔光、羲和刘歆等八十九人议，说道：“天子以父礼事天，以母礼事地。现在应称天神为皇天上帝泰一，兆（兆是坛域）为泰畤；称地神为皇地后祇，兆为广畤。此外，再把群神以类相从，分为五部。这五部是：

（一）中央黄帝、黄灵后土畤，及日庙、北辰、北斗、填星、中宿、中宫，于长安城之未地兆。（照十二辰的方位，"未"在西南角上。）

（二）东方帝太皞、青灵句芒畤，及雷公、风伯庙、岁星、东宿、东宫，于东郊兆。

（三）南方炎帝、赤灵祝融畤，及荧惑星、南宿、南宫，于南郊兆。

（四）西方帝少皞、白灵蓐收畤，及太白星、西宿、西宫，于西郊兆。

（五）北方帝颛顼、黑灵玄冥畤，及月庙、雨师庙、辰星、北宿、北宫，于北郊兆。"

这就是《周官》里所说的"兆五帝于四郊"，他把这制度实现了。这五帝的名目，诸君应当记得，便是第十六章里《五德终始表》的第一层。那时已是居摄中，正在酝酿着受禅，所以这五方之帝便是五行相生说下的古史系统中的帝王。再替这五帝添上五个辅佐，太皞之佐是句芒，炎帝之佐是祝融，黄帝之佐是后土，少皞之佐是蓐收，颛顼之佐是玄冥，使得这个系统的地位可以更加巩固。他们把这宗材料插入古文学的两部经典：第一是刘歆重编的《左传》，就附在"汉为尧后"说的一章之下，说这是五行之官，生时封为上公，死后祀为贵神的。第二是王莽征求通晓之士的《月令》，说太皞是春季的帝，句芒是春季的神；炎帝是夏季的帝，祝融是夏季的神；黄帝是中央的帝，后土是中央的神；少皞是秋季的帝，蓐收是秋季的神；颛顼是冬季的帝，玄冥是冬季的神。一年本来是四时，到这时硬把它拉长，成为五时了。

皇天上帝泰一是最高的天帝。太皞、炎帝们为五帝，是次一级的天帝。这个方式固然和汉武帝的泰一坛相像（见第五章），但武帝时的五帝只是五种颜色之帝，没有同传说中的古天子发生关系，而王莽定的制度则天帝的系统即是古史的系统了。这一点的差异，不能不说是王莽设下的阴谋，也不能不说是经古文学的中心问题呵！

《月令》这一篇，讲的是天子居明堂之礼。这篇的大意，是天子每一个月应当顺着时令做天人相应的工作（见第一章）。自从王莽当权，建筑了明堂，又征求通《月令》的人，一时祭祖先，封诸侯，行大射，都在那边，做得很有声有色。王莽失败之后，长安的明堂毁废，光武帝继续在洛阳兴造。明帝永平二年（公元59），下诏祀光武帝于明堂以配五帝，又颁发时令，迎气于五郊：立春之日，迎春于东郊，祭青帝和句芒，车骑服饰都青色，唱的是《青阳》之歌。立夏之日，迎夏于南郊，祭赤帝和祝融，车骑服饰都赤色，唱的是《朱明》之歌。前立秋十八天，迎黄灵于中兆，祭黄帝和后土，车骑服饰都黄色，唱的是《帝临》之歌。立秋之日，迎秋于西郊，祭白帝和蓐收，车骑服饰都白色，唱的是《西皓》之歌。立冬之日，迎冬于北郊，祭黑帝和玄冥，车骑服饰都黑色，唱的是《玄冥》之歌。

从此以后，"顺时令"一义遂为帝王施政的总纲。章帝元和二年（公元 85），下诏道："春天是生养万物的时候，应当息事宁人以奉天气。"这年的秋天，又下诏道："《月令》冬至之后，但有顺阳助生的明文，而不载鞫狱断刑的政令。天子的生杀是应当顺着时气的。现在特定一种法律：凡在十一月和十二月里，不许送上刑狱的报告。"那年十一月冬至，又依照《月令》，把关梁闭起。元和三年二月，又下诏道："《月令》说孟春之月，应当好好地去视察丘陵土地所宜以备种植。现在荒地尚多，着即分给贫民，令他们各尽地力，勿得游手。"就在这一月里，他因要到中山去，又令道："现在方春的时候，所过的地方不得有所砍伐。天子虽尊贵，但在不适当的时候砍去一株草木，就不算顺天，也就是不孝。巡行之际，凡车马可以避开的，便避开了。"章和元年（公元 87）七月，又诏道："依照《秋令》，这一月里应当养衰老，着赐高年者每二人布帛各一匹，让他们自己备些醴酒和酪浆罢。"章帝之后，历朝帝王也多在春天养幼赈贫，在秋天养老恤刑。

一般的学者，把《月令》的著作时代说得早是周公作，说得迟是吕不韦作。但此书既在汉前，何以在西汉时不能发生什么影响而在东汉时便会发生大影响？何以汉武帝初年要立明堂只为朝诸侯，后来在汶上造明堂只有取资于方士的图画，而古制的再现必有待于王莽制礼作乐的时候？何以西汉时讨论明堂有纷纷之说，而一到东汉即翕然无异议，一切都有固定的方式可以遵循了？所以我觉得，这篇书的出现是很有问题的。虽则这篇书还见于《吕氏春秋》等书中，难道他们就不能插进去吗？

古时最大的祭礼是郊和社。到这时，郊是析为南郊和北郊了。北郊由后土祠来，祭地神，性质和社实在没有什么分别。但汉代在后土祠外另有官社，所以王莽更立官稷，又把夏禹配食官社，后稷配食官稷，恢复古代的社稷之祀。这个制度传下来，永远没有什么大改变。我们看，北平前门外有个天坛，这就是南郊；安定门外有个地坛，这就是北郊；天安门西边的社稷坛（今为中山公园），就是官社和官稷。还有一个先农坛，在天坛的对面，是祭农神的，好像和社稷坛的"稷"重复了，这是汉代所没有的。推原它的由来，当出于周人的"郊祀后稷以配天"。地坛祭地，先农坛祭后稷，社和稷都有了着落了，为什么还要立社稷坛？原来社稷一名已习用为国家的代名词，其本义已经送给地坛和先农坛了。

第十九章　谶纬的造作

古代人最喜欢作预言，也最肯信预言。那时的史官就是制造预言的专家。还有一种预言，说是上帝传给人们的，叫做谶。相传秦穆公曾经睡了七天不醒，醒来的时候，对人说："我是到上帝那边去的，上帝告我，将来晋国怎样，秦国怎样。"他叫人把这些话写出来，称它为"秦谶"。后来晋国的赵简子也像他一样，睡了七天，醒来的时候告诉他的大夫说："我到了上帝那里，和许多的神灵游于钧天，听广乐，看万舞，快乐极了。忽然有一头熊要来抓我，上帝命我射它，一射就死了。又有一头罴扑来，我照样一射，罴又死了。我瞥见我的儿子也在上帝旁边，上帝指着一条翟犬，对我说：'等你的儿子长大时再给他罢!'"这些话也都记住藏好，当然成为赵谶。后来赵简子灭了晋的世卿范氏和中行氏，知道梦里射死的一熊一罴就是他们的象征。他的儿子襄子灭了代国，这翟犬的谶也应验了。这都是上帝的命令，但上帝不肯明白说出，只管用了仿佛相类的东西来作暗示，逼得人们去猜谜，他为什么这样喜欢要手段呢？

秦始皇时，这类的预言也常有。三十二年（前215），他派燕人卢生入海求神仙。卢生到了海里没有见到神仙，却得到一本图书，上面写着"亡秦者胡也"。于是始皇发兵三十万人往北去打胡（匈奴），夺取河套地；不知道这个谶是要应在他的少子胡亥身上的！这个谶既有图，又有书，其形式大概和现在流传的《推背图》相像。三十六年（前211）秋天，有一个使者从关东来，晚上经过华阴，忽被一人拉住，那人一手把一块璧递给他，说道："请你替我送给滈池君（长安西南有滈池）；还告他，在这一年中祖龙要死了。"使者正要问他，那人已不见。他把这事奏上；查考这块璧，乃是始皇二十八年渡江时沉在江里的。始皇很不高兴，但自己宽慰道："山鬼懂得什么！况且祖是人之先，也未必是我呵！"他为要避开这个恶运，就往南方去游玩。三十七年七月，他果死在路上。大家说，祖是始的意思，龙是皇的意思，这又是一个应验的谶言了。

但谶言真是上帝降下的吗？看下面一件事就很使我们疑惑。当始皇听得"祖龙死"的前几个月，有流星坠在东郡，化为石，有人在石上刻了"始皇帝死而地分"七个字。这句话说得太明显了，用不着猜谜，所以他知道这是自己的臣民所发出的咒诅，便派御史去查问，虽然没有得到主名，也把石旁的居民尽杀了，连这块石头也销毁了。其实从楚、汉之际看来，这句人造的谶言也是十分应验的。

西汉时，社会安定，这类刺戟人心的谶言当然减少。但到武帝之后，民穷财尽，国本动摇，谶言又得了发展的机会。例如上面提起的，昭帝时，泰山下一块卧地的大石忽然站起，上林苑的枯柳树忽然重生，眭弘就说将有新天子从匹夫中突起。又如成帝时，齐人甘忠可说上帝派赤精子下凡，传给他一部《包元太平经》，供给汉室再受命的应用（均见第七章）。王莽时，这种风气更盛了。武功长孟通掘井时发现一块白石，上面有"告安汉公莽为皇帝"八个红字，王莽就做了摄皇帝。临淄亭长发现了一口新井，巴郡得到石牛，扶风得到石文，摄皇帝就去掉了"摄"字。哀章把"天帝行玺金匮图"和"赤帝行玺邦传予黄帝金策书"送到高庙之后，汉高帝就让国与王莽了（均见第十四章）。在这些记载里最可注意的，是哀章的"金匮图"和"金策书"，足见这是既有图又有书的，和卢生在海里得到的东西相仿。

哀章的图书里写着王莽的大臣八人，又取了两个吉祥的名字，唤做王兴、王盛，连他自己一共十一个人，都署定了官爵。王莽既登极，就照了这个上帝的单子去任命。于是王舜为太师，封安新公；平晏为太傅，封就新公；刘歆为国师，封嘉新公；哀章为国将，封美新公；以上四人称为四辅，居上公之位。又甄邯为大司马，封承新公；王寻为大司徒，封章新公；王邑为大司空，封隆新公：这三人居三公之位。又甄丰为更始将军，封广新公；王兴为卫将军，封奉新公；孙建为立国将军，封成新公；王盛为前将军，封崇新公：这四人称为四将。王兴、王盛，朝中并没有这两人，但姓这个姓又叫这个名的却很多；王莽访得同名姓的十余人，其中以退职的城门令史王兴、卖饼人王盛的容貌为最合于卜相的标准，就登用了他们，从此这二人跻于阔人之列，这种好运真是他们梦里也没有想到的。大家看见做官有这一条捷径，于是争作了符命献上去；虽已得不到公爵，也可以望封侯。至于不屑干这种事的，见面时常常戏问道："你还没有得到天帝的委任状吗？"有人劝王莽道："这实在开了奸人作福的门路，又是乱了天命，应当除去其根原才是。"王莽也觉得这种事情干得腻了，于是献符命的往往下了监狱。起初，甄丰和王舜、刘歆们都是王莽的心腹人；王莽从大司马做到皇帝，甄丰也曾出过不少的气力，定过不少的计谋。到这时，他虽由了《金匮图》而得着公爵，但和卖饼的王盛同居于四将之列，反不及一个无赖的哀章，终觉得不高兴。他的儿子甄寻知道他的意思，就作了一通符命，说新室当依照周、召的故事，分陕立二伯：更始将军甄丰为右伯，太傅平晏为左伯。王莽因他们都是旧人，也听从了。当甄丰任了右伯，尚未动身的时候，甄寻贪得无厌，又作了一通符命，说以前的汉平帝的皇后，汉亡后称为黄皇室主的，应当改嫁甄寻。平帝的后是王莽的女儿，他这一回可不答应了，怒道："黄皇室主是天下之母，这是什么话！"他发吏收捕甄寻，那追随多年的右伯甄丰就只得自杀了。

王莽自从作了真皇帝，为要替自己宣传，派五威将王奇等十二人颁发符命四十二篇于天下，都是说些汉的火德是怎样的销亡，他的土德是怎样的兴起，皇天的符命是怎样地一次一次给予他的种种故事。文帝时黄龙出现于成纪（见第四章），不是公孙臣主张汉为土德的证据吗？但在这四十二篇里，居然列为王莽的土德的符瑞了。经他这样一宣传，把这些观念深深印入国民的脑里，于是光武帝做皇帝时便非自承为火德不可，所以《赤伏符》就是跟着这四十二篇来的。

且说王莽时有个公孙述任导江卒正（那时改蜀郡为导江，太守为卒正），到王莽灭亡，四方兵起，他就自立为蜀王；后来又自立为天子（光武帝建武元年，公元25），国号成。他根据王莽的五德系统，以为土生金，他在王莽之后应为金德，所以色尚白（成都称为白帝城，即由此来）；又建元为龙兴。他也和王莽同癖，好作符命。他以为谶书里说的"孔子作《春秋》，为赤制作，断十二公"，赤是汉，高帝到平帝是十二代（连昌后数在内），可见汉的历数已经完了；一姓不得再受命，所以刘秀虽有《赤伏符》还是无效的。他又引《录运法》说，"废昌帝，立公孙"，《括地象》说，"帝轩辕受命，公孙氏握"，《援神契》说，"西太守，乙卯金"，以为他姓公孙，应当受命；又他以西方的太守起家，应当去乙（轧）绝卯金（刘）。他又说：五德之运，黄承赤而白继黄，所以他据西方为白德，确是得到了帝王的正统。他屡次发出檄文，把这些意思宣传到中原来，要使大众相信他是一个真命天子。光武帝不怕打仗，却怕在谶书里真有别人做天子的证据，就给他一封信，说道："《西狩获麟谶》上说的'乙子卯金'，是汉高帝以乙未年受命。'光废昌帝，立子公孙'，是霍光废掉昌邑王而立皇孙病己（宣帝）。'帝轩辕受命，公孙氏握'，乃是姓公孙的黄帝作土德之君，也与你无关。而且谶书上又说：'汉家九百二十岁，以蒙孙亡；受以丞相，其名当涂高'，你是不是丞相当涂高呢？你年纪大了，应当替妻子们想一想，不要争夺这天下的神器罢！"公孙述看了这信，不答覆，仍做他的皇帝。但到龙兴十二年上，究竟他的"西太守"靠不住，给《赤伏符》灭掉了。

在公孙述和光武帝二人的文告里，可以注意的事情有几项：第一，他们作天子的根据都出在谶书上。第二，他们对于谶书，各有各的解法，好像后人的详签详梦一般。第三，他们不讳言自己的灭亡。光武帝是一个中兴之主，正在开国的时候，而已公开表示他的亡国的日期和亡他的国的人名，这是何等的度量！所以然之故，就为谶书里是这样说的，他不敢不信。谶书里何以这样说，则因他们相信做天子的也像做官一样，多少年后须换一个新任的，他们已在谶书里把五个德的帝王年代都规定了。第四，公孙述引的《录运法》、《括地象》、《援神契》，光武帝引的《西狩获麟谶》，都是谶书的名目，以前的人所没有见过的。《春秋经》的最后一条，是"（哀公）十有四年春，西狩获麟"，可知这《西狩获麟谶》定是属于《春秋》的谶书。此外，《援神契》是属于《孝经》的，《录运法》和《括地象》是属于《河图》的。

谶纬的著作，他们说是孔子编成了《六经》之后，深恐经文深奥，将来的人不能洞悉他的意思，所以别立纬和谶，讲说得通俗一点；又说有许多是黄帝、文王等九个圣人传下来的。谶，是预言。纬，是对经而立的：经是直的丝，纬是横的丝，所以纬是解经的书，是演经义的书，自《六经》以及《孝经》都有纬。这两种在名称上好像不同，其实内容并没有什么大分别。实在说来，不过谶是先起之名，纬是后起的罢了。除了这两名之外，还有"图"和"书"。我们在上边，知道符命都是有图有书的。最早的图书是什么呢？他们说：是黄河里出来的图，叫《河图》；洛水里出来的书，叫《洛书》。刘歆的意思，以为伏羲氏王天下，受了《河图》，照样画出来，就是八卦；禹治洪水，天赐《洛书》，照样排列出来，就是《洪范》。纬书里更描写得好玩些，说：《河图》是龙马驮出来的，《洛书》是神龟献上来的。不管它究竟怎样，《河图》和《洛书》一定是最古的谶纬。因此，谶纬里以属于《河图》和《洛书》的为最多，就现在看得见的材料说，已占有了全部的四分之一。大概凡是归不进《六经》的，都归到这方面去了。就是光武帝受命的《赤伏符》，也是《河图》中的一种。这些书的名目，多半是不可解的；随便举出几个，让大家猜一猜：《稽曜钩》、《帝览嬉》、《皇参持》、《阊苞受》、《帝视萌》、《运期授》、《甄曜度》、《灵准听》、《宝号命》、《洛罪级》、《考河命》、《准谶哲》——你们看，这些名词是多么神秘呀！因为有图、有书、有谶、有纬，所以这些书的总称，或是"图书"，或是"图谶"，或是"谶纬"，或是"谶记"，或是"纬书"；又因《尚书纬》中有十数种为《中候》，亦总称为"纬候"。

这些谶纬真是从黄帝到孔子许多圣人们所作的吗？恐怕除了丧失理性的人谁也不敢答应一声是的。但尚有许多人说这些书在西汉时早就有了。我们可以举出一个反证。刘向、歆父子的《七略》，房中术和劾鬼术诸书尚连篇地登载，那时如有谶纬，则即使因它怪诞而不收于《六艺略》，那《术数略》中总应有分；为什么不见影儿呢？谶纬的中心思想，是阴阳五行，是灾异祯祥，这正是极合汉代经学家的脾胃的，为什么他们都不引，必待至公孙述和光武帝们而始大引呢？所以我们可以说：《七略》不录谶纬，没有别的原因，只因那时尚没有这种东西，这种东西是在向、歆父子校书之后才出现的，这种东西是王莽时的种种图书符命激起来的。零碎的谶固然早已有了，但其具有纬的形式，以书籍的体制发表之的，决不能早于王莽柄政的时代。

第二十章　谶纬的内容

谶纬书的出现，负有三种使命。其一，是把西汉二百年中的术数思想作一次总整理，使得它系统化。其二，是发挥王莽、刘歆们所倡导的新古史和新祀典的学说，使得它益发有证有据。其三，是把所有的学问，所有的神话都归纳到《六经》的旗帜之下，使得孔子真成个教主，《六经》真成个天书，借此维持皇帝的位子。在两汉之际"民神杂糅"的社会中，自然该有这种东西大批的出现。

谶纬的内容，非常复杂：有释经的，有讲天文的，有讲历法的，有讲神灵的，有讲地理的，有讲史事的，有讲文字的，有讲典章制度的。

可是方面虽广，性质却简单，作者死心眼儿捉住了阴阳五行的系统来说话，所以说的话尽多，方式只有这一个。我们只要记得了汉初的五色天帝，转了几转的王莽的五德说中的人帝，又记得了阴阳五行的方位和生克，就好像拿了一串钥匙在手里，许多的门户都可以打开了。

他们说：天上太微宫里有五帝座星。管春天的是苍帝，他的名字叫灵威仰；他的性情是仁良温让的；他身长九尺一寸；他使唤的是岁星。管夏天的是赤帝，他的名字叫赤熛怒；他的性情是宽明多智的；他的头形尖锐，身长八尺七寸；他使唤的是荧惑星。管季夏的是黄帝，他的名字叫含枢纽；他的性情是重厚圣贤的；他使唤的是填星。管秋天的是白帝，他的名字叫白招拒；他的性情是勇武诚信的；他使唤的是太白星。管冬天的是黑帝，他的名字叫汁光纪；他的头是大的；他使唤的是辰星。

在商、周时，固然天子也说自己的祖先是上帝所生，但他们意想中的上帝只有一个。到汉代才依了五行说而分上帝为五个。到西汉之末，才因王莽的宣传而确认这天上的五帝的儿子轮流了做人间的帝王。例如汉高帝，如果说他以水德王的，他是黑帝的儿子；倘改说为火德，他就变成了赤帝的儿子了。天上赤帝的儿子在人间做帝王，也可以称赤帝，所以王莽得到的金策书上写的是"赤帝行玺邦"，而土德的王莽也就成了"黄帝"。他们说：这人间的五帝是有一定的任期的。苍帝应当传二十八世；白帝应当传六十四世；黑帝可以治八百年。光武帝所以自承"汉家九百二十岁，以蒙孙亡"，就因为赤帝是应当治九百二十年的缘故。他们又说：苍帝亡的时候要有大彗星出现，麒麟被捉；黄帝亡的时候要有黄星坠下；黄龙坠下；黑帝亡的时候要有狼星张在天空，灵龟被执，白帝亡的时候要有五残星出现，又蛇生了足，像一个伏着的人。

自从汉高帝以平民得天下，加以文、景以来五德说的争辨，武帝的封禅和改历，大家注目的是皇帝的受天命，觉得这是世界上惟一的大事。为什么受天命？受天命的手续怎样？受了天命之后应当做些什么？在当时人看来都是最重要的问题。到王莽当权，又把自己渲染为新受命的天子，上帝保佑他坐龙廷的奇迹显示了不知多少，这种热空气散布到民间，更使群众增进了对于帝王受命的信仰和想像。于是我们的上古史就变了样子！

他们提起伏羲的故事，说雷泽里有大人的脚印，华胥去踏了，就生下了伏羲。他的样子是龙身、牛耳、虎鼻、山准、大眼睛，长九尺一寸

（照王莽的系统，他是木德，所以和天上的苍帝一样长）。因为他的道德融洽于上下，所以天把鸟兽文章送给他，地把《河图》、《洛书》送给他。神农呢？少典的妃子安登到华阳去游玩，有一条神龙和她交感了，就生下了他；生得牛头、龙颜、大唇，长八尺七寸（也就是天上赤帝的长度）。因为他喜欢耕田，创造了耒耜，所以地出醴泉，天降嘉禾。黄帝更了不得，大电光绕着北斗，照到郊野，触着了附宝的身子，生下了他。他身逾九尺，日角、龙颜、河目、隆颡；胸前有文，是"黄帝子"三字。他将要做天子的时候，有黄云在堂前升起，凤凰衔了图放在他的面前，他再拜而受。少皞是刘歆临时插入古史系统里的，他的历史太短，人们知道的不多，这个位子还没有坐稳。但在黄帝的土德和颛顼的水德之间应当有一个金德的天子这是很显然的，所以谶纬的作家就另插了一位朱宣进去，说，黄帝时有虹一般的大星下流华渚，女节梦中和它交接了，生下了白帝朱宣。颛顼的出生也和他相像，说是有霓一般的摇光贯过月亮，感着女枢而生的。

王莽最注重的是尧、舜，要从尧禅舜上见出了汉禅新的必然性，所以在谶纬里关于尧、舜和他们禅让的故事讲得最有声有色。他们说：古时有一个从石头里出生的女子，名唤庆都，是火帝的女儿。她到二十岁还没有嫁，出游时仿佛常有神灵随着。有一天，一条赤龙背着图从河里跳出来，庆都替它解下，看见上面写着"赤受天运"四字；下面有图，画一个穿赤色衣的伟男子，眉有八彩，须发长七尺二寸，题的字是"赤帝起诚天下宝"。那时忽然阴风四合，那条赤龙和她合婚了，一接就有了身孕。后来生下了尧，面貌和图上一样。他坐船游河，有一凤凰负图来。这个图是用赤玉做的匣子，长三尺八寸，厚三寸，白玉的绳，黄金的检（绳上的封泥叫做检），盖的章是"天赤帝符玺"。他就以火德王天下了。舜的母亲名握登，感着大虹而生舜。他身长九尺，两目重瞳子。有一天，尧率领舜等一干人游首山，并观河洲，见有五个老人在那边。他们听得一个老人唱道，"《河图》将来告帝期"；接着第二个老人唱"《河图》将来告帝谋"；第三个接着"《河图》将来告帝书"；又听得第四个"《河图》将来告帝图"；最后一个是"《河图》将来告帝符"。不到一刻，有一条赤龙衔了图从河中出来，五个老人就化为流星，冲入昴宿。舜低头一看，龙也没了，留下了这图。尧把它打开，上面写着："帝枢当百，则禅于虞。"他叹了一口气，对舜道："舜呀，天运到了你的身上了，你好好儿干下去罢！"舜就受了尧的天下。

从舜以下也都这样。修纪在山上见流星，感而生禹。扶都见白气贯月，感而生汤。太任梦见长人，感而生文王。刘媪梦见赤鸟如龙，和她游戏，生了执嘉。执嘉的妻含始在雒池上拾得一粒赤珠，刻有"玉英，吞此者为王客"几字，她吞了，就在这年生下了刘邦（到这时，才知汉高帝的父亲名叫执嘉，母亲名叫含始！）。他们的状貌也很奇，得到的符命也很多，好在大家已经知道了这个格式，恕我不叙了。

纬是明说解经的，经是孔子定的，所以在谶纬里，孔子是一个中心人物，受渲染的程度比几位圣帝明王尤为高强。他们说：那时有一位少女徵在到大泽边游玩，玩得疲倦，就睡在那里。她梦见黑帝请她去，去了，就和他配合了。黑帝对她说："你将来产生小孩一定要在空桑里面。"她一觉醒来，果真怀了孕，后来果真生产在空桑里。这个小孩的相貌特别极了：海口、牛唇、虎掌、龟脊；头像尼丘山，四周高，中央低；胸前有文，是"制作定，世符运"六字。后来长大了，就更好看了：身长十尺，大九围；坐着像蹲龙，立着像牵牛；他的仪表非常堂皇，发射出一种光彩，近看好像昴星，远看好像斗星。他不知道应叫什么，吹律（竹制的乐器）定姓，知道自己是殷的后裔孔氏，就姓了孔；头像尼丘山，就名了丘。照他们说，汤是水德，为黑帝之子，而孔子是汤的后裔，所以仍为黑帝之子。但是有一件不幸的事来了。天上的五帝为了要使自己的儿子做皇帝，所以才传种到人间；孔子既是黑帝之子，也须做皇帝才对。况且那时周已衰了，本该有新受命的天子起来了。孔子为什么还不做皇帝呢？他们揭开这个谜，说因周是木德，木只能生火，不能生水；孔子虽有水德，无奈不当令，他只得为火德代劳，替未来的汉朝制定许多法典——《六经》。所以《春秋纬》里说："黑龙生为赤"，又说："玄丘制命，帝卯行也。"

他有帝王之德而无其位，栖栖皇皇，一生不得志。有一夜，他梦见丰、沛一带有赤色的烟气升腾起来。他醒时，就驾起车子去看。到了那边，只见一个捡柴的小孩打坏了一头麒麟（不要忘记上边说的：苍帝亡的时候要有麒麟被捉；更不要忘掉，周为木德，即是苍帝）。孔子走上前去，那麟垂着耳朵，吐出三卷书来。书上写着："周亡，赤气起，火曜兴；玄丘制命帝卯金。"他知道上帝派他为卯金氏制法了。不久，天上又掉下一方血书，落到鲁国的端门上。书上写的是："趋作法！孔圣没，周姬亡，彗东出，秦政起，胡破术，书纪散；孔不绝。"第二天，子夏去看，血书变为赤鸟飞去了，留下一个图，画的是孔子制法的形状,上面题着"演孔图"三字。这件故事就叫做"端门受命"。当孔子把《春秋》和《孝经》——两部最重要的法典——作成时,吩咐七十二弟子向北辰弯了腰站着,又命曾子抱了《河图》、《洛书》,他自己斋戒沐浴,穿着绛色的单衣,朝着北辰拜下去。那时天上就有云气起来,白色的烟雾一直降到地,一条赤色的彩虹从天而下,变作黄色的玉,长三尺,上有刻文。孔子忙跪下接起,读道:"宝文出,刘季握。卯金刀,在轸北,字禾子,天下服。"(这是说刘季——高帝的字——要在轸宿分野的北面起事,后来统一天下)

我们读了上文的武功白石、铜符帛图、金匮图和金策书(均见第十四章)之后,再来看这类玩意儿,它的意义当然可以不烦言而解。原来汉高帝得天下时简陋得很,他没有想到自己是赤帝子,该有种种受天命的花样。可是这种花样都给王莽想到了,他的得天下的场面就比汉高帝好看得多了。他虽失败,然而这种开国规模何等堂皇,刘家中兴人物刘玄、刘盆子、刘秀们那有不想学样的,所以他们就钞了王莽的文章,替自己的祖先补造这一大套,见得高帝的受命已早于孔子时注定了,并且学术界中最大的权威者孔子即是为了这一件大事而出世的。装点孔子即是装点高帝,也即是装点自己;要把孔子捧作教主,也即是把汉家皇帝捧作教主:这对于他们保持这一份大家产(所谓"巩固皇图")是怎样的有利呀!

有人读了上面一大篇,或者要发一声冷笑,说道:"这种鬼话已绝不能存在于今日了,还理它作甚!难道当笑话讲吗?"如果有这种见解,我敢说他把事情看得太简单了。我们讲的是汉代史,凡曾在汉代发生过重大影响的东西就不该不讲,正如讲到初民社会时不该隐却他们的野蛮行为一样。况且这种东西,表面上是死了,实际何尝死掉。试问现在一班愚民天天望"真命天子"出现,是不是间接受谶纬的影响?读书人感到的神秘性的孔子,是不是从谶纬来的?提倡孔教的人,谁不把端门受命等故事作他宣传的中坚?就算脑筋清楚些的人,肯不信这种东西,然而玄圣的玄,炎刘的炎,谁想得到有问题?华胥履迹、庆都感龙一类事,谁敢不看作真实的上古史?从东汉直到近世,上古史的作家不把这些材料收进去的有几个?就说脑筋更清楚,连这种神话都不信了,然而有了社会学的观念,看着一大串不夫而孕的故事,又要把它牵合到"男女杂交"、"血族群婚"、"母系社会"上面去了。他们不知道,这是从整个的王莽式的五德系统(见十六章)和他的天帝人帝打通说(见十八章）上来的。如果没有王莽们把全部古文化重新整理，在整理时作了种种有意的改变，哪里会有这种古史出来！所以这种上古史问题其实只是中古史问题，而两汉之间的社会情状就是解决这类乌烟瘴气的假上古史的最好法门。

第二十一章　谶纬在东汉时的势力

光武帝以《赤伏符》受命，又用了《西狩获麟谶》来折服公孙述，统一天下，所以他对于谶纬有极强的信仰。不，说他信仰，不如说他依赖了吧！他在谶文里读到一句"孙咸征狄"，恰好他手下有个孙咸，就命他为平狄将军，行大司马事。不过大司马的职位太高，权势太重，不是资格和才力足以相称的人就办不下去的，他终于撤职了。《赤伏符》里有一句"王梁主卫作玄武"，他想战国末年的卫国是被徙到野王的，玄武是水神之名而司空是水土之官，恰好那时的野王令是王梁，他便任他为大司空了。这一种任官的方法，和王莽有什么两样？

他很用心读谶纬。有一次，因为日食，他避开了正殿，坐在廊下读；读得太多了，又感受了风寒，竟至发病晕了过去。那时谶纬共有八十一篇：其中《河图》九篇，《洛书》六篇（这说是黄帝至周文王的本文），又别有《河图》和《洛书》三十六篇（这说是孔子增演出来的），又《七经纬》三十六篇。那时称《七经纬》为"内学"，称原有的经书为"外学"。虽说是纬，它的地位反占了经的上风了。

桓谭是西汉末的旧臣，王莽时也曾做过掌乐大夫，这些谶纬造作的历史满落在他的眼里。光武帝时，又任议郎。他看见皇帝常常在谶纬里寻找证据，决定大事，觉得不是好办法，上疏道："一般人的性情，都是忽略了真事实而重视怪异的传闻。但古先圣王只有仁义的正道，孔子也是不讲天命的。现在许多巧慧小才的人，纷纷增加图书，妄称谶记，来欺惑世人，必须斥绝才是。这种事也许有时对，但正像用单数双数到神前占卜，总有碰巧适合的机会；然而哪里可以相信呢！"光武帝看了，很不高兴，只是没有责罚他。后来他下诏会议建筑灵台的地方，问桓谭："我想用了谶书去决定它，你看怎样？"桓谭一声不响，隔了好久，才道："我向来不读谶。"问他为什么不读，他又把谶不合经的地方说了一大篇。光武帝大怒道："桓谭非圣无法，拉下去斩了罢！"他固然不肯放弃他的主义，但也不愿牺牲自己的生命，只向皇帝叩头，叩得出血了，皇帝才赦了他。不久，把他放了外任，就死在路上，那时他年已七十多了。他著有《新论》二十九篇，虽已亡佚，但就残存的一点看来，其中也攻击王莽信鬼神的迷惑，又说《河图》、《洛书》出于后人的加增依托，决不是孔子作的，足以证明他在当时确是一个头脑清醒的人。不过他终究是一个不识时务的人，他不懂得光武帝为什么要提倡谶纬的心理。

还有一位尹敏，读得好些经书，又通《洪范》消灾之术。光武帝命他校定图谶，删去崔发（王莽时的图谶专家，封说符侯的）替王莽加进去的许多说话。不料他也瞧不起谶书，说道："这种东西决不是圣人所作，而且其中很多俗字俗说，会得疑误后人的！"光武帝不听，还是叫他做这工作。他要些手段，就缺文上写了一句"君无口，为汉辅"（请读者莫忘记了第十五章里李通的图谶上写的"刘氏复起，李氏为辅"），希望皇帝重用他。光武帝见了，识得他的笔迹，问他为什么要这样，他说："我目睹前人增损图书是这样的，所以我也不自量，希冀万一的侥幸！"帝虽不以为然，也不治他的罪。同时受诏校定图谶的，还有一位薛汉，他本以说灾异谶纬为专业，教授的弟子常有数百人。我们现在看见的谶纬，其中所以没有王莽受命的宣传文字，就因为早给他们删去了。

光武帝即位三十年，群臣请封禅泰山，报答天佑。他下诏，为自己无德不许。至建武三十二年（公元 56）正月，他行过泰山，夜读《河图会昌符》，读到"赤刘之九，会命岱宗。……诚善用之，奸伪不萌"，想起封禅之事也可行得，便命人把《河》、《洛》谶文凡有说到封禅的都搜集起来，得到三十六条。他便依照汉武帝元封时的故事举行。在未祭时，先派人上山刻石，文中举了《河图会昌符》的"赤帝九世，巡省得中。……帝刘之九，会命岱宗。……赤汉复兴，九世会昌。……天地扶九，崇经之常。汉大兴之道，在九世之王"，又举《河图合古篇》的"帝刘之秀，九名之世"，《河图提刘子》的"九世之帝，方明圣持"，《洛书甄曜度》的"赤三德，昌九世"，《孝经钩命决》的"帝三建，考九会"等等，证明他这次行事的有据。为什么老是说"九"呢？只为从汉高帝到光武帝是足足的九代。《河图》、《洛书》如果真是孔子作的，则他在端门受命时已不但知道了开国的刘季，而且知道了这中兴的刘秀了！他以二月二十二日辛卯晨，燎祭天于泰山下，如南郊礼；二十五日甲午，禅祭地于梁阴，以高后配，如北郊礼。这不消说，他沿袭了王莽的制度。秦皇、汉武的封禅本没有天地阴阳的区别，但从此以后，封泰山是祭天，禅泰山下的小山是祭地，等于国都中的南北郊，大家用了王莽的方式作定制了。四月，他大赦天下，把建武三十二年改为中元元年。就在这年的十一月里，他宣布图谶于天下。图谶本已迎合民众迷信的心理，现在又定为功令的必读书，当然钻入民间更深更普遍了。东汉的国祚约二百年，禁不起这长期的宣传，所以谶纬八十一篇便成了王莽符命四十二篇的"跨灶"之子！

明帝是一个很精明的人，他能继续父业，所以《河图括地象》里就有了"十代，礼乐文雅并出"的预言。他在永平三年（公元60）下诏道："《尚书璇玑钤》里说：'有帝汉出，德洽作乐，名《予》。'着把郊庙之乐改名为《大予乐》，乐官也称为《大予乐》官，以应合图谶。"

《左传》这部书，十之八九是真材料，其十之一二是刘歆改作的或是增加的。刘歆帮王莽篡位，把新式的五德终始说插在书里，证明汉是尧后属火德（当时也必有证明王莽为舜后属土德的，现在不见，想来是新室灭亡后给人删掉了），作禅让的张本。后来光武中兴，他自承为火德，虽和王莽、刘歆不同志，但用的依然是他们定的历史系统。为要在经书里证明汉的国运，《左传》当然是一部很重要的书。光武帝所以有心把它立博士，即以此故。刘歆有两个门弟子：一个是郑兴，刘歆因他天资很好，叫他作《左传》的《条例》、《章句》、《训诂》；一个是贾徽，他自己作了《左氏条例》二十一篇。他们都算得刘歆的高足弟子。郑兴在光武帝时任太中大夫，也很喜欢讲《洪范》灾异；但不知为什么，他不愿随俗弄些谶纬之学。有一次，光武帝问他郊祀的事情，向他说："我想把谶书来决断这事，你看怎样？"郑兴老实得很，答道："我是不读谶的！"帝大怒道："你不读谶，是不是表示反对？"他惶恐了，兢兢地答道："我于书有所未学，哪里敢反对！"帝方才赦了他。终究因他不懂谶，不给他做大官。贾徽自身虽没有得意，但他的儿子贾逵是非常聪颖的，他学通《五经》，尤明《左传》和《国语》，作两书的《解诂》五十一篇，永平中献了上去。他不像郑兴的不达时务，便在奏疏中说："《五经》里都找不到可以证明图谶所言刘为尧后的材料，只有《左传》是有明文的。又《五经》里总说颛顼是承继黄帝的；如果这样，尧就不得为火德，联带汉也不得为火德了。现在《左传》里黄帝和颛顼之间有少皞一代，就是图谶里所说的帝宣。这样一排，尧就确然为火德了。"

明帝很以他的话为然，把他所作的《解诂》藏在秘府。到章帝时，他又把这番话重说了一通。章帝也是喜欢《左传》的，几次选了许多高才生从他读《左传》，这部书的地位就确立了。我们今日能够知道些春秋时的事情，当然是《左传》的功劳；可是饮水思源，还是由于谶纬的介绍呵！

我们试翻开《后汉书》的列传来，或是看些东汉人的墓碑，大抵是有"博贯《五经》，兼明《图谶》"这一类话的。不想众醉之中也有独醒之士，东汉中叶，有个任太史令的张衡，他对于谶纬表示鲜明的反对。他上疏顺帝道："谶书是从什么时候出来的，这个问题很少人知道。当汉取秦时，尽力打仗，竟得成功，这真可说是一件大事，但在那时是没有人引谶的。就是最喜欢讲术数像眭弘这辈人，也没有提起过谶书。刘向父子校书秘府，还没有把谶书编入他们的目录。直到成帝、哀帝之后，刚刚听得有这种东西，它们的著作时代也就可知了！我们试用谶来比经，甚至用谶来比谶，其中矛盾冲突的地方不知有多少。况且其中说到战国时的墨翟，汉的益州，图里画到成帝，哪里会是孔子做的！这一定是虚伪之徒想升官发财，才造出这种谣言。从前贾逵摘取了谶书中自相矛盾的三十余条去问善于讲谶的人，他们也都说不出一个所以然来。王莽篡位是汉代的大祸，要是这八十一篇早已有了，为什么不预先警戒呢？现在《河》、《洛》和《六艺》诸谶纬都已校定，成为经典，然而有人拿来推说水灾，有人弃家入山林求道，都得不到一点效果，这还有什么可信的！画工何以怕画狗马而乐于画鬼魅，就为实物难写而虚伪是可以随心的。我请求，把图谶一起禁绝了！"顺帝虽因图谶是国典，不便背弃祖宗的成法，没有听他的话，但也觉得这种议论很不错，常常引他到帷幄中询问一切。不过一个人总是受时代的蒙蔽的，王莽留下的谶纬，张衡虽能打破，王莽留下的历史系统，张衡依然上了他的当了。司马迁作《五帝本纪》，黄帝之后就是颛顼，这原是战国以来通用的方式。张衡却因其中缺掉少皞，奏请改定。这请求也没有照准，想来为了"五帝"这个名词所限，不便改成六帝的缘故。

图谶这类东西，会随时增加改变，为皇帝欲发达的人造作自拉自唱的证据，使得统治阶级极感不便，所以张衡的禁绝的主张在当时虽未成事实，而在南北朝时就实行过好几次。到隋炀帝即位，索性作彻底的摧残，他派使者四面去搜求谶纬，以及其它和谶纬有关系的书籍，一齐烧了；私人有敢隐匿的，查出处死刑：这才禁成功了。现在除了《易纬》

八种还完全之外，其余的种种只留一鳞半爪在别的书里；经明、清人的苦心辑录，才看得一个粗略的轮廓。

第二十二章　曹丕的受禅

上面讲了许多五行的故事，谶纬的故事，和现代意识太隔绝，诸君谅来听得厌了。现在再讲一个谶纬的喜剧，算作"大团圆"罢！

东汉中叶之后，宦官弄权，害死了不少好人。董卓杀了宦官，立献帝，迁都长安。曹操起兵，抓住献帝，又把都城迁到许；他自为大将军，玩弄皇帝于掌握之中。他执政二十四年，初自立为魏公，加九锡；又自进为魏王，设天子旌旗，出入传呼警跸。这样一步步的走上去，宛然王莽再生。但他到死没有篡位，这不知道是他不愿意做皇帝呢，还是他的寿命已不容他实现最后的计划呢？总之，禅让的格局是布置好了。

相传当他封魏公的时候，远道的人没有听准，传说他封的是魏王。有一个谶纬专家李合说："这一定是'魏公'，因为孔子传下的《春秋玉版谶》上早已写着'代赤者魏公子'了！"还有一个李云也上封事，说道："谶书里说的'许昌气见于当涂高'，这话怎讲？当着道路而高大的，莫过于宫门外的两个观阙（台上有楼观，故曰观；其间无门，故曰阙。北平的天安门，本来就是这东西，不过装上门了），观阙之名为'象魏'，这不就是魏吗？所以'代汉者当涂高'就是魏当代汉的预示。魏的基业昌于许，所以说是'许昌'。"这句话说得活灵活现。但是光武帝引的"汉家九百二十岁，以蒙孙亡；受以丞相，其名当涂高"，下半节是猜准了，还有上半节呢？可怜光武帝到那时还不到二百年咧；就是从高帝受命算起也不过刚透四百年咧！

曹丕是魏王的太子，他于建安二十五年（公元220）二月嗣位。他一即位，就把献帝的年号建安改为延康。三月，黄龙现。四月，白雉现。八月，凤凰集。我们看了王莽时的种种花样，以及谶纬书中的种种帝王受命的记载，就知道这好戏已在打锣。果然，到十月里，献帝下诏道："我不幸，遭着国家的荡覆；虽是危而复存，但抬头看天文，低头看民心，就知道炎帝的历数业已告终，五德之运到了曹家了。从前的魏王（曹操）既立了许多神武的功绩，现在的魏王（曹丕）又是明德光耀，应着这个期会，天之历数所在再明白没有了。古人说得好：大道之行，天下为公，选贤与能。'唐尧不私于他的儿子，留下了万世的美名。我对他是非常羡慕的，现在就禅位于魏王罢！"

那时魏国的许多官员也都上表称引图纬，说明魏王做皇帝的无异义。其中尤以太史令许芝说得最详细，最真切。他说："《易传》（就是《易纬》）里讲：'圣人受命而王，黄龙以戊己日见。'现在黄龙正以戊寅日现，这是最显著的受命之符。况且《春秋汉含孳》说'汉以魏，魏以徵'，《春秋佐助期》说'汉以许昌失天下'，说魏说许，还有什么可疑惑的。又《孝经中黄谶》说：'日载东（曌），绝火光；不横一（丕），圣聪明。四百之外，易姓而王天下。'把您的名和姓以及受禅的年代都写出来了。《易运期谶》说：'言居东，西有午，两日并光日居下。其为主，反为辅。五八四十，黄气受，真人出。'言午是'许'字，两日是'昌'字，这是说汉当以许亡，魏当以许昌。《运期谶》又说：鬼在山，禾女连（魏），王天下。'也是魏应得天下的证据。按帝王是五行之精，应当七百二十年一交替，但有德者可以超过这个数目，无德者就到不了这个数目。从汉高帝到现在固然不过四百二十六年，但汉的受命，图谶上早已说明，乃在春秋末的'西狩获麟'，从获麟到现在就过了七百年了，到了应当交替的时候了！我们看天上太微宫里，黄帝坐常明亮，赤帝坐常不见，可见赤家当衰而黄家当兴，在天象里也有证据。又荧惑星是赤帝之佐，失色不明也有十余年了。建安十年，彗星先除紫微；二十三年，又扫太微。新天子气见于东南。您初即位，就有黄龙、凤凰、麒麟、白虎等许多祥瑞。从前黄帝受命风后，受《河图》。舜、禹得天下时，凤凰翔，洛出书。汤为王，有白鸟之符。周文王为西伯，赤乌衔丹书来。汉高帝刚起，就有白蛇的征应。这些异物都是为了圣人而出现的。我们看汉家前后的大灾，魏国现在的符瑞，再察图谶中的期运，可说从古以来得天下者没有像魏这样又完美、又正当的。从前周公归政成王，孔子很反对他，以为他不是圣人，所以不替亿兆的人民设想。伏愿您体会尧、舜的聪明，承受这七百年的禅代罢！"

献帝再三下诏禅位，群臣又数十次上表劝进，曹丕一味的谦让。在这一个月中，从初一一直闹得月底，往还的文书着实可观。仅看那些文书，差不多比了唐、虞之世还要美丽了。其中以博士苏林、董巴所上的表有些新意思。他们说："周天分为十二次，叫作分野，王公之国在分野中各有所属。周的分野是鹑火之次，魏的分野是大梁之次。岁星每年历一次，十二年而一周天；天子的受命，诸侯的封国，都按照着这个次序。所以周文王始受命，岁星在鹑火；到武王伐纣，是文王受命后的十三年，岁星又到了鹑火了。灵帝中平元年（公元184），武王（曹操）讨黄巾，是为始受命，那年岁星在大梁。建安元年（公元196），又在大梁，始拜大将军。十三年（公元208），又在大梁，始拜丞相。今年（公元220）岁星又到了大梁了，您应该受命王天下了！况且今年是庚子，《诗纬推度灾》说，'庚者，更也。子者，滋也。圣命天下治'，又说，'王者布德于子，治成于丑'，这是明说今年应当换个新圣人治天下了。又魏的氏族出于颛顼，和舜同祖。舜用土德继承尧的火德，现在魏也是用了土德继承汉的火德，极合于帝王授受的次序。天命这样地丁宁周至，就是人们说白话也不能比它再清楚。倘使您一味地固执谦让，那真是上逆天命，下违民望了！"

献帝在第三次禅位诏里，对于曹丕作苦苦的祈求，他道："汉家世逾二十，年过四百，运已周遍了，数已终讫了，天心移了，民望绝了。现在天命有所归，神人又同应。违天不顺，逆众不祥，魏王呵，你还是模仿了有虞氏的盛德，接受了这历数的期会罢！从前尧禅舜时不听得舜逆尧命，舜禅禹时又不听得禹辞舜位。你还是敬奉天心，不要再违背我的命令，登了皇帝之位罢！"但曹丕又说："听得了这个诏命，直使我吓得发抖！"

最后，魏的相国华歆等上一个最恳切的奏书，说道："我们听得您屡次的让，真是悲伤极了。《易》云：'圣人奉天时。'《论语》云：'君子畏天命。'尧知道天命去己，所以不得不禅舜。舜知道历数在身，所以不得不受禅。尧的不得不禅，这是他'奉天时'。舜的不得不受，这是他'畏天命'。汉家虽已这样衰败，还知道学尧的办法；但是您却只管拘牵小节，不知道去学舜。倘使死者有灵，那么，虞舜一定在苍梧的坟墓里顿足大骂！不但是他，就是夏禹和周武王也必在他们的冢中郁郁不乐了！现在我们决定，不管您的意思怎样，立刻经营坛场，拟具礼仪，选择吉日，请您去昭告昊天上帝，承受这个必应受的天命！"于是曹丕说："从前大舜在田野中吃粗糙的粮食，仿佛有终其身的样子：这是我的宿志。他受了尧禅，穿上了贵重的衣裳，像是向来过惯的：这是他的顺天命。既经天命不可拒，民望不可违，我也没法辞谢了，就学了他罢！"明天，他升坛受皇帝的玺绶；公卿、列侯、诸将、匈奴单于、四方夷人们陪位的有数万人。事毕，燎祭天地、五岳、四渎；改元黄初，表示是土德行运之初。他回去时，轻轻地说道："舜和禹的事情，我现在是知道了！"

秦始皇和汉高帝的受命是武的；光武帝的受命是文武兼资的；王莽和曹丕的受命是纯粹文的。不过把曹丕比了王莽，犹有些不同。王莽时的花样件件是"当场出彩"，几百种的祥瑞和图书都在他的世里陆续出现，证明了他的天命。偶然也有几件旧的点缀一下，像春秋时的"沙麓崩"说是圣女兴的符瑞，文帝时的黄龙出现说是土德代汉的预兆，但这不过给与一种新解释而已。曹丕就不是这样了。他的天命固然一方面也有活货，像黄龙和凤凰之类；但大部分是出在千余年来文王、孔子传下的图谶上，而且说得这样明白，把他的名呵、姓呵、地呵、年呵，一切都预先记好了。然则孔子何尝是为赤汉制法，他把"黄魏"也一起包罗了。假使张衡还活着，他一定要说：曹丕结果汉家天下，在八十一篇谶纬里明白如此，为什么不预先警戒呢！又王莽的天下是汉高帝在冥冥之中传与他的，曹丕的天下是献帝明白禅让的。王莽为他自己是土德，所以把汉改排了火德；曹丕因为汉是火德，所以他就自居于土德。他们的德运虽同，而一个主动，一个被动，也有些儿差异。

魏文帝（曹丕）短寿，没有等到改正朔，易服色，就死去了。到他的儿子魏明帝景初元年（公元237），山茌县黄龙见，官员们奏魏得白统，应以建丑之月为正，才依照了三统说改定历法；又服色尚黄，牺牲用白，都和王莽的制度一样。

我们读了以上许多受命（皇帝的宗教）的故事，该得明白，所谓五德和三统，所有图谶和纬候，莫不是应时出现的东西；它们自己虽处处说是老古董，其实尽是些时髦的货色，好比一笼馒头，现蒸热卖的。现在我把它们的真相揭开，诸君或者要以为这种东西无聊得很，不值得大谈特谈。须知许多真的老古董（历史）都给这种各时代的时髦货色淆乱了，我们无论看到哪部古书，或者提到哪件古史，几乎没有不蒙上这一层色彩，甚至在内部起了化合作用的。我们要捉得这汉代的学术的中心，明白看出他们的思想和理论的背景，然后对于这些修饰过和假造过的材料可以做剥洗和分析的工作，做了这部工作然后可以真实的认识古代社会。倘使你不屑瞧瞧这种无聊东西，我敢决然说：你永远跳不出他们设下的天罗地网！

附 《秦汉的方士与儒生》序

这本小册子经过了二十余年的时间，现在又重版了。当时我为什么要写这本书，这是该详细向读者同志报告的，因此补上这篇序。

清朝这一代，最高的统治者挟了种族的成见，防止人民起义，屡兴文字狱，读书人一不小心就容易砍掉脑袋，甚至有灭门之祸。在这等淫威之下，逼得若干有些创造力的知识分子把他们的全部心思才力集中到故纸堆里，学问完全脱离了人生实用。这种学风当然是畸形的、偏枯的，但因他们下了苦功，也获得了意外的收获：就是在史料学的范围里开拓了一些新园地，帮助人们认识了若干未经前人揭出的史实。尤其是他们特别注意于两汉的经学——所以他们的学问叫做"汉学"——经过了长时期的搜集材料、整理材料，竟把向来看不清楚的两汉学术思想指出了一个轮廓。因为汉代学者是第一批整理中国历史资料的人，凡是研究中国古代历史和先秦各家学说的人们一定要先从汉人的基础上着手，然后可以沿源数流，得着一个比较适当的解释，所以汉代学术享有极崇高的地位，人们对于那时候的权威学说只有低头膜拜，就是有一二人不肯服从，驳斥它的不合理的地方，也会遭受到千万倍的压力把他压了下去，它的神圣不可侵犯的地位永远靠了模糊的面貌来维持。清代学者本来只是为了反抗空谈心性的宋、明理学而信仰汉代学术，但经他们深刻研究"汉学"的结果，竟使我们约略看出那时代的黑暗的内幕，知道所谓权威的汉代学术的大部分只是统治阶级麻醉民众和欺骗民众的工具，它的基础建立在宗教迷信上。我们看出了这一点，当然要对于它的黑暗面激起甚大的反感。这个反感分明是清代学者提供给我们的，然而他们自身却还没有想到会发生这个破坏性的后果呢。

我二十岁以前住在苏州，那里是清代汉学的中心，最有接触经学书的机会，引得我喜欢在这些书里瞎摸；又因上了小学和中学，接受了一点资产阶级的科学的皮毛，所以再不能相信汉代经师的神秘话头。那时正在戊戌政变之后，这次政变是由康有为的经今文学鼓动起来的，他假借了西汉所谓《春秋》大师董仲舒的"三代改制"的话做理由，要求统治阶级变法自强。他的同道有谭嗣同、梁启超、皮锡瑞等维新派。同时和他取相反的立场的是保守派张之洞、朱一新、王先谦、王仁俊、叶德辉等人，他们的言论都载在苏舆编的《翼教丛编》里。戊戌以后，章炳麟主张种族革命，反对康有为的保皇论，又站在经古文学的立场上来抨击康氏的今文学，康氏说"新学伪经"出于刘歆一手所为，章氏便说刘歆是孔子以后的第一个人；其时助章氏张目的有刘师培等人，他们的文字多数载在邓实编的《国粹学报》。这是一场使人看得眼花撩乱的大战！少年时代的我，看他们打得这般热闹，精神上起了极大的兴奋；但自己还没有本领去评判他们的是非，又怀着异常的苦闷。不过，今文家喜欢称引谶纬，谶纬里十分之九都是妖妄怪诞的东西，这是我早已认定的，何况章氏站在革命的立场上来反对康氏的保皇呢，所以在我的理智上，认为古文家的思想是进步的，我们该走向古文家的阵营。

原来清代末年，全国的经学大师，俞樾是最有声望的一位。他担任杭州诂经精舍的山长三十余年，培养了很多的经学人才。他对于今文学和古文学采取兼容并包的态度，所以在他门下受业的人们也各就其性之所近走上了岔道：或专研古文，或笃信今文，或调和今古文。章炳麟是他门下古文派中的一个健将，崔适则是他门下今文派中的一个专家。今文经中最重要的一部书是《春秋公羊传》，那时别人多喜欢把《公羊》的话语结合当前的政治，在变法自强运动中起了大小不等的波澜，独有崔氏，虽把《公羊》读得烂熟，却只希望恢复《公羊》学的原来面目，自身未参预过政治运动。因为他极少写单篇论文发表他的主张，所以我不曾注意过他。

一九一六年，我进了北京大学文科中国哲学门。这个门（即是后来的系）是清末京师大学中经科的化身，所以经学的空气仍极浓厚。教我们《中国哲学史》的是主张不分今、古、汉、宋一切都容纳了的陈汉章先生，教《春秋公羊学》的就是这位严守专门之学的壁垒的崔适先生。崔先生发给我们的讲义是他用了毕生精力做成的一部《春秋复始》，他把《公羊传》为主，辅之以董仲舒《春秋繁露》和何休《公羊解诂》等书，把一部《公羊传》分类解释，要使人们从这里看出孔子的《春秋》

大义。他说《穀梁传》和《左氏传》都是古文学，就都是伪经学，绝对不是孔子的意思。他年已七十，身体衰弱得要扶了墙壁才能走路，但态度却是这般地严肃而又勤恳，我们全班同学都十分钦敬他。可是我总想不明白：《春秋》本是一部鲁国史书，为什么不该从东周的史实上讲而必须在孔子的意思上讲？就是说这部书真是孔子所笔削的鲁国史书，一字一句里都贯穿着他的意思，为什么《经》中屡有阙文，如"夏五"、"郭公"之类，表明它保存了断烂的史书的原样？如果说《公羊传》的作者确是孔子的门人，最能把握着孔子的微言大义，为什么《传》中常说"无闻焉尔"，表明他并没有捉住孔子的意思？

直到一九二○年我在北大毕业之后才认识钱玄同先生。他在日本留学时是章氏的学生，回国以后又是崔氏的学生。他兼通今古文而又对今古文都不满意。他不止一次地对我说："今文学是孔子学派所传衍，经长期的蜕化而失掉它的真面目的。古文经异军突起，古文家得到了一点古代材料，用自己的意思加以整理改造，七拼八凑而成其古文学，目的是用它做工具而和今文家唱对台戏。所以今文家攻击古文经伪造，这话对；古文家攻击今文家不得孔子的真意，这话也对。我们今天，该用古文家的话来批评今文家，又该用今文家的话来批评古文家，把他们的假面目一齐撕破，方好显露出他们的真相。……"这番议论从现在看来也不免偏，偏在都要撕破，容易堕入虚无主义。但在那时，当许多经学家在今、古文问题上长期斗争之后，我觉得这是一个极锐利、极彻底的批评，是一个击碎玉连环的解决方法，我的眼前仿佛已经打开了一座门，让我们进去对这个二千余年来学术史上的一件大公案作最后的判断了。

我既略略地辨清了今、古文家的原来面目，就又希望向前推进一步。为什么有今文家？为什么有古文家？他们出现的社会背景和历史条件是什么？固然，古文经一系列的组织和发展，由于刘歆站在最高学术地位上的鼓吹和王莽站在最高政治地位上的推动，这事对于王莽夺取汉家政权必然与以若干有利的条件，关于这一点早由方苞的《周官辨》和康有为的《新学伪经考》等书说明了。但这事如果单纯地只看作和王莽有关，那么当新室灭亡之际，古文经理应和它同归于尽，何以到了东汉反而昌盛，竟夺得了今文经的正统？又如今文学，如果单纯地只看作孔子学派师徒们的传授，那么由孔子到董仲舒不过三百年，终不该作一百八十度的转变，为什么会大讲其"怪、力、乱、神"，和孔子的思想恰恰相反？想到这里，就不得不在秦、汉时代统治阶级的需要上来看今、古文两派的变化。研究的结果，使我明白儒生和方士的结合是造成两汉经学的主因。方士的兴起本在战国时代的燕、齐地方，由于海上交通的发达，使得人们对于自然界发生了种种幻想，以为人类可以靠了修炼而得长生，离开了社会而独立永存，取得和上帝同等的地位；同时同地有邹衍一派的阴阳家，他们提倡"天人相应"的学说，要人们一切行为不违背自然界的纪律。秦始皇统一六国，巡行到东方，为了方士和阴阳家们会吹会拍，他立刻接受了海滨文化。儒生们看清楚了这个方向，知道要靠近中央政权便非创造一套神秘的东西不可，所以从秦到汉，经学里就出了《洪范五行传》一类的"天书"做今文家议论的骨干，一般儒生论到政治制度也常用邹衍的五德终始说的方式来迎合皇帝的意图，使得皇帝和上帝作起紧密的连系。皇帝的神性越浓厚，他的地位就越优越，一般民众也就越容易服服贴贴地受皇帝的统治。这种政策，皇帝当然是乐于接受的，而且确实胜过了方士们的专在幻想中寻求希望，所以儒生的地位很快地超过了方士，凡是正途的官吏都要在儒生中挑选。到了西汉之末，刘歆整理皇家的图书，发现许多古代史料，他想表章它们，本是史学上的一件盛举；但学术性的东西是皇帝所不需要的，一定要插入对于皇帝有利的东西方能借得政治的力量，所以他唯有在《左传》里加进新五德终始说的证据，又要做出一部《世经》来证明王莽的正统。在这种空气里，光武帝就必须用《赤伏符》受命，而谶纬一类妖妄怪诞的东西就大量产生了。因此，我觉得两汉经学的骨干是"统治集团的宗教"——统治者装饰自己身份的宗教——的创造，无论最高的主宰是上帝还是五行，每个皇帝都有方法证明他自己是一个"真命天子"；每个儒生和官吏也就都是帮助皇帝代天行道的孔子的徒孙。皇帝利用儒生们来创造有利于他自己的宗教，儒生们也利用皇帝来推行有利于他们自己的宗教。皇帝有什么需要时，儒生们就有什么来供应。这些供应，表面上看都是由圣经和贤传里出发的，实际上却都是从方士式的思想里借取的。试问汉武帝以后为什么不多见方士了？原来儒生们已尽量方士化，方士们为要取得政治权力已相率归到儒生的队里来了。至于今文家和古文家，只是经书的版本不同或是经书上的解释不同，不是思想的根本有异。不过古文家究竟掌握了若干古代资料，又起得较迟，到了东汉时谶纬的妖妄性已太显著，不能取得脑筋清楚的儒生们的信仰，所以流入训诂一途，比较有些客观性而已。

一九二九年，我担任了燕京大学历史系的课务，即想竭尽我的心力来探求这方面的问题。当时曾本崔适先生《史记探源》中所指出的刘歆利用了五德相生说来改造古史系统的各种证据，加以推阐，写成《五德终始说下的政治和历史》一文，刊入《清华学报》。到一九三三年，同系教授邓之诚先生患病，请假半年，嘱我代任他的《秦汉史》一课。我就把上述的意思编撰讲义，大抵分为三个段落：从第一章到第七章，说明在阴阳家和方士的气氛下成就的秦、汉时代若干种政治制度；从第八章到第十八章，说明博士和儒生怎样地由分而合，又怎样地接受了阴阳家和方士的一套，成为汉代的经学，又怎样地从他们的鼓吹里影响到两汉时代的若干种政治制度；从第十九章到第二十二章，说明汉代的经学如何转入谶纬，谶纬对于政治又发生了怎样的作用。这二十余章文字大部分暴露了汉代思想的黑暗面，虽不能包括那时的全部学术，但确是那时学术思想的主流，在当时的学术界里无疑地占有正统的地位的。

隔了两年，上海亚细亚书局新开，来函索稿甚急；我想，在我所编的讲义中，这一份还算自成一个段落，便寄给该局出版，姑且命名为《汉代学术史略》。然而汉代的学术方面尚有很多的辉煌的果实，例如唐都、落下闳、邓平、刘歆、张衡的天文学和历法学，张衡的地震学，王景、桑钦的地理学，赵过的农学，许商、平当、贾让的水利学，淳于意、张机、华佗的医学，马钧的机械学，桑弘羊、桓宽、王符、仲长统的经济政治学说，司马谈、迁父子和班彪、固父子以及荀悦、蔡邕的史学，刘向、歆父子的古文籍考订学，扬雄、爰礼、甄丰、服虔、许慎、马融、郑玄的文字学和训诂学，以及王充的唯物主义的怀疑思想等等，都是值得大书特书的。还有汉代四次学术性的大会议：昭帝始元六年（公元前81年）诏郡、国举贤良、文学之士，问他们民间的疾苦，他们都请罢盐、铁、榷酤的专卖，和御史大夫桑弘羊相辩难；桓宽集录为《盐铁论》一书。宣帝甘露二年（公元前52年）诏诸儒讲《五经》同异于石渠阁，皇帝和太子太傅萧望之等评定他们的是非，添立了四家博士。平帝元始元年（公元1年），王莽征求天下通一艺、教授十一人以上，及有《逸礼》、《古书》、《毛诗》、《周官》、《尔雅》、天文、图谶、钟律、《月令》、兵法、《史篇》文字的数千人到未央宫中改正乖谬，统一异说。章帝建初四年（公元79年）诏博士、议郎、诸儒等议《五经》同异于白虎观，魏应掌问难，淳于恭掌条奏，皇帝加以决定；班固集录这回的结论为《白虎通义》。这四次会议对于汉代学术的发展和蜕化一定有极大的关系。这本小册子里既大都没有叙及，就贸然戴上了一顶

"汉代学术史"的大帽子，实在觉得不称，心中留着十分的惭愧和对于读者的无尽的歉疚。

这书出版不久，卢沟桥的战事就起来了。我流亡后方，常常一年中迁徙几次，手头又缺乏参考书籍，一切的研究都不能做；抗日战争胜利后又因兼职过多，不能集中精神在学术工作上；一蹉跎就是十八年的长时间，我的头发全白了，还不能把这本书改写。今年，出版社方面不以这书为劣陋，要我加以修正重版；又适值我光荣地参加了国家的工作岗位，由上海迁到北京，生活还没有十分安定，只能作了一些字句的小修改。所幸的，现在得有机会，改题了《秦汉的方士与儒生》，书名和内容相符，可以使我减轻些内心的不安而已。

中国的文化，从书本材料来说，是胚胎于夏、商而化成于两周；以后二千余年，为了过分尊重经学的缘故，骨子里虽不断地在创造，表面上总是承继着两周。至于叙述和说明夏、商、周三代的文化，最重要的有三个时期。第一时期是两汉，他们的目标既在曲解经书来适应于当前的统治集团的利益，把古代史实勉强拉来和当时的东西相比，他们的方法又牵缠于阴阳五行的附会，处处要使得人事和自然界应弦合拍，在这样的主观愿望之下，势不能不流入于武断的玄学，所以名为整理而实际却是梦乱，使得我们要整理三代文化时逼得先去从事于两汉文化的探索，多出了几重麻烦。第二时期是两宋，他们的目标是内心的修养，用了全力去寻求古圣先王的传授心法，这当然也是一个水中捉月的主观愿望；可是他们的治学方法却因部分地接受了禅宗的"呵佛骂祖"的精神，敢于打破久踞在学术界宝座的偶像，又因有了刻版，古籍容易传布，见多自能识广，因此辨伪考证之风大兴，在整理方面开出了一个比较能客观研究的新境界。第三时期是清代，除了它的后期之外，一般学者的目标只是希望认识古代，既不想把古代的学术思想应用在当前的政治上，也不想把它应用在内心的修养上，而只是以周还周，以汉还汉，以宋还宋，洗刷出各个时代的本来面目；他们用了细密的手腕去搜罗材料，钩稽异同，其态度的谨严和在史料学上的成就都超过了汉、宋两代。只是他们太偏于客观主义，注重积聚材料而轻视理论，好像尽制砖瓦，不打建筑图样，自然也造不起房子来；结果流于烦琐细碎，使得人们怕去亲近。到今天，有了辩证唯物论和历史唯物论做我们一切工作的最高指导，我们接受了古人的遗产，就能用了正确的方法作全面的观察，更在缜密的计划之下来分工合作，这样充分自觉地精进，我相信，一部良好的中国学术史是不难出现的。有了这部完整的学术史，哪些是我们该吸收的古人的精华，哪些是我们该抛弃的古人的糟粕，就都明白地指示出来了。我这本小册子如果能在将来的学术史里贡献上一点参考资料，就不算我空费了在经学书里摸索多年的时间和精力。

（下略）

顾颉刚。一九五四年十二月三日。

战国秦汉间人的造伪与辨伪 [*]
（1935）

一、古人缺乏历史观念

研究历史，第一步工作是审查史料。有了正确的史料做基础，方可希望有正确的历史著作出现。史料很多，大概可以分成三类：一类是实物，一类是记载，再有一类是传说。这三类里，都有可用的和不可用的，也有不可用于此而可用于彼的。作严密的审查，不使它僭冒，也不使它冤枉，这便是我们研究历史学的人的任务。

所谓伪，固有有意的作伪，但也有无意的成伪。我们知道作伪和成伪都有他们的环境的诱惑和压迫，所以只须认清他们的环境，辨伪的工作便已做了一半。

我们研究学问的先决问题，第一是了解从前人的工作的结果，第二是认识我们今日所负的责任。现在许多人都在研究中国史，而中国的史料不可信的甚多，尤其是古史，又不曾经过整部的严密的审查，其中待我们努力解决的问题不知有多少。为了鼓励大家的工作兴趣，担负起时代所赋予的责任，所以我略略搜集战国、秦、汉间人的造伪与辨伪的事实，作成这一篇，希望读者认识这两种对抗的势力，以及批评精神与辨伪工作的演进，好藉此明白自己所应处的地位。

在述说这问题之前，我们该得知道，所谓"历史观念"，在现在看来虽是很平常的一种心理，但其发展的艰难却远过于我们的想像。"致

---

　　* 此文原载燕京大学《史学年报》第二卷第二期，1935 年 9 月；又载《古史辨》第七册，开明书店，1941 年 6 月。作者后在自存的《古史辨》第七册上为第九至十二节补加标题，第一至八节标题系王煦华援例补加，据此录入。

用观念"，在石器时代已有了，否则人类就不会制造出这些器具。这个观念从此发达下去，成就了今日的精致和奇伟的物质文明。但历史观念超出现实，它的利益不是一般人所能了解，所以非文化开展到了相当程度，决不会存在于人们的头脑里。将来不可知；截至现在止，它还只限于少数人的使用。古代当然更不必说。这少数人既已有了这个观念，一定忍不住，要发之于言行；然而敌不过多数人的懵懂，于是终被他们的宗教信仰或致用观念所打倒。这是无可奈何的悲剧！若要这种悲剧不发生，只有两条路。其一，大家逢到一件事情，就肯想一想，不尽跟人家跑。其二，看到不如己意的议论和著作肯宽容，不要党同伐异。能够这样，历史观念的发达自然一日千里，而无用之用也定必超过致用观念所收获的实惠了。

只为古人缺乏历史观念，所以最不爱惜史料；因而写不成一部可靠的历史。很古的时代如何，我们的智识不够，无从提起。且从武王克商说起罢。当他成功之后，《史记》上说他"命南宫括、史佚展九鼎宝玉"，"封诸侯，班赐宗彝，作《分殷之器物》"（《周本纪》），《逸周书》上说他"俘商旧宝玉万四千，佩玉亿有八万"，以及麇、鹿、麇、豕等约一万头（《世俘》），他掠夺的只是些鼎彝、宝玉、牲畜，而不是殷商的历史材料。固然，这种传记百家之言也许是靠不住的，武王也许肯不注重实利；可是现有的证据已足够证明这些记载了。安阳的殷墟，在三十年中发现了四五万片的甲骨卜辞，近年经中央研究院大举发掘，连宗庙宫室陵墓的遗址也找出来了。然而地下挖出的遗物只有大量的甲骨和瓦片，而铜器和玉器乃至少。这不是铜器和玉器已全被抢光了吗？因为周人有致用观念，所以把凡是值钱的东西都带走了。又因为他们没有历史观念，所以想不到开办一个"故宫博物院"。他们看盘庚以来二百余年卜用的甲骨，正如我们看一大堆废纸似的。说到这儿，真令我暗暗地叫一声惭愧。十余年前，北京的历史博物馆嫌明清内阁大库的档案堆积得太多了，又占房屋，又费功夫，觉得讨厌，所以就把其中不整齐的装了八千麻袋，卖给纸厂，作为造还魂纸的原料。司法部中藏有明朝的刑部老档，某一位总长看它是过时货，下令烧了。七年前，国都南迁，蒙藏院的档案无人保管，全数散出，卖给摊贩包花生糖果。究竟甲骨的用处不如纸张，不能制造还魂纸，也不能包裹糖果，周武王觉得不能获利，扔下了。后来康叔封于卫，他也许嫌这种东西讨厌，但它又不像纸张的容易烧毁，只得留下了。谁想过了三千年，这种废纸竟沾了人们的历史观念的光，忽然发生了用处，害得许多考古家和古董商费了全副的精力去搜求，腾起很高的行市！又谁想现在人们的历史观念，只会应用于数千年前的档案（甲骨），而不会应用于数百年中的档案！唉，人类的进步是这样慢的。

因为古人太没有历史观念了，所以中国号称有五千年的历史，但只剩下微乎其微的史料。现在再讲一个故事。曹植做了鄄城侯，那边有一座旧殿，是汉武帝的行宫，他拆毁了。因为有人假借了神话来反对，他就下令道：

> 昔汤之隆也，则夏馆无余迹。武之兴也，则殷台无遗基。周之亡也，则伊、洛无只椽。秦之灭也，则阿房无尺椽。汉道衰则建章撤；灵帝崩则两宫燔……况汉氏绝业，大魏龙兴，只人尺土非复汉有。是以咸阳则魏之西都，伊、洛为魏之东京，故夷朱雀而树阊阖，平建阳而建泰极。况下县腐殿，为狐狸之窟藏者乎！……
> （《文馆词林》六九五引）

他的话说得多么爽快，有了新朝就该把旧朝的东西完全摧毁了！看了这文，谁还敢说中国人好古！在这种观念之下，只有时行的留存与不时行的销灭两件事。然而不幸，历史所记是十分之九属于不时行的呵！

凡是没有史料做基础的历史，当然只得收容许多传说。这种传说有真的，也有假的；会自由流行，也会自由改变。改变的缘故，有无意的，也有有意的。中国的历史，就结集于这样的交互错综的状态之中。你说它是假的罢，别人就会举出真的来塞住你的嘴。你说它是某种主义家的宣传罢，别人也会从这些话中找出不是宣传的证据。你说它都是真的罢，只要你有些理性，你就受不住良心上的责备。你要逐事逐物去分析它们的真或假罢，古代的史料传下来的太少了，不够做比较的工作。所以，这是研究历史者所不能不过而又极不易过的一个难关。既经研究了历史，谁不希望得到真事实？既经做了研究工作，谁不希望早日完工？可是古人给我们的难题太多了，这个回答不好的责任是应当由古人担负的，我们只有使尽自己的力量以求无愧于心而已。

二、战国、秦、汉间好古者的造伪

我们在前面既知道古人没有历史观念，不爱惜史料了，但从别方面看，则中国民族又有一种癖性，是喜欢保留古代的语言方式。我们现在尚闹白话与文言之争，好古者还想拿公元前数百年的白话作为二十世纪的通用文字。古代也是如此。我们在《左传》里读到周王的说话，就知道他和春秋时一般人的口语有别。例如僖十二年，齐桓公使管夷吾平戎于王，王说：

> 舅氏！余嘉乃勋，应乃懿德，谓督不忘，往践乃职，无逆朕命！

又如哀十六年，卫庄公使鄢武子告嗣位于周，王说：

> 肸以嘉命来告余一人。往谓叔父：余嘉乃成世，复尔禄次。敬之哉，方天之休！弗敬弗休，悔其可追！

虽然文气卑弱，必不能像殷、周间文字的朴茂，但春秋时有摹仿古文字的风气，即此可以推知。文既仿古，当然有伪造古书的。《孟子·万章篇》上有一段话：

> 象曰："谟盖都君咸我绩。牛羊，父母；仓廪，父母。干戈，朕；琴，朕；弤，朕；二嫂使治朕栖。"象往入舜宫，舜在床琴。象曰："郁陶思君尔！"忸怩。舜曰："惟兹臣庶，汝其于予治！"

此文易"谋"为"谟"，易"皆"为"咸"，易"功"为"绩"，又省去许多动词，如"牛羊父母"，"舜在床琴"等句，显见作者要表示其为唐、虞的真传，故有意不循战国的语法。其他《孟子》中所引尧、舜事，又有"祗载见瞽瞍"，"瞽瞍厎豫"，"舜尚见帝"等句，也都用了古字易去今字。在这种空气之下，《帝典》就出现了，邃古的名人也都有著作传下来了。作者没有新发现的史料，也没有时代的观念，只凭个人的脑子去想，而且用了貌似古人的文体写出，拿来欺骗世人。战国、秦、汉之间，这种东西不知出了多少。其后赖仿古而成名的甚多，扬雄的《太玄》和《法言》最能表现这个特征。又如司马相如作《封禅文》，把"揆其所始，至于所终"写作"揆厥所元，终都攸卒"，把"大道于是成"写作"大行越成"，把"深恩广大"写作"湛恩厐鸿"，把"化蛮夷为文明"写作"暗昧昭晰"，简直不讲文法，专堆生字，到了画符念咒的地步。

他们既已为了没有历史观念，失去许多好史料，又为了没有历史观念，喜欢用古文字来作文，引出许多伪书。在这双重的捣乱之下，弄得中国的古书和古史触处成了问题。从前君主时代，君主的权力的基础建

筑在经书上，于是"非圣无法"可以判死罪（例如嵇康以"非毁《典》
《谟》而受诛"），大家死心塌地，不敢去想，倒也罢了。现在呢，君主
是倒了。从前人没有学术史的眼光，以为最古的人是最聪明的（例如黄
帝发明了几十种东西，做了几百卷书），什么事情都是老早就规定妥当，
不必由我们去想，倒也罢了。现在呢，知道智识由于积累，后人的本分
是应追过前人了。我们在这种环境之下，哪能不起来问，哪能不起来
干。如果不这样，我们简直辜负了这时代。何况，在从前极束缚的环境
之下，尚有起来问，起来干的，我们如果在这大解放的日子里还作无
怀、葛天之民，试问有什么面目对着他们？

三、孔子对于历史的见解

中国的文化中心，大家都知道是《六经》和孔子。《六经》的问题
复杂，我们先来看孔子。记载孔子言行的《论语》，是有史以来第一部
私家著作。我们可以在《论语》中看出孔子对于历史的见解。

孔子虽是儒家的开创者，但这原是后来的儒家推尊他为始祖而已，
他并没有创立一种主义，也没有定出什么具体的政治计画来。他虽常提
起夏、殷，但夏、殷的历史差不多没有说到。《八佾篇》云：

> 子曰："夏礼，吾能言之，杞不足征也。殷礼，吾能言之，宋
> 不足征也。文献不足故也。足，则吾能征之矣！"

他说夏、殷之礼的"不足征"由于他们后裔杞、宋二国的"文献不足"，
似乎很能注意到史料上。但为什么对于夏、殷之礼又两云"吾能言之"
呢？既已没有史料，他怎么去讲历史呢？这不够人疑惑？由我猜想，恐
怕那时人对于夏、殷的故事都随便说，孔子也不能免。所谓"不足征"
的，是史料。所谓"吾能言"的，是传说。照这样讲，孔子口里的夏、
殷之礼就有问题了。

他又说："行夏之时，乘殷之辂，服周之冕。"（《卫灵公》）又说：
"周监于二代，郁郁乎文哉！吾从周。"（《八佾》）在这两句话里，可见
他的心目中的夏、殷的礼对于周代人的效用只在"留备择取"的一点。
他只拿了致用观念来看夏、殷，而不拿历史观念来看夏、殷，这个意思
表示得非常清楚（要是他用了我们的态度，就得问："夏、殷的礼究竟
是怎样的？""夏、殷的礼是怎样构成的？""夏、殷的礼在我们这个时代
里有什么实用价值？"）。在这种观念之下，与周有关的尚可仅凭传说，

而与周无关的自然更不妨让它渐灭了。

制度既已只备择取，史事当然只备劝惩。在《论语》里，可以看出孔子和弟子们说话时称引的人，只是把人类的性质品行分成数类，每类举出几个最有力量的代表。例如做人君的要无为如尧、舜，勤俭如禹、稷，知人如舜、汤；做人臣的，要能干如周公、管仲，忠直如史鱼、柳下惠，识见如伯夷、蘧伯玉。他提起古人，不是传授历史知识，乃是教人去效法或警戒。这种观念原是当时人所通有的。因为日久流行在口头的缘故，所以好人会尽量好，坏人会尽量坏。其实岂但当时人，就是现在，除掉研究历史的专家以外，提到古人，谁不只记得几个特别好的和特别坏的。你随便走进一个戏园或评书馆，就可以听得能干的姜太公和诸葛亮，勇敢的薛仁贵和杨继业，奸诈的曹操和秦桧，方正的包龙图和海瑞，以及武松、黄天霸等义士，李太白、唐伯虎等才子，杨贵妃、崔莺莺等美人，妲己精、潘金莲等淫妇。这些演员和听众，并不要求知道这班古人的年代先后和他们的特殊的环境，只觉得古来的人，或善或恶，其翘然特出于人群的不过这几个而已。有了这几个，他们说话或唱戏时就尽够引用了，要寻一个人物作自己的模范时也有所取资了。当时子贡究竟是一个智识分子，他听了抑扬过甚的传说不免引起了怀疑。他道："纣之不善不如是之甚也，是以君子恶居下流，天下之恶皆归焉。"（《子张》）这句话的反面，就是说，"周公之才之美不如是之甚也！是以居上流者，天下之善皆归焉"。也就是说，"中流者非无善恶也，天下之善恶皆不归焉"。这实在是一句聪明话，是我们的辨伪史中的第一句话。

古时只有代表人物而没有史。今日则既有留存于民众心目间的代表人物，又有为学者们所保存研究的历史材料。这是古今的一大区别。古时虽以孔子之圣知，也曾起过"文献不足"的感叹，但究竟受时代的束缚，惟有宛转牵就于致用的观念之下而已。

四、战国以前的古史是"民神杂糅"的传说

孔子的思想最为平实，他不愿讲"怪、力、乱、神"，所以我们翻开《论语》来，除了"凤鸟不至，河不出图"二语以外，毫无神话色彩（这二语本是很可疑的）。其实那时的社会最多神话。试看《左传》，神降于莘，赐虢公土田（庄三十二年），太子申生缢死之后，狐突白日见他（僖十年），河神向楚子玉强索琼弁玉缨（僖二十八年），夏后相夺卫

康叔之享（僖三十一年），真可谓"民神杂糅"。历史传说是社会情状的反映，所以那时的古史可以断定一半是神话，可惜没有系统的著作流传下来。流传下来的，以《楚辞》中的《天问》为最能表现那时人的历史观，但已是战国初期的了（此文必非屈原著）。

《天问》是一篇史诗，用了一百八十余个问题来叙述当时所有的上下古今的智识。篇中先问宇宙的着落，再问日月的运行，这就是所谓开辟的故事。于是问到人了，第一个是鲧，问他为什么治洪水时要听鸱龟的话，为什么上帝把他永远监禁在羽山。第二个就是禹，问他在极深的洪水中怎样的填起土来，应龙又怎样的帮他治水。第三个是康回，就是共工，问他怎样一怒，土地就塌陷了东南一角。于是问到地方：东西南北哪边长，太阳哪里照不到，昆仑、黑水在何方。从此顺了次序问起夏、商、周的历史故事，其中也很多大可怪异的传说，为儒家的典籍里所没有的。

在《天问》中，禹是一个上天下地，移山倒海的神人，鲧是给上帝禁压在山里的。洪水是开辟时所有；平治水土不是人的力量，乃是神和怪物合作的成绩。有了这个了解，再去看《诗》、《书》，那么，玄鸟生商的故事，履帝武生稷的故事，"洪水芒芒，禹敷下土方"之句，"殛鲧于羽山"之文，均不必曲为解释而自然发现了它们的真相。

不但如此。《史记·秦本纪》说秦祖女修吞卵生子，中衍鸟身人言，也可信为当时确有的史说。《山经》记陕西西部至甘肃一带是一个上帝的国家，而黄帝便是那边的上帝，即此可知秦祀黄帝的缘故，又可知道黄帝陵所以在桥山的缘故。其它如《书》中的"高宗肜日，越有雊雉"，《金縢》的"天乃雨，反风，禾则尽起"，以及《赵世家》中的《秦谶》，《大宛列传》中的《禹本纪》，拿那时人的眼光看来，正是家常便饭，无所用其疑怪。

我们可以说：在战国以前，古史的性质是宗教的，其主要的论题是奇迹说。我们不能为了孔子等少数人的清澈的理性，便把那时的真相埋没了。

五、墨子的托古

到了战国，情形就大变。战国以前整个社会建筑在阶级制度上。《左传》上说"人有十等"（昭十年），士以上为四等，皂以下为六等，为的是要使他们"服事其上而下无觊觎"（桓二年）。但后来因交通的便利，商业的发达，庶民就有了独立的地位。又因诸侯的吞并，地力的开发，大国益增富强，管理国家的事不是几个精神衰老过惯舒服日子的世家大族所能为，庶民中的贤者就起而挤倒了世官。大家要夺政权，就大家要有智识。这样的社会组织的大变动，当然对于思想学术有剧烈的影响，古史传说遂更换了一种面目。

学术界中第一个起来顺应时势的，是墨子。他有坚定的主义，有具体的政治主张。他的第一个主张是"尚贤"，他说："虽在农与工肆之人，有能则举之……故官无常贵而民无终贱。"他的第二个主张是"尚同"，他说："选择天下贤良圣知辨慧之人，立以为天子……选择天下赞阅贤良圣知辨慧之人，置以为三公。"这样说来，一切世官等级，他们是准备全部打倒的；谁有本领谁做官，哪一个最有本领就请哪一个做天子。这等坚决的主张当然会博得民众的多数同情，所以就是和他势不两立的儒家，也不能不采取他的学说。《大学》里说的"身修而后家齐，家齐而后国治，国治而后天下平"，《中庸》里说的"德为圣人，尊为天子，富有四海之内"，以及《尧典》的"克明峻德"一章，《皋陶谟》的"日宣三德"一章，都是儒家承受墨家学说的证据。

但当时人最没有时代的自觉，他们不肯说"现在的社会这样，所以我们要这样"；只肯说"古时的社会本来是这样的，所以我们要恢复古代的原样"。然而，战国的时势是从古未有的创局，如何在古代找出相同的事例来呢？这在我们研究历史的人看来，是绝对没有办法的事。但他们有小说家创作的手腕，有外交家说谎的天才，所以容易得很。他们说：舜是从畎亩之中举起来的，伊尹是从庖厨之中拔出来的，傅说是从版筑之间解放出来的，胶鬲是从鱼盐的商场中挑选得来的，所以农夫也可以做天子，厨子、囚徒、鱼贩们也可以做大臣。他们又说：尧把天子让与舜，舜把天子传与禹，所以天子之位不是世袭的，一个天子老了就应当在他的臣民中选择一个最有本领的人，把天下交给他管。这就是所谓"禅让说"。一定要先有了墨子的尚贤主义，然后会发生尧、舜的禅让故事。这些故事也都从墨家中流传到儒家，而我们小时就在《四书》中熟读，认为至真至实的古代史了。

不过，儒家究竟和墨家不同。墨家讲兼爱，儒家则讲亲亲。墨家主张彻底尚贤，儒家还要保全贵族的世禄。所以从墨家的平等眼光看来，除了举贤无第二法；从儒家的等差眼光看来，传子比了举贤还重要。因此，禅让的故事，儒家虽因时势的鼓荡而不得不受，但总想改变其意义。这一个苦衷，我们若小心读《孟子》就可明白。

当禅让说极盛的时候，燕王哙听得着了迷，一心想追踪尧、舜，就把国政完全交给他的相子之。有人对他说："禹本来是传天下与益的，但因他的儿子启在政治上也有权力，启纠集党羽攻益，把天下夺回来了。照这样看，禹在表面上传天下于益、其实是令启自己夺取。现在你虽把国家交给子之，然而官吏大都是太子手下的人，实在还是太子用事呵！"燕王哙是真心效法尧、舜的，就把官员的印一起收了，交给子之，由他任用。子之南面行王事，燕王哙反做了他的臣。这样三年，燕国大乱，将军市被和太子平合谋，起兵攻子之；齐宣王又从外边打进去，把子之打掉，燕王哙也死了（事见《战国策·燕策》一及《史记·燕世家》）。这是一个很美丽的故事之下的大牺牲。当燕国乱时，有人询问孟子的意见，他答道："子哙不得与人燕，子之不得受燕于子哙。有仕于此而子悦之，不告于王而私与之……则可乎！"（《公孙丑》下）以一个"言必称尧、舜"的人而对于热心模仿尧、舜的子哙、子之反持这种冷酷的态度，实在令人无从索解。倘使他用了同样的句法，说"尧不得以天下与舜，舜不得受天下于尧"，禅让的偶像岂不是就此打碎了吗？

有一次，万章问他："尧把天下传给舜，有这件事吗？"他用了批评燕事的态度回答道："没有，天子是不能把天下送给别人的。"话说得这样斩钉截铁，当然把这件故事推翻了。于是万章再问道："舜的天下是谁给他的呢？"他回答一句空洞的话："是天给他的。"万章这人真利害，又反问他一句道："天把天下给他的时候是明明白白的对他说话吗？"这话要是问在西周时，那时的人当然回答说，是的，因为大雅里就有"有命自天，命此文王"（《大明》），以及"帝谓文王，予怀明德……"（《皇矣》）等句，天和人直接谈话的事是很寻常的。但孟子的时代和他的学说已不容他这样神道设教了，所以他答说："天是不说话的，但借了人事来表现他的意思而已。"万章再逼进一层，说："怎么借了人事来表现呢？"问到这样，他再没有什么办法，只得用了墨子的手段杜造出一段故事来，说道："舜相尧有二十八年之久，这是天意。尧崩，三年之丧完了，舜避到南河的南面，好让尧子继承了天子之位，然而朝觐的诸侯不到尧子那边去而到舜这边来，打官司的也不到尧子那边去而到舜这边来，歌颂功德的又不歌尧子而歌舜。舜被臣民爱戴到这样，他不做天子也不成了。这就是从人事上表现的天意！"（《万章》上）这些话虽然讲的是尧、舜，其实是针对燕王哙的让国说的。倘使子之能相子哙二十余年，哙死之后他也离去燕都，燕的臣民也不戴太子平而戴他，那就是孟子理想中的禅让了。然而这和《尧典》所谓"朕在位七十载，汝能庸命巽朕位"，"格汝舜，询事考言，乃言厎可绩，三载，汝陟帝位"，"正月上日，受终于文祖"诸文能相合吗？《尧典》中分明说尧直接让位于舜，而孟子偏说舜是由臣民拥戴起来的，与尧无干，这不够矛盾吗？这样看来，孟子所说的是儒家的尧、舜，而《尧典》所记的竟是墨家的尧、舜了！

岂但孟子反对禅让，荀子的态度更要激烈。他在《正论篇》里大声疾呼道：

世俗之为说者曰：尧、舜擅让。是不然！天子者，势位至尊，无敌于天下，夫有谁与让矣！……

曰：死而擅之。是又不然！……圣王已没，天下无圣，则固莫足以擅天下矣。天下有圣在后者，则天下不离，朝不易位，国不更制；天下厌然，与乡（向）无以异也。……圣不在后子而在三公，则天下如归，犹复而振之也；天下厌然，与乡无以异也。……故天子生则天下一隆，致顺而治，论德而定次；死则能任天下者必有之矣。夫礼义之分尽矣，擅让恶用矣哉！

曰：老衰而擅。是又不然！血气筋力则有衰，若夫智虑取舍则无衰。曰：老者不堪其劳而休也。是又畏事者之议也！天子者，势至重而形至佚，心至愉而志无所诎，而形不为劳，尊无上矣。……老者休也，休犹有安乐恬愉如是乎？故曰，诸侯有老，天子无老；有擅国，无擅天下：古今一也！

夫曰尧、舜擅让，是虚言也！是浅者之传，陋者之说也！不知逆顺之理，小大至不至之变也！未可与及天下之大理者也！

他的话说得何等决绝，径断禅让说是"虚言"，是"浅者之传，陋者之说"。比了孟子一方面说唐、虞不是禅，一方面又说"唐、虞禅"的扭扭捏捏、藏藏躲躲的态度，高明了多少？再拿荀子的话来和《尧典》比较，则"朕在位七十载，汝能庸命巽朕位"，岂不是"老衰而擅"；"帝乃殂落……月正元日，舜格于文祖"，岂不是"死而擅之"；而"正月上日，受终于文祖"，又岂不是"尧、舜擅让"呢？《尧典》所言竟没有一句不是荀子所反对的。堪笑后世读书人都自居于儒家，而对于孟、荀二大师之说似乎不曾看见，确认禅让是唐、虞之事，这是粗心呢，还是不敢提出这问题呢？

孟、荀二氏都不愿意听禅让之说，然而想不到从根本上解决，所以他们的反对不能成功。倘使他们能找出这传说的源头，说"这是墨家为了宣传主义而造出来的，我们儒家不该盲从"，岂不就连根划去了？推求他们所以不说这话的理由，就因为他们没有历史观念，自身又被包围于这样的空气之中，所以虽觉得这些话不对，而竟找不出辨伪的方法来。

由墨家的主义下所造成的故事，除此之外，可以推测的还有二端。

其一，"命"本是古人所最信仰的，到墨子始因激厉人们奋斗的勇气，主张非命。但现在《尚书》中，《汤誓》载桀之言曰："时日曷丧，予及汝皆亡。"《西伯戡黎》载纣之言曰："我生不有命在天。"那么，这两位亡国之君都是主张信命而被人打倒的。固然这也许是周代史官的垂诫之作，但也大有从非命之说出来的可能。看《非命上篇》说："于仲虺之告曰：'我闻于夏人矫天命，布命于下；帝伐之恶，龚丧厥师。'此言汤之所以非桀之执有命也。于《太誓》曰：'纣夷处不肯事上帝鬼神……乃曰："吾民有命"'，此言武王所以非纣执有命也。"可见他确把桀、纣当做定命论者的偶像，而作为他的攻击的目标的。

其二，墨子提倡尚贤，又注重实利与节俭，所以他把各种器物都定为圣人或圣王所作，见得当时创造的艰难，现在使用的人应当郑重。《节用中篇》说："古者圣王制为节用之法……古者圣王制为饮食之法；古者圣王制为衣服之法……古者圣人为猛禽狡兽暴人害民，于是教民以兵行……古者圣王为大川广谷之不可济，于是利为舟楫……古者圣王制为节葬之法……圣王……为宫室之法。"把百姓日用的东西一起归于明王圣人的德惠。其他《辞过》、《非儒》诸篇中也都有同样的制作说。这原是他矫正世俗侈靡的好意。但是自从有了这个提示，创造事物的传说就觉得有整理编排的必要，《世本》的《作篇》应时而兴，把任何事物都确定了一个创始者。主张改制说的人见了，又利用这一套话作为改制的根据，表示任何时代都可创造新事物：这就是《淮南子·氾论训》上的一段话。《易》学专家见了，也想把这一说应用到《周易》上，恰好《易传》中有"以制器者尚其象"之文，就选取了十三卦分配制作，而有庖牺氏取离作网罟等等的故事。

墨子是创造理论以顺应战国时势的第一人；因为他鼓吹的最早，所以由这一学派发生的故事最为深入而有力，一般人也忘记了这是墨家所创造的了。

六、种族融合过程中造成的两个大偶像

在战国的时势中又有一个大运动，其性质的重要或者还超过了阶级的破坏，这是种族的融合。本来"诸夏"和"蛮夷"的界限分得很严。所谓诸夏，是夏、商之后，和由西方入主中原的姬、姜两大族。在这四族以外的，都被看作蛮夷。虽有很高的文化的楚国，奄有西周旧畿的秦国，中原人还是用了蛮夷的眼光看他们，而他们也自居于蛮夷。吴国，中原人都已承认他们为泰伯之后了，然而《春秋经》还称其王为"吴子"，和赤狄的潞子一例。燕国，分明是召公奭之后，但因离中原稍远，与鲜虞、山戎比邻，故当张仪说燕王时，燕王还说："寡人蛮夷僻处，虽大男子裁如婴儿"（《燕策》一）。可见除了种族的关系以外，还有地域的关系。那时的中原是何等的狭小，诸夏是何等的稀少呵！

其实，就是诸夏的基本团体，夏、商、姬、姜四族，他们也何尝出于一家。夏的一族的来源固不可知，但商族是自以为"天命玄鸟"降下来的（《商颂》），周族是自以为上帝凭依了姜嫄而生下来的（《大雅》及《鲁颂》）。这些事情的真不真是另一问题，但他们对于自己的祖先，都以为由于上帝的命令而出现，这个观念的存在是铁一般的事实。因为有了这种观念，所以他们不承认始祖的前一代是人，他们不承认本族和别族有共同的祖先。至于姜姓的人，他们自己说是四岳之后，而四岳是共工的从孙，也不曾和其他三族认做本家。

当春秋时，居今河北省南部的有白狄，居今山西省南部的有赤狄（这是说一个大概，白狄也有在陕西的，赤狄也有在河北的）。其他以戎为名的，陕西有犬戎、骊戎、大戎，河北有山戎，湖北有卢戎，河南有陆浑之戎及扬拒、泉皋、伊雒之戎。以夷为名的，山东有莱夷，江苏与安徽间有淮夷。淮夷或者是一个总名。那时江、淮之间，种族部落至复杂。姓嬴的有江、黄、徐诸国。姓偃的有六、蓼、桐、英氏及舒蓼、舒庸、舒鸠诸国。不详其姓的又有州来、钟离、钟吾诸国。更往南行，又有群蛮和百濮。这些部落各有其历史的文化；不幸他们不是诸夏，而我们现在所有的古史乃是诸夏传下来的，所以找不到材料，似乎没有什么问题。其实那时的部族是说不尽的交错复杂，问题之多乃远过于我们的想像呢。

但是过了春秋，越灭了吴，就统一了东南部；楚东向灭越，又南越洞庭，西越巫山，就统一了淮水和长江两流域。秦灭义渠和蜀，就统一了西北和西南两部。齐向海上开拓，燕向东北开拓，赵向北部开拓，又统一了许多异族的地域。剩下韩、魏，虽困居腹地，不得发展，也能融化中原诸戎狄。他们各为求富强，打了无数回仗。战争的结果，他们开辟了无数地方，这些地方是向不受中原文化的浸润的；他们并合了无数部族，这些部族是向居于诸夏之外的。这样地工作了二百余年，于是春秋时的许多小国家和小部族全不见了。再经秦、汉的统一，于是他们真做了一家人了。

现在我们的邻邦要用最刻毒的手段来消灭我们的民族，然而嘴里唱的还是"同文同种，共存共荣"一类甜蜜的口号。战国时的帝国主义何尝不是如此。他们为要消灭许多小部族，就利用了同种的话来打破各方面的种族观念。本来楚的祖是祝融，到这时改为帝高阳（后人说他就是颛顼）了。本来秦是玄鸟陨卵，女修吞而生子的，到这时也是颛顼的苗裔了。赵祖非子，非子也是女修之后，秦和赵就同祖了。本来越是纯粹南方部族，和诸夏没有丝毫关系的，到这时也是禹的子孙了。本来匈奴在极北，越在极南，无论如何联不起来的，到这时都成了夏禹的后裔了。禹是被称为颛顼之孙的，那么越和匈奴也就同祖了颛顼。田齐自称舜后而舜是颛顼的六世孙，他们也就与秦、赵、楚、越、匈奴为一个系统下的分支。这几个有名的国家如此，许多被并的小部族当然都熔化于一炉了。

以上说的是颛顼一系，还有帝喾一系。自从甲骨卜辞发现以来，从里边寻得了"高祖夋"和"夐于夋"诸文，研究的结果知道夋即是帝夋，也就是帝喾（王静安说）。而帝喾即是命玄鸟下凡的上帝，简狄乃是下界的女子，二者有神和人的区别。《天问》里说："简狄在台喾何宜？玄鸟致贻女何喜？"即是说的这事。帝喾为商族的宗神，可无疑义。但周族是兴于西方的，从初兴到灭商也不过十数代，比了商的世系有四五十代的，历史的长短相去悬殊。而且他们的文化有种种差异，显然是两个很不同的种族。周的始祖后稷虽也说是上帝之胤，但那时的上帝是很多的（看《山海经》可知），商的宗神当然不即是周的宗神。然而到了种族混合大运动的时候，这两个仇雠的种族忽然结成了亲兄弟了。他们说：帝喾是一位人王，他的元妃是姜嫄，产了后稷；他的次妃是简狄，产了契。不但如此，他还有一个次妃，叫做庆都，产了帝尧。在这几句话里，埋着不知多少的矛盾，只消细心读书便没有不觉得的。

据他们说，自古以来的朝代只有唐、虞、夏、商、周五个。照这样分配，虞、夏属于颛顼系，唐、商、周属于帝喾系，似乎组织民族史的任务已告终了。但他们还觉得不满意，以为这两枝必须并到一干上才好。黄帝本是一个最有权力的上帝，于是他们就把他从天上拉下来了。他们说：黄帝生昌意，昌意生颛顼，这是一支；黄帝生玄嚣，玄嚣生蛟极，蛟极生帝喾，这是又一支。靠了这一句话，颛顼和帝喾就成了同气连枝的叔侄。二千余年来，大家都自以为是黄帝的子孙，原因就在这里。可惜逝者已矣；若能把战国以前人从地下唤了起来，问他们这件事，他们一定摸不着头脑呢。

记载这样的世系的，有《五帝德》、《帝系姓》诸篇，今在《大戴礼记》中。司马迁虽说这二篇"儒者或不传"，但他自己毕竟相信，所以全载入《史记》的本纪和世家中。

他们岂仅把上帝拉做了人王，使神的系统变作了人的系统；而且把四方小部族的祖先排列起来，使横的系统变成了纵的系统。如伯夷，本是姜姓一族的祖先；皋陶，本是偃姓一族的祖先；益（或伯翳），本是嬴姓一族的祖先（见《左传》及《国语》）；他们都请来放在《尧典》里，使得他们和夏祖禹，商祖契，周祖稷成了同寅，于是这一班人的时代整齐划一了。太皞，是任、宿、须句、颛臾诸国的祖先；少皞，是郯国的祖先；共工，是齐国的祖先；大庭氏，是原住在鲁国之地的（见《左传》及《国语》），他们取来一齐说为古帝王，于是颛顼、帝喾之前又堆上了许多的王者了。这样一来，任何异种族异文化的古人都联串到诸夏民族与中原文化的系统里，直把"地图"写成了"年表"。

又不但此也，因种族的融合而使古代的疆域也随着发展。本来所谓中原，不出黄河下流及济水流域。夏、商、周千数百年间的都城，只有西周因旧国所在，建都于渭水流域，其它哪一个不是在黄河下流。势力所及，西不度陇，南不越淮水、荆山。所以《商颂》虽夸言武功，而说到邦畿，只有"千里"。孟子以王道为其理想中的最高成就，他说到古代疆域，也不过是"夏后、殷、周之盛，地未有过千里者也"。《荀子·强国篇》中又说：

> 古者百王之一天下，臣诸侯也，未有过封内千里者也。今秦南乃有沙羡与俱，是乃江南也；北与胡、貉为邻；西有巴戎；东在楚者乃界于齐，在韩者逾常山乃有临虑，在魏者乃据圉津，去大梁百

> 有二十里耳，其在赵者剡然有苓而松柏之塞，负西海而固常山：是
> 地遍天下也。……此所谓"广大乎舜、禹"也。

这里说的是秦未灭六国时的疆域，把现今的地方来编排，除了陕西、四川两省较为整齐外，其余在湖北（沙羡），河南（临虑），山东（圉津），河北（苓）的都是些零星小块，然而荀子已诧叹为"广大乎舜、禹"，可见就是到战国之末依然不曾把古代的地域放大。其后始皇二十六年成了统一的功业，丞相王绾等上帝号议云：

> 昔者五帝地方千里，其外侯服夷服诸侯或朝或否，天子不能
> 制。今陛下兴义兵，诛残贼，海内为郡县，法令由一统，自上古以
> 来未尝有，五帝所不及。

到三十四年，置酒咸阳宫，仆射周青臣进颂道：

> 他时秦地不过千里，赖陛下神灵明圣，平定海内，放逐蛮夷，
> 日月所照，莫不宾服。以诸侯为郡县，人人自安乐……自上古不及
> 陛下威德。

这都是说五帝的地方不及秦始皇的大，当时为"诸侯"而今日为"郡县"，当时"不能制"而今日"由一统"。这是秦代公认的事实，还不曾改变旧日的地理观念。所以《琅邪台刻石》云：

> 普天之下，抟心揖志；器械一量，同书文字。日月所照，舟舆
> 所载，皆终其命，莫不得意。……六合之内，皇帝之土，西涉流
> 沙，南尽北户，东有东海，北过大夏：人迹所至，无不臣者。……

这不是夸口，是事实。哪里知道，古代的疆域竟因始皇的赫赫之功而改变了！

我们先看《淮南子》罢。他说古代的圣王，是：

> 昔者神农之治天下也……其地南至交趾，北至幽都，东至阳
> 谷，西至三危，莫不听从。（《主术训》）

他说古代的暴君，又是：

> 纣之地，左东海，右流沙，前交趾，后幽都。（《泰族训》）
> 夏桀、殷纣之盛也，人迹所至，舟车所通，莫不为郡县。（《氾
> 论训》）

在这种思想之下，于是凡秦臣向始皇进的颂辞都成了"古已有之"的

了。说《淮南》不足信吧，再看《五帝德》：

> 颛顼……北至于幽陵，南至于交趾，西济于流沙，东至于蟠木；动静之物，大小之神，日月所照，莫不砥砺。
>
> 帝喾……执中而获天下；日月所照，风雨所至，莫不从顺。
>
> 禹……巡九州，通九道，陂九泽，度九山……据四海，平九州，戴九天……四海之内，舟车所至，莫不宾服。

这不是把《琅邪刻石》之文生吞活剥了吗？大约齐、鲁儒生对于始皇的功业看得眼红了，不忍不把这一套话套在古圣王的头上，好使五帝的地方不止千里，五帝的威德也追得上始皇。倘对此说还有疑惑，试想一想《尧典》和《禹贡》就更明白了。我们不必管九州和十二州的大规模的地方制，只须看"同律度量衡"不是"器械一量"吗？"东渐于海，西被于流沙"不是"西涉流沙，东有东海"吗？假使始皇之世已有了《尧典》、《禹贡》，这些"不师古"的君臣为什么偏要钞写古帝王的老账？

禹在古代的传说中，本是平地成天的一个神人。到了这时，既由始皇统一的反映，逼得古帝王的土地必须和他一样广，于是禹的偶像遂重新唤起，而有《禹贡》一篇的著作，把当时的境域分做九州，硬叫禹担此分州的责任。其后《尔雅》有《释地》等四篇，不管里面的话和《禹贡》有无冲突，亦于篇末记云："从《释地》以下至九河，皆禹所名也。"即此可见，战国、秦、汉之间，造成了两个大偶像：种族的偶像是黄帝，疆域的偶像是禹。这是使中国之所以为中国的；这是使中国人之所以为中国人的。二千余年来，中国的种族和疆域所以没有多大的变化，就因这两个大偶像已规定了一个型式。除了外族进来混合在中国人的集团里之外，中国人总不愿把这个旧型式有所改变。所以虽不会很缩小，也不会很扩张了。

七、孟子的托古

战国是一个尽想升级的时代，平民要求高升做官，诸侯也要求高升做王。到宇内有了八九个王时，王位又不尊了，就再进一步称帝了。在这种情形之下，旧制度已崩坏，新制度又急待创造，这是很费经营筹画的一件事。加以史料散失，更有无从取材之苦。例如孟子，北宫锜问他，周朝的爵禄是怎样排列的，他答道：

其详不可得闻也。诸侯恶其害己也而皆去其籍。

这原是很老实的话。当时的诸侯为要适应时势，创立新制，而苦于守旧的人的反对，所以先把古代传下来的文籍消灭了。在历史观念没有发达之际，受了致用观念的压迫，出此残暴的手段，也在情理之中。孟子既已看不到古籍，自己承认不知道，也就完了。但他又说：

然而轲也尝闻其略也。天子一位，公一位，侯一位，伯一位，子男同一位，凡五等也。……

天子之制，地方千里，公侯皆方百里，伯七十里，子男五十里，凡四等。……（《万章》下）

他所说的制度是从哪里出来的呢？我们知道，他根据的是《春秋》。在《春秋经》里，宋称公，齐、鲁、卫、陈等称侯，郑、曹、秦、燕等称伯，楚、邾、鄅、吴等称子，许和宿称男，非常的固定，使人一看就可知道周王封建时所定的等次是如此的。《春秋》称为孔子所作，还在诸侯去籍之前，当然可以说是真事实。所以二千余年来，大家对于孟子的话从不觉得有可疑之点。不幸得很，这几年来金文研究发达，在彝器里找出来的五等爵的材料，或者是和《春秋》不合的，如燕、曹称侯，秦、邾称公，鄅称伯，许称子；或者是乱称一起的，如燕称公又称侯，邢称伯又称侯，芮称公又称伯，邿称伯又称子。这就把人们对于《春秋经》的信仰动摇了。不但如此，《大盂鼎》说"殷边侯田"，新出土的《矢令方彝》说"众诸侯侯田男"，这就令人想起了《康诰》里的"侯甸男邦采卫"。加以研究，才知道《尚书》里的"侯甸男"就是脱掉了侯字的重文，当时大国称侯，小国称侯甸男或简称为男，而公为通称，伯是长义，子是国君之子或是还有问题的国君（如蛮夷酋长），这些名词并不和侯与君同列在一个系统（说详傅斯年《论所谓五等爵》）。至于采、卫，乃是疏远之封，所以《郑语》引史伯之言曰："妘姓邬、鄅、路、逼阳，曹姓邹、莒，皆为采、卫。"即此可知"公、侯、伯、子、男"的五等爵，不是传讹，便是作《春秋》的人有意定出来的等级，与真正的古制不合。《春秋》一书本和孔子没有关系，所以《论语》中一字不提。大约到了战国的中期，一班儒家受了时势的鼓荡，要想替将来的天子定下制度，他们在鲁国的史官处找到一堆断烂的记事竹简，就来"笔则笔，削则削"，寄托他们的政治理想，骗人道："这是孔子作的，孔子行的是天子之事。"

从《春秋》的著作看来，可知那时的儒家是怎样的为这大时代打算。他们对于未来的憧憬是借了过去的事实来表示的，所以他们口里的古史就是他们对于政治的具体主张，所谓"祖述尧、舜，宪章文、武"，乃是水中的倒影。当齐宣王问孟子王政的时候，他答道：

> 昔者文王之治岐也，耕者九一，仕者世禄，关市讥而不征，泽梁无禁，罪人不孥。老而无妻曰鳏，老而无夫曰寡，老而无子曰独，幼而无父曰孤，此四者天下之穷民而无告者；文王发政施仁，必先斯四者。

文王的史料流传到战国的怕也只有《诗》、《书》中的一点，但《诗》、《书》中的文王哪曾有这种事。这分明是孟子自己的王道政策，拉了文王下来担承这个名义而已。

你们不信孟子会做这种事情吗？请听我说下去。孔、孟二人虽然相去只一百多年，孟又自承是私淑孔的，但因为这一百多年中社会变动得太剧烈了，个人当然不能跳出社会而独立，所以他们的见解就无法一致。孔子只到过几个诸侯之国（观周的话是不可信的；就使真到了周，而那时的周王已凌夷得像诸侯一样了），他心目中的模范政治家是帮齐桓公成就霸业的管仲，所以说："如其仁，如其仁！"又说："民到于今受其赐；微管仲，吾其被发左衽矣！"把他抬举得简直成了救世主。不过孔子的阶级思想很深，他看"邦君树塞门，管氏亦树塞门；邦君有反坫，管氏亦有反坫"，对于其不知礼与不俭表示反感而已。一到孟子，就不然了。他那时，富强的诸侯都自立为王了，他自己所提倡的也是王道了。管仲虽有本领，但他究没有使齐桓公升为王，所以孟子就瞧不起他。当齐宣王问他"桓、文之事"时，他竟敢当面撒谎，说："仲尼之徒无道桓、文之事者，是以后世无传焉，臣未之闻也。"如果齐宣王当场把《论语》翻给他看，不知他有什么话说？他既把"桓、文之事"压了下去，于是接着说："无已，则王乎！"这一抑一扬之间就抬高了他自己的王道。他说："诸侯行文王之政者，七年之内必为政于天下矣。"这是他向各国君主写的包票。他又说："我非尧、舜之道不敢以陈于王前。"这是他自己门面上挂的牌子。因此，尧、舜、文王的历史就成了他的王道主义下的历史。为他陈义太高，齐宣王不敢接受，推托自己有好勇的毛病，他立刻举出文王、武王的好勇的故事，说这样正可以走上王业的路；宣王再推托自己有好货的毛病，他又举出公刘好货的故事；宣王更推托自己有好色的毛病，他又举出古公亶父好色的故事——他处处证明了那时的王者有实现他的王道的可能。梁惠王有一座园囿，他就劝他"与民偕乐"，效法文王的灵囿。滕文公对付不了大国的诛求，他就劝他"君子不以养人者害人"，效法太王的迁国。经他这样一讲，于是古代的王公都有了"圣圣传心"的事实。在孔子的说话中，只把历来名人的性格加以批评，虽有传闻之误，却不致有何装点。孟子呢，他简直不管古代的事实究竟如何（例如古公亶父是否好色，灵囿是否文王所筑），只尽力把古代的王公硬装到他的王道的模型里去，好借着他们的牌子做他宣传自己学说的手段。我们读了他的书，所以深深的印着古圣王都十分相似的形象，那就是他把一副板子上印出来的东西填上了不同的人名而送给我们的效果。

孟子最喜说古事，但他却最没有地理历史的常识。他最喜引《诗》、《书》，但他所引的《诗》、《书》满不是那么一回事。正如《绵篇》，不过说古公亶父到了岐下，娶姜女以立家室而已，他就断章取义作为他好色的证据，然则不好色者难道就绝了夫妇之伦吗？因他的说话太随便了，所以"戎狄是膺，荆、舒是惩"之句，《诗》上已说明是赞美"周公之孙，庄公之子"的僖公的，他偏会归给周公。淮水是入海的，泗水是入淮的，他偏会说禹"排淮、泗而注之江"。这种事由我们看来，他本是一个志在救世的政治家而不是一个历史地理学者，他的话说错了是可以原谅的，我们只要取其理论而舍其引证，也就买到他的真珠了。不幸后世读书的人拜倒于圣贤的名义之下，捧住了他的话当作古代的真事实，于是就发生了许多的伪史。例如他说"王者之迹息而《诗》亡，《诗》亡然后《春秋》作"，这也不过随口讲讲而已，他原不曾做过一番时代的考据。但后人咬定了这句话，以为《诗》确是《春秋》前的东西了！毛公释《诗》，有"平王之孙"的《召南》也说为周初诗，而云"平，正也，武王女"。有"赫赫宗周，褒姒灭之"的《小雅》也说为西周诗，而云"诗人知其必灭周"。这些曲解是怎么来的？原来就来自孟老先生没有历史的知识而偏做了历史的权威上。

孔子虽慨叹夏、殷文献无征，还喜欢把三代制度作比较。到孟子时，古文献更无征了，但他一样的会比较，而且比得更详细。例如滕文公问为国时，他就说：

　　夏后氏五十而贡，殷人七十而助，周人百亩而彻，其实皆什一也。

　　设为庠序学校以养之。……夏曰校，殷曰序，周曰庠，学则三代共之。

三代间的变迁之迹，他举得这样清楚。但我们早已知道，他表面上虽说的是古事，实际则是发表自己的政见，所以在他叙述了三代田制和学制之后，就说："有王者起，必来取法，是为王者师也"，仍是写包票的办法。

三代的制度，就在这种情形之下愈讲愈多。试看《礼记·明堂位》所记的礼器，说到车，则是：

> 鸾车，有虞氏之路也；钩车，夏后氏之路也；大路，殷路也；乘路，周路也。

说到旌旗，则是：

> 有虞氏之旗；夏后氏之绥；殷之大白；周之大赤。

说到马，则是：

> 夏后氏骆马黑鬣；殷人白马黑首；周人黄马蕃鬣。

说到尊，则是：

> 泰，有虞氏之尊也；山罍，夏后氏之尊也；著，殷尊也；牺象，周尊也。

说到爵，则是：

> 夏后氏以盏；殷以斝；周以爵。

说到勺，则是：

> 夏后氏以龙勺；殷以疏勺；周以蒲勺。

说到黍稷器，则是：

> 有虞氏之两敦；夏后氏之四琏；殷之六瑚；周之八簋。

说到俎，则是：

> 有虞氏以梡；夏后氏以嶡；殷以椇；周以房俎。

说到豆，则是：

> 夏后氏以楬豆；殷玉豆；周献豆。

这样那样，一件一件地搬了出来，好像那时真有一个历史博物院，保存着四代的器物，所以会说得如数家珍。但倘使果真这样了，孔子又何必兴"文献无征"之叹呢？

八、阴阳五行说所编排的古史系统

上面所讲的礼乐制度，我固然说它出于战国、秦、汉间人之口，很不可信；但我也敢作保证：这是不会全假的。我们前边提起过许多古代的帝王，分析的结果知道只是把各族的祖先归到一条线上，把原有的横的系统变成了纵的系统。这种礼乐制度正与相类，他们把各地不同的器具礼法，依了他们的想像，再加上一点杜造，分配到虞、夏、商、周去，算作四代的不同的制度。这样做去，固然也很随心，但终须费一番搜集材料的工夫；在这大规模的创立制度的时代，那些"为王者师"的野心勃勃的人物还耐不住这麻烦。于是有一种学说顺应这需要而起，使得改制的人只须懂得了这种方式，便可不必操心而自然千变万化。这就是阴阳五行说！

这种学说，是从阴阳的观点，把世界上的万事万物分列为阴性和阳性两类；又从五行的观点，把金、木、水、火、土五种物质及其物性分配了世界上的万事万物。阴阳五行的本身既交互错综，阴阳与五行又交互错综，就引起了许多的变化。他们用了这种变化，说明自然界的状态，更进而说明社会的状态。他们以为这是天和人的一致的规律，是宇宙间的最高的原理，于是，计画政治制度时就要使用这原理，编排历史系统时又要使用这原理。

阴阳五行说始于何时，尚难断定。看《论语》记孔子的话这等多，而始终不曾提起过这个问题，可知在孔子时还没有这一说；就算已有，那么至少在孔子时大家还看得不重要。《荀子·非十二子篇》云：

> 案往旧造说，谓之五行，甚僻违而无类，幽隐而无说，闭约而
> 无解。……子思唱之，孟轲和之；世俗之沟犹瞀儒……遂受而
> 传之。

从这条看，五行之说是子思造出来的；子思是战国初期的人，似可决定此说的发生年代。但那时何以没有发生什么影响，孟子书中何以全未提及此事，这些疑问没有消除时，此说终是很可疑的。

这种学说的占有势力，始于邹衍。《史记·孟子荀卿列传》里说他看许多国君不讲德行，专喜奢侈，于是细细的研究阴阳消息之理，著了

十余万言的书，说的话很奇怪；王公大人听了害怕，自愿归向到仁义节俭。他的学说中的一种是五德终始说，大意是帝王将兴时先会有预兆。所以黄帝为土德，在他那时就有大螾大蝼的祥瑞；禹是木德，草木畅茂；汤是金德，银由山溢；周文王是火德，赤乌衔丹书从天而下（见《吕氏春秋·应同》及《史记·封禅书》）。他把五行支配帝王，所以朝代迭易，五行也就依次旋转下去。五行的次序是讲"相胜"的，木克土，所以夏继五帝；金克木，所以商继夏。但邹衍时的历史系统还没有放得很长，所以虽说终而复始，而第一回的五德的轮子尚没有转完。后来秦始皇做了皇帝，就依据了他的学说改定制度。因为克火的是水，所以他继周而自居于水德；水色为黑，所以衣、服、旄、旌、节、旗都上黑；水数为六，所以符和法冠都是六寸，舆和步都是六尺，乘是六马（见《史记·秦始皇本纪》）。用了他的说法，简直从始有人类到人类灭绝，一切不用费心，因为什么事情都是命定的，你只要随着它转去，照办它应有的事情就好了。

不知何时，这五德说分了一支叫做三统说。这一说也是循环的，不过把范围缩小了些。他们说，帝王递嬗是依了三个统的次序：这三个是黑统、白统、赤统。夏为黑统，殷为白统，周为赤统，继周者又为黑统。《礼记·檀弓篇》说：

> 夏后氏尚黑，大事敛用昏，戎事乘骊，牲用玄。殷人尚白，大事敛用日中，戎事乘翰，牲用白。周人尚赤，大事敛用日出，戎事乘騵，牲用骍。

这是很清楚的三统说：夏时什么都黑，商时什么都白，周时什么都赤。在董仲舒的《春秋繁露·三代改制质文篇》中，有这一说的详细记载：

> 三正以黑统初，正日月朔于营室，斗建寅。天统气始通化物，物见萌达。其色黑，故朝正服黑，首服藻黑，正路舆质黑，马黑，大节绶帻尚黑，旗黑，大宝玉黑，郊牲黑。……冠于阼；昏礼逆于庭；丧礼殡于东阶之上。祭牲黑牡；荐尚肝。乐器黑质。……亲赤统，故日分平明，平明朝正。……

> 正白统者，历正日月朔于虚；斗建丑。天统气始蜕化物，物始芽。其色白，故朝正服白，首服藻白，正路舆质白，马白，大节绶帻尚白，旗白，大宝玉白，郊牲白。……冠于堂；昏礼逆于堂；丧礼殡于楹柱之间。祭牲白牡；荐尚肝。乐器白质。……亲黑统，故

日分鸣晨，鸣晨朝正。……

正赤统者，历正日月朔于牵牛；斗建子。天统气始施化物，物始动。其色赤，故朝正服赤，首服藻赤，正路舆质赤，马赤，大节绥帻尚赤，旗赤，大宝玉赤，郊牲骍。……冠于房；昏礼逆于户；丧礼殡于西阶之上。祭牲骍牡；荐尚心。乐器赤质。……亲白统，故日分夜半，夜半朝正。

董仲舒说，继周的应该是黑统，所以孔子作《春秋》，把这一部书当作一个新的王朝，一切按照了黑统的规律去订立政治制度。汉不继秦而继周，所以《春秋》是假想的黑统而汉则是现实的黑统。因此，孔子作《春秋》就是为汉制法，这班《春秋》学家也就自居了汉朝的立法委员的资格。在董氏的书里，什么三统，什么四法，讲得天花乱坠，真使人觉得阴阳五行永远地那么样转，又觉得我们所有的一切全可从这些公式里推排出来。可惜我们不是汉代人，这二十世纪已不容再作如此的信仰，否则我们真可以委心任运了！

制度既可这样推出，历史当然也不会成例外。董氏这篇书中，说"文王受命而王，应天变殷，作周号，时正赤统，亲殷，故夏，绌虞谓之帝舜，以轩辕为黄帝，推神农以为九皇"，就表示从周到神农共历九代。周是本代，殷是前一代，应当"亲"的；夏是前二代，应当"故"的；这是"三代"。虞是殷所"故"的，到周时就推出了三代以外，改称为帝；从此推上去，自尧、喾、颛顼、黄帝，合为"五帝"。神农是黄帝的前一代，称为"九皇"，九是代数，皇是称号。为什么有王、帝、皇之别呢？他说："远者号尊，近者号卑。"所以周是称王的，但经过了两个别的朝代，他就可改号为帝了；再过了五个朝代，他就可改号为皇了。在这种议论上，证明了历史事实是永远在变动，只有做这变动的原理的循环说是不变的。

到了西汉的末叶，刘歆作《世经》，又另创了一种五德终始说，从伏羲的木德为始，以五行相生说为次：木生火，故炎帝以火德继；火生土，故黄帝以土德继；土生金，故少皞以金德继；金生水，故颛顼以水德继；水又生木，故帝喾以木德继；木又生火，故帝尧以火德继；火又生土，故帝舜以土德继……这样排下去，从伏羲到汉，这五德的系统共转了两次半，比较邹衍的原说，内容丰富多了（文见《汉书·律历志》）。因为中国一切学问都是到东汉时才凝固的，所以他的话非常占势力，所有讲古史的书不提伏羲则已，一提到则未有不说他"以木德王"

的。直到这四十年中，康有为提出少皞本不列帝王位次之说（见《新学伪经考》），崔适又提出"刘歆欲明新之代汉犹舜之继尧"之说（见《史记探源》），我们方才明白这一说的出现是有作用的。因为汉代的五行思想太浓重了，所以王莽就变了这一套把戏来夺取汉的天下。他的意思是，"我是黄帝的子孙，也是舜的子孙，这两位都是'以土德王'的，所以我也有'以土德王'的资格。汉是火德，他的祖帝尧也是火德。火德的尧是禅位与舜的，所以火德的汉也应禅位与我"。这原是一个有计画的骗局，王莽为主谋而刘歆为助谋。但从黄帝到尧，以前的史说，中间只有颛顼和帝喾两代，用相生说的"土、金、水、木、火"的次序排来，黄帝为土则尧只能为木，尧如为火则黄帝将为金，无法印合于汉、新禅让的前定说。所以他们毅然决然，在黄帝、颛顼之间插下一个少皞，使他居于金德的地位，于是王莽的戏法就变成功了！至于他的戏法为什么不跟他的政权一齐失败呢？这是因为光武帝利用了他说的汉为火德的话，将错就错，自称以《赤伏符》受命，东汉的国命既明定为火德，如果不用他的历史系统即无法把汉排列在火德之下，所以只得承受了。

王莽只有把汉、新的世系往上推，其它的世系还没有提起。想不到到了东汉时，王符做了一部《潜夫论》，他把同德的帝王一起说作祖孙，更加密了他们的关系。钞在下面，让大家看看五德终始说下的历史是这样整齐的：

> 大人迹出雷泽，华胥履之，生伏羲……世号太皞……其德木。……后嗣帝喾代颛顼氏。……后嗣姜嫄履大人迹，生姬弃。……太姙梦长人感己，生文王。……

> 有神如龙首出常羊，感任姒，生赤帝魁隗，身号炎帝，世号神农，代伏羲氏；其德火纪。……后嗣庆都与龙合婚，生伊尧，代高辛氏。……龙感女媪，刘季兴。

> 大雷绕枢照野，感符宝，生黄帝轩辕，代炎帝氏……其德土行。……后嗣握登见大虹，意感生重华虞舜。……尧乃禅位……世号有虞。

> 大星如虹，下流华渚，女节梦接，生白帝挚青阳，世号少皞，代黄帝氏……其德金行。……后嗣修纪见流星，意感生白帝文命戎禹……舜乃禅位……世号夏后。

> 摇光如月正白，感女枢幽防之宫，生黑帝颛顼……身号高阳，

> 世号共工，代少皞氏；其德水行。……娀简吞燕卵，生子契。……
> 扶都见白气贯月，意感生黑帝子履……身号汤，世号殷。（《五德
> 志》）

你们看，他排列得多么整齐：（1）帝王禅代，是依着五德次序的；
（2）帝王世系，是后五德承接着前五德的；（3）然而受命而王的天子却
又来自天上的。他把每个帝王说成有三个父亲：其一是感生之父，如伏
羲之大人迹；其二是母所承之帝，如尧出于神农后嗣的庆都；其三是名
义上的父，如文王的"以王季为父"。一定要在这三个系统中都做了儿
子，方有做帝王的资格，帝王真神秘得不可思议了！

这种话如果只当笑话讲，倒也有趣。可惜直到现在，还有人不愿意
把它当作笑话！

九、道家的托古

以上纷纷扰扰的，都是墨家和儒家的主张；现在还留下一个——
道家。

道家和儒、墨一样的提倡复古，复他们理想中的古。墨家以为从古
尚贤，儒家以为从古就有一定的制度，道家则以为从古就是无为的。他
们的理想说得最简单而清楚的，是《老子》中的几句话：

> 小国寡民。使有什佰之器而不用。使民重死而不远徙。虽有舟
> 舆，无所乘之。虽有甲兵，无所陈之。使人复结绳而用之。甘其
> 食，美其服，安其居，乐其俗。邻国相望，鸡犬之声相闻，民至老
> 死不相往来。

虽然这一段话里有很显著的冲突，一方面破坏物质文明（使有什佰之器
而不用），一方面又要享受物质文明（甘其食，美其服），但他已捉住了
战国时的痛苦的根源。战国时，因为交通太便利了，所以发展的欲望日
高，弱者对于强者的经济侵略和武力侵略都无法避免，不论相隔得怎么
远。他恨透了，所以宁可回复到闭国的时代，把器械、舟、车、甲兵、
文字全取消了。取消了这种东西之后，他以为必能再过甘食美衣，安居
乐俗的生活。他暗示古代人过的日子是这样的快乐。

因为有了这一个暗示，所以后来的道家就一味造出具体的事实来证
明这个理论。《庄子（这是一部从战国到汉的道家的丛书，里面也许有

几篇庄周的亲笔，但非庄周作的一定比它多得多）·缮性篇》说：

> 古之人在混芒之中，与一世而得澹漠焉。当是时也，阴阳和静，鬼神不扰，四时得节，万物不伤，群生不夭；人虽有知，无所用之：此之谓"至一"。当是时也，莫之为而常自然。逮德下衰，及燧人、伏羲始为天下，是故顺而不一。德又下衰，及神农、黄帝始为天下，是故安而不顺。德又下衰，及唐、虞始为天下，兴治化之流，淳散朴，离道以善，险德以行，然后去性而从于心；心与心识，知而不足以定天下，然后附之以文，益之以博；文灭质，博溺心，然后民始惑乱，无以反其性情而复其初。

这作者对于古代的观念表示得何等清楚：古人本来是最快乐的，因燧人、伏羲变"无为"为"有为"，德就衰了；神农、黄帝之世更衰了，唐、虞之世简直是胡干了。这真是俗语说的"一蟹不如一蟹"呵！

《淮南王书》是汉文、景时至武帝初结集的，那时正是道家学说独霸的时代，所以《本经训》里有洋洋一大篇痛骂物质文明和政治组织的文字，阐明了社会进化就是痛苦加增这一个意义。这原是大乱以后的一种愤激之谈，是对于战国人信任知力和技巧的一种大反动。他们形容古代的快乐，甚至于说：

> 昔容成氏之时，道路雁行列处，托婴儿于巢上，置余粮于畮首，虎豹可尾，虺蛇可蹍，而不知其所由然。（《本经训》）

于是就一代一代的衰败下去了：

> 至伏羲氏，其道昧昧芒芒然，吟德怀和，被施颇烈，而知乃始昧昧睐睐，皆欲离其童蒙之心而觉视于天地之间；是故其德烦而不能一。及至神农、黄帝，剖判大宗，窍领天地……枝解叶贯，万物百族，使各有经纪条贯，于此万民睢睢盱盱然，莫不竦身而载听视；是故治而不能和下。栖迟至于昆吾、夏后之世，嗜欲连于物，聪明诱于外，而性命失其得。施及周室之衰，浇淳散朴，杂道以伪，俭德以行，而巧故萌生。周室衰而王道废，儒、墨乃始列道而议，分徒而讼，于是博学以疑圣，华诬以胁众，弦歌鼓舞，缘饰《诗》、《书》，以买名誉于天下；繁登降之礼，饰绂冕之服，聚众不足以极其变，积财不足以赡其费：于是万民乃始慷觟离跂，各欲行其知伪以求凿枘于世，而错择名利。……夫世之所以丧性命，有衰渐以然，所由来者久矣！是故，圣人之学也，欲以返性于初而游心

于虚也。(《俶真训》)

在这一段里，把他们自己的意思说得很清楚了。他们因为提倡一种"返性于初而游心于虚"之学，所以要说出许多古初的事情作为修养的目标。他们因为要证明"世之所以丧性命，有衰渐以然，所由来者久矣"这一个见解，所以一定要说成一代不如一代，从至德之世到伏羲、神农时道德如何的低落，从伏羲、神农到尧、舜时道德又低落了多少。其实，他们何尝真知道古初，也何尝定要戏侮黄帝、尧、舜，他们只想向"博学以疑圣，华诬以胁众"的儒、墨之徒作一个致命的攻击。他们看儒、墨之徒都喜欢"托古改制"，而结果闹得一团糟，所以他们起来"托古改人生观"，把对方的古制讥笑得一钱不值。这两方面所鼓吹的"古"都曾经迷蒙了许多时候的人们的眼。大家读了儒、墨的书，尧、舜的禅让为的是爱民，汤、武的征诛也为的是爱民，感觉到爱民是古帝王的一成不变的主义。回过头来读道家的书，神农之世是"卧则居居，起则于于"的，泰氏之世又是"其卧徐徐，其觉于于"的，古帝王的一成不变的主义乃是无思无为。究竟哪一种是真事实呢？以前的史家只会兼容并包，说头上几个帝王是无思无为的，后来就变成勤政爱民了。这没有别的原因，只为儒、墨的古史系统短（当儒、墨起来时，古史系统只有这一点），道家的古史系统长（道家起来时，古史系统已放长了），逼得古史家于前段采用道家说，于后段采用儒、墨说。二千年来，一班士流一想到皇古，谁没有一个《庄子》和《淮南》所写的幻影立在目前，于是羲皇时人的生活就成了他们追求的目标，今苦而古乐的观念也就成了正统的古史观。到现在，我们才清切地知道，他们和儒、墨的主张都是受的时代的影响，都是当时救弊的方术，但他们所说的古人古事则与儒、墨同样的不可信。

十、战国与西汉的疑古

战国、秦、汉四百余年中，为了阶级的破坏，种族的混合，地域的扩张，大一统制度的规画，阴阳五行原理的信仰，以及对于这大时代的扰乱的厌倦，立了许多应时的学说，就生出了许多为证实这些学说而杜造的史事。《曲礼》上说："毋剿说，毋雷同；必则古昔，称先王。"这几句话真是说尽了那时人说话的态度。你们想，古昔先王的事情如果都有客观的真实，那么他们的说话正和我们做考据文字一样，应当无一字无来历，如何能不剿说与不雷同呢？既不雷同而又"必"则古昔，这不是创造是什么？但我们不像崔东壁先生那样，骂百家之言为要不得的异端邪说。我们站在历史的立场上，看出这些说话虽是最不真实的上古史，然而确是最真实的战国、秦、汉史，我们正可以利用了这些材料来捉住战国、秦、汉人的真思想和真要求，就此在战国、秦、汉史上提出几个中心问题。这真是历史的境界的开拓！一般人对于我们常起误会，以为我们要把古代什么东西都去推翻，愿他们能平心静气想一想这个道理。

可是无论如何，这些最不真实的上古史，当时和后世一班庸众毕竟受了他们的欺骗，错认为最真实的上古史。他们的学说既纷歧而混乱，所以我们的上古史也随着它而纷歧而混乱。于是一班比较有理性的人时时举出其怀疑之点，虽然在"信而好古"的空气之中，虽然在"非圣无法"的禁制之下。

现在我们要问的，就是战国、秦、汉的学者杜造了这些古史，当时曾发生了什么反应？在历史观念极不发达时，当然对于他们的话只有"好，不好"的感觉，而没有"真，不真"的分析。所以《淮南子》的《脩务训》里说：

> 世俗之人多尊古而贱今，故为道者必托之于神农、黄帝而后能入说。乱世暗主高远其所从来，因而贵之，为学者蔽于论而尊其所闻，相与危坐而听之，正领而诵之。

这描写当时的情形何等活现！为了要动听，所以托之神农、黄帝。为了来路远，所以看得重。为了盲目的信仰，所以留神地听，用心地念。伪史就这样地流传下去了。《脩务训》又道：

> 今取新圣人书，名之孔、墨，则弟子句指而受者必众矣。

其实是新出的文章，为了希望读的人多，只得冒充是孔、墨所作，一说了孔、墨，马上震动了学术界，伪书就这样地传下去了。

但是战国时未尝没有聪明人，所以就有几个人表示坚决的不信。例如荀子，他在《非相篇》里说：

> 五帝之外无传人；非无贤人也，久故也。五帝之中无传政；非无善政也，久故也。禹、汤有传政而不若周之察也；非无善政也，久故也。传者久则论略，近则论详；略则举大，详则举小。……是以文久而灭，节族久而绝。

他主张不法先王，为的是那时的典章制度已不可知了，不如法那有"粲然之迹"的后王。其实，在他那时，五帝之外的传人出来了不知多少，例如无怀、葛天、风后、力牧。五帝之中的传政也出来了不知多少，例如封禅、巡狩、授时、分州。禹、汤的传政和周一样多，为的是在五德三统说之下早已替三代分配得一样齐整。但他偏不承认五帝时有历史传下来，又不承认夏、商时有详细的历史传下来，这真强悍得出奇！他在《正论篇》里反对禅让之说，已见上引；这一篇中还有一段反对象刑之说的，是：

> 世俗之为说者曰："治古无肉刑而有象刑……。"是不然！以为治邪，则人固莫触罪，非独不用肉刑，亦不用象刑矣。以为人或触罪矣而直轻其刑，然则是杀人者不死，伤人者不刑也。……杀人者不死而伤人者不刑，是谓惠暴而宽贼也，非恶恶也。故象刑殆非生于治古，并起于乱今也！

战国人描写古代的安乐情形，以为当时只用特别的衣服冠履来表示罪人所受的刑罚；他坚决反对，以是这是"起于乱今"的"世俗之说"。若把这话扩而充之，简直可以把当时口头流传的古史一笔钩销了。

同时，韩非在他的《显学篇》中也对于儒、墨二家建设的古史根本破坏。他道：

> 孔子、墨子俱道尧、舜，而取舍不同，皆自谓真尧、舜；尧、舜不复生，将使谁定儒、墨之诚乎？殷、周七百余岁，虞、夏二千余岁，而不能定儒、墨之真；今乃欲审尧、舜之道于三千岁之前，意者其不可必乎？无参验而必之者，愚也。弗能必而据之者，诬也。故明举先王，必定尧、舜者，非愚则诬也！

他把"言必称尧、舜"的人定为"非愚则诬"，断得何等痛快。尧、舜尚且如此，尧、舜以前的许多古帝王当然更无存在的价值了。在战国的怒涛激浪之中竟有这样独立批评的议论，真不能不令人钦服。

淮南王安集合了一班博学的门客，著了一部书，里边虽也把古史讲得天花乱坠，毕竟有些拆自己壁脚的聪明话。《缪称训》云：

> 三代之称，千岁之积誉也。桀、纣之谤，千岁之积毁也。

又《氾论训》云：

> 今夫图工好画鬼魅而憎图狗马者，何也？鬼魅不世出，而狗马

可日见也。夫存危治乱，非智不能；而道先称古，虽愚有余。

他把"道先称古"譬之"画鬼魅"，真是把当时的古史传说一椎打碎了。即此可见那时人的头脑也有很清醒的，只是少数的清醒敌不过多数的糊涂而已。

除了正面反对之外，还有因神话传说的不合理而强辞以解释的。例如战国时传说"黄帝四面"，这当然说他一个脖子上长着四张脸。因为这是神话，就有人替它解释：

> 子贡问于孔子曰："古者黄帝四面，信乎？"孔子曰："黄帝取合己者四人，使治四方，不谋而亲，不约而成，大有成功，此之谓'四面'也。"（《太平御览》七十九引《尸子》）

经此一解，"四面"的神话就成了"四人治四方"的人事了！又如那时传说，云"黄帝三百年"，这当然说他活了三百岁或做了三百年的皇帝。又有人觉它不合理，替它解释道：

> 宰我问于孔子曰："昔者予闻诸荣伊，言黄帝三百年。请问黄帝者人邪？抑非人邪？何以至于三百年乎？"孔子曰："……生而民得其利百年，死而民畏其神百年，亡而民用其教百年，故曰'三百年'。"（《大戴礼记·五帝德》）

经此一解，"三百年"就成了"发生三百年的影响"了。又如那时传说，有一种兽名为夔，"状如牛，苍身而无角，一足……其声如雷……黄帝得之，以其皮为鼓，橛以雷兽之骨，声闻五百里"（《山海经·大荒东经》）；因为有这雷声鼓的传说，于是讹传夔为乐官（《左传》昭二十八年），仍说这位乐官是一足。有人觉得它不合理，替它解释道：

> 鲁哀公问于孔子曰："乐正夔一足，信乎？"孔子曰："昔者舜欲以乐传教于天下，乃令重黎举夔于草莽之中而进之，舜以为乐正。夔于是正六律，和五声，以通八风，而天下大服。重黎又欲益求人。舜曰：'夫乐，天地之精也，得失之节也，故唯圣人为能和乐之本也。夔能和之以平天下，若夔者一而足矣'。故曰'夔一足'，非一足也。"（《吕氏春秋·察传》）

经此一解，"一只脚"就成了"一个就够了"。从这三个例上，我们可以知道，当时人的智力已不能再信神话，他们和我们的怀疑正在同一点上出发。不过他们的胆子小，不敢明说它假，于是替它设法解释。而又因胆子小，不敢自己负解释的责任，于是把这些解释的话推托在孔子的身上。因此，出发点虽在辨伪，但是结果则反而成了造伪：造了孔子的假话和古代的伪史来破除神话。不过这样总比胡乱信仰的好一点，因为它已经有了别择真伪的萌芽了。

自从秦始皇焚诗、书百家语，战国文化受了一次大摧残。汉惠帝时，始除挟书之律。文帝时，刚想到《尚书》，寻得了伏生，传下二十八篇。武帝时，广开献书之路。成帝时，又使谒者陈农求遗书于天下，令刘向、任宏等共同编校。西汉的皇室用了二百年的力量，把许多古籍和当代著述作一次大结集。汉人本是最缺乏历史观念的，只因校书的人看见的东西多了，不由得不因比较而生判断，于是许多书籍就被定为伪书。今将《汉书·艺文志》所记的录下：

《太公》二百三十七篇——近世又以为太公术者所增加也。

《文子》九篇——与孔子并时而称周平王问，似依托者也。

《周训》十四篇——人间小书，其言俗薄。（颜《注》引《别录》）

《黄帝君臣》十篇——起六国时，与《老子》相似也。

《杂黄帝》五十八篇——六国时贤者所作。

《力牧》二十二篇——六国时所作，托之力牧。力牧，黄帝相。

《黄帝泰素》二十篇——六国时韩诸公子所作（颜《注》引《别录》云："或言韩诸公孙之所作也。言阴阳五行，以为黄帝之道也。"）。

《孔甲盘盂》二十六篇——黄帝之史，或曰夏帝孔甲，似皆非。

《大禸》三十七篇——传言禹所作，其文似后世语。

《神农》二十篇——六国时诸子疾时怠于农业，道耕农事，托之神农。

《伊尹说》二十七篇——其语浅薄，似依托也。

《鬻子说》十九篇——后世所加。

《师旷》六篇——见《春秋》，其言浅薄，本与此同，似因托也。

《务成子》十一篇——称尧问，非古语。

《天乙》三篇——天乙谓汤，其言非殷时，皆依托也。

《黄帝说》四十篇——迂诞，依托。

《封胡》五篇——黄帝臣，依托也。

《风后》十三篇——黄帝臣，依托也。

《力牧》十五篇——黄帝臣，依托也。

《鬼容区》三篇——黄帝臣，依托。

这样的举发它们的依托和增加，明定它们的时代和作者，更和今日的我们的态度相像。不过他们批评的范围只限于诸子百家语，而我们今日则要扩而充之以至于《诗》、《书》而已。

最有辨伪的眼光，且已把战国时的伪史作一番大淘汰的工作的，是司马迁。他生值汉家全盛时代，又有很好的家学，又居了全国文化中心的官职（《太史公自序》："天下遗闻古事靡不毕集太史公。"），再加以好游历的习性，亲见过许多历史遗迹、民情风俗，于是"网罗天下放失旧闻"，写成了一部空前的著作——《史记》。这是中国第一部"究天人之际，通古今之变"的整个历史记载。他对于上古的事情都不勉强充做知道；把觉得可疑的都删芟了。他的审查古史料的标准，曾在《伯夷列传》上宣布出来：

夫学者载籍极博，犹考信于《六艺》。《诗》、《书》虽缺，然虞、夏之文可知也。尧将逊位，让于虞舜；舜、禹之间，岳牧咸荐，乃试之于位：典职数十年，功用既兴，然后授政，示天下重器，王者大统，传天下若斯之难也。而说者曰："尧让天下于许由；许由不受，耻之，逃隐。及夏之时，有卞随、务光者。"此何以称焉？太史公曰：余登箕山，其上盖有许由冢云。孔子序列古之仁圣贤人，如吴太伯、伯夷之伦，详矣。余以所闻由、光义至高，其文辞不少概见，何哉？

许由不受尧禅，这个传说自战国至汉流传得普遍极了，司马迁并且亲在箕山上见到他的坟墓，论理真不应不信。但是他决定不为立传，原因是为有了三个负面的理由：（一）此事不见于《虞书》，禅让事也不该这等草率；（二）孔子列举让国的圣贤太伯、伯夷等，但不及于许由；（三）许由没有文辞传下来。因为他已不信逃尧禅的许由，所以就联带及于逃汤禅的卞随、务光。从我们看来，他的思想固然还不及荀子澈底，但其敢于打破传统信仰的胆量已大足使人钦服。试看后来，哪部高士传中没有许由们，谁不信他们的逃隐是真事实？即此一端，可见司马迁的眼光是怎样的卓绝。诚然，《史记》这部书也常被人批评为不谨慎，但他的"载籍极博，犹考信于《六艺》"这个标准，在考古学没有发达的时候，实在不失为一种有效的方法，尤其是在战国、秦、汉间百家异说杂然并起的时候，因为《六艺》中的史料比较还算纯粹，著作时代也是比较的早呵。

《六艺》中的《尚书》是始于尧、舜的；还有《礼》家杂记的《五帝德》和《帝系姓》，虽然"儒者或不传"，究竟还为一部分的儒者所信，这两篇中的历史系统是从黄帝开始的。司马迁在他自己所立的标准之下，根据了这些材料来写史，所以他的书也起于黄帝。黄帝以前，他已在传说中知道有神农氏（《五帝本纪》）、伏羲（《自序》）、无怀氏和泰帝（《封禅书》），但他毅然以黄帝为断限，黄帝以前的一切付之不闻不问。这件事看似容易，其实甚难；我们只要看唐司马贞忍不住替他补作《三皇本纪》，就可知道他在方士和阴阳家极活动的空气之中排斥许多古帝王是怎样的有眼光与有勇气了。

他虽承认有黄帝，而好些黄帝的记载他都不信。所以他说：

> 予尝读《谍记》，黄帝以来皆有年数。（《三代世表》）

似乎可以在他自己书中排出一个综合的年表来了，然而他决绝地说：

> 稽其历谱谍，终始五德之传……咸不同乖异。夫子之弗论次其年月，岂虚哉！（同上）

他因为把各种年表比较的结果，没有一种相同，觉得与其任意选取一种，不如干脆缺着，所以共和以前但记世数。我们只要看《史记》以后讲古史的书有哪几种是没有共和以前的年数的，就可以知道他的裁断精神是怎样的严厉和确定了。

他既定下了这样的标准，就随处把它使用。我们在《史记》里，可以看到以下的许多话：

> 学者多称五帝，尚矣。然《尚书》独载尧以来；而百家言黄帝，其文不雅驯，荐绅先生难言之。（《五帝本纪》）
>
> 五帝、三代之记，尚矣。自殷以前，诸侯不可得而谱，周以来乃颇可著。（《三代世表》）
>
> 神农以前，尚矣。盖黄帝考定星历，建立五行，起消息，正闰余。（《历书》）
>
> 农工商交易之路通，而龟贝金钱刀布之币兴焉，所从来久远。自高辛氏之前尚矣，靡得而记云。故《书》道唐、虞之际，《诗》述殷、周之世……以礼义防于利。（《平准书》）

故言九州山川，《尚书》近之矣。至《禹本纪》、《山海经》所有怪物，余不敢言之也。（《大宛列传》）

自古帝王将建国受命，兴动事业，何尝不宝卜筮以助善。唐、虞以上，不可记已。自三代之兴，各据祯祥。（《龟策列传》）

夫神农以前，吾不知已。至若《诗》、《书》所述虞、夏以来……使俗之渐民久矣。（《货殖列传》）

维三代尚矣，年纪不可考，盖取之谱牒旧闻本于兹。（《自序》）

他一说到上古，就叹一声"尚矣"，于是接着说，这"不可记"了，"不可考"了，"吾不知"了，"余不敢言"了。这种老实承认不知道的态度，试问比了一班儒者自以为万事万物都能明白，虽是文献无征之世也可用了排列法来排出它的制度的，要光明磊落了多少？

司马迁以前，讲古史的人多极了。三代以前固然是"尚矣"，但正因它"尚矣"，所以才有话说，才有说不尽的话。我们只要一看《汉书·艺文志》，便可知道在司马迁之世是时代愈古则材料愈多的。但他竟决意把历史范围最小的《六艺》做标准，合于这个标准的收进来，不合于这个标准的打出去，于是这一大堆灿烂夺目的古代材料都成了历史的异端外道。他不肯收受这时代给与他的聪明，而只会读平凡的书，使无数瑰玮的故事失去了历史的地位，这不是他的大魄力是什么！

十一、司马迁与郑玄的整齐故事

上面说的，是战国、秦、汉间人的辨伪；在这一方面，司马迁应为功首。下面说的，是两汉的儒生和经师因整理材料而造伪；在这一方面，司马迁固非罪魁，但也应当担负一部分的责任。

"考信于《六艺》"固然不失为一个审查史料的标准，但倘使没有别的附加条件，这标准也会嫌太简单的。他所谓《六艺》，是包括经和传而言的，然而这些文字来路非一，时代又非一，经和传已常相牴牾，经和经又自相牴牾；在这种情形之下，他应取怎样的态度呢？何况经传的材料不够用，他毕竟要登用诸子百家之言，又要采取传说；这里边矛盾冲突之处当然不知有多少。他倘使没有别的办法去解决这些问题，那么，他虽是志在"考信"而依然无济于事。

不幸，他为时代所限，不能得着很好的方法。他在《自序》里说："厥协六经异传，整齐百家杂语。"这就是他的方法。《六经》的异传，他要调和；百家的杂语，他要整齐。他不能把记述一事而互相差异的材料，断定这个真，那个伪；他只能说这个那个一齐对，把那些杂异之处想法安插的得当。这种"整齐故事"的方法，是汉代的儒生和经师的基本方法，其结果不知为学术界中缠上了多少葛藤，真所谓"治丝而棼之"。例如三代的天子本皆称王，所以合称则为"三王"，这本是无疑的事实。但司马迁也许为了想不出舜把帝位禅禹，为什么禹要改称为王，也许因看见商代的王有帝甲、帝乙、帝辛，就觉得夏、商之君的阶位亦当为帝，所以他就一一代他们加上尊号为帝某某，甚至于"夏后启"一名已有"后"字表明了他的阶位，而亦重床叠屋地称之为"夏后帝启"。到了周代，他看见文王、武王、成王、康王都直称为王，不好再称他们为"帝某王"了，于是在《殷本纪》的末尾记上一笔，"周武王为天子，其后世贬帝号，号为王"。照他所说，三代中只有一代称王，云何而称为"三王"？又为什么虞、夏、商、秦均为帝，只有夹在中间的周贬称为王？这不是因整齐故事而造出的伪史吗？又如周人称王自太王始，其后为王季、文王，原是《诗》、《书》中很明显的事实。但他相信了当时《诗经》学家的话，以为"诗人道西伯，盖受命之年称王"，于是称王自文王始，而太王、王季俱为追尊。既为追尊则当时不得称王，所以他称太王为"古公"，王季为"公季"。"古公"二字还算有根据，"公季"则直是杜撰之名。这又不是为了整齐故事而造出的伪史吗？其他如《左传》中的"四凶族"和《尧典》的"四罪"，明明是一事的异说，但他为要厥协整齐，遂载四凶族于《舜本纪》历试时，而载四罪咸服于《尧本纪》舜摄政时，逼着舜重演了一回。又如《鲁世家》中，既已从《金縢》之说，说武王病时，周公请以身代，又从杂说，说成王少时病，周公在神前自己认罪：好像他老是自愿替死似的。又如《孔子世家》中，既从《论语》，说孔子"不语怪、力、乱、神"，而又集录《国语》中的许多关于孔子的神怪之谈，好像他真有二重人格似的。这都是他碰到了冲突牴牾的材料时，不懂得别择而只懂得整齐的成绩。这样做去，旧问题还没有解决，新问题又出来了。他虽不是有心造伪，而只缘他所用的方法会随时引诱他造伪，所以他传给我们的困累并不比战国人减少。

东汉之世，学者们的智慧群趋于训诂一途，论理应当作些客观的研究。但因当时的历史观念不够，所以训诂的方式不是随文敷义，就是附会曲解。他们的目标在于贯通群经，而实际则是张冠李戴，错配鸳鸯，弄得一塌糊涂。训诂中最有权威的是郑玄，他曾遍注群经，学问最博，而留下的新问题也最多。《六经奥论》中《六经注疏辨》曾批评他道：

> 大抵郑氏学长于《礼》而深于经制，故先注《礼》而后笺《诗》；至于训诂，又欲一一求合于《周礼》，此其所以失也。如注《定之方中》"牝三千"，则举天子之制十有二闲。如注《采芑》"其车三千"，则举《司马法》兵车之数。如注《甫田》"岁取十千"，则举井田一成之制。如注《棫朴》"六师及之"，则曰"殷末之制，未有《周礼》"。如此之类，则束缚太过；不知诗人一时之言，不可一一牵合也。康成长于《礼》，以《礼》言《诗》，过矣。

他为什么要这样？只因他与司马迁抱着同样的心思。《后汉书》载郑玄的《戒子书》云："但念先圣之玄意，思整百家之不齐，亦庶几以竭吾才。"可见他一生的才力全用在"思整不齐"上了。他不想想："物之不齐，物之情也"，为什么老要这样的削足适履呢？

他的经注，可驳的实在太多了，现在只举《诗》、《书》首篇中数事以见其大概。

《尧典》开头说"曰若稽古帝尧"，足见作者承认自己远在尧后，并不想冒充唐、虞时代的著作。但郑玄一定要认为唐、虞时作，而又碍于这样明显的证据，于是异想天开，说：

> 稽，同也；古，天也：言尧上同于天也。

这样一来，也就混过去了，《尧典》就真成了唐、虞时的著作了。《周礼》有天、地、春、夏、秋、冬六官；《尧典》中则有九官，又有四岳，又有羲、和，和《周礼》不合。他一心要打通这个隔阂，好使周公的制度即是尧、舜的制度，如此一方面可以抬高《周礼》的地位，一方面又见圣圣传心的事实。于是他说：

> 尧既分阴阳为四时，命羲仲、和仲、羲叔、和叔等为之官，又主方岳之事，是为四岳。

这样一来，"羲、和"就和"四岳"合而为一了。他又说：

> 此命羲、和者，命为天地之官。

这样一来，"羲、和"又即是"天官，地官"了。他又说：

> 盖春为秩宗，夏为司马，秋为士，冬为共工，通稷与司徒，是六官之名见也。

于是伯夷为"春官"，皋陶为"秋官"，垂为"冬官"，合上羲、和便是六官了。后世编辑唐、虞官制的人，根据了他的说法，就可径把《周礼》六官写上去了。这是不是又新添了一笔伪史？固然从我辈看来，《尧典》的本身已伪，所载的官制必不可信，但这总还不失为《尧典》作者的一个独立的理想。独奈何把绝不相干的《周礼》硬配上去，逼得它成为非驴非马的一种东西呢？而且《尧典》命官，皋陶既诛剿"寇贼奸宄"，又制止"蛮夷猾夏"，若依《周礼》来说，他乃兼任夏、秋二官，然而他的官名只有一个"士"字。郑玄既把士定为秋官了，然则夏官又在《尧典》的哪里呢？所以，即此硬配的工作，他也未能做好。

提到《诗经》的第一篇《关雎》，那更可笑。"窈窕淑女，君子好逑"，用我们的话说来，"美好的女子，是公子哥儿们所喜欢追求的"，原是一句很寻常的话。《毛传》说"幽闲贞专之善女，宜为君子之好匹"，把动词的"好"解作形容词，把无限动词的"逑"解作名词，已嫌牵强，但还勉强说得过去。一到郑玄的《笺》，他说：

> 怨耦曰仇。言后妃之德和谐，则幽闲处深宫贞专之善女，能为君子和好众妾之怨者。言皆化后妃之德不嫉妒，谓三夫人以下。

这简直令人堕入五里雾中，莫名其妙！站在那一边的还是君子；但站在这一边的有后妃，有善女（三夫人以下），又有众妾之怨者，真不知道这一大群女子是从哪里来的？于是下面的"参差荇菜，左右流之"就成了：

> 后妃将共（供）荇菜之菹，必有助而求之者，言三夫人九嫔以下皆乐后妃之事。

而"寤寐求之"也就成了：

> 后妃觉寐则常求此贤女，欲与之共己职也。

求了来怎样呢？

> 贤女之助后妃共荇菜，其情意乃与琴瑟之志同。……琴瑟在堂，钟鼓在庭，言共荇菜之时，上下之乐皆作，盛其礼也。

本来是一首男女慕悦的诗，现在慕悦者成了后妃，被慕悦者成了助后妃祭祀的贤女，中间又插入了和好众妾之怨的三夫人。这是不是空中楼阁？依照他的《诗谱》，这是文王时诗，这位后妃岂不成了太姒？后世作周史的人根据了他的话，自然太姒要做梦求贤，求了来要共供荇菜，要上下之乐皆作以盛其礼了。这是不是又添上了一笔伪史？

像这样的胡闹话，一部《十三经注疏》里不知有多少。经书，是地下实物没有进入学术界以前的惟一古史材料；注疏，又是国家颁行的具有权威性的解释。一班读书人，谁不受他们的影响。二千年来学术界的所以乌烟瘴气，他们不能不担负着绝大的责任。读者不要以为我们有意指摘他们，我只望具有一点现代的理性的人们去把他们的书读一下。写到这里，正读《尔雅·释地》，就把这篇中的"九州"举来做个例罢。

九州之制，《尚书》中的《禹贡》和《周礼》中的《职方》各有一个而不相同。《禹贡》既言禹，照前人之说当然是虞、夏时事。《职方》既在《周礼》，照前人之说当然是周时事。这两篇所说的九州不同，一般人当然看作夏制和周制的不同。商呢，书上没有提起。所以班固在《汉书·地理志》的叙论上说，"殷因于夏，亡所变改"，可见到了东汉初年，学术界中还承认商的九州即是夏的九州。当王莽之世，出了一部《尔雅》，其中《释地》一篇多半钞袭《吕氏春秋》和《淮南王书》而成。因此，其中的九州之名和《吕氏·有始览》全同，只有一个州名不同：《吕览》说"东方为青州，齐也"，《尔雅》说"齐曰营州"。然而青州、营州之名虽异，而它对象的齐则相同。齐没有二国，所以营州即是青州——不过从五行上定名，东方为青色，齐在东，故曰青州；从都邑上定名，齐都营丘，故曰营州而已。《吕览》的九州既没有指出是哪一代的制度，《尔雅》之说当然和它一样。不幸《尔雅》是《六艺》的附庸，诵读的人既多，附会之说就起。东汉时，李巡作《尔雅注》，就直断这九州为殷制（《经典释文》引）。所以然之故，当然因为它和夏制和周制都不同。"既不是夏，又不是周，那不是殷吗！"这是他的感觉。从此以后，孙炎、郭璞继继绳绳，都说是殷制，这件故事就这样地实定了！这是一件。

《尧典》中有"肇十有二州"之语；这十二州的名目，书上没有写，所以在西汉人的解释中都不曾具体指出。就是班固的《地理志》，也只说"尧遭洪水，天下分绝为十二州"，举不出十二个州名来。自从《尔雅》在学术界上占了地位，于是马融首先说：

> 舜以冀州之北广大，分置并州；燕、齐辽远，分燕置幽州，分齐为营州：于是为十二州。（《史记·五帝本纪集解》引）

他的根据，第一是《禹贡》上的"冀、兖、青、徐、扬、荆、豫、梁、雍"，第二是《职方》增出的"幽、并"，第三是《尔雅》异名的"营"。

他说，禹定的本是九州，舜嫌冀州太大，分为冀、并二州；又嫌东方辽远，更在冀、兖、青间分出幽、营二州，九州加了三州，恰成十二，这不是奇巧的事吗！从此以后，郑玄、伪孔依声学舌，舜的十二州名就这样地实定了！这是又一件。

《尔雅》作者嫌"青"的一名不固定（山东半岛固以居东方而名青，山东南部和江苏北部的徐州也在东方，何尝不可名青），所以援用冀、雍的办法，以邑名为州名而改为营。想不到就为这一个"营"字，竟注定了殷的九州名和舜的十二州名！这不但是虞、夏、商、周的人想不到，就是《尔雅》的作者也何曾想到。然而唐、宋以来，讲地理沿革史的人又哪一个敢违背了这些东汉人所决定的事实？因此，我们所看见的历史地图，就尽多了《虞舜十二州图》和《尔雅殷制图》。"俗语不实，流为丹青"，经学家给我们上的当，我们已是够受的了！

十二、东汉的疑古

在这漫天的乌烟瘴气之中，我们的学术史是不是已堕入了黑暗时代？那也不尽然。"跛者不忘履，瞽者不忘视"，这辨伪的一线曙光总是存在的。现在随便举几个例。

《泰誓》，战国时本来有的，所以诸子书中屡屡引到。不幸伏生的《尚书》没有这一篇，直到武帝之世方说在河内发现。当时的儒生把伏生的二十八篇上配二十八宿，把《泰誓》一篇当作北斗（《论衡正说》），可见此篇地位之高。但最善附会的马融忽然理性发现，批评道：

> 《泰誓》后得，案其文似若浅露。又云"八百诸侯不召自来，不期同时，不谋同辞"，及"火复于上，至于王屋，流为雕；五至，以谷俱来，举火"，神怪，得无在子所不语中乎？又《春秋》引《泰誓》曰，"民之所欲，天必从之"。《国语》引《泰誓》曰："朕梦协朕卜，袭于休祥，戎商必克。"《孟子》引《泰誓》曰："我武惟扬，侵于之疆，取彼凶残，杀伐用张，于汤有光。"孙卿引《泰誓》曰："独夫受。"《礼记》引《泰誓》曰："予克受，非予武，惟朕文考无罪；受克予，非朕文考有罪，惟予小子无良。"今文《泰誓》皆无此语。吾见书传多矣，所引《泰誓》而不在《泰誓》者甚多，弗复悉记。略举五事以明之，亦可知矣。（《尚书正义·泰誓》篇首引马融《书序》）

这一段文字有见解，有证据，宛然阎若璩《尚书古文疏证》的缩影，几乎使我不信为汉人文字。他的话说得这样有力，所以后来伪造《古文尚书》的人重作《泰誓》时就把他所反对的神怪之语一齐删削，又把他所提出的古书中所引的《泰誓》一齐收入了。

《月令》，为天子居明堂的大政，由战国至西汉酝酿了数百年而撰成的大文字（我不信为《吕氏春秋》所原有，理由太长，俟别论），在东汉时占有极大的势力。因此，这篇东西既录入《逸周书》，又录入《小戴记》。事情真奇怪，那位最长于拉扯牵合的郑玄偏会提出异议。他道：

> 《月令》本《吕氏春秋》十二月纪之首章也，以《礼》家好事钞合之，后人因题之名曰《礼记》，言周公所作。其中官名时事多不合周法。（《礼记正义·月令》篇首引郑玄《三礼目录》）

他又道：

> 凡此车马衣服……非周制也。《周礼》，朝、祀、戎、猎、车服各以其事，不以四时为异。又《玉藻》曰"天子龙衮以祭，玄端而朝日，皮弁以日视朝"，与此皆殊。（孟春"衣青衣，服仓玉"下注）

> 三王之官，有司马，无太尉。秦官则有太尉。今俗人皆云周公作《月令》，未通于古。（孟夏"命太尉"下注）

话说得这样决绝，也迥异于他的"思整不齐"的常态。推原其故，就为他熟读了《周礼》，拿所谓周公作的《周礼》和又一所谓周公作的《月令》相较，就呈露了很多的牴牾；他既决认《周礼》为周公作，只得反对《月令》为周公作了。可见一个学者只要肯把多种材料作比较的研究而不想穿凿附会，他自然会得走上辨伪的一条路。

其他，如卢植的疑《王制》，临硕的疑《周礼》，何休的疑《左氏》和《穀梁》，都是东汉时的佼佼者。至于王充《论衡》，对于古籍和传说无所不疑，为中国思想史上的一部伟大著作，那更不用我介绍了。

我现在想特别介绍的是两部书，一是许慎的《五经异义》，一是王肃的《孔子家语》。读者要疑我举得太不伦不类了吗？请听我讲下去。《后汉·许慎传》云：

> 慎以《五经》传说，臧否不同，于是撰为《五经异义》。

可见他著书的着眼点在于比较同异。本来《白虎通德论》也是由比较同异来的（东汉章帝建初四年，诏诸儒于白虎观考论《五经》同异，作《白虎通德论》，见《后汉书·杨终传》及《班固传》），但那书在比较之后作主观的取舍，乃是求取信仰的正鹄；而这书将各家同异之点一一胪陈，目的乃在显示他们的真相。固然在显示了真相之后也要加以别择，但这就是批评的态度而不是信仰的态度了。可惜这书已亡，虽经清代学者细心搜集，总不能完全。不然，我们研究汉代学术史时不知便利了多少呢。

这里不便详引，摘写数条以见其方法：

> 《今尚书》欧阳说：春曰"昊天"，夏曰"苍天"，秋曰"旻天"，冬曰"上天"：总为"皇天"。《尔雅》亦然。《古尚书》说云：天有五号，各用所宜称之：尊而君之则曰"皇天"，元气广大则称"昊天"，仁覆愍下则称"旻天"，自上监下则称"上天"，据远视之苍苍然则称"苍天"。谨按：《尚书》，尧命羲、和"钦若昊天"，总勒四时，知"昊天"不独春。《春秋左氏》曰"夏四月己丑，孔子卒"，称"旻天不吊"，时非秋天。（《周礼·大宗伯疏》等引）

> 《公羊》说："讥二名"，谓二字作名若魏曼多也。《左氏》说：二名者，楚公子弃疾弑其君，即位之后改为熊居，是为二名。许慎谨案：文、武贤臣有散宜生、苏忿生，则《公羊》之说非也。（《礼记·曲礼》上《正义》引）

> 《诗》齐、鲁、韩，《春秋公羊》说：圣人皆无父，感天而生。《左氏》说：圣人皆有父。谨按：《尧典》"以亲九族"，即尧母庆都感赤龙而生尧，尧安得九族而亲之？《礼谶》云："唐五庙"，知不感天而生。（《毛诗·生民正义》引）

这样的先叙今文学说，次述古文学说，再提出证据，加以批评，实在是一种有组织的辨伪著作，以前所没有见过的。固然，他也许挟了家派的成见，站在古文学的立场上来驳今文，也许他的证据很薄弱，批评很陈腐，但无论如何，这种方式和态度确是值得称赞的。尤其在东汉的乌烟瘴气的时代，他能有这种分析的头脑，我们不该不尊敬。

《孔子家语》，不但是一部伪书，而且是一部杂凑书，我现在把它列在辨伪类里，似乎是笑话。但读者须知，这是王肃的造伪以辨伪的手段。在王肃的时代，郑玄的学说正极昌盛，王肃眼见他的说话有许多错误，然而一班学者把他捧作教主，有什么法子可以打倒他？他只得假托圣言，造此一书。既作此书，遂作《圣证论》，拿圣人的证据来压倒郑玄。固然里边夹着许多好胜的私见，但也未尝没有公义。

郑玄是最信谶纬的，他常用谶纬之说来注经，把几部经书染上了很浓重的神话色彩。例如《礼记·大传》里有两句话：

> 礼：不王不禘。王者禘其祖之所自出，以其祖配之。

固然"祖"和"祖之所自出"的分别是一个含糊的问题，但并没有涉及神怪。郑玄作注，就说：

> 凡大祭曰禘。……大祭其先祖所由生，谓郊祀天也。王者之先祖皆感太微五帝之精以生——苍则灵威仰，赤则赤熛怒，黄则含枢纽，白则白招拒，黑则汁光纪——皆用正岁之正月郊祭之，盖特尊焉。

这种迂怪之谈，使得理智较强的王肃忍受不下。所以他在《家语》的《五帝篇》里写道：

> 天有五行：木、火、金、水、土，分时化育以成万物；其神谓之五帝。

又自己作注释道：

> 五帝，五行之神，代天生物者。后世谶纬皆为之名字，亦为妖怪妄言。

这就把灵威仰、赤熛怒等的奇怪名字扫除了。又写道：

> 古之王者易代而改号，取法五行。五行更王，终始相生，亦象其义。故其为明王者而死配五行：是以太皞配木，炎帝配火，黄帝配土，少皞配金，颛顼配水。……五行佐成上帝而称五帝；太皞之属配焉，亦云帝，从其号。

又自注道：

> 法五行更王，终始相生。……而诸说乃谓五精之帝下生王者，其为蔽惑无可言者也。

这又把郑玄的"王者之先祖皆感太微五帝之精以生"的说话打破了。郑氏说王者的祖先是天上的五帝，上帝们把自己的血统降到世上，就成了人间的五帝；王氏说五行之神为五帝，和人间的明王本没有联属的关系，人间的明王死了之后，后人把他们上配五帝，他们方发生了关系：

这是二家的根本歧异之点。五行是自然界的现象，并非怪物；明王死了才配五行之神，也没有什么神秘；明王既非感五帝之精以生，当然有他们的人世的祖先：这是王氏的一贯的见解。因此，他在《圣证论》里就有下面一段话（《圣证论》已佚，这是《礼记正义》作者所引的）：

> （《祭法》："有虞氏禘黄帝而郊喾，祖颛顼而宗尧。"）案《圣证论》以此"禘黄帝"是宗庙五年祭之名，故《小记》云"王者禘其祖之所自出，以其祖配之"。谓虞氏之祖出自黄帝，以祖颛顼配黄帝而祭，故云"以其祖配之"。依《五帝本纪》，黄帝为虞氏九世祖；黄帝生昌意，昌意生颛顼，虞氏七世祖。以颛顼配黄帝而祭，是"禘其祖之所自出，以其祖配之也"。

这种话看似平常，而骨子里则是对于谶纬的大反动，不知肃清了多少迷信。清代的经学家因为尊重郑玄的缘故，把王肃做了攻击的目标。我在这儿，敢平心地说一声：王肃的见解实在远出于郑玄之上。

十三、结论

上面所说的战国、秦、汉间的造伪和辨伪的事实固嫌太略，但大致也可以看出一个趋势来。战国是一个大时代，什么都须创新，然而"创新"的事业却掩护在"复古"的口号之下，所以那时无论什么制度和思想都会反映到古代去，好像水上楼台的倒影，于是战国的灿烂成为古代的灿烂，战国的矛盾冲突成为古代的矛盾冲突。到了秦，他们虽不唱复古的口号，但秦、汉间的好古的学者们仍把秦的制度和思想往上推，一直推到了皇古，逼得"事不师古"的始皇竟处处追踪了古人。汉代承袭秦制，创新不多，所以除了王莽一朝之外，伪托的古也不多；但因那时是消化古文化的时候，而历史观念不发达，一班学者没有学得整理的技能，偏任了头一批整理的工作，遂把古代文籍史事弄得一塌糊涂，要待我们将来费了不知多少力气之后才有恢复原状的希望。所以我们可以说：战国大都是有意的作伪，而汉代则多半是无意的成伪。我们对于他们一概原谅，我们决不说："这是假的，要不得！"我们只要把战国的伪古史不放在上古史里而放在战国史里，把汉代的伪古史也不放在上古史里而放在汉代史里。这样的结果，便可使这些材料达到不僭冒和不冤枉的地步而得着适如其分的安插。这便是我们今日所应负的责任。

附言

这篇文字原是《崔东壁先生遗书序》的一部分。《东壁遗书》是民国十年以来所标点的，到十四年本已完工；不幸我好求完备的习性祛除不了，总觉得应当加些新材料进去。继续搜访，到今十年，新材料居然加进不少，而书则至今未能出版，无以餍一般爱读者的期望，歉仄已极。去年春夏间，逼着自己做一篇序文，要把二三千年中造伪和辨伪的两种对抗的势力作一度鸟瞰，使读者们明白东壁先生在辨伪史中的地位，从此明白我们今日所应负的责任。不幸人事太多，找不到整段的时间作此长文，旋作旋辍，只写成了战国、秦、汉间的一段，而很重要的谶纬则尚未叙及（在这一年中，必作为专文发表）。其后西北旅行，盘桓逾月，家母病逝，丧居一年，始终没有能续写。今春在苏州，颇想动笔，而一切材料都不在手边，空中楼阁搭不起来，只得把整理《东壁遗书》的经过写一短序，送沪付印，这篇未完之稿就搁下来了。这次回平，承《史学年报》索稿，因把此序略加修饰，易为本题发表。将来倘有时间，许我续作，那么这篇"造伪和辨伪史"自必做完，因为汉以下的材料我已收集了些，其中的问题不多，只要有时间总是可以写下去的。

年来颇少作议论文字，此篇直是破例；而且因为牵涉太广，以致有的地方太粗浅，有的地方有罅漏，自己也觉得不能满意。请读者诸君千万当作谈话看而不要当作论文看，使我可以减轻一点罪戾！

我想借着这个机会发表我的两种牢骚；如果读者们不厌其烦，请看下去。其一，我这几年真太忙了，不但想作的文不能作，就有想读的书也不能读。固然也缘我自己好事，这样那样都想做，但社会上加给我的负担实在太重了，使得我不喜欢做的这样那样也只得做，我真有些支持不下了！如果读者们是真实的爱我而希望我在这一生中完成了我所应做的工作的，那么，凡是可以不压在我肩上的事情还是不再送给我罢！其二，五六年来，时时看见诋斥我的文字，固然我很愿意虚怀接受，但有许多简直是不该接受的。我有时也很想回答，稍尽彼此琢磨之意，可怜我再没有时间作此等事，也就搁下来了。现在把我的意见写几句在下面，算做总答覆。以前中国的上古史材料只限于书本的记载，记得我在幼时就把马骕《绎史》看作上古史的全部，恐怕那时存这心理的不止我一个人吧。我开始辨古史在民国十年，那时中国的考古工作只有地质调查所做了一点，社会上还不曾理会到这种事，当然不知道史料可从地底下挖出来的。那时唯物史观也尚未流传到中国来，谁想到研究历史是应当分析社会的！我在那时，根据《六经》诸子，要推翻伪古史而建设真古史，我自己既觉得这个责任担当得起，就是社会上一般人也都这般的承认我，期望我。从现在看来，固然可笑，但论世知人，知道了那时的环境是怎样的，也就不必对于我作过分的责备。其后考古学的成绩一日千里，唯物史观又像怒潮一样奔腾而入，我虽因职务的束缚，未得多读这方面的著作，但我深知道兹事体大，必非一手一足之烈所克负荷，所以马上缩短阵线，把精力集中在几部古书上。我常想，也常说：我只望做一个中古期的上古史说的专门家，我只望尽我一生的力量把某几篇古书考出一个结果。我决不敢说，也决不敢想：中国的上古史可由我一手包办。事实具在，只要一看《古史辨》第二册以下的自序便知。我以为各人有各人的道路可走，而我所走的路是审查书本上的史料，别方面的成绩我也应略略知道，以备研究时的参考，我决不愿阻挡别人的走路。我自视只是全部古史工作中的某一部分的一员，并不曾想夺取别人的领导权而指挥全部的工作。我的工作是全部工作的应有的一部分，决没有废弃的道理；如果这一部分废弃了，无论是研究考古学或唯物史观的，也必然感到不便。建筑一所屋子，尚且应当有的人运砖，有的人畚土，有的人斲木，有的人砌墙，必须这样干了方可有成功的日子。各人执业的不同，乃是一件大工作下面必有的分工，何尝是相反相拒的勾当！若以为工作既异，便应相打，心眼儿如此窄隘，只配去三家村里做小手工业，那可到大都市办大工厂！所以除非说考证古文籍的工作是不该做的，才可使顾颉刚的工作根本失其存在的理由；倘使不这样说，那么这项工作就决没有推翻的可能，至多只有在某一考证问题上应当驳正，某一考证材料上应当订补而已。我深信，在考证中国古文籍方面不知尚有多少工作可做，尽我们的一生也不过开了一个头而决不能终其事。这条路遥远得很，个人的生命终嫌太短，没有恒心的人和急功的人不必来走，不来走的人也不必对我们干生气。我更希望人们，彼此应当知道学问领域之大而自己能力之小，不要像河伯一般，看见泾渭之间不辨牛马，就自以为"天下之美为尽在己"。能够这样，彼此才有合作的可能，而中国的学术界也才有了发扬光大的日子！

廿四，七，廿六，顾颉刚记。

《三皇考》自序 *
（1936）

　　一提到中国的古史系统，任何人就想到三皇、五帝，以后就是三王、五霸，实在这个系统已经建设了二千多年，深入人们的脑髓了。一般人不觉得其中有问题；少数人知道其中有问题，但因怕闹麻烦也不敢讨论。如此相安无事，倒也做了六七十代的好梦，梦见三皇、五帝的黄金时代。陶渊明高卧北窗下，凉风暂至，自谓"羲皇上人"，就是这个好梦的追求者。

　　能做梦，本来也好；可惜近几十年来，受了海通的影响，这个好梦再也做不成了。西洋的学者不安于《创世纪》的说法，有的研究地质学，有的研究生物学，有的研究人类学，有的研究社会学，把人类的由来和进化弄得清清楚楚，使人知道古代的真相原来如此！最使人们的古史观念改变样子的，是考古学，他们挖出许多地下遗物，从古人的用器来证明当时的文化，更使人没法反抗。我们说古时是黄金时代，但他们偏偏把蛮野的古代显示给我们看，于是原来的古史立刻改变了样子。

　　这个观念传到了中国，三皇、五帝就等着打倒了。放第一声炮的，是康有为的《孔子改制考》。《改制考》的第一篇是《上古茫昧无稽考》，他在开端的小序上说："大地人道皆茇麇于洪水后，然印度婆罗门前、欧西希腊前亦已茫然，岂特秘鲁之旧劫，墨洲之古事黯芴渺昧，不可识耶？吾中国号称古名国，文明最先矣，然《六经》以前无复书记，夏、殷无征，周籍已去，共和以前不可年识，秦、汉以后乃得详记……"这就是他受了新潮流的激荡的证明。第二声炮是夏曾佑的《中国历史教科

---

　　* 此文原载《燕京学报专号》之八，1936 年 1 月；又载《古史辨》第七册，开明书店，1941 年 6 月。

书》,这部书虽然名为教科,其实是他的一家言,他把三皇、五帝的时代总称为"传疑时期"。在传统的历史里,三皇、五帝时的文物制度反而较夏、商为整齐完备,怎么会"传疑"起来?这两声炮都是在清末放的,因为那时人的目标专注在立宪或革命,学问的空气淡薄,所以大家没有理会。但是力量是不会白费的,到了五四运动,对于旧思想旧生活作一个总攻击的时候,这些散发的火星就燃烧起来了。

凡是做成一件事情,总是因缘凑合,具备了各种的条件。康、夏二氏立说后,为什么没人理会呢?政治关系固是一端,而另一端则因没有考古学的辅助,力量不厚。自从清末发见了殷墟甲骨,到民国初年,罗振玉氏大加鼓吹,集合了许多拓片,著作了许多论文,于是大家认识了商代的文化。本来我们所有的商代历史的智识是从《商书》、《商颂》、《史记·殷本纪》,及《竹书纪年》等书里得到的,想像中的商代,虽没有周代的"文",一定很像个天朝的样子。哪知拿甲骨文字来看,那时的生产只是牧畜、渔猎,那时的文化只是祭祀、占卜,他们的地域是这样小,他们的社会是这样简单!就在这个时候,地质调查所发掘了仰韶遗址,出了不少的彩陶,没有一个文字,随着挖出来的没有一些铜器,这文化是我们在古书里完全没有瞧见过的,又是一种面目。大家说,殷墟是铜器时代的初期,而仰韶是石器时代的后期。这样一再的大发现,就把我们从向日的儒家、道家的历史观念里拖了出来,知道书本的记载确是大有问题。岂但"传疑",直是作伪!

商代的文化,我们从殷墟遗物里窥见一个大略了。夏,我们从种种方面知道商以前确有这一个大国,但究竟是怎样状况,因为没有得到他们的遗物,已经"茫昧无稽"。三王尚且如此,何况三王以前的五帝,更何况五帝以前的三皇!我,因为自己觉得把这件事实认识的真,所以民国十二年就在《努力周刊》附刊的《读书杂志》里对于三王的第一代(禹)和五帝的末二代(尧、舜)下一番破坏——其实不是破坏,乃是把关于他们的传说作一番系统的建设。为什么独对于他们三人注意呢?只因他们是儒家所奉的中心人物,是《尚书》一经中的最大的偶像。那时商务印书馆邀我编《中学历史教科书》,我不能违背我的信念,所以也学了夏曾佑的办法,列了一章"传说中的三皇、五帝"。

想不到到了民国十八年,这部教科书竟因没有承认三皇、五帝而被禁了。我打听禁止的理由,得到的消息是这位主张禁的达官说:"学者的讨论是可以的,但不能在教科书上这样说,否则摇动了民族的自信力，必于国家不利。"我初听得时，确是佩服这位达官的高见，惴惴栗栗，惟恐自己作了民族的罪人。继而想：我们民族的自信力真是建筑在三皇、五帝上的吗？最明白的回答，是我们汉族都承认是炎帝、黄帝的子孙，如果推翻了炎帝、黄帝，我们这一族就团结不起来了。然而使我疑惑的，我们口里常常说是"炎、黄神明之胄"，又常常说"炎、黄在天之灵实式凭之"，为什么我们这汉族老像"一盘散沙"，无论如何团结不起来呢？三皇、五帝，固然大家承认他们是最古的帝王，固然很少数的士大夫还在做好梦，可是同一班民众有什么关联呢？有哪一个地方影响于他们的生活呢？世界上事，"千虚不敌一实"。以前学者对于三皇、五帝，竭尽能力去铺张，装了许多金身，画了许多极乐世界，似乎可以吸收多少位信徒，但结果只落得貌合神离；反不如几个民族英雄的慷慨悲歌使人感动。如果我们要团结这民族，那么我们民族经过多少次的磨难，这磨难中的牺牲人物正可唤起全民众的爱国精神。试看学校里、戏馆中、书场上，每一次讲到演到杨继业、岳飞、文天祥、史可法、林则徐等，便洋洋有生气，使观众为之泣下。谁曾听说讲演三皇、五帝而有同样的感动呢？至于说到汉族本身，我们可以说是许多小民族的大团结。三代，总算是汉族的核心了罢？但商和夏不是一民族；周和商也不是一民族，周和楚、越又不是一民族；经过了千年的融冶，春秋时的蛮夷，到战国时就看不见了，完全同化了。其间固然曾感受多少苦痛，但到现在竟真成为一族了，这一族是拆不开的了。例如我们顾家，本是东越，居于东瓯，语言衣服都不与华同，给汉武帝用了武力迁到江、淮，经了数百年同化，就是汉族了。到三国时，还有未曾同化的越人，叫做山越，也常常出来掳掠，但经过吴国的努力开发，这些人又同化于汉族了。到现在，有哪一个人出来组织越族同盟，想脱离汉族的？就使有这人出来，也决无人响应，因为血统早已混合，分不清了。岂必远溯秦、汉，就是辽、金、元、清各族，凡同化于汉人的也都为汉族了。既为一族，则利害所关自然一致，只要我们有方法团结就团结得起来，不必用同出一祖的空言来欺人。倘使藉欺诈而结合，那么一旦民智大开，欺诈无法行使时，岂不是真把这个民族解散了吗？

因此，我承认这位达官抱的是杞忧。我们的民族自信力应当建立于理性上。我们正应当把种种不自然的连络打断，从真诚上来结合。三皇、五帝既经一定不可信，万无维持其偶像之理。我要顺从"学者的讨论是可以的"这一句话，所以把三皇、五帝的成分细细地加以分析，把三皇、五帝的演化的历史详详地说明。

自从民国十八年，我由广州回到北平，即本此志愿，搜集材料。在这一年燕京大学的《中国上古史讲义》里，把东周至东汉的人们对于古史系统的观念理出一个头绪。其中五帝一部分，十九年重加修正，发表于《清华学报》，命题为《五德终始说下的政治和历史》；可惜只写得半篇，便因病因事没有续下。三皇一部分，则于二十一年夏天，在妙峰山金仙庵中增改一过，分出章节，就是这一册书。因为三皇太一的问题，自从道教起来之后又增加了多少故实，而《道藏》分量太多，我的生活已不容我一册一册的翻看，所以这册《三皇考》没有写成。到二十二年，我想宕着总不是办法，就请北京大学史学系同学杨拱辰先生（向奎）代我续下。到二十三年春间，他写成了，便交哈佛燕京学社，编入《燕京学报专号》。那时燕京大学历史学系同学翁独健先生正在编辑《道藏子目引得》，又请他校对了一回。本来此书在这年秋冬间即可出版，不幸我的继母病逝，我奔丧南旋，此事遂尔搁置。直至去夏北行，始经改定付印，到现在刚得出版。综计这书从起草到印出，前后经历七年，时间不为不久。然而这七年之中，是我们中华民族处境最艰屯的时候，时时处处受着强烈的刺戟，只要这个人是有感情的，他就没法安心做事，研究的工作哪里谈得到！所以，这本书还是写得粗糙。将来倘侥天之幸，我们有安安稳稳坐在学院里研究古史的一天，我很希望把这本书重新写过。唉，不知今生今世会不会有这样的福气？

我们非常欣幸，得到国立浙江大学教授钱琢如先生（宝琮）的合作。钱先生是数学史专家，兼通天文学，著有《中国数学史》等书。一二八之变，我适省亲在杭，江、浙道路阻绝，只得留住数月，在这时期中，就常常和钱先生会面。谈到三皇太一的问题，彼此有同心之契，我既曾搜集了神话的材料，他也曾搜集了天文的材料。当下我便请他写一篇《太一考》，登入《燕京学报》。去年我因为母葬南旋，又和他往返了多次。我就把《三皇考》稿本送去，请他改正，承他答应了。本篇第二十二章《太一的堕落》，二十三章《太一下行九宫》及二十六章《河图与洛书》，改作的地方尤多。他并且允许我的要求，把《太一考》作为本书的附录。感谢之情，真是非言可表！

童丕绳先生（书业）上年来北平，专心研究古史，见到此稿，很高兴，说要写一篇批评，我就请他做序，序中多承指正。他主张把近时人讨论这问题的作品一起收入，我们表示赞同，就将蒙文通先生、缪赞虞先生（凤林）的文字汇合编为附录，藉便读者勘证。童先生又转请冯伯平先生（家昇）把日本学者三篇三皇研究的文字作为提要，也编入附录。《三皇太一传说演变略图》一幅，是杨先生的原稿，经童先生改作的。我们敬谢谢他们诸位的好意！

三皇问题，这本书固然没有写好，但演变的规模已大略具备，这问题可算是解决了。这问题之所以能解决，全由于这传说起得晚，让我们看清楚其中的机构。五帝问题就没有这样容易。"五帝"的集合名词固然起得也不早，但这五位帝王各有其深长的历史，有的商代已有，有的两周已有，而且也许一人化作两人（如喾与舜），那时的史料零落不完，无法寻出其演变的系统，所以只能作为一个悬案。我以前作的《五德终始说下的政治和历史》，也只说秦、汉间的五帝而没有说殷、周间的五帝。三皇问题与殷、周无关，只是秦、汉以来宗教史的问题而不是古代史实问题，所以容许我们作这原原本本的说明。这正如《伪古文尚书》出于魏、晋，它所引用的材料大都存在，容易启人怀疑，因此，虽有经典的权威，终为明、清学者所打倒。可是《二十八篇》传于春秋、战国，编定于汉初，可供研究的材料太少了，我们虽有好多地方觉得他可疑，但竟有无从下手之苦。将来如能有大批的新材料出现，解决了《二十八篇》的问题，还解决了五帝的问题，那才是史学界的大快事呢！

顾颉刚。中华民国二十五年一月八日。

顾颉刚年谱简编

1893（光绪十九年）1 岁
5 月 8 日（农历三月二十三日）生于江苏省苏州市。

1894（光绪二十年）2 岁
祖父教识方块字。

1895（光绪二十一年）3 岁
母亲教读《三字经》、《千字文》，写描红字。

1896（光绪二十二年）4 岁
叔父教读《诗品》。

1897（光绪二十三年）5 岁
叔父教读《天文歌诀》、《地球韵言》、《读史论略》等。

1898（光绪二十四年）6 岁
始入孙氏私塾，读《大学》、《中庸》。又在家翻览《万国史记》、《泰西新史揽要》、《万国演义》等新书。喜听祖父母讲故事传说，尤其是听祖父讲述苏州掌故旧闻，启发了对历史的兴趣。

1899（光绪二十五年）7 岁
读毕《中庸》，又读《论语》。喜翻阅家中藏书，祖父多古文字学书，父亲多文学书，叔父多史学书，使其在学问上得到多方面的认识。

1900（光绪二十六年）8 岁

读毕《论语》、《孟子》。读书时不肯盲从前人之说，喜在书上批抹。根据《四书》中历史系统，结合祖父所讲天地开辟的神话，作一"小史"。冬，始读《左传》。

1901（光绪二十七年）9 岁

改入张氏私塾，读《诗经》毕。接读《左传》。

1902（光绪二十八年）10 岁

又换三处私塾，读《左传》、《东莱博议》、《读史论略》、《学堂日记》。

1903（光绪二十九年）11 岁

再入孙氏私塾，读《左传》。从父亲读《古文翼》，学作文。始自购书籍，首册为《西洋文明史要》。

1904（光绪三十年）12 岁

改入姚氏私塾，读《左传》毕。续学作文。喜读《新民丛报》中梁启超之文，深受其浅显畅达、感情丰富的文风影响。自读《纲鉴易知录》，厌恶书中势利的眼光。

1905（光绪三十一年）13 岁

姚氏私塾教师常换，功课较松，多自己选书来读，感受时代风气，学业进步甚速。年末，改在狮林巷从包叔馀师，读《礼记》未毕。以善作文为包师所欣赏，列入头班。

1906（光绪三十二年）14 岁

以作文《征兵论》第一名考入长元吴公立高等小学校，接受新式教育。入校不久，因患足疾在家养病两月，阅《汉魏丛书》及《二十二子》，略识古书全貌。

1907（光绪三十三年）15 岁

课余始读《国粹学报》，接受章太炎"整理国故"的思想。

1908（光绪三十四年）16 岁

考入苏州公立第一中学堂。受师友影响，极爱诗文，并常到玄妙观旧书肆阅览。对目录学感兴趣。读书求博而不求精。

1909（宣统元年）17 岁

每晚从祖父接读《礼记》、《周易》、《尚书》，半年余读毕。由《先正事略》之《阎若璩传》以及姚际恒《古今伪书考》感受极大震动，深感古籍中问题之多。立"课余随钞"簿，搜集各家异说。

1910（宣统二年）18 岁

报考江苏存古学堂，因批驳郑玄的《尧典》注文，被评为"谬"，未录取。

中学校长袁希洛是同盟会会员，注重训练学生体育和劳动。

1911（宣统三年）19 岁

在校组织"国学研究会"，油印《艺兰要诀》等研究会丛书。读谭嗣同《仁学》，有冲破一切罗网的雄心。

秋，武昌起义爆发，苏州光复。作《妇女与革命》，宣传妇女参军及争取选举权等事，以妻子之名投《妇女时报》，翌年刊出，此系在报刊发表之首篇文字。

1912（民国元年）20 岁

加入中国社会党，任支部文书干事。作《社会主义与国家观念》，刊《社会党日刊》。

夏，中学毕业。秋，入上海私立神州大学，因不满该校风气，不及一月即退学。

1913（民国二年）21 岁

春，考入北京大学预科，报农科，编入二部。制图、数学功课吃力。十二月，每晚到化石桥听章太炎讲学，甚佩。整理听讲笔记，成一册《化石停车记》。嗜观京戏，将看戏所感记为《檀痕日载》三册。

1914（民国三年）22 岁

欲改入文科，休学半年，每日看戏，由此认识到戏剧故事的变迁。

为《古今伪书考》作跋。受章太炎攻击今文经学家"通经致用"的启发,产生为求真知而治学的意志。秋后入预科一部,始正式用功。从夏曾佑《中国历史教科书》里得知上古有"神话时代"和"传疑时代"。记《寒假读书记》,此为毕生所记二百册读书笔记之首。

1915(民国四年)23 岁

因病休学在家。始读康有为《新学伪经考》、《孔子改制考》,认为其论述上古事茫昧无稽是言之有理。记笔记《乙舍读书记》、《乙舍读书续记》,又《馀师录》未毕。

1916(民国五年)24 岁

作《清代著述考》,成稿二十册。由此对清代学术有深入的领会。读严复《名学浅说》及其著译参半的《天演论》。夏,考入北京大学文科中国哲学门。记笔记《馀师录》六册毕。

1917(民国六年)25 岁

蔡元培任北大校长,聘陈独秀、胡适任教。听胡适"中国哲学史"课,产生极大震动,加深了对上古史的疑问。从胡适学作白话文。读胡适《诸子不出于王官论》,大受启发。与傅斯年同宿舍,颇有谈论之乐。记笔记《敝帚集》五册,又《西斋读书记》第一册至次年毕。

1918(民国七年)26 岁

北大教授征集歌谣并在《北京大学日刊》陆续发表,读后感耳目一新。因妻病而患失眠,休学在家。妻逝后去甪直友人处散心,游保圣寺,对寺中栩栩如生之古塑难以忘怀;此后几年中作多篇文字呼吁保护。冬,参加北大同学傅斯年等发起成立之新潮社,为首批社员,为《新潮》作《对于旧家庭的感想》。记笔记《西斋读书记》第二册、《膏火书》,均未毕。

1919(民国八年)27 岁

在家养病。读《切问斋文钞》,佩服陆朗夫(燿)之经济学,认为其学开后世魏源一派。又读胡适、章士钊之文,深受其宣扬之历史进化论影响。为《新潮》"思想问题专号"作《中国近来学术思想界的变迁观》，后该专号未出，此文直至其去世后才发表。搜集苏州歌谣，方知歌谣也和小说戏剧中的故事一样，会随时随地变化。又将搜集范围扩大到方言、谚语、谜语、唱本、风俗、宗教各种材料。九月，到校复学。记笔记《寄居录》第一册。

1920（民国九年）28 岁

为《晨报·五四纪念号》作《我们最要紧着手的两种运动》，认为教育运动与学术运动是改造中国的最好办法。续作《对于旧家庭之感想》刊《新潮》。夏，北大毕业，留校任图书馆编目员，所作《重编中文书目的办法》及《图表编目意见书》均刊《北大日刊》。任新潮社编辑。整理所集吴歌，在《晨报》陆续发表，并作《吴歈集录序》。读胡适《水浒序》及辨论井田的文字，认识到故事的来历和演变有许多层次，研究古史也可以应用研究故事的方法。冬，应胡适嘱，搜集姚际恒辨伪资料，标点《古今伪书考》，欲总结前人辨伪的成绩。记笔记《寄居录》第二册、《琼东杂记》第一册。

1921（民国十年）29 岁

与胡适、钱玄同讨论辨伪书、伪事，始有推翻古史的明了的意识和清楚的计划。计划编辑《辨伪丛刊》，标点《四部正讹》、《诸子辨》等，辑录《诗辨妄》。常听钱玄同谈论经学问题，对今古文经学有了深入认识。助胡适搜集曹雪芹家世资料，与胡适、俞平伯讨论《红楼梦》。十月，任北大预科国文讲师，旋辞。十一月，北大研究所国学门开办，任助教。阅罗振玉、王国维著述，得知他们以实物材料研究古史的成绩，眼界又得一广。记笔记《琼东杂记》第二册、《侍养录》四册、《景西杂记》五册。自本年起，始记《颉刚日程》，历六十年。

1922（民国十一年）30 岁

由郑樵《诗》说启发了对《诗经》的怀疑，并敢于以歌谣去研究《诗经》。搜集郑樵事迹，作《郑樵著述考》、《郑樵传》，均刊《国学季刊》。因祖母病，请长假归苏。为商务印书馆编中学历史教科书，由此研究《诗经》、《尚书》、《论语》中古史资料，从尧、舜、禹的地位的演变发现古史是层累造成的，发生的次序和排列的系统恰是一个反背。始识王国维，与之通信讨论《尚书》。始标点《崔东壁遗书》。年底到沪，任商务印书馆编译所史地部专任编辑。记笔记《景西杂记》第六、七册，《纂史随笔》三册。

1923（民国十二年）31 岁

与友人成立朴社，欲自行出书。为《小说月报》作《诗经的厄运与幸运（上）》，后改题《〈诗经〉在春秋战国间的地位》收入《古史辨》。在《努力周报》上发表《与钱玄同先生论古史书》，提出"层累地造成的中国古史"观，引起一场古史大辩论。在辩论中又提出打破民族出于一元、地域向来一统、古史人化、古代为黄金世界四个传统观念。与胡适讨论《今文尚书》各篇著作时代，后题《论今文尚书著作时代书》收入《古史辨》。标点姚际恒《诗经通论》。十二月，回北大研究所复职。年底，赴河南参观新郑出土文物。记笔记《淞上读书记》五册。

1924（民国十三年）32 岁

任北大研究所国学门助教，编辑《国学季刊》、《歌谣周刊》。为《歌谣周刊》作神道、风俗文章多篇及《孟姜女故事的转变》，后一文引起巨大反响，随即成为数十位学者共同的课题；编《孟姜女专号》。前几年所集《吴歌甲集》被北大歌谣研究会作为该会歌谣丛书第一种，先刊于《歌谣》，遂整理之。兼任孔德学校教员，作《国史讲话》。为《语丝》、《现代评论》作文。记笔记《泣吁循轨室笔记》五册。

1925（民国十四年）33 岁

《歌谣周刊》暑后扩张为《北京大学研究所国学门周刊》，继续编辑，其中《孟姜女专号》编至十七期，为此专号作文多篇。受北大风俗调查会之托，与同人到妙峰山调查进香风俗，归后将所作《妙峰山的香会》等文以及同人调查所得编为《妙峰山进香专号》，陆续在《京报副刊》发表，引起学界震动。作《吴歌甲集附录·写歌杂记》发表，又作《吴歌甲集》自序，感谢北大同人的帮助。作《尚书》单篇译文发表，受到学术界好评。编辑《古史辨》第一册。作《论〈诗经〉所录全为乐歌》、《答柳翼谋先生》刊于《国学门周刊》，又收入《古史辨》。为孔德学校图书馆整理蒙古车王府曲本千余册，至次年编《曲本分类目录》。与友人在京重组朴社，任总干事；开门市部景山书社，预备出书。记笔记《蕲闲室杂记》。

"五卅"惨案发生，承北大同人推作文字向民众宣传，因以通俗文字作传单，效果甚好。编辑《救国特刊》陆续在《京报副刊》发表，为《特刊》作文多篇。

1926（民国十五年）34 岁

为《国学门周刊》所作《一九二六年始刊词》，阐述对国学研究的种种看法，引起学界震动。《古史辨》第一册由朴社出版，作长篇自序，说明自己研究古史的方法和所以有这种主张的原因。此书在学术界及社会上产生极大影响。《崔东壁遗书》大致编讫，交上海亚东图书馆待印。《诸子辨》理毕，由朴社出版。《吴歌甲集》由北大出版。为日本《改造杂志》作《苏州的歌谣》。到华语学校讲演《秦汉统一的由来和战国人对于世界的想像》，始识恒慕义（A. W. Hummel）、博晨光（L. C. Por-ter）。八月，抵厦门。任厦门大学国学研究院史学研究教授，编《国学研究院周刊》，作此刊《缘起》；兼国文系名誉讲师，授"经学专书研究"课，讲《尚书》，编讲义。作《春秋时的孔子和汉代的孔子》在《研究院周刊》发表。与厦大同人发起成立风俗调查会。记笔记《蕲闲室杂记》第二、三册。

1927（民国十六年）35 岁

四月，应中山大学之聘，抵广州。校中派往江浙一带购书，作《购求中国图书计划书》，阐述现代图书馆应具备的藏书观念，所列十六类图书资料，囊括了当时所有的材料。六月，王国维逝，作《悼王静安先生》刊《文学周报》。十月，返校，任中山大学史学系教授兼主任，授"中国上古史"、"书经研究"、"书目指南"课及文史导课，编讲义。又主编《国立中山大学语言历史学研究所周刊》，作《发刊词》。编《图书馆周刊》。在中大语言历史学研究所内发起成立民俗学会，议决刊行丛书。记笔记《东山笔乘》二册。

1928（民国十七年）36 岁

又任中大语言历史学研究所事务委员会常务委员、出版物审查委员会委员、图书馆委员会委员、图书馆中文旧书整理部主任。编《民俗周刊》，作《发刊辞》。讲演《圣贤文化与民众文化》，为民俗学会作鼓吹。办民俗学传习班。编《妙峰山》、《孟姜女故事研究集》三册、《苏粤的婚丧》，作为民俗学会丛书出版；又为该丛书中十余册作序。与校中同人将旧作《清代著述考》加以补正、编排，陆续刊于《图书馆周刊》，共收清代学者七十多人。校点《子略》由朴社出版。九月，任"古代地理研究"、"春秋研究"、"孔子研究"、"中国上古史实习"、"三百年来思想史"课，编讲义。十二月，任中大语言历史学研究所主任。记笔记《东山笔乘》第三册、《东山笔记》。应中央研究院院长蔡元培邀，与傅斯年等共同筹办该院历史语言研究所，后因与傅意见不合退出筹办。次年任中央研究院历史语言研究所特约研究员。

1929（民国十八年）37 岁

二月，离广州北返。春，所编《现代初中本国史教科书》被国民政府查禁。夏，得见钱穆《先秦诸子系年》稿，甚赞之。九月，任燕京大学国学研究所导师研究员及学术会议委员。又任燕大历史学系教授，授"中国上古史研究"课，编讲义。又任《燕京学报》编辑委员会委员。研究《周易》经传之著作时代问题，将前二年所作《〈周易〉卦爻辞中的故事》重作，刊《燕京学报》，后收入《古史辨》。编辑《古史辨》第二册。在朴社议决出版《辨伪丛刊》，作《印行辨伪丛刊缘起》；整理《四部正伪》出版，又校点《古今伪书考》、《诗疑》次年出版。教育部组织保存甪直杨塑委员会，被聘为委员。记笔记《忍小斋笔记》、《遂初室笔记》（未毕）。

1930（民国十九年）38 岁

任燕京大学国学研究所研究员及学术会议委员，研究《尧典》、《禹贡》之著作时代问题，三皇五帝之系统问题。仍授"中国上古史研究"课，续编讲义。并就讲义所论"帝系考"扩展，写成《五德终始说下的政治和历史》，专门研究王莽时代的五帝说，揭露古史体系层累构成的经过。任《燕京学报》编辑委员会主任，主编此刊第七、八期；校钱穆《刘向歆父子年谱》刊《学报》，并荐其至燕大任教。任燕大图书馆中文国学书籍审购委员会委员。编著之《古史辨》第二册由朴社出版，作自序。又编校《古史辨》第三册。陆续编校《书序辨》、《诗辨妄》、《左氏春秋考证》等书，备入《辨伪丛刊》。始与徐文珊合作整理《史记》。记笔记《遂初室笔记》一、二册、《郊居杂记》第一册。

1931（民国二十年）39 岁

因燕大国学研究所结束，遂任哈佛燕京学社研究员。春，与燕大同人组成考古旅行团，到河北、河南、陕西、山东四省调查古物古迹，其中专去大名访问崔东壁故里，归作《辛未访古日记》。八月始，作《〈尧典〉著作时代考》。九月，授"尚书研究"课，讲《尧典》，编讲义。与谭其骧讨论汉代州制。始编辑"尚书学"，先着手《尚书文字合编》、《尚书通检》、《尚书学讨论集》等。九月，始任北京大学史学系兼课讲师，授课同燕大。编著之《古史辨》第三册由朴社出版，作自序。因钱穆不适应燕大，遂荐其至北大任教。记笔记《郊居杂记》第二至九册。

1932（民国二十一年）40 岁

一月，赴杭省亲，以淞沪抗战，交通阻隔，留杭五月。在杭为燕大图书馆购书，于一藏书家处发现姚际恒《仪礼通论》钞本，乃借钞之。九月，在燕大、北大授"中国古代地理沿革史"课，讲《禹贡》，编讲义，至一九三四年。又任北大"中国通史"课，讲神话中的古史、秦汉宗教等。据燕大《中国上古史研究讲义》所论三皇部分，始撰写《三皇考》。记笔记《郊居杂记》第十至十三册。

1933（民国二十二年）41 岁

二月，又在燕大历史系代"秦汉史"课，据《五德终始说下的政治和历史》及上年在北大所讲编为讲义，此讲义后题《汉代学术史略》出版。九月，又任两校"春秋战国史"课，编讲义。主编《燕京学报》第十三、十四期及专号之三至五。《古史辨》第四册由罗根泽编著，由朴社出版。为此书作序，提出拟写帝系、王制、道统、经学四考的设想，欲分别打破古史中种族、政治、伦理、学术的偶像。编校《古史辨》第五册，至次年毕。《崔东壁遗书》所附各件理毕。请人绘制《地图底本》，至一九三七年止。将笔记《郊居杂记》第十三册记毕。

任燕大教职员抗日会宣传干事，发起征集抗日鼓词，以"三户书社"名义出版。以后书社改名为通俗读物编刊社，任主任。

1934（民国二十三年）42 岁

二月，因授"中国古代地理沿革史"课，便以学生课作为基础，与谭其骧共同创办《禹贡半月刊》，合作《发刊词》；次年改由冯家升协助编辑。组织禹贡学会。夏，与燕大同人去绥远参观，了解到边疆和民族问题的危机，归后便将《禹贡半月刊》的方向转到这方面。至七七事变时，此刊共出七卷八十一期，造就了"禹贡学派"。主编《燕京学报》第十五期及专号之六。作《两汉州制考》刊中央研究院历史语言研究所《庆祝蔡元培先生六十五岁论文集》。为《崔东壁遗书》作序，以事冗仅成半篇，次年易题为《战国秦汉间人的造伪与辨伪》刊燕大《史学年报》。作《古史辨》第五册自序。编辑《大公报·史地周刊》，至一九三六年。记笔记《郊居杂记》第十四册、《旅杭杂记》第一册。

1935（民国二十四年）43 岁

编著之《古史辨》第五册由朴社出版。以燕大规定教书满五年者可休假一年，三月，应北平研究院聘任史学研究会历史组主任。校改《三皇考》全文毕，其中有关"道教中的三皇"由杨向奎搜集《道藏》资料写成。十月，任北大"春秋史"课，编讲义。请童书业来北平助理研究工作。记笔记《旅杭杂记》第二册。

1936（民国二十五年）44 岁

《三皇考》作为《燕京学报》专号之八出版，作自序。主编北平研究院《史学集刊》，作《禅让传说起于墨家考》入该刊，后收入《古史辨》。禹贡学会成立正式，任理事长。与胡适、钱玄同等发起成立风谣学会。七月，任燕大历史系主任。九月，任两校"春秋史"课，重编讲义，童书业助之。又在燕大新开"古迹古物调查实习"课，为养成学生自动搜集材料之兴趣，俾所学不受书本限制，率领学生调查北平及涿州、宣化等地古迹古物。与冯家升在燕大发起成立边疆问题研究会，任理事。校《史记》（白文本）毕，此事历七年而成，年底由北平研究院史学研究会出版。主编《尚书通检》毕，年底由哈佛燕京学社出版。

1937（民国二十六年）45 岁

始识平冈武夫。西北移垦促进会成立，任主席理事。风谣学会开年会，被选为会长。

七七事变后，与通俗读物编刊社迁绥远。八月，应管理中英庚款董事会聘，任补助西北教育设计委员。九月，抵兰州，考察甘肃省及西宁市教育。任甘肃青年所办"老百姓"社社长，出版《老百姓旬刊》，以西北民歌方式作抗敌宣传。记笔记《皋兰读书记》（次年毕）、《兰课杂记》。

1938（民国二十七年）46 岁

至甘肃临洮、渭源办小学教员讲习班，至陇西十余县考察。十月，抵昆明，任云南大学教授，授"经学史"、"中国上古史"课。北平研究院在昆明重组史学研究所，仍任历史组主任。在昆明《益世报》创办《边疆周刊》。罗根泽编著之《古史辨》第六册由朴社排版，七七事变后朴社停业，此书遂交上海开明书店出版。

1939（民国二十八年）47 岁

在云南大学以语体文编《上古史讲义》，并将专题研究结果以注语形式附正文后；讲义部分内容两年后在《文史杂志》陆续刊出。住昆明北郊浪口村，尽力读书，记笔记《浪口村随笔》。九月，抵成都，任齐鲁大学国学研究所主任，任齐大"中国古代史"课。记笔记《西庑读书记》（次年毕）。

1940（民国二十九年）48 岁

上半年任齐大"中国古代史"、"古代史实习"课。秋，在研究所任"目录学"、"春秋学"、"经学"、"古物古迹调查实习"、"编辑方法实习"课。创办《责善半月刊》及《齐大国学季刊》，作《发刊词》。将笔记《浪口村随笔》钞出数十条，修改后仍以该题逐期刊于《责善》，同时亦有新作。邀钱穆至齐大研究所任职。记笔记《骆园笔记》。

秋，通俗读物编刊社迁至成都。因经费难以维持，至年底解散。该社成立八年来，共出版大鼓书等读物六百多种，行销五千多万册。

1941（民国三十年）49 岁

三月，中国边疆学会成立，任理事长，后该会与重庆等地边疆学会合并，任总会副理事长。作《古代巴蜀与中原之关系说及其批判》刊《齐鲁华西金陵三大学研究所中国文化研究汇刊》。六月，抵重庆，任文史杂志社副社长，主编《文史杂志》，至一九四九年。十一月，至中央大学兼课，授师范学院国文系"古代文学"课、文学院史学系"中国古代史研究"课。《古史辨》第七册由吕思勉、童书业编著，上海开明书店出版。

1942（民国三十一年）50 岁

任中央大学专任教授，秋，授文学院史学系"春秋战国史"课、师范学院国文系"史记研究"课。因战时印讲义不便，遂要求学生记听课笔记，其中"春秋战国史"课以刘起釪所录笔记为佳，次年借钞之。任中大出版委员会委员，出版部主任。代理边疆语文编译委员会副主任委员。日本与英、美宣战后，接管燕京大学，所存该校之书籍、稿件、信札等尽被日本人劫去。将燕大《春秋史讲义》改写为《春秋史话》，连载于中国文化服务社之《读书通讯》。

1943（民国三十二年）51 岁

辞边疆语文编译会、中央大学职。三月，中国史学会成立，任常务理事。四月，与人合办中国史地图表编纂社，任社长。十一月，大中国图书公司成立，以史地图表社为编辑所，任所长。主编《中国名人传》。

1944（民国三十三年）52 岁

为中央训练团演讲《清初学者的政治思想》。三月，任复旦大学史地系教授，授"史记研究"课。秋，授"春秋战国史"、"历史地理"课。为中国史学会之《中国史学》作《〈蜀王本纪〉与〈华阳国志〉所记蜀国史事之比较》。作《诗经通论》序。编著《顾颉刚文集》第一、二册，作《西北考察日记》。任北碚修志委员会常务委员。齐鲁大学又邀任国学研究所主任，十一月，抵成都；后以校中起风潮，即返重庆。记笔记《融一斋笔记》。

1945（民国三十四年）53 岁

任复旦大学教授。秋，又授"历史地理"、"方志实习"课。编辑《复旦学报》。将燕大《春秋史讲义》重写为《春秋史要》，陆续由北泉图书馆印行。任北碚修志委员会主任委员。十一月，任文通书局编辑所所长，主编《文讯》，为新一号作《复刊词》。与方诗铭、童书业合著《当代中国史学》，至次年毕；由胜利出版公司出版。

1946（民国三十五年）54 岁

二月，抵北平，查寻为日人所掠去之藏书。拟恢复禹贡学会，主编《禹贡周刊》。七月，大中国图书局在沪开办，任总经理兼编辑部主任。

八月，任苏州社会教育学院教授，授图书博物馆系"中国目录学"课、社会事业系"中国古代社会史"课。十一月，任复旦大学"中国史学名著选读"、"商周史"课。任兰州大学教授兼历史系主任。主编《益世报·史苑周刊》，作《发刊词》。文通书局编辑所迁苏州，设于先生寓所。记笔记《纯熙堂笔记》，至后年毕。

1947（民国三十六年）55 岁

一月，辞复旦大学职。春，在社会教育学院授"民众读物"、"考古学"课。秋，授"中国社会史"课。创办《民众周刊》。六月，民众读物社成立，任理事长。与丁君匋主编"中国历史故事小丛书"，修改丛书多册并作序，由大中国图书局印行；此事历数年。《文史杂志》改由文通书局出版，作《复刊词》。记笔记《逍遥堂撮录》，至后年毕。

1948（民国三十七年）56 岁

在社会教育学院又授"上古史料研究"课。三月迁居至沪。当选为中央研究院人文组院士。六月，抵兰州，就兰州大学职。授"上古史研究"课，编讲义。十二月，返沪。

1949（民国三十八年）57 岁

理《西北考察日记》、《上游集》、《浪口村随笔》，交合众图书馆油印。将北平运沪藏书中两千多册近代史料赠与合众图书馆。五月，任诚明文学院教授，授"目录学"、"春秋左传"课。八月，任该校中文系主任。九月，授"校勘学"、"传记研究"、"中国文学史"课。十二月，任震旦大学教授，授"专书选读"课。记笔记《沪楼日札》，至次年毕。

1950　58 岁

主持大中国图书局绘制挂图事，各方联系。在诚明文学院又授"史汉比较研究"、"尚书研究"课。在震旦大学又授"考证学"课。以数月之力作成《昆仑传说与羌戎文化》一长文，欲刊巴黎大学汉学研究所刊物而未成，至逝后发表。任中国新史学研究会上海分会干事。八月，任上海市文物管理委员会委员。

1951　59 岁

主持大中国图书局"爱国主义历史故事小丛书"及挂图出版事，至后年。译《尚书·周诰》八篇，体裁分校、释、译、论四项。八月，诚明文学院并入上海学院。秋，授"古籍整理"课。年底至大公报馆参加"胡适思想批判座谈会"。记笔记《海光楼丛载》、《虬江市隐杂记》二册、《法华读书记》三册。

1952　60 岁

任复旦大学兼任教授，授"中国民族史料"课。夏，参加上海学院思想改造运动。九月，上海学院被取消，任复旦大学专任教授，请假一年。始至上海市文物管理委员会办公。任中国史学会上海分会理事。任苏州市政建设委员会文化建设组委员，力主不拆苏州古城。记笔记《虬江市隐杂记》第三、四册，《法华读书记》第四、五册。

1953　61 岁

将苏州家中所藏碑帖及抗战时内地报刊等赠与合众图书馆。春，与复旦大学师生到苏州考古。应地图出版社邀，与章巽合编《中国历史地图集》。记笔记《法华读书记》第六至十八、二十册。

1954　62 岁

续编《中国历史地图集》，请谭其骧校订；此书次年印刷，后年内部发行。八月，抵京，任中国科学院历史研究所研究员。此后任职未变。校订《汉代学术史略》，改题《秦汉的方士与儒生》并作序，次年由上海群联出版社出版。十一月，任标点《资治通鉴》之总校对。参加批判胡适思想运动。记笔记《法华读书记》第十九、二一至二五册。

1955　63 岁

任历史研究所学术委员会委员。校点《资治通鉴》毕，次年由古籍出版社出版。始校点《史记》及《三家注》，与贺次君同作，历时四年。将《辨伪丛刊》十种编为《古籍考辨丛刊》第一集，本年由中华书局出版。又编第二集，辑点《周官辨非》、《周官辨》、《礼经通论》，并为此三种作序，然该集直至逝后才出版。结束禹贡学会。参加批判胡适思想运动，在会上欲为《古史辨》考据工作申辩，遂遭尖锐批判。记笔记

《得性轩读鉴记》二册、《古柯庭琐记》二册、《缓斋杂记》二册，又《西斋读书记》第二册、《膏火书》记毕。

1956　64 岁

始整理《浪口村随笔》，以抗战后笔记增改之。记笔记《缓斋杂记》第三至六册。

1957　65 岁

应中国科学院地理研究所邀，编《中国古代地理名著选读》，任《禹贡》、《山海经》注释，历二年余。校《诗经通论》排样毕，次年由中华书局出版。记笔记《汤山小记》八册、《朝阳类聚》辨伪类第一册。

1958　66 岁

校点《史记》及《三家注》毕。出席国务院科学规划委员会古籍整理和出版规划小组成立会。应北京大学历史系邀，指导朝鲜留学生李址麟研究古朝鲜史。任中国民间文艺研究会常务理事。记笔记《汤山小记》第九至十二册。

1959　67 岁

应历史所、中华书局命，着手整理《尚书》。《中国古代地理名著选读》由科学出版社出版，未收《山海经》。助苏联科学院越特金翻译《史记》，至次年。任全国政协文史资料研究委员会副主任委员。记笔记《汤山小记》第十三至十六册、《读尚书笔记》二册。

1960　68 岁

始整理《尚书·大诰》，其中校勘、注释、章句、今译四部分一、二稿毕，评论部分一稿毕。整理旧笔记付钞。记笔记《汤山小记》第十七至二十册、《读尚书笔记》第三册。

1961　69 岁

将《浪口村随笔》中大致可作结论者五十四篇，辑为《史林杂识》初编。《大诰》之史事考证初稿毕。研究《逸周书·世俘》及古代历法，重作史事考证第二章二稿、三稿。修改李址麟《古朝鲜研究》，为作序。

校订《辞海》之经学、哲学、历史地理等条目，作批注。为民间文艺研究会学术讲座讲演《我在民间文艺的园地里》。记笔记《汤山小记》第二一、二二册，《辛丑夏日杂钞》，《辛丑秋日杂钞》，《读尚书笔记》第四册。

1962　70 岁

任历史所编审、图书二委员会委员。改定《史林杂始》初编，次年由中华书局出版。继续撰写《大诰译证》，至一九六六年。应《历史研究》邀，作《〈尚书·大诰〉今译（摘要）》发表，受学界好评。作《〈逸周书·世俘〉校注、写定与评论》刊《文史》，此文推翻武王在道统中的地位，是其考辨古史的成果。调刘起釪为助手，整理《尚书》。请周达甫助《尚书》音韵方面之工作。记笔记《粤游杂记》、《壬寅春日杂钞》、《壬寅夏日杂钞》二册、《壬寅秋日杂钞》、《壬寅冬日杂钞》、《考证文选（古器物类）》、《愚修录》第一册。

《古史辨》一至七册由香港太平书局重排出版。

1963　71 岁

为全国文史资料工作会议讲演《中国史料的范围和其已有的整理成绩》。请杨伯峻审查《大诰》词汇；请黎锦熙作《大诰》语法。续作《大诰译证》序，欲在几年来所作数稿基础上，论述《尚书》真相及《尚书》学源流，仍未毕。记笔记《愚修录》第二至五册。

1964　72 岁

春，至北大为中文系古典文献专业讲"经学通论"，编提纲及参考资料。欲将中央大学"春秋战国史"讲稿整理为《春秋三传及国语之综合研究》而未果，逝后由刘起釪略事加工出版。记笔记《愚修录》第六至十册。

1965　73 岁

应《历史研究》邀，作《由"烝""报"等婚姻方式看社会制度的变迁》，因病未作毕。十月入医院手术，后至香山疗养所；疗养期间为何启君讲中国历史，十余年后何氏将记录稿整理为《中国史学入门》出版。记笔记《读尚书笔记》第五、六册，《愚修录》第十一、十二册。

1966　74 岁

六月，"文化大革命"兴起。八月，《大诰译证》工作被迫暂停，此项工作历时七年，成七十万字。记笔记《枫林村杂记》、《尚书学杂记》、《高春琐语》第一册。被定为"资产阶级反动学术权威"，受批斗。写检讨。

1967　75 岁

写检讨。偷暇读古籍，记笔记《高春琐语》第二、三册，《古史杂记》（此乃以钢笔记于小学生作文本）三册。全部日记被取去审查。

1968　76 岁

《颉刚日程》暂时中断，日记以钢笔记于小笔记本内。以糖尿病剧发住院，稍痊出院，养病时读古籍，记笔记《高春琐语》第四、五册，《古史杂记》第四至九册。写检讨。受批斗。全部笔记及稿件被取去审查。

1969　77 岁

写检讨。受批斗。始发心绞痛。

1970　78 岁

写检讨。心绞痛常犯，始发胃出血。

《古史辨》一至七册由台北明伦出版社影印出版。

1971　79 岁

心绞痛加剧。受命主持标点二十四史工作，作《整理国史计划书》，开列工作者名单。自此由"反动学术权威"大帽下解脱，恢复工作的权利。此事在全国学界中影响极大，许多旧友来信要求参加此项工作。至一九七八年此部书出齐。记笔记《耄学丛谈》。

美国学者施奈德（L. A. Schneider）《顾颉刚与中国新史学——民族主义与取代中国传统方案的探索》出版。此书后由台湾梅寅生译为中文，一九八四年在台北出版。

1972　80 岁

记笔记《耄学丛记》第二册。

1973 81 岁

将历史所取去之文稿等索还。记笔记《耄学丛记》第一册、《古史杂记》第十册。

1974 82 岁

记笔记《高春琐语》第六册、《甲寅杂记》、《读左传随笔》。

1975 83 岁

恢复《颉刚日程》。着手《尚书》今译,欲调刘起釪至历史所。记笔记《乙卯杂记》。

1976 84 岁

刘起釪借调至历史所,助《尚书》整理工作;后年正式调入。记笔记《丙辰杂记》。十年动乱结束。

1977 85 岁

为编《史林杂识》二编,理旧笔记,至 1980 年。记笔记《耄学丛谈》第二、三册,《读尚书随笔》。
中国科学院哲学社会科学部改为中国社会科学院。

1978 86 岁

《秦汉的方士与儒生》由上海古籍出版社重版。此书由小仓芳彦等译为日文,以《中国古代的学术与政治》为题,年底在日本出版。调王煦华为助手,整理积稿。九月始,将旧稿付刊,其中《周官辨非序》改题为《"周公制礼"的传说和〈周官〉一书的出现》,《昆仑传说与羌戎文化》之第四章改题为《〈庄子〉和〈楚辞〉中昆仑和蓬莱两个神话系统的融合》。作《顾颉刚工作规划》,分三、五、八年述之。为编《姚际恒遗书汇辑》,辑姚际恒《礼记通论》。又拟定《郑樵及其著述》目录。与钟敬文等倡议建立民俗学及有关研究机构。平冈武夫来访。记笔记《耄学丛谈》第四册、《林下清言》。

1979 87 岁

与刘起釪合著《尚书》之《甘誓》、《盘庚》、《西伯戡黎》、《汤誓》、

《微子》等篇校释译论始陆续发表。指导王煦华重编《崔东壁遗书》，逝后出版；此书序言之前半系 1934 年所作《战国秦汉间人的造伪与辨伪》，后半系当时未成之稿由王氏连缀补充而成。应《中国哲学》邀，作《我是怎样编写〈古史辨〉的?》。任中国社会科学院研究生导师。任中国民间文艺研究会副主席。小仓芳彦等来访。记笔记《读左传杂记》。

1980　88 岁

应中华书局邀，欲编《顾颉刚古史论文集》，审定目录并编订第一册。与上海古籍出版社议定出版《古史辨》第八册，专收考证古代地理之文，由其指导王煦华搜集汇编。为丁文江、赵丰田《梁启超年谱长编》作序。任中国史学会理事。德国慕尼黑大学吴素乐（Ursula）来访，其所著《古史辨——中华民国一次科学论战的结果》一书次年撰毕。12 月 25 日病逝，遗体遵其嘱捐献给中国医学科学院。

中国近代思想家文库

丁文江卷	宋广波 编
钱玄同卷	张荣华 编
张君劢卷	翁贺凯 编
赵紫宸卷	赵晓阳 编
李大钊卷	杨琥 编
李达卷	宋俭、宋镜明 编
张慰慈卷	李源 编
晏阳初卷	宋恩荣 编
陶行知卷	余子侠 编
戴季陶卷	桑兵、朱凤林 编
胡适卷	耿云志 编
郭沫若卷	谢保成、魏红珊、潘素龙 编
卢作孚卷	王果 编
汤用彤卷	汤一介、赵建永 编
吴耀宗卷	赵晓阳 编
顾颉刚卷	顾潮 编
张申府卷	雷颐 编
梁漱溟卷	梁培宽、王宗昱 编
恽代英卷	刘辉 编
金岳霖卷	王中江 编
冯友兰卷	李中华 编
傅斯年卷	欧阳哲生 编
罗家伦卷	张晓京 编
萧公权卷	张允起 编
常乃惪卷	查晓英 编
余家菊卷	余子侠、郑刚 编
瞿秋白卷	陈铁健 编
潘光旦卷	吕文浩 编
朱谦之卷	黄夏年 编
陶希圣卷	陈峰 编
钱端升卷	孙宏云 编
王亚南卷	夏明方、杨双利 编
黄文山卷	赵立彬 编

图书在版编目（CIP）数据

中国近代思想家文库. 顾颉刚卷/顾潮编. —北京：中国人民大学出版社，2013.12
ISBN 978-7-300-18429-6

Ⅰ. ①中… Ⅱ. ①顾… Ⅲ. ①思想史–研究–中国–近代②顾颉刚（1893～1980）–思想评论 Ⅳ. ①B250.5

中国版本图书馆 CIP 数据核字（2013）第 274277 号

中国近代思想家文库
顾颉刚卷
顾潮　编
Gujiegang Juan

出版发行	中国人民大学出版社			
社　　址	北京中关村大街 31 号		**邮政编码**	100080
电　　话	010 - 62511242（总编室）		010 - 62511770（质管部）	
	010 - 82501766（邮购部）		010 - 62514148（门市部）	
	010 - 62515195（发行公司）		010 - 62515275（盗版举报）	
网　　址	http://www.crup.com.cn			
经　　销	新华书店			
印　　刷	涿州星河印刷有限公司			
开　　本	720 mm×1000 mm　1/16		**版　　次**	2014 年 1 月第 1 版
印　　张	28.5 插页 1		**印　　次**	2024 年 7 月第 3 次印刷
字　　数	457 000		**定　　价**	93.00 元